suhrkamp taschenbuch 2335

AF114881

Auf vier Bände ist *Der Mythos vom Zivilisationsprozeß* von Hans Peter Duerr angelegt, und mit *Intimität* erscheint nun der zweite Band in den suhrkamp taschenbüchern. Ausgehend von einer Kulturgeschichte der gynäkologischen Untersuchung und der Geburtshilfe sowie der Anstandsregeln für sitzende und sich bewegende Frauen, entwickelt er eine Ethnographie und Geschichte der weiblichen Genitalscham, die einen Großteil vergangener und gegenwärtiger Gesellschaften berücksichtigt. Diese Beschreibung mündet in eine allgemeine Theorie der Körperscham, die erklären soll, warum die Angehörigen aller menschlichen Gesellschaften und namentlich die Frauen eine Genitalscham entwickelt haben. Die Gebäranstalten und das Spekulum; der Arzt und die Scham der Frauen im Barock; Gynäkologie im 20. Jahrhundert; Prostitution im Mittelalter – das sind einige der Themen in dem spannenden und allgemeinverständlich geschriebenen Buch des Wissenschaftlers Hans Peter Duerr. In einer Einleitung und in einem Anhang geht Duerr auf die bisherige wissenschaftliche Kritik am ersten Band *Nacktheit und Scham* ein.

Hans Peter Duerr
Intimität

Der Mythos vom
Zivilisationsprozeß
Band 2

Suhrkamp Verlag

Für meine Eltern

3. Auflage 2021

Erste Auflage 1994
suhrkamp taschenbuch 2335
© Suhrkamp Verlag Frankfurt am Main 1990
Suhrkamp Taschenbuch Verlag
Alle Rechte vorbehalten, insbesondere das der Übersetzung,
des öffentlichen Vortrags sowie der Übertragung
durch Rundfunk und Fernsehen, auch einzelner Teile.
Kein Teil des Werkes darf in irgendeiner Form
(durch Fotografie, Mikrofilm oder andere Verfahren)
ohne schriftliche Genehmigung des Verlages
reproduziert oder unter Verwendung elektronischer Systeme
verarbeitet, vervielfältigt oder verbreitet werden.
Printed in Germany
Umschlag: hißmann, heilmann, hamburg
ISBN 978-3-518-38835-8

Inhalt

Vorwort

In einer Zeugenaussage vor dem Middlesex County Court von Massachusetts in Neuengland heißt es im 17. Jahrhundert über einen nicht eben allzu puritanischen Puritaner, der auf offener Straße eine Jungfrau angefallen hatte: »Hee then flung the mayd downe in the streete and got atop hir; Johnson seeing it hee caled vppon the fellow to be sivill and not abuse the mayd.«[1]

Was Mr. Johnson an dem Manne zu bemängeln hatte, war also, daß dieser sich nicht »sivill«, nicht »zivilisiert«,[2] zu benehmen wußte, und wenn ich in diesem Band meine vor zwei Jahren begonnene Argumentation gegen die am klarsten von Norbert Elias formulierte Zivilisationstheorie weiterführe, verwende ich das Wort in derselben Bedeutung wie der Neuengländer, der damals dem attackierten jungen Mädchen zu Hilfe geeilt ist. Ich fahre also damit fort zu zeigen, daß von einer allgemeinen Evolution der Gesittung hin zu stärkerer Triebkontrolle und »Affektmodellierung« innerhalb der letzten Jahrtausende nicht die Rede sein kann.

Nach einem Vortrag, den ich kürzlich über dieses Thema an ·der Universität Zürich gehalten habe, hat mich ein Folklore-Professor darauf aufmerksam gemacht, daß die heutigen Schweizer sehr wohl ein zivilisiertes Volk seien, was ich unschwer daran erkennen könne, daß keiner der in der Aula anwesenden Hochschullehrer mich mit faulem Obst beworfen habe.[3]

Da dieser Einwand mit Variationen immer wieder vorgebracht worden ist, möchte ich noch einmal betonen, daß ich weder die Schweizer im besonderen noch die Europäer im allgemeinen für Wilde halte, mögen sie bisweilen auch den gegenteiligen Eindruck erwecken. Ich versuche lediglich nachzuweisen, daß weder die vorneuzeitlichen Gesellschaften noch die der sogenannten Naturvölker die »Affektstruktur« ihrer Mitglieder in geringerem Maße »modelliert« haben, als die Gesellschaft es tut, in der wir heute leben. Ich bemühe mich also zu zeigen, daß Elias mit seiner Hymne auf die moderne »Triebmodellierung«, die »das unterscheidende und Überlegenheit gebende Kennzeichen des Okzidentalen«[4] sei, unrecht hat. Wenn Elias einmal über Adorno gesagt hat, daß dieser sich als Marxist »an ein Gedankensystem« gekettet habe, das »auf dem Erfahrungs- und Wissensbereich einer früheren Epoche« beruhe,[5] dann mag dies zwar nicht falsch sein, aber das gleiche gilt für Elias selber.[6]

Der Hauptteil des vorliegenden Bandes befaßt sich – ausgehend von einer Kulturgeschichte der Scham der Frauen vor dem männlichen Arzt, die sich vom 19. Jahrhundert bis zur Antike zurückbewegt, um von dort zur Moderne zu kommen – in erster Linie mit der weiblichen Genitalscham. Anschließend versuche ich plausibel zu machen, daß die menschliche Körperscham, ungeachtet kultureller und historischer Unterschiede der ›Schwellenhöhe‹, nicht *kultur*spezifisch, sondern charakteristisch für die menschliche Lebensform überhaupt zu sein scheint und daß eine generelle ›Schamlosigkeit‹ und damit die Verschmelzung von öffentlicher und Privatsphäre eine Veränderung der Formen menschlicher Gesellung voraussetzen würde, die so grundlegend wäre, daß sich vergleichsweise eine Verwandlung der Lebensweise moderner Großstadtbewohner in die der Buschleute der Kalahari wie ein sonntäglicher Ausflug in die Sommerfrische ausnähme.

Die unübersehbare Tatsache der neuerlichen Senkung der Scham- und Peinlichkeitsstandarde versuche ich einerseits durch den sich durchsetzenden Hedonismus der Konsumgesellschaft, andererseits durch die für die neuzeitliche Gesellschaft charakteristische Schwächung der Formen herkömmlicher sozialer Kontrolle zu erklären. Dabei folge ich in aller Bescheidenheit der Einsicht des hl. Thomas von Aquin, der in seiner *Summa theologica* ausgeführt hat, »daß wir uns mehr schämen vor Personen, die uns nahestehen, mit welchen wir somit verkehren; weil uns nämlich eben deshalb, mit Rücksicht auf den Verkehr, von ihnen beständiger Nachteil droht,

während das, was von Fremden herrührt, rasch vorübergeht«,[7] oder der Meinung der Balinesen, die sagen, daß sie
sich am meisten vor denjenigen schämen, die sie gut kennen,
weil diese Leute am meisten von ihnen wissen.[8]

In der Einleitung und im Anhang bin ich auf die bisherige
Kritik am ersten Band dieses Buches eingegangen, wobei ich
jenen Kritikern, die sich darauf beschränkt haben zu konstatieren, daß nicht sein kann, was nicht sein darf, geringere Be-
achtung geschenkt habe.

Mitunter habe ich mich am Beispiel mancher Rezensenten
orientiert und bin – um in der Sprache des Sportes zu reden –
vom griechisch-römischen zum Freistil übergegangen, eingedenk der Tatsache, daß der Mensch vom Brot allein nicht
lebt. Daher die Devise: *panem et circenses*.[9]

Ich habe diesen Band als Fellow am Wissenschaftskolleg zu
Berlin geschrieben, dem ich für die Gelegenheit danken
möchte, einen historischen Augenblick gerade in dieser Stadt
miterleben zu können. Mein Dank gilt auch den Bibliotheka-
rinnen und Bibliothekaren des Wissenschaftskollegs, die mir
nach einer anfänglichen Periode leichten Errötens zahlreiche
Bücher besorgt haben, die von den wissenschaftlichen Mitgliedern dieser Institution ansonsten eher selten bestellt werden.

Berlin, im Frühling, 1990   Hans Peter Duerr

»Ein Bild hält uns gefangen ...«

Wittgenstein

Einleitung:
Antwort auf die bisherige Kritik
»Theoretische« Einwände

In einer der ersten Besprechungen des ersten Bandes dieses Buches, der vor zwei Jahren unter dem Titel *Nacktheit und Scham* erschienen ist, meinte der Rezensent, man dürfe gespannt sein auf die Debatte, die das Buch »in den Sozialwissenschaften mit Sicherheit auslösen« würde.[1] Nun ist zwar nicht zu bestreiten, daß tatsächlich durch das Buch etwas ausgelöst worden ist; nur bin ich mir im unklaren darüber, ob man das eine »Debatte« oder eine »Diskussion« nennen kann, hat doch ein großer Teil der Kritiker – allerdings vorwiegend im deutschsprachigen Raum – mehr mit Empörung und Wut als mit Sachwissen zurückgeschlagen. Sollte sich tatsächlich – wie Norbert Elias meint – der heutige zivilisierte Mensch vor anderen dadurch auszeichnen, daß er über ein sehr hohes Maß »an Zurückhaltung momentaner Impulse um langfristiger Ziele und Befriedigungen willen«[2] verfügt, dann müssen diese Rezensenten vom Zivilisationsprozeß nur ganz peripher erfaßt worden sein.

Im folgenden übergehe ich diese Art von Kritik weitgehend[3] und beschränke mich auf die Kommentierung von Gegenargumenten, wobei ich zunächst auf die mehr »theoretische« und »methodische« und in einem Anhang auf S. 270 ff. auf die »empirische« Kritik eingehen werde. Manches von dem, was in diesem Anhang folgt, mag demjenigen, der den ersten Band gelesen hat, bekannt vorkommen. Dies läßt sich freilich nicht vermeiden, denn viele der Reaktionen auf diesen Band haben die Erkenntnis Paul Feyerabends bestätigt, daß Intellektuelle sich von anderen Menschen vor allem dadurch unterscheiden, daß man ihnen eine Sache mehrmals vorkauen muß, bevor sie in der Lage sind, sie zu verstehen. Ansonsten laufen sie wie blinde Mäuse im Kreis herum.

Zunächst wurde gegen meine Elias-Kritik geltend gemacht, daß »Elias ja nirgends von einer absoluten Grenze« rede, »die ›Scham‹ von ›Unschuld‹ trennt«,[4] und auch Elias selber behauptet, ich hätte ihm eine Aussage in den Mund gelegt, die er so nie gemacht habe, daß nämlich das Mittelalter im Gegensatz zur heutigen Zeit keine Scham kannte. In Wirklichkeit habe er lediglich behauptet, »daß in der Renaissance die Schamschwelle auf Gebiete ausgedehnt wurde, die früher *weniger* mit Schamgefühlen belegt waren«.[5]

Wie der Leser leicht nachprüfen kann, findet man indessen eine solche Unterstellung nicht in meinem Buch,[6] sondern in der Phantasie der Kritiker. Allerdings ließe sich mit zahlreichen Belegen untermauern, daß Elias' Formulierungen häufig eine solche kategorische Auffassung zumindest nahelegen. So spricht er nicht selten von *den* »zivilisierten Gesellschaften« im Gegensatz zu *den* »unzivilisierten« (also nicht von den »zivilisiert*eren*« bzw. den »*weniger* zivilisierten«),[7] oder er behauptet:

»Daß Sexualität vor Kindern geheimgehalten wird, ist eine relativ späte Entwicklung. Noch im 16. Jahrhundert gab es keine derartige Mauer um die Sexualität. Kinder sahen alles, nichts wurde hinter die Kulissen geschoben.«[8]

Hier interessiert im Augenblick nicht, daß Elias mit einer solchen Behauptung eine Karikatur des sexuellen Verhaltens in der frühen Neuzeit zeichnet, sondern daß er – um in seinen eigenen Worten zu reden – *absolute* und keineswegs *relative* Aussagen macht. Denn er behauptet ja nicht, daß die Kinder im 16. Jahrhundert *mehr* gesehen hätten als die heutigen, nein, sie haben angeblich *alles* gesehen. Und er meint nicht, daß *weniger* als heute hinter die Kulissen geschoben worden sei, nein, *nichts* ist verborgen worden.

Genauso gegenstandslos ist die Behauptung Elias', ich hätte ihm unterstellt, eine Theorie entwickelt zu haben, die »als Grundlage für die Kolonisationsunternehmungen« verwendet worden sei, »die im 16., 17. und 18. Jahrhundert stattgefunden haben«. Dies sei eine »merkwürdige Unterstellung«, da Deutschland ja bekanntlich keine Kolonien mehr habe: »Welchen Sinn sollte es (also) haben, eine Kolonialtheorie aufzustellen?«[9] Und an anderer Stelle meint Elias, ihn als »potentiellen Kolonialisten« anzuprangern sei ein billiger Trick meinerseits, »in einer Auseinandersetzung die öffentliche Meinung auf die eigene Seite zu ziehen«.[10]

Nun habe ich Elias natürlich nicht vorgeworfen, vor einem halben Jahrhundert für die deutsche Reichsregierung eine »Kolonialtheorie« erarbeitet zu haben. Vielmehr habe ich in meinem Buch und ganz unmißverständlich in einem etwas später veröffentlichten Interview[11] behauptet, daß seine Zivilisationstheorie *vom Typus* jener Evolutionstheorien – etwa der Spencerschen – ist, wie sie früher unter anderem zur Legitimation des Kolonialismus verwendet worden sind. Danach gab man den fremden, unentwickelten, primitiven, kindlichen Menschen, den »Savages«, durch die Kolonialisierung die Chance, den Prozeß der Zivilisierung, für den wir viele Jahrhunderte gebraucht haben, gleichsam im Zeitraffer nachzuholen. Hatte ehedem das Wort Gottes die Seele der Wilden und der Barbaren veredelt, schuf jetzt die Kolonialisierung die Voraussetzung zum Anheben der alltäglichen Gesittung.[12] Oder in den – natürlich wertfreien – Worten Elias':

»Was sich unter unseren Augen vollzieht, was wir im engeren Sinne als die ›Ausbreitung der Zivilisation‹ zu bezeichnen pflegen, die Ausbreitungszüge unserer Institutionen und Verhaltensstandarte über das Abendland hinaus, das sind die bisher letzten Wellen einer Bewegung, die sich zunächst durch Jahrhunderte innerhalb des Abendlandes selbst vollzogen hat, und deren Trend, deren charakteristische Figuren sich hier durchsetzen.«[13]

Die zivilisierte Menschheit setzt sich gegenüber der unzivilisierten oder weniger zivilisierten durch – und zwar nicht etwa deshalb, weil sie über die stärkeren Bataillone verfügt, sondern weil sie ihr objektiv in ihrer Affektstruktur überlegen ist:

»Diese Zivilisation ist das unterscheidende und Überlegenheit gebende Kennzeichen der Okzidentalen.«[14]

Freilich ist die *Feststellung*, daß die Eliassche Evolutionstheorie zur Rechtfertigung des Kolonialismus verwendet werden kann, nicht als *Argument*[15] gegen jene Theorie herangezogen worden. Wenn jemand behauptet, Schwarze seien weniger intelligent als Weiße oder Frauen seien dümmer als Männer, dann ist es schließlich auch kein Argument, einfach nur zu sagen, der Betreffende sei ein Rassist oder misogyn.

Von größerem Gewicht ist hingegen Elias' Unterstellung, ich hätte behauptet, »daß sich in der Entwicklung der Menschheit nichts geändert« habe,[16] was offenbar zahlreiche Kritiker bewogen hat, gewissermaßen die sechste Feuerbachthese zu reanimieren, in der Marx ja bekanntlich dem Philosophen das vorwirft, was man stets den Philosophen von Thales bis zu Wittgenstein ankreidet, nämlich »von dem geschichtlichen Verlauf zu abstrahieren«.

»Wie kann man«, meint etwa eine Kritikerin, »Aussagen über das *Wesen* des Menschen machen, wenn man nur Material über historisch bestimmte Menschen anführen kann?« Und sie hat das Etikett auch schon parat: »Eine fragwürdige metaphysisch-philosophische These.«[17]

Die Kritikerin würde mir wohl in der Annahme zustimmen, daß Ludwig XIV. gelegentlich auf einem Stuhl gesessen ist. Oder würde sie den Einwand erheben, daß man den ›zeitlosen‹ Allgemeinbegriff »Stuhl« nicht gebrauchen dürfe, da es doch nur jeweils »historisch bestimmte« Stühle gegeben habe? Aber *was* ist es dann, was auf eine jeweils verschiedene Weise »historisch bestimmt« gewesen und worauf Ludwig XIV. gesessen ist?

Man könnte der Kritikerin erklären, daß ein materieller Gegenstand bestimmte Eigenschaften haben muß, um als Stuhl bezeichnet zu werden, in anderen Worten, daß gewisse Eigenschaften zum *Wesen* des Stuhles gehören, während andere Eigenschaften – z. B. seine Farbe, seine Bespannung, innerhalb gewisser Grenzen seine Form – variabel sind, also zu den

»akzidentiellen« Bestimmungen gehören.[18] Würde sie diese Aussage »eine fragwürdige metaphysisch-philosophische These« nennen?

Ein historischer Relativismus jedoch, der alle ›die Zeiten überbrückenden‹ Allgemeinbegriffe verbietet, macht auf dieselbe Weise *jede* Geschichtsschreibung unmöglich, wie ein allgemeiner ›Nominalismus‹ Beschreibung überhaupt aus dem Verkehr zieht. Denn in jedem »ist«, in jeder Urteilskopula tritt das Allgemeine »zutage«. Und diese Feststellung ist keine empirische, sondern eine der »logischen Grammatik«, wie Wittgenstein sagen würde, oder, klassisch formuliert, eine »metaphysische« oder »ontologische« Aussage.[19]

Denn Allgemeines und Besonderes verhalten sich zueinander wie z. B. Sprache und Wirklichkeit. So wie es nicht Sprache gibt, die mit der Wirklichkeit *in Verbindung treten* müßte, wie es nicht Form gibt, die einen zunächst ›breiigen‹ Inhalt erst ›stanzte‹, gibt es auch kein Besonderes, das gewissermaßen vom Allgemeinen erst ›beleuchtet‹ würde (als habe es zuvor im Dunkeln gelegen).[20]

In diesem Falle hat besonders Adorno – der hier eigentlich lediglich Max Stirner in die ihm eigene Sprache übertragen hat – mit seiner Rede von der »Herrschaft des Allgemeinen über das Besondere« dichten Nebel in manchen Köpfen aufsteigen lassen, weil er ein falsches *Bild* suggeriert hat, in dem das Allgemeine wie ein mächtiger, gleichmachender Steinmetz auftritt, der gleichsam an dem Besonderen gerade das abschlägt, was an ihm Besonderes ist, nämlich das »Nichtidentische«.

Freilich ist *jede* Erkenntnis *notwendigerweise* ein Vergleichen, ist notwendigerweise Subsumtion, und jedes Ding ist das, *was es nicht ist* – das ist der Sinn von Spinozas »omnis determinatio est negatio«, ein Gedanke, der ja bekanntlich vor allem von der modernen Linguistik wieder aufgenommen worden ist.

Wird von einer Gruppe von Kritikern der historische Vergleich *epistemologisch* in Frage gestellt, so von einer anderen auf gleiche Weise der interkulturelle. So hält mir beispiels-

weise ein Kommentator vor, daß ich die Scham einer badenden Balinesin mit der Scham einer in die Meeresfluten steigenden viktorianischen Lady vergleiche. Dies sei nämlich
unstatthaft, »weil die historischen und sozialen Bedingungen
dieser Scham völlig verschieden sind«,[21] und ein anderer Kritiker fügt ergänzend hinzu, daß die Bedeutung der Scham nur
jeweils in bezug auf den »kulturellen Gesamtzusammenhang« ermittelt werden könne.[22]

Hier müssen sich wiederum diese Kritiker die Frage gefallen
lassen: Wie kommen sie überhaupt dazu, von der »Scham«
der Balinesin zu reden? Wie können sie einen Begriff auf deren Verhalten anwenden, dessen Bedeutung doch abhängig
von den »historischen und sozialen Bedingungen« ist, unter
denen er verwendet wird? Wie können die Kritiker die Verhaltensweisen der Angehörigen einer fremden Kultur beschreiben, indem sie Begriffe benutzen, deren »semantischer
Gehalt« doch nur aus dem »Gesamtzusammenhang« unserer
eigenen Gesellschaft heraus verstehbar ist?

Ein weiterer Kritiker gibt beispielsweise zu bedenken, daß
die Begriffe aus fremden Sprachen, die wir mit »Scham«,
»shame«, »modesty«, »pudeur« usw. übersetzten, ihre jewei-
lige Bedeutung *innerhalb* der betreffenden fremden Kultur
erhielten, und folgert daraus, daß die Frage, ob Elias oder ich
recht hätten, wohl prinzipiell *unentscheidbar* sei:

»In describing such societies, however, a word such as ›intimacy‹ in English would mean something rather different
from what it is used to designate in German; and so would
›shame‹. It may be senseless, rather than right or wrong on the
›evidence‹, to argue for or against the idea that there has been a
process of evolution at work in the history of what Darwin
called ›populations‹. Each culture is a civilization, with its
own civilizing process; and those cultural changes that Elias
bundled together into a ›process of civilization‹ by no means
all received his unambiguous endorsement. Whether there is
›a‹ process of civilization pertaining to the species, would thus
appear a question as yet void of sense.«[23]

Liegt freilich der Sinn der Begriffe und Aussagen fremder Sprachen in dem Gebrauch, der von ihnen in der betreffenden Kultur gemacht wird, so daß eine Übersetzung unmöglich wird, dann läßt sich wiederum die Frage stellen: Wie ist es in einem solchen Falle möglich, die Behauptung des Kritikers, daß »a word such as ›intimacy‹ in English would mean something rather different from what it is used to designate in German«, überhaupt zu *verstehen*? Bestimmt sich der Sinn dieser Aussage innerhalb des ›Sprachspiels‹ oder der ›Lebensform‹ des Kritikers, dann kann er nicht erwarten, daß die Aussage in das ›Sprachspiel‹ der Kritisierten ›eingreift‹. Wird aber damit nicht die Behauptung der Unentscheidbarkeit oder der Sinnlosigkeit *sinnlos*?

Aber wir können noch einen Schritt weitergehen. Setzen wir – wie dies Quine getan hat – voraus, daß die »indeterminacy of meaning« auch *innerhalb* des ›Sprachspiels‹ dessen gilt, der diese These vertritt – »at home«, wie Quine sagt –, dann kann der Kritiker nicht einmal verstehen, *was er selber meint*. Ist die These von der »indeterminacy of meaning« selber »indeterminate«, dann zieht sie sich den Boden unter den eigenen Füßen weg!

Der Leser wird – so hoffe ich – bemerkt haben, daß ich nicht selber einen »semantischen Skeptizismus« vertrete, sondern eine *reductio ad absurdum* jener Spielart des Funktionalismus versucht habe, die Gesellschaften, ›Sprachspiele‹ und Kulturepochen als fensterlose Monaden betrachtet.

Doch eine solche ›Monadologie‹ macht jede Erkenntnis unmöglich. Wenn vor mehr als hundert Jahren der Religionshistoriker Max Müller meinte, daß derjenige, welcher nur *eine* Religion kenne, *gar keine* kenne,[24] dann heißt dies, daß wir unsere eigene Gesellschaft nur vor dem Hintergrund der fremden Gesellschaft verstehen können, daß etwa das Verhalten der viktorianischen Lady nur in bezug auf das Verhalten der Balinesin oder einer Kundin mittelalterlicher Badstuben verständlich gemacht werden kann.[25] Je mehr wir unser Verhalten mit dem Verhalten von Menschen in anderen Zeiten und in anderen Gesellschaften vergleichen, um so mehr wissen wir *über uns selber*.

Auf einem ganz anderen Blatt steht natürlich, daß es schiefe und irreführende Vergleiche gibt – und solche falschen Vergleiche waren es ja auch, die allererst Gelehrtenkonstruktionen wie die Thesen von der Prälogik, der »conscience collective« oder des – offenbar von den Kritikern vertretenen – kulturellen Relativismus plausibel erscheinen ließen. Aber derartige Irrtümer sind am wenigsten durch anmaßende a priori-Verfügungen und einen wirklichkeitsblinden »Methodenzwang« vermeidbar.

Wenn mir also heute Kritiker vorwerfen, »methodisch naiv« zu sein, weil ich »leichtfüßig durch die Jahrhunderte« schritte[26] oder »mit Siebenmeilenstiefeln die Weltgeschichte und die Menschheitskultur« durchmäße,[27] dann läßt sich die Frage aufwerfen, wer wohl naiver ist: derjenige, welcher Vergleiche *bewußt* vornimmt, oder derjenige, der gar nicht weiß, daß die Begriffe, die er scheinbar asketisch verwendet, trojanische Pferde sind, welche die eigene Kultur bereits in die fremde eingeschmuggelt haben.[28]

Doch davon einmal abgesehen, vergessen die Kritiker, für die es »schwer erträglich« ist, »westliche Beispiele mit solchen aus der Südsee, mittelalterliche mit höfisch-absolutistischen vermischt zu sehen«,[29] eines. Wenn ich spätmittelalterliche Bürger, Bewohner von Ritterburgen, Südseeinsulaner und Prärieindianer gewissermaßen in einem Atemzug genannt habe, dann nicht deshalb, weil ich etwa verkannt hätte, daß es zwischen all diesen Menschengruppen gravierende Unterschiede gibt. Ich habe dies vielmehr deshalb getan, weil ich die These eines Gelehrten kritisiere, der in einem Atemzug die Nuba von Kordofan, altgriechische Athleten, Eskimo, hochmittelalterliche Ritter, Huren der frühen Neuzeit, den alternden Kaiser Sigismund, die Pfälzer Liselotte und »*den* orientalischen und afrikanischen Menschen« angeführt hat, um zu zeigen, daß allen diesen Leuten etwas gemeinsam ist, was sie von den Angehörigen »zivilisierterer« Zeiten und Gesellschaften unterscheidet. Quod licet Jovi, licet bovi, jedenfalls in der Wissenschaft.

Nicht ganz verständlich ist mir weiterhin der häufig erhobene Vorwurf, daß ich Quellen *verschiedenster Art* heranziehe, womit wohl gemeint ist, es gehe in meinem Buch zu wie bei Luis Trenker im Rucksack, wo doch eine literarische Quelle etwas ganz anderes sei als eine autobiographische oder eine Ratsverordnung, also eine normative Quelle.

Nun habe ich in der Tat versucht, *jede* Form von Quellen zu berücksichtigen, weil ich nicht in die Fußstapfen Foucaults treten will, der den Eindruck erweckte, eine »Geschichte der Sexualität« geschrieben zu haben, während er in Wirklichkeit eher eine »Geschichte der Ideen intellektueller Männer über die Sexualität« vorgelegt hat.

Daß ich beispielsweise beim Zitieren normativer Quellen nicht jedesmal dazugeschrieben habe, daß Normen und tatsächliches Verhalten nicht miteinander identisch sind, liegt dagegen daran, daß ich dem Leser zúgetraut habe, dies selber zu wissen. Sollte ich gewisse Quellen falsch interpretiert oder manipuliert haben, wäre es Aufgabe der Kritiker, dies im einzelnen *nachzuweisen*. Eine abstrakte Globalkritik, die aus dem Blauen argumentiert, kann dafür nur ein kümmerlicher Ersatz sein.[30]

Kommen wir jedoch auf Elias' Behauptung zurück, ich sei der Meinung, bezüglich der Höhe der Schamschranken habe sich im Verlaufe des letzten halben Jahrtausends »nichts Wesentliches verändert«.[31]

Nun habe ich keineswegs – wie auch andere Kritiker insinuieren – behauptet, »daß es *keine* qualitativen Unterschiede im Hinblick der jeweiligen Kultivierung der Triebnatur des Menschen gegeben habe«[32] oder daß die Gesellschaften aller Zeiten und Weltgegenden *gleich weit* vom Paradies entfernt seien.[33]

Ganz im Gegenteil habe ich versucht zu zeigen, daß das, was Elias vom Mittelalter und den »unzivilisierten Gesellschaften« behauptet, in mancher Hinsicht[34] viel eher bei uns heute

19

– etwa an den Stränden oder in der Sauna – zu beobachten ist,[35] so daß die Wilden, wenn man unbedingt will, eher dort als am Kongo oder in Grönland zu finden sind.[36] Ich habe nicht behauptet, daß sich in der Geschichte nichts geändert hätte, *sondern daß sich diese Veränderungen – langfristig gesehen – nicht in Form einer Evolutionskurve darstellen lassen.*[37]

Wie aber ist eine solche Fehlinterpretation möglich?

Ich vermute, die Ursache ist darin zu suchen, daß die meisten Kritiker sich von der These provozieren ließen, vieles spreche für die Wahrheit des biblischen Mythos, die Genitalscham sei keine historische Zufälligkeit, sondern gehöre vielmehr zum *Wesen* des Menschen[38] – eine These, die nun gar nicht dem Zeitgeschmack entspricht, der immer noch das Veränderbare liebt, und die so manchen Rezensenten nicht nur auf Abwege, sondern zur Weißglut gebracht hat. Um diese Glut etwas abzukühlen, habe ich in § 16 des vorliegenden Bandes eine allgemeine, ›funktionale‹ These formuliert, die erklären soll, warum die Körperscham sich in allen bekannten menschlichen Gesellschaften findet, eine These, die ich hier nicht vorwegnehmen möchte.

Eine ganz andere Sache ist indessen die Frage, warum sich in bestimmten Gesellschaften unterschiedlich hohe Scham- und Peinlichkeitsschranken finden lassen und warum sich etwa in unserer eigenen Gesellschaft zu bestimmten Zeiten diese – oder, genauer gesagt, gewisse – Schranken gesenkt haben oder angehoben worden sind. Auch in diesem Falle habe ich im ersten Band in groben Umrissen eine These skizziert,[39] die allerdings von den mir weniger freundlich gesonnenen Kritikern ›übersehen‹ wurde.

Diese These besagt, daß in traditionellen face-to-face-Gesellschaften der Einzelne durch die intensivere Verflochtenheit im Verwandtschaftsband einer unmittelbareren und lückenloseren »informellen« sozialen Kontrolle unterworfen war als der Angehörige moderner urbaner Gesellschaften. In unserer eigenen Gesellschaft scheint sich der entscheidende Umbruch in den Städten des späten Mittelalters vollzogen zu haben, und es zeigt sich, daß die relative Verhaltensfreiheit oder – wenn man will – die verhältnismäßige Sittenlosigkeit dieser Zeit, mag sie auch von vielen Kulturhistorikern noch so übertrieben worden sein, kein »archaisches« Phänomen ist, wie Elias glaubt, sondern ironischerweise das Ergebnis einer *gesellschaftlichen Veränderung*.[40]

Zum einen herrschte in der spätmittelalterlichen Stadt unter Handwerkern und Lohnarbeitern Neolokalität vor, d. h., die Braut zog nicht ins Haus der Familie des Mannes, vielmehr suchte sich das junge Paar nach der Heirat meist eine Mietwohnung, die von der elterlichen Wohnung nicht selten weit entfernt lag, so daß die Bedeutung der Verwandtschaftsbindungen geringer und damit auch die Ausübung der sozialen Kontrolle durch den Verwandtschaftsverband schwächer wurde.[41] In diesem Sinne hat man von der spätmittelalterlichen Stadtbevölkerung als einer »Ansammlung kleiner Zellen, von Haushalten mit schwachen Bindungen« gesprochen.[42]

Mehr und mehr wurde die ›Sittenaufsicht‹ von anderen Institutionen übernommen, zunächst von Körperschaften wie den Zünften der Handwerker und Kaufleute, im Norden Deutschlands meist Gilden, im Süden Innungen genannt, von Bruderschaften, peer groups und »Nachbarschaften«, die meist den Charakter von Quasi-Verwandtschaftsverbänden hatten.[43] Diese legten in ihren Satzungen nicht nur die Sittlichkeitsnormen fest,[44] sondern auch die Verpflichtung zur gegenseitigen Hilfe in Brandfällen, zur Sauberhaltung von Bächen und Brunnen, zur Aufrechterhaltung von Sicherheit und Ordnung auf der Gasse und anderes mehr.[45] Je älter das Mittelalter wurde, in um so stärkerem Maße übernahm dann in vielen Reichsstädten der Rat von den Berufsgenossenschaften die Kontrollfunktion und die Verfügungsgewalt, wie beispielsweise in Ulm, wo er im Jahre 1420 »Schauer« und »Rüger« einsetzte, die über die Einhaltung der Schicklichkeits- und Luxusgesetze zu wachen hatten.[46]

Die Kontrollinstanzen wurden also immer »synthetischer«,[47] und sie *verstärkten* weniger das soziale Netz der familiären Bindungen,[48] als daß sie es *ersetzten*, was wiederum bedeutete, daß die Normen immer weniger ›verinnerlicht‹ wurden,[49] da man ihre Einhaltung in stärkerem Maße als früher ›von außen‹ und zudem unvollständiger überwachte.[50]

Zum anderen hat es den Anschein, daß die entstehende relative Verhaltensfreiheit auch damit zusammenhing, daß die Bewohner der spätmittelalterlichen Städte es in bislang ungeahnter Weise mit fremden Menschen zu tun hatten, denen gegenüber man sich in gewisser Hinsicht folgenloser benehmen konnte. Im Vergleich zu früher *wohnte* man nicht nur als »Fremder unter Fremden«, um einen Ausdruck von Karl Valentin zu verwenden: Unzählige Fremde strömten täglich durch die Tore der Städte, und als sich beispielsweise im späteren 12. Jahrhundert William Fitzstephen über London ausläßt, hebt er bereits die Offenheit der Stadt gegenüber dem Land hervor, in welcher sich dauernd die verschiedensten Stände und Leute mannigfachster Herkunft begegneten.[51] Und negativ gewendet bemerkt zur selben Zeit Richard de Devizes über die englische Hauptstadt:

»Ich mag diese Stadt überhaupt nicht. Dort kommen alle möglichen Leute aus allen möglichen Ländern zusammen; jede Rasse schleppt ihre eigenen Laster und Bräuche ein. Niemand lebt dort, ohne auf irgendein Verbrechen zu verfallen. Jeder Stadtteil wimmelt von widerwärtigen Scheußlichkeiten. Je schuftiger ein Mann ist, desto angenehmer ist er. Man begebe sich nicht unter das Volk in den Herbergen. Die Zahl der Schmarotzer ist dort unendlich groß. Schauspieler, Possenreißer, Weichlinge (= Onanisten), Mohren, Speichellecker, Lustknaben, Päderasten, Tänzerinnen und Sängerinnen, Scharlatane, Bauchtänzerinnen, Geisterbeschwörer, Erpresser, Nachtschwärmer, Zauberer, Pantomimenspieler, Bettler; solches Volk füllt diese Häuser. Wenn man also keinen Umgang mit diesen Schurken haben will, lasse man sich nicht in London nieder.«[52]

Zusätzlich zur zunehmenden Arbeitsteilung, die immer mehr Menschen miteinander verknüpfte und zur hohen Mobilität insbesondere der wandernden Gesellen seit dem ausgehenden 14. Jahrhundert beitrug,[53] waren die Bürger der Städte auch in viel stärkerem Maße als die Landbevölkerung am Fernhandel beteiligt, und zwar nicht allein die patrizischen und die anderen Kaufleute, sondern auch viele Krämer und Handwerker.[54]

Innerhalb der Städte gab es zudem eine große Bevölkerungsfluktuation, die sich nicht nur auf die Unterschichten beschränkte. So wechselte beispielsweise der Augsburger Kaufmann Burkhard Zink in 35 Jahren zehnmal die Wohnung, und in Lübeck hatten die Privatgrundstücke im Verlaufe des 14. Jahrhunderts im Durchschnitt zehn Besitzer.[55] Zwar lebten die Stadtbewohner noch enger aufeinander als die Bauern (mhd. *gebûren*, also diejenigen, welche »zusammengebaut« haben) – im ausgehenden 14. Jahrhundert teilten sich etwa in Regensburg sieben bis acht Mietparteien ein Haus[56] –, doch die hohe Mobilität sorgte dafür, daß man in viel stärkerem Maße als auf einem Dorf mit Fremden zusammenlebte.

In der Stadt waren die Sterblichkeit viel höher und die Geburtenrate niedriger als auf dem Lande,[57] weshalb man zu sagen pflegte, die Stadt fresse den Menschen, während das Land ihn bewahre. Keine mittelalterliche Stadt hätte jemals aus eigener Kraft ihre Bevölkerungszahl auch nur einigermaßen halten können. Vor allem in den größeren Städten, in denen die Entsorgung besonders schwierig war, schlugen ansteckende Krankheiten wie Typhus und vor allem der »Schwarze Tod« zu[58] und entvölkerten sie geradezu. Heute nimmt man an, daß das überbevölkerte Europa zur Mitte des 14. Jahrhunderts etwa 40 % seiner Bewohner verloren hat:[59] In London soll zu jener Zeit über die Hälfte der Bevölkerung an der Pest zugrunde gegangen sein – also mehr als 15000 Menschen[60] –, in Hamburg etwa ein Drittel;[61] in der östlichen Normandie ging die Bevölkerungszahl im 14. Jahrhundert durch Pest und

Seuchen um 53% zurück,[62] und in Siena sank angeblich die Zahl der Einwohner gar von 100000 auf 13000.[63]

Wiederaufgefüllt wurde die Stadtbevölkerung vor allem durch einströmendes, meist jüngeres Landvolk und Bewohner kleinerer Städte, was unter anderem dazu führte, daß nach der Großen Pest die Ostkolonisation ins Stocken geriet, weil eben die Bauern nicht mehr Neuland besiedeln, sondern in die Städte umziehen wollten.[64]

Wenn man etwa bedenkt, daß beispielsweise in Bremen im 14. Jahrhundert dem Zuzug neuer Bürger eine so hohe Sterblichkeitsrate und zudem ein so großer Wegzug entsprachen, daß die Stadt sich im Verlaufe von 40 Jahren völlig erneuerte,[65] dann läßt sich ermessen, wie sehr der spätmittelalterliche Städter im Vergleich zum traditionellen Dorfbewohner aus seinem ursprünglichen Lebenszusammenhang herausgerissen war.

Es liegt auf der Hand, daß in dieser in Bewegung geratenen Welt neue Formen der Verhaltenskontrolle nötig wurden, und zwar solche, die im Vergleich zu früher nicht mehr so sehr von gleichsam naturwüchsigen Verwandtschaftsverbänden ausgeübt werden konnten, sondern mehr und mehr von den beschriebenen, ›anonymeren‹ Institutionen ›synthetischen‹ Charakters, so daß entgegen dem, was Elias und viele andere sagen, die sozialen Zwänge immer weniger als ›innere Natur‹ und immer mehr als Außen- oder Fremdzwänge erlebt wurden.[66]

Ich will nicht leugnen, daß diese *neuen* Verhaltenskontrollen im Zuge der »Mandatisierung« des Lebens,[67] Kontrollen, die *vor* der Reformation eher *sozial*, also unter Berufung auf Anstand und Schicklichkeit, im Verlaufe des späteren 16. Jahrhunderts mehr im Hinblick auf das Wort Gottes legitimiert wurden,[68] in *mancher* Hinsicht rigider waren als die *alten*.[69] Auf der anderen Seite wiesen sie jedoch einen Grad von Porösität auf, der den Formen sozialer Kontrolle in »archaischen« Zeiten unbekannt gewesen war und der dem Menschen Freiheitschancen gab, die er vorher nie besessen hatte.[70]

§ 1
Die Polemik gegen die ›Man-midwifery‹ und gegen das Medizinstudium von Frauen

Als der berühmte schottische Gynäkologe William Smellie sich nach Beendigung seiner Studien in Paris im Jahre 1739 in London niederließ, um Hebammen und vor allem Medizinstudenten Anschauungsunterricht in Geburtshilfe und Frauenheilkunde zu geben, wurde dies von vielen Bewohnern der Stadt als skandalös empfunden. Die bekannteste Hebamme am Ort, Elizabeth Nihell in Haymarket, sah »the delicate fist of a great-horse-godmother of a he-midwife« in den »private parts« der Frauen herumstochern[1] und empörte sich darüber, daß zweifelhafte Kerle – »broken barbers, tailors, or even pork butchers« – dabei auch noch zuschauen dürften: ein Bursche, der sein halbes Leben damit zugebracht habe, Schweinswürste zu stopfen, solle so in einen unerschrockenen Arzt und Geburtshelfer verwandelt werden![2]

Um mittellose Frauen, bei denen eine komplizierte Geburt zu erwarten war, dazu zu bringen, ihr Schamgefühl zu überwinden, hatte Smellie verkündet, er werde sie kostenlos entbinden, allerdings unter der Bedingung, daß seine Schüler dabei zusehen und von Fall zu Fall selber mit Hand anlegen dürften, und dies brachte nicht allein die Haymarket-Hebamme in Rage, sondern auch manchen seiner Kollegen. So schrieb etwa John Blunt in seinem Buch *Man-midwifery Dissected*, der Ärztestand habe sich neuerlich Handlungen zuschulden kommen lassen, die einem Hurenwirt die Schamesröte ins Gesicht treiben,[3] und er stellte die Frage, ob es denn angehe, daß ein Arzt, umgeben von jungen Kerlen, einer vor ihm stehenden schwangeren Frau den Finger in die Vagina stecken dürfe:

»*Touching* is performed by introducing the forefinger, lubricated with pomatum, into the vagina, in order to feel the os internum and the neck of the uterus. Now imagine an apothe-

1 ›A Man-Mid-Wife, or A newly discovered animal,
not known in Buffon's time‹, 1793.

cary's lad doing this! A young creature is but a few months
married, and feels a little unwell, before a stranger is sent for:
asking a few questions in a soft simpering, insinuating manner, he then, with the utmost politeness of professional as-
surance, and as a matter of course, slides his hand ...«
Willentlich könnten so etwas doch nur Frauen zulassen,
»who are sufficiently fashionable to be beyond the reach of
vulgar censure, and who have stoically forgotten to blush,
unless it be by the assistance of rouge«.[4] Oder würde ein
Mann damit einverstanden sein, daß vierzig oder fünfzig über-
mütige Studenten Smellies, noch angeheitert von ihren nächtlichen Sauftouren, die »sacred parts« seiner Gattin schamlos
beglotzten, nachdem die Kerle die Frau auf den Rücken gelegt und ihre Beine auseinandergedrückt hätten?[5]
In seinem 1752 erschienenen *Treatise on the Theory and Practice of Midwifery* hatte Smellie das »touching«, also die »in-

26

2 Handhaltung des Arztes.
Aus Siebolds *Geburtshülfe*, 1835.

nere Untersuchung«, beschrieben, worauf Philip Thicknesse das Buch »the most bawdy, indecent and shameful Book which the Press ever brought into the World« nannte. Erzürnt war Thicknesse vor allem über die Stelle, an der Smellie davon spricht, die Schamspalte habe ihre charakteristische Form, damit der Penis während des Geschlechtsverkehrs und der Finger beim »touching« in die Vagina eingeführt werden könne. Meinte dieser »modest Doctor« wirklich, so fuhr der Autor fort, die Natur habe »those parts« so geformt, damit der Arzt seinen Finger hineinstecken könne? Und dies, um herauszufinden, »if any emotions arise in the *touched* lady's breast, that the Doctor may take advantage of«? Wer sei mehr zu verachten: der Vertreter dieses obszönen Berufes oder der Mann, der seine Frau den geilen Manipulationen solcher Professoren überlasse? Der Gatte möge sich doch nur einmal vor Augen führen: ein smarter Arzt schließt sich mit seiner Frau im Zimmer ein und schiebt ihr den Finger der einen Hand – »nay, if he pleases, two fingers« – in die Scheide und den Finger der anderen in den After, »according to the ingenious Dr. Smellie's direction!«[6]

Zwar erkannte die Königliche Ärztekammer im Jahre 1783 die Geburtshilfe offiziell als medizinische Kunst an, aber noch viele Jahrzehnte lang galt die Ausübung dieser Kunst durch Männer zumindest als anrüchig,[7] und wenn die männlichen Geburtshelfer zu Notfällen[8] in die Elendsviertel der großen Städte eilten, wurden sie nicht selten von den Nachbarinnen der Kreißenden verhöhnt und mit Dreck und Abfällen beworfen.[9] Der amerikanische Geburtshelfer Thomas Ewell berichtete, ein Bekannter habe dem Accoucheur, den er notgedrungen zu seiner niederkommenden Frau rufen mußte, erklärt, er blase ihm die Birne von den Schultern, wenn er es wagen sollte, auch nur einen Blick auf den Unterleib seiner Frau zu werfen oder diesen gar zu berühren, und dementsprechend erschien im Jahre 1772 in der *Virginia Gazette* eine Polemik gegen die männliche Geburtshilfe, in welcher der Verfasser konstatierte, es käme für ihn aufs gleiche heraus, ob seine Frau eine Nacht im Puff oder eine Stunde in ihrem Zimmer mit einem Gynäkologen verbracht habe. Schließlich gebe es selbst während der Wehen Augenblicke der Entspannung, in denen bekanntlich die Ärzte »in die Vorrechte der Ehemänner eingriffen«,[10] womit der Verfasser wohl das ›Recht‹ auf eine digitale Untersuchung gemeint haben mag.

Auch im folgenden Jahrhundert hielt die zuweilen sehr erregte Polemik gegen die männliche Geburtshilfe und die von Männern durchgeführte gynäkologische Untersuchung an. Im Jahre 1848 berichtete beispielsweise Charles Meigs, Ordinarius für Gynäkologie und Geburtshilfe am Jefferson Medical College in Philadelphia, daß sein Lehrer stets rot anzulaufen pflegte, wenn er seine Studenten in »those trembling secrets of the lying-in chamber« einführte;[11] wie schon im 18. Jahrhundert sein französischer Kollege Moreau de St. Méry zeigte er sich hocherfreut über die Tatsache, daß die meisten Frauen sich weigerten, »local examinations« an ihrem Körper vornehmen zu lassen, und schloß daraus auf einen hohen Grad von Tugendhaftigkeit unter den amerikanischen Frauen – ganz im Gegensatz zu einem englischen Kollegen, der sechzehn Jahre später feststellte, die Schamhaftigkeit der Gynäkologen seines Landes sei »absolutely criminal« und stehe der ihrer Patientinnen in nichts nach.[12]

In Frankreich herrschten anscheinend zu jener Zeit moderatere Auffassungen, so daß der amerikanische Arzt C.T. Jackson im Jahre 1830 konstatieren konnte, das »toucher« oder »touching« allein sei die Reise über den Atlantik wert gewesen, und ein Jahr später fügte sein Landsmann James Jackson hinzu:

»All this is important knowledge, it enables one to enter upon the examination of uterus disease with more confidence than he otherwise could and altho' I am glad to avail myself of the opportunities here offered for acquiring it, I cannot but rejoice that the state of society is such in our own country that the same knowledge cannot be acquired there.«[13]

Was im Klartext hieß: Gott sei Dank hatten die amerikanischen Frauen noch einen Begriff von Anstand und weiblicher Würde, und wenn die Pariserinnen schon solche Flittchen waren, daß sie eine »innere Untersuchung« zuließen, dann um so besser für die medizinische Wissenschaft!

Doch auch so manchem amerikanischen Arzt schienen solche Untersuchungen generell moralisch bedenklich, gleichgültig, ob die betreffende Frau nun Amerikanerin oder Französin war. In George Gregorys 1852 in New York erschienenem Buch *Medical Morals* wurde z. B. die Schamlosigkeit der Situation dadurch betont, daß auf der Nachzeichnung einer französischen Illustration zur Untersuchung einer Frau in horizontaler Lage das die Patientin bedeckende Leintuch durchsichtig dargestellt war, so daß der Eindruck haftenblieb, der Arzt schaue der Frau zwischen die Beine,[14] und etwa um dieselbe Zeit folgerte Georges Bruder Samuel:

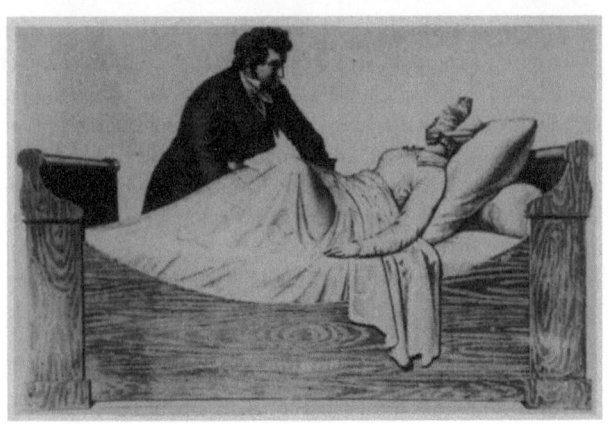

3 ›Innere Untersuchung in horizontaler Lage‹.
Aus *Les Nouvelles Démonstrations d'accouchemens*, 1822.

»This torture of modest sensibilities is a wicked and super-
fluous infliction, for which no sanction can be found in the
examples or precepts of Scripture; no, nor in the customs of
any nation of heathendom. It is neither Christian, pagan, nor
human.«[15]
Samuel Gregory argwöhnte, die Herrschaft der männlichen
Gynäkologen sei nur ein Ausdruck der zunehmenden gesellschaftlichen Entmündigung der Frauen und plädierte bereits
im Jahre 1847 dafür, daß Frauen Medizin studieren dürften
und auch sollten, um ihren Geschlechtsgenossinnen weitere
Demütigungen und Entwürdigungen zu ersparen.[16] Besonders in Nordamerika regte sich fast das ganze Jahrhundert
hindurch die Kritik an der von Männern ausgeübten praktischen Gynäkologie und Geburtshilfe, vor allem aber daran,
daß Frauen vor männlichen Studenten entblößt wurden. So
beschwor noch im Jahre 1889 Thomas Eakins' Bild ›The
Agnew Clinic‹ einen Skandal in der Gesellschaft von Philadelphia herauf, weil hier offen zu sehen war, daß junge
Frauen (Amerikanerinnen, keine Französinnen!) mit nackten
Brüsten von jungen Männern begafft wurden.[17]

Zwar wurde im Zuge der zunehmenden »Medikalisierung« des Geburtsvorganges, und damit verbunden dem Vordringen der Auffassung, der weibliche Körper sei ein Gebärapparat und der Arzt sein Mechaniker, der ihn wartete und reparierte,[18] die Scham der Frau vor dem Arzt zurückgedrängt, aber noch im Jahre 1894 heißt es in einer anonym veröffentlichten Schrift, »eine ganz außerordentlich große Zahl« junger Mädchen verschwiege vor dem Arzt ihr Leiden, weil sie sich schämten, vor ihm die Kleider abzulegen: »Besonders schlimm ist es, daß immer noch unverheiratete Ärzte Mädchen und Frauen behandeln dürfen und viel behandeln. Wer die menschliche Natur kennt, der kann unmöglich daran glauben, daß solche jungen Leute bei derartig intimen Beziehungen gänzlich jede Sinnlichkeit in Gedanken unterdrücken werden.«[19] Deshalb plädierte der Autor, ähnlich wie Samuel Gregory ein halbes Jahrhundert vor ihm, dafür, daß Angehörige des weiblichen Geschlechts lediglich von Ärztinnen untersucht werden sollten, was die Entehrung und Beschämung der Patientinnen in Grenzen hielte.[20]

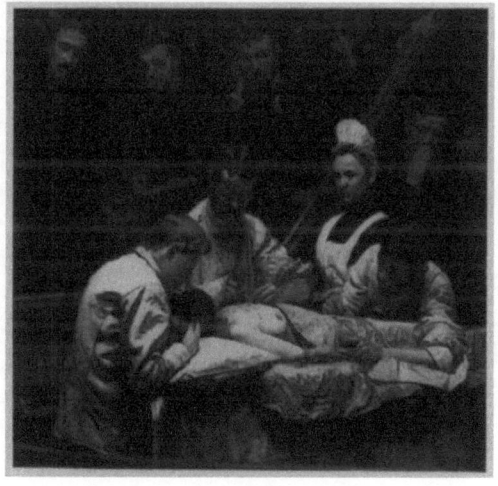

4 Thomas Eakins: ›The Agnew Clinic‹, 1889.

Allerdings hatte sich schon vor der Zeit Gregorys der größte Teil der Mediziner gegen ein Medizinstudium der Frauen ausgesprochen, und zwar nicht nur aus Angst vor der weiblichen Konkurrenz,[21] sondern auch aus Gründen der Schicklichkeit. War es im 19. Jahrhundert überhaupt für eine Frau »unladylike«, mit männlichen Studenten im gleichen Hörsaal zu sitzen,[22] so galt dies in verstärktem Maße für medizinische Vorlesungen, und wenn bisweilen auch die Professoren Studentinnen tolerierten, spielten deren männliche Kommilitonen bei der Sache meist nicht mit. Nachdem beispielsweise die Deutsche Franziska Tiburtius 1871 in Zürich ihr Medizinstudium begonnen hatte, weil dies in ihrem Heimatland nicht möglich war, erhob sich »ein wüster Lärm, Schreien, Johlen, Pfeifen«, als sie zum erstenmal den Präpariersaal betrat,[23] und als einige Zeit vorher Sophia Jex-Blake, die im Jahre 1874 die London School of Medicine gründen sollte, mit ein paar anderen jungen Damen den Hörsaal in Edinburgh betreten wollte, ließen ihre männlichen Kommilitonen ein Schaf durch

5 Heinrich Zille: »Nur nicht ängstlich, liebes Fräulein!«

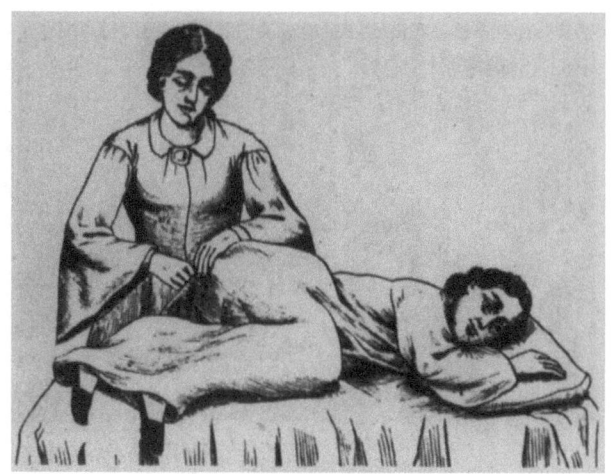

6 »Eine Wärterin, welche Sims' Speculum hält«, 1873.

die Bankreihen laufen.[24] In den zwanziger Jahren des 19
Jahrhunderts stimmten zwar die Professoren der Harvard
Medical School dem Antrag des Dekans Oliver Wendel
Holmes auf Zulassung Harriot Hunts zum Medizinstudium
zu, doch die Studenten rebellierten, und zwar mit dem Argu
ment, keine Frau mit wahrhafter »delicacy« sei bereit, in An
wesenheit des anderen Geschlechts bei gewissen Themen, di
notwendigerweise zur Sprache kommen müßten, zuzuhö
ren.[25]
Nicht wenige Mediziner warnten dringend davor, die weib
liche Unschuld durch das Wissen »um diese Dinge« zu verlet
zen,[26] und so meinte etwa im Jahre 1872 der Münchne
Anatomieprofessor Theodor Bischoff, Frauen seien vom Me
dizinstudium fernzuhalten, da die Gegenwart »vielleich
hübscher, üppiger Mädchen« die Kommilitonen sexuell erre
gen könnte, vor allem wenn die Geschlechtsorgane, »ihr Ge
brauch, selbst ihr Missbrauch« erörtert würden.[27] Zehn Jahı
später begründete Dr. George C. Shattuck von der Medizin
schen Fakultät der Harvard-Universität auf der Jahressitzun

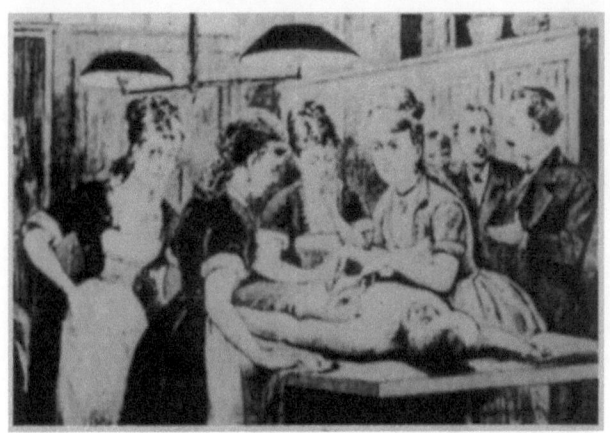

7 Amerikanische Medizinstudentinnen bei
der Sektion einer Leiche, 19. Jh.

der Massachusetts Medical Society den Antrag auf Nichtzu-
lassung weiblicher Mitglieder unter anderem damit, daß er
einen Kollegen zitierte, welcher der British Medical Association mitgeteilt hatte, er könne keiner Vereinigung angehören,
die der unschicklichen Praxis fröne »of discussing medical
topics in a mixed society«. Ein weiterer angesehener Mediziner meinte schließlich, wenn man schon Frauen zuließe, dann
könne man auch gleich Neger zulassen.[28]
Doch nicht allein gegen den ›gemischten‹ Unterricht ver-
wahrten sich viele der Herren, sondern auch gegen den Medi-
zinunterricht für Frauen *überhaupt*. Hatten nicht viele
Frauen zum Riechsalz gegriffen, als Paulina Wright eine rein
weibliche Zuhörerschaft in die Anatomie einführen wollte,
und war nicht eine Reihe von Hörerinnen dabei in Ohnmacht
gefallen?[29] Und wurden junge Frauen durch ein solches Studium nicht ihrem Wesen entfremdet, wie der *Punch* es im
Jahre 1856 veranschaulichte, als er eine Karikatur veröffentlichte mit der Unterschrift ›Eine Ärztin im Gespräch mit einer normalen Frau‹?[30]

§ 2
Die Gebäranstalten und
der Gebrauch des Spekulums

Da das weibliche Schamgefühl im 18. und 19. Jahrhundert eine nur sehr schwer zu überwindende Barriere für das männliche Bestreben darstellte, den weiblichen Körper und seine Funktionen zu erkunden, bedurfte es fast immer einer Notlage, damit eine Frau sich bereit erklärte, ihren Unterleib den männlichen Blicken und Berührungen auszusetzen. Hatte William Smellie den armen Frauen Londons, die eine schwere Geburt befürchteten, zugesagt, er werde sie ohne Honorar entbinden, so war dies häufig auch die Strategie der Gebäranstalten, die im Verlaufe des 18. Jahrhunderts in vielen Gegenden eingerichtet wurden.

In der Münchner Gebäranstalt mußten die – fast ausschließlich »unehrbaren« – Frauenzimmer für ihre kostenlose Entbindung als »lebendes Phantom« dienen – an »Phantompuppen« wurde den Studenten in Ermangelung lebendiger Frauen der Geburtsvorgang erläutert[1] –, und wenn sie in der Lage waren, eine Gebühr von 20 bis 25 Gulden zu entrichten, durften sie »bey dem geburtshülflichen Unterrichte nicht benützt werden«. Zudem wurde in einem solchen Falle ihre Anwesenheit in dem Hause, in dem ja männliche Accoucheure tätig waren, geheimgehalten.[2] Auch die im Jahre 1766 im Quadrat N 6 in Mannheim eröffnete Hebammenschule war für arme und »gefallene« Mädchen vorgesehen;[3] in der Göttinger Charité und im 1751 gegründeten Accouchierhaus der Universität wurden mittellose Schwangere von Studenten ab- und ausgetastet, während Accoucheure schwierige Entbindungen mit der Geburtszange durchführten.[4]

Mancherorts waren indessen auch solche »Gefallene« nicht bereit, freiwillig derartige Experimentieranstalten zu betreten, weshalb im Jahre 1791 der Landgraf von Hessen-Kassel in Marburg ein Spital einrichten ließ, in welchem jede ledige

Schwangere, »besonders aus dem Gesindestand«, ihr Kind zur Welt bringen *mußte*;[5] nach einem Erlaß des Kgl. Justiz-ministeriums vom Jahre 1809 wurde den schwangeren Mäd-chen aus den Kreisen Rottenburg, Calw und Stuttgart, die bereit waren, im Tübinger Clinicum zu entbinden, die Skor-tationsstrafe, also die Unzuchtsbuße, erlassen, eine Verfü-gung, die 1824 auf das Gebiet des gesamten Königreiches aus-gedehnt wurde.[6]

Die Erniedrigung und Demütigung der in diesen Anstalten »benützten« Untersuchungsobjekte muß extrem gewesen sein. In der erwähnten Münchener Gebäranstalt wurden die »lebenden fantômes« in Anwesenheit mehrerer Männer split-ternackt entbunden, und da es häufig zu »Zwischenfällen« kam, bedeckte man ab dem Jahre 1847 den Kreißenden die Augen mit einem weißen Laken.[7] Im Jahre 1784 verlautete Professor Johann Peter Weidmann zum neugegründeten Ent-bindungshaus für ledige Mütter in Mainz:

»Damit arme Schwangere nicht durch leeres Vorurteil oder übel verstandene Schamhaftigkeit abgehalten werden mögen, sich im Entbindungshause einzustellen, so dürften vielleicht junge Geburtshelfer zur praktischen Anleitung nicht sogleich im Anfange zugelassen sein.«[8]

Unterstützt wurde hierin Weidmann vom Dekan der Medizi-nischen Fakultät, der in einem Gutachten feststellte:

»Was hir der Professor Weidmann angibt, ist weislich und vorsichtig: um so mehr, als dießes Institut hir ganz neu und ungewöhnlich ist. Unterdessen wünschete ich, daß die 3 hie-sige Chirurgi Leyden, Nolde und Roeder – als welche die Geburtshülf hir ausüben wollen – baldmöglichst theoreti-schen und zugleich an einer Machine practischen Unterricht einstweilen erhilten: vielleicht auch einen besseren practi-schen an masquirten verunglückten Mädchen haben könn-ten.«[9]

»Masquirungen« – die bisweilen auch von Aktmodellen ange-legt wurden (Abb. 8) – linderten ein wenig das Schamgefühl, da sowohl die Kreißende für den Accoucheur und seine Stu-

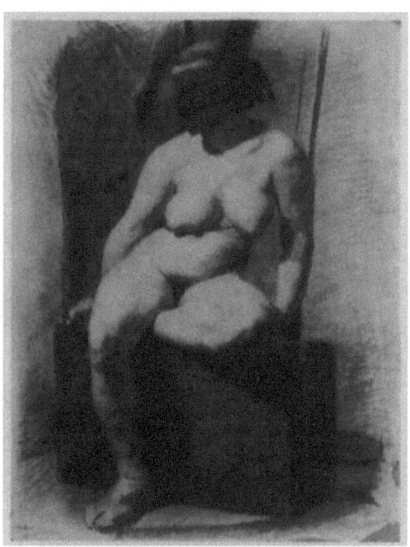

8 Thomas Eakins: Maskiertes Modell, um 1865.

denten als auch diese Männer für die Kreißende wenigstens
für den Augenblick anonymisiert wurden, und während der
»demonstrative midwifery« von James Platt White am Buf-
falo Medical College wurde so im Jahre 1850 mit Ausnahme
des Genitalbereichs der gesamte Leib der betreffenden Frau
einschließlich des Gesichtes abgedeckt.[10]
In der Regel kam man freilich ohne derartige Rücksichtnah-
men aus und hielt es wie die ›Gratisabteilung‹ des Wiener Gebärhauses, wo die armen Schwangeren der Biedermeierzeit
täglich von mindestens dreißig Medizinstudenten per vaginam abgetastet wurden. Während der Entbindung schirmte
man das Bett der Frauen zwar durch einen Vorhang ab, doch
die Kreißenden wurden von den jungen Männern weiterhin
gynäkologisch untersucht, und zwar so oft, wie diese es für
richtig hielten.[11]
Gerade die entwürdigende Behandlung in den Gebäranstalten und Krankenhäusern wurde noch viele Jahrzehnte lang

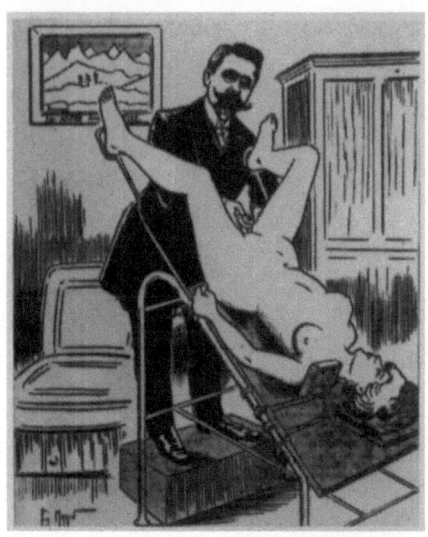

9 »Die Frau: ›Lieber Herr Doktor, was sehen Sie bei
dieser Speziallagerung?‹ Der Gynäkologe:
›Bis in den Grund Ihrer Seele, liebe gnädige Frau!‹ – beiseite:
›Tota mulier in utero.‹« Karikatur aus Jayles *Gynécologie*, 1918.

von Kritikern angeprangert,[12] und die spätere Ärztin und Feministin Elizabeth Blackwell hielt in ihrem Tagebuch vom
Jahre 1847 fest, wie entsetzt sie war, nachdem ihr Lehrer
James Webster sie am Geneva Medical College zu einer gynäkologischen Untersuchung gerufen hatte:
»Dr. Webster sent for me to examine a case of a poor woman
at his rooms. 'Twas a horrible exposure;[13] indecent for any
poor woman to be subjected to such torture; she seemed to
feel it, poor and ignorant as she was.«[14]
Als Elizabeth später zu Sir James Paget ans Londoner St. Bar-
tholomew's Hospital kam, schrieb sie, »every department
was cordially opened to me, *except the department for female
diseases*«. Bei den gynäkologischen Untersuchungen wollten
die Herren unter sich bleiben, und Sir James erinnerte sich,
daß es dabei zugegangen sei wie am Stammtisch: der leitende

38

Arzt habe häufig Stories erzählt, »some of which were obscene, some very nasty«.[15]

Unter diesem Blickwinkel scheint es verständlich, wenn im Jahre 1851 eine Amerikanerin die Frage stellte, »what motive, but a lustful or mercenary one, can induce Physicians to make frequent examinations with the finger, or the speculum, when the highest medical authorities have declared such examinations generally *unnecessary*, and often hurtful?«[16]

Mehr noch als das Einführen des mit Pomade gleitfähig gemachten Fingers – Gummihandschuhe kamen erst gegen Ende des 19. Jahrhunderts in Gebrauch[17] – wurde von vielen der Gebrauch des Spekulums als schamverletzend empfunden, und zwar sowohl von Frauen als auch von Männern. So behaupteten einige Ärzte, die im Grunde sexbesessenen Frauen ließen sich durch Einführen des Instruments sexuell befriedigen, und im Jahre 1853 bemerkte Dr. Robert Brudenell Carter, das Gerät »was avidly sought by women of all ages and situations as a means of sexual gratification«:[18] er kenne Frauen aus dem Bürgertum, die derartige »medical manipulations« sehr gerne über sich ergehen ließen und dadurch »to the mental and moral condition of prostitutes« abgesunken seien.[19]

In den dreißiger Jahren des vergangenen Jahrhunderts benutzten viele Pariser Gynäkologen ein Spekulum, wenn sie Prostituierte auf Syphilis und Tripper untersuchten, und als einige Zeit danach englische Ärzte das Instrument in ihrem Land einführen wollten, stießen sie auf den erbitterten Widerstand vieler ihrer Kollegen, die daran erinnerten, daß »the speculum emanated from the syphilitic wards of the hospitals at Paris, and it would have been better for the women of England had its use been confined to those prostitutes institutionalized«. Der Gebrauch des Instrumentes sollte beschränkt bleiben auf Frauen »dead to shame«, und anständigen Damen müsse eine so empörende »immorality« erspart bleiben. Medizinische Zeitschriften hätten berichtet, daß manche Frauen nach solchen Spekulum-Untersuchungen geradezu süchtig geworden seien, woraus die Ärzteschaft den Schluß zog, daß »the female who has been subjected to such treatment is not the same person in delicacy and purity that she was before«.[20]

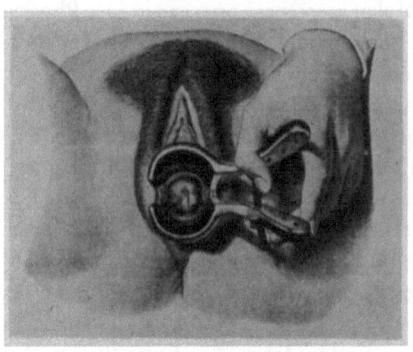

10 Untersuchung des Uterushalses mit einem Spekulum.
Französischer Stich, 1851.

Freilich war eine solche Beschränkung des Spekulum-Gebrauchs nicht leicht durchzuführen, zumal nach einer Erweiterung der Verfügung über Ansteckende Krankheiten (›Contagious Diseases Act‹) vom Jahre 1864 jede Frau, die von der Sittenpolizei als Prostituierte verdächtigt wurde, mit Hilfe eines Spekulums untersucht werden durfte. Wenn also irgendein x-beliebiger Polizist der Meinung war, er habe »guten Grund zu der Annahme«, daß irgendeine Frau das horizontale Gewerbe ausübe, konnte ein Polizeirichter diese Frau dazu zwingen, sich 12 Monate lang regelmäßig mittels dieses Instrumentes untersuchen zu lassen. Als beispielsweise eine Mrs. Perry und ihre sechzehnjährige Tochter auf einem abendlichen Nachhausegang von der Polizei gestellt, aufs Revier gebracht und später Repressalien ausgesetzt wurden, weil sie es ablehnten, sich mit dem Spekulum untersuchen zu lassen, stürzte die Mutter sich aus Verzweiflung in den Basingstoke-Kanal.[21]

Josephine Butler, unter deren Führung die Ladies' National Association im Jahre 1869 zweitausend Stimmen – darunter die von Florence Nightingale und der Schriftstellerin Harriet Martineau – gegen die Verabschiedung der endgültigen Fassung des Gesetzes gesammelt hatte, erklärte die Spekulum-Untersuchung für eine Erniedrigung *jeder* Frau einschließlich der Prostituierten[22] und bekannte: »I had much rather die than endure it!«[23] Besonders während der Geburt fügten die Ärzte den Kreißenden tiefe seelische Wunden zu, von denen diese Frauen nie mehr genesen würden, und auch andere bestätigten immer wieder und öffentlich, daß solche Schamverletzungen für sie traumatisch geworden seien.

Die Feministinnen nannten den Gebrauch des Spekulums »instrumental rape« und das Gerät selber einen »steel penis«. Ein Mitglied der Ladies' National Association bezeichnete seine Verwendung als »the deepest humiliation a woman can be called upon to subject herself to«,[24] und es gab in Amerika sogar männliche Ärzte, die befürchteten, das Instrument »might violate the modesty of the women«, und zwar selbst das Schamgefühl öffentlicher Huren.[25]

Freilich wurde nicht allein das Einführen dieses ›stählernen Dildos‹ als entwürdigend betrachtet. Wenn um diese Zeit ein gewisser Thomas Markby daran erinnerte, daß »God has im-

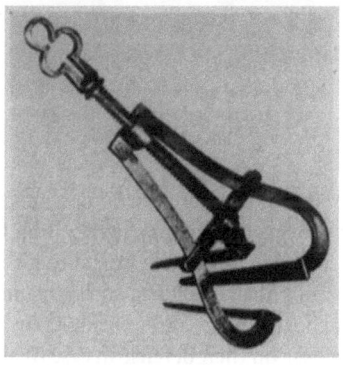

11 Verstellbares Stahlspekulum, spätes 17. Jh.

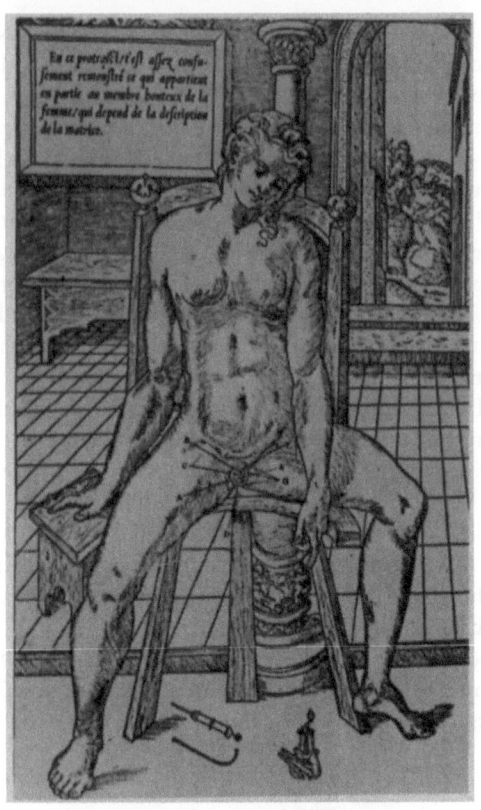

12 Frau deutet auf am Boden liegendes Spekulum.
›Le membre honteux de la femme‹.
Aus Charles Estiennes *De dissectione partium corporis humani*, 1545.

planted in women an instinct which impels them as strongly
as possible to conceal the organs of generation from the sight
and touch of men. He has enabled them to give effect to this
instinct by framing their bodies in such a manner as to completely shelter those organs, and to bring their whole muscu-
lar strength to bear on their defense in case of attack«,[26] dann
bedeutete dies, daß eine Frau, die mit dem Spekulum unter-

sucht wurde, nicht nur mit dem Gerät, sondern auch mit den Augen des Arztes entehrt wurde. Wie wir nämlich sehen werden, wurden anständige Frauen meist so untersucht, daß die Genitalien von der Kleidung bedeckt blieben und die Beine nicht allzu sehr geöffnet werden mußten. Bei einer Spekulum-Untersuchung oder bei Einführung einer Gebärmuttersonde war die Patientin indessen gezwungen, den Unterleib völlig zu entblößen und die Schenkel wie zu einem Beischlaf zu spreizen,[27] und das möglicherweise vor einer

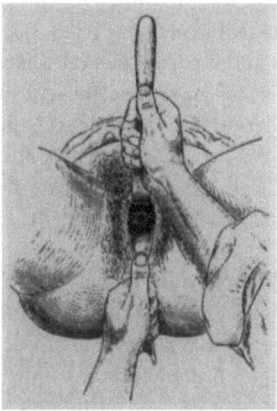

13 ›Freilegen der Portio vaginalis mit
Simsscher Rinne‹, um 1900.

Gruppe junger Studenten. Dies war die »horrible exposure«, von der Elizabeth Blackwell berichtete und von der Josephine Butler im Jahre 1870 sagen konnte, daß »not a few of us rather choose to die«, als daß sie sich auf diese Weise entwürdigen ließen.

§ 3
# Die gynäkologische Untersuchung im 18.
und im 19. Jahrhundert

Als der Arzt Jean-François Sacombe sich im Jahre 1781 zufällig in einem Dorf namens Lavérune aufhielt, rief man ihn zu einer kreißenden jungen Frau, da die örtliche Hebamme schwer krank im Bett lag und auch die Mutter der Gebärenden nicht zur Stelle war. Sacombe berichtet:

»Sa situation, son attitude étoient telles, que mon œil se promenoit à son gré sur les parties génitales externes, sans que la jeune femme, dont les jupes descendaient jusqu'à mi-jambe, pût se douter du larcin fait à sa pudeur; et pour n'être ni surpris, ni troublé dans mes observations, j'interposai un rideau suspendu entr'elle et moi, sous prétexte de la garantir à la fois de la réverbération du soleil et de l'importunité des mouches.«[1]

Sacombe, der sich mehr oder weniger als schamloser Voyeur fühlte, hatte also eine Gelegenheit beim Schopfe ergriffen, die sich allem Anschein nach einem Arzt in der zweiten Hälfte des 18. Jahrhunderts nur selten bot, nämlich den Genitalbereich einer gebärenden Frau unverhüllt zu betrachten. Doch auch eine Untersuchung unter der Kleidung oder unter einem Tuche war völlig ungewöhnlich. So erregte es einiges Aufsehen, als sich im Jahre 1775 in Hamburg eine Schwangere auf diese Weise von einem »Doctor« untersuchen ließ, da »andere Weiber dazumal die Schamhaftigkeit zurückgehalten« hätte, »sich einer fremden Mannsperson anzuvertrauen«.[2]

Die üblichste Stellung, die ein Arzt bei der Untersuchung einer ›anständigen‹ Frau einnahm, sah so aus, daß der Mann vor der stehenden Patientin kniete, und diese Stellung wurde auch gemeinhin als die schicklichste angesehen. »Daß der Geburtshelfer eine stehende Frau sitzend untersucht«, so der Gynäkologe Jörg im Jahre 1820, »ist nicht allein sehr unbequem, sondern auch unanständig.« Und er fährt fort:

14 ›Toucher la femme debout‹.
Aus *Les Nouvelles Démonstrations d'accouchemens*, 1822.

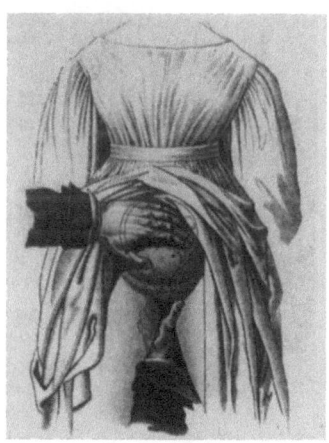

15 Innere Untersuchung. Aus Siebolds *Geburtshülfe*, 1835.
(Findet in Wirklichkeit *unter* dem Kleid statt.)

»Nachdem nun der Geburtshelfer eine schickliche Stellung eingenommen hat, bringt er die Hand, mit welcher die Untersuchung vorgenommen werden soll, so unter die Kleider der zu untersuchenden Person, daß kein Theil entblösset und der Anstand so wenig wie möglich beleidigt wird.«[3] Auch sein Kollege Lisfranc meint etwas später: »In der Regel wird man die Patientin beim Tuschiren bekleidet vor sich stehen lassen, um die Dezenz soviel wie möglich zu schonen«,[4] und ein dritter führt zwar auch andere Stellungen an, bezeichnet aber die erwähnte als die verbreitetste: »Namentlich explorirt man sie 1) im Stehen, 2) in der Horizontallage auf dem Rücken mit angezogenen Schenkeln und 3) auf Knie und Ellenbogen gestützt (*à la vache*). Die Gebräuchlichste ist das Aufrechtstehen.«[5]

Wie schon aus der Bezeichnung »à la vache« ersichtlich, waren andere Lagerungen der Patientin, die andernorts lange als unanständig galten, vor allem in Frankreich üblich, wo allerdings im Jahre 1766 der Gynäkologe Levret meinte, daß »la meilleure situation qu'on puisse donner à une femme pour la

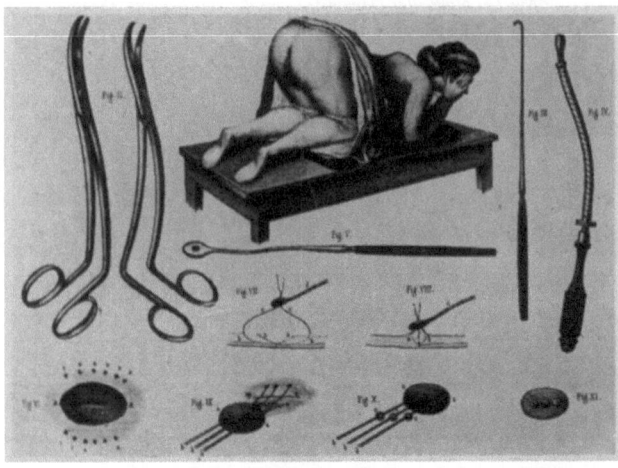

16 Lagerung der Patientin für eine Operation einer Blasenfistel nach Bozemann. Französischer Stich, 1866.

toucher, c'est de la faire coucher sur le dos, le derriere & la
tête un peu élevés, les pieds rapprochés des fesses, & les ge-
nouils écartés«.[6]

Wie immer aber auch eine Frau gelagert wurde – handelte es
sich nicht um eine arme ›Gefallene‹ in einem Gebärhaus oder
um eine öffentliche Hure, so sorgte man meistens für strengste
Dezenz, was vor allem beinhaltete, daß der Genitalbereich der
Frau nicht aufgedeckt wurde und daß der Arzt genauestens
darauf achtete, wohin er faßte oder, genauer gesagt, wohin er
nicht faßte. »Man beleidige die Schaamhaftigkeit des Weibes
nicht«, warnt beispielsweise Froriep im Jahre 1806, »nehme
daher so selten wie möglich die Augen zu Hülfe, entblösse
keinen Theil des Körpers unnöthigerweise, entferne alle Zeugen und sey verschwiegen«,[7] und etwa zwei Jahrzehnte später
begreift Carus sogar die Unzüchtigen mit ein: »Bei der Untersuchung selbst wird man alle nicht unumgänglich nothwendigen Entblößungen oder sonstige Beleidigungen der auch im
gefallenen Weibe zu ehrenden Schamhaftigkeit sorgfältigst
vermeiden, und was durch Getast ausgemittelt werden kann,
nicht durch das Gesicht erörtern.«[8]

Von größter Wichtigkeit aber war es, daß der Arzt nicht aus
Versehen die sensitivsten Teile der weiblichen Genitalien berührte. So rät etwa Jörg, nicht nur das »unschickliche Besehen« der Vulva zu unterlassen, sondern mit Mittelfinger und
Daumen die beiden »Schaamlefzen« etwas auseinanderzuziehen und darauf den Zeigefinger einzuführen, wobei der anständige Arzt »aber das Berühren der Clitoris so viel als möglich« vermeide,[9] und 1870 gibt sein französischer Kollege
Jozan dem künftigen Frauenarzt die Anweisung, tunlichst
das Berühren des Afters und der Klitoris zu lassen, da dies
den Patientinnen höchst peinlich sei und sie geradezu schok-
kiere.[10] Schließlich mahnt im Jahre 1861 ein deutscher Gynäkologe, jeder Arzt solle die Patientin so untersuchen, daß er
in keinem Falle »die empfindliche Clitoris« berühre, sei doch
das Touchieren beschämend genug. Überhaupt müsse das
Andrücken des Daumens an die äußeren Genitalien »dem

Zartgefühle einer keuschen Frau als höchst beleidigende Momente erscheinen«, weshalb er empfiehlt, die Frau in Seiten- und nicht in Rückenlage zu betten: dadurch sei nicht nur das Gesicht der Patientin von dem des Arztes abgewandt – was einen peinlichen Augenkontakt verhindere –, vielmehr würde auch die Hand des Arztes an die »weniger empfindliche Partie« des Genitalbereiches, »an's Perinaeum gedrückt und in dieser das Schamgefühl weniger beleidigenden Lage nur der eine Oberschenkel etwas nach Vorne gezogen«.[11]

Sollte indessen eine Entblößung des Genitalbereiches unvermeidlich sein, so setzte man häufig voraus, daß die Ärzte während der Untersuchung an die Decke starrten,[12] und im Jahre 1826 riet William Dewees, überhaupt jedes Touchieren in einem Raum vorzunehmen, der soweit wie irgend möglich abgedunkelt sei.[13] Viele gynäkologische Handbücher erinnerten den künftigen Arzt daran, daß doch der berühmte Geburtshelfer Degorges blind gewesen war und daß der Untersuchende eben mit den Fingern sehen lernen müsse:

»Man lasse die Kreissende die Kleider ausziehen, die bei der Operation hindern können, z. E. die Röcke und bedecke statt dessen den Unterleib und die Geschlechtstheile mit einem Bettuche. Man muss aber durchaus verdeckt operiren können, und die Augen in den Fingerspitzen haben, sonst wird man oft in Verlegenheit kommen.«[14]

Die Anwesenheit eines Arztes beschämte die meisten Frauen zutiefst, und bei manchen hörten sogar die Wehen gänzlich auf, wenn der Accoucheur auch nur den Raum betrat, um erst viele Tage später wieder einzusetzen.[15] Doch auch viele Ärzte hatten das Gefühl, daß sie im Grunde bei der ganzen Prozedur, jedenfalls wenn sie normal verlief, nichts verloren hatten. So bekannte der Geburtshelfer Kilian im Jahre 1839:

»Da indessen das Geburtsgeschäft und seine nächsten Folgen verhältnismässig nur selten über die Gränzen der Gesetzmässigkeit schweifen, die Function aber, so lange sie eine gesunde ist, Dienste solcher Art erheischt, wie sie der Mann theils seiner Natur nach nicht pünktlich genug erfüllen kann,

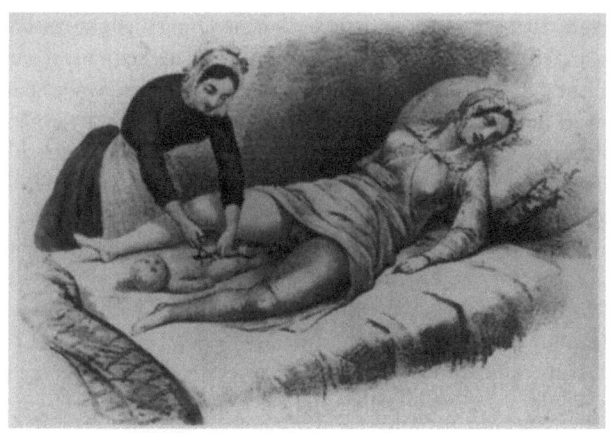

17 Amerikanische Hebamme beim Abnabeln des Neugeborenen.
Aus W. Beach: *Improved System of Midwifery*, 1848.

theils seiner eigenen Würde, ja Ehre gemäss von der Hand
weisen muss, so hat der Staat, im Gefühle der Schicklichkeit
und Nützlichkeit, für die sorgfältige Bildung von Weibern –
Hebammen, obstetrices – Sorge getragen, denen obiger Theil
der Pflege gebärender Frauen vorzugsweise überwiesen bleiben soll.«[16]

Um die Peinlichkeit des Touchierens erträglich zu halten,
wurden dem Arzt aber noch eine Reihe weiterer Maßregeln
mit auf den Weg gegeben. Während heutzutage die Anwesenheit von Verwandten der zu untersuchenden Frau eher ungern gesehen wird, weil die Präsenz der Mutter oder des
Ehemannes die Sphäre der Intimität und die der sachlich-me-
dizinischen »Exploration« durcheinanderbringen könnte,[17]
war man diesbezüglich im vergangenen Jahrhundert geteilter
Meinung. Zwar meinte auch Amann, man solle klugerweise
den Damen, »namentlich unter den verheirateten Frauen«,
keine Untersuchung vor den sie begleitenden Familienmitgliedern vorschlagen, da dies alle Anwesenden peinlich berühren würde,[18] und betonte Burns im Jahre 1814, in Anwesenheit einer unverheirateten Frau, etwa einer Schwester oder

49

einer Tochter, nicht einmal eine solche Untersuchung zu erwähnen;[19] doch gab es auch andere Stimmen. Damit erst gar nicht der Verdacht aufkommen könne, der Arzt erlaube sich beim Touchieren irgendwelche Anzüglichkeiten oder einen massiven Angriff auf die weibliche Ehre, sollte nach Ansicht mancher Accoucheure in Ermangelung einer Arztgehilfin stets eine verheiratete Frau zugegen sein, und Jörg betonte: »Man entferne alle Zeugen, doch sehe ich es jedesmal sehr gern, wenn der Ehemann der zu untersuchenden Frau, die Mutter oder eine Schwester derselben dabei bleibt. Meine Gründe wird jeder leicht auffinden.«[20]

Darüber hinaus empfahl z. B. Dewees, »delikate« Fragen solle der Arzt nicht selber stellen, sondern dieses Geschäft einer sich im selben Raum befindlichen »älteren Freundin« der Patientin überlassen, denn – so ergänzte Samuel Gregory – besonders vor dem Arzt, den sie persönlich kenne, empfinde eine Frau die größte Scham.[21]

»Keinem Arzte«, so Siebold, »ist es so nothwendig, die Regeln der Schaamhaftigkeit und Decenz zu beobachten, als dem Frauenzimmerarzte. Er muß sich so häufig nach gewissen Umständen und Dingen erkundigen, welche die Natur selbst verhüllt haben wollte, und worüber besonders jedes gebildete unverdorbene Frauenzimmer zu erröthen pflegt.« Um diese Fragen möglichst unanzüglich hinter sich zu bringen, sollte sich der Arzt daran gewöhnen, die Dinge bei ihrem ausländischen Namen zu benennen:

»Bei gebildeten deutschen Frauenzimmern vom Stande ist übrigens für den Arzt die Fertigkeit in einer ausländischen Sprache, vorzüglich in der französischen, sehr empfehlenswerth. So werden sie bei Erkundigung nach gewissen Dingen, weit weniger erröthen und Zurückhaltung zeigen, wenn man die Frage französisch thut, oder gewisse Theile, oder die ihnen eigenthümlichen Functionen, französisch benennt.«[22]

Für die innere Untersuchung einer Frau, die trotz all dieser Schicklichkeitsmaßnahmen nicht bereit war, sich von einem

Arzt austasten zu lassen, empfahlen manche Gynäkologen die Verabreichung von Chloroform – so etwa Montgomery in seiner 1838 in London erschienenen *Exposition of the Signs and Symptoms of Pregnancy.*

War die Patientin erst einmal bewußtlos, konnte der Arzt es sich erlauben, ohne größere Hemmungen ihre Schamlippen mit Opiumtinktur einzureiben und mit Leinsamen- oder Stärkeumschlägen weich und geschmeidig zu machen, ja, jetzt war es ihm möglich, ohne die Frau zu schockieren, *zwei* Finger in die Vagina einzuführen.[23]

Andere jedoch warnten wiederum davor, auch – wie es weithin üblich war – in den Lehranstalten zu narkotisieren, da der Studierende sich sonst »leicht ein zu wenig zartes Tasten, nicht die nöthige Rücksicht auf Schamhaftigkeit und Vermeidung von Reizung empfindlicher Theile, z. B. der Clitoris angewöhnt«.[24]

Wenn jedoch alle Liebesmüh des Arztes vergeblich war und die Patientin es auch ablehnte, sich narkotisieren zu lassen, mußte er sich in Gottes Namen fügen:

»Wenn daher eine Frau sich nicht befühlen lassen will: so kann man sie auch mit aller Billigkeit ihrer Gefahr und Verantwortung überlassen. Die Schaamhaftigkeit muß die größte und erste der weiblichen Tugenden seyn; allein Gott, die Natur, und die Religion fordern keine Heiligkeit, welche schädlich ist.«[25]

Aber mußte der Arzt sich wirklich fügen? War es nicht so, daß eine Frau für gewöhnlich ›vielleicht‹ meinte, wenn sie ›nein‹ sagte, und ›ja‹ bei einem ›vielleicht‹? James Blundell jedenfalls klärte im Jahre 1830 seine Studenten in einer Vorlesung über Geburtshilfe am Guy's Hospital darüber auf, daß spätestens während der Wehen noch jede Dame weich geworden sei:

»Should the lady be pettish, and declare you are a brute or a physiologist, so that for these manifold offences, she never, never will – never *can* see you – you may remain in the house, as the female ›never‹, in these cases, comprises but a small portion of eternity, perhaps in an average some one or two hours, and when the caprices and antipathies are a little subdued by the pains your presence will be cordially welcome.«[26]

Der Arzt und die Scham der Frauen im Barock

Die große Scham der Patientinnen im späten 18. und im 19. Jahrhundert wird nun wohl kaum ein Erstaunen auslösen, entspricht sie doch ganz der Vorstellung, die wir von den Europäerinnen und Nordamerikanerinnen dieser ›prüden‹ Zeit haben, und alles bisher Angeführte scheint mithin die Eliassche These zu bestätigen, daß die Scham- und Peinlichkeitsschranken vor allem des vergangenen Jahrhunderts bereits extrem hochgeschraubt worden waren.

So meint auch Michel Foucault, die Tatsache, daß das Berühren und Behorchen der Patientinnen durch den Arzt *vor* dem 19. Jahrhundert kaum üblich gewesen sei, bedeute keineswegs, daß die Frauen früherer Zeiten solche Manipulationen aus Schamgefühl oder wegen eines »moralischen Verbotes« verweigert hätten. Dies erkenne man unschwer daran, daß etwa Corvirsart im Jahre 1806 – also in einer sehr prüden Ära – mit dem Beklopfen begonnen habe und daß René Théophile Hyacinthe Laennec um das Jahr 1819, also »in der Zeit der Restauration zum ersten Mal das Ohr an die Brust von Frauen gelegt hat«. Denn erst mit dem wissenschaftlichen Interesse, dem, was Michel Foucault etwas geschwollen »das epistemologische Bedürfnis« nennt, sei auch die Scham entstanden, eine Scham, die es vorher noch nicht gegeben habe.

So zitiert Foucault weiterhin den Schweizer Arzt Zimmermann, der sich – um den Kreislauf erforschen zu können – im späteren 18. Jahrhundert gewünscht hatte, daß »die Ärzte die Freiheit haben sollten, bei ihren Beobachtungen die Hand an das Herz zu legen«, was bedauerlicherweise nicht möglich sei, da »unsere zarten Sitten uns daran hindern, vor allem bei den Frauen«. Im Jahre 1811 kritisierte Double diese Prüderie, wo doch zudem gar keine Entblößung vonnöten sei, denn die Untersuchung ließe sich »auch über dem Hemd sehr genau

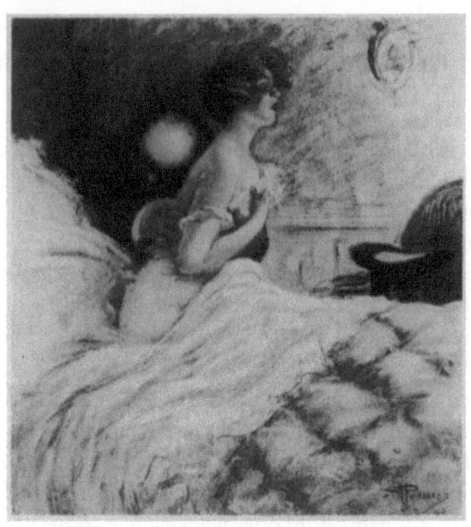

18 Arzt beim Abhorchen einer jungen Frau.
Zeichnung von Albert Guillaume, 1908.

und mit allem Anstand durchführen«.[1] Und schließlich berichtet derselbe Arzt einige Zeit später:

»Im Jahre 1816 wurde ich von einer jungen Person konsultiert, die Symptome einer Herzkrankheit aufwies und bei der
das Berühren und Beklopfen wegen der Körperfülle kaum
Resultate zeitigen konnten; da mir Alter und Geschlecht der
Patientin das Anlegen des Ohres an die Herzgegend verboten, erinnerte ich mich an ein sehr bekanntes akustisches Phänomen: wenn man das Ohr an das Ende eines Stabes anlegt,
hört man ganz genau einen Nadelstich am anderen Ende.«[2]

Denn wie im Jahre 1845 sein Kollege Krüger-Hansen es ausdrückt: »Einem züchtigen Fräulein dürfte es eine nicht zu-
trägliche Überwindung bereiten, wenn sie ihren Busen den
Blicken eines jungen Aeskulaps bloßlegen soll, der ihr fremd
ist oder an dessen Namen sich nicht der beste Ruf knüpft.«[3]

Ist es also wahr, daß erst die »libido sciendi« des 19. Jahrhunderts, wie Foucault behauptet, der »Wille zum Wissen« und,

so darf man hinzufügen, der Wille zum Heilen, die Scham der Frauen *erzeugt* haben?[4]

Schauen wir uns an, wie in der Zeit davor die Frauen sich gegenüber dem männlichen Arzt verhalten haben, so hören wir beispielsweise von dem Eisenacher Stadtphysikus Johann Storch, daß im März 1728 die Mutter einer jungen Frau, die »starcke Schmertzen im Unterleibe und Drangen nach der Geburt zu« spürte, sich »genöthiget« sah, »durch eine Frau zusehen zu lassen, was etwa fremdes sich« an den geheimen Teilen ihrer Tochter »angäbe«. Als daraufhin die Frau den Arzt aufsuchte, mußte dieser, da es ihm verwehrt war, die Tochter zu sprechen oder gar zu untersuchen, die Diagnose nach dem stellen, was die Hebamme der Mutter berichtet hatte.[5]

Mit manchen Patientinnen durfte der Physikus zwar reden, aber nur selten war es ihm gestattet, sie auch nur teilweise entblößt zu sehen oder sogar zu berühren. So schreibt er etwa über eine fünfzigjährige Frau: »Anno 1726, den 17den May zeigte sie mir mit großer Schamhaftigkeit ihre lincke Brust und daran einen harten mit blauen Adern überlauffenen Knoten«, und auch ein zwanzigjähriges Fräulein »muste den 2. Octobr. 1734 sich überwinden, mir eine schmertzhafte Brust entblößet zu zeigen«. Eine ältere Frau holte für die junge Gattin eines Schuhmachers eine Rezeptur und berichtete dabei dem Arzt über den »weißen Fluß«, den die Schuhmachersfrau gegenüber Storch aus »Schamhaftigkeit verhehlet«.[6]

Daß ein Arzt die entkleidete Patientin nicht mit seinen Blikken berühren durfte, geht auch aus einem Brief der Marquise von Sévigné vom 28. Mai 1676 an Madame de Grignan hervor:

»Heute habe ich mit der Dusche begonnen. Es ist eine recht gute Wiedergabe des Purgatoriums: Man steht ganz nackt in einem kleinen Raum unter der Erde, wo eine Frau eine Röhre mit diesem heißen Wasser dahin richtet, wo immer man will. Der Zustand, in dem einem kaum ein Feigenblatt als ganze Bekleidung bleibt, ist etwas demütigend. Ich nahm meine beiden Zofen mit, um wenigstens bekannte Gesichter zu sehen. Hinter dem Vorhang hält sich jemand auf, der einem während einer halben Stunde Mut zuspricht. Für mich war es ein Arzt aus Ganat.«[7]

Durfte ein Arzt unter normalen Umständen eine Frau nicht einmal nackt *sehen*, so durfte er sie anscheinend noch weniger *betrachten*. Wie aus den Kölner Zunft-Akten des Jahres 1624 hervorgeht, klagten beispielsweise Derich Katz und Jan Vasbinder bei der Obrigkeit wegen einer entwürdigenden Untersuchung durch Wundärzte, der sie und ihre Frauen unterworfen worden waren:

»Obwohl wir in dem separaten, einer nach dem anderen, mit unsern ehfrawen in das gemach, darinnen ermelte Ambts M(eister) sich zu sammen verfoegt und uns darin erfordertt, wir aber unß, keine andere gedancken gemacht, dan nuhr am ubersten dheil des leibs zo besichtigen, und dar ahn gebuirender augenschein ingenomen werden sollen, so ist doch nit ohn, das durch starckes andreiben, ermelten M. Goedderten vam Veldt (so ahn allen geheimmen ortten und platzen unseres leibs, da wir die dag unseres lebens ehemalen einigen schaden oder geschwel gehabt und malzeichen hinder lassen) [...] uns widder unser willen und zwar nit ohn geringen schrecken und weinen unsere junge ehefrawen, offentlich wan anders dem angeben nach, aller gebuir besichtiget und begert documentum mitgetheilt werden wolte, unß entkleiden muissen, und gleich wir uf die welt seint kommen, bloiß und nackedig erzeigen muissen, welches zwar ein sulch ansehn gegeben, das einer und andern aus den M(eistern) sich mit uns des weinens nicht enthaldten kuntten.«[8]

Die beiden Kläger forderten für die »erlittene und ausgestandene, grosse unleitbare schmag« eine Bestrafung des Barbiers,[9] der sie in diese Lage gebracht hatte, sowie eine finanzielle Entschädigung.[10]

War es schmachvoll genug, vom Arzt äußerlich »besichtiget« zu werden, so war es für die Frauen dieser Zeit noch viel entehrender, wenn ein Geburtshelfer eine innere Untersuchung vornahm oder ihnen bei der Niederkunft behilflich war, denn wie Montaigne im Jahre 1580 feststellte, zeigten die Frauen zwar ihren Liebhabern die Genitalien, nicht aber ihrem Arzte: »Ce sont les femmes qui communiguent tant qu'on veut leurs pieces à garçonner; à mediciner la honte le deffend.«[11]

Die Geburtshelfer – in Frankreich nannte man die ersten Chirurgen, die als Accoucheure arbeiteten, »sage-femmes en culottes«[12] –, die im 17. Jahrhundert überhaupt ihrem Beruf nachgehen konnten, wurden bestenfalls bei sehr schwierigen Geburten oder in Notfällen herbeigerufen, aber auch dann waren anscheinend manche Frauen eher bereit zu sterben, als sich von einem Mann helfen zu lassen. Im Jahre 1617 schlug deshalb die berühmte Hebamme Louise Bourgeois vor, daß die Kreißende den Accoucheur weder sehen noch wissen sollte, wer er war und wie er hieß, und der Geburtshelfer Percivall Willughby beschreibt, wie er, nachdem ihn seine Tochter, eine Hebamme, zu einer Frau in Kindsnöten gerufen hatte, auf allen vieren in das Zimmer kriechen mußte, damit die Gebärende ihn nicht bemerkte.[13]

19 Notgeburt mit Accoucheur und Priester.
Aus Christoph Völter: *Neueröffnete Hebammenschule*, 1687.

In seinem im Jahre 1708 in Paris veröffentlichten Buch *De l'indecence aux hommes d'accoucher les femmes* behauptete der Arzt Philippe Hecquet, die Frauen zögen den Tod einer Entbindung vermittels des Geburtshelfers vor,[14] und wenn das auch in dieser Verallgemeinerung übertrieben sein mochte, war die einige Zeit vorher ausgesprochene Warnung des Chirurgen Jacques Guillemeau, seine Kollegen müßten stets damit rechnen, bei ihrer Arbeit ernsthaft behindert zu werden, da die Frauen den Schoß »zu verbergen gezwungen« wären,[15] durchaus berechtigt. Und *wenn* schließlich eine in Lebensgefahr schwebende Frau bereit war, einen Accoucheur zu akzeptieren, dann blieb diesem nichts anderes übrig, als »blind«, d.h. mit den Händen unter einem Laken oder unter einem langen Rock zu arbeiten (Abb. 19 u. 20), was zwar dem weiblichen Schamgefühl entgegenkam, aber natürlich das Risiko eines ›Kunstfehlers‹ erhöhte. Doch auch eine

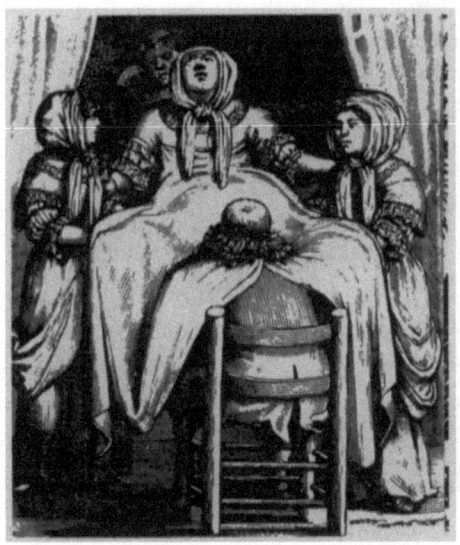

20 Schwierige Geburt. Kupferstich aus dem Hebammenbuch von Samuel Janson, Holland, 1688.

Geburtshilfe, die der weiblichen Ehre die weitestgehenden Konzessionen machte, galt manchen Ärzten als unsittlich, da immer noch die Gefahr bestand, daß der Accoucheur mit den »geheimen Örtern« der Kreißenden in direkten Kontakt kam. »Bedenken Sie«, meinte etwa Hecquet, »welche Gefahr einer unschuldigen Frau droht, wenn ein fremder Mann sie berührt hat!«, und sein Kollege Cosmo Viardel ergänzte, ein männlicher Geburtshelfer schockiere nicht nur die betreffende Frau, sondern auch das neugeborene Kind: Denn wenn in einem solchen Falle das Kindchen die Laute »Oh – ah!« ausstoße, dann wolle es damit den Geburtshelfer fragen: »Oh Adam, warum hast du gesündigt?« Und wenn die Mutter »Oh – eh!« stöhne, dann frage sie sich selber: »Oh Eva, warum hast du gesündigt?«[16]

Problematisch waren im 17. Jahrhundert selbst die Beschreibung und vor allem die Abbildung der weiblichen »Geburtstheile« in den Geburtshilfe-Handbüchern für Hebammen und Accoucheure. Zwar nahm sich William Smellie im darauffolgenden Jahrhundert die Freiheit, solche Darstellungen wiederzugeben, und begründete die Abbildung der Vulva einer »à la vache« niederkauernden Frau: »As it is of great consequence to every Practitioner in Midwifery to know exactly the Situation of the parts concerned in Parturition, and which have not been accurately described by former Anatomists, with a view to this particular Branch, I have given this Draught from one of the preserved Subjects which I keep by me.«[17] Doch war man diesbezüglich in früherer Zeit – wenigstens in England – züchtiger verfahren.

So ließ etwa Hugh Chamberlen im 17. Jahrhundert in der englischen Ausgabe von Mauriceaus Werk über Geburtshilfe Abb. 21 und auch andere ähnliche Zeichnungen weg, da »there being already severall in English; as also here and there a passage that might offend a chast English eye«. Und in *The Expert Midwife* seines Kollegen James McNath bekennt der Verfasser, er habe »of purpose, omitted a Description of the parts in a woman destined to Generation, not being absolutely necessary to this purpose, and lest it might seem execrable to the more chast and shamfaced through Baudiness and Impurity of words; and have endeavoured to keep all Modesty, and a due Reverence to Nature: nor am I of the mind with some, as to think there is no Debauchery in the thing, except it may be in the abuse.«[18]

Freilich waren auch François Mauriceau selber Bedenken gekommen, ob Abb. 21 anständigen Hebammen und Geburts-

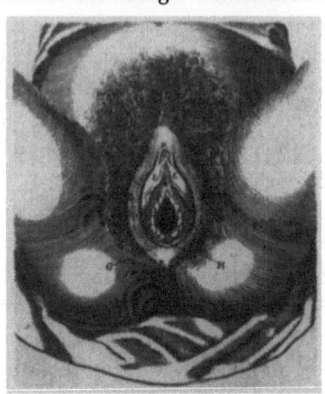

21 Kupferstich aus dem Geburtshilfebuch
François Mauriceaus, 17. Jh.

helfern zumutbar war, weshalb er sich im 1668 erschienenen Original mit den Worten entschuldigte:

»Cette figure paraîtra, peut-être aux yeux chastes une posture indécente, mais ils la doivent souffrir, puisqu'elle est aussi nécessaire qu'elle est commode, pour faire voir plusieurs particules qui sont cachées sous cette partie honteuse.«[19]

Andere und vor allem frühere Handbücher waren indessen wesentlich dezenter als das Buch von Mauriceau, und so verwundert es nicht, etwa im Hebammenbuch der Louise Bourgeois aus der ersten Hälfte des 17. Jahrhunderts einen Kupferstich zu finden (Abb. 22), der »vns ein schwanger Weib für Augen stellet«,[20] und zwar so, daß dieses in der Haltung der Venus pudica die Rechte vor die Genitalien und die Linke vor

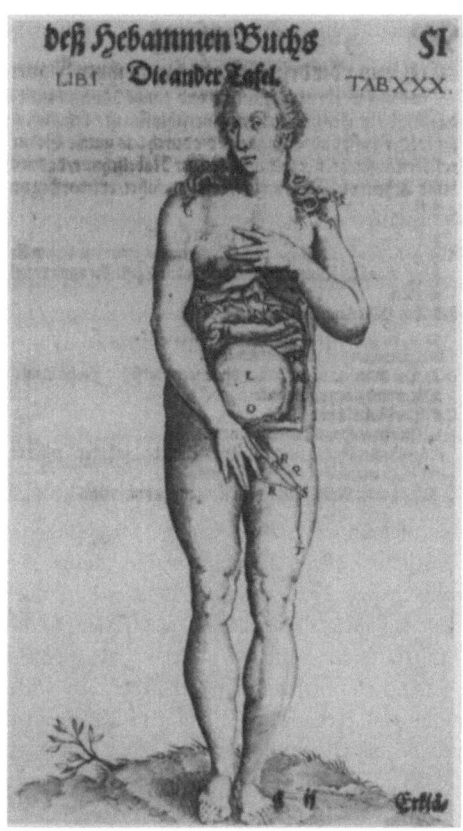

22 Aus dem *Hebammen Buch* von Louyse Bourgeois,
erste Hälfte des 17. Jh.s.

die Brust hält. Immerhin konnte ein solches Buch auch in die
Hände von Unberufenen fallen, und im 17. Jahrhundert fanden Geburtshilfe-Handbücher bereits Absatz auf dem Por-
nographie-Markt. Im Jahre 1744 gab es in Northampton,
Massachusetts, einen kleinen Sex-Skandal, als ruchbar wurde,
daß junge Männer gynäkologische Bücher wie z. B. *Aristotle's Compleat and Experienc'd Midwife* gelesen hatten.[21]

In der kulturhistorischen Literatur wird nun freilich behauptet, »daß eine digitale Untersuchung der Frau durch männliche Ärzte zu jener Zeit« durchaus erlaubt gewesen sei, was
beispielsweise aus einem Visitationsprotokoll der Diözese
Brixen vom Jahre 1616 hervorgehe, denn danach sei eine
junge Frau aus Innsbruck auf Verlangen ihres Vormunds von
zwei vereidigten Ärzten darauf untersucht worden, ob sie in
der Lage sei, ein Kind auszutragen. Der Befund habe gelau-
tet: »omnia generationis instrumenta, sed et alia membra ad
eam necessaria sarta et integra, menstrui fluxum adesse de
facto et suis temporibus [...] foetum posse concipi et favori
[...] Defectum autem ab una ossis parte [...] sed non est ne-
cessarium ad praedicta.«[22]
Aus diesem Befund ist allerdings keineswegs zu schließen,
daß die beiden Ärzte bei der jungen Frau eine *innere* Untersuchung vorgenommen haben, und wie wir später sehen werden, ist dies auch unwahrscheinlich, da Austastungen normalerweise Aufgabe der Hebammen waren. Selbst wenn als
Hexen verdächtigte Frauen auf Teufelszeichen untersucht
wurden, galt es häufig als skandalös, wenn Männer die Genitalien der Betreffenden auch nur äußerlich besahen,[23] und als
im Jahre 1532 in Ulm die öffentlichen Huren wider allen
Brauch nicht von Hebammen, sondern im Beisein der das
Frauenhaus beaufsichtigenden Bettelherren von Ärzten auf
Geschlechtskrankheiten hin besehen wurden,[24] beschwerte
sich der Frauenwirt Jacob Maurmüller deswegen beim Rat
der Stadt. In der Beschwerdebegründung hieß es, durch diese
Schamlosigkeit hätten die Huren jegliche Zurückhaltung verloren, seien frech und gotteslästerlich geworden und hätten,
als der Frauenwirt sie bestrafen wollte, vor ihm auf den Tisch
gehauen.[25]
Zwar gab es im späteren 17. Jahrhundert in Frankreich bisweilen innere Untersuchungen vergewaltigter Frauen, die
von »matrones« im Beisein von Ärzten ausgeführt wurden,
aber auch dies galt weithin als Entehrung der betreffenden
Frauen. So prangerte z. B. der Jurist Louis Servin die ganze

Prozedur in grellen Farben an und beschuldigte die Ärzte, sie geilten sich bei den Untersuchungen lediglich auf. Die Frau aber werde gewissermaßen ein zweites Mal vergewaltigt und »elle ne sort point toutesfois de là, qu'elle ne soit corrompuë et gastée. C'est honte d'en dire davantage.«[26]

Spricht aber gegen die Schamhaftigkeit der Frauen im 17. Jahrhundert nicht die Tatsache, daß beispielsweise am französischen Hofe die blaublütigen Damen in aller Öffentlichkeit entbunden worden sind, und dies sogar von einem männlichen Geburtshelfer?

Es muß zunächst betont werden, daß herkömmlicherweise die Frauen und Mätressen der französischen Könige, daß die Marie de Médicis, Anne d'Autriche oder Marie-Thérèse *nicht* von Accoucheuren, sondern von Hebammen entbunden wurden. Erst nachdem im Jahre 1663 Mlle de la Vallière unter Ausschluß jeder Öffentlichkeit und unter Wahrung strengsten Stillschweigens ihre Niederkunft einem Chirurgen anvertraut hatte, setzte sich am Hofe des Sonnenkönigs diese Sitte – die später auch von manchen Adeligen außerhalb des Hofes imitiert wurde – durch, so daß z. B. auch Mme de Montespan wiederholt einen Accoucheur in Anspruch nahm. Die Geburt mit Hilfe eines wissenschaftlich gebildeten Accoucheurs verhieß eine größere Chance auf Erfolg, und vor allem glaubte man, daß nur ein Mann die Kraft aufbringen könne, die neuen Instrumente wirkungsvoll einzusetzen.[27] So schien es, daß die Zukunft der Geburt ebenso in den Händen der Männer liegen würde wie zuvor die Theorie der Geburt in deren Köpfen.

Zum zweiten ist zu berücksichtigen, daß die hohen Geburten nicht deshalb *relativ* öffentlich waren, weil die Frauen keine Scham empfunden hätten, sondern weil zu Hofe die Angst herrschte, das Neugeborene könne ausgetauscht werden und ein Fremder sitze dereinst auf dem Throne Frankreichs. Zudem fanden die Geburten keineswegs »in aller« Öffentlichkeit statt, sondern vor gewissen Zeugen des engsten Familienkreises. Als beispielsweise im Jahre 1601 Marie de Médicis auf dem Geburtsstuhl saß, um von dem späteren Ludwig XIII. entbunden zu werden, heißt es, daß »les Princes étaient dessous le grand pavillon vis-à-vis d'elle«: die Höflinge warteten im »antichambre«, und erst nach der Geburt öffnete Heinrich IV. die Türen, so daß die draußen sich aufhaltenden Hofdamen und die hohen Herren eintreten konnten. Oder wie sich Louise Bourgeois, die Hebamme der Königin, erinnert: »Je crois qu'il y avait deux cent personnes, de sorte que l'on ne pouvoit point se remuer dans la chambre pour porter la Royne dans son lict.«[28]

Was ist aber darunter zu verstehen, daß die Prinzen sich »vis-à-vis« der Kreißenden befanden? Heißt dies, daß sie dem Vorgang der Geburt zuschauten? Julius Bernhard von Rohrs *Anleytung zum Staats-Ceremoniell* gibt hierüber Auskunft:

23 Kaspar Lynken: Nach der Geburt des Dauphins (Ludwig XIII.), 1601.

»Bey der Geburt eines Dauphin in Franckreich wird, allen Verdacht zu vermeiden, folgende Vorsichtigkeit wahrgenommen. Die Königin darf sich nicht schämen im Beysein der Prinzen von königlichem Geblüt niederzukommen und wird es also damit gehalten: In dem Saal, der zur Geburt bestimmt ist, werden 2 Gezelte aufgerichtet; in dem großen, so fast 20 Ellen im Umkreis hält und an den vier Enden mit Vorhängen versehen ist, sitzt der König nebst den Prinzen Königlichen Geblüthes samt etlichen Fürstinnen; in der Mitte des Saales ist ein anderes kleines Gezelt, in welches sich die Königin mit der Hebamme begiebt. Vorher aber und ehe die Königin hereingehet, werden die Vorhänge und Flügel des Gezeltes aufgethan, daß jedermann sehen kann, daß kein ander Weib noch Kind darunter sey.«[29]

Nichts wird also davon gesagt, daß die Vorhänge etwa »aufgethan« geblieben wären – und dies war auch vollkommen unnötig, da ja die Anwesenden gesehen hatten, daß sich niemand in dem Zelt befand.

Trotz dieser beschränkten Öffentlichkeit war die ganze Situation den meisten Frauen hochnotpeinlich. Marie de Médicis beispielsweise war von Scham erfüllt und wollte sich eben auflehnen, als der König sie flehentlich bat, sie möge sich doch ins Unvermeidliche schicken. »Ma mie«, sagte er zu ihr, »vous sçavez que je vous ay dit par plusieurs fois le besoin qu'il y a que les princes du sang soient à votre accouchement. Je vous supplie de vous y vouloir résoudre: c'est la grandeur de vous et de votre enfant!« Worauf die Königin antwortete, sie sei bereit, sich dem königlichen Willen zu beugen, und werde tun, was ihrem Herrn und Meister gefiele.[30]

Ludwig XIV. war bei allen Entbindungen, von denen er glaubte, daß sie ihn mehr oder weniger etwas angingen, zugegen – anscheinend bisweilen hinter einem Vorhang versteckt, was ihn in den Ruf brachte, der auch heute noch von einigen Historikern verbreitet wird, eine geradezu perverse Neigung entwickelt zu haben, den Geburtsvorgang en detail zu beobachten. Aus diesem Grunde habe er Anweisung gegeben, daß die Damen liegend niederkommen sollten, da nur so die Vulva der Kreißenden für ihn deutlich sichtbar gewesen sei.[31]

In Wirklichkeit war es freilich so, daß die meisten Geburtshelfer des 17. und des 18. Jahrhunderts eine hockende oder kauernde Stellung der Kreißenden für tierisch und indezent hielten und bei einer liegenden Frau besser mit ihren Zangen intervenieren konnten.[32] So empfahl noch im Jahre 1811 B. C. Faust in seiner Schrift *Guter Rath an Frauen über das Gebären* ein von ihm entwickeltes Geburtsbett mit den Worten: »Es schützt den Anstand, die Würde, die Schamhaftigkeit, die Sittsamkeit und Heimlichkeit der Frauen beim Gebären.«[33]

§ 5
Der Arzt und der weibliche Genitalbereich
im Mittelalter

Man mag nun großzügig sein und konzedieren, daß Foucault sich um ein paar Jahrhunderte vertan hat, wenn er behauptet, vor der Wende vom 18. zum 19. Jahrhundert sei es nicht die Scham gewesen, welche die Frauen von dem männlichen Arzt zurückgehalten habe. Aber man wird vielleicht darauf hinweisen, Philippe Ariès habe doch – in prinzipieller Übereinstimmung mit der Zivilisationstheorie von Elias – nachgewiesen, daß das im 17. Jahrhundert aufgekommene Schamgefühl »rende difficile au chirurgien mâle l'accès au lit de l'accouchée, lieu de rassemblement essentiellement féminin«.[1] Wie wir freilich sehen werden, stellt Ariès aus Treue zu einem illusionären *Bild*, das er von der historischen Entwicklung der Peinlichkeitsschranken hat, den tatsächlichen Verlauf der Dinge geradezu auf den Kopf.

Wie steht es zunächst um die Behauptung, erst im Barock sei den Chirurgen »l'accès au lit de l'accouchée« schwergemacht worden?

Daß die mittelalterlichen und frühneuzeitlichen Frauen jeglichen Standes, sobald sie auf dem Geburtsstuhl saßen – denn im Bett wurde damals ganz selten entbunden –, ausschließlich von Angehörigen des eigenen Geschlechts umgeben waren, geht aus zahllosen Dokumenten hervor. Bezeichnend ist bereits eine der Fabeln, die Marie de France um das Jahr 1150 verfaßt hat, in welcher ein Wolf einer trächtigen Sau zusichert, er werde sie verschonen, wenn er dafür ihre Ferkel auffressen dürfe. Die listige Sau erwidert, sie sei einverstanden, doch müsse der Wolf sich vor der Geburt zurückziehen, denn jedes weibliche Wesen schäme sich, in Anwesenheit eines Mannes niederzukommen. Der Wolf hat ein Einsehen, aber sobald er sich entfernt hat, rennt die Sau so schnell sie kann davon.[2]

24 Entbindung. Aus Eucharius Rößlins *Rosegarten*, 1513.

Wir erinnern uns, daß zwar im Barock in den besseren Kreisen bisweilen Frauen wie die blutjunge Herzogin Louise de la Vallière und ab dem Jahre 1669 die Mätresse des Sonnenkönigs, Mme de Montespan, sogar siebenmal von einem Accoucheur entbunden wurden, und im Jahre 1692 nahm auch Anna, die künftige Königin von England, ein »Man-midwife« in Anspruch.[3] Doch wäre dergleichen im späten Mittelalter kaum möglich gewesen, und so besagt im 15. Jahrhundert in England eine Order, daß kein Mann, wer er auch sei, während einer königlichen Geburt den Raum betreten dürfe.[4]

Im Jahre 1516 wurde der im Aargauer Baden praktizierende wohlangesehene Arzt Dr. Zitz (oder Seitz) verhaftet, weil er Frauen während der Geburt beigestanden hatte, und die Hamburger Chronik verlautet zum Jahre 1521:

»Es ward auch in disem Jahre einer verbrannt, der sich nennete Dr. Veites, welcher hin und wieder viel seltzame Ebentheuer ausgerichtet, sich auch eine Zeitlang für eine Bademutter oder Hebamme ausgegeben, und bey den Frauen sich in Kindsnöthen gebrauchen lassen, deswegen er zum Feuer condemnirt worden.«[5]

25 Aus *Der Teutsch Cicero*, 1535.

Normalerweise durfte nicht einmal der Ehemann während der Geburt seines Kindes anwesend sein, und wenn Thomas Platter über die Niederkunft seiner Frau in Wallis schreibt: »Do by mußt ich sin, dann in Walleß mussen die menner by den wibren in kindtznöten sin, domit sy den hernach dester mer gedult mit den wibren heigin. Aber die wiber konden also mit iren umbgan, das ich nütz gsach, was sy datten. Das weiß ich aber gar woll, das min hembdlin bachnaß ward«,[6] dann war dies eine Ausnahme. So war z. B. im mittelalterlichen Lüttich nicht nur dem Arzt, sondern auch dem Ehemann »pro pudore partus« der Zutritt zum Entbindungsraum verwehrt,[7] und auch in der Schrift *De proprietatibus rerum* Bartholomäus' des Engländers aus der Mitte des 13. Jahrhunderts heißt es, bei einer Geburt dürfe kein Angehöriger des männlichen Geschlechts anwesend sein, »seien es der Vater, der Arzt oder ein Priester«.[8]

Anscheinend war der erste Arzt, der den Männern empfahl, ihren Frauen bei der Niederkunft beizustehen, der Portugiese Rodericus a Castro, der sich in Hamburg niedergelassen hatte. Im Jahre 1604 riet er den werdenden Vätern, ihren Frauen den Bauch zu massieren, damit das Kind schneller geboren würde, was wohl so zu verstehen ist, daß die Männer lediglich eingreifen sollten, wenn die Wehen zu lange anhielten.[9]

Freilich hatte dieser Rat kaum irgendwelche Auswirkungen, und im ganzen 17. Jahrhundert – und noch weit darüber hinaus – blieben die Ehemänner von der Entbindung ihrer Frauen praktisch ausgeschlossen.[10] Nachdem beispielsweise

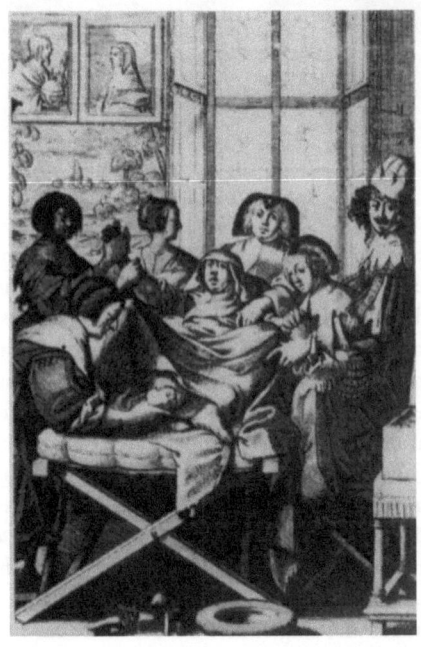

26 Abraham Bosse: Geburt mit anwesendem Vater, Detail, 1633.

zweihundert Jahre später bekannt geworden war, daß der Prinzgemahl einer Niederkunft Königin Viktorias beige-wohnt hatte, erzeugte diese Nachricht allgemeines Mißfallen. In *Lancet* stellte ein Arzt fest, er sei »not amused«, und protestierte gegen eine solche »intrusion« von Ehemännern, die gegen »old fashioned notions of delicacy and propriety« verstoße. Es folgte eine ganze Reihe von Kommentaren, die ein derartiges Verhalten als höchst schamlos und indezent bezeichneten.[11]

Was die Intervention oder auch nur die Anwesenheit des Arztes bei einer Geburt betrifft, so stimmen die spätmittelalterlichen und frühneuzeitlichen Hebammenordnungen mit dem überein, was die Mediziner der Zeit für schicklich und der weiblichen Ehre gemäß erachteten: Eine normale Geburt – man nimmt an, daß damals etwa 90-92 % aller Geburten unproblematisch waren[12] – wurde ausschließlich von Frauen assistiert, und in einer ganzen Reihe von Ordnungen ist selbst für einen Notfall *kein* Arzt vorgesehen. So verlautet beispielsweise die älteste europäische Hebammenordnung, nämlich die regensburgische vom Jahre 1452, die Hebamme solle in Notfällen Kolleginnen heranziehen – Ärzte werden überhaupt nicht erwähnt[13] –, und 1557 heißt es in Überlingen, sie solle unter diesen Umständen »ir dhaine uf irem fürnemen besten, sonder weiser frawen oder anderer hebamen raths pflegen und nach inen fürderlich schicken«.[14]

Wenn freilich davon die Rede ist, daß in komplizierten Fällen ein Arzt konsultiert werden müsse,[15] dann bedeutet dies offenbar, der Betreffende solle die Hebammen lediglich *beraten*, nicht aber selber die Geburt durchführen. Denn in der spätmittelalterlichen Ordnung für die Dörfer im Umkreis von Nürnberg wird etwa festgelegt:

»So sich dann die Sach, etwas gefehrlich oder widernatürlich erzeigen wollte, solle sie fürderlich einen Medicum, oder einen Accoucheur (eine oder mehr verständige Frau) nachdem es die Gelegenheit erfordert, beruffen und ferners mit derselben Rath die Nothdurft handeln.«[16]

27 Geburt im Stehen. Majolikaschale aus Urbino, 16. Jh.

28 Arzt berät Hebamme. Aus Aldobrandin von Siena:
Regime du corps, 14. Jh.

Und in der Freiburger Ordnung vom Jahre 1510 heißt es ähnlich:

»Item begebend sich zu zytten sorglich zuväll, es were vor oder nach der geburt, also dass die geburtt sich nit recht schicken wollt oder ander gebresten, es wer der mutter oder dess kindts halb, darzu man rats unnd sorg bedürfft, so soll ir keine uff irem furnemen stan, sonder ander wysser frauwen oder andrer hebammen rats pflegen unnd nach inen furderlich schicken, do auch ein yede hebam bey irem eyd gehorsam seyn soll, zu khumen unnd früntlich hellfen, rathen unnd handlen nach irem besten vermögen, es wer dan, dass sy selbs in arbeitt behafft oder besteckt wer unnd nit khomen möcht ungevarlich. Item ob zu zeytten wurdt der gelertten artzet rath zu haben, söllen sy sich auch nit wären, sonder darzu geneygt seyn, furderung zu thun, umb dass den müttern oder kinden dester munder schaden oder gebrästen zuvallen unnd begegnen möcht.«[17]

Deuten die spätmittelalterlichen und noch manche frühneuzeitlichen Hebammenordnungen darauf hin, daß auch bei Lebensgefahr der Kreißenden (»der kreischende frawen«) und bei Noteingriffen die Frauen unter sich blieben, so nimmt man auch an, daß die Geburtshilfebücher des 16. Jahrhunderts nicht auf eigener Erfahrung der Autoren basieren, sondern auf Berichten der Badmütter und auf der Lektüre antiker Texte.[18] Wahrscheinlich war das im Jahre 1573 erschienene Buch *De la génération de l'homme* des berühmten Gynäkologen Ambroise Paré das erste seiner Art, das zumindest streckenweise auf eigene Erfahrungen des Verfassers zurückgeht,[19] nachdem bereits im 15. Jahrhundert Johannes de Gradi den Vorschlag gemacht hatte, die Hebammen sollten zur Extraktion des toten Kindes einen »diligens et expertus chirurgicus« heranziehen.[20]

Es ist möglich, daß Gradi als einer der ersten Ärzte beim Vorliegen von Fisteln, Geschwüren und Gebärmutterabszessen Untersuchungen mit dem Spekulum vorgenommen hat, und auch einige andere Ärzte schreiben so, daß man zunächst versucht ist zu glauben, sie hätten tatsächlich Frauen »touchiert«. Wenn freilich mittelalterliche Autoren behaupten, sie hätten etwas selbst getan oder erlebt, muß man dies nicht unbedingt ernst nehmen:[21] Viel wahrscheinlicher ist, daß sie diese Manipulationen der »obstetrix« überließen, wie es etwa Anthonius Guainerius tat,[22] und da diese Frau für gewöhnlich unter dem Gewand der Patientin untersuchte, konnte der Arzt – falls er überhaupt anwesend war – den Unterleib der Frau nicht einmal sehen. In den meisten Fällen war der Arzt indessen gar nicht zugegen, wenn die Hebamme Untersuchungen oder Operationen vornahm. So berichtet etwa Richard der Engländer im 13. Jahrhundert in seiner *Anatomia* über die Einsetzung eines Pessars, aber aus dem Text geht hervor, daß er überhaupt nicht anwesend war, als die Hebamme den Eingriff vornahm.[23]

Wenn im Jahre 1565 der holländische Arzt Pieter van Foreest, der in einer Winternacht zu einer von epileptischen Krämpfen geschüttelten »liebestollen« Jungfrau gerufen worden war, anordnete, daß »eine schamhafte Frau« ihr »ein Pflaster gegen die Gebärmutter legen sollte«, was er als Mann niemals hätte tun können,[24] dann verhielt er sich nicht wesentlich anders als seine Kollegen in den vorangegangenen Jahrhunderten. So beschränkte sich die gynäkologische Untersuchung einer byzantischen Frau, deren Regel ausgeblieben war, in der ersten Hälfte des 14. Jahrhunderts darauf, daß der Arzt Johannes Actuarius ihren Puls maß und ihren Urin beschaute,[25] und im Prozeß gegen eine gewisse Jacqueline Félicie de Almania, der im Jahre 1322 in Paris stattfand, erklärte ihr Anwalt, es sei schicklicher, wenn eine weise und erfahrene Frau eine Patientin aufsuche und »die Geheimnisse der Natur« sowie »die geheimen Teile« untersuche als ein Arzt, dem es ja ohnehin untersagt sei, »die Hände, Brüste, den Bauch, die Füße etc. von Frauen zu berühren«. Schließlich komme es häufig vor, daß eine Frau lieber sterben würde, als einem Mann ihre »Geheimnisse« anzuvertrauen, und in der Tat seien aus diesem Grunde schon viele Frauen aus dem Leben geschieden.[26]

29 Arzt fühlt den Puls einer Frau.
Arundel Ms., Deutschland (?), 13. Jh.

Etwa zur selben Zeit warnte der Chirurg Johann von Aderne
seine Kollegen davor, jemals den Unterleib einer Frau zu berühren,[27] und was Maurice de la Corde über Hippokrates
sagte, sollte auch für die Ärzte seiner Epoche gelten: »Denn
er ist nicht nur selbst des Schamgefühls eingedenk, sondern
wünscht auch den Arzt stets der Zucht beflissen und von den
Fesseln der Schamhaftigkeit befangen, namentlich so oft die
Hand den Schamteilen zu nähern ist.«[28]
Und wenn schließlich um die Mitte des 15. Jahrhunderts Anthoine de La Sale in einer seiner erotischen Novellen die
Scham einer jungen Frau vor einer Untersuchung ihres Afters
beschreibt, dann ist es nicht unwahrscheinlich, daß er damit
Empfindungen geschildert hat, die im Mittelalter die meisten
Frauen auch außerhalb der Literatur an den Tag gelegt ha-
ben.
So erzählt der Autor, daß eine leidende Jungfrau von Ärzten

aufgesucht wird, »die allesamt die Patientin und die Körperteile aufgedeckt sehen wollen, wo die verwünschten Hämorrhoiden, ach!, schon lange sich festgesetzt hatten. Das arme Mädchen war darob ebenso überrascht und erstaunt, als wäre es zum Tod verurteilt gewesen und wollte sich nicht so legen lassen, daß man den Sitz des Übels betrachten konnte; es wäre viel lieber gestorben, als daß es ein solches Geheimnis einem Menschen entdeckt hätte.« Erst als die Eltern sie bedrängen und ihr klarmachen, daß sie sich durch ihren Tod versündige, gibt sie nach und legt sich mit dem Bauch nach unten auf das Bett. »Ihr Hintern ward ziemlich weit aufgedeckt und unverzüglich von den Frauen mit einem schönen weißen Stück Leinen bedeckt, belegt und bewehrt und an der Stelle des geheimen Übels ward ein hübsches Loch gemacht.«[29]

Als Jeanne d'Arc während ihres Prozesses befragt wurde, warum man sie »Jungfrau« (»puella«) nenne, antwortete sie, weil sie eine solche sei, und wenn man es nicht glaube, könne man sie getrost »per mulieres« untersuchen lassen.[30] Anscheinend ist Jeanne mehrfach auf ihre Jungfräulichkeit hin in Augenschein genommen worden, und offenkundig stand es stets außer Frage, daß diese Prozedur ausschließlich »per mulieres honestas« besorgt wurde.

So wurde eine Untersuchung »per matronas seu obstetrices«

30 Hebamme untersucht Schwangere.
Aus Heinrich Laufenbergs *Regimen sanitatis*, 15. Jh.

oder »per idoneas mulieres« durchgeführt und hatte zum Befund, daß die Geschlechtsorgane der Pucelle noch unentwickkelt waren.[31]

Eine andere Untersuchung, die im Rehabilitationsprozeß vom Jahre 1455 zur Rede kam, wurde einer Kommission von »matrones tres-expertes« anheimgestellt, wobei diese angeblichen Expertinnen in Wirklichkeit Iolande d'Aragon, die Frau König Ludwigs II. von Neapel und Schwiegermutter des französischen Königs Karl VII., sowie die Hofdamen Dame de Concourt und Dame de Vienne waren.[32] Durch diese Frauen »icelle Pucelle fut veue, visitée et secrètement regardée et examinée ès secrètes parties de son corps; mais après ce qu'ils eurent veu et regardé tout ce qui faisoit à regarder en ce cas, ladicte dame dist et relata au roy qu'elle et sesdictes dames trouvoient certainement que c'estoit une vraye et entière pucelle, en laquelle n'apparroissoit aucune corrupcion ou violence.«[33]

Auch bei der von der Herzogin von Bedford geleiteten Untersuchung, die von einer Anna Bavon und einer anderen »Matrone« ausgeführt wurde, durfte kein Mann zugegen sein,[34] wobei sich allerdings – wie aus einer Aussage des Guillelmus Colles hervorgeht – der Herzog von Bedford als Voyeur betätigt und aus einem Versteck das beobachtet hatte, was männlichen Augen verborgen sein sollte (»et quod dux Bedfordiæ erat in quodam loco secreto, ubi videbat eamdem Johannam visitari«).[35]

Wie aus den Akten desselben Prozesses ersichtlich, wurde Jeanne zwar auch von einem männlichen Arzt untersucht, doch aus der Art und Weise, wie dies geschehen ist, kann man ersehen, welche Grenzen zu jener Zeit einem Mediziner gesetzt waren. Magister Guillelmus de Camara, welcher zu der kranken Jeanne gerufen worden war, schloß nämlich »quod erat incorrupta et virgo, quia eam vidit quasi nudam, cum visitaret eam de quadam infirmitate; et eam palpavit in renibus, et erat multum stricta, quantum percipere potuit ex aspectu.«[36]

Der Arzt hatte sie also »*quasi* nudam«, teilweise nackt, gesehen, eine Betastung ihrer Nierengegend vorgenommen und aus der Straffheit des Körpers auf ihre Jungfräulichkeit geschlossen. Mithin wird Guillelmus nicht mehr als ihren entblößten Oberkörper gesehen haben, ähnlich wie Jean d'Aulon, der Jeanne ein paarmal beim Anlegen der Brünne geholfen und dabei ihre Brüste, ein anderes Mal ihre Beine gesehen hatte:

»Dit oultre que, non obstant ce qu'elle feust jeune fille, belle et bien formée, et que par plusieurs foiz, tant en aidant à icelle armer que aultrement, il luy ait veu les tetins, et aucunes foiz les jambes toutes nues, en la faisant apareiller de ses plaies«,[37] habe er dessenungeachtet kein sexuelles Verlangen nach Jeanne entwickelt.

Anscheinend läßt sich gleiches nicht von dem Schneider Johannotino Simon sagen, der beim Anprobieren eines im Auftrag der Herzogin von Bedford angefertigten Gewandes die Situation ausnützte und Jeanne zärtlich an die Brust faßte, worauf diese ihm entrüstet eine Ohrfeige verpaßte (»eam accepit dulciter per mammam. Quae fuit pro hoc indignata, et tradidit dicto Johannotino unam alapam.«).[38]

Nun wird man sagen, daß es sich hier um einen Gewandschneider handelte und nicht um einen Arzt und daß doch wenigstens diesem das Betasten der Brüste erlaubt gewesen sein mag. Freilich wird auch das nicht allzu häufig der Fall gewesen sein, denn als z. B. ein Friedensrichter von Norfolk im Jahre 1220 eine Schwangerschaftsuntersuchung anordnete, was man damals »Writ de Ventre Inspiciendo« nannte, bestellte er zum Betasten der Brüste und des Bauches der betreffenden Frau keine Ärzte, sondern »worthy and discreet« Matronen aus London,[39] und wenn später eine Jungfrau, die im Verdacht stand, entbunden und gestillt zu haben, »ann jren Brüsten gemolcken werden« sollte, dann hatte dies nach der *Carolina*, der peinlichen Halsgerichtsordnung Karls V., nicht durch einen Arzt, sondern »durch verstenndige frawen« zu geschehen.[40] Im Jahre 1596 verlautet zwar eine englische Anordnung, eine Frau sei »to be viewed by twelve knights and searched by twelve women in the presence of twelve knights, & ad tractandum per Ubera, and Ventrem Inspiciend., whether she were with Child«,[41] aber wenn schon die Hebammen die Frauen unter der Kleidung entbanden, dann werden auch solche Untersuchungen in Anwesenheit von »knights« mit aller Diskretion durchgeführt worden sein.

§ 6
Das Beschauen des weiblichen Körpers

Wird es zwar im Mittelalter immer wieder vorgekommen sein, daß eine Frau sich bereit erklärt hat, etwa zum Palpieren eines Tumors vor einem Arzt die Brust zu entblößen,[1] so wird sie sich für gewöhnlich kaum ganz vor ihm ausgezogen haben. Wie peinlich einer Frau auch nur die äußere Besichtigung ihres Genitalbereichs gewesen sein muß, zeigt beispielsweise die Beschwerde eines Frankfurter Ehepaares im Jahre 1457, das seinem Entsetzen darüber Ausdruck verlieh, daß die ärztlichen Lepraschauer bei der gesetzlich vorgeschriebenen Besichtigung der Körperoberfläche auf einer völligen Entkleidung der Frau bestanden hatten. Die Rücksichtslosigkeit der Beschauer und die Unwürdigkeit der Situation – so die Kläger – hätten die weibliche Schamhaftigkeit und Ehre schwerstens verletzt, zumal die Frau flehentlich darum gebeten habe, ihren Unterleib nicht entblößen zu müssen. Was das Ganze aber noch viel schlimmer gemacht habe, sei die Tatsache, daß sie an diesem Tage mit ihrer Monatsblutung behaftet war, was die Ärzte am Zustand ihrer Kleidung hätten bemerken müssen.[2]

Eine Frau in diesem Zustand zu entblößen galt als besonders frevelhaft – so wurde etwa in Freiburg ein Mann »mit ruoten ußgestrichen und der statt und oberkeit verwiesen«, weil er einer Frau »ihre kleider hinden und vornen uff der gassen uffgehept, die doch mit ihrer krankheit behaftet gewesen«[3] – aber auch ohne diese »krankheit« war den Männern der Blick auf die Vulva verwehrt. So schreibt etwa der bereits erwähnte Guainerius in der ersten Hälfte des 15. Jahrhunderts, daß man zwar im Prinzip Auswüchse an den weiblichen Genitalien »tactu ac visu«, jedoch »honestius« aus der Beschreibung der Patientin erkenne,[4] und Francesco di Piedimonte verlautet, den Rückgang der vorgefallenen Gebärmutter erkenne der Arzt aus dem Krankenbericht der Hebamme oder daran, daß die betreffende Frau keine Beschwerden mehr äußere.[5]

Nun wird man einwenden, daß doch auf einer Initiale aus dem späten 14. Jahrhundert (Abb. 31) deutlich zu sehen sei,

31 Initiale aus einer Brüsseler Ausgabe
der Werke Galens, um 1400.

wie Galen »vor zwei Schülern eine gynäkologische Vorlesung« halte, »und zwar unter Verwendung eines lebenden Modells in Form einer nackten schwangeren Frau«,[6] und ein anderer Medizinhistoriker kommentiert: »Aus der frühesten Zeit der Wirklichkeitsdarstellung stammt die einer Schwangeren, die zwei Schülern im Unterricht von einem Lehrer vorgestellt wird«.[7] Auf einer anderen Initiale sei sogar derselbe Galen zu sehen, »expliquant l'acte sexuel au moyen de modèles vivants«.[8]

Bedeutet also die Tatsache, daß nicht allein splitternackte schwangere Frauen während einer medizinischen Vorlesung »auf und ab« gingen,[9] sondern Studenten sogar Zeugen eines veritablen Geschlechtsverkehrs werden durften, bedeutet dies nicht, daß alles bislang Ausgeführte über die spätmittel-

alterlichen Schamschranken leeres Gerede gewesen ist und
daß sich solch scheinbar intime Szenen doch – wie Elias und
viele andere behaupten – gleichsam vor aller Augen abgespielt
haben?

Zu einer solchen Auffassung kommt man indessen nur dann,
wenn man – wie die zitierten Historiker – den Charakter dieser Darstellungen völlig mißversteht. Dies wird deutlich,
wenn wir ein anderes zeitgenössisches Bild betrachten, auf
dem gezeigt wird, wie ein Dichter die Geschichte von Adam
und Eva niederschreibt (Abb. 32). Auf den ersten Blick

32 Meister des Boccaccio von 1476:
Der Dichter schreibt die Geschichte von Adam und Eva.

würde man das Bild wohl tatsächlich so interpretieren, daß
der Künstler wiedergeben wollte, wie ein splitternacktes Paar
vor dem schreibenden Dichter steht. Doch das war keineswegs die Absicht des Künstlers. Was dieser vor Augen führen
wollte, war *das Thema*, über das Boccaccio schreibt, nämlich

die Geschichte unseres Urelternpaares. In gleicher Weise will die Illustration zum *Livre des propriétés des choses* Bartholomäus' des Engländers (Abb. 33) nicht zeigen, daß es zu den

33 Arzt erläutert einem Medizinstudenten das Wesen des Koitus. Aus *Livre des propriétés des choses*, 15. Jh.

Aufgaben eines Medizinprofessors gehörte, seinen Studenten *in naturam* einen Koitus vorzuführen. Vielmehr vermittelt das Bild einen Einblick in das Thema des betreffenden Kapitels, nämlich der geschlechtlichen Vereinigung von Mann und Frau, genauso wie die Initiale illustriert, daß das Kapitel, welches mit ihr beginnt, von der Schwangerschaft des Weibes handelt. Und wenn schließlich auf der Miniatur aus der *Cyrurgia* des Theodoric Borgognone scheinbar zu sehen ist, wie ein Arzt sich anschickt, in Anwesenheit einer Hebamme eine Patientin rektal auszutasten (Abb. 34), dann zeigt das Bildchen in Wirklichkeit, wie ein Arzt die Hebamme über die Technik des Austastens instruiert – und zwar *nicht* am lebenden Modell.

Zahlreiche Quellen veranschaulichen, wie befangen die mittelalterlichen Ärzte waren, wenn es um Frauenleiden, Geburt oder auch nur um die Beschreibung der Genitalien ging. So meinen die meisten Mediziner, eigentlich verbiete es der An-

34 ›Rektale Austastung‹. Aus *Cyrurgia*, 13. Jh.

stand und es sei auch für die Beteiligten äußerst peinlich, einer
Frau die Diagnose mitzuteilen, sobald sie sich auf den Unterleib beziehe, aber das müsse eben sein, »auch wenn das Ohr
dies als sehr unangenehm empfindet«. Der Arzt Savonarola
schreibt, daß Dinge, die aus Anstandsgründen nicht der Feder anvertraut werden könnten, sich in einem persönlichen
Gespräch darlegen ließen,[10] und Hildegard von Bingen ent-
schuldigt sich für die Tatsache, daß sie derartiges zum Gegenstand ihrer Ausführungen macht, indem sie auf ihr fortge-
schrittenes Alter verweist.[11]

Im 13. Jahrhundert erklärt Guglielmo Salicetti aus Piacenza,
der als der bedeutendste Wundarzt des Mittelalters gilt, er
sehe sich nicht in der Lage, etwas über die weiblichen Genitalien auszuführen, da ein solches Thema unschicklich sei;[12] in
der *Grande Chirurgie* des Guy de Chauliac aus dem Jahre
1363 findet sich keine Silbe über die Vulva oder die Vagina,[13]
und der Autor begründet dies damit, es sei Sache der Frauen,
über diese Dinge zu schreiben.[14] Da die Verfasser von gynäkologischen Texten häufig wegen ihrer angeblich zu deut-
lichen Ausdrucksweise gerügt wurden, hielten es viele Ärzte
für nötig, zu begründen, warum sie überhaupt ›so etwas‹ zum

35 Miniatur zum Kapitel »Les membres genitoires«
aus dem Buch Bartholomäus des Engländers, 15. Jh.

Thema machten. So verlautet z.B. ein Kommentator des
einige Jahrzehnte vorher, nämlich im Jahre 1353 möglicherweise von Albertus Magnus verfaßten *De secretis mulierum*,
der Autor habe sich seinerzeit dazu entschlossen, das Buch zu
schreiben, weil ein Priester ihn darum gebeten habe, und
zwar aus zwei Gründen: Erstens, weil menstruierende
Frauen eine Gefahr für ihre Umwelt darstellten, und zweitens, weil die Einhaltung der Keuschheit erleichtert würde,
wenn man über die Unreinheit und Schädlichkeit des Geschlechtsverkehrs Bescheid wisse.[15]

Im 14. Jahrhundert notiert der Übersetzer des der »Trotula«
zugeschriebenen *De mulierum passionibus*, er habe den Text
ins Englische übertragen, damit die Frauen ihre Krankheiten
selber diagnostizieren könnten und es nicht nötig hätten, einen männlichen Arzt aufzusuchen. Sollte die Schrift aber einem Manne in die Hände fallen, so ereile diesen die Rache des

Schicksals, wenn er das erlangte Wissen über die weiblichen Genitalien dazu benutze, die Frauen zu beschämen:

»and because whomen of oure tonge donne bettyr rede and undyrstande thys langage than eny other and euery whoman lettyrde rede hit to othir unlettyrd and help hem and conceyle hem in here maledyes wt. owtyn shewyng here dysese to man, i have thys drauyn and writtyn in englysh. And yf hit fall any man to rede hit I pray hym and scharge hym in oure lady be halve that he rede hit not in no dys pyte ne sclaundur of no woman ne for no cause but for the hele and helpe of hem. Dredyng that vengauns myht fall to hym as hit hath do to other thit have scheuyd (= herumgeschnüffelt) her preuytees (= Genitalien) and sclaundyr of hem. Onderstandyng in certeyne that they have no other evylys that no be a lyve than thoo women hade that nou be syntes (= Heilige) in hevyn.«[16]

Als einer unter vielen hatte bereits im 13. Jahrhundert Arnaldus von Villanova darüber geklagt, die Frauen seien aus Schamhaftigkeit nicht einmal bereit *zu sagen*, wo sie Beschwerden hätten, sobald diese den Unterleib beträfen,[17] aber manche Autoren waren auch der Meinung, die Frauen täten recht daran, wenn sie den Ärzten in puncto Dezenz und Schicklichkeit nicht so ganz über den Weg trauten. So stellte etwa um das Jahr 1376 der Chirurg Johann von Aderne in seinem *Treatise of Fistula in Ano* Verhaltensregeln für den Arzt auf, in denen es hieß, daß dieser bei seinen Visiten weder die Dame des Hauses noch deren Tochter oder das weibliche Gesinde »dreist anschauen« oder gar betasten dürfe,[18] und in einer Polizeiordnung des Jahres 1500 wird der Straßburger Spitalarzt angewiesen, er solle »sich züchtiglich halten, besonders die mägde mit unzimlichen wesen und geberden nützit bekümbern noch annemen«,[19] nachdem bereits das visigotische Gesetz strenge Schicklichkeitsgebote für den Aderlaß einer frei geborenen Frau festgelegt hatte:

»Ein Arzt soll sich nicht erdreisten, eine Frau in Abwesenheit ihrer Verwandten zur Ader zu lassen. Kein Arzt soll es sich herausnehmen, bei einer freien Frau den Aderlaß ohne Gegenwart ihres Vaters, ihrer Mutter, ihres Bruders, Sohnes, Onkels oder eines anderen Verwandten vorzunehmen, es sei, die Not der Krankheit erfordere es. Sollten die oben genannten Personen nicht zugegen sein, dann möge er in Anwesenheit ehrbarer Nachbarn oder geeigneter männlicher oder weiblicher Sklaven tun, was er der Natur der Krankheit gemäß kann. Sollte er sich anderes anmaßen, dann zwingt ihn, 10 solidi an ihre Verwandten oder an ihren Mann zu zahlen, denn leicht kann sich in einer solchen Situation Unzüchtiges ereignen.«[20]

Damit der Arzt indessen gar nicht erst in Versuchung geriet, eine Patientin zu entblößen[21] oder sie unsittlich zu berühren, wurden mancherorts bereits im Hochmittelalter Frauen dazu ermutigt, ärztliche Tätigkeiten auszuüben. Eine im Jahre 1321 von Herzog Karl von Kalabrien ausgestellte Urkunde erlaubte etwa einer Francesca de Romano aus Salerno, künftig als Chirurgin tätig zu sein, weil »wir füglich bedachten, daß zur Behandlung weiblicher Kranker, um der Ehrbarkeit der Sitten willen, Frauen sich besser als Männer eignen«,[22] und der Autor von *Placides et Timéo*, einer wissenschaftlichen Enzyklopädie des 13. Jahrhunderts, hebt den Wert der Abhandlungen von »Trotula« hervor: sie seien von einer Frau geschrieben, da jedermann wisse, daß Patientinnen derlei Dinge viel leichter einer Frau eröffneten als einem männlichen Arzt.[23] Auch in unserer Gegend ist in jener Zeit von solchen Frauen die Rede – im 13. Jahrhundert werden *medicae* in Mainz erwähnt,[24] im Jahre 1345 wird in Basel »der artzatinen hus neben dem hus zem duerren sod« genannt, und 1415 bezichtigt man »Greda Bleicherin, die artzatin« der Zauberei[25] – doch wird es sich in den meisten Fällen eher um heilkundige Hebammen gehandelt haben denn um reguläre Ärztinnen,[26] während die lizenzierten *medicae* des Trecento meist Töchter oder Schwestern männlicher Ärzte waren, welche die weiblichen Patienten behandelten, da diese meist nicht bereit waren, sich vor einem Mann auszuziehen.[27]

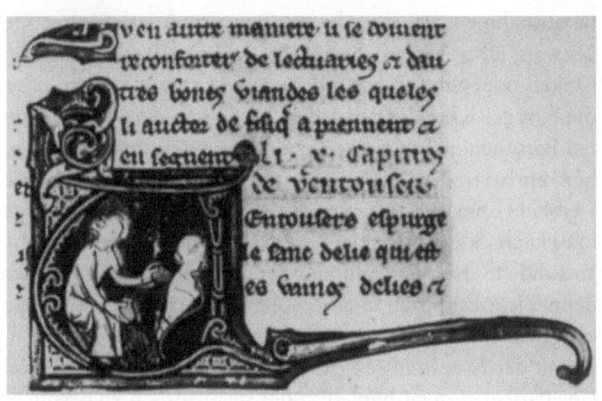

36 Arzt schröpft Patientin. Französische Marginalie, 13. Jh.

Kann man den zeitgenössischen Abbildungen vertrauen, dann behielten die Männer, wenn sie sich einmal von einer »artzatin« behandeln ließen, mindestens die *bruoch* an,[28] und auch die Patientinnen entblößten vor dem männlichen Arzt

37 Arzt beim Palpieren der Brust.
Kopie nach einer spätantiken Handschrift, frühes 13. Jh.

nicht den ganzen Oberkörper, sondern höchstens einen Teil, wie etwa die unter Schmerzen in den Milchdrüsen leidende Frau auf Abb. 37 im Codex Vindobonensis aus dem frühen 13. Jahrhundert.[29]

Klistiere scheinen den mittelalterlichen und frühneuzeitlichen Frauen meist von Angehörigen ihres eigenen Geschlechts verabreicht worden zu sein – so verlautet etwa »der kellerin ordnunge« des Straßburger Spitals vom Jahre 1515, daß die Kellerin, also die Spitalfrau, solch intime Verrichtungen wie das Klistiergeben an Frauen nicht Männern überlassen dürfe, sondern selber besorgen müsse[30] – aber wenn einmal ein Arzt diese Aufgabe übernahm, so ging offenbar alles ganz dezent unter der Bettdecke vor sich (Abb. 38).[31]

38 Spätmittelalterliche Klistierszene
(Druckklistier mittels komprimierbarer Tierblase).

Nach alledem wird es niemanden wundern, daß die damaligen Ärzte – die selbst theoretisch nur geringe Kenntnisse von solchen ›Frauendingen‹ hatten[32] – auch praktisch so gut wie keine Erfahrungen vorweisen konnten[33] und deshalb in Geburtsnotfällen häufig von geringem Nutzen waren.[34]

Wie wenig die Ärzte über den weiblichen Genitalbereich wußten, sieht man beispielsweise an ihrer Unkenntnis der Klitoris, obgleich einigen mittelalterlichen Medizinern aufgefallen war, daß manche jungen Mädchen, um das Verlangen zu steigern, eine Stelle oberhalb des Eingangs zur Vagina rieben. So rühmte sich im Jahre 1559 der bekannte Anatom Realdus Columbus aus Cremona, die Klitoris entdeckt und benannt zu haben (»Hos igitur processus, atque eorundem usum cum nemo hactenus animadvertit, si nomina rebus a me inventis imponere licet, amor Veneris, vel dulcedo appelletur«),[35] wobei sich dieser Fund offenbar nicht allzu schnell herumgesprochen hat, denn drei Jahre später schrieb sein Kollege, der Anatom Gabriele Fallope, er habe die Klitoris entdeckt: »dieses Schamteil« sei »so klein und in dem fettesten Teil der Vulva« versteckt, »daß es den Anatomen nicht aufgefallen ist«.[36]

Aber auch die Existenz des Hymen wurde noch lange Zeit von den frühneuzeitlichen Ärzten bestritten, obwohl das Häutchen gelegentlich von antiken Medizinern wie etwa Servius Maurus Honoratus erwähnt worden war.[37] So kritisiert noch im Jahre 1597 Baptista Codronchi die völlige Unzuverlässigkeit der Virginitätsdiagnostik durch Hebammen, da diese als Kriterium der Jungfräulichkeit das Vorhandensein eines Häutchens und die »Enge des Ortes« annähmen, denn ersteres komme nur äußerst selten vor, und selbst wenn es existiere, würden die lasterhaften jungen Mädchen es häufig zerstören.[38] Und auch der berühmte Ambroise Paré meint, das Jungfernhäutchen sei äußerst selten »unnd auch wider die Natur«: »Etliche Matronen und Hebammen geben für, es haben diejenige, so noch Jungfrawen unnd ungeschwächt seyen, in dem Halse oder Eingang zu ihrer Gebärmutter ein Häutlin. Dasselbe, sagen sie, werde in dem ersten Beyschlaff zerrissen. Wie betrüglich unnd ungewiß aber diese Kenn- unnd Merckzeichen seyen, wird auß Historien unnd Zeugnussen mehr dann genugsam erwiesen. Denn das Häutlin belangendt, so ist dasselbig ein unnatürlich Ding, und wird unter viel tausent jungen Mägdlein kaum in einem gefunden.«[39]

Wir erinnern uns, daß der Arzt Guillelmus de Camara die Jungfräulichkeit der »Pucelle« nach einer Palpierung der Nierengegend aus der Straffheit des Oberkörpers – und vermutlich besonders der Brüste – geschlossen hatte, und diese Kriterien, also die Festigkeit der Brust wie auch der Halsumfang, die Stimmhöhe und das Geräusch beim Urinieren, blieben bis weit ins 18. Jahrhundert verbindlich.[40]

Hebammen und Liebhaber verfügten über andere Methoden der Verifikation, obgleich auch diese – und zumal die letzteren – bisweilen ins Grübeln kamen. So scheint sich beispielsweise im 16. Jahrhundert Leonhardt Thurneysser zum Thurn nach der Hochzeitsnacht jahrelang hin und her überlegt zu haben, »ob vielleicht diese vber die maß grosse *corruption*«, die er bei seiner Braut feststellen mußte, »von neischwas Kranckheiten oder sonst zufellen / oder vielleicht etwas angebohrens / oder ob es aus Mannlichen krefften / bey dieser Person verursacht / ins werck gerichtet vnd beschehen seye«, bis schließlich der lockere Lebenswandel seiner Gattin und deren Konfessionen ihn davon überzeugten, daß er doch »mit einer außgefahrnen Karrennaben / an einem Rade / beschissen vnd betrogen worden«.[41]

Aber auch aus dem Studium von Leichen konnten die Ärzte des Mittelalters und der frühen Neuzeit kaum Kenntnisse über den weiblichen Körper erlangen. Denn zum einen war bekanntlich in älterer Zeit das Sezieren von Leichen überhaupt untersagt,[42] und noch im 16. Jahrhundert war es meist äußerst schwierig, sich Leichen zu beschaffen: Als beispielsweise Felix Platter in Montpellier Anatomie studierte, machte er sich mit bewaffneten Kommilitonen nächtlings daran, »todte cörpel, so erst den tag begraben, heimlich mit gewerter handt vor der stat uf den kilchhöfen by den klösteren ußzegraben«, während die Mönche sie aus den Klosterfenstern mit Pfeilen beschossen,[43] und auch für Leonardo da Vinci war es so schwierig, menschliche Leichen zu besorgen, daß er sich meist mit den Kadavern von Schweinen, Hunden, Pferden und Rindern begnügte.[44]

Zum anderen galt es bis ins 18. Jahrhundert hinein als besonders anstößig, *weibliche* Leichen zu sezieren.[45] So berichtet im Jahre 1315 Mondino, er habe es als erster Arzt auf der Welt gewagt, die Leichen zweier Frauen aufzuschneiden,[46] und als dies im Jahre 1452 zum erstenmal in Wien geschah – es handelte sich um die Leiche einer ertränkten Verbrecherin –, war das Ereignis noch jahrzehntelang Gesprächsthema.[47] Möglicherweise ist eine derartige Szene in einem aus dem 13. Jahrhundert stammenden medizinischen Manuskript abgebildet (Abb. 39): Jedenfalls ist die Darstellung so interpretiert wor-

39 Student wird bei der Sektion einer weiblichen Leiche überrascht (?); vermutlich englisch, um 1260.

den, daß hier ein an Robe und Kappe erkennbarer Arzt in Begleitung eines Mönchs einen Mann – vielleicht einen Chirurgen oder Medizinstudenten – überrascht, als dieser unerlaubterweise eine weibliche Leiche seziert.[48] Wie dem aber auch sei, die empirischen Kenntnisse der männlichen Mediziner waren so gering, daß bis ins 16. Jahrhundert häufig Frauen mit Tiergenitalien dargestellt wurden, da die Ärzte lediglich die Geschlechtsorgane von Hündinnen und anderen

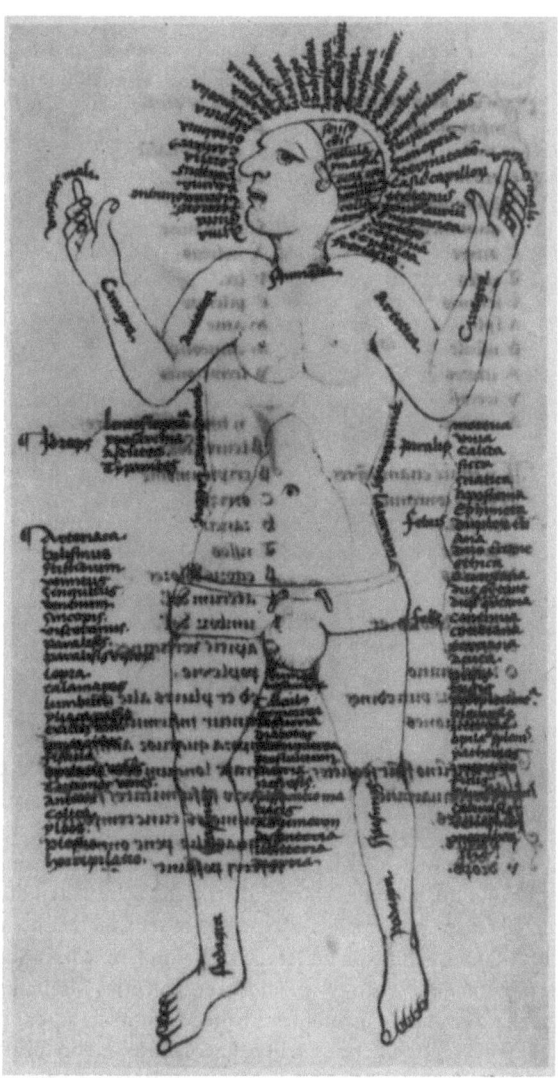

40 Anzeige der Krankheiten, Ms. Latinus, spätes 14. Jh.

Säugetieren sezieren konnten.[49] Üblicher war es freilich, daß
auf solchen medizinischen Darstellungen die Männer eine
bruoch trugen (Abb. 40), während die Frauen entweder gar
keine Genitalien hatten (Abb. 41) oder aber diese von einer
Hand, einem Zweig, Rauchwolken oder dergleichen verdeckt waren.[50]

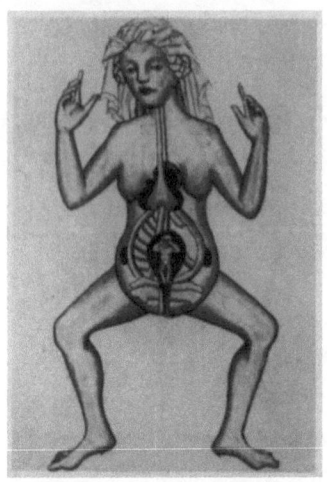

41 Miniatur einer schwangeren Frau, spätes 14. Jh.

Wie sehr man bemüht war, zu verhindern, daß jemand die
Genitalien des anderen Geschlechts betrachtete, geht auch
aus einer Kölner Ratsverordnung vom Jahre 1647 hervor, in
der bestimmt wurde, daß bei weiblichen Leichen nur Frauen
und bei männlichen nur Männer die Totenwache halten dürften.[51] Denn wie wir später sehen werden, schämten sich auch
viele Männer sehr, vor anderen, insbesondere vor Frauen,
ihre Genitalien zu entblößen, und so erzählt etwa Montaigne,
gegen Ende des 15. Jahrhunderts habe Maximilian I. »par pa-
roles expresses de son testament« angeordnet, »qu'on lui atta-
chast des calessons, quand il seroit mort. Il devoit adjouster
par codicille, que celuy qui les lui monteroit eut les yeux
bandez.«[52]

Geburtshilfe und ›innere‹ Untersuchung in der Antike, bei den Arabern und bei fremden Völkern

War es während des Mittelalters und der frühen Neuzeit üblich, daß die Hebammen aus Rücksicht auf das Schamgefühl der Kreißenden unter dem Kleid oder unter Tüchern tätig waren (Abb. 42),[1] so scheinen auch die Hebammen der Antike in ähnlicher Weise auf Dezenz geachtet zu haben. Jedenfalls rät beispielsweise der berühmte Soranus von Ephesos, die Hebamme solle sich nicht so plazieren, daß sie der Gebärenden von unten gleichsam *in* die Vagina schaue, und habe sie eine anständige Stellung eingenommen, dann solle sie die Augen von der Vulva abwenden, damit die betreffende Frau nicht vor Scham verkrampfe:

»Die Hebamme selbst endlich hat in reinlichem Kleide der Gebärenden gegenüber, aber etwas niederer zu sitzen. [...] Daß sie in hockender Stelle arbeite, wie einige rieten, ist lästig und unschicklich. Ebenso verhält es sich mit der Forderung Herons, der verlangt, daß sie in einer Vertiefung stehe, damit sie nicht die Hände von oben nach unten zu bewegen brauche. Dieser Vorschlag ist einmal unschicklich und dann auch

42 Entbindung. Illustration zu einer juristischen Handschrift, 13. Jh.

in zweistöckigen Häusern einfach unausführbar. [...] Die
Hebamme sollte es vermeiden, ihre Augen auf die Genitalien
der Kreißenden zu richten, damit ihr Körper sich nicht vor
Scham zusammenzieht (›faciem suam retrorsus avertat, ne pa-
riens verecundia se concludat‹)«.[2]

So hat man auch in einem Grab in Ostia ein Terrakottarelief
gefunden, auf dem die Hebamme Scribonia Attice, Frau des
M. Ulpius Amerimnus, zu sehen ist,[3] wie sie ganz nach der
Anweisung des in Rom tätigen griechischen Arztes vor einer
auf dem Gebärstuhl kreißenden, von einer Helferin gehalte-

43 Grabstele der Hebamme Scribonia Attice aus Ostia, Isola Sacra.

nen Frau sitzt und das Gesicht abwendet (Abb. 43),[4] während
auf den Darstellungen von vor Männern hockenden Ärzten
das Gesicht derselben stets den Patienten zugewandt ist.[5]

Wenn aber nun die Frauen schon gegenüber anderen Frauen
so schamhaft waren, wird man erwarten können, daß sie erst
recht vor männlichen Ärzten Zurückhaltung gezeigt haben.
Wenn im 5. Jahrhundert Caelius Aurelianus, der Übersetzer
der Werke des Soranus, also berichtet, daß die Alten wegen
der weiblichen Schamhaftigkeit Ärztinnen (*medicae*) ausge-

96

bildet hätten, »damit die Krankheiten der weiblichen Genitalien nicht männlichen Augen zur Untersuchung gezeigt werden mußten«,[6] dann wird man ihm dies ohne weiteres abnehmen können.

Es ist praktisch sicher, daß die griechischen Ärzte nie innere Untersuchungen vorgenommen haben, und es heißt, daß eine Athenerin eher gestorben wäre, als daß sie vor einem Arzt den Unterleib entblößt und sich hätte vaginal austasten lassen.[7] Nach Plato sollte die ärztliche Untersuchung einer Frau beim Nabel haltmachen, und auch nach Iustinian verstieß die *inspectio corporis* eines Mädchens zur Feststellung des Pubertätseintritts gegen das Schamgefühl.[8] Zumindest in der Zeit des Soranus, also im frühen 2. Jahrhundert, wurden zwar bisweilen bei lebensgefährlichen Geburten Ärzte hinzugezogen, aber diese berieten die Hebammen lediglich, und die Kreißende blieb hinter einem Vorhang verborgen.[9]

Wenn überhaupt, dann scheinen sich im allgemeinen die Frauen selber vaginal untersucht und auf Befragung den Hebammen Auskunft gegeben zu haben.[10] Zwar durfte nach Celsus der Arzt *theoretisch* bei der blutigen Operation des Blasensteins selber Hand anlegen, indem er bei einer Frau den Finger vaginal und bei einer Jungfrau rektal einführte,[11] doch wird dies in der Praxis kaum vorgekommen sein: Im Durchschnitt hatten die antiken Ärzte nach allem, was wir wissen, vom weiblichen Unterleib keine blasse Ahnung, und Galen, um nur ein Beispiel zu nennen, war darauf angewiesen, Affenweibchen zu sezieren, um Analogieschlüsse auf die Geschlechtsorgane der Frauen durchführen zu können.[12]

Allem Anschein nach befragte z. B. Soranus Hebammen und stellte aus deren Wissen sein Lehrbuch zusammen, das wiederum vorwiegend an Hebammen adressiert war,[13] und auch im *Corpus Hippocraticum* heißt es:

»Bei manchen, die nicht wissen, woran sie krank sind, werden die Krankheiten eher unheilbar, bevor noch der Arzt durch die Kranke richtig aufgeklärt ist, woran sie krank ist. (Die Frauen) schämen sich nämlich darüber zu sprechen, auch wenn sie es wissen; infolge ihrer Unerfahrenheit und Unkenntnis meinen sie, daß das zu sagen für sie unanständig sei.«[14]

Daß aber auch dann, wenn die Frauen bereit waren, dem Arzt ihr Leiden zu schildern, dieser keine vaginale Untersuchung vornahm, geht aus einer anderen Stelle hervor, an welcher Hippokrates sagt:

»All dies wird man erkennen, wenn man genau danach fragt; die Glätte dagegen dann, wenn *eine andere Frau* die Gebärmutter befühlt.«[15]

Auch die arabische Gynäkologie blieb stets eine verhältnismäßig unterentwickelte Wissenschaft, weil die Ärzte auf Grund des weiblichen Schamgefühls kaum praktische Erfahrungen sammeln konnten. Da der Islam einer Frau jeden intimen Umgang mit einem fremden Mann verbot und es normalerweise jenseits jedes Vorstellungsvermögens lag, daß sie außer ihrem Ehemann irgendeinem Angehörigen des anderen Geschlechts die Genitalien zeigte,[16] war es für gewöhnlich das Äußerste, daß ein Arzt einer Frau den Puls fühlte, eine Szene, die z. B. in einer persischen Handschrift aus dem 15. Jahrhundert abgebildet ist.[17]

Zwar vertraten im 9. Jahrhundert Ahmad ibn Ḥanbal und ein halbes Jahrtausend später al-Dhahabī die Auffassung, es müßte einem Arzt eigentlich gestattet sein, eine Frau vaginal zu untersuchen,[18] aber selbst nach der sehr liberalen malikischen Schulmeinung machte sich der Arzt, wenn er den Genitalbereich einer Frau besehen oder gar betasten wollte, zu Recht strafbar. Später präzisierte man den Genitalbereich sogar dahingehend, daß er den weiblichen Körper vom Knie bis zum Nabel umfaßte.[19] Wenn bei einer Unterleibsoperation die Anwesenheit eines Arztes unabdingbar war, durfte dieser im arabischen Spanien der operierenden Hebamme zwar Anweisungen zum Gebrauch der Instrumente geben, aber der entblößte Unterleib der Patientin mußte vor seinen Augen verborgen sein, und gleiches galt auch, wenn er in Notfällen zu einer Geburt gerufen wurde.[20]

Abūl-Qāsim az-Zahrāwī legt beispielsweise Wert auf die Feststellung, ein Arzt könne nicht *eine* anständige Frau finden, die bereit sei, sich vor ihm auszuziehen, oder die es gar zuließe, daß er sie »digital exploriere«, und Ibn al-Quff weist seine Kollegen an, eine Atresia vaginalis einer erfahrenen Hebamme zu überlassen; sollte es ihm allerdings nicht gelingen, eine solche zu finden, dann müsse es ihm erlaubt sein, einen ob seines untadeligen Lebenswandels gerühmten Chirurgen (*ġarā' ihī*) heranzuziehen.[21]

Fraglich bleibt indessen, ob die Ärzte überhaupt »anständige« Frauen gefunden hätten, die dazu bereit gewesen wären, einen Chirurgen an sich heranzulassen, denn um die Mitte des 18. Jahrhunderts berichtet beispielsweise der britische Reisende Lord Charlemont:

»A French physician resident at Cairo informed me that though he had been sometimes sent for to visit Turkish women he had never once been permitted to see his patient, who was always muffled so as to be perfectly concealed from view; and when allowed to feel her pulse he was obliged to content himself with guessing at its movement through a piece of thick muslin.«[22]

Daß diese ausgeprägte weibliche Scham vor dem Arzt sich bis in unsere Zeit erhalten hat und in den verschiedensten Gegenden der islamischen Welt verbreitet ist, läßt sich mit zahllosen Beispielen belegen. Besaßen die türkischen Damen vor der Ära Atatürks Diagnosepüppchen, die sie dem Arzt zeigten oder die sie ihm durch eine Botin übermitteln ließen und an denen jener erkennen konnte, an welcher Stelle des Körpers die betreffende Dame Beschwerden hatte,[23] so lassen sich auch heute noch selbst westlich erzogene Ägypterinnen – vor allem aus Rücksicht auf die Gefühle ihrer männlichen Verwandten – äußerst ungern eine Spritze in die Hinterbacken geben, und wenn, dann entblößen sie nur eine winzige Stelle, während alles andere mit Tüchern abgedeckt bleibt.[24] Und wenn eine Sinai-Beduinin sich an einer anderen Stelle als an den Händen oder im Gesicht verletzte, ließ sie die Wunde nicht vom Heiler, sondern von dessen Frau untersuchen, die wiederum ihren Mann über die Beschaffenheit der Wunde unterrichtete. Nur wenn der Heiler ein steinalter Mann war und eine makellose Reputation hatte, ließen manche Frauen – vorausgesetzt, sie waren nicht prüde – z. B. eine Hüftverletzung von ihm in Augenschein nehmen.[25]

Ist eine Entblößung der Brüste, des Gesäßes oder der Schenkel schon äußerst heikel, so gilt dies in verschärftem Maße für den Genitalbereich. So berichtet etwa ein Gynäkologe aus einer kleinen Stadt in der persischen Provinz Khouzistan, daß dort eine Entkleidung der Kreißenden vor der Hebamme und den beistehenden Frauen geradezu »undenkbar« sei. Freilich gelang es ihm einmal – offenbar vor einer schwierigen Geburt – eine niederkommende Frau rektal auszutasten, und zwar so, daß die Betreffende ihn gar nicht sehen konnte:

»Eine rektale Untersuchung in tiefster Hockstellung der meist sehr mageren Frauen erweist sich als brauchbar, gestattet einwandfreie Orientierung und damit sichere Diagnose des Geburtsstandes, wobei kaum eine Entblößung erforderlich ist und die Gebärende den vom Rücken her untersuchenden Arzt gar nicht erst sieht, was bei der arabischen Mentalität sehr wichtig sein kann. Macht man eine Untersuchung erst von einer Entblößung der Genitalgegend abhängig, so führt dies regelmäßig zu fast unüberwindlichen Schwierigkeiten. Nur bei schwersten Fällen und der damit verbundenen Lebensgefahr – die betreffende Frau fühlt das instinktiv – ist es meist einfach, mit Hilfe der anderen Weiber die Gebärende in Rückenlage zu bringen und mit der uns geläufigen Technik zu untersuchen.«[26]

In Afghanistan und Pakistan nehmen die Männer oft den Tod der Frauen in Kauf, wenn sie ihr damit eine gynäkologische Untersuchung ersparen können. »In Nager (Nordpakistan)«, berichtet ein Ethnologe, »bat mich ein Bekannter, der an Syphilis litt, um Tabletten; vorher war er lediglich – erfolglos – mehrere Male bei einem Arzt im Hauptort Gilgit mit Penicillin behandelt worden. Um seine Frau kümmerte er sich in diesem Falle nicht, das Aufsuchen eines Arztes – auch einer Gynäkologin – wäre undenkbar gewesen.«[27]

Eine ägyptische Hebamme (*daya*) erzählte, sie kenne genug Mütter, die eher ihre Tochter sterben ließen, als daß sie zu ihrer Niederkunft einen männlichen Geburtshelfer holten, und nach einer Kairoer Pressemitteilung starben zu Beginn der sechziger Jahre in der Oase Sîwah 35 % der Kindbetterinnen, weil sie sich geweigert hatten, einen Arzt an sich heranzulassen. Mit Genugtuung erklärte ein Mann der Adjiman im östlichen Saudi-Arabien, seine Frau sei während der Geburt gestorben, weil sie einen Geburtshelfer abgewiesen habe: Sie »wollte nicht gezwungen sein, am Tage des Jüngsten Gerichts vor ihrem Schöpfer zu erröten, weil sie einst ihren Körper einem Mann gezeigt hatte, der nicht ihr Gatte war«.[28]

Auf dem türkischen Dorf hat die Geburt immer noch etwas unaufhebbar Beschämendes an sich, weil sie so eng mit den weiblichen Genitalien verbunden ist und diese – im Gegensatz zum Penis – der Inbegriff der Schamhaftigkeit sind.[29] Deswegen wurden traditionellerweise auch solche Operationen, in denen etwa der tote Foetus aus der Gebärmutter entfernt wurde, von Frauen ausgeführt:[30] einem Geburtshelfer »alles zu zeigen« wäre im östlichen Anatolien höchst unanständig (*ayip*), weshalb die Kreißende auch dann, wenn ausschließlich Frauen zugegen sind, so lange wie nur möglich die Unterhose anbehält und diese erst unmittelbar vor den Preßwehen auszieht.[31] Zur Zeit des Ersten Weltkrieges meinte ein Geburtshelfer in Istanbul:

»Zu orthodoxen Türkinnen werde ich überhaupt erst gerufen, wenn die Frau am Sterben ist. Und dann eine Untersuchung mit der Hand – während der Schwangerschaft!? Ausgeschlossen, völlig ausgeschlossen!«[32]

Auch bei den im Westen lebenden türkischen Frauen ist die Scham vor einer gynäkologischen Untersuchung – selbst wenn diese von einer Frauenärztin oder einer Hebamme ausgeführt wird –, sehr groß, und eine türkische Hebamme berichtet: »Mir ist bei Türkinnen aufgefallen, daß sie irgendwie ein größeres Schamgefühl haben. Wenn man sie von der Scheide her untersucht, dann ziehen sie immer den Rock davor oder halten die Hände vor die Augen, um das nicht mitzubekommen«,[33] was eine Gynäkologin bestätigt, die mitteilt, daß die muslimischen Frauen bei der vaginalen Exploration in ihrer Praxis häufig völlig das Gesicht verschleiern.[34] Einen männlichen Gynäkologen vermeiden sie nicht nur deshalb, weil sie befürchten, daß die Vorstellung, der Arzt habe sie »dort« berührt, bei ihren Männern unerträgliche Eifersuchtsgefühle auslösen würde, sondern auch vielfach weil sie sich schämen, daß der Arzt auf Grund der Epilation des Schamhaares »alles sieht«.[35] Um eine Berührung der Vulva zu vermeiden, ziehen viele Araberinnen bei einer gynäkologischen Untersuchung selber die Schamlippen auseinander.[36]

Nun ist diese ausgeprägte Schamhaftigkeit der Frauen, sich vor einem Geburtshelfer oder Gynäkologen nackt zu zeigen, keine Eigentümlichkeit der sehr patriarchalischen muslimischen Gesellschaften, vielmehr findet sie sich in gleicher Weise auch in völlig anderen »traditionellen« Kulturen. Unter normalen Umständen würde sich etwa eine Frau der Tiefland-Maya niemals von einem Arzt untersuchen lassen.[37] Bei einer herkömmlichen Geburt bleibt selbst vor der Hebamme der Genitalbereich bedeckt, und die jungen Frauen sind sogar meist zu schamhaft, zu einer Abtreibung eine Hebamme, *x' alants' ah* (»Geburtsgeberin«) aufzusuchen.[38] Die Schwangeren weigern sich häufig, im Krankenhaus zu entbinden, denn dort achtet man nicht auf ihr Schamgefühl (*verguenza*), oder, wie eine Frau es ausdrückte: Sie »schicken deine Mutter und deinen Mann raus, legen dich auf den Tisch, und dann gucken sie dir zwischen die Beine!«[39] Auch bei den Quiché-Maya wäre eine Krankenhausgeburt – also eine Niederkunft in Anwesenheit von Ärzten – »undenkbar«, ja, bei einer Geburt dürfen aus Schicklichkeitsgründen nicht einmal alleinstehende Frauen zugegen sein.[40]

Gleiches galt einst auch für die nordamerikanischen Indiane-

44 Geburt bei den Kiowa, um 1880.

rinnen, die – wenn überhaupt – nur in ganz »verzweifelten
Fällen« einen Geburtshelfer akzeptierten.[41] Eine Crow-Frau
erlaubte keinem Mann – unter welchen Umständen auch immer – einen Blick auf ihre Vulva zu werfen, und aus diesem
Grunde durfte auch kein Mann bei einer Geburt zugegen
sein. Als eine Frau einst während einer komplizierten Niederkunft bereits mit einem Bein im Grabe stand, holte man
gegen ihr heftiges Sträuben einen weißen Arzt. Nach langem
Hin und Her war sie schließlich bereit, sich von ihm helfen zu
lassen, aber erst nachdem die anderen Frauen sorgfältig die
Oberschenkel, den Venushügel und die Schamlippen mit
Watte abgedeckt hatten, so daß nur noch die Vaginalöffnung
zu sehen war.[42]
Nicht selten erstreckte sich diese Schamhaftigkeit freilich
auch auf die Hebamme und die beistehenden Frauen. So
durfte etwa bei den Wishram die Hebamme aus Gründen der
Dezenz den Genitalbereich einer Kreißenden nicht sehen
oder berühren, weshalb sie das Kind unter einem den Unterleib bedeckenden Rehbocksfell in Empfang nahm,[43] und auch

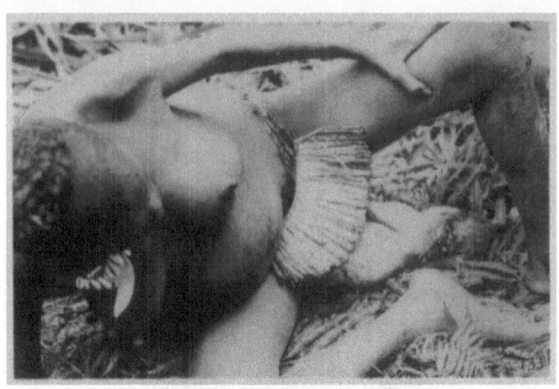

45 Eipo-Frau während der Geburt.

die gebärenden Manus-Frauen achteten streng darauf, daß keine der anwesenden Frauen zu irgendeinem Zeitpunkt der Niederkunft ihre Vulva sehen konnte.[44] Bei den Eipo verhüllen die Frauen insbesondere während der Arbeit auf den steilen Hangterrassen den Unterleib völlig, aber auch wenn sie niederkommen, behalten sie das die Vulva von vorne und hinten bedeckende Schamschürzchen aus Sumpfriedstengelstreifen (*lye*) an.[45]

In China wurden zwar im vergangenen Jahrhundert bisweilen Ärzte, die sich in den Hafenstädten aufhielten, zu Geburten geholt, wenn die Lage hoffnungslos war,[46] doch in früheren Zeiten scheint selbst dies völlig unüblich gewesen zu sein. All die berühmten chinesischen Gynäkologen haben nie eine Frau untersucht oder eine Geburt geleitet, und im Jahre 1644 beklagt sich Min Ts'i-ki über die herkömmlichen Schicklichkeitsregeln, die eine empirische Frauenheilkunde unmöglich machten.[47] Deshalb wies das *Ta sheng p'ien* des renommierten Arztes Ch'en Fu-cheng aus dem Jahre 1750 die Frauen an, sich im Falle einer Geburt selber zu helfen,[48] und in der um das Jahr 640 ins Chinesische übersetzten *Sutra der tausendhändigen, tausendäugigen Avalokiteśvara Bodhisatva zur Behandlung von Krankheiten* heißt es bezeichnenderweise:

»Wenn eine Frau wegen einer Steißlage eine schwere Geburt hat und sterben möchte, so koche man ein *sheng p'eng-lai* mit drei *sheng* Wasser auf ein *sheng* ein und lasse die gesamte Menge nach einundzwanzigmaligem Rezitieren des Bannspruchs einnehmen. Dann wird die Geburt ohne Schwierigkeiten vor sich gehen.«[49]

Noch im Jahre 1973 waren 97 % der chinesischen Gynäkologen und Geburtshelfer Frauen,[50] und neun Jahre später lautet ein Ratschlag an Gynäkologen in einer Zeitschrift:

»Es ist nicht leicht, junge Frauen auf Unterleibskrankheiten hin zu untersuchen, und deswegen ist eine Minderheit von Gynäkologen und Krankenschwestern gegenüber den Patientinnen ungeduldig und nicht gewissenhaft. Dies ist einer der Gründe, weshalb die jungen Frauen vor der Tür zur Frauenpraxis innehalten. Wir hoffen, daß die Mediziner ihre Einstellung überdenken und diese Leiden auf sorgsame Weise behandeln.«[51]

Bis in unsere Zeit blieb dem chinesischen Frauenarzt »die Inspektion oder gar Exploration der weiblichen Genitalien so gut wie unmöglich«, und die Untersuchung beschränkte sich auf »Anamnese und Puls«,[52] wobei der Arzt meist einen Seidenfaden um das Handgelenk der Dame legte und das eine

46 Untersuchung der Patientin durch Palpieren des Pulses. China, um 1850.

Ende des Fadens zwischen Daumen und Zeigefinger hielt. So vermied er es, das Gelenk der Frau direkt zu berühren, und stellte seine Diagnose nach den Oszillationen, die der Faden ihm übermittelte.[53] Da es nicht nur als schamlos galt, dem Arzt die Körperstelle, an der die Leiden auftraten, *zu zeigen*, sondern auch sie *zu nennen*, deuteten die Damen vor dem Arzt häufig an einer meist aus Elfenbein geschnitzten Diagnosefigurine auf die betreffende Stelle, oder sie ließen gar diese Figurine von einer Zofe oder einer Verwandten zu dem Arzt bringen.[54]

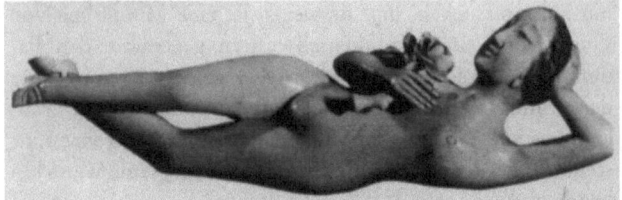

47 Chinesische Diagnosefigurine, 19. Jh.

Die japanischen Ärzte begannen erst sehr spät, nämlich in der zweiten Hälfte des 18. Jahrhunderts, sich mit Gynäkologie und Geburtshilfe zu beschäftigen,[55] doch blieb diese Beschäftigung weitgehend theoretisch, da die Kreißenden »höchst selten« die Anwesenheit eines männlichen Geburtshelfers duldeten.[56] Wie in China wurde ein solcher Mann – wenn überhaupt – nur in Notfällen gerufen, und dann nahm er den Eingriff unter dem langen Gewand der betreffenden Frau vor,[57] worüber Abb. 48 aus dem *Atlas für geburtshelferische Operationen* nicht hinwegtäuschen sollte, denn hier handelt es sich – ähnlich wie bei Abb. 49 – um ein Lehrbild für Geburtshelfer und nicht um die realistische Wiedergabe einer Steißlagengeburt.

Selbst heute noch bedecken die Japanerinnen vor einer gynäkologischen Untersuchung den Genitalbereich so, daß der Arzt lediglich die Vagina und nicht die Vulva und deren Umgebung sehen kann,[58] und im 19. Jahrhundert berichtet ein westlicher Gynäkologe:

48 ›Entfernung eines Foetus in Steißlage‹. Aus *Tassei-zusetsu*, um 1858.

»Jeder männliche Kranke, wenn er sich Zwecks der klinischen Untersuchung ganz entkleidet hatte, behielt noch das
kleine T-bindenartig um Hüften und Scham geschlungene
Tuch (*fundoshi*), jede Frau zögerte in ungezwungenster und
natürlichster Weise, den kleinen Hüftenüberwurf zu lüften
und that dies nur nach Klarlegung der medicinischen Nothwendigkeit. Mit Zaudern wurde bei halbentwickelten Mädchen sogar die Brust zum Zwecke der Untersuchung entblößt
und nicht ein Fünftel der in der gynäkologischen Klinik zur

49 Entbindung. Aus Kondō Taizō: *Tassei-zusetsu*, um 1858.

Demonstration gebrachten Patientinnen hätte ich auf den Untersuchungstisch bekommen, wenn sie nicht, bevor die Studenten in den Saal traten, oben vollkommen mit einer großen Decke verhüllt worden wären. Frauen, welche Seitens der Assistenzärzte auf die Untersuchung durch die Klinicisten zufällig nicht in genügender Weise vorbereitet waren, habe ich vor Scham bitter weinen sehen, und in der Privatpraxis trat mir oft genug die Bitte entgegen, es doch bei der *äußeren* Untersuchung bewenden zu lassen.«[59]

Solche Berichte lassen sich durch beliebig viele ähnlicher Art aus allen Winkeln der Erde ergänzen. Die koreanischen Landärzte beispielsweise unternehmen erst gar keinen Versuch, eine Frau vaginal zu explorieren, da sie fest mit einer Ablehnung rechnen müssen,[60] und in den Städten haben die Untersuchungsstühle – wenn es solche gibt – Vorhänge, die über den Bauch der Patientin gezogen sind, so daß der Genitalbereich nicht sichtbar ist.[61] Als während einer ärztlichen Behandlung das Schamtuch einer Frau der Atchwabo in Moçambique ein wenig verrutschte, fingen die anderen Frauen an zu kichern, und eine alte Frau herrschte sie mit den Worten an: »Hast du denn keine Scham? Vor Männern läßt du sehen, was der Frau gehört? Wir wollen das nicht sehen!«[62] Wenn bei den Ralik-Ratak-Insulanern ein Arzt eine Frau untersuchte, wurde jener von den Häuptlingen, die eigens zu diesem Behufe erschienen waren, genauestens beobachtet, ob sich bei ihm irgendwelche Anzeichen einer sexuellen Erregung zeigten.[63]

Trotz der Anwesenheit einer Krankenschwester waren die Frauen der Bomvana im Transkei nicht bereit, der Aufforderung *lala phantsi komqolo*, »Legen Sie sich bitte auf den Rükken«, zu entsprechen, obwohl sie die Bitte des holländischen Gynäkologen durchaus verstanden hatten, und legten sich auf den Bauch,[64] und als man im Jahre 1910 in »Deutsch-Südwest« damit begann, sämtliche Frauen in den Sammel- und Gefangenenlagern der Kolonie gynäkologisch zwangszuuntersuchen, um etwaige Geschlechtskrankheiten festzustellen, protestierte der ›Frauenverein des Deutschen Roten Kreuzes‹ gegen diese Maßnahme, weil er in ihr zu Recht eine Entwürdigung der Afrikanerinnen sah. Schließlich gelang es dem Verein mit Unterstützung der Rheinischen Missionsgesellschaft und unter Androhung einer Veröffentlichung der Maßnahme, die Untersuchungen auf Prostituierte zu beschränken.[65]

Auch in Indien – wo die Geburt seit den ältesten Zeiten eine ausschließliche Angelegenheit der Frauen darstellte[66] – war eine gynäkologische Untersuchung äußerst entehrend, und Lala Luchman Narain, der im Jahre 1867 in Bareilly, Uttar Pradesh, mit der Ausbildung von Hebammen anfing, schrieb zu jener Zeit, es sei »considered indelicate and indecent by us to allow a doctor to look into a woman's private parts: most of us would rather let their dear wives and daughters die than allow them to be examined by a male«.[67] Im Jahre 1907 verlautete entsprechend der Generaldirektor des ›Indian Medical Service‹, die indischen Medizinstudenten könnten bezüglich der Geburtshilfe die Anforderungen des ›British General Medical Council‹ nicht erfüllen, und zwar deshalb, weil sie kaum die Gelegenheit hätten, Entbindungen beizuwohnen, da sich vor allem im nördlichen Indien die Frauen weigerten, im Beisein männlicher Studenten niederzukommen.[68]

Auch heute scheint sich an dieser Situation nichts wesentliches geändert zu haben:[69] Nur wenige nordindische Frauen reden auch nur mit einem männlichen Arzt über solche »schambesetzten Dinge« (*sharm ki baat*), und Scham (*sharm*) bedeutet beispielsweise in Uttar Pradesh, daß eine Frau voll bekleidet und ohne einen Laut im Halbdunkel ihrer Hütte einem Kind das Leben schenkt.[70] Normalerweise sucht keine Rājpūtin das Krankenhaus oder einen Arzt auf, aber sollte sie letzteres unter gewissen Umständen doch über sich bringen, dann läßt sie sich von dem Arzt auf keinen Fall nackt sehen oder gar berühren.[71] Wird aber bisweilen eine einfache Frau von Ärzten dazu genötigt, sich sogar gynäkologisch untersuchen zu lassen, dann können sich entehrende Situationen ergeben wie die, welche ein indischer Gynäkologe aus dem Nasik-Distrikt in Mahārāshtra im Stile eines Sittenroman-schreibers schildert:

»Die Bäuerin nahm auf dem Tisch in normaler gynäkologi-scher Untersuchungsposition Platz. Eine Lampe wurde nahe herangerückt. Der Kollege begann ihre Vulva in einem in an-tiseptischer Lösung getränkten Wattebausch abzuwischen. Unerwarteterweise wurde die Patientin dadurch sexuell er-regt. Die ganze reinliche Atmosphäre, das saubere und weiße Linnen, die Anwesenheit zweier junger Ärzte, die ihre Geni-talien inspizieren und sowohl an ihren Labien als auch tiefer drinnen reiben und manipulieren, das alles war einfach zu viel für sie: Als ihr ein Spekulum in die Vagina geschoben wurde, durchlief sie ein Beben, das ich heute als Orgasmus deute.«[72]

§ 8
Heimlichkeiten der Geburt und der Schwangerschaft

Wenn nun in den »traditionellen« Gesellschaften eine gynäkologische Untersuchung der Frauen sowie die Anwesenheit
des Arztes bei der Geburt äußerst heikel war und ist, so gibt
es überdies nicht wenige solcher Kulturen, in denen der ganze
Vorgang der Geburt entgegen dem, was man unter dem
Blickwinkel der Eliasschen Zivilisationstheorie erwarten
dürfte, mit Scham und Peinlichkeit umgeben und in einen privaten Bereich verbannt wird.

Wenn bei einer Kirgisin die Preßwehen einsetzten, umfaßte
die Kreißende einen in der Mitte der Yurte aufgestellten Pfosten und stopfte sich einen Zipfel des roten Kopftuches, das
die Kirgisinnen ab dem Alter von sechs oder sieben Jahren
tragen mußten, in den Mund. Jetzt war »der Augenblick der
Scham« (*uyat waxti*) gekommen, und niemand durfte ihr
Stöhnen vernehmen.[1] Wenn in Bhopal während einer Geburt
irgendwelche Männer in der Nähe des betreffenden Hauses
sind, sagt man der Kreißenden, daß sie auf keinen Fall
schreien darf, gleichgültig, wie stark die Schmerzen sein mögen. Schreit sie aber doch oder stöhnt sie laut, dann heißt es
über sie: »Sie hatte keine Scham, sie hat losgebrüllt, obgleich
die Männer sie hören konnten!«[2] Auch bei den Ayoreo im
paraguayischen Chaco und im traditionellen japanischen
Dorf durften die Gebärenden nicht schreien, weil sonst die
Nachbarn etwas von der Geburt gemerkt hätten, was die betreffende Frau sehr beschämt hätte,[3] und wenn die Kreißende
im östlichen Anatolien nicht schreien darf, dann nicht etwa
deshalb, weil sie tapfer sein soll, sondern weil die Männer den
Vorgang nicht mitbekommen sollen.[4] Damit bei den Sarakat-
sani, transhumanten Berghirten in Griechenland, das Stöhnen nicht gehört werden kann, läßt man die Kreißende in eine
Decke beißen, und wenn das nichts hilft, lachen die beiste-

50 Pamphile in den Wehen, um 1412.

henden Frauen und reden laut. Wird das Stöhnen jedoch lauter, so schlagen die Frauen auf Metallbüchsen, und zwar nicht
um Geister zu vertreiben, sondern um der Kreißenden die
Peinlichkeit zu ersparen.[5]

Die Yakan auf der Basilan-Insel in den südlichen Philippinen
verschweigen gegenüber ihren Nachbarn den vermuteten Ge-
burtstermin, damit diese nicht an dem betreffenden Tag besonders aufmerksam sind,[6] und die Walliser Bäuerinnen
schämten sich noch in den zwanziger Jahren unseres Jahrhunderts, wenn sie ein Kind bekamen – besonders die Geburt des
ersten Kindes galt »fast als eine Schande«.[7]

Vor den Kindern wird nicht selten verheimlicht, daß es so
etwas wie eine Geburt überhaupt gibt. So erzählt z. B. eine
Frau der Quiché-Maya: »Wenn der Tag der Geburt näher-
rückt, müssen sich die Eltern eine Lügengeschichte für ihre
anderen Kinder ausdenken.« Und: »Die Kinder erfahren

nicht, wie ein neues Kind geboren wird. Es kommt in einem Winkel der Hütte zur Welt und den Kindern wird dann gesagt, daß ein neues Kind gekommen ist.«[8]

Aber auch die Frauen selber wußten manchmal nicht über diese Dinge Bescheid. Eine alte Yaqui-Indianerin erinnert sich an ihre erste Schwangerschaft um die Jahrhundertwende:

»Ich wußte nicht, daß ich schwanger war. Ich hatte Schmerzen im Bauch. Jede Nacht ging ich im Hof auf und ab und hatte Harndrang. Schließlich wurden in der Morgendämmerung die Schmerzen so stark, daß ich mich an einen Pfosten klammerte und das Baby kam heraus auf die Erde. Ich hatte keine Ahnung von dem, was da passiert war.«[9]

Da der Bereich der Männer und der Bereich der Frauen in »traditionellen« Gesellschaften meist streng voneinander getrennt sind, nimmt es nicht wunder, daß die Männer vom Geschäft der Geburt und allem, was mit dieser zusammenhängt, fast immer ferngehalten werden, und wenn etwa in der Hausregel des Prince de Conti in der Mitte des 17. Jahrhunderts die Kammerjungfern angewiesen wurden, vor dem jungen Hausherrn nie über ihre Geburten zu reden,[10] dann handelt es sich hier mitnichten um das »neue Schamgefühl«, das laut Ariès und anderen Kulturhistorikern um diese Zeit aufgekommen sein soll. Als beispielsweise der Ethnograph Koch-Grünberg einen Desana-Indianer nach dem Wort für »gebären« fragte, »antwortete er mir zu meinem Erstaunen ganz leise und mit einem verlegenen Seitenblick auf die Weiber. Es ist gewiß ein feiner Anstandsbegriff«, so kommentiert der Forscher, »daß der Mann sich scheut, über eine Handlung zu sprechen, die nur die Frau angeht, und bei der die Anwesenheit der Männer ausgeschlossen ist.«[11] Die Männer der Kaluli in Neuguinea behaupten sogar scheinbar ernsthaft, sie hätten keine Ahnung davon, wo die kleinen Kinder herkämen, ähnlich wie umgekehrt die Frauen sich den Anschein geben, als wüßten sie nichts über die Päderastie der Männer. Die Kaluli haben kein eigentliches Wort für »gebären« – das

Wort für das Werfen eines Tieres wird nicht auf die menschliche Geburt angewandt – und verwenden den Ausdruck »das Kind in ein Tragnetz legen«. »Die Päderastie ist unsere Sache«, sagten die Männer dem Ethnographen, »und was passiert, wenn die Frauen in den Wald gehen und mit einem Kind zurückkommen, ist ihr Geheimnis«.[12]

Selbst der Ehemann darf in den meisten Gesellschaften nicht anwesend sein, wenn seine Frau niederkommt – so heißt es etwa bei den Minangkabau, der Mann müsse das Haus verlassen, weil die Hebamme und er sich voreinander »schäm-

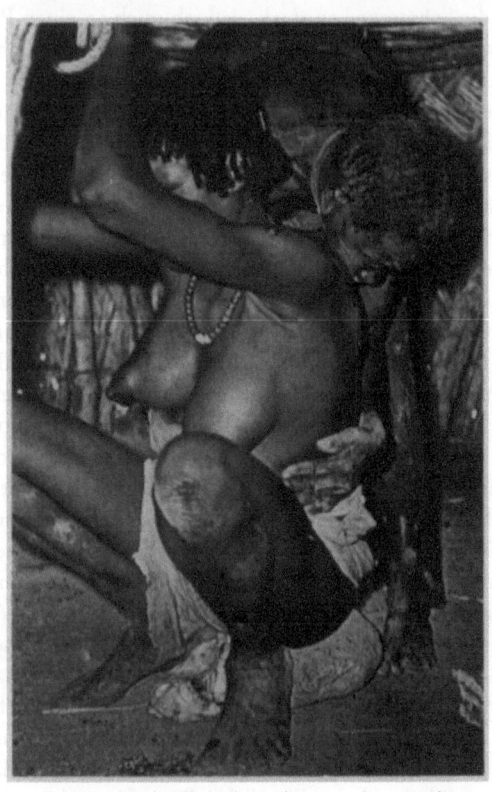

51 Geburt bei den Dangaleat. Photo von Peter Fuchs.

114

ten«,[13] und bei den Sambia in Neuguinea wäre es unvorstellbar, daß ein Mann oder Kinder während der Geburt, bei der die Frau die Beine öffnet, zugegen wären:[14] nur in Notfällen ist es mitunter üblich, daß ein »Spezialist« herangezogen wird. So rief man etwa bei den Western Apache bei einer schweren Geburt einen Schamanen, der aber stets außerhalb des *wickiup* – einer Art Wigwam – blieb, wo er rasselte und sang,[15] und bei den Mbowamb (Kundoi Engamoi) wurde ebenfalls ein »Medizinmann« geholt, der freilich die Menstruationshütte, in welcher die Geburt stattfand, nicht betreten durfte.[16]

Aber auch männliche Ethnologen geraten häufig in recht peinliche Situationen, wenn sie sich nach Details einer Niederkunft erkundigen: So waren die Frauen der Tumleo-Insulaner der Aitape-Gegend nachgerade schockiert, als der Forscher von ihnen etwas über die Geburt erfahren wollte,[17] und ein anderer Ethnologe berichtet, die Entbindungstechniken der Tamilen seien »so deeply shrouded in female modesty that I was unable to learn much about them, except that the woman often labours in a seated position against a sack of paddy«.[18]

Nun mag man einräumen, daß vielleicht in der Tat der Geburtsvorgang in »traditionellen« Gesellschaften mit einem Mantel von Scham und Peinlichkeit umhüllt worden sei, aber man wird sagen, daß doch immerhin die Schwangerschaft erst im prüden 19. Jahrhundert mit solchen Gefühlen besetzt wurde, während in vergangenen Zeiten und in außereuropäischen Kulturen, besonders bei »Naturvölkern«, die Frauen ihren »dicken Bauch« auf »natürliche«· und unbefangene Weise vor sich her getragen hätten. So behaupten viele Kulturhistoriker, der Klapperstorch sei »eine bürgerliche Erfindung« des 19. Jahrhunderts,[19] und erst in dieser Zeit sei die Schwangerschaft »unaussprechbar« und »mit verbrämendem Vokabular belegt« worden, wie z. B. »ein Kind unter dem Herzen tragen« oder »gesegneten Leibes« sein.[20]

Tatsächlich wurden um das Jahr 1900 in Wiener Bürgerfamilien die Kinder »um ein Glas Wasser« aus dem Zimmer geschickt, wenn über das Kinderkriegen und ähnliche »unpassende Dinge« geredet wurde,[21] und auch die Arbeiterkinder wußten anscheinend »offiziell« nichts von einer Schwangerschaft. Wenn der Zeitpunkt der Entbindung näher kam, schickte man sie einfach zu Verwandten oder ein paar Tage zu den Nachbarn. So erinnert sich ein alter Mann: »Ich war damals zwölf Jahre alt. I hob also gsehen, also daß die Mutta a bißl dicker woa, oba i hob so tan, als ob i nix wissen tät; hob mi bleder gstöt ois i woa. Es is nicht drüber gredt wordn; nix, goar nix.«[22]

Eine Bäuerin aus dem nördlichen Burgund berichtet, daß man in der alten Zeit die Kinder ins Bett schickte, wenn man vorhatte, über Schwangerschaften zu reden – »Heute macht man sich nichts mehr draus. Ich erinnere mich, daß ich mit zehn Jahren noch keinen blassen Schimmer hatte« – und andere Frauen, die als junge Mädchen noch nicht einmal in den Stall durften, wenn die Kuh kalbte, erzählten von dem Schock, als sie »es« zum erstenmal mitbekamen: »Ich war zehn Jahre alt, als meine Schwester auf die Welt kam. Man sagte mir, daß Mama eine Kolik habe. Und ich glaubte fest daran, obwohl ich schon zehn Jahre alt war.«[23]

Als Kaiserin Elisabeth von Österreich bald nach ihrer Hochzeit schwanger geworden war, schämte sie sich über diese »Umstände« so sehr, daß sie ihren Zustand durch Hungern und extremes Schnüren zu verbergen suchte,[24] und noch eine im Jahre 1919 geborene Arbeiterfrau aus Preston bekennt, daß sie bei fortgeschrittener Schwangerschaft nicht mehr das Haus verlassen habe: »I used to feel ashamed, because I knew they would think what I'd been doing and I used to think it was terrible.«[25]

Noch in den zwanziger und dreißiger Jahren wurden auf den britischen Modereklamen die Umstandskleider ausschließlich von Fotomodellen präsentiert, denen nicht einmal der Bauch ausgestopft worden war,[26] und als einige Zeit vorher Gustav Klimt sein schwangeres Modell Herma gar zum Akt-

stehen gerufen hatte, soll eines seiner anderen Modelle puter-
rot angelaufen sein und herausgeplatzt haben: »Ja, aber mit
der Wampen?! Entschuldigen schon bitte ... No, mir kanns
recht sein ...!« Wie ein Lauffeuer verbreitete sich die Nachricht vom Aktbild einer Schwangeren (Abb. 52) insbesondere

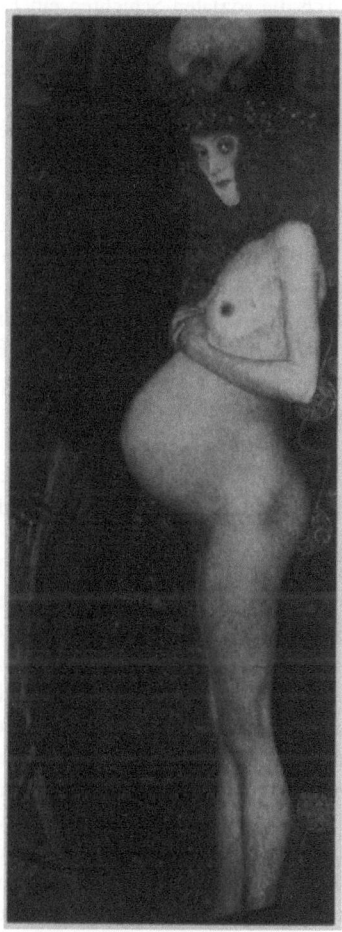

52 Gustav Klimt: ›Die Hoffnung I‹, 1903.

in den Literatencafés von Wien, und man betrachtete die Tatsache allgemein als unüberbietbare Sauerei.[27]

Sprechen alle diese Beispiele nicht eine deutliche Sprache? Und zeigen sie nicht, daß die Prüderie um die Schwangerschaft im 19. und in den ersten Jahrzehnten des 20. Jahrhunderts quer durch die sozialen Schichten ein Höchstmaß erreicht hatte?

Nun gewinnt man freilich bei der Lektüre verschiedenster Quellen aus dem 18. Jahrhundert den Eindruck, daß in den Zeiten davor keineswegs sehr unbefangen mit der Schwangerschaft umgegangen wurde. So wartet beispielsweise im Dezember 1795 das *Journal des Luxus und der Moden* mit der Neuigkeit auf, im Zuge der »Rückkehr zur Natur« würden in der französischen Metropole plötzlich die Schwangerschaften nicht länger – wie bisher üblich – verheimlicht:

»Freylich macht diese leichte Drapperie besonders zu den jetzt, mehr als sonst, häufigen und die größere Reinigkeit der Sitten verbürgenden republikanischen Schwangerschaften einen etwas auffallenden Contrast. Allein die Pariserinnen schämen sich jetzt eben so wenig fruchtbar zu seyn, als ihre Männer sich schämen, als Schriftsteller und schöne Geister mit den Geburten ihres Geistes vors Publikum zu treten.«[28]

Und im Jahre 1764 fordert der ›fortschrittliche‹ Pädagoge Basedow, daß endlich Kinder und Jugendliche über das Faktum der Schwangerschaft aufgeklärt werden sollten, wobei er zehn bis zwölf Jahre für das geeignete Aufklärungsalter hält: »Ich höre es allemal mit Ekel, wenn man Kindern sagt, daß ihr Brüderchen vom Storche gebracht oder aus dem Brunnen geholt sey« und teilt seinen Lesern mit, er habe »bisher meinen und anderen Kindern ohne den geringsten Nachtheil in züchtigen Ausdrücken, die Zeugung, die Schwangerschaft und die Geburt erklärt«. Von dem, was der Schwangerschaft notwendigerweise vorausläuft, hatte indessen auch er lediglich angedeutet, daß eine »genaue Gemeinschaft« von Vater und Mutter stattgefunden habe, ohne diesen Punkt näher zu erläutern: »Von dem Zeugungsgeschäfte wird nur entweder in unzüchtigen Schriften oder in anatomischen und medicinischen Abhandlungen, oder in Consistorialprocessen u.s.w. geredet.«[29]

Daß der »dicke Bauch« nicht durchweg zwanglos und offen gezeigt wurde, geht etwa aus der Empörung Margaret Cavendishs, der Herzogin von Newcastle, hervor, die sich um die Mitte des 17. Jahrhunderts über gewisse Damen beschwert, »taking a Pride in their great Bellies«,[30] oder daraus, daß am französischen Hofe Damen wie Mme de Montespan weite, taillenlose Überkleider, »innocentes« genannt, trugen,[31] die den Bauch so gut wie möglich kaschierten. Daß diese Umstandskleider keine Erfindung des angeblich neuen Schamgefühls im Barockzeitalter waren, zeigt etwa das bürgerliche Umstandskleid aus der frühen Neuzeit – *hussegke* genannt –, das den schwangeren Leib total verhüllte (Abb. 53). Die Dar-

53 Bürgerliche Umstandskleidung aus Jost Ammans Trachtenbuch, 1577.

stellung nackter schwangerer Frauen außerhalb streng medizinischer Abhandlungen war im späten Mittelalter und im frühen 16. Jahrhundert sehr selten, und das Bild der Schwangeren, die bis auf den Genitalbereich entblößt ist, das sich auf

54 Mittelalterliche Darstellung der Schwangerschaft:
Maria (links) und Elisabeth, 1340.

einem der Belehrung von Badern und Wundärzten dienenden
›fliegenden Blatt‹ vom Jahre 1538 findet, gilt als recht ungewöhnlich (Abb. 56).[32]
Aber auch in fremden Gesellschaften begegnet einem die Ver-
brämung und Verheimlichung der Schwangerschaft in Wort
und Tat, und zwar keineswegs aus Angst vor bösen Geistern
und ähnlichem, wie dies die Mär von der angeblich »magischen« Lebensform der »Naturvölker« haben will. So gab es
etwa bei den Bergdama kein Wort, das unserem »schwanger«
entspricht, sondern lediglich *oa*, »trächtig«, ein Wort, das
man nur auf Tiere anwenden konnte. Bei einer Frau sagte man
»sie hat es schwer« oder »es geht ihr nicht gut«. Man sagte
nicht »sie gebärt«, sondern »sie hat Ruhe gefunden« oder »sie
liegt auf dem Lager«. War ein Kind geboren worden, hieß es

nai go, »es hat sich ereignet« oder auch »das Kind hat die Erde erblickt«.[33] Wenn man bei den Rindi auf Ost-Sumba sagt, es gelüste einer Frau nach reifem Mango, so will man damit zum Ausdruck bringen, daß sie ein Kind erwartet,[34] und auf dem mexikanischen Dorf hieß es über die betreffende Frau, sie sei »mit einem Kind krank geworden«. Die Schwangerschaft war dort mit einem Dunstkreis von Prüderie umgeben: Jede Frau versuchte ihren Bauch vor den anderen, insbesondere aber vor Kindern und Respektspersonen zu verbergen, und weil sie von ihren Müttern nicht aufgeklärt worden waren und auch die Schwangerschaften ihrer Mütter nie mitbekommen hatten, wunderten sich die jungen Frauen stets, wenn sie irgendwann nach der Hochzeit feststellen mußten, daß ihr Bauch sich rundete.[35]

Auch bei den Quiché-Maya spricht man nicht über eine Schwangerschaft, und das höchste der Gefühle ist, daß ein Mann sagt: »Meine Frau ist krank«,[36] so wie der michoacanekische Bauer von der »enfermedad« seiner Frau redet.[37] In Michoacán verheimlicht eine Frau ihre »Krankheit« in jeder Hinsicht so lange es nur möglich ist – sie spricht mit niemandem darüber und trägt weite Kleidung.[38] Die Pintupi in der australischen Wüste verlieren über Schwangerschaft und Geburt normalerweise kein Wort, und wenn es unbedingt sein muß, dann benutzen sie Euphemismen, denn das »Tierische« daran ist ihnen peinlich.[39] Bei den Kumaon im Himalaya schweigen sich die Frauen, besonders die jüngeren, auch dann über die Schwangerschaft aus, wenn sie darauf angesprochen werden; sie schämen sich sehr, und zwar höchstwahrscheinlich deshalb, weil dadurch offenkundig wird, daß sie vorher mit ihren Männern geschlafen haben,[40] und dies ist auch der Grund für die Peinlichkeitsgefühle bei den englischen Zigeunern, den Burmaninnen und den Awlad ʿAli-Beduininnen der ägyptischen Westwüste, die sich alle große Mühe geben, ihre Rundungen hinter weiten Kleidern, Gürteln und Schals zu verbergen.[41] Schließlich schämen sich auch die Frauen der Gende in Zentralneuguinea, wenn man an ih-

rem Bauch die ersten Anzeichen einer Schwangerschaft entdecken kann, doch sie haben kein Kleidungsstück, hinter
dem sie die Zeugnisse ihres Zustandes verstecken könnten.
Trotzdem tut man so, als ob nichts wäre, und es ist verpönt,
auch nur auf ihre Schwangerschaft anzuspielen.[42] Bei den
Wahehe fielen den vorpubertären Kindern die Schwangerschaften der Frauen anscheinend nicht auf, und man vermied
es auch peinlichst, vor einem Kind zu sagen: »Die So-und-so

55 Gebärmutterlagen des Foetus. Aquarell, 15. Jh.

trägt ein Kind.« Wenn das Baby aber auf die Welt gekommen war, erzählte man den Kindern, die Mutter habe es im Fluß geangelt.[43]

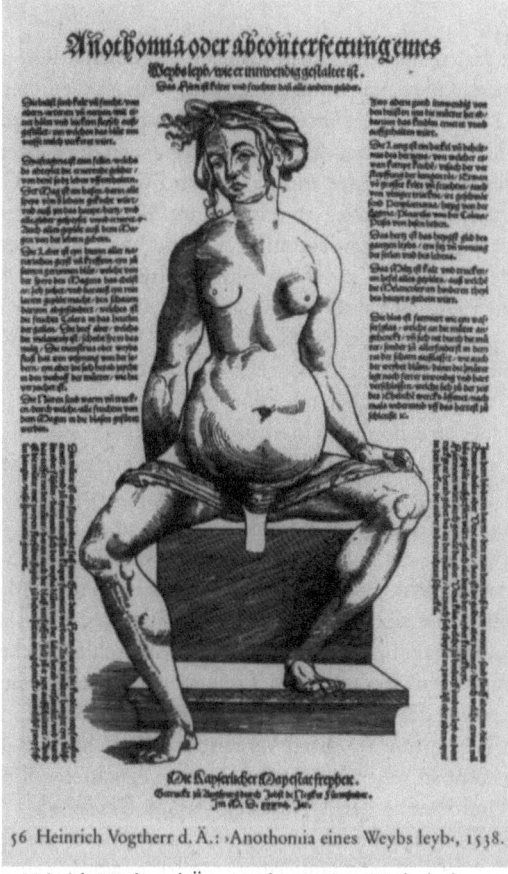

56 Heinrich Vogtherr d. Ä.: ›Anothomia eines Weybs leyb‹, 1538.

§ 9
Gynäkologie und ›Affektstandard‹ im 20. Jahrhundert

Es bedarf wohl keiner ausführlichen Argumentation, um zu sehen, daß die Scham und die Zurückhaltung gegenüber einer von Männern ausgeübten gynäkologischen Untersuchung und Geburtshilfe bei den westlichen Frauen der Gegenwart im Vergleich zu denen in fremden und vergangenen Gesellschaften extrem gering zu sein scheint. Kaum ein Zweig der Medizin ist so fest in männlicher Hand wie die Frauenheilkunde – vor etwa 10 Jahren waren beispielsweise in Nordamerika 96,5 % der Gynäkologen und Geburtshelfer Männer[1] –, was bedeutet, daß heute fast jede Frau die Hilfe eines männlichen Arztes in Anspruch nehmen muß.

Nun wird man sicher mit Norbert Elias einwenden, diese Tatsache spreche mitnichten *gegen* die Theorie der zunehmenden Trieb- und Affektkontrolle, sondern gerade *für* sie, habe doch diese Entwicklung »einen sehr hohen Standard von Triebgebundenheit zur Voraussetzung. Nur in einer Gesellschaft, in der ein hohes Maß von Zurückhaltung zur Selbstverständlichkeit geworden ist, und in der Frauen wie Männer absolut sicher sind, daß starke Selbstzwänge jeden Einzelnen im Zaume halten, können sich« zwischengeschlechtliche Verhaltensweisen von »solcher Freiheit entfalten. Es ist eine Lockerung, die sich vollkommen im Rahmen eines bestimmten ›zivilisierten‹ Standard-Verhaltens hält, d. h. im Rahmen einer automatischen, als Gewohnheit angezüchteten Bindung und Umformung der Affekte sehr hohen Grades.«[2]

Heißt dies, daß bei den heutigen Patientinnen die *Selbstzwänge* der Gefühlsregulierung so stark geworden sind, daß sie vor sexuellen Empfindungen »absolut sicher« sein können, wenn der Arzt sie digital untersucht, und zwar so stark, daß es einer *äußeren* ›Entsexualisierung‹ der Situation gar nicht mehr bedarf? Und heißt dies, daß auf der anderen Seite die Ärzte heute in der Lage sind, »mit absoluter Sicherheit« ihre sexuellen Gefühle so sehr »im Zaume« zu halten, daß sie – ohne etwas dabei zu empfinden oder sich ›etwas dabei zu denken‹ – eine Patientin an den intimsten Stellen ihres Körpers betasten können?

Zunächst: Daß im Zuge dessen, was z. B. Paul Feyerabend den »Übergang zu einer mehr unpersönlichen (oder, in technischer Terminologie, ›objektiveren‹) Behandlungsweise« genannt hat,[3] der im Extremfall dazu führt, daß ein bekannter amerikanischer Arzt seine Patienten »Präparate« nennt, keineswegs die »Außenmodellierung« der Gefühle und Empfindungen durch eine »Selbstmodellierung« ersetzt wurde, läßt sich an verschiedenen Indizien feststellen.

Wenn heute zahlreiche Frauen, die für eine Fernsehsendung interviewt wurden, klagen, sie würden von ihrem Gynäkologen »zu distanziert, ja geradezu wie ein Stück Holz behandelt«,[4] dann ist ihnen wohl kaum bewußt, daß dieses Benehmen weniger ein Ausdruck von Gefühlskälte ist als vielmehr zeigt, welche Mühe sich die Ärzte geben, die Untersuchungssituation zu entpersonalisieren und zu versachlichen.

Um erst gar keine Atmosphäre entstehen zu lassen, die auch nur im entferntesten an einen Striptease erinnern könnte, ist zumindest in Amerika der Gynäkologe meist abwesend, wenn die Patientin sich entkleidet, auf dem Untersuchungsstuhl Platz nimmt und die Beine öffnet. Auch hat man beobachtet, daß fast jede Frau sich mit dem Rücken zur Arzthelferin und zur Tür, selbst wenn diese geschlossen ist, auszieht. Da die Unterwäsche sehr stark mit Intimität und Sexualität assoziiert wird, lassen die Patientinnen auch nur ganz selten ihren Schlüpfer herumliegen.[5] Da es in Deutschland anscheinend für viele Gynäkologen zu intim wäre, wenn die Frauen das Untersuchungszimmer im Slip und mit BH beträten, bestehen sie darauf, daß die Patientin sich völlig auszieht, obgleich es für die meisten Frauen weniger peinlich wäre, »zumindest einen Rest von Kleidung anbehalten zu können«.[6]

In den angelsächsischen Ländern beläßt man im allgemeinen

den Patientinnen einen Teil ihrer Kleidung, und wenn sie sich auf dem Untersuchungsstuhl befinden, bedeckt die Arzthelferin sie mit einem Tuch, und zwar so, daß der Oberkörper und der Unterleib voneinander getrennt sind und später der Arzt das Gesicht der Frau nicht sehen kann. Außerdem wird der Genitalbereich von Anfang an freigelassen, damit es dem Arzt erspart bleibt, die Patientin zu entblößen.[7] Feministische Autorinnen haben das Bedecken der zu untersuchenden Frauen kritisiert, weil sie darin lediglich einen weiteren Schritt in der Verfügbarmachung des weiblichen Körpers sehen:

»Dadurch kann die Frau nicht sehen, was ›weiter unten‹ geschieht. Fragen wir nach dem Zweck dieser auf den ersten Blick rücksichtsvollen Geste, so wird klar, daß dadurch der Informationsfluß behindert wird und daß der Arzt/die Ärztin ungestört vorgehen kann.«[8]

Und sie zeigen auf einer Zeichnung (Abb. 57) eine Mitarbeiterin der Föderation der Feministischen Frauen-Gesundheitszentren der USA, die ohne Tuch untersucht und dadurch die Patientin mit einbezieht.

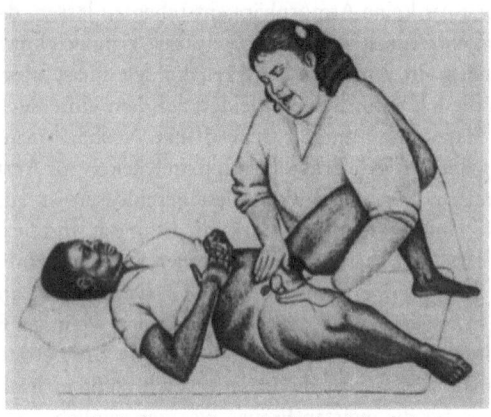

57 Vaginale Untersuchung durch eine Mitarbeiterin der ›Federation of Feminist Women's Health Centers‹, 1981.

Freilich übersehen die Kritikerinnen, daß diese »Behinderung des Informationsflusses« die Funktion hat, die Situation zu ›entintimisieren‹, indem der Gynäkologe gewissermaßen einen isolierten Genitalbereich und nicht eine Person an einer intimen Stelle betastet. So heißt es etwa in einem neueren Lehrbuch:

»Soweit sich die Patientin für die Untersuchung entkleiden und eventuell sogar auf den Untersuchungsstuhl steigen muß, der ihr eine sehr peinliche Lagerung aufzwingt, sollte so gut wie möglich dafür gesorgt werden, daß Tücher zum Bedecken vorhanden sind, daß unbeteiligte Dritte nicht zusehen können und daß man selbst in seinem ganzen Tun die Peinlichkeit der Situation erleichtert. Nie sollte allerdings der Untersucher mit der Patientin allein gelassen werden.«[9]

Was nun die Untersuchung selbst betrifft, so erinnern wir uns, daß die Lehrbücher des ›prüden‹ 19. Jahrhunderts den Frauenarzt dazu auffordern, auf keinen Fall gewisse sehr intime Partien des Unterleibs der Patientin, namentlich die Klitoris, zu berühren, und zwar mit dem expliziten Hinweis, eine sexuelle Stimulierung der betreffenden Frauen müsse unbedingt vermieden werden. Interessant ist nun, daß sich zwar dieselben Maßregeln in den heutigen Lehrbüchern finden, jedoch mit der Begründung, daß andernfalls Schmerzen auftreten könnten. Wird in einem Lehrbuch vom Jahre 1919 die sexuelle Erregung der Patientin immerhin noch beim Namen genannt – so heißt es: »Sehr wichtig ist, daß man mit der Einführung der Finger in die Vagina der Kranken sie nicht erotisch aufregt«, denn so entstehen Kontraktionen mit dem »Effekt: Unmöglichkeit, mit der von außen tastenden Hand tief genug bis zu den Beckenorganen einzudringen und diese zu bestreichen«[10] –, verlautet ein kürzlich erschienenes Lehrbuch zunächst, der Arzt solle der Patientin bei der »Lagerung« behilflich sein und sie nicht lange in der »peinlichen Lage« warten lassen. Weiter heißt es, er solle der Frau nicht unvermittelt in die Vagina fassen, sondern vorher Hals, Achseln und Brüste abtasten. Sodann habe er die vaginale Untersuchung vorzunehmen, wobei die Berührung der Klitoris zu vermeiden sei, aber nicht wegen einer etwaigen, für beide Teile peinlichen sexuellen Erregung, sondern wegen möglichen Auftretens von Schmerzen und wegen Verletzungsgefahr:

»Die untersuchenden Finger werden immer ›über den Damm‹ eingeführt, dergestalt, daß das Endglied des Fingers in den Introitus vaginae eingelegt und die hintere Kommissur etwas dammwärts geschoben wird. Erst dann werden die Finger über den Damm vollends in die Scheide eingeschoben, bis die Rückfläche der eingeschlagenen Finger den Damm berühren und fest gegen den Damm gesetzt werden können. Durch diese Technik werden die nerven- und gefäßreichen und damit sehr empfindlichen und verletzlichen, schamfugenwärts gelegenen Teile der Vulva, besonders die Klitorisgegend und der Harnröhrenwulst unberührt gelassen und Schmerzen vermieden.«[11]

Manche Gynäkologen untersuchen dagegen ganz bewußt auf grobe, unsensible Weise, um keine Atmosphäre von Intimität oder sexuelle Reaktionen aufkommen zu lassen,[12] während auf der anderen Seite Patientinnen, die sich während der Untersuchung schämen oder sexuelle Empfindungen haben, dazu neigen, diese Empfindungen als Schmerzen oder als ein neutrales Kitzeln umzudefinieren, weil sie dadurch einen ›Krankheitskontext‹ herstellen und die Situation entsexualisieren können.[13]

Von der Patientin wird häufig erwartet, daß sie während der Untersuchung an die Decke schaut oder auf Einrichtungsgegenstände – »eyes open, not dreamy or ›away‹« – und nur wenn nötig auf den Arzt,[14] denn geschlossene Augen könnten ein Sich-dem-Erlebnis-Hingeben signalisieren oder als ein Zeichen von Scham gedeutet werden,[15] was die Situation wieder sexualisieren würde. Dem steht wiederum entgegen, daß nicht wenige Frauen die Augen schließen, um sich von dem Arzt zu distanzieren und einen peinlichen Augenkontakt mit ihm auszuschließen.[16]

Weitere ›Versachlichungsstrategien‹ bestehen von seiten des Gynäkologen in einer Barschheit der Rede, die der Grobheit der Berührungen entspricht, oder aber in einer Verniedlichung und Verkindlichung der Patientin (»Na, was haben wir denn da wieder für ein kleines Wehwehchen ...?«), als habe der Arzt ein kleines Mädchen und nicht eine geschlechtsreife Frau vor sich.[17] In Amerika zumindest entpersönlicht der Gynäkologe häufig die weiblichen Genitalien – so spricht er nicht von »Ihrer Vagina«, sondern »der Vagina«, und er vermeidet auch jegliches umgangssprachliche Vokabular oder Redewendungen, die irgendwelche erotischen Konnotationen haben könnten, wie z.B. »Bitte spreizen Sie die Beine!«. Meist scheint er überhaupt die Bezeichnungen der Genitalien wie »Vulva« oder »Vagina« oder gar englische Wörter zu vermeiden und fragt z.B.: »Wann hatten Sie zum ersten Mal Schmerzen da unten?«[18]

Manche Ärzte reden indessen überhaupt nicht direkt mit der Patientin, sondern in der Fachsprache mit der Arzthelferin, die daraufhin der betreffenden Frau die medizinische Sprache in eine für sie verständliche Umgangssprache übersetzt.[19] In der Tat scheint die Helferin in erster Linie die Funktion eines Anstandswauwaus zu haben, denn sie tut kaum etwas, was der Arzt nicht auch tun könnte,[20] und demgemäß schreiben zwei Heidelberger Gynäkologen:

»Für viele Patientinnen bedeutet der Gang zum Frauenarzt – insbesondere das erste Mal – eine Überwindung. Die Anwesenheit einer dritten Person bei der gynäkologischen Untersuchung wird von der Patientin durchweg als angenehm empfunden. Die Sprechstundenhilfe oder Schwester ist der Patientin notfalls beim Auskleiden behilflich, führt Nebenuntersuchungen durch und leistet dem Arzt Handreichungen. Ihre Tätigkeit ist geeignet, die Atmosphäre im Untersuchungszimmer zu versachlichen; in Einzelfällen wird sie zum wichtigen Zeugen der Untersuchung.«[21]

Haben wir also gesehen, daß es mit den »Selbstzwängen« Elias' nicht weit her zu sein scheint, wenn man ein solches

Arsenal von äußeren Regulierungen nötig hat – denn das Vorhandensein all der angeführten, großenteils ganz bewußten Versachlichungsstrategien zeigt ja, daß anscheinend weder die Ärzte noch die Patientinnen ihren Affekten und Empfindungen gleichsam »innerlich« einen Riegel vorgeschoben haben[22] –, so läßt die letzte Bemerkung der soeben zitierten Gynäkologen zudem den Verdacht aufkommen, daß auch die beschriebenen »äußeren« Entsexualisierungsstrategien der gynäkologischen Praxis kaum die »absolute Sicherheit« gewährleisten, die Elias konstatiert hat. So verlautet etwa ein Gynäkologe:

»Ich untersuche aber nie ohne Assistentin, damit einem nichts untergeschoben wird. Man weiß ja, manche Frauen bekommen einen Orgasmus – oder überhaupt – die Frauen kommen zum Gynäkologen mit sexuellen Problemen, weil sie zu Hause unzufrieden sind.«[23]

Allerdings wäre es maßlos übertrieben zu glauben, eine Frauenarztpraxis sei nicht viel mehr als ein erotischer Massagesalon für Frauen, mit dem einzigen Unterschied, daß keiner der Beteiligten dies wahrhaben wolle. Ich will damit gar nicht bestreiten, daß bei gynäkologischen Untersuchungen sexuelle Empfindungen häufiger vorkommen, als den Beteiligten lieb sein mag – oder wie es etwa eine Frau über sich schreibt, und zwar bezeichnenderweise in der dritten Person:

»Er zog glänzende Plastikhandschuhe über, und während er eine Hand auf ihren Unterleib legte, steckte er zwei Finger der anderen Hand in sie hinein. Unangenehm berührt, verlagerte sie ihr Gewicht. In der Art und Weise, wie er Stellen mit seinen Fingern berührte, die höchst empfindlich waren, lag eine schreckliche Intimität; eine medizinische Untersuchung, die dennoch Empfindungen weckte, die er – so betete sie inständig – nicht entdecken würde.«[24]

Dennoch scheint mir wichtiger zu sein, daß wohl die meisten Frauen weniger die Situation als *unmittelbar* »sexuell«, sondern eher als entwürdigend und in diesem Sinne als peinlich

58 Ingeborg Ahner-Siese: ›Chefarzt Visite‹. Terrakotta, 1983.

und beschämend empfinden. So ergab beispielsweise eine neuere Umfrage an der Frauen-Poliklinik der Universität Linköping, daß sich fast die Hälfte aller Patientinnen durch eine von Gynäkologen ausgeführte Untersuchung erniedrigt und entwürdigt fühlten und daß sich diese Frauen deshalb Ärztinnen wünschten;[25] während der Geburt unseres Sohnes sagte uns die Hebamme meiner Frau – eine ebenso sympathische wie intelligente und selbstbewußte junge Frau –, sie wäre niemals bereit, vor einem männlichen Gynäkologen eine dermaßen entwürdigende Stellung einzunehmen und sich gar von ihm in die Vagina fassen zu lassen; auch käme es für sie nicht in Frage, in einem Krankenhaus zu entbinden, wo ihr jeder durchs Zimmer huschende Arzt auf den entblößten Genitalbereich glotzen könne.

Ein bekannter britischer Perinatologe schreibt hierzu, es sei nicht verwunderlich, wenn »heutzutage uterine Dysfunktion und Wehenschwäche deprimierend häufig sind«, da die Frauen in erniedrigender Stellung und unter entwürdigenden Bedingungen von Männern inspiziert würden, und er gibt zu

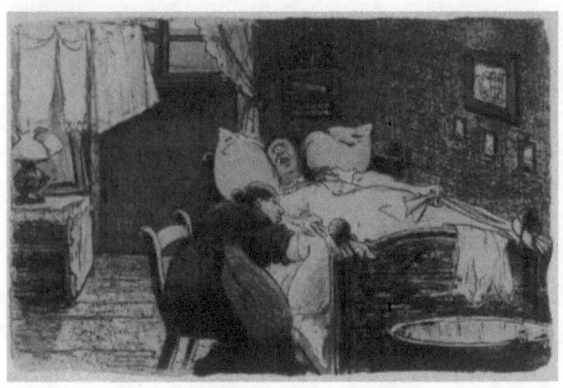

59 Zille: ›Die Entbindung‹, um 1898.

bedenken: »Manchmal denke ich, es wäre begrüßenswert, wenn wir Ärzte nur ein einziges Mal in ein Krankenhaushemd gesteckt würden, eine genitale Rasur bekämen und dann gebeten werden, auf dem Rücken liegend eine Bettschüssel zu benutzen, während verschiedenes medizinisches Personal uns beobachtete.«[26]

Man mag nun mit Recht einwenden, daß doch innerhalb der letzten zwanzig Jahre sehr viele Frauen ein wesentlich gelasseneres Verhältnis zur gynäkologischen Untersuchung durch Männer entwickelt haben, so daß vieles von dem oben angeführten zwar noch für die sechziger, aber kaum mehr für die achtziger Jahre unseres Jahrhunderts zutreffe. Schließlich läßt sich neueren Umfrageergebnissen entnehmen, daß nur noch 25 % der ein Kind erwartenden Frauen sich von der Rasur der Schamhaare peinlich berührt fühlen und gar nur noch 17 % befürchten, an besonders intimen Stellen der Geschlechtsorgane berührt zu werden.[27]

War es etwa im Wallis bis zur Jahrhundertwende so, daß die Gebärenden häufig ihre Arbeitskleidung anbehielten und lediglich Gürtel und Mieder lockerten,[28] während sich eine alte Hebamme an die zwanziger Jahre entsinnt: »Man durfte weder seinen eigenen Körper, noch den der anderen ansehen,

132

und noch weniger hätten wir uns getraut, unsere Blicke auf den Körper einer Wöchnerin zu richten«,[29] und arbeiteten bis in unsere Zeit manche Walliser Hebammen »à couvert«, weil die Kreißende sich nicht ausziehen wollte,[30] hat sich diese Situation gegenwärtig meist völlig verändert.

So ist es heute nicht selten, daß solche Hausgeburten fotografiert und gefilmt (Abb. 60) und die Bilder nicht nur im Bekanntenkreis gezeigt, sondern sogar in Fotobüchern veröffentlicht werden, und es heißt höchstens noch, daß die entblößten Genitalien der Kreißenden dort »störten«, wo sie außerhalb des Funktionszusammenhanges der Geburt gezeigt würden.[31]

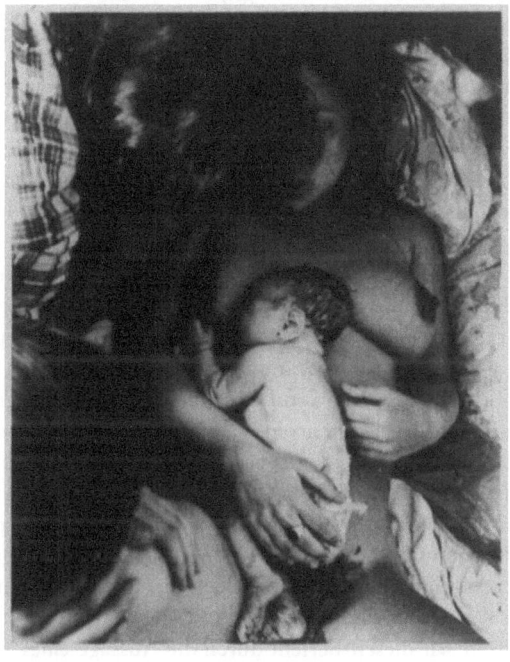

60 Hausgeburt, siebziger Jahre.

Bestätigt aber nicht wenigstens die Entwicklung der letzten beiden Jahrzehnte die Behauptung Elias', daß die innere Empfindungskontrolle beinahe perfekt geworden ist? Ich möchte hier die Ausführungen in § 16 nicht vorwegnehmen, aber so viel sagen, daß meines Erachtens nicht die Empfindungen »entsexualisiert« worden sind, sondern daß sich viel eher die *Wertung* der sexuellen Gefühle gewandelt hat. Wenn heute etwa – um ein allerdings wohl extremes Beispiel zu verwenden – in einigen amerikanischen Zentren für Sexualtherapie der Arzt die Klitoris und andere besonders empfindliche Stellen des Genitalbereichs stimuliert, um die sexuelle Erregbarkeit der Patientinnen zu testen – man nennt diese Manipulationen »Californian grips«[32] –, dann bedeutet dies nicht, daß die sexuelle Empfindung durch internalisierte Kontrollinstanzen blockiert wird, sondern daß sie eine ganz andere *Bedeutung* gewonnen hat. Diese Entintimisierung und damit Abwertung der Sexualität hat – wie wir später sehen werden – vermutlich zwei Hauptursachen, von denen eine in der Anonymisierung der sozialen Beziehungen und damit der relativen Folgenlosigkeit des Verhaltens liegen dürfte.

So berichtet beispielsweise eine schwedische Ärztin von einer gynäkologischen Ambulanz in Tōkyō, daß dort täglich 40 bis 50 Ärzte zwei- bis dreitausend Patientinnen gynäkologisch untersuchen, die auf 18 Stationen nebeneinander liegen. Die Inseminationen werden auf acht nebeneinanderstehenden und nur notdürftig mit einem Vorhang voneinander abgeteilten Liegen vorgenommen. Bezeichnenderweise schreibt die Ärztin über die dort tätigen Gynäkologen: »Der Diskretion, die in solchen Fällen bei uns eine so immense Rolle spielt, standen sie völlig fremd gegenüber. Tōkyō ist eine so große Stadt, daß die Wahrscheinlichkeit, einem Bekannten zu begegnen, als ausgeschlossen gilt.«[33]

Ergänzen wir diesen Bericht durch die Aussage eines Berliner Frauenarztes, der um die Jahrhundertwende konstatiert, daß viele Frauen es ablehnten, »Geburten durch ihren

*Haus*arzt leiten zu lassen, weil sie gerade ihm gegenüber die Entblößung als eine Verletzung des Schamgefühls empfinden«,[34] dann scheint es nicht unplausibel, entgegen Elias anzunehmen, daß die Verlängerung der die Menschen miteinander verbindenden »Interdependenzketten« dazu beiträgt, Scham- und Peinlichkeitsstandarde zu senken und nicht – wie Elias glaubt – zu erhöhen.

§ 10
Die Genitalscham der Frauen in fremden Gesellschaften

Nun ließe sich der Einwand erheben, daß die offenkundige Zurückhaltung der Frauen, ihre Genitalien zu zeigen, zumindest in »traditionellen« Gesellschaften nichts mit sexueller Scham zu tun, sondern ganz andere Ursachen habe. So hat etwa der sich stark an der Eliasschen Zivilisationstheorie orientierende Jos van Ussel in einer einflußreichen Schrift behauptet, in nichtwestlichen Gesellschaften bedecke man die Genitalien nicht deshalb, »weil sie ›sexuell‹ sind oder weil sie nicht reizen sollen, sondern unter dem Einfluß magischer Auffassungen. Daher das Entstehen von Scham, ein Begriff, der außerhalb der heutigen westlichen Zivilisation selten mit ›Sexualität‹ verbunden wird, sondern mit Ehrfurcht, Scheu, Furcht und Verzauberung (das ›tremendum et fascinosum‹).« Mithin seien etwa Schamschurze lediglich ein »›magischer Schutz‹ des Fortpflanzungsorgans«[1] der Angehörigen jener Gesellschaften, die Elias »primitive« nennt und von denen dieser glaubt, sie restringierten im Gegensatz zu uns ihre Triebe und Empfindungen in erster Linie deswegen, weil sie sich von »magischen Einflüssen, von Göttern, Geistern und Dämonen« umgeben fühlten.[2]

Diese Behauptung, hinter der ein bestimmtes Bild steht, das die Europäer sich vor allem im 19. Jahrhundert von den »Primitiven« gemacht haben, ist in der wissenschaftlichen Literatur auch heute noch weit verbreitet, und so heißt es etwa unlängst, »das bei vielen ›Naturvölkern‹ übliche Verbergen der Geschlechtsteile« geschehe nicht aus Gründen der Scham, vielmehr verweise es »oft auf die ›Göttlichkeit‹« der Genitalien, »und ihre Bedeckung dient sowohl ihrer symbolischen Hervorhebung wie auch dem Schutz vor Hexerei und bösen Mächten«.[3]

Lassen wir einmal den Aspekt der »symbolischen Hervorhe-

bung« – womit vermutlich Penisfutterale, auf den Schamschurz genähte Kaurischnecken und ähnliches gemeint sind –
sowie die männlichen Genitalien überhaupt beiseite, da
beides Gegenstand des folgenden Bandes sein wird, und beschränken wir uns vorerst auf die weiblichen Genitalien.

Ich will nun keineswegs bestreiten, daß in der Tat in manchen
Gesellschaften die Frauen Vorsorge treffen, daß keine Geister
in ihre Körperöffnungen eindringen. So schützt beispielsweise bei den Sara ein im Schamschurz angebrachter Keil, der
ein Stück weit in den After und in die Vagina hineinragt, gegen die *koi*, herumstreifende böse Geister, die besonders
gerne in diese Öffnungen hineinschlüpfen;[4] doch ist dieser
aus Pflanzenfasern hergestellte und *gol* genannte Keil, der
täglich mehrmals gewaschen und halbjährlich erneuert wird,[5]
eine Sache, der Schamschurz eine andere, und niemandem
würde es wohl einfallen zu behaupten, die Frauen der Sara
hätten keine Genitalscham, die völlig unabhängig wäre von
ihrer Angst vor den *koi*. Und wenn die Frauen der Ute, Scho-
schonen, Washo und Hopi es herkömmlicherweise vermeiden, in einem Fluß oder See zu baden, weil sie befürchten,
daß die Wassergeister in ihre Vagina schlüpfen könnten,[6] und
die Quechuafrauen aus demselben Grunde die Hand vor die
Genitalien halten,[7] dann käme niemand auf den Gedanken,
daß alle diese Indianerinnen zu Lande, wo es solche imperti-
nenten Geister nicht gibt, keine Genitalscham hätten.
Schließlich wäre es auch falsch, wenn ein fremder Ethnologe
aus Abb. 61 – »Mutta, det soll'n Aale ins Wasser sin?« –
»Quatsch nich Krause, halt die Hand druff!«[8] – herauslesen
würde, daß die Berlinerinnen im Jahre 1919 keine Genitalscham besessen, sondern lediglich befürchtet hätten, daß die
Aale in die Vagina eindringen.

Hätten die Schamschurze wirklich primär die Aufgabe, die
bösen Geister abzuhalten, dann wäre es zunächst kaum verständlich, wieso diese Kleidungsstücke häufig ebenso »un-
mentionable« sind wie die »unmentionables« des viktorianischen Zeitalters.[9] Auf der Insel Ifaluk in den Zentralkarolinen

Als das Freibad aufkam.
„Mutta, det soll'n Aale uns Wasser sin?"
"" Quatsch nich Krause, halt die Hand druff! „

61 ›Freibadidylle‹. Lithographie von Heinrich Zille, 1919.

waren die Worte für den Schamschurz, *balebal* und *siwisif*,
dermaßen verpönt, daß sie – von einem Manne ausgesprochen – eine zufällig vorübergehende Frau zutiefst beschämt
hätten.[10] Bei den Wemale auf den Molukken war es den Ethnologen kaum möglich, die Bezeichnung für die Bauchbän-
der zu erfahren, an denen die Schambekleidung der Frauen
befestigt war; *hareme*, das Wort für das Rindenbaststück-
chen, mit dem die Vulva bedeckt war, wurde praktisch nie
ausgesprochen, und als die Ethnologen danach fragten, senk-
ten alle Anwesenden beschämt die Augen.[11] Auch die Männer
der nördlichen Thai nahmen das Wort für den Frauenrock nie
in den Mund, weil dieser ja die Genitalien bedeckte,[12] und das
Schamblatt der Trobriander, *yavi*, galt als so intim, daß es

mit den besitzanweisenden Pronominalsuffixen verbunden wurde, die man ansonsten nur für eigene Körperteile verwendete. Das Wort *yavi* wurde für unschicklich gehalten und durfte lediglich gegenüber jemandem verwendet werden, zu dem man ein vertrauliches Verhältnis hatte.[13]

Das Grasschürzchen (*naquinēghē*) der Onge-Frauen auf Klein-Andaman zu berühren wäre eine tödliche Beleidigung – die Frauen zeigen sich voreinander unter keinen Umständen nackt und wechseln das Schürzchen nur in absoluter Privatheit[14] –, während die Frauen der Berg-Maria den unter dem Lendentuch getragenen, von einer Hüftschnur herabhängenden Genitalschurz (*mudang*) nicht einmal vor dem Ehemann sehen ließen. Eine Maria-Frau legte das *mudang* kein einziges Mal in ihrem Leben ab, weder beim Baden noch beim Gebären oder während des Beischlafs, und wenn sie starb, wurde sie mit ihm beerdigt oder verbrannt.[15]

Nun mag man vielleicht einräumen, daß tatsächlich in den Gesellschaften, in welchen die Frauen Schamschurze tragen, eine – zugegebenermaßen ausgeprägte – Genitalscham herrsche. Doch wird man den Einwand vorbringen, daß es namentlich in Südamerika, Ostafrika oder in Neuguinea Ethnien gegeben habe, deren weibliche Mitglieder sich nachweislich völlig nackt in der Öffentlichkeit bewegten. Beweisen diese Beispiele nicht, daß zumindest *einige* Gesellschaften existiert haben, deren Evas noch nicht die Hand nach der Frucht ausgestreckt hatten?

In der Tat war es beispielsweise bei den Kwoma im nördlichen Neuguinea üblich, daß die Frauen völlig nackt gingen, aber bei genauerem Hinsehen entdecken wir, daß diese Nacktheit mit einem feinen Gespinst von Verhaltensregeln umwoben war, deren Funktion darin bestand, sie gewissermaßen zu entsexualisieren. Bereits den kleinen Buben war es streng verboten, den Frauen auf den Genitalbereich zu schauen, und die jungen Mädchen wurden vor dem Eintritt in die Pubertät ständig und expressis verbis darauf hingewiesen, es sei höchst unanständig, in der Öffentlichkeit die Beine zu öffnen oder sich vornüberzubeugen, wenn nicht die gesamte Rückfront des Körpers von dem langen Tragnetz bedeckt sei. Begegneten sie auf einem Urwaldpfad zufällig einem Mann, dann mußten sie sich wortlos von ihm wegdrehen, damit er keine Gelegenheit hatte, einen Seitenblick auf ihre Vulva zu werfen. Man wies sie weiter darauf hin, daß ein Mädchen, welches diese Regeln mißachtete oder sie nur unvollkommen einhielte, als loses Flittchen gelten und ihre Heiratschancen erheblich sinken würden.[16] Ließe bei den Tauade im Aibala-Tal Ostneuguineas oder bei den Eipo eine Frau vor einem Mann ihre Vulva sehen, dann wäre dies gleichbedeutend mit einer Aufforderung zum Geschlechtsverkehr,[17] und wenn eine Frau der Suku so ungeschickt oder nachlässig war, daß ein Mann einen Blick auf ihre Genitalien werfen konnte, dann rief dieser *utembongi!*, »Ich habe dich gefickt!«[18]

Bei den für ihre öffentliche Nacktheit nachgerade berühmten Nuer bedeckten die Frauen meist nach der Heirat – bei der ihnen auch das »jungfräuliche Haar« geschoren wurde –, in jedem Falle aber nach der Geburt ihres ersten Kindes für immer den Genitalbereich mit einem dreieckigen Schurz aus Schafsleder, oder sie trugen dann einen kurzen Rock aus geflochtenen Palmfasern oder Gras.[19] Denn erst nachdem eine Frau ein Kind geboren hatte, zog sie zu ihrem Mann, und erst jetzt war sie – wirtschaftlich und rechtlich – seine volle Frau,[20] was auch beinhaltete, daß die sexuellen Reize, die sie aussendete, so gut wie möglich auf ihren Ehemann beschränkt bleiben sollten.

Da die Jungfrauen sich sozusagen auf dem Heiratsmarkt befanden, waren sie solchen Restriktionen in geringerem Maße unterworfen, d. h., sie bewegten sich auch in der Öffentlichkeit völlig nackt. Doch diese Nacktheit bedeutete keineswegs, daß sie sich gewissermaßen im Stande der Natürlichkeit befanden und gegenüber potentiellen Sexualpartnern ungehemmt ihre Reize spielen lassen durften. So hatten zum einen die nackten jungen Mädchen beständig darauf zu achten, daß ihre Vulva nicht exponiert war, weshalb sie in Anwesenheit

62 Nuer-Mädchen vom oberen Bahr el Zeraf.
Photo von Hugo Bernatzik, 1927.

von Männern die Oberschenkel zusammenpressen mußten.[21]
Zum anderen wurde von den Angehörigen des anderen Geschlechts – ähnlich wie bei den Kwoma – erwartet, daß sie
einer Jungfrau nicht auf den Unterleib glotzten, und wie mir
Evans-Pritchard einmal erzählt hat, waren die jungen Mädchen in dieser Hinsicht äußerst wachsam und sensibel: Bekam
mitunter ein Mann Stielaugen, dann konnte es passieren, daß
das betreffende Mädchen ihn mit Worten anfuhr, die übertragen etwa lauten würden: »Du Schwein, kannst du denn nicht
woanders hinschauen?«[22]
Auch die jungen Mädchen der benachbarten Dinka waren
ehedem völlig nackt, aber sie scheinen dieselben Schicklich-

keitsregeln eingehalten zu haben wie ihre Nuer-Schwestern. Schon Ferdinand Werne, der auf der Suche nach den Nilquellen im Jahre 1840 auf die Dinka stieß, berichtet voller Bewunderung, daß sie sehr wohl schamhaft seien. Nicht nur hätten sie sich auf der Stelle ein Hüfttuch umgebunden, als er näher gekommen sei, vielmehr hätten sie überdies den »nackten männlichen Prachtgestalten« nie unkeusch auf den unbekleideten Genitalbereich geschaut. Außerdem stellte er fest, daß die Dinkafrauen im Gegensatz zu den Europäerinnen, die sich nur äußerlich bedeckten, die Schamhaftigkeit – modern ausgedrückt – *internalisiert* hätten:

»Ich habe die Überzeugung, dass die nackte Wahrheit, wo das Weib die Motive nothwendigster Verhüllung in sich selbst trägt, gerade das ist, was bei diesem unverdorbenen Naturvolke nicht sowohl ein castes, als auch ein decentes Verhältniss fortwährend zu unterhalten im Stande ist. Man gebe den Weibern den Trug europäischer Damenkleidung, man ziehe den Männern Hosen an und wir wollen sehen, zu welchen Streichen die gereizte Phantasie hier die Menschen verleitet.«[23]

Die *Frauen* der Dinka trugen, ähnlich wie die der Schilluk, herkömmlicherweise ein gegerbtes Ziegenfell, das von der Hüfte abwärts vorne und hinten den ganzen Unterleib bedeckte. Bis vor nicht allzu langer Zeit bewegten sich die jungen Mädchen im Bereich des Hauses noch ganz nackt und bedeckten den Unterleib lediglich in der Öffentlichkeit und zu Hause in Anwesenheit von Fremden.[24] Heute sind die Mädchen nur noch bis zu einem Alter von etwa 10 Jahren nackt, aber bereits die Vierjährigen haben es gelernt, sich »keine Blöße« zu geben: Nie hat die Ethnologin, die bei den Dinka gelebt hat, ein Mädchen oder eine Frau gesehen, die sich so gesetzt oder bewegt hätte, daß auch nur die geringsten Einblicksmöglichkeiten in ihre Genitalien gegeben waren. Schon die kleinen Mädchen saßen stets sittsam mit seitlich eingeschlagenen Beinen, oder sie hockten – vor allem bei Hausarbeiten – auf der Ferse eines angewinkelten Beines, wo-

63 Verheiratete Schillukfrau nördlich von Tonga am Bahr el Ghazal.
Photo von Hugo Bernatzik, 1927.

bei das andere Bein so angezogen war, daß sich das Knie am
Kinn befand. Alle ›kritischen‹ Partien des Körpers waren dadurch mit dem Fuß und dem Unterschenkel bedeckt. Daß die
Ethnologin sich anfangs – wenn auch im langen Rock oder in
Hosen – im Schneidersitz hinsetzte, wurde von den Frauen
wie von den Männern als unschicklich erachtet.[25]
Bei den Lango erhielten dagegen die kleinen Mädchen bereits
im Alter von etwa 5 Jahren fünf aus Baumwolle oder Hibis-
kusfasern hergestellte und an einem dünnen Ledergürtel (*del*)
befestigte Schamstreifen (*chip*), die mit jedem Jahr zahlreicher
wurden und die es verhinderten, daß man von vorne oder von
hinten die Vulva sehen konnte.[26] Diese Schamstreifen durften

64 Nuer-Mädchen von Duk Faiwil.
Photo von George Rodger, 1948.

von niemandem berührt werden, was mehr noch vom *chip* der geschlechtsreifen Mädchen galt, die beim ersten Zeichen einer Schwangerschaft zusätzlich einen aus Ziegenfell (*ateke*) gefertigten breiten »Schwanz« (*lau*) erhielten, der beide Po-backen bis zu den Schenkeln bedeckte.[27]

Wie sehr dieser »Schwanz« – und damit eine zusätzliche Re-striktion der erotischen Ausstrahlung einer Frau – damit zu-sammenhing, daß sie mit der Heirat für andere Männer auch potentiell nicht mehr verfügbar waren, wird bei den Frauen der Luo besonders deutlich. Zumindest bei den Jur, einer Untergruppe der Luo im Bahr-el-Ghazal, trugen die unver-heirateten Frauen keinerlei Kleidung,[28] doch nach der Deflo-ration bedeckten sie sich mit einem vorderen Schamschurz und einem ursprünglich wohl aus Gras geflochtenen

»Schwanz« (*cieno*), der wie das *lau* der Lango das Gesäß verbarg. Bis die letzten Heiratszeremonien abgewickelt waren, durfte die Braut ihren »Schwanz« zwar zu Hause bei ihren Eltern, nicht aber in der Hütte des Bräutigams ablegen. War die Heirat indessen perfekt, dann war die Frau verpflichtet, ihn immer und überall zu tragen, und wenn sie ohne ihn erwischt wurde, durfte ihr Mann sich von ihr scheiden lassen. Sollte ein Fremder so unverschämt sein, das *cieno* auch nur zu berühren, mußte er dem Ehemann als Entschädigung drei Ziegen geben, eine Buße, die in diesem Falle auch bei den Kavirondo üblich war.[29] Wenn der Ehemann aber starb, bestand die erste Handlung der Frau darin, daß sie ihren »Schwanz« abnahm und ihn in hohem Bogen auf das Dach ihrer Hütte warf. Wurde eine Frau freilich geschieden, dann legte sie das Kleidungsstück nur in dem Falle ab, daß ihre Ehe bislang kinderlos geblieben war.[30]

Warum aber – so wird man fragen – wurde ausgerechnet das Gesäß mit einem solchen »Schwanz«, mit Blätterbüscheln und ähnlichem bedeckt? Liegt dies – wie immer wieder behauptet wird – daran, daß in den erwähnten Gesellschaften die Analscham der Frauen noch größer ist als ihre Genitalscham? Davon kann nun keine Rede sein; vielmehr bedecken die Frauen ihr Gesäß und den hinteren Teil der Oberschenkel, damit niemand Einblicksmöglichkeiten in ihre Genitalien hat, wenn sie sich – etwa bei der Arbeit – vornüberbeugen, wie sie überhaupt die Sichtbarkeit der Vulva von vorn viel leichter kontrollieren können als die von hinten. Vielleicht spielt dabei auch eine Rolle, daß Frauen von hinten leichter ›genommen‹ werden können als von vorne, da sie ja keinen vaginalen Schließmuskel haben, jedoch eine Penetration von vorne durch das Zusammenpressen der Oberschenkel erschweren können. Ebenfalls eine Rolle spielen mag, daß sie sich hinten einfach ungeschützter fühlen als vorne und deshalb vor allem das Aussenden jener Reize verhindern wollen, die durch ein Vornüberbeugen und ähnliche Haltungen entstehen.

Bei den Bulsa etwa[31] tragen die Frauen hinten große Blätter-büschel,[32] und in einem Spottlied ist die Rede von den Frauen, die auf dem Erdboden herumliegendes Geld einsammeln wollen, wobei sie vor lauter Gier vergessen, »ihren Rücken zu bedecken«, so daß ihre Genitalien sichtbar werden.[33] Da die Bulsa den Koitus von hinten bevorzugen,[34] scheint es besonders stimulierend zu sein, die Vulva einer Frau in dieser Perspektive zu sehen.

Auch bei den Buschleuten – etwa bei den !Ko und den !Kung – ist es üblich, daß der Mann nachts hinter seiner Frau liegt – durch die »Kaffeelöffel«-Lage halten sich die beiden am besten warm[35] – und möglichst unauffällig den Penis in die Vagina einführt.[36] Diese Stellung scheint *einer* der Gründe dafür zu sein, daß bei den Buschleuten der weibliche Hintern als äußerst sexy gilt,[37] und das Wort für das Gesäß der Frauen gehört entsprechend zum Sex-Vokabular, das nicht so ohne weiteres benutzt werden kann. Wie sehr in der allgemeinen Vorstellung der Buschleute der Hintern mit den Genitalien verbunden ist, sieht man etwa daran, daß die Charakterisierung einer Frau, sie habe »einen guten Hintern«, bedeutet, sie werde nicht so leicht schwanger[38] – bei nomadisierenden Wildbeutern durchaus eine erwünschte Eigenschaft.

Was die Genitalien betrifft, so waren die Buschleute, und zwar beide Geschlechter, herkömmlicherweise äußerst schamhaft – schon die ganz kleinen Kinder trugen ein kleines Schamläppchen, das mit einem Riemen an den Hüften befestigt war[39] –, und die einzige Gelegenheit, bei der die Frauen ihren den Unterleib vorne und hinten bedeckenden Umhang (*kaross*) ablegten, war der Eland-Tanz zur Feier einer Menarche. Dabei behielten die Frauen zwar ihren Schamschurz an, aber über den nackten Hintern ließen sie lediglich Perlenschnüre baumeln. Obgleich bei diesem Tanz mit Ausnahme zweier alter Männer, die brünstige Elandbullen verkörperten, Buben und erwachsene Männer nur aus einer relativ großen Entfernung zuschauen durften[40] und der Eland-Tanz im Vergleich zu den erotischen Tänzen der benachbarten Bantu-Frauen ungleich

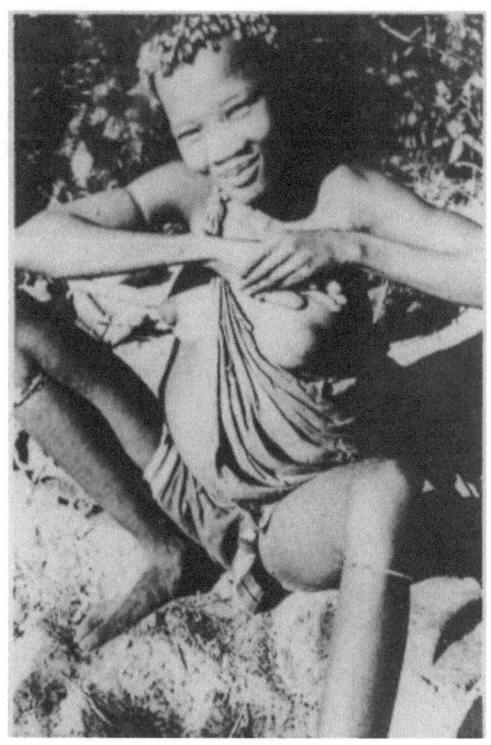

65 !Ko-Buschfrau.

dezenter ausfiel,[41] wurde er vor allem wegen der Bewegungen des Hinterns der Tänzerinnen schon zu Beginn unseres Jahrhunderts als »lascivious to the last degree« bezeichnet und als Beweis dafür gewertet, daß »the savages were devoid of all feelings of shame«.[42]

Diese starke Sexualisierung des weiblichen Hinterns scheint nun der Grund dafür zu sein, daß auch die fortpflanzungsfähigen Frauen der Buschleute im Gegensatz zu denen der meisten anderen Gesellschaften häufig mit geöffneten Beinen dasitzen,[43] da diese Haltung allem Anschein nach nicht als Aufforderung zum Koitus verstanden wird. Dabei ist freilich der Genitalbereich wohlverhüllt, und häufig wird er von den Frauen noch zusätzlich mit dem Arm, der Ferse oder der Hand bedeckt.[44] Auch die Nharon-Buschfrauen, die heutzutage meistens Röcke tragen, achten beim Hocken genau darauf, daß die Leistengegend und die Oberschenkel bedeckt bleiben, weshalb sie häufig den Rock zwischen die Beine stopfen.[45]

§ 11
Anstandsregeln für sitzende Frauen

Alles deutet freilich darauf hin, daß das breitbeinige Sitzen der Buschfrauen aus den erwähnten Gründen eine Ausnahme ist.[1] Zwar kommt es auch bei uns vor, daß bisweilen Unterschichtfrauen mit geöffneten Schenkeln dasitzen, wobei die Fußspitzen häufig nach außen weisen,[2] aber dann handelt es sich meist um ältere Frauen, die keine Sexualobjekte mehr sind, um jüngere Frauen, wenn sie unter sich sind,[3] oder um »Emanzipierte«, die auf diese Weise ihren Widerstand gegen die Konvention dokumentieren. Auch die Reklame macht von dieser Geste der ›selbstbewußten Konsumentin‹ Gebrauch und zeigt die jugendliche Frau, die sich »die Freiheit nimmt«, auch wenn es nur die Freiheit sein mag, einen ›Triumph‹-Büstenhalter zu wählen (Abb. 66).

66 »Alle reden von der Freiheit, alle wollen die Freiheit. Warum nehmen Sie nicht einfach, was Sie wollen?‹ Z. B. das Modell *swing* aus der TRIUMPH Boutique.«

Traditionellerweise ist in unserer Gesellschaft eine solche Art des Sitzens für Frauen absolut verpönt, und *wenn* einmal eine Frau so dargestellt wird, dann befindet sie sich – wie auf Lucas Cranachs um 1530 entstandenem Bild – im »Goldenen Zeitalter«, von dem der englische Dichter Thomas Carew sagte, daß dort »Husband, wife, lust, modest, chaste or shame / Are vaine and empty words«,[4] und selbst in diesem Garten der Unschuld verdeckt wie aus Zufall ein Kräutlein notdürftig die Vulva der Sitzenden (Abb. 67). Noch heute

67 Lucas Cranach d. Ä.: ›Das Goldene Zeitalter‹, Detail, um 1530.

heißt es in einem Benimmbuch: »Man sitzt nicht mit weit gespreizten Beinen, auch nicht als Mann oder Mädchen in Hosen«,[5] und in einigen Gegenden der Schweiz sagt man zu den kleinen Mädchen: »Sitz nicht so da, man kann ja deine ganze Schande sehen!«[6]

Lassen wir hier einmal die provokative Bedeutung des Beinespreizens beiseite, da wir auf diese im nächsten Band eingehen werden, so signalisiert diese Haltung, wenn sie von Frauen eingenommen wird, primär die Bereitschaft zum Geschlechtsverkehr und deshalb in vielen Gesellschaften die Verfügbarkeit der betreffenden Frau gegenüber dem Mann. Sehr anschaulich zeigt dies das Roman-Beispiel der als Sex-Sklavin abgerichteten O, die – abgesehen davon, daß sie nie

68 Detail des Triptychons ›Das Jüngste Gericht‹
von Rogier van der Weyden, um 1444.

einen Slip tragen darf – alle ihre Körperöffnungen, eben ihre
»Os«, jederzeit offen und bereit halten muß. So befehlen ihr
die Herren des Schlosses, in dem sie gefangengehalten wird:
»Als ein Zeichen, daß Sie kein Recht mehr haben, sich zu
entziehen, werden Sie in unserer Gegenwart niemals völlig
die Lippen schließen noch die Beine kreuzen oder die Knie
zusammenpressen.«[7]
Wie ihr Mund, so werden auch ihre Brustwarzen, der Warzenhof und die Schamlippen rot geschminkt, und diese müssen beim Sitzen oder Stehen stets so präsentiert werden, daß
die Herren »sie nach Belieben visitieren und in sie eindringen« können.[8]
Mit gespreizten Beinen zu sitzen oder zumindest den unbedeckten Genitalbereich zu zeigen scheint schon immer eines
der Kennzeichen der öffentlichen Huren gewesen zu sein. So
berichtet bereits der Geschichtsschreiber Prokopius von Cae-
sarea im 6. Jahrhundert, die Prostituierten von Amida hätten
jene weiblichen Teile entblößt, von denen es nicht richtig (οὐ

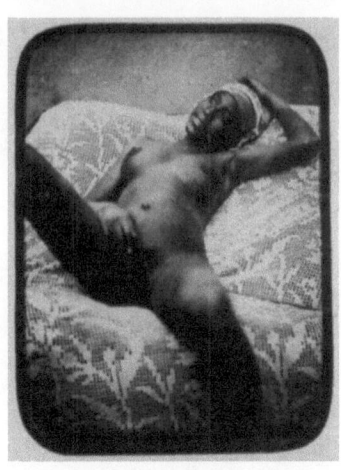

69 Afrikanische Prostituierte.
Französische Daguerreotypie, um 1850.

70 Holzläden eines Genfer Frauenhauses, spätes 15. Jh.

Θέμις) sei, daß sie Männern gezeigt würden[9] – was im übrigen die laszive Kaiserin Theodora nicht nötig hatte, denn Prokopius sagt, sie habe ihre Möse im Gesicht getragen[10] –, und auch später haben viele Huren auf diese Weise die Kunden angelockt. Anscheinend standen sie im späten Mittelalter nicht selten breitbeinig in den Türen der gemeinen Frauenhäuser, und nachdem in England die »alehouses« im 16. und im 17. Jahrhundert zu den bevorzugten Jagdgründen der Prostituierten geworden waren, heißt es, daß beispielsweise in Bloomsbury »many immodest lascivious and shameless women sit at the doors of such houses exposing and offering themselves«.[11]

»Glückbringend sind auch die, welche vor dem Bordell ihre Reize zur Schau stellen«, verlautet schon Artemidor von Daldis,[12] und in unserer Zeit schreibt José María Arguedas in *Der Fuchs unten und der Fuchs oben* über die Kunden eines spanischen Puffs:

»Sie gingen hin und her und an den offenen Türen der Schlafzimmer vorbei. Die Prostituierten saßen in ihren Leinenkleidern im Hintergrund der Zimmer auf niederen Kisten. Die meisten hatten die Beine gespreizt und zeigten ihr Geschlecht, den ›Fuchs‹, der manchmal rasiert war und manchmal nicht.« (Abb. 71)[13]

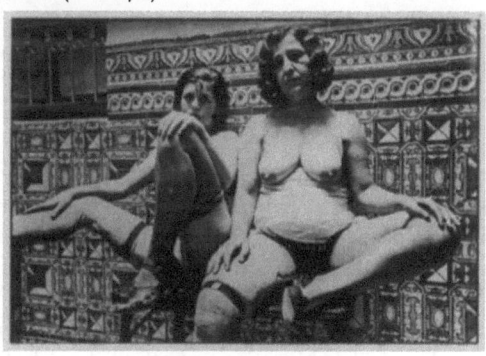

71 Henri Cartier-Bresson:
Andalusische Huren in einem Bordell von Sevilla, 1933.

Mitunter schockierten die öffentlichen Huren auch durch obszöne Körperstellungen mit Absicht die ehrbaren Bürgerinnen, wie beispielsweise in Valence im Jahre 1501, als eine Gruppe von Prostituierten vor einer Schar von Jungfrauen, die ins Waschhaus gingen, die Beine spreizte.[14] Unter anderen Umständen luden sie mit dieser oder ähnlichen Gesten eher zum Koitus ein, um Schlimmerem zu entgehen, wie etwa die burgundischen Troß- und Lagerhuren nach der Schlacht von Murten (Abb. 72): Denn diese Huren wurden von den

72 Nach der Schlacht von Murten flehen die burgundischen Troßhuren, eine davon in Männerkleidung, durch Entblößung der Vulva und der Brüste um Schonung, 1476.

Siegern nicht nur regelmäßig vergewaltigt, sondern auch bisweilen – da man sie zum Feind rechnete – niedergemacht, weshalb etwa der Sempacherbrief vom Jahre 1393 gebot, »das keinre under uns dehein frowen oder tochter mit gewaffneter hant stechen, slahen noch ungewonlich handeln sol«.[15]

Auch auf den gewagtesten Darstellungen aus dem späten Mittelalter und der frühen Neuzeit wurden freilich solche Szenen nur angedeutet, denn eine entblößte exponierte Vulva zu zei-

73 Nach der Schlacht von Murten betasten die Eidgenossen die burgundischen Troßhuren und führen sie in den Wald, 1514.

gen hat sich damals kaum ein Künstler getraut[16] – selbst der in den Basler Nuttenkreisen einschlägig bekannte Urs Graf nicht,[17] der im Jahre 1516 eine Hure gezeichnet hat, die gerade dabei ist, ihre Genitalien zu entblößen. Auf dem Spruchband über ihr steht »Ich schis dir ins fvd loch«, was indessen nicht, wie eine unschuldige Kunsthistorikerin meint, zum Ausdruck bringen will, daß hier jemand in ihren Anus defäkieren möchte.[18] Vielmehr heißt der Spruch »Ich schieße dir in die Votze«, d. h., »Ich ficke dich«. Häufiger waren jedoch symbolische Darstellungen wie der um 1510 entstandene Druck Lucas van Leydens, auf dem eine fahrende Frau zu sehen ist, die eine Hand in der Bluse und mit der anderen ein offenes Gefäß – ihre Vagina – darbietend (Abb. 74).[19]
Aber nicht allein das Spreizen der Beine, sondern mehr noch das anscheinend häufiger vorkommende Übereinanderschlagen derselben erregte bereits im Hochmittelalter die Gemü-

74 Lucas van Leyden: ›Fahrendes Volk‹, um 1510.

ter, allerdings nur wenn eine *Frau* sich erdreistete, solches zu tun. Das »ich saz ûf eime steine, und dahte bein mit beine« hätte ungestraft keine Frau von sich geben dürfen, denn allzu leicht wären bei dieser Beinstellung die Schenkel oder noch »Geheimeres«[20] zu sehen gewesen. Doch auch wenn nichts zu sehen war, galt diese Sitzweise für Frauen als extrem unschicklich: »zuht wert den vrouwen alln gemein / sitzen mit bein über bein«, meint Thomasin von Zirklaere,[21] und eine mittelalterliche Benimmschrift ermahnt das weibliche Geschlecht: »Diu zuht ist frowen wol gemein, / Niht sitzent bein über bein«.[22]

Aber auch in späteren Zeiten hat sich an dieser grundlegenden Anstandsregel nichts geändert. So berichtet Montaigne im Jahre 1580 über Vitry: »Il y a encore en cette ville une chanson ordinaire en la bouche des filles, où elles s'entr'avertissent de ne faire plus de grandes enjambées, de peur de devenir

156

mâles«,[23] und im darauffolgenden Jahrhundert antwortet auf
der anderen Seite des Kanals Edward Phillips in seinem viel-
gelesenen *The Mysteries of Love and Eloquence* auf die Frage:
»What's an excellent receipt to keep a woman honest?«: »For
her to be always cross-leg'd«.[24]

Inzwischen ist es bekanntermaßen üblich, daß auch Frauen
die Beine übereinanderschlagen, aber im Gegensatz zu den
Männern tun sie dies häufig so, daß sie dabei die Oberschenkel aneinanderlegen, und zwar nicht selten auch dann, wenn
sie Hosen tragen.[25] Allerdings spezifiziert noch im Jahre 1963
ein Benimmbuch, daß die Dame sich blamiere, »die auch bei
engem Rock von der lieben Gewohnheit, die Beine überein-
anderzuschlagen, nicht lassen kann und dabei ›tiefe Ein-
blicke‹ bietet«.[26]

Dies gilt natürlich in besonderem Maße für Nudistinnen oder
Besucherinnen gemischter Saunen: Als einmal in einem amerikanischen Nudistencamp eine Frau sich so hinsetzte, wurde
sie allgemein als »dirty pig« bezeichnet, und ein Fotograf
machte sich dort völlig unmöglich, als er zu einem weiblichen
Mitglied sagte: »Do you think you could open your legs a

75 Pariser Hure mit übereinandergeschlagenen Beinen.
Zeichnung von C. Guys, 19. Jh.

76 In einem Bordell von Nairobi. Photo von Jean-Jacques Dicker.

little more?«[27] Schließlich meint ein klassischer FKK-Führer zum Sitzen oder Hocken der Frauen ganz explizit:

»Eine große Rolle ist den Frauen in der Nacktkultur beschieden. Sie müssen alles vermeiden, was irgendwie sinnenreizend wirken könnte. Wie der Mann seiner Eigenart entsprechend eine strenge Selbstzucht üben muß, so noch viel mehr die Frau, der das Locken von Natur aus gegeben ist.«[28]

Wie im ersten Band dieses Buches ausgeführt, haben sich zwar die informellen Verhaltensregeln, die an Nacktbadesträanden oder in der Sauna gelten, innerhalb der letzten zwanzig Jahre erheblich gelockert, aber immer noch scheint es vielerorts einigermaßen unanständig zu sein, wenn eine nackte Frau beim Sitzen die Beine spreizt oder übereinanderschlägt.[29] Mitunter kommt dies freilich doch vor, und die Soziologen haben beobachtet, daß die umstehenden Männer daraufhin bisweilen Erektionen bekamen, was sie veranlaßte, ins Wasser zu gehen,[30] wie auch schon männliche Mitglieder klassischer Nudistencamps den Untersuchern anvertrauten, daß sie wohl sichtbar erregt würden, wenn sie sich »gehenließen«, aber sie seien »careful«.[31]

Waren also noch vor dreißig Jahren die männlichen Nudisten so vorsichtig, daß sie einer möglichen sexuellen Erregung durch eine unanständig dasitzende Frau von vornherein aus dem Weg gingen, scheint es heute nicht selten eher so zu sein, daß man diese Erregung zuläßt,[32] weil man ihr einen anderen Wert beimißt als früher, was freilich abermals zeigt, daß die Eliassche Behauptung von der inzwischen geradezu perfekt gewordenen internalisierten Triebkontrolle unzutreffend ist.

Nun haben Feministinnen, die unsere derzeitige, »patriarchalische« Zivilisation in keinem allzu günstigen Lichte sehen, behauptet, sie hätten herausgefunden, »daß die Körpersprache zwischen Frauen und Männern nie so unterschiedlich war wie in unserem Jahrhundert«,[33] wobei sie vor allem die Tatsache im Auge haben, daß auch heute noch die Frauen beim Sitzen viel häufiger die Beine schließen als die Männer.

77 Die Königin spricht mit ihrer Tochter Lavinia.
Aus Heinrich von Veldekes *Eneit*, um 1200.

Schon der kurze historische Rückblick hat uns allerdings deutlich gezeigt, daß das genaue Gegenteil der Fall ist und daß sich heute zumindest diesbezüglich die »Körpersprache« der Männer und die der Frauen eher einander anzugleichen scheinen. Wie aber verhält sich die Sache in fremden Gesellschaften?

Eine Lakota-Frau durfte beim Sitzen nicht einmal die geschlossenen Beine nach vorne ausstrecken, sondern sie mußte
sie unbedingt seitlich einschlagen und dabei peinlichst genau
ihre Kleidung in Ordnung bringen.[34] Bei den Omaha war es
lediglich den alten Frauen gestattet, die Beine auszustrecken.
Jüngere Frauen hatten sie zur Seite hin einzuschlagen, und
wenn die Mütter bei der Erziehung ihrer Töchter in mancher
Hinsicht sehr wenig rigide sein mochten, so waren sie in diesem Punkte äußerst streng,[35] was anscheinend für alle Plains-
und Präriestämme galt.[36] Wie mir Cheyenne-Informanten
erzählt haben, galten besonders bei jungen Mädchen und
verheirateten Frauen im fortpflanzungsfähigen Alter Nach-
lässigkeiten beim Sitzen als sexuelle Aufforderungen und
deswegen als absolut schamlos. Solche Verfehlungen der kor-
rekten »Körpersprache« wurden auf rigoroseste Weise ge

78 Aus *Körperbildung Nacktkultur.*
Blätter freier Menschen, um 1930.

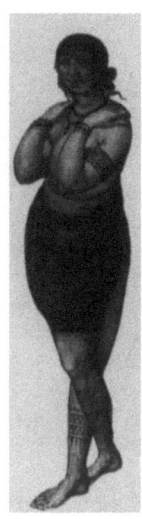

79 John White: Jungfrau der Virginia-Indianer,
die Brüste bedeckend und die Beine kreuzend, 1585.

ahndet,[37] ähnlich wie bei den White Knife-Schoschonen, deren kleine Mädchen das anständige Sitzen schon frühzeitig
»internalisieren« mußten. Zwar trugen die jungen Mädchen
und die Frauen Röcke aus Streifen, die in jedem Falle so fielen, daß der Genitalbereich bedeckt war, aber sollte sich ein
Mädchen oder eine Frau einmal vergessen und mit geöffneten
Beinen dasitzen, so war ihr Bruder oder irgendein männlicher
Verwandter dazu verpflichtet, ihr ein schwelendes Holz-
scheit zwischen die Schenkel zu stoßen, falls gerade eines zur
Hand war.[38]

In manchen Stämmen war es sogar üblich, am Abend den jungen Mädchen die Beine zusammenzubinden, damit sie auch
im Schlafe nicht auf unschickliche Weise die Beine öffneten.[39]
Zudem wurde so verhindert, daß etwaige ›Nachtkrabbler‹,
also junge Männer, die im Schutze der Dunkelheit in das Tipi
krochen, die Genitalien der schlafenden Mädchen befinger-
ten.[40] Der Maler Friedrich Kurz schreibt etwa über die jungen

80 Hockende Dani-Frauen, Neuguinea.

Mädchen der Assiniboine, daß jene sich »des Nachts dicht einwickeln« mußten, »da es den Bucks, den jungen Burschen, erlaubt ist, ihr Glück zu versuchen, wo sie wollen, wenn sie sich Schlägen und Stichen aussetzen mögen.[41] Gerade weil es gefährlich ist, reizt es die Mutigen und sie betrachten es als Vorübungen zu spätern ernstlichen Kriegsthaten.« Hatte freilich ein junger Mann Erfolg, so galt dies für das befingerte Mädchen, das Opfer dieser nichtkriegerischen Weise des »counting coups«, als große Schande, und Kurz fährt fort: »Vor einiger Zeit soll sich ein Mädchen des Ours fou, des Chefs der Assiniboins aus Verdruß erhängt haben, weil es einem jungen Burschen gelungen war, trotz der Bewachung und Einwicklung ihre verborgenen Schätze mit der Hand zu berühren.«[42]

Die jungen Mädchen und Frauen der Negritos im östlichen Luzon schließlich, die etwa beim Baden nicht einmal vor Angehörigen des eigenen Geschlechts das *tapis* (Hüfttuch) ausgezogen hätten, schliefen zwar nicht mit zusammengebundenen Beinen, aber sie lernten es frühzeitig, so zu schlafen, daß

162

81 Bidyogofrau aus Etikoka auf einem Holzmörser sitzend.

der Rock zwischen den Oberschenkeln eingepreßt blieb. Dabei krümmten sie gleichzeitig die Knie und bedeckten mit den Füßen den Afterbereich.[43]

Bei den Igorot, Ifugao und Kalinga trugen die Frauen zwar stets einen Durchziehschurz, doch beim Sitzen oder Hocken stopften sie selbst auf die Gefahr hin, daß die Schenkel oder sogar ein Teil der Hinterbacken entblößt wurde, zusätzlich das *tapis* zwischen die Beine.[44]

Die Frauen der Ayom des Ramu-Tales im Inneren Nordost-Neuguineas tragen einen Schurz aus gedrehten Fransen-schnüren und Baststreifen, der vorne und hinten den Unter-leib bedeckt, während das Gesäß zusätzlich von einem Bündel aus Bambusschößlingen völlig den Blicken entzogen wird. Sobald die kleinen Mädchen gehen lernen, bringen die

Mütter ihnen bei, beim Sichsetzen mit beiden Händen die Schnüre zusammenzuraffen, zwischen den Oberschenkeln hindurchzuschieben und dann während des Sitzens das sonst den Hintern bedeckende Bündel fest auf den Schoß zu pressen.[45]

Sollte der Schurz einer Yundo-Frau im Hochland von Neuguinea so hängen, daß ›etwas‹ zu sehen wäre, dann würde man sie nicht mit den direkten Worten »Du hast zuwenig Blätter um!« darauf aufmerksam machen, sondern indirekt, etwa indem man zu ihr sagte: »Du hast zu viele Cordylineblätter, gib mir ein paar ab!«[46] Als sich hingegen ein ungefähr 7 Jahre altes Mädchen der Baining auf Neubritannien etwas ungeschickt hinsetzte, wurde sie so heftig verschimpft, daß sie voller Scham ihren Kopf zwischen die Knie steckte, diese mit beiden Armen umfaßte und jämmerlich weinte.[47]

Auch bei den südostafrikanischen Ndau wäre es für eine Frau äußerst unschicklich, etwa auf den Fersen zu hocken, mit geöffneten Beinen dazusitzen oder eines der Beine auszustrekken. Zwar ist es ihr normalerweise gestattet, beide Beine geschlossen nach vorne zu strecken, doch in Anwesenheit von Respektspersonen muß sie die Beine seitlich einschlagen. Bemerkenswert ist, daß die Männer vor Häuptlingen und würdigen alten Männern wie die Frauen sitzen, d. h. die Beine zur Seite legen oder anziehen und kreuzen müssen.[48]

Die jungen Mädchen und Frauen der Ata Kiwan stopfen sich beim Sitzen oder Hocken den Sarong (*emú* oder *kwáte*) zwischen die Beine, und in gewissen Situationen bedecken sie noch zusätzlich den Genitalbereich mit dem Arm (Abb. 82). Wenn ich beispielsweise am Tisch saß und mir Notizen machte, näherte sich manchmal eine junge und recht kokette Frau von der Insel Solor, wobei sie auf flirtende Weise ganz dicht an mich herankam (»um mir beim Schreiben zuzuschauen«). Dabei preßte sie stets fest den Arm zwischen die Oberschenkel. Da die Frauen ihr Schamhaar epilieren und man somit »alles sehen würde«,[49] besteigen sie keinen Truck, weil der Fahrtwind eventuell den Sarong hochwehen könnte,

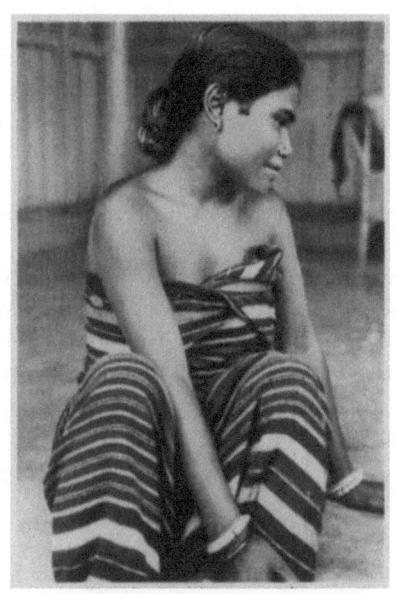

82 Frau der Ata Kiwan von Adonare.

83 Hans Süß von Kulmbach:
›Schamgeste einer Frau vor liebeshungrigem Mann‹, um 1500.

und sie trinken auch keinen Palmwein oder Palmschnaps, da sie befürchten, sie fielen möglicherweise betrunken zu Boden und der Sarong rutschte hoch.[50] Wird ein junges Mädchen ihrem Verlobten untreu, so kann es vorkommen, daß die Schwester ihres Vaters ihr den Sarong vom Leib reißt, so daß die Brüste und die Genitalien zu sehen sind – eine ungeheure Demütigung, die früher noch dadurch intensiviert wurde, daß man ihr den Pferdeschwanz abschnitt.[51]

Die jungen Mädchen und Frauen der Mru in den Chittagong Hill Tracts, die keine langen Sarongs, sondern Mini-Röcke tragen, hocken deshalb nie, sondern knien (Abb. 84) oder

84 Mann und Frau der Mru während des Opferfestes.

sitzen mit nach vorne ausgestreckten Beinen, wobei sie den Schoß und die Oberschenkel der Situation entsprechend noch mit einem Tuch bedecken.[52] Sich auf so dezente Weise niederzulassen, beherrschen die kleinen Mru-Mädchen bereits im Alter von 6 Jahren.[53]

Die Frauen der Mangbetu, Mangbele und Mobadi, deren Genitalbereich lediglich mit einem etwa handgroßen Schurz aus Rindenbast oder mit einem Bananenblatt bedeckt war, trugen stets ein Stück Stoff bei sich, das sie beim Sitzen über den Schoß legten.[54]

Auch jene australischen Frauen, die völlig nackt gingen, achteten strengstens darauf, daß bei keiner Haltung oder Stellung die Genitalien sichtbar wurden,[55] sei es, daß sie – wie auch die Tasmanierinnen[56] – beim Sitzen die Vulva mit dem Fuß verbargen oder beim Gehen und Stehen besonders in Anwesen-

85 Thomas Watling: ›A Group of the North Shore of Port Jackson, New South Wales‹, um 1794.

heit von Männern die Hand davorhielten (Abb. 85). Dies war etwa bei den Pintupi noch bis vor kurzem üblich (Abb. 86),[57] ebenso bei den jungen Mädchen der Herero, die dabei zusätzlich noch die Augen niederschlagen mußten,[58] während sich manche Santo- und Omba-Insulanerinnen auf den Neuen Hebriden ein Blatt in die Vulva steckten, damit die kleinen Schamlippen bedeckt waren.[59]
Die Frauen im westlichen Arnhemland öffneten beim Sitzen die Beine nur, wenn sie eine Genitalbedeckung aus Rindenfasern oder Kattun anhatten, aber auch dann verbargen sie diesen Bereich noch zusätzlich mit der Ferse.[60] Wie aus den Feldnotizen des Missionars Wettengel hervorgeht, legten sich früher die splitternackten Frauen der Aranda mit dem Bauch und dem Gesicht nach unten auf den Erdboden, wenn irgend-

86 Altes Pintupi-Paar, 1977.

welche Männer zu nahe an sie herankamen. Allerdings war
dies sehr selten nötig, da die Frauen meist auf die notwendige
Geschlechterdistanz achteten:[61] nach einer anderen Quelle
betrug sie etwa 15 Meter – war die Entfernung geringer, dann
wandten die Frauen und die Männer sich gegenseitig den
Rücken zu.[62] Die Frauen der Tiwi auf der Melville- und der
Bathurst-Insel sowie die der Laragia und Pimaitja an der ge-
genüberliegenden Festlandküste trugen hingegen stets ein
Stück gefalteten Rindenstoffs bei sich, das sie bei Bedarf vor
die Genitalien hielten. Als indessen die ersten Schnüre eingeführt wurden, fanden sie es praktischer, zwei solcher Rinden-
baststücke vorne und hinten von einer Hüftschnur herabhängen zu lassen.[63]
Um den Frauen und Mädchen etwas von der Scham zu nehmen, die sie offenbar empfanden, wenn sie von Männern betrachtet wurden, verfuhren andere australische Stämme üb-
licherweise ähnlich wie heute bei uns die Frauen, die bei einer
gynäkologischen Untersuchung die Augen schließen, um

dem peinlichen Augenkontakt mit dem Arzt zu entgehen. Wenn beispielsweise bei den Karadjeri oder den Nyul-Nyul ein junges Mädchen nackt tanzte,[64] bedeckte sie mit den Händen die Augen, sobald ihr Bruder vorüberging,[65] und auf Groote Eylandt verhüllten die Frauen der Ingura in der Zeit, als auf der Insel noch keine Missionsstationen eingerichtet waren, die Köpfe und erogenen Teile des Leibes mit großen Rindenbaststücken, wenn sie auf Männer stießen. Auf dem Weg zur Wasserstelle trugen in späterer Zeit die Frauen stets einen Kerosinkanister bei sich, den sie bei einer solchen Gelegenheit über den Kopf stülpten. Heute verhüllen sie kaum noch das Gesicht, aber die Sitte schreibt ihnen vor, daß sie in einer derartigen Situation unter sich blicken, um die betreffenden Männer nicht zu sehen. Verhalten sie sich anders, werden sie von den alten Frauen, die sehr wachsam sind, zurechtgewiesen, sie sollten in Zukunft nicht mehr so schamlos sein.[66] Anders stellt sich die Situation indessen bei den Yir-Yoront dar, deren Mädchen einen Genitalschurz tragen mußten, bis ihr Schamhaar so reichlich gewachsen war, daß die Schamlippen und die Schamspalte nicht mehr zu sehen waren. Von diesem Zeitpunkt an durften sie in der Öffentlichkeit nackt erscheinen.[67]

§ 12
Das Schließen der Schamlippen

Eine eigentümliche Weise, zumindest den Bereich der kleinen
Schamlippen und der Klitoris den Blicken zu entziehen, haben die Frauen der Tupí, der Nu-Aruak und der Karaïben des
Xingú-Quellgebietes entwickelt. Diese Frauen binden sich
nämlich mit Hilfe einer Schnur ein dreieckiges Stückchen
starren Rindenbastes – das die Bakaïri *ulúri* (= »Schwanz«)
nennen (Abb. 87) und das im Verlaufe der köperlichen Ent-

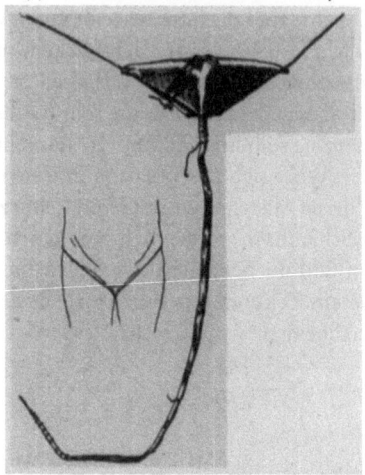

87 Schambedeckung (*ulúri*) der Rio Xingú-Indianerinnen.

wicklung immer größer wird – auf den unteren Teil der
Vulva, und zwar so straff, daß durch den Druck, den das *ulúri*
auf den Damm ausübt, die großen Schamlippen geschlossen
werden, so daß man lediglich den oberen Teil des Schamschlitzes sehen kann.[1] In ähnlicher Weise wird auch in manchen Teilen Afrikas die Vulva geschlossen,[2] und es kann sein,
daß bereits Vespucci so gekleidete Frauen gesehen hat, als er
die Küste Südamerikas entlangsegelte. Jedenfalls schreibt er

in seinem im Jahre 1503 in Paris erschienenen ›Brief‹, ihm sei die Straffheit des Leibes der Indianerinnen im ganzen und auch im besonderen aufgefallen: »Auffallend erschien uns, daß man unter ihnen keine mit hängenden Brüsten sah und diejenigen, die geboren hatten, sich in der Form des Bauches und der Spannkraft nicht von den Jungfrauen unterschieden; und genauso schien es in den anderen Körperteilen, die ich aus Schicklichkeit absichtlich unerwähnt lasse.«[3]

Nun ist immer wieder heftig bestritten worden, daß das *ulúri* aus Gründen der Scham getragen wird. So hat man etwa behauptet, diese Indianer hätten überhaupt keine »›geheimen‹ Körperteile« und das *ulúri* habe lediglich die Aufgabe, die genitale »Schleimhaut«[4] vor Verletzungen zu schützen; man könne »doch nur im Scherze« davon reden, daß es irgend etwas verhüllen solle, und der betreffende Autor folgert: »Es läßt sich also bei diesen noch in der Steinzeit lebenden Karaïben Zentralbrasiliens die Wirkung völliger Nacktheit noch ganz rein beobachten und feststellen, daß dieselbe die Entstehung eines erotischen Schamgefühls in unserem Sinne so gut wie ganz hindert.«[5] Ein anderer Autor meint sogar, die völlige Nacktheit dieser Indianerinnen wirke dermaßen enterotisierend, daß die Frauen das *ulúri* anzögen, um »die Blicke des anderen Geschlechts auf diesen Punkt des Gegenstandes ihrer Sehnsucht hinzulenken und die Libido zu reizen«.[6]

Aus mehreren Gründen kann davon keine Rede sein. Zum einen darf beispielsweise eine Mehináku-Frau ohne das *ulúri* – das bei diesem Stamme *inija* heißt – nicht in der Öffentlichkeit erscheinen – und zwar auch in solchen Situationen nicht, in denen eine Verletzungsgefahr praktisch ausgeschlossen ist. Ein Mann darf das *inija* nie berühren – er würde den größten Schaden davontragen, wenn er es täte –, und ein Ethnologe, der bei den Mehináku gelebt hat, berichtet, daß selbst vor dem Beischlaf lediglich der »Schwanz« entfernt würde, während die Schnur verbleibe und durch die Beischlafbewegungen an den Schamlippen und der Klitoris reibe.[7] Zum zweiten: Nur für geschlechtsreife Frauen ist das Tragen des *inija* obligatorisch. Eine alte Frau darf auf den »Schwanz« verzichten, und zwar bezeichnenderweise deshalb, weil ihre Vagina »geschlossen« ist.[8] Zum dritten: Die Mehináku-Worte für die kleinen Schamlippen und für die Klitoris, also für die Körperteile, die durch das *inija* verborgen werden – wie übrigens auch das Wort für die Eichel, die von den Männern stets bedeckt wird –, sind sehr affektgeladen und schambesetzt und werden nur mit zitternder Stimme ausgesprochen oder als Schimpfworte benutzt.[9] Zum vierten: Beim Baden oder beim Sichwaschen im Rio Xingú legen die Frauen zwar das *inija* ab, aber nie kommt es vor, daß die Geschlechter gemeinsam ins Wasser gehen.[10] Zum fünften schließlich entehrten die Männer, wenn sie in einer ganzen Gruppe über eine Frau herfielen, um diese zu vergewaltigen, weil sie die heiligen Flöten gesehen hatte, die Betreffende dadurch in zusätzlicher Weise, daß sie ihr die Beine weit auseinanderdrückten und das *inija* wegrissen, so daß jeder der Täter die kleinen Schamlippen und die Klitoris sehen konnte. Besonders beschämend war es, daß das Opfer fortan eng mit Männern zusammenleben mußte, die ihre Genitalien gesehen hatten und sie anderen beschreiben konnten.[11] Um solchen Vergewaltigungen zuvorzukommen, waren die Frauen im Urwald meist zu zweit oder zu dritt, aber auch im Dorf fühlten sie sich ständig unbehaglich und waren angespannt, weil sie im Bewußtsein lebten, vom Männerhaus her angestarrt und mit dreckigen Bemerkungen bedacht zu werden.[12]

Auch bei den anderen südamerikanischen Tieflandindianern – den Paradebeispielen für die Abwesenheit jeglicher Körperscham – ist diese ausgeprägte Genitalscham der Frauen (von der Genitalscham der Männer wird im nächsten Band die Rede sein) zu beobachten. Als etwa ein Ethnologe einmal in einer Hütte an der Perinealschnur einer Trumaí-Frau lediglich zupfte, schrie diese laut auf und rannte in Panik hinaus,[13] und der Ethnologe Baldus, der anscheinend die Frauen der Tschamakoko unbedingt mit entblößten Genitalien auf die Platte bannen wollte, schreibt enttäuscht: »Es war unmög-

172

88 Auca-Frauen im Tiefland von Ecuador.

lich, die Weiber zu bewegen, den Schamschurz beim Photographieren abzunehmen.«[14]

Die nackten Tupari-Frauen achten mit größter Sorgfalt darauf, daß ihnen niemand zwischen die Beine schauen kann, und wenn sie beim Sitzen gelegentlich ein Bein ausstrecken und das andere abspreizen, ist der Genitalbereich immer entweder mit dem Fuß des abgespreizten Beines oder beispielsweise durch ein Baby den Blicken entzogen. Sollte eine Frau sich bücken und ist sie nicht absolut sicher, daß sich kein Mann hinter ihr befindet, dann kreuzt sie dabei die Beine. (Auch in unserer Gesellschaft bücken sich Frauen und Mädchen herkömmlicherweise anders als die Männer, die sich vornüberbeugen und damit den Hintern präsentieren.) Als sich einmal eine Tupari-Frau in einer halbdunklen Hütte unbesorgt vom Boden erhob und ihr dann einfiel, daß sich ja im selben Raum der Ethnologe aufhielt, verlor sie völlig die Fassung und beruhigte sich erst dann etwas, nachdem der Mann ihr mehrfach versichert hatte, daß er überhaupt nichts sehen konnte.[15]

Auch die Frauen der Tapirapé achten sorgsam auf die Unsichtbarkeit ihrer Schamlippen, doch werden sie trotzdem von den Carajá, deren Frauen die Vulva mit Rindenbaststücken bedecken, für schamlos gehalten, weil man bei jenen den obersten Teil des Schamschlitzes sehen kann.[16] Schließlich hängt vor der Vulva der Kobéua-Frauen ein kaum handgroßes Schürzchen an einer kleinen Perlenkette, das freilich die ihm zugedachte Aufgabe voll erfüllt. Wenn die Frau ruhig sitzt oder kniet – etwa im Kanu –, hängt es frei. Besteht indessen die Möglichkeit, daß es sich bewegt, etwa beim Gehen oder Stehen, klemmt die betreffende Frau es fest zwischen die Oberschenkel.[17]

In praktisch allen menschlichen Gesellschaften ist es mithin den Frauen und den etwas älteren Mädchen untersagt, ir-

89 Junges Mädchen der Fali, Kamerun.

gendwelche Haltungen oder Stellungen einzunehmen, bei denen die Möglichkeit besteht, daß sie sich eine Blöße geben. Bei den Otomi beispielsweise scheint kaum ein Tag zu vergehen, an dem man nicht die Mädchen im Alter von 2 bis 10 Jahren ermahnt, nicht auf die Bäume zu klettern und ihre Röckchen hinunterzuziehen, da man sonst ihre »Nacktheit« oder ihre Höschen sehe,[18] und im Schwäbischen bleute man einst den Buben ein, ja nicht hochzuschauen, wenn ein Mädle auf dem Kirschbaum saß, da sie andernfalls blind würden.[19] Bei den Sori, einer Untergruppe der Matankor auf den Admiralitäts-Inseln, sah der Schwager einer Frau, die auf einen Baum geklettert war, beim Vorbeigehen zufällig deren Genitalien. Vor lauter Scham beging die Frau Selbstmord, was von niemandem als Überreaktion angesehen wurde.[20] Die Frauen der Qunantuna müssen sich hüten, vor männlichen Verwandten – von fremden Männern ganz zu schweigen – eine Betelpalme zu erklettern,[21] und auf Mentawai ist dies selbst den kleinen Mädchen verboten, auch wenn gar keine Buben oder Männer in der Nähe sind.[22]

Bei den Ata Kiwan habe ich es nie erlebt, daß eine verheiratete Frau auf eine Lontar- oder Kokospalme gestiegen wäre, wohl aber einmal ein siebzehnjähriges Mädchen, das freilich darauf achtete, daß kein Mann unter der Palme stand. Außerdem stopfte sie ihren *kwáte* fest zwischen die Beine. Bei den Tiwi auf der Melville-Insel klettern zwar auch Frauen und Mädchen auf die Bäume, um Vogelnester auszunehmen, aber während die Männer dabei die Sohlen gegen den Stamm pressen, tun dies die Frauen aus Schicklichkeitsgründen mit den Knien.[23]

Aus diesem Grunde soll bei den Baegu auf Malaita eine Frau nie eine höhere Position einnehmen als ein Mann, und wenn etwa eine Gruppe von Männern und Frauen einen Hügel erklimmt, führen stets die Männer; beim Abstieg ist es umgekehrt.[24] In dieser Hinsicht verhalten sich die Baegu nicht anders als wir, denn auch in unserer Gesellschaft ist es herkömmlicherweise üblich, daß der Herr der Dame auf der

90 Illustration zu Restif de La Bretonne, um 1770.

Treppe vorausgeht. Ansonsten läßt er der Dame stets den Vortritt, wenn er den Benimm-Büchern folgt.

Gehen die Mädchen oder Frauen der Mru einen Berg hinauf, dann nehmen sie eine gebückte Haltung ein und achten darauf, daß sich kein Mann hinter ihnen befindet. Gehen sie an sitzenden Personen vorbei, so halten sie den Rockschlitz zusammen, wie sie überhaupt oft an den Miniröcken ziehen, damit diese richtig, d.h. anständig sitzen. Als einmal eine Sechsjährige auf einen Baum kletterte, wurde sie heruntergerufen, weil dies als unanständig angesehen wurde.[25] Wenn bei den Hamar ein kleines Mädchen – das gleich nach der Geburt ein Röckchen erhält – von einem Erwachsenen auf einem Baumast erwischt wird, ruft jener ihm zu: »Du, Mädchen, bist du ein Bub? Du sitzt nicht schön, halte deine Beine zusammen!«[26]

Bei den Bugotu auf der Salomoneninsel Santa Isabel darf eine

Frau nicht nur nicht auf einen Baum klettern, es ist ihr auch untersagt, auf irgendeine Weise erhöht, etwa auf einer Plattform, zu stehen, so daß ein Mann ihr unter den Rock schauen könnte.[27] Da die Frauen der Bongu an der Astrolabebai relativ kurze Röcke tragen, die aus dem Rindenbast des Maulbeerbaumes hergestellt sind und nur bei den verheirateten Frauen über das Knie reichen, zögern sie stets, wenn sie über die Pfahltreppe der gegen die Schweine errichteten Schutzhecke steigen wollen, und schauen sich um, ob ein Mann in der Nähe ist.[28] Und schließlich darf eine Frau auf der mikronesischen Insel Ulithi nicht in ein Kanu hinein*klettern*, da ihr sonst eventuell ein Mann auf den Unterleib blicken könnte; vielmehr muß sie in das Fahrzeug hinein*hüpfen*, drinnen auf möglichst anständige Weise sitzen und so auch später wieder aufstehen. Steigt sie aus, dann rutscht sie mit eng aneinandergepreßten Beinen heraus, wobei die Frauen sich trotzdem sehr geschickt und anmutig bewegen.[29]

Auch das Übersteigen der ausgestreckten Beine eines auf dem Boden sitzenden Mannes scheint den Frauen in fast allen Gesellschaften verboten zu sein, und man wäre sicher geneigt, darin lediglich eine allgemeine Höflichkeitsregel zu sehen oder eine Maßnahme gegen die eventuelle Befleckung des Mannes durch weibliche Sekrete und Menstruationsblut,[30] wenn dieses Verbot nicht vielfach eng mit sexueller Schicklichkeit in Verbindung stehen würde. Wenn etwa bei den Efik ein Mann über die Beine einer Frau oder die Frau über die Beine eines Mannes schritt, wurden beide des Ehebruchs beschuldigt und hart bestraft.[31] Auch ein Baegu auf der Insel Malaita hat mit einer Frau, über deren Beine er gestiegen ist, symbolisch koitiert, weshalb er ihr eine Entschädigung zahlen muß.[32] Aus diesem Grunde darf eine Aorikanerin in den östlichen Salomonen nur über die ausgestreckten Beine ihres Ehemannes steigen,[33] und als besonders unanständig gilt es, wenn man über die Schlafstätte eines Angehörigen des anderen Geschlechts schreitet.[34]

Auch in unserer eigenen Gesellschaft scheint es nicht anders

91 Monogrammist N. H.:
Hexen vergewaltigen und bepinkeln einen Mann, 1538.

gewesen zu sein, was etwa der alte Brauch des *ibrschteigns* in der Gegend von Feldkirch in Kärnten zeigt, wo einst die Brechlerinnen neugierige Männer zwangen, sich rücklings auf den Boden zu legen, um dann über sie hinwegzuschreiten, d. h., sie symbolisch zu vergewaltigen.[35] Schließlich beschämt man auch bei den Simbu jemanden sehr, wenn man über seine (oder ihre) Beine steigt,[36] und tut dies ein Owa Raha-Insulaner, dann ist dieser Schritt gleichbedeutend mit der Frage, ob die betreffende Frau mit ihm schlafen will,[37] ja, bei den weiter oben erwähnten Baegu ist es schon ein sexuelles Vergehen, das häufig einen ernsthaften Streit heraufbeschwört, wenn man ein solches Übersteigen auch nur erwähnt.[38]

§ 13
›La Nouvelle Cythère‹ oder
Die Schamlosigkeit der Frauen von Tahiti

Als Bougainville am 2. April des Jahres 1768 vor Tahiti die
Anker auswerfen ließ, war sein Schiff alsbald von zahlreichen
Booten umgeben, die zwar zunächst nur mit männlichen Bewohnern der Insel besetzt waren, aber es sollte nicht sehr
lange dauern, bis sich dies änderte. »Cette fois«, schreibt
Bougainville, »aussi il vint dans les pirogues quelques femmes
jolies & presque nue.«[1] Als die Boote auf Sichtweite an die
Fregatte herangerudert waren, zogen die Männer und die alten Frauen den Nymphen die Schurze weg, worauf die Schönen allerdings einigermaßen verlegen reagierten, denn der
Franzose fährt fort:
»La plupart de ces nymphes étoient nues, car les hommes &
les vieilles, qui accompagnoient, leur avoient ôté la pagne
dont ordinairement elles s'enveloppent. Elles nous firent d'a-
bord de leurs piroguent, des agaceries où, malgré leur naïveté,
on découvroit quelque embarras; soit que la nature ait partout
embelli le sexe d'une timidité ingénue, soit que, même dans
les pays où regne encore la franchise de l'âge d'or, les femmes
paroissent ne pas vouloir ce qu'elles desirent le plus.«[2]
Eine der jungen Frauen kletterte behend an Bord, ließ »bey
der Spille zum Ankertaue« ihr Hüfttuch fallen »& parut aux
yeux de tous, telle que Vénus se fit voir au berger Phrygien«.
Daraufhin stürzten sämtliche Matrosen und Soldaten zur
Spille, und ihr Kapitän bemerkt, noch nie habe er Seeleute so
eifrig an einem Ankertau arbeiten sehen wie dieses Mal. Außerdem bekennt er freimütig, daß nicht nur die Mannschaft,
sondern auch er selber nach der langen Zeit auf See Mühe
hatten, sich in Anbetracht dieser Reize zurückzuhalten. Indessen hatte freilich der Schiffskoch sein Glück in die eigenen
Hände genommen und war mit der schönen Nymphe ent-
fleucht. Aber kaum hatte er den Strand unter den Füßen, sah

er sich auch schon von einer großen Menge von Insulanern umringt, die ihm den letzten Fetzen Kleidung vom Leibe rissen und ihn »von oben bis unten« so eingehend betrachteten, wie es vorher die Matrosen bei der Tahitianerin getan hatten. Als die Insulaner ihn aber auch noch mit eindeutigen Gesten dazu aufforderten, auf der Stelle und vor aller Augen der Venus zu opfern, brachte ihn dieses Ansinnen so aus der Fassung, daß er augenblicklich wieder an Bord flüchtete.[3]

Schon lange Zeit vorher, nämlich zu Beginn des Jahres 1643, hatte Abel Janszoon Tasman auf seiner Expedition zur Erforschung des Südlandes unweit von Tahiti in Tonga angelegt, und dessen Mannschaft erlebte ähnliches, wenn auch die tonganischen Schönen weniger dem holländischen Geschmack entsprachen als die tahitianischen dem französischen:

»Mit den Männern kamen auch viele Frauen an Bord, die alle ungewöhnlich groß waren: aber unter allen ragten zwei fürchterliche Riesinnen hervor, von denen eine einen Schnurrbart hatte: beide ergriffen den Wundarzt Henrik Haelbos beim Genick: jede wünschte fleischliche Vereinigung: worauf sie sich mit Worten attackierten. Sie alle hatten dickes, welliges und schwarzes Haar. Andere betasteten die Seeleute schamlos am Hosenlatz und machten deutlich kund: daß sie Geschlechtsverkehr haben wollten.«[4]

Um in den Besitz der von ihnen besonders begehrten Nägel zu gelangen, legten die Frauen daraufhin ihre Hüfttücher ab, so daß sie mit entblößter Scham vor der gaffenden Besatzung standen. Worauf der konsternierte Tasman lakonisch in seinem Tagebuch notierte: »Dieses Volk ist auf äußerst laszive Weise geil.«[5]

Auch Kapitän Wallis, der als Entdecker Tahitis gilt und dessen Schiff, die ›Dolphin‹, im Juni 1767 dort vor Anker gegangen war, berichtet, die Tahitianerinnen hätten sich seinen Männern für einen Nagel an den Hals geworfen,[6] wobei die Frauen sich eines bestimmten Handzeichens bedienten. George Robertson, der dieses Zeichen zunächst nicht zu deuten wußte, bis ihn schließlich der Schiffskanonier aufklärte,

92 Vergnügungen der Engländer mit den Otahitierinnen.
Aus Bérengers *Voyages*, 1788.

beschreibt es so: »This consisted of holding up the right hand
with the first finger firmly straight and then grasping the wrist
with the left hand and rapidly wiggling the fingers of the
right.«[7]
Da freilich nicht alle Briten eine solche Naturbegabung für
interkulturelle Verständigung besaßen wie der Kanonier der
›Dolphin‹, machten allem Anschein nach die meisten
Frauen von eindeutigeren Zeichen Gebrauch und ließen –
wie die erwähnte Nymphe auf Bougainvilles Fregatte – die
Hüllen fallen; oder sie erschienen vor den Matrosen wie später eine andere Schöne vor Kapitän Cook, nämlich »tunica

velata recincta« – so die sittsame Ausdrucksweise des alten Forster.[8]

Mochte die Versuchung auch noch so groß gewesen sein, die meisten Briten wie später auch die Franzosen scheuten sich, den Beischlaf mit ihren freimütigen Gastgeberinnen auf der Präsentierplatte zu vollziehen, obwohl zumindest Bougainville mutmaßte, daß einige seiner Männer bald ihre Scheu überwanden und sich der offenbaren Landessitte überraschend schnell anpaßten. Beim Landgang wurden diese nämlich in die Häuser eingeladen, wo man ihnen reichlich Speis und Trank vorsetzte:

»Es blieb nicht bey der Bewirthung allein, sondern man both ihnen auch junge Mägdchen an. Die Wohnung war gleich voll von Männern und Weibern, welche die Begierde herbeylockte. Man streute ein Lager aus Laub und Blumen, und blies ein Hymenslied (›hymne de jouissance‹) auf der Flöte dazu. Die Göttinn der Liebe ist hier zugleich die Göttinn der Gastfreyheit, sie hat hier keine Geheimnisse. (›Vénus est ici la déesse de l'hospitalité, son culte n'y admet point de mysteres, & chaque jouissance est une fête pour la nation‹). Die Wilden wunderten sich, wenn unsere Leute Bedenken trugen ihr öffentlich zu opfern, welches den Europäischen Sitten so sehr zuwider ist. Inzwischen zweifle ich nicht, daß mancher Matrose sich nach dem Landesbrauche bequemt hat.«[9]

Wird schon Bougainville bei dieser Beschreibung des irdischen Paradieses der Schamfreiheit und der Lust von der Leidenschaft hingerissen, so noch mehr dessen Begleiter Charles-Félix-Pierre Fesche, der während einer Eintragung in sein Schiffstagebuch nicht umhin kann, ins Detail zu gehen:

»Eine kühne und von der Liebe geführte Hand glitt über zwei knospende, feindliche Äpfel, welche wie die Helenas würdig waren, als Modell zu dienen für anmutig geformte Schalen von unvergleichlicher Schönheit. Die Hand glitt bald weiter, und durch einen glücklichen Zufall traf sie auf Reize, die noch vom Stoff verborgen waren. Dieser wurde alsbald von dem Mädchen selbst entfernt, welches wir nun mit der einzigen

93 Tahitianerinnen mit halb verhülltem Schambereich, um 1780.

Kleidung angetan sahen, die Eva vor ihrem Sündenfall trug. Sie tat noch mehr, sie streckte sich auf der Matte aus, schlug auf die Brust dessen, der sie bestürmte, und gab ihm so zu verstehen, daß sie sich ihm schenkte; sie öffnete die Schranken, die den Eingang zu dem Tempel versperrten, in dem so viele Männer tagtäglich ihr Opfer bringen. Der Appell war sehr verführerisch und der Kämpfer, der sie streichelte, kannte die Kunst des Fechtens nur zu gut, als daß er den günstigen Augenblick nicht wahrgenommen hätte, wenn die Anwesenheit von fünfzig Indianern, welche die beiden umstanden, nicht auf Grund unserer Vorurteile seinem heftigen Begehren einen Riegel vorgeschoben hätte. [...] Die Verderbtheit unserer Sitten läßt uns Böses in einer Handlung finden, in welcher diese Leute mit Recht nur Gutes sehen. Nur der tut Schlechtes oder glaubt es zu tun, der das Licht fürchtet. Wir verstecken uns, um ein so natürliches Werk zu vollbringen; sie tun es offen und oft. Einige Franzosen, die weniger delikat empfanden, haben an demselben Tage leichter die Vorurteile überwunden.«[10]
Aus diesen Gründen hatte der begeisterte Bougainville das Eiland, von dessen Bewohnern er – wie einstens Poggio von

den Schweizern[11] – behauptete, sie kennten keine Eifersucht und ihre einzige Leidenschaft sei der Geschlechtsakt, nach dem Geburtsort und der Hauptkultstätte der Liebesgöttin Aphrodite »La nouvelle Cythere« genannt,[12] und man kann sich vorstellen, daß solche Berichte in Europa, das sich gerade anschickte, wenigstens ein Stück weit zur »Natur« zurückzukehren, wie eine Bombe einschlugen.

Natürlich gab es auch solche, und zwar vor allem in England, die befürchteten, daß Schilderungen, wie sie sich bei Bougainville oder in Hawkesworth' *Voyages* finden, den ehrbaren Jungfrauen ihres Landes die Unschuld rauben könnten, oder wie es in einer im Jahre 1774 erschienenen Satire heißt: »One page of Hawkesworth, in the cool retreat, / Fires the bright maid with more than mortal heat, / She sinks at once into the lover's arms, / Nor deems it vice to prostitute her charms; / ›I'll do‹, cries she, ›What Queens have done before‹; / And sinks, from principle, a common whore.«[13]

Doch auch solche Kommentatoren nahmen es den Seefahrern ab, daß auf Tahiti nicht nur die Genitalien schamfrei waren, sondern daß überdies der Geschlechtsakt in aller Öffentlichkeit vollzogen wurde, da er für die Insulaner nur eine ganz gewöhnliche Triebbefriedigung wie jede andere darstelle. So war das Neue Kythera beispielsweise für den Marquis de Sade ein irdisches Paradies des Libertins – »In Otaiti sind die Mädchen bekleidet, doch sie schürzen ihr Gewand auf, sobald man es verlangt«[14] –, in welchem sich nach Diderot jeder mit jedem, selbst der Vater mit seiner Tochter, fleischlich vermischte, und zwar »sans honte, à la face du ciel et au grand jour«, während der Europäer sich auf perverse Weise in die Dunkelheit der Wälder zurückziehe. Und er »zitiert« die Reisenden, die berichten, »que le Taïtien ne rougit pas des mouvements involontaires qui s'excitent en lui à côté de sa femme, au milieu de ses filles; et que celles-ci en sont spectatrices, quelquefois émues, jamais embarrassées.«[15]

Auch in der Folgezeit wurden die Schamfreiheit und die Libertinage der Tahitianer meist als Tatsachen akzeptiert, wenn auch bisweilen anders bewertet. So schreibt etwa Louis Reybaud über die Erlebnisse der Besatzung einer französischen Fregatte, der ›Artémise‹, die im Jahre 1839 in Tahiti angelegt hatte: »Les officiers n'eurent pas des rencontres moins heureuses: l'île que Bougainville avait appelée La Nouvelle Cythère, ne donna pas de dementi à son nom. Le séjour de Tahiti fut une longue suite d'amours volages et sensuels.«[16]

Nimmt man solche Kommentare zum Maßstab, so gewinnt man den Eindruck, daß auch die Anstrengungen der britischen Missionare, »the filthy Sodom of the South Seas«, so der Gottesmann John Muggridge Orsmond im Jahre 1832,[17] auszumisten, an dem, was einst Georg Forster die »Gefälligkeit« der Polynesierinnen genannt hatte,[18] gescheitert waren. Immer wieder aufgefrischt, verbreitete sich der Mythos vom Neuen Kythera in der gesamten westlichen Welt, wo er sich teilweise sogar bis ins 20. Jahrhundert in der wissenschaftlichen Literatur am Leben erhalten hat. So liest man etwa bei Krafft-Ebing, in Gesellschaften wie der polynesischen bewegten sich beide Geschlechter in der Öffentlichkeit nackt und kopulierten miteinander wie die Tiere vor aller Augen,[19] und auch bei einem anderen Sexualwissenschaftler heißt es später: »Auf Tahiti, bei den Australiern, auf Samoa, bei den Malayen der Philippinen und anderen wird der Geschlechtsakt öffentlich vollzogen«, und die Genitalscham glänze durch Abwesenheit.[20] Schließlich meint unlängst Jos van Ussel, nicht der Sex, sondern die Fortpflanzung sei die Leidenschaft der Polynesier gewesen, und ihr einziges Problem habe darin gelegen, die Menschen dazu zu bringen, sich wie die Karnikkel zu vermehren. Aus diesem Grunde habe man die Männer und die Frauen dazu getrieben, so häufig wie möglich und allenthalben den Geschlechtsakt auszuführen.[21]

Vergleichen wir diese Bilder mit der Wirklichkeit und fragen wir uns zunächst, wie es mit der paradiesischen Nacktheit der Tahitianer im besonderen und der Polynesier im allgemeinen bestellt war und ist, also mit der Behauptung, auf diesen Inseln der Seligen habe es keine Genitalscham gegeben.[22]

Die tahitianische Minimalkleidung der Männer, die ein Junge mit 6 oder 7 Jahren anlegte und die von den Erwachsenen beim Fischen oder bei anstrengenden Arbeiten getragen wurde, war ein Lendenschurz (*maro*). Die Mädchen erhielten etwa im Alter von drei Jahren ein Hüfttuch (*pareu* oder *pa-u*), »to cover what nature teaches them to hide«,[23] und später ein aus Rindenbaststoff (*tapa*) hergestelltes Oberkleid namens 'ahu-pu, das die Brüste bedeckte und bis über die Knie reichte. Über einer Schulter wurde es befestigt, und die Arme ließ es frei.[24]

Bereits Kapitän Cook berichtet, daß es nach dieser Einkleidung der kleinen Kinder als schamlos galt, sich vor anderen und namentlich vor dem anderen Geschlecht nackt zu zeigen,[25] was auch James Morrison, Bootsmannsmaat auf der ›Bounty‹, der sich von 1789 bis 91 auf der Insel aufhielt, bestätigt, wenn er mitteilt, daß »it beeing deemd shameful for either Sex to expose themselves Naked even to each other and they are more remarkable for hiding their Nakedness in Bathing then many Europeans, always supplying the place of Cloaths with leaves at going in and coming out of the Water, and the Weomen Never uncover their Breasts at any other Time.«[26]

Nach Moerenhout verbargen Männer und Frauen beim morgendlichen Bade auf äußerst geschickte Weise vor allem den Genitalbereich, und auch beim Umziehen achteten sie peinlichst genau darauf, daß nie etwas zu sehen war.[27] Derselben Sorgfalt befleißigten sich auch die Samoanerinnen, die beim Baden den Unterleib unter der *lavalava* einseiften und abspülten, ein Handtuch umlegten, darunter aus der nassen *lavalava* schlüpften, über dem Handtuch eine trockene *lavalava* umbanden und schließlich das nasse Handtuch hervorzogen. Die samoanischen Frauen ließen nie die Innenseite der Oberschenkel sehen, und da stets der Passat über die Insel weht, hatten die Frauen es sich angewöhnt, beim Stehen im Freien fast immer die Knie aneinanderzupressen, um für jede Windböe gewappnet zu sein.[28]

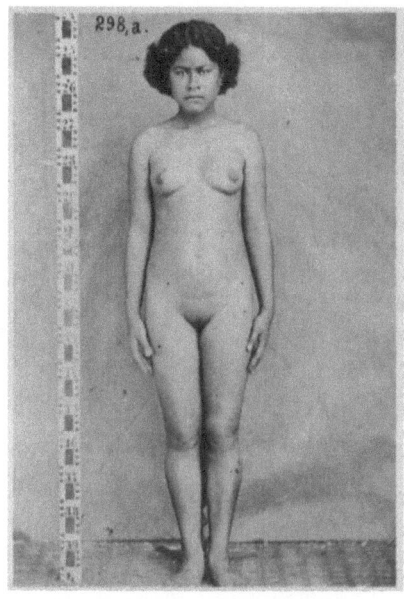

94 Zu Messungen entblößte Samoanerin.

Vom Gentitalbereich einmal abgesehen war bei den Samoanerinnen der Hintern in hohem Maße erotisch besetzt, und der
deutsche Marineoberstabsarzt Krämer berichtet, die Frauen
hätten sich bei einer ärztlichen Untersuchung vor nichts mehr
geschämt als davor, das Gesäß zu entblößen.[29] Gleiches galt
für die Tahitianerinnen, und es war geradezu schockierend,
das Wort für Hintern, das auch den Damm und die Vulva mit
einbegreift, nämlich 'ohure, in der Öffentlichkeit auszusprechen.[30] Die Ellice-Insulaner hielten die relativ kurzen Röcke
der westlichen Frauen – von ihren Badeanzügen ganz zu
schweigen – für sittenwidrig,[31] und als im Jahre 1947 die Frau
eines amerikanischen Regierungsvertreters in Shorts an Land
kam, staunte die polynesische Bevölkerung des Atolls Kapingamarangi nicht schlecht ob dieser Freizügigkeit im Entblößen der Schenkel.[32]

95 Tatauieren auf Nuku Hiva, Marquesas-Archipel.
Aus Georg Heinrich v. Langsdorffs
Bemerkungen auf einer Reise um die Welt in den Jahren 1803-07.

Selbst wenn die Möglichkeit, in flagranti erwischt zu werden, nahezu ausgeschlossen war, behielten die jungen Marquesanerinnen während des Koitus ihr Hüfttuch an, und wenn sie im Meer badeten, taten sie dies auch dann in voller Alltagskleidung, wenn sie völlig allein waren. Als einmal junge Mädchen so bekleidet im Hafenbecken von Hatiheu herumschwammen, versuchten einige junge Männer unter ihnen hindurchzutauchen, um eventuell einen Blick auf ihre Vulva werfen zu können. Als die Mädchen irritiert fragten, was sie da zu suchen hätten, erwiderten die Burschen, sie tauchten nach *puta'a ta'a* (Murex ramosus-Muscheln) – ein Wort für die weiblichen Genitalien.[33]

Auch die Frauen auf Tikopia behielten beim Baden meist das Hüfttuch an, und wenn sie aus dem Wasser kamen, wechselten sie es flink gegen ein trockenes aus. Badete eine Frau nackt und sah sie von weitem einen Mann den Strandpfad entlangkommen, zog sie sich in Windeseile wieder an. Wenn Frauen sich hüllenlos im Wasser aufhielten, kletterten manchmal die Halbstarken auf eine am Strand stehende Palme und schauten

188

ihnen von ihrem Versteck aus zu. Wurde ihr Penis dann steif, rieben sie ihn bis zum Samenerguß.[34] Einen auch noch so kurzen Blick auf die Schamlippen einer Frau werfen zu können, war ein Wunschtraum der jungen Männer, und wenn es gelang und die Frau merkte dies, fühlte sie sich im Höchstmaße beschämt und erniedrigt.[35]

Die Hawaiianerinnen achteten streng darauf, daß beim Stehen, Sitzen und Sichbücken die Innenseiten der Oberschenkel eng aneinanderlagen, denn wäre ›etwas‹ zu sehen gewesen, hätte ihnen dies Hohn und Spott eingetragen. Aus diesem Grunde drückten die Frauen bereits den ganz kleinen Mädchen täglich mehrere Stunden lang die Gesäßmuskeln zusammen, und die Mütter trugen ihr Töchterchen nie rittlings auf der linken Hüfte, wie sie es bei ihren kleinen Söhnen zu tun pflegten, denn sie wollten ein Verbiegen der Oberschenkelknochen verhindern. Man ermahnte die kleinen Mädchen nicht nur andauernd, die Beine zusammenzupressen,[36] vielmehr traf man Vorsorge, daß auch in dem Falle, daß das Mädchen einmal die Genitalien entblößte, nicht allzu viel zu sehen war. Die Frauen drückten nämlich so lange die Schamlippen des Kindes zusammen, bis diese die Schamspalte völlig bedeckten.[37]

Schon Cook hatte im Jahre 1778 beobachtet, daß auf Hawaii die Männer – wie die der Maori – die Vorhaut über die Eichel zogen und vorne zubanden,[38] und Adelbert von Chamisso, der dies natürlich nicht tat, handelte sich im Jahre 1816 von einer Hawaiianerin »großes Gelächter« ein, als er sich – vermeintlich im Garten Eden – anschickte, nackt zu baden. Nachdem sich auch auf der Insel Ratak sein männlicher Begleiter dezent zurückgezogen hatte, als er sich zum Baden ausziehen wollte, war Chamisso – wieder zurück auf Hawaii – um zwei Erfahrungen über die polynesischen Anstandsregeln reicher. Als er sich nämlich auf der Insel Oahu – vom tropischen Regen* völlig durchnäßt – abermals entkleiden mußte, machte er sich »aus zwei Schnupftüchern ein anständiges Kleid. Ein winzigeres genügte meinem Führer; sein ganzer Anzug bestand in einem Endchen Bindfaden von drei Zoll Länge, quo pene ad scrotum represso cutem protractam ligavit.«[39]

Waren aber nicht wenigstens die Maori ohne Genitalscham? Heißt es nicht heute noch, daß diese Ureinwohner Neuseelands »nichts dabei finden, wenn ein Mädchen, um zu schwimmen, vor Zuschauern ihre Kleider ablegt«?[40] Bezeichnenderweise hat der Autor dieser Behauptung vergessen anzugeben, woher er diese Information bezogen hat, und wenn wir die Quellen befragen, sehen wir bald, daß diese eine ganz andere Sprache sprechen.

Im Jahre 1642 notiert Tasman, daß die Männer der Maori »ganz nackt gehen bis auf ihre Genitalien, über denen sie eine kleine Bedeckung tragen, die kaum ausreicht, um die Hoden zu verhüllen«,[41] und später präzisiert James Cook, die Männer seien häufig nackt gewesen bis auf »a belt round their waste to which is generaly fasten'd a small string which they tye round the Prepuce«. Die Frauen hingegen ließen nie ihren nackten Unterleib sehen: Stets war dieser mit »a short thrum'd Matt« bedeckt, »which reaches as low as their knees«, in selteneren Fällen mit einem Büschel Gras oder Blättern. Wie ausgepägt ihre Genitalscham gewesen sein muß, erhellt der Bericht einer Begegnung, die der britische Kapitän und einige seiner Männer mit Maori-Frauen hatten:

»Some of us happen'd to land upon a small Island where several of them were naked in the water gathering Lobsters and Shell fish. As soon as they saw us some of them hid themselves among the rocks and the rest remain'd in the Sea untill they had made themselves aprons of the Sea weed and even than when they came out to us they shew'd manifest signs of Shame and those who had no method of hiding their nakedness would by no means appear before us.«[42]

Als später während der Maorikriege britische Soldaten ein junges Mädchen aus seinem Versteck in einem Rosengarten zerrten und ermordeten, versuchte das Mädchen nicht einmal, die tödlichen Schläge mit den Armen abzuwehren, sondern bedeckte mit beiden Händen den Genitalbereich. Der Maori, der damals diese Geschichte erzählte, fügte hinzu: »Ich glaube, daß dies ein Volk ist, das die Schamhaftigkeit höher stellt als die Angst vor dem Tode!«[43] So wird auch mehrfach davon berichtet, daß Maorifrauen Selbstmord begingen, weil ein Mann sie nackt gesehen hatte,[44] wobei wohl am bekanntesten die Geschichte von Aohuruhuru ist, dem neuseeländischen Kandaules, der einige Freunde die Vulva (*puke*) seiner Frau sehen ließ, die sich im Schlaf aufgedeckt hatte. Als die Frau dies am nächsten Tag erfuhr, stürzte sie sich aus Scham vor aller Augen von einem Felsen.[45]

Da es auch auf Tahiti geradezu schockierend war, wenn ein Mann die Vulva einer Frau sah,[46] galt hier gleichermaßen das ungeschriebene Gesetz, nicht hinzuschauen, wenn man durch Zufall an einer entblößten Frau vorübergehen sollte.[47] War irgendeine Person – männlich oder weiblich – ganz oder teilweise nackt, dann ›sah‹ man sie einfach nicht, so wie man es ›nicht bemerkte‹, wenn sich im Dorf irgendwelche Leute miteinander stritten. Als beschämend (*ha'amā*) galt es nämlich, hinzuschauen oder irgendein Interesse zu bekunden.[48]

Wenn also etwa Gauguin darüber klagte, wie schwierig es sei, ein weibliches Aktmodell zu finden,[49] und wenn man dem Künstler mit einer Anzeige drohte, als er bald nach seiner Ankunft auf der Insel wie Adam im Paradies oder Adelbert von Chamisso auf Hawaii in die Fluten watete,[50] so scheint es sich in diesen Fällen weniger um die Folgen eines neuen, von puritanischen Missionaren verbreiteten Schamgefühls gehandelt zu haben, denn es ist durchaus denkbar, daß Gauguin auch hundert Jahre vorher bei der Bevölkerung Anstoß erregt hätte.[51]

Wie aber – so mag man fragen – paßt nun diese Genitalscham zu den Behauptungen, an denen nicht zuletzt der Marquis de Sade so großen Gefallen fand, daß nämlich auf Tahiti der Geschlechtsverkehr öffentlich ausgeführt worden sei? Berichtet nicht sogar der zuverlässige Kapitän Cook von seiner ersten Südsee-Reise im Jahre 1769, er sei Zeuge einer »odd Scene« geworden, in welcher »a young fellow above 6 feet high lay with a little Girl about 10 or 12 years of age publickly«? Es spricht für das Augenmaß des Kapitäns, daß bereits er argwöhnte, es habe sich dabei nicht um einen gewöhnlichen Koitus aus »Lewdness« gehandelt, und in der Tat ist es praktisch sicher, daß hier ein *ritueller* Beischlaf durchgeführt werden sollte, wie er bei den Mitgliedern des Kultbundes der Arioi üblich war, deren niedere Grade die von den Engländern ebenfalls als lasziv empfundenen Fruchtbarkeitstänze aufgeführt haben.[52] Auch der hawaiianische *hula*, der während der Neujahrsrituale getanzt wurde und der den die Natur regenerierenden Gott Lono sexuell ›aufladen‹ sollte, symbolisierte vielleicht den *hieros gamos* zwischen den die Schwester und Gattin Lonos, Laka, repräsentierenden Frauen und dem

96 Fruchtbarkeitstanz *kakuya*, Dorf Mamako,
Insel Owa Riki, Salomonen, 1933. Photo von Hugo Bernatzik.

Fruchtbarkeitsgott. Ja, man hat sogar die Ansicht vertreten, daß die Kopulationen an Bord der Schiffe Cooks einen geradezu rituellen Charakter gehabt haben könnten, da der britische Kapitän und seine Mannschaft als Lono und dessen Gefolge aufgefaßt worden seien.[53]

Wie dem aber auch sein mag, bereits der Bootsmannsmaat der ›Bounty‹ hatte darauf aufmerksam gemacht, es sei ein großer Fehler, von den Verhaltensweisen bei solchen Ritualen auf das Alltagsverhalten zu schließen, denn erstere seien »reproachable among themselves at any other time«.[54] Oder um ein Beispiel aus einem ganz anderen Kulturkreis zu wählen: Obgleich die Cheyenne eines der sittsamsten – oder, wenn man will: prüdesten – Völker Nordamerikas gewesen sind, waren gerade sie es, die während der Dauer der Neulebenshütte den *hieros gamos* ausgeführt haben, und zwar nicht nur symbolisch, sondern ›im Fleische‹.[55]

Wie sehr aber in solchen sexuellen Ritualen mitunter das Schicklichkeitsgefühl der Beteiligten verletzt wurde, geht aus dem Bericht eines Besatzungsmitglieds der ›Endeavour‹ hervor, das ebenfalls Zeuge des von Cook beobachteten Vorganges geworden war. Dort heißt es nämlich, der junge Mann und das Mädchen seien vor lauter Scham gar nicht in der Lage gewesen, den Koitus zu vollziehen. Das Ritual, welches in Gegenwart mehrerer Frauen duchgeführt werden sollte, war von einer gewissen Oberea, einer Dame von sehr zweifelhaftem Rufe, veranlaßt worden und »most of the natives reprobated Oberea in very severe terms for the part which she had in it«.[56]

Nun wird man freilich mit vollem Recht einwenden, es sei kaum anzunehmen, alle die Frauen, die auf Tahiti, Tonga, Hawaii, Neuseeland und den anderen polynesischen Inseln zur freien Verfügung standen, seien an Bord der europäischen Schiffe geklettert, um dort einen *hieros gamos* zu veranstalten. Schließlich hatte Joseph Banks bemerkt, die einzige Qual der Seeleute sei die Wahl gewesen,[57] und auch Chamisso schreibt einige Jahrzehnte später angesichts der sexuellen Zudringlichkeit gewisser hawaiianischer »Weiber«: »Die Scham scheint mir dem Menschen angeboren zu sein, aber die Keuschheit ist nur nach unsern Satzungen eine Tugend.«[58]

Allerdings hatte bereits der etwas nüchternere James Cook im September 1773 notiert:

»Sence we can hardly charge them with any other vice great Injustice has been done the Women of Otaheite and the Society Isles, by those who have represented them without exception as ready to grant the last favour to any man who will come up to their price. But this is by no means the case, the favours of Maried women and also the unmarried of the better sort, are as difficult to obtain here as in any other Country whatever. Neither can the charge be understood indiscriminately of the unmaried of the lower class. Much the greater part of these admit of no such familiarities. That there are Prostitutes here as well as in other Countrys is very true, perhaps more in proportion and such were those who came on board the Ship to our people and frequented the Post we had on shore. By seeing these mix indiscriminately with those of a different turn, even of the first rank, one is at first inclined to think that they are all disposed the same way & that the only difference is in their price.«[59]

Auch Georg Forster betont während seines zweiten Aufenthaltes auf der Insel im April 1774, »daß die hiesigen liederlichen Weibspersonen von der gemeinsten oder niedrigsten Classe sind; das bestätigte sich jetzt noch augenscheinlicher, weil diese Personen gerade dieselbigen waren, die sich bereits bey unserm ersten Aufenthalt zu Tahiti, in so ausgelassene Sittenlosigkeiten, mit unsern Seeleuten einließen. Dies beweiset meines Erachtens offenbar, daß die H.... hier zu Lande ebenfalls eine besondere Classe ausmachen. Sie ist jedoch bey weitem so zahlreich, und das Sittenverderben lange so allgemein nicht, als unsre Vorgänger solches vielleicht zu verstehen geben. Mich dünkt, sie haben dabey zu wenig auf Ort und Umstände, Rücksicht genommen. Es würde abgeschmackt seyn, wenn etwa O-Maï seinen Landsleuten erzählen wollte: in England wisse man wenig oder nichts von Zucht und Ehrbarkeit, weil er dergleichen unter den gefälligen Nymphen in Covent-Garden, Drurylane und im Strande nicht angetroffen.«[60]

Dies bestätigt James Morrison von der ›Bounty‹, der ja fast zwei Jahre auf Tahiti gelebt hatte, indem er berichtet, daß diese Frauen »such as preferd the Rites of Venus to those of Mars« gewesen seien, die »their Pimps or Procurers« mit an Bord brachten, welche mit der Besatzung die Preise ausgehandelt hätten. »However the ladys who act these parts are not to be taken as a standard for the Whole no more than the Nymphs of the Thames or Syrens of Spithead are to be taken as Samples of our own fair Country Weomen.«[61]

Wie auf Tahiti und Tonga, so wurde den Briten auch bei den Maori bald klar, daß es sich bei den Männern, die den Seeleuten die willigen Frauen zuführten, meistens um Zuhälter handelte, die ihre Huren mitbrachten, und obgleich die leichten Mädchen der Maoris nicht so ganz dem europäischen Geschmack entsprachen, entwickelte sich bald eine Prostitution im großen Stil für die im kommenden Jahrhundert anlegenden Walfänger.[62] David Samwell, Arzt auf der ›Discovery‹, berichtet jedenfalls im Februar 1777:

»They brought us many Girls on Board but all of them very ordinary, & they like other Courtesans were so lavish of red Paint in daubing their faces & so fragrant of noisome smells that they did not meet with many Admirers even among the Ship's Company, who upon these occasions are never known to be particularly nice in the Choice of their Paramours.«[63]

Auch am anderen Ende Polynesiens, auf der Osterinsel, wurden die Europäer von den Dienerinnen der Venus in Empfang genommen. So berichtet etwa Carl Friedrich Behrens, ein Teilnehmer der holländischen Expedition unter der Leitung Jacob Roggeveens, der am Ostermontag des Jahres 1722 die Insel entdeckte, daß die dortigen Frauen vor den Matrosen die roten und weißen Decken (*tapa*), in die sie gehüllt waren, geöffnet und jene mit eindeutigen Gesten in ihre Hütten gelockt hätten.[64] Als im Jahre 1786 der französische Graf La Pérouse auf der Osterinsel landete, machten sich gewisse leicht bekleidete Sirenen an die Männer heran und drängten ihnen »ihre Liebkosungen« auf, während einige Insulaner den Umgarnten »die Hüte von den Köpfen und die Schnupftücher aus den Taschen« stahlen, also Objekte, auf die sie sehr scharf waren.[65] Alle diese Reisenden – Cook und Forster eingeschlossen – hatten sich sehr darüber gewundert, daß sich allem Anschein nach nur ganz wenige Frauen auf der Insel befanden, und noch Adelbert von Chamisso schreibt über seinen Besuch im Jahre 1817: »Wir sahen nur wenige Weiber, diese mit dunkelrot gefärbten Gesichtern, ohne Reiz und Anmut und wie es schien, ohne Ansehen unter den Männern.«[66]

97 Auf der Osterinsel gelandete Mitglieder der Expedition von La Pérouse werden von Insulanerinnen betört, 1786.

Des Rätsels Lösung liegt offenbar darin, daß die Osterinsulaner ihre Frauen und Mädchen in den Höhlen der Insel versteckten, sobald sich ein Segel am Horizont zeigte,[67] und nur die Greisinnen, die öffentlichen Huren und die »liederlichen Frauenzimmer« zurückbehielten, um diese den Fremden zum Geschlechtsverkehr zu überlassen. Schließlich war es in

Polynesien – wie fast allerorten – üblich, daß fremde Invasoren die weibliche Bevölkerung vergewaltigten, und wenn die Huren von Tahiti, Tonga oder Hawaii ausschwärmten, um den Fremden zu Willen zu sein,[68] taten sie nichts anderes als die spätmittelalterlichen Prostituierten Europas, deren ›Stützpunkte‹ ja meist dort lagen, wo die Fremden als erstes anlangten, wenn sie eine Stadt besuchten.

Auf Tahiti gehörten die Huren nicht selten zum Haushalt einflußreicher Männer, die sich diese Frauen zum Amüsement besonderer Gäste oder Mitglieder des Hofes hielten.[69] Keaepea, der König von Ontong Java, einer von Polynesiern besiedelten und zum Salomonen-Archipel gehörigen Gruppe von Koralleninseln, hielt sich beispielsweise einen solchen ›Harem‹ von Huren, von denen zwei ausschließlich zur Bewirtung weißer Gäste reserviert waren. Diese Huren waren die einzigen Frauen von Ontong Java, die sich sexuell mit Europäern einließen, aber die übrigen bedienten auch die einheimischen Männer. In späterer Zeit ergriffen vor allem verkrüppelte oder sehr häßliche Mädchen diesen Beruf, wenn sie keinen Ehepartner fanden. Da die Insulanerinnen jungfräulich in die Ehe eingehen sollten, gab es in den zwanziger Jahren unseres Jahrhunderts für die fünfundachtzig unverheirateten Männer eigens drei Huren. Sie waren sehr preiswert – gewöhnlich kostete ein Geschlechtsakt mit ihnen drei Stangen Tabak – und sie standen den jungen Männern rund um die Uhr im Busch zur Verfügung. Ihr Status war denkbar niedrig, und man sprach sehr abschätzig von ihnen, auch wenn sie es selber hören konnten.[70]

Auch auf den Marquesas-Inseln gab es Frauen, *vehine mako* genannt, die gegen Entgelt[71] mit jedem, gleichgültig, ob jung oder alt, sexuelle Beziehungen aufnahmen. Normalerweise handelte es sich um Frauen, die – etwa den »fahrenden Frauen« des späten Mittelalters entsprechend – zu zweit oder zu dritt in der Gegend herumzogen, nachdem sie ihre Familie verlassen hatten. Häufig lebten sie in verlassenen Hütten oder zeitweise auch bei ihren verheirateten Freiern. Sie waren es, die sich mit den Europäern einließen, und wenn es auch kaum jemals irgend jemanden gab, der sie geheiratet hätte, waren sie sehr gesucht, denn sie beherrschten raffinierte Beischlaftechniken, vor allem das *'ami 'ami*, bei welchem der männliche Partner durch rhythmisches Kontrahieren der Vagina gewissermaßen ›gemolken‹ wurde.[72] Ein Ethnologe erzählt, daß ihm einst auf die Frage, wer denn die alte Frau sei, die ganz für sich allein in einer baufälligen Hütte im abgelegensten Winkel von Taiohae lebte, geantwortet wurde: »Einst wollte jeder mit ihr vögeln, denn sie war sehr schön. Alle Weißen haben mit ihr geschlafen. Aber sie wurde älter und konnte keinen Mann finden. Jetzt hat sie nichts zu essen, sie hat kein Geld, sie besitzt nichts. Sie leidet Hunger, doch keiner hilft ihr.«[73]

Freilich scheint es im 18. Jahrhundert vereinzelt auch Männer gegeben zu haben, die, wie der Astronom William Wales bekundet, aus Profitinteresse, für Nägel oder rote Federn, ihre Frauen an Europäer vermieteten,[74] aber erstens kam dies sehr selten vor und zweitens handelte es sich dann höchstwahrscheinlich um Konkubinen von niedrigem Status.[75] Auch Morrison räumt ein, daß sich gewisse Frauen für die begehrten Eisennägel hergegeben hätten, »but where are the Countrys«, so fragt er, »that do not produce Weomen of the Same discription – Iron is to them More Valuable then Gold to us, for the possession of which some of our own Country weomen would not stick at acts of indecency nor even horrid Crimes which these People would tremble to think of?«[76]

Schließlich »war doch«, wie der alte Forster mitteilt, »der Sittenverderb in England hoch genug gestiegen, um unter Damen von Stande, aus O-Mai«, dem nach Europa mitgebrachten Tahitianer, »einen Gegenstand thierischer Begierde zu machen«,[77] wenn es wohl auch nicht wegen roter Federn geschah, sondern einfach deshalb, weil sie wissen wollten, ›wie die Wilden es tun‹.[78]

Cook berichtet indessen, er habe von keinem einzigen Fall gehört, in dem eine verheiratete Frau oder eine ehrbare Jungfrau zu einem Koitus mit den Briten bereit gewesen wäre, obwohl diese oft genug den Versuch unternommen hätten,[79] und daß, wie Bougainville oder der Rousseau-Verehrer Commerson unterstellen, der Beischlaf in der Öffentlichkeit stattgefunden habe, wäre geradezu undenkbar gewesen.[80]

»Ich habe oft mit Entzücken gesehen«, so Johann Reinhold Forster, »daß die glänzendsten Anerbietungen unserer raschen Jünglinge, von einem schönen taheitischen Weibe, mit einer höflichen Bescheidenheit ausgeschlagen wurden, deren sich die Beste unserer Landsmänninnen nicht zu schämen gehabt hätte; bald hieß es *Tirra tane*, ich bin verheirathet; bald begleitete ein Lächeln das einfache *Eipa* (Nein).«[81]

Und schließlich meint James Wilson, der sich gegen Ende des 18. Jahrhunderts in Tahiti aufhielt, die Insulaner hätten »in many instances more refined ideas of decency than ourselves«, und die Eingeborenen seien davon überzeugt gewesen, »that Englishmen are ashamed of nothing«.[82]

§ 14
Die häßliche Vulva

Haben also die Frauen selbst in jenen Gesellschaften, in denen eine völlige oder zumindest sehr weitgehende öffentliche Nacktheit verbreitet ist, eine ausgeprägte Genitalscham, so wird man sich natürlich fragen, warum dies so ist. Nun hat man die These vertreten, eine solche Scham sei ganz natürlich und resultiere aus einem allgemeinmenschlichen »Unbehagen am Genitale«, insbesondere am weiblichen. Vor allem die Vulva gelte deshalb allgemein als häßlich, weil sie keinen »optischen Instinktbezug« habe. Ihre »Qualitäten des Runzligen, Warzigen, Tumeszenten und Schleimigen« seien lediglich taktil erregend, nicht aber für das Auge,[1] denn schließlich seien wir »ja keine Weichtiere und Wasserbewohner, sondern trockene Säugetiere«.[2] Im Gegensatz zu den ›Geschlechtsteilen‹ der Blütenpflanzen seien die unsrigen nicht nur keine optischen Schlüsselreize, vielmehr sei ihr Anblick häßlich und »für manche Menschen schwer erträglich«. »Irgendwann zwischen 4000 und 2000 v. Chr.« hätten allmählich »die zunehmend bewußter lebenden Kulturmenschen« bemerkt, daß ihre Genitalien häßlich seien, und hätten sie verborgen. Diese »klare, bewußte Wahrnehmung« der Häßlichkeit sei die Geburtsstunde der Körperscham gewesen, die bei kleinen Kindern und vermutlich auch bei den Papua oder Waika noch nicht eingeläutet sei, denn für diese sei die »Nacktheit überhaupt kein Problem«. Bei den »Kulturvölkern« fühle sich indessen jeder Mann von den weiblichen Genitalien abgestoßen, und diese Abneigung sei ganz ähnlich derjenigen, die wir »gegenüber Würmern, Salamandern, Kröten, Quallen, Polypen oder Insektenlarven« empfinden.[3] Daß die weiblichen Genitalien ›objektiv‹ häßlich und abstoßend seien, ist nun in der Tat von vielen Männern und auch von Frauen behauptet worden. So meint etwa Otto Weininger, die Vulva verletze »das Schamgefühl im Manne«, und fügt gereizt hinzu:

»Aber, von einigen widerlichen Lärmmachern der letzten Jahre zu schweigen, welche durch die Aufdringlichkeit ihrer Reklame für die Schönheit des weiblichen Genitales sowohl beweisen, daß erst eine Agitation nötig ist, um hieran glauben zu machen, als auch die Unaufrichtigkeit jener Reden erkennen lassen, von deren Inhalt sie überzeugt zu sein vorgeben: von diesen abgesehen läßt sich behaupten, daß kein Mann speziell das weibliche Genitale schön, vielmehr ein jeder es häßlich findet.«[4]

Auch Havelock Ellis findet die Vulva »unästhetisch«,[5] und Freud gibt zu bedenken, »daß wir die Genitalien selbst, deren Anblick die stärkste sexuelle Erregung hervorruft, eigentlich niemals als ›schön‹ empfinden können«.[6] George Devereux meint, es sei »highly probable«, daß die Wurzel der weiblichen Schamhaftigkeit im Bewußtsein der Frauen von der Häßlichkeit ihrer Genitalien liege,[7] und manche von ihnen versuchten bei einer vaginalen Untersuchung dem Gynäkologen sexuelle Reaktionen zu entlocken, weil sie sich so beweisen wollten, daß ihre Vulva doch nicht abstoßend sei.[8]

Einer der bekanntesten Erforscher der altgriechischen Sexualität schreibt zunächst über die weiblichen Brüste:

»Das von der Erotik nicht umnebelte Auge sieht, daß die mehr oder weniger hängenden Brüste durchaus nicht dem ästhetischen Schönheitsideale entsprechen, zumal wenn sie bei lebhafter Bewegung oder gar beim Tanzen wie zwei volle Schläuche hin und her schwappen oder an den Körper anklatschen; sieht, daß der sogenannte Warzenhof alles andere als schöne Färbung zeigt, sieht, daß die Runzeln der Warzen sogar direkt häßlich genannt werden müssen. Die käuflichen Mädchen wissen das sehr wohl, daher sieht man in den Empfangssalons der Bordelle zwar fast immer stark dekolletierte, selten aber Mädchen mit ganz nackten Brüsten.«

Könnte man die Brüste noch mit Ach und Krach in Kauf nehmen, vergeht einem indessen angesichts der Vulva nachgerade der Appetit:

»Was sehen wir? Zwei häßliche wulstige Gebilde, die sich je

nachdem zu einer unharmonisch laufenden Linie schließen oder eine mehr oder weniger häßlich klaffende Spalte bilden. Durch unseren Finger gereizt spreizt sich aus ihrer oberen Verbindungsstelle ein fleischiges Etwas, die Klitoris oder der Kitzler, von dem zwar das Faustwort gilt: ›Betrachte ihn genau, er wächst in deiner Hand‹, von dem man aber nicht behaupten kann, daß er irgendwelches ästhetisches Wohlbehagen auslöst. Mit einigem Optimismus kann man darin die Form des männlichen Gliedes erblicken, doch liegt der Vergleich mit einem Kriegsersatzartikel bedenklich nahe. Noch aber sind wir nicht abgeschreckt genug: der sondierende Finger tastet weiter. Er fühlt zwei andere, nur kleinere wulstige Gebilde, die kleinen Schamlippen, und unser noch nicht ganz von Erotik umnebeltes Gehirn fragt sich vergeblich, ob denn die Natur wirklich nicht einen neuen ›Reiz‹ schaffen konnte, sondern einem Bühnenkünstler irgendeiner Vorstadtschmiere gleich sich auf Wiederholung ihres kümmerlichen Repertoires beschränken mußte. In diesen wenig erbaulichen Betrachtungen werden wir gestört, denn plötzlich umgibt unsern prüfenden Finger eine schmierig klebrige, schleimige Flüssigkeit, entsetzt ziehen wir den Finger zurück und ein widriger, ranziger Geruch wie von faulen Fischen beleidigt unsere Nase. Der Ekel packt uns und alle Erotik ist wie weggeblasen, wir verspüren keine Lust mehr, in den tiefsten Schacht vorzudringen, der in der Gebärmutter endet, aus der wir in Gedanken bereits den kot- und blutbeschmierten Fötus in all seiner Scheußlichkeit sich hervorwinden sehen.«[9]

Nicht nur dieser homosexuelle Gelehrte, der auf solch lebhafte Beschreibung ein flammendes Plädoyer für den Analverkehr zwischen Männern folgen läßt, sondern auch andere homosexuelle Männer, die daraufhin befragt wurden, geben als Grund für ihr sexuelles Desinteresse an Frauen unüberwindbare Ekelgefühle und Angst vor den weiblichen Genitalien an.[10] So erklärte beispielsweise ein homosexueller und an seine Mutter fixierter Studienrat, jene habe früher in der städtischen Badeanstalt stets mit ihm in derselben Wanne gebadet, wobei er immer große Angst vor ihrem stark behaarten Unterleib empfunden habe. Nachts pflegte er dann von weiblichen Genitalien zu träumen, die voller erschreckender Haare und mit Zähnen besetzt waren, die ihm in den Oberschenkel bissen.[11] Vorstellungen von der Vulva als haariger Spinne, die das Männchen nach der Begattung auffrißt, scheinen bei Homosexuellen nicht selten zu sein,[12] und immer wieder haben vor allem Psychoanalytiker die Frauen davor gewarnt, sich vor ihren Kindern nackt zu zeigen, weil sonst »ein dauernder Ekel vor dem weiblichen Genitale und später Impotenz« die Folge sein könne.[13]

García Lorca sagte von Dalí – der starke homoerotische Neigungen verspürte[14] –, dessen Haß auf die weiblichen Genitalien und Ekel vor ihnen habe es ihm unmöglich gemacht, mit einer Frau den Koitus zu vollziehen,[15] und schon Lukian berichtet ähnliches über die Homosexuellen seiner Zeit.[16] »Der Geschlechtsakt«, schreibt Leonardo da Vinci, der im April des Jahres 1476 in Florenz wegen Geschlechtsverkehrs mit dem jugendlichen *soddomitare* Jacopo Saltarelli verhaftet und verhört worden war,[17] »und die Glieder, die dabei gebraucht werden, sind so abstoßend, daß die Natur, wäre nicht die Schönheit der Gesichter und der Schmuck der Beteiligten und der ungezügelte Drang, das menschliche Geschlecht einbüßte.« (»Latto del coito ellj mēbri acquello adoperatj son di tanta bruttura chessenō fussj le belleze de uoltj / ellj ornamētj dellj oprātj ella sfrenata djspositione la natura perderebbe la spetie vmana.«)[18]

Was mit dem Worte »mēbri« gemeint ist, ergibt sich indirekt aus anderen Aufzeichnungen des Meisters, in denen es heißt, »daß der Mensch sich zu Unrecht schämt«, das *männliche* Glied »bei seinem Namen zu nennen, geschweige denn zu zeigen. Im Gegenteil, er bedeckt und verbirgt es immer, obwohl er es eigentlich schmücken und feierlich vorweisen sollte, wie einen Gehilfen.«[19] Dem entspricht, daß Leonardo die männlichen Genitalien realistisch und liebevoll zeichnet, während die Vulva, die er ohne kleine Schamlippen darstellt, mehr einem Höllenrachen zu ähneln scheint als weiblichen Schamteilen (Abb. 98).[20] Auf der Koitusskizze (Abb. 99) ist zudem die Partnerin auf einen bloßen Rumpf mit Fortpflanzungsorganen und Brüsten reduziert, wohingegen der männliche Partner eine vollständige Person ist. Auf der linken Seite des Blattes ist ein erigierter Penis mit einem Hodensack im Längsschnitt skizziert, der auf den After eines Mannes gerichtet ist.[21] Aber nicht nur die Vulva scheint Leonardo als »abstoßend« empfunden zu haben, auch die weibliche Lust war ihm offenbar ein Ärgernis. Jedenfalls behauptet er:

»Das Kind, das durch die ekelerregende Unzucht der Frau (»fastidjosa lussuria della donna«) und nicht durch die Lust (»uoglia«) des Mannes gezeugt wird, wird unwert, widerwärtig und dumm sein.«[22]

»Down from the waist«, heißt es im *King Lear*, »they are centaurs, / Though women all above; / But to the girdle do

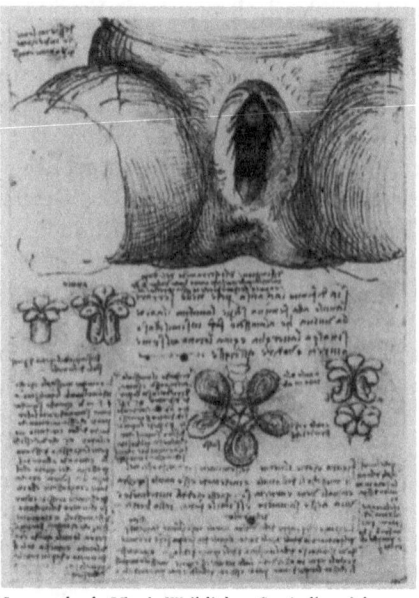

98 Leonardo da Vinci: Weiblicher Genitalbereich, um 1509.

the gods inherit, / Beneath is all the fiends'; / There's hell,
there's darkness, / There is the sulphurous pit – / Burning,
scalding, stench, consumption. / Fie, fie, fie! pah, pah!«[23]

»Das Geschlechtsteil des Mannes«, führt Simone de Beauvoir
aus, »ist sauber und einfach wie ein Finger.« Anders jedoch
das der Frau: »Der weibliche Geschlechtsteil ist für die Frau
selbst geheimnisvoll, versteckt, qualvoll, schleimig, feucht.
Alle Monate blutet er, manchmal ist er feucht durchtränkt, er
führt ein geheimes, gefahrbringendes Leben.« Und: »Die
Frau lauert gleich einer fleischfressenden Pflanze, an der Insekten kleben bleiben, einem Sumpf, in dem Kinder versinken. Sie ist ein Sog, ein feuchter Schröpfkopf, sie ist wie Pech
und Vogelleim, eine unbewegliche, schmeichlerische, klebrige Lockung. Zum mindesten empfindet sie sich selbst
dumpf auf diese Weise.«[24]

Schließlich schreibt kürzlich ein Gelehrter, der Mann wolle
zwar die Vulva sehen, »aber er kann den Anblick nicht ertra-

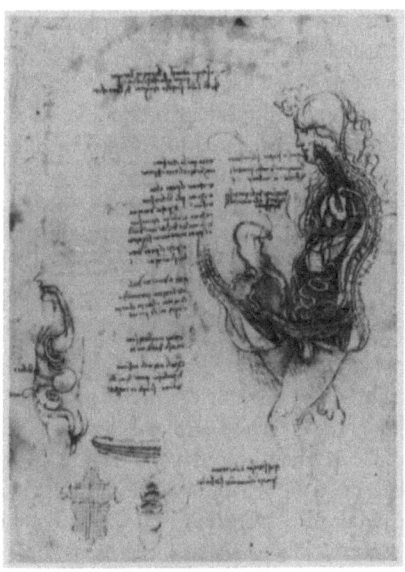

99 Leonardo da Vinci: Koitus, um 1493.

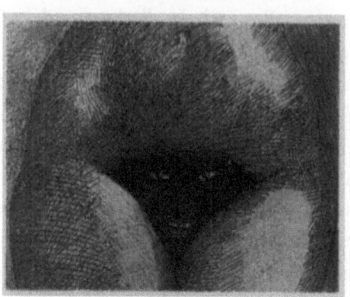

100 Die weiblichen Genitalien als Teufelsfratze.
Zeichnung von Roland Topor, 1975.

gen«: »Das ›sexuell Reizende‹ ist nicht nur das Unästhetische, sondern das urtümlich Abstoßende«, und zwar angeblich interkulturell. »Der ganze Horror des weiblichen Genitals glotzt ihm lähmend entgegen im Schlangenhaupt der Medusa. Sie ist bis heute das Symbol des Grauens schlechthin«, die ewige Kastrationsdrohung. »Jeder Körperteil, so lehrt uns die Sexualpathologie, kann zum Fetisch werden und als solcher ›schön‹ sein. *Nur einer nicht.* Der große Fetisch ›schöne Frau‹ setzt sich aus Teilfetischen zusammen, ist eine Synthese aller weiblicher Körperteile – mit Ausnahme des einen.«[25]

Auch der bereits angeführte Gräzist nimmt Bezug auf die griechische Mythologie, um die Scheußlichkeit der nackten, vom Schamhaar entblößten weiblichen Genitalien vor Augen zu führen:

»So ist in der Tat die weibliche Schambehaarung der geheimnisvolle Schleier, den niemand aufheben darf, der nicht stark genug ist, die Wahrheit ertragen zu können. Das ist der Sinn der Geschichte vom verschleierten Bilde zu Saïs. Der Jüngling entschleiert in Wahrheit nicht das Antlitz des marmornen Bildes, sondern er hebt ihm das den Schoß deckende Kleid auf.« Und als er so die schamhaarlose Vulva erblickte, »sah er mit einem Male die Wahrheit, das heißt den ungeheuren Schwindel der weiblichen Reize, sah, daß die ganze sogenannte Liebe eine lächerliche Groteske, ein furchtbarer

Faustschlag in das Gesicht der Vernunft und des gesunden Menschenverstandes ist.«[26]

Nun hatte der griechische Freier auf Abb. 101, der die Hetäre »entschleiert« und »die Wahrheit« erblickt, wohl ein anderes Naturell als der Jüngling zu Saïs – jedenfalls macht er, nach

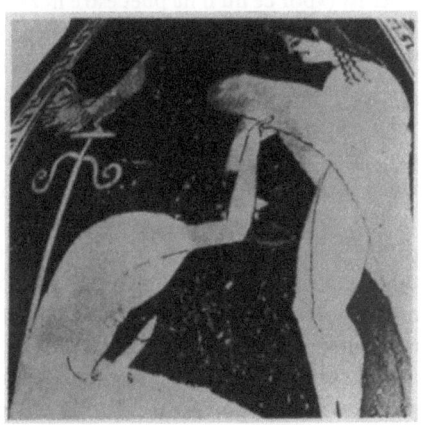

101 Bordellkunde betrachtet die Vulva einer Hure.
Pelike aus Tarquinia, um 510 v. Chr.

dem Zustand seines Zeugungsgliedes zu urteilen, kaum den Eindruck, daß er »einen furchtbaren Faustschlag« zu verdauen hat. Richtig aber scheint trotzdem zu sein, daß die meisten griechischen Männer[27] die weiblichen Genitalien nicht gerade als schön und attraktiv angesehen haben. Im Gegensatz zum Penis wird die Vulva in der griechischen Kunst kaum dargestellt, und wenn man die erotischen Trinkschalenbilder zum Maßstab nimmt, scheinen nicht die weiblichen Genitalien oder die Brüste, sondern der meist sehr akzentuierte Hintern im Zentrum des männlichen Interesses gestanden zu haben.[28] Während bei Homer und Hesiod die männlichen Genitalien (αἰδοῖα und μήδεα) häufig erwähnt werden, findet man dort anscheinend keine einzige Bezeichnung für die Vulva oder die Vagina.[29] Später nannte man im Slang die Vulva einer Jungfrau χοῖρος, »Ferkel«, und die

207

einer Frau ὕσσαξ oder ὕσσακος, »Sau«, entsprechend dem lateinischen *porcus* und *sus*[30] – dies wohl weniger als Anspielung auf ihre rosa Farbe, sondern auf ihren angeblich unangenehmen Geruch. So wird auch in einem mittelalterlichen *fabliau* die Vulva »porcelet«, »Schweinchen«, genannt, weil sie nie sauber ist (»por ce qu'il ne puet estre nez«).[31] Auch in der römischen Literatur werden die Genitalien der Frauen fast ausschließlich als matschig, faulig und widerlich, als *lutus*, »Dreck«, beschrieben, und eine der schlimmsten Beleidigungen, die man einem Mann an den Kopf werfen konnte, bestand darin, daß man sagte, er habe ein *os impurum*, einen »schmutzigen Mund«, da er bei einer Frau den Cunnilingus ausgeführt habe.[32] Eine solche Anspielung machte wohl auch die Sklavin Octavias, die während der Folter treu zu ihrer Herrin stand und nach Tacitus den Büttel mit den Worten schmähte: »castiora esse muliebria Octaviae quam os eius«, »Octavias Genitalien sind sauberer als dein Mund«.[33]

Die hoch- und spätmittelalterlichen Wörterbücher leiten das Wort »con« von *cunio*, »verfaulen«, ab,[34] was ein bezeichnendes Licht wirft auf die Art und Weise, in der die damaligen Etymologen – gemäß Augustinus' »inter faeces et urinam nascimur« – die weiblichen Genitalien gesehen haben. »Fort difformes et honteuses, vues nues« findet im 16. Jahrhundert der berühmte Arzt Ambroise Paré die Schamteile der Frau,[35] und Linné läßt sie in seinem Traktat über die Natur als etwas »Grauenhaftes« weg. Rabelais beschreibt die Vagina als »ein Tier, ein Glied, das die Männer nicht haben und das manchmal eine schmutzige, salpetrige, ätzende, brennende, stechende und juckende Flüssigkeit absondert«,[36] und es ist sicher kein Zufall, daß der weiblichen Allegorie der Luxuria, der Unkeuschheit, ausgerechnet die als giftig und schleimig geltende Kröte auf den Schamlippen sitzt.[37]

Naḥmanides schreibt im 13. Jahrhundert, daß die Genitalien im Ursprung keineswegs so abstoßend häßlich waren, dies aber durch den Sündenfall geworden seien,[38] eine Auffassung, die immer wieder vor allem von christlichen Denkern vertreten wurde. Als besonders ekelerregend empfanden die Pietisten die Vulva. Nach Johann Georg Gichtel im 17. Jahrhundert hatte Gott dem Adam als Ersatz für die reine Sophia eine animalische, unreine Eva mit Magen, Gedärmen und namentlich mit tierischen Genitalien beigesellt, bei deren Anblick zu seiner Schande sein Glied steif wurde, um die »viehische Schwängerung« vornehmen zu können.[39]

Die Skopzen schließlich, die als Sekte in Rußland bis zur bolschewistischen Machtergreifung und im östlichen Rumänien noch ein paar Jahrzehnte länger existierten,[40] nannten die Frauen »die Stinkenden« und beschnitten sie in verschiedenen Graden mit einem bis zur Weißglut erhitzten Messer, und zwar, um die Wollust an der Wurzel auszurotten, meist die ›abscheuliche‹ Klitoris und die Schamlippen sowie die Brustwarzen und -drüsen (Abb. 102). Dabei beriefen sie sich

102 Junges Mädchen der russischen Skopzen
mit ausgeschnittenen Brustdrüsen.

auf Lukas 23,29, wo geschrieben steht: »Glücklich zu preisen sind die Leiber, die nicht geboren, und die Brüste, die nicht gesäugt haben.«[41]

Auch in neuerer Zeit gab und gibt es in unserer Gesellschaft nicht wenige, die Tertullians Wort von der Frau als »templum aedificatum super cloacam« für nicht allzu abartig halten, und mancher Frau ist der Witz von dem Blinden, der an einem Fischgeschäft vorübergeht und »Hello girls!« ruft, äußerst peinlich.[42] »Der Anblick eines *ganz* nackten Weibes«, meint zu Beginn unseres Jahrhunderts ein Kritiker der Nacktkulturbewegung, »das einem Manne lebend entgegentritt, kann weder ästhetisch noch ethisch wirken, selbst auf den Gatten«,[43] und nicht selten scheinen Frauen den Cunnilingus deshalb mit gemischten Gefühlen zu betrachten, weil sie ihre Vulva für unsauber und übelriechend, vor allem aber für unästhetisch halten. »Ich finde sie scheußlich«, sagt etwa eine Frau, »diese schlabbernde Haut, lappig und runzelig. Die Geschlechtsteile meiner zweijährigen Tochter sind schön, fest und glatt.« Eine ehemalige Arzthelferin, für die der Anblick weiblicher Genitalien etwas sehr Vertrautes war, meinte: »Ich finde sie häßlich, wie eine klaffende Wunde mit schmutzigbraunen Rändern. Aber den Anblick einer Frau mit *geschlossenen* Beinen finde ich schön.« Und schließlich bekannte ein Aktmodell: »Allerdings habe ich versucht, mein dichtes Schamhaar über die Mösenspalte zu kämmen, damit sie keiner sieht.«[44] In diesem Zusammenhang scheint es bezeichnend zu sein, daß offenbar die meisten Kritikerinnen das von dem Graphiker Gottfried Helwein entworfene Plakat zur Aufführung von Frank Wedekinds ›Lulu‹, auf dem der entblößte Unterleib der Lulu-Darstellerin Susanne Lothar zu sehen ist (Abb. 103), nicht schamlos, sondern »unästhetisch« fanden.[45]

Viele Frauen – zumindest in Nordamerika – pudern oder parfümieren vor einer gynäkologischen Untersuchung ihre Genitalien, damit sie nicht »riechen«, und anscheinend waschen sich nicht wenige noch einmal unmittelbar vor der Austastung auf dem Praxis-Klo.[46] Insbesondere die weißen Amerikanerinnen scheinen höchsten Wert auf eine »gekämmte und parfümierte Möse« zu legen, wie Henry Miller es einmal aus-

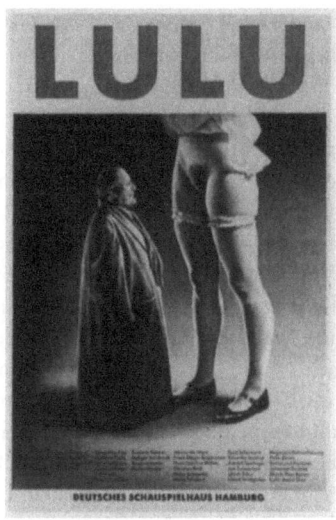

DEUTSCHES SCHAUSPIELHAUS HAMBURG

103 Hamburger Theaterplakat, 1988.

gedrückt hat, und man hat behauptet, daß die schwarzen Frauen mit ihren weiten Nasenflügeln, den dicken Lippen und dem Kraushaar die weißen Amerikaner an eine ungekämmte, ›wilde‹ Vulva erinnerten.[47]

Diese häßliche und ekelerregende Vulva kann in verschiedenen Graden geleugnet werden. Eine im Jahre 1950 geborene Frau entsinnt sich beispielsweise, wie sie etwa im Alter von neun Jahren eine tiefe Abneigung gegen ihre Genitalien empfand: »Ich habe einen guten Trick gefunden. Wenn ich meine Unterhose ausziehe, während ich meinen Rock noch anhabe, und dann die Schlafanzughose anziehe und danach erst den Rock aus, dann brauche ich ›da unten‹ nicht hinzusehen. ›Da oben‹ habe ich glücklicherweise noch nichts. Will auch nicht. Noch so komisches Zeug am Körper, was aus irgendeinem Grunde äußerst schlecht und unanständig ist?«[48] Von tausend Amerikanerinnen, die ihren Männern den Beischlaf verweigerten, gaben immerhin 52, also 5,2 %, als Grund dafür an, daß sie nicht genau wüßten, wo ihre Genitalien sich befänden,[49] und man hat auch die Auffassung vertreten, die Tatsache, daß viele Frauen ihre Vulva »Vagina« nennen, sei ein Indiz dafür, daß sie im Grunde ›meinten‹, da unten im Gegensatz zu den Männern lediglich eine Öffnung, ein Loch, also *nichts* zu haben.[50]

In der Tat scheinen viele Frauen in ihrer Kindheit nie ein Wort für die Vulva gelernt zu haben, von Wörtern für die Klitoris oder die Schamlippen ganz zu schweigen.[51] »Die Klitoris«, schreibt etwa eine chilenische Psychologin, »kennt praktisch niemand. Die meisten Frauen wissen nicht, was das ist. Sie fragen mich: Die Kli... was, die Kli... wie? Und *wo* sitzt die? Du mußt einen Spiegel nehmen und ihnen zeigen, was sie zwischen den Beinen haben!«[52] In vielen Sprachen scheint es bezeichnenderweise überhaupt kein Umgangswort für die Klitoris zu geben, und wenn man nicht annehmen will, daß sie völlig unbekannt war, bleibt nur der Schluß, daß es sich um eine Meidung handelte.[53]

In extremen Fällen des Ekels und der Abscheu vor der Vulva – etwa bei *Anorexia nervosa* – wünschen sich die betreffenden Mädchen oder Frauen in Verbindung mit dem Wegbinden der Brüste und dem Rasieren des Schamhaares die operative Entfernung der äußeren Genitalien, oder sie verstümmeln und beschneiden die Klitoris oder die Schamlippen selber.[54]

Auch in fremden Gesellschaften sind die Abscheu und der Ekel vor den weiblichen Genitalien nicht selten anzutreffen, und in manchen Kulturen scheinen selbst die Frauen wenig über ihren eigenen Unterleib zu wissen, mag auch der Fall der dreiundzwanzigjährigen Quiché Maya-Frau im Vergleich zu den Frauen in den meisten anderen Gesellschaften extrem sein, die der Ethnographin gegenüber bekannte: »Man kennt nicht einmal alle Teile seines eigenen Körpers, und ich weiß auch nicht, wie das ist, wenn man Kinder bekommt. Ich halte es für ziemlich problematisch, von so vielen Dingen des Lebens nichts zu wissen.«[55]

Wenn beispielsweise ein Mehinákumädchen älter wird, lernt es, daß ihre Genitalien »stinken«, und man nennt die Frauen *kanatalalu*, »abweisende Frauen«, da viele von ihnen den Geschlechtsverkehr scheuen, weil sie sich wegen des Geruchs und des Aussehens ihrer Vulva schämen. So heißt es, man solle nicht am Flußufer miteinander schlafen, denn selbst die Fische ekelten sich vor dem Mösengeruch, und wenn die jungen Männer eine Frau besonders beschämen wollen, dann rufen sie ihr auf dem Dorfplatz zu: »He, du, deine Möse stinkt!« Als attraktiv gilt die Vulva, von der man möglichst wenig sieht und die praktisch nur aus einem dünnen Spalt besteht, aber auch sie ist *kowkapapai*, »beängstigend«, dunkel, stinkend und überhaupt einfach unangenehm.[56] Nur ein gewisser Ketepe war unter den Männern eine Ausnahme: Er schien sich vor der Vulva nicht zu ekeln und »schleckte« die Frauen sogar, um sie sexuell zu erregen, aber nur im Dunkeln, weil »sie sich tagsüber schämen würden«.[57] Überhaupt gilt wohl bei den meisten südamerikanischen Tiefland-Indianern der »Mösengestank« als natürlicher Ausdruck der Weiblichkeit: Als z. B. der Demiurg der brasilianischen Urubu einst eine faulige und wurmstichige Frucht sah, rief er aus: »Das könnte eine reizende Frau werden!«, und auf der Stelle verwandelte sich die Frucht in eine Frau.[58]

»Deine Möse stinkt!« ist in vielen afrikanischen Gesellschaften, etwa bei den Bakweri, den Balong oder bei den Azande die schlimmste, aber eine sehr gebräuchliche Beleidigung, mit der ein Mann eine bestimmte Frau und damit deren ganzes Geschlecht treffen kann. Diese Schmach wird von den Frauen heftig geahndet,[59] und an der Heftigkeit der Vergeltung wird deutlich, wie tief diese Beleidigung trifft.

Auf Wogeo erzählen die Männer den pubertierenden Buben, daß die Vulva nicht allein extrem häßlich sei, sondern so ekelerregend, abstoßend und stinkend, daß selbst ein Schwachsinniger sich von ihr fernhielte,[60] und die Männer der Nandi ekeln sich so vor den Genitalien der Frauen, daß sie ihre Partnerin nie an dieser Stelle berühren oder gar liebkosen. Wenn ein Mann der Frau überhaupt unter das Lendentuch faßt, dann höchstens, um ihr Schamhaar zu kraulen oder um den Venushügel zu betasten, aber tiefer rutscht seine Hand nie. Sollte ein kleines Mädchen ihre Klitoris reiben, wird es von den Erwachsenen ausgeschimpft, und sie ermahnen es: »Wie kannst du nur dorthin fassen, mit der Hand, die du nachher zum Essen benutzt!« Gleiches gilt freilich auch für den Buben: Wenn dieser beispielsweise beim Urinieren den Penis zwischen die Finger nimmt, weist man ihn mit denselben Worten zurecht.[61]

Auch die Männer der Sambia empfinden eine große Abscheu vor der Vulva und fassen sie nie an. Sie sagen, daß die Frauen den Genitalbereich nicht waschen und daß sie dort stinken, aber sie achten darauf, daß keine Frau dies hört, denn sie befürchten, daß die Betreffende sich sonst vor lauter Scham aufhängt. Aus diesem Grunde verzichten sie auch darauf, beim Koitus vor Ekel auszuspucken, und tun dies erst hinterher, wenn die Frau sich entfernt hat. Während des Beischlafs aber stecken sich die Männer Pfefferminzblätter in die Nasenlöcher, um sich nicht vor Widerwillen übergeben zu müssen.[62]

Auch in den Armenvierteln von Mexico City gab es herkömmlicherweise keine ›Intimhygiene‹ der Frauen, und die Männer erzählten Oscar Lewis, die Frauen hätten, wenn sie nachts die Beine öffneten, einen solchen Gestank ausgeströmt, daß ihnen alles Weitere vergangen sei.[63]

Vor einer Frau, die während des Koitus in der Vagina feucht wird, scheinen viele arabische Marokkaner Abscheu zu empfinden: Eine solche Frau nennen sie *marǧa*, was »Sumpf« oder »Morast« bedeutet. Freilich deutet vieles darauf hin, daß die meisten dieser Männer gar nicht erst in die Verlegenheit kommen, in diesem »Sumpf« zu versinken, denn nach der Penetration ejakulieren sie so schnell wie irgend möglich; nur an einem ist nämlich der rechte Mann interessiert: daran, seine Potenz zu beweisen und hintereinander so oft wie möglich Sperma in die Frau zu spritzen.[64] Die Vulva und die Vagina empfinden die Männer als abstoßend, und sie glauben, daß Eva im Paradies noch schlitzlos gewesen sei. Erst nach dem Sündenfall sei sie zur Strafe mit den Genitalien und der Monatsblutung bedacht worden.[65]

Die Fellatio, aber in ungleich stärkerem Maße der Cunnilingus werden auf dem burmesischen Dorf als ekelhaft und abstoßend angesehen, weil die Vulva »schmutzig« (*qanyit qakyei*) und »befleckend« (*thana*) ist, und deshalb müssen schon die ganz kleinen Mädchen Röcke tragen. Wenn ein Mann überhaupt die Genitalien einer Frau betastet, dann nur durch den Stoff ihres Rockes hindurch, und eine der übelsten Beleidigungen eines Mannes besteht darin, ihn *saukpatyet ma*, »dreckiger Votzenschlecker«, oder *sauk hkyi thama*, »Esser der Votzenausscheidung«, zu nennen. Ziehen die Burschen ein junges Mädchen damit auf, sie habe ein Auge auf jemanden geworfen, erwidert sie ärgerlich: »Den würde ich nicht mal mit der Votze reiben!«[66]

Die Männer der Santal streicheln zwar die Schamlippen und die Klitoris, aber oral-genitaler Kontakt wird lediglich angedroht: Ist beispielsweise ein junger Mann zu zurückhaltend, so sagen die Mädchen manchmal: »Nun mach schon, oder ich laß dich meine Möse küssen!« Wird er indessen zudringlich und sie will nicht, dann sagt sie: »Verpiß dich, oder ich reib dir die Möse ins Gesicht!«[67]

In unserer eigenen Gesellschaft scheint der Cunnilingus vor dem Beginn der Neuzeit kaum ausgeübt worden zu sein.[68] Jedenfalls schweigen die Quellen in dieser Hinsicht, und es gibt nicht einmal Hinweise darauf, daß diese Praktik einen Platz im spätmittelalterlichen Frauenhaus gehabt hätte.[69]

Auf einen Cunnilingus deutet möglicherweise der Fall eines Schmiedes hin, der im Jahre 1504 in Villingen zu einer Leibes- und Geldstrafe verurteilt wurde, weil er seine Frau, die ihm »nit gantz willig sin« wollte, im Zustand der Trunkenheit »ain stuck us ir fud biß«, so daß sie dachte, »sy sturb der fud halb«.[70] Wie dem aber auch sein mag, fest steht, daß zumindest in klerikalen Kreisen der Cunnilingus als eine sexuelle Perversion par excellence gegolten hat,[71] die man höchstens

Verrückten, vielleicht auch den Juden[72] und mit Bestimmtheit dem Teufel zugetraut hat. So heißt es beispielsweise im *Leben des hl. Calais*, eine gewisse Gunda habe die Weissagung testen wollen, daß keine Frau jemals das Kloster des seligen Calais betreten könne. Nachdem sie sich Männerkleidung angezogen hatte und dabei war, die Schwelle des Klosters zu überschreiten, stürzte sich der Teufel auf sie, riß sie zu Boden und zwang sie offenbar zu dem, was in der erotischen Literatur »Soixanteneuf« genannt wird: »Er steckte seinen Kopf zwischen ihre Schenkel, und das in einer Weise, daß sie, die sie den geheiligten Stätten ihre trügerischen Küsse hatte aufdrücken wollen, gezwungen war, die schändlichen Teile seines Leibes zu küssen.«[73] Schließlich scheint auch Niklaus Manuel Deutsch mit seinem Stich, auf dem der Tod zu sehen ist, wie er einer Jungfrau unter den Rock kriecht (Abb. 104), einen Cunnilingus angedeutet zu haben.[74]

104 Niklaus Manuel Deutsch: ›Der Tod als Liebhaber des Mädchens‹, frühes 16. Jh.

Wir erinnern uns, daß die Meinung vertreten wurde, die Vulva werde als so »unästhetisch« und abstoßend empfunden, weil sie »molluskenhaft« sei: sie sehe nicht nur so aus, sondern sie fühle sich auch so an wie eine Schnecke, die sich bei Berührung einschäumt, und sie schmecke auch so ähnlich wie eine Meeresmuschel oder eine Meeresschnecke. Und in der Tat scheint eine unübersehbare Zahl von Gesellschaften der Vergangenheit und der Gegenwart die weiblichen Genitalien mit diesen Tieren verglichen zu haben.

Nach einer Deutung geht unser Wort »Möse« (mhd. *mutz*) auf das Wort für die Muschel zurück,[75] während die Bezeichnung der in vielen Kulturen die Vulva symbolisierenden Kaurischnecke sich von χοιρίνη herleitet, das mit dem ordinären Ausdruck χοῖρος, »Ferkel«, verwandt ist. Römische Terrakotta-Statuetten der Venus, die man vermutlich zur Abwehr böser Geister verwendete,[76] trugen bisweilen eine Kaurischnecke an der Stelle, wo sich die Vulva befindet, und in zahlreichen Gesellschaften, vor allem in Afrika, tragen auch die Frauen im Alltag dort eine Kauri oder eine Muschel, und zwar entweder auf dem Rock und dem Schamschurz oder direkt über der Vulva.[77]

Im Altdänischen hieß die Auster *kudefisk*, wobei *kude* »Schamspalte« bedeutete,[78] und in ptolemäischer Zeit wurden die öffentlichen Huren »Schnecken« genannt, ein Wort,

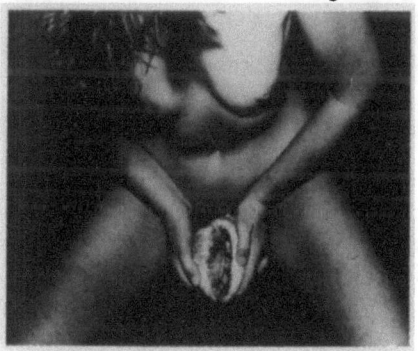

105 Photo von Renata Bleck, achtziger Jahre.

das auch an den Türen der Bordelle geschrieben stand.[79] Bei den Angami-Naga fügten die jungen Männer nach jedem Schäferstündchen den bereits vorhandenen Kaurischnecken auf ihrem Schamschurz neue hinzu, wobei derjenige, dem es gelungen war, eine verheiratete Frau zu verführen oder zwei Schwestern unmittelbar hintereinander zu besteigen, besonders viele Schnecken befestigen durfte, so daß jedermann auf einen Blick sehen konnte, wie viele »Schnecken« er bereits penetriert hatte.[80]

Die Japaner schließlich vergleichen seit ehedem die Vulva mit der Seeohrmuschel (*awabi*), und in manchen Teilen ihres Landes nannte man die äußeren weiblichen Genitalien *kai*, »Muschel«. Bereits die neolithischen Jômon-Frauenfigurinen tragen eine große Kauri vor der Vulva, und viele Kreißende hielten während der Entbindung eine *koyasuigai*, »Leichte-Geburt-Muschel«, in der Hand.[81]

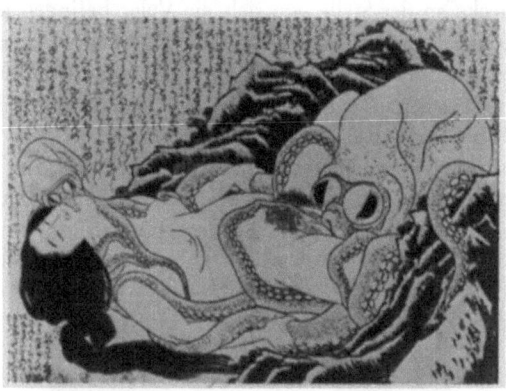

106 Holzschnitt von Hokusai, 1814.

Die Muschel ist aber nicht nur feucht und glitschig, sie schnappt auch bei Berührung zu und hält den Eindringling, ähnlich wie der gleichermaßen molluskenhafte Krake, der vor allem in Japan mit der Vulva in Verbindung gebracht wird (Abb. 106). Auch die Kreolen von Martinique und Guadeloupe vergleichen die Vagina mit dem Papageienschnabel

218

107 Öffentliche Hure. Kupferstich, spätes 17. Jh.

des Kraken. *Coucoune-chatrou* nennen sie die weiblichen Genitalien, wobei *chatrou* der kreolische Ausdruck für dieses Meerestier ist.[82]

Die Vorstellung von der tod- und verderbenbringenden Vagina ist in vielen Gesellschaften verbreitet, und bei den Mescalero- oder den Chiricahua-Apache bringen noch heute die Väter ihren kleinen Söhnen bei: »Stell nichts mit einer Frau

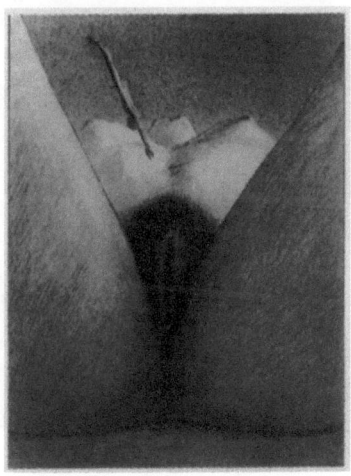

108 Alfred Kubin: ›Der Todessprung‹, um 1901.

109 Tomi Ungerer: ›Siesta‹, 1980.

an! Sie haben Zähne da drinnen und beißen dir den Pimmel ab!«[83] Die Männer der Normanby-Insulaner, bei denen der Sex sehr sadistisch getönt zu sein scheint, ärgern manchmal die Frauen, indem sie ihnen zurufen: »Wenn wir euch aufspießen, schwellt ihr an wie die Fische!«, worauf die Frauen

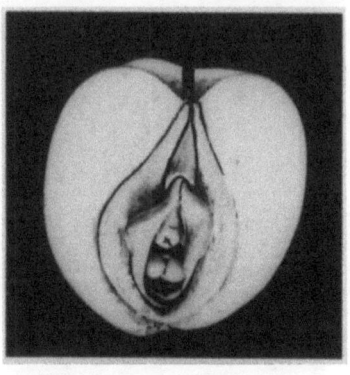

110 Apfel mit *vagina dentata*.
Holländische Fayenceskulptur, 1977.

entgegnen: »Wir verschlucken euch, und wenn ihr und euer Penis schwach geworden seid, spucken wir euch wieder aus!«[84]

Verbreitet ist auch die Anschauung, daß es des Mannes bedarf, um der Frau im wahrsten Sinne des Wortes »den Zahn zu ziehen«, d. h., die »wilde« Frau zu domestizieren: Bei den Yavapai nähert sich etwa der Kulturheros der Bärenmaid, um sie zur Frau zu nehmen, aber vorher schlägt er sie nieder und bricht ihr mit dem Nagelheber seines Hammers die Zähne aus der Vagina, »to make her safe«.[85] Die Aranda in der zentralaustralischen Wüste, bei denen manche Männer große Angst vor dem Koitus hatten, weil sie glaubten, die Frauen könnten die Eichel mit der Vagina so festhalten, daß der Mann gefangenbliebe,[86] teilten die Frauen in zwei Kategorien ein: in die *alknarintja*, die »wilde«, ungezähmte Jungfrau vom ›Artemis-Typ‹,[87] und in die *nguanga*, die durch die Heirat gezähmte »stille« Frau. Die Jungfrauen sind noch nicht »zivilisiert«, ihre Sexualität ist reine »Natur«, sie erregen sich gegenseitig, indem sie einander die Vulva zeigen und die Vagina der anderen mit *yalla*-Wurzeln und Stöckchen, deren Spitze mit Schnur umwickelt ist, bearbeiten, oder sie widmen sich dem *kityili-kityili*, d. h., sie kitzeln sich gegenseitig die Klitoris. Wenn sie kurz vor dem Orgasmus stehen, steigt die eine auf die andere und reibt ihre Vulva an der der Partnerin, wobei sie sagt: »Ein Mann mit einem dicken Schwanz wird kommen und dich vögeln!« Später werden sie indessen zur Heirat genötigt und »still gemacht«.[88]

§ 15
Die schöne Vulva

Wir sind nun mit einer solchen Menge von Beispielen für die Häßlichkeit und Ekelhaftigkeit der weiblichen Genitalien überflutet worden, daß wir uns der Frage stellen sollten, ob nicht in der Tat vieles dafür spreche, daß die eingangs von § 14 zitierten Gelehrten recht haben, die aus der natürlichen, gleichsam ›objektiven‹ Abscheulichkeit der weiblichen Genitalien die Scham ableiten.

Zunächst ist festzustellen, daß die Behauptung, Großaufnahmen der Vulva seien »unästhetisch«, in dem Sinne richtig zu sein scheint, daß die meisten Betrachter und Betrachterinnen diese Aufnahmen weder als schön noch als häßlich empfinden.[1] Wer sich etwa an die Klitoris-Fotografien erinnert, die vor ungefähr zehn Jahren in manchen feministischen Kreisen zirkulierten und die in den Frauenbuchläden unter Verkennung des männlichen Erregungspotentials streng vor Männerblicken gehütet wurden, wird vermutlich bestätigen, daß diese Bilder etwa so »ästhetisch« oder »unästhetisch« waren wie die Nahaufnahmen einer Gletscherspalte. Aber davon einmal abgesehen werden auch Nasen, Münder oder Ohren in einer Großaufnahme vieles von den »ästhetischen Qualitäten« verlieren, die sie ansonsten haben mögen, eine Tatsache, die z. B. Gulliver belegen kann, den im Reiche der Riesen die Brustwarze seiner Gastgeberin in hohem Maße befremdet hat.

Zum zweiten scheint in vielen Gesellschaften die Abscheu der Männer vor den weiblichen Genitalien mit der mangelnden ›Intimhygiene‹ der Frauen zusammenzuhängen, denn eine Vulva, die täglich einmal gewaschen wird, riecht – jedenfalls in unseren Breiten – keineswegs nach totem Fisch oder nach saurer Milch.[2] Wenn sich beispielsweise die ungarischen Bauern in den dreißiger Jahren lediglich jeden Samstagabend wuschen, ist es kaum verwunderlich, daß es für diese Leute nicht

111 Züchtig sitzende Maya-Frau aus Yucatán beim Tortillabacken.

nachvollziehbar war, wie man am Cunnilingus oder an der Fellatio Gefallen finden konnte.[3] Auf der anderen Seite praktizieren die Yucatán-Maya, bei denen vor allem die Frauen jeden Tag ihren Unterleib waschen, durchaus Cunnilingus (*ts' ú' ts' pèl*) und Fellatio (*ts' ú' ts' ik kép*), was freilich nichts daran ändert, daß die Vulva sehr schambesetzt ist.[4]

In China befestigten dagegen früher die vornehmen Damen häufig vor dem Koitus ein Riechkissen an ihrem Gürtel, um das Feuer des Gatten nicht vorzeitig zu löschen,[5] was in diesen Kreisen auch in unserer eigenen Gesellschaft nötig gewesen sein dürfte, wenn man dem Earl of Rochester vertraut, der um 1670 schrieb:

Fair nasty nymph, be clean and kind
And all my joys restore
By using paper still behind
And sponges for before.

Um die Mitte des 18. Jahrhunderts meinte John Wilkes, der es als notorischer Lustmolch schließlich wissen mußte, das einzige Waschmittel, das mit dem Genitalbereich der britischen Frauen in Berührung käme, sei das Sperma ihrer Liebhaber: »The nobler parts are never in this island washed by the women; they are left to be lathered by the men.«[6] Und Gratian du Pont bemerkt bereits im Jahre 1530 in seinen *Controverses du sexe masculin et feminin*, daß viele Frauen das Parfum dem Wasser vorzögen: »Entre leurs cuissis et dessoubz les aisselle / Pour ne sentir l'espaulle de mouton, / Le faguenas (= Gestank[7]) et telz senteurs infames«.[8]

Die ›Intimhygiene‹ galt seit Jahrhunderten als Eigentümlichkeit der öffentlichen Huren und unzüchtigen Frauen, »die es nötig hatten«, und schon in der *Chirurgie* des Arztes Heinrich von Mondeville heißt es im 14. Jahrhundert über die Frauen: »Die Geschlechtsteile bedürfen einer doppelten Pflege: innen und außen: die innere Pflege haben Huren nötig, die in ihrem Geschäfte erprobt sind (*antiquae*), und von ihnen insonderheit die, welche naturgemäß eine weite oder infolge des häufigen Koitus schlüpfrige und weiche Vulva haben, um denen, die mit ihnen zusammenliegen, als Jungfern oder doch wenigstens nicht als öffentliche Dirnen zu erscheinen.«[9]

Schließlich entgegnete noch im Jahre 1940 eine einfache Frau der Direktorin einer Mädchenschule in Chartres, die sie auf die Menarche ihrer Tochter aufmerksam gemacht hatte, indigniert: »J'ai cinquante ans, madame, et je ne me suis jamais lavée là!«[10]

Viel wichtiger aber scheint folgendes zu sein: Wenn es tatsächlich eine *natürliche* Abneigung gegen die weiblichen Genitalien gäbe, wäre wohl zu erwarten, daß die Vulva in der Mehrzahl der menschlichen Gesellschaften als häßlich und abstoßend empfunden würde. Dies scheint allerdings mitnichten der Fall zu sein.

So gelten die äußeren Genitalien der Frauen in den meisten Gegenden Mikronesiens als außerordentlich schön. Auf der Insel Truk forderten beispielsweise viele Männer die Frauen auf, das Schamhaar abzurasieren, um sich besser am Anblick des nackten Venushügels und der Schamlippen erfreuen zu können. Die Frauen liebten es, eine Vulva »voller Dinge« zu haben, also mit einer deutlich sichtbaren Klitoris und vor allem mit verlängerten und tätowierten kleinen Schamlippen. Eine Frau, deren Vulva nicht besonders ›ausgestattet‹ war, ließ sich von den Sexualpartnern nur ungern anschauen oder betasten, aber die Frauen mit ausgeprägten Genitalien ließen sich – besonders auf Ponapé – gerne die Schamlippen zärtlich kauen.[11] Auch auf der Insel Songosor in den westlichen Karolinen erfreut sich der Cunnilingus allgemeiner Beliebtheit, wobei die Männer die an der Außenseite der großen Schamlippen sprießenden Haare auszupfen, damit sie ihnen beim Oralverkehr nicht in den Mund geraten.[12] Auf Faraulip in den Zentralkarolinen üben besonders die sehr dicken Männer, die gewisse Schwierigkeiten haben, den Penis in die Vagina einzuführen, Cunnilingus aus, und auch dort werden die kleinen Schamlippen (fix) künstlich verlängert, damit der Mann »mehr davon hat«.[13]

Auf der Insel Ponapé zogen und zupften impotente Greise über lange Zeit hinweg an den Labien der kleinen Mädchen

112 Figurine einer Frau mit verlängerten Schamlippen. Osterinsel, 19. Jh.

und an der Klitoris, um sie zu verlängern, und auch hier stand der orale Sex in hohem Ansehen.[14] Und schließlich lenkten früher die Trukesinnen dadurch die Aufmerksamkeit auf ihre Genitalien, daß sie in die perforierten Labien Gegenstände steckten, die klirrten, wenn sie mit leicht geöffneten Beinen gingen.[15]

Diese »Ästhetisierung« der weiblichen Genitalien hat nun aber keineswegs dazu geführt, daß die Genitalscham der Mikronesierinnen eine geringe gewesen wäre. Ganz im Gegenteil! Die Bewohnerinnen der Truk-Inseln, die einen knielangen Rock aus einem Hibiskus- und Bananenfasergewebe trugen, achteten noch wesentlich strenger als die Männer darauf, daß niemand ihren Genitalbereich sah, und beim Baden zogen sie, selbst wenn sie unter sich waren, nie die Röcke aus.[16] Das Wort für die dunkelrote Farbe benutzte man nicht, weil dies die Farbe der Vulva war, und ebensowenig die Bezeichnung für den Schamschurz. Statt dessen sagte man »Hibiskus«, während es für die Vulva, die Vagina, den Penis, die Klitoris, die Schamlippen, die Hoden oder das Sperma aus Schicklichkeitsgründen überhaupt keine Wörter gab. Für die Fledermaus hatten sie zwar eine Bezeichnung, aber in der Öffentlichkeit wurde sie nicht verwendet, weil das Tierchen auf die Oberschenkel der Frauen tätowiert war. An dessen Stelle gebrauchte man das Wort »Ratte«,[17] was an die alten Römer erinnert, bei denen Leute von Stand darauf verzichteten, »cum nos« zu sagen, weil dies an »cunnus« erinnert hätte.[18]

Auf Ulithi verbietet ein äußerst strenges Tabu (*etap*), eine gewisse Art von Schalentieren durch das Dorf zu tragen, da diese mit der Vulva assoziiert wird und dies die Frauen in eine peinliche Situation bringen würde.[19] Auf dem Atoll Ifaluk in den Zentralkarolinen verhüllen die Buben etwa im Alter von 7 oder 8 Jahren die Genitalien, aber die Mädchen erhalten ungefähr mit 4 ihren Rock, weil sie »savvy shame« viel früher als die Jungen. Als während des Zweiten Weltkrieges die auf Ifaluk stationierten japanischen Soldaten nackt in der Öffentlichkeit badeten, waren die Insulaner schockiert.[20] Noch schockierter waren die Frauen der Insel Yap, die während dieses Krieges von japanischen Medizinern gezwungen wurden, sich gynäkologisch untersuchen zu lassen, da sie nicht einmal vor anderen Frauen die Genitalien entblößen, weshalb später den amerikanischen Krankenschwestern empfohlen wurde, bei einer genitalen Untersuchung der Yap-Frauen wegzuschauen.[21] Auf Songosor zogen die Frauen ihre Schurze nur spätabends bei völliger Dunkelheit aus, denn ein fremder Blick auf ihre Oberschenkel oder auf ihren Hintern hätte sie zutiefst beschämt, um von der Vulva ganz zu schweigen. Als eine Ethnologin den Frauen die Skizze einer Vulvatätowierung zeigte, die ihr offenbar von Männern beschrieben worden war, schämten sie sich sehr,[22] und man kann vielleicht nachempfinden, was die »No. 379. Frau in ganzer Figur, nackt; Tattuirung auf dem unteren Theil des Bauches erkennbar«[23] empfunden haben dürfte, nachdem sie sich als »Süd-See Typus« ablichten lassen mußte (Abb. 113). Auf Ponapé weigerten sich nämlich die Frauen sogar, ihren Genitalbereich vor einem Geburtshelfer zu entblößen, vor allem weil sie befürchteten, er könne die verlängerten und tätowierten Schamlippen sehen, von denen man annahm, daß ihr Anblick jeden Mann sexuell erregen würde.[24]

Damit im Alltag solch eine peinliche Situation von vornherein ausgeschlossen war, hatte man auf den Palau-Inseln, wie ein Reisender berichtet, die folgende Konvention eingeführt:

»Dicht hinter Atraró ging der Weg an dem größten der Wasserbecken vorbei; aber ehe wir dasselbe erreicht hatten, wurde ich nicht wenig in Erstaunen gesetzt durch ein fürchterliches, von meinen Begleitern unisono ausgestoßenes und langgedehntes *Eiwa-Owa*. Eine Mädchenstimme antwortete uns sogleich aus dem Gebüsch, und meine Leute hielten mich zurück, da dort im Bassin badende Frauen seien, welche nicht gestatten wollten, daß wir vorübergingen. Als ich bemerkte, daß das ja nur Weiber wären, vor denen sie sich doch nicht fürchten würden, meinten sie: das nun wol nicht, aber Frauen im Bade hätten ein unbegrenztes Recht, den gegen ihren Wil-

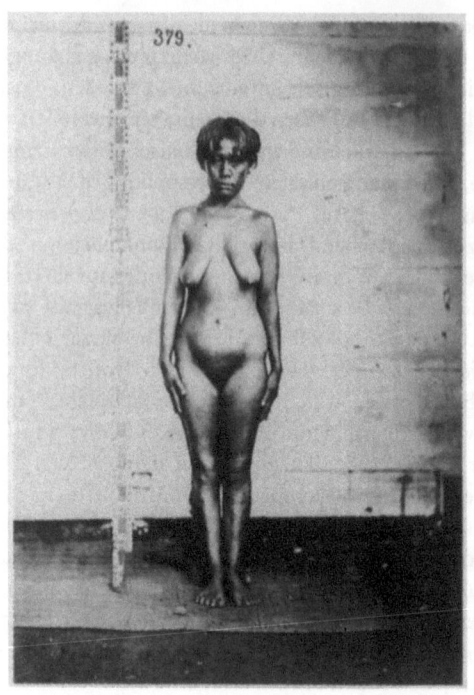

113 Zu Messungen entblößte Ponapé-Insulanerin.

len bei ihnen vorbeigehenden Mann zu prügeln, mit Geldstrafe zu belegen, ja sogar zu tödten, wenn sie es an Ort und
Stelle zu thun vermöchten.«[25]
Aber auch in anderen Teilen der Welt gilt die Vulva als ver-
lockend und schön. Die Mende der Sierra Leone beispielsweise lieben bei den Frauen nicht nur einen vollen, roten
Mund im Gesicht: auch der »Mund von unten« soll eine saftig
rote Farbe haben, auf daß er bezaubernd und wunderschön
ist. »Nichts, was eine Vulva hat, kann man häßlich nennen«,
sagen die Mende schwärmerisch. Aber auch der Ehemann
darf sich an der Vulva seiner Frau nur visuell, nicht taktil erfreuen, und vor allem der Cunnilingus, selbst wenn er ihn

ersehnt, bleibt ihm versagt, denn die Vulva ist »geheim« und äußerst schambesetzt. Der ganze Genitalbereich muß nicht nur vollkommen enthaart, sondern auch geruchsfrei sein, weshalb die Mendefrauen dreimal am Tage baden und dabei insbesondere den Unterleib waschen: die geringste Anspielung darauf, daß ihre Vulva rieche, würden sie wie die weiter oben erwähnten Bakweri-Frauen als tiefe Beschämung und Beleidigung auffassen. Gleichzeitig sind die weiblichen Genitalien bei den Mende – die als sehr puritanisches Volk bezeichnet werden – in hohem Maße schambesetzt, und schon die ganz kleinen Mädchen werden beständig mit Worten angefahren und mit Blicken und Klapsen daran erinnert, daß sie ihre Vulva nicht entblößen dürfen: »Bi gbaė gbėėma!«, »Halte die Beine zusammen!« Diese Ermahnungen führen dazu, daß die jungen Mädchen stets so gehen, daß die Beine aneinanderreiben, und am Strand sitzen schon die Kleinsten so im Sand, daß das zurückflutende Wasser zwischen ihren Oberschenkeln stehenbleibt. Eine Pflanze, deren Blätter sich bei der zartesten Berührung zusammenrollen, heißt *gbǫa gbemei*, »Beine schließen«, und die Mende sagen, daß sie genauso reagiert wie eine Frau, wenn ein Mann sich nähert.[26]

Die Männer auf der Südseeinsel Mangaia haben ein ungeheures Interesse am Genitalbereich des anderen Geschlechts, und ihr Ethnograph behauptet, der durchschnittliche Jugendliche habe wahrscheinlich eine genauere Kenntnis der Vulva als so mancher europäische Arzt. Im Gegensatz zu den Truk-Insulanern haben die Mangaier zahlreiche Bezeichnungen für die verschiedenen Vulvatypen, ja, angeblich ist die örtliche Nomenklatur differenzierter als die der westlichen Medizin.[27]

Nicht nur die Männer der Chol-Maya erregen sich sehr beim Betrachten der Vulva,[28] sondern auch die Mohave, und Devereux berichtet, daß ein Mann, der seine Frau der Untreue verdächtigte und deshalb – um sie zu demütigen – ihre Schamlippen nach Spermaspuren untersuchte, sich beim Anblick der Genitalien so erregte, daß er auf der Stelle mit seiner Frau schlief.[29]

Auch für die Hopi schien die Vulva nicht nur erregend, sondern auch schön zu sein, und wenn der junge Mann, der während eines Regenrituals mit einem jungen Mädchen schlafen mußte, ejakuliert hatte, sagte er zu ihr: »Ich freue mich, daß ich deine Nacktheit gesehen habe; sie ist wunderschön; von jetzt an wird es regnen.« Bei einem rituellen Tanz, *marawu* genannt, trugen die Mädchen einen Rock, der noch kürzer war als der kürzeste Minirock der späten sechziger Jahre. Er bedeckte gerade noch die Schamlippen, und wenn die Mädchen auf der Plaza tanzten, wurde die Vulva bisweilen ganz entblößt, was die zuschauenden Männer hochgradig erregte. Diese deuteten dann manchmal auf die Tanzenden und zischten aufgeregt *iss! iss!*, »Ich will, ich will!«[30] Aber auch daraus sollte man keine voreiligen Schlüsse auf das allgemeine Schicklichkeitsgefühl der Hopi ziehen, denn die Mädchen, die zu diesen rituellen Tänzen genötigt wurden, versanken dabei nicht selten vor Scham fast im Erdboden, denn sie waren schutzlos den gierigen Blicken der Männer ausgeliefert.[31]

Auch im Arnhemland ließ die Ansicht der Vulva die Männerherzen höher schlagen, und beim Kunapipiritual mußten die Frauen sogar – in Anwesenheit der Männer und allen Peinlichkeiten zum Trotz – mit den Fingern die Schamlippen spreizen.[32] Die Klitoris sollte zwar ausgeprägt, aber nicht *zu* ausgeprägt sein, weshalb ein Traumzeitheroe die Klitoris seiner Schwestern beschnitt, denn jene waren so lang, daß sie nicht nur die Labien verdeckten, sondern sogar auf dem Boden schleiften: »›Ah‹, sagte der Bruder, ›jetzt seht ihr mehr wie richtige Frauen aus, und es ist leichter für mich, euren Schlitz zu sehen. Laßt ihn mich ausprobieren!‹ Zuerst bumste er mit seiner jüngeren Schwester. ›Das fühlt sich gut an‹, sagte er. Dann wandte er sich der älteren Schwester zu und bumste auch mit ihr. ›Das macht mir großen Spaß‹, sagte er zu ihr, ›wie noch nie kann ich fühlen, wie das kurze Ende der Klitoris meinen Penis berührt.‹«[33]

»Zwischen den Zeiten« gab es auch bei den Akan rituelle

Tänze, bei denen ein junger Mann auf ein Mädchen zutrat und zu ihr sagte »Bc me tuo!«, »Schieß mir ein Gewehr ab!« Wenn daraufhin das Mädchen ihr Hüfttuch fallen ließ, war dies für die meisten Männer ein großes Erlebnis, denn offenbar galt ein Blick auf den weiblichen Genitalbereich für einen Mann als das »zweitschönste aller schönen Dinge«, wie die alten Ägypter sagten.[34]

Eine Mehináku-Frau wird schließlich dann für besonders attraktiv gehalten, wenn sie eine schöne Vulva hat, und schön ist die Vulva, wenn sie nicht zu groß ist, eine helle Farbe hat und nicht stinkt. Außerdem müssen sich die Schamlippen und die Klitoris (*itsi kiri*, »Nase der Vagina«) erregend anfühlen, müssen sie ein *weiyupei* erzeugen, was der Ethnologe mit »voluptuous itching« übersetzt hat, was etwa »lustvolles Prickeln« heißt. Entsprechend gibt es genügend Voyeure, die *itsi nitséi* genannt werden, »einer, der die Mösen liebt«, die darauf »spannen«, daß eine Frau die Beine öffnet oder ihr Schamdreieck ablegt.[35]

Eine auffallende ›Ästhetisierung‹ hat die Vulva im Vorderen Orient erfahren, wobei man freilich bemerken muß, daß es auch dort Gegenden gibt, in denen schon den kleinen Mädchen beigebracht wird, daß sie sich wegen ihrer Genitalien schämen müssen.[36] Mancherorts ist darüber hinaus die alte Tradition wirksam, nach der einem Mann Unheil droht, wenn er die entblößte Vulva anschaut. Wenn bei den Beduinen im Süden Tunesiens bereits ein relativ junger Mann ein verwittertes, runzeliges Gesicht hatte, sagte man über ihn, er sei ein »Mösenglotzer«;[37] andernorts hieß es, der Anblick der Vulva mache blind,[38] und auch der große al-Ghazālī lehrte, »das Blicken auf die Vulva der Frau« schwäche zumindest die Sehkraft.[39]

Insgesamt gesehen kann man freilich sagen, daß bei muslimischen Frauen die Ästhetik der weiblichen Genitalien eine viel größere Rolle spielt als bei uns, wie auch die ›Intimpflege‹ der Frauen intensiver ist als in Westeuropa. Gynäkologinnen berichten, daß häufig die Vulva arabischer Frauen infantiler wirke als die der Europäerinnen, weil in vielen Gegenden die kleinen Schamlippen beschnitten werden, so z.B. bei den schiitischen Frauen im Irak, wo man sie bis auf einen schmalen Saum stutzt, so daß sie auf keinen Fall die großen Schamlippen überragen. Auch achtet man sehr darauf, daß bei der Niederkunft der Damm nicht reißt und der gesamte Genitalbereich seine Schönheit behält. »Unsere Männer interessieren sich doch nur hierfür«, meinte eine junge Araberin zu einer Frauenärztin, »unser Gesicht interessiert sie doch überhaupt nicht.«[40] Und unlängst fragte mich ein berühmter ägyptischer Gelehrter: »Hans Peter, weißt du, was die Hölle ist?« Als ich den Kopf schüttelte, sagte der alte Herr: »Die Frauen dort sind wunderschön, tausendmal schöner als im Paradies, feste Schenkel, pralle Brüste, liebliche Gesichter – aber sie haben keine Mösen!«

Nach Razi erfreut der Anblick der Vulva den Partner dermaßen, daß er seiner Lust nicht widerstehen kann,[41] und Zayla'i meinte, ein solcher Anblick bringe den Mann zur höchsten Ekstase.[42] »Dann küßte er ihre Vulva«, heißt es im *Duftenden Garten* des Scheichs Nafzawi aus dem 16. Jahrhundert, »und sie bewegte weder Hand noch Fuß. Liebevoll blickte er auf den geheimsten Teil von Hamdonnas Leib, dessen Schönheit mit seiner purpurnen Mitte aller Augen auf sich ziehen müßte.« Der ideale Genitalbereich sollte wie folgt aussehen: »Der Unterleib muß breitgebaut, die Vulva vorspringend, und fleischig sein von dort an, wo das Haar beginnt, bis zum Gesäß. Die Scheide ist eng,[43] nicht feucht, weich bei der Berührung, Hitze ausströmend, aber keinen schlechten Geruch. Sie hat harte Schenkel und Hinterbacken.« Eine Vagina, die weit und kalt ist, gilt hingegen als häßlich, eine Vulva und ein *mons veneris*, die ›gut in der Hand liegen‹ als schön: »Wenn du ihr deine Hand auflegst, glaubst du einen wohlgeformten Busen zu fühlen, quellend, fest und voll.« – »Dann prüfte ich ihre Vulva – eine weiße Kuppel mit purpurner Mitte, zart und entzückend. Sie öffnete sich wie die einer Stute bei Annäherung des Hengstes. In diesem Augenblick erfaßte sie meinen Penis, küßte ihn und sagte: ›Bei der Religion meines Vaters! Er muß in meine Vagina!‹« Nachdem die Dame begonnen hatte, vor Lust zu zittern, »benützte ich den Augenblick, um die Schönheit ihrer Vulva zu bewundern. Sie war herrlich, die purpurne Mitte hob das schneeige Weiß nur umso mehr hervor. Sie war gerundet und ohne Fehl, über ihren Unterleib vorspringend wie eine wunderbar gewölbte Kuppel. Mit einem Wort, sie war ein Meisterwerk der Schöpfung, wie es nicht schöner zu finden war. Der Segen Gottes, des besten Schöpfers sei mit ihr!«[44]

Ähnlich wie die Polynesier auf der Insel Mangaia hatten auch die arabischen Schriftsteller ein differenziertes Vokabular, um die weiblichen Genitalien zu beschreiben. So unterschieden sie: »*el fardj*, ›die Spalte‹: Ihre Form ist anmutig, ihr Duft wohlgefällig; die Weiße der Außenseite unterstreicht die karminrote Mitte. *el cheukk*, ›der Riß‹: Die Vulva einer knochigen, mageren Frau. Sie ist wie ein Mauerriß, ohne Spur von Fleisch. Gott schütze uns vor ihr! *el hacene*, ›die Schöne‹: Sie ist weiß, rund, gewölbt wie eine Kuppel, fest und ohne jede Mißgestalt. Man kann die Augen nicht von ihr abwenden, und bei ihrem Anblick verwandelt sich eine schwache Erektion in eine kräftige. *el aride*, ›die Große‹: Sie hat die strahlende Weiße einer Stirn, in ihrem Umfang ist sie wie der Mond, sie strahlt ein Feuer aus wie die Sonne und scheint das Glied zu verbrennen, das ihr naht. Ohne vom Speichel feucht zu sein, kann das Glied nicht eindringen; der Duft, den sie ausströmt, ist höchst reizvoll. Es heißt, daß dieser Name der Vulva rundlicher, fetter Frauen zukommt. Möge Gott in seiner Güte und Großmut uns an einer solchen Vulva erfreuen lassen! *el mcusboul*, ›die Lange‹: Bei manchen Frauen deutet sie sich unter leichter Kleidung vorspringend oder beim Zurückbeugen an.«[45]

In Ägypten wurde eine schöne Vulva häufig »haarloser Pfirsich« genannt, und das Saugen an diesem Pfirsich erfreute sich großer Beliebtheit, was allerdings wiederum nicht darüber hinwegtäuschen darf, daß der Cunnilingus in anderen Kreisen und Gegenden als unwürdig galt, woran der arabische Fluch: »Du Hundesohn! Leckst du deine Frau zwischen den Beinen? Dort, wo ihr Bart wächst?« erinnert.

Gleichzeitig aber gab es zahlreiche Bordelle, in denen vor allem das *qerdz*, das »Saugen« der Vulva der Huren, praktiziert wurde, und es traten auch käufliche Spezialisten auf, die eine weibliche Kundschaft mit dem Mund erfreuten (Abb. 114).

114 ›Saloon for Ladies‹ in Algier.
Englische Karikatur, zwanziger Jahre.

Besonders beliebt scheint in den arabischen Hafenstädten die *elmā*, die »braunlippige Schönheit«, gewesen zu sein, denn *lumā*, das dunkle Rotbraun der Schamlippen, galt als besonders attraktiv.[46] Auch Khalil Bey, der türkische Botschafter in Petersburg, bereits stolzer Besitzer der ›Schlafenden‹ von Courbet und des ›Türkischen Bades‹ von Ingres, gab ersterem im Jahre 1866 mit seinem Auftrag, das Gemälde eines weiblichen Genitalbereichs anzufertigen (Abb. 115), detaillierte Anweisungen, wie dieser auszusehen habe.[47] Courbets Werk wurde in der Folgezeit im Westen häufig als eines der obszönsten Gemälde in der Geschichte der neueren Kunst bezeichnet, und noch im Jahre 1977 weigerte sich die für die große Courbet-Ausstellung im Grand-Palais zuständige Kunsthi-

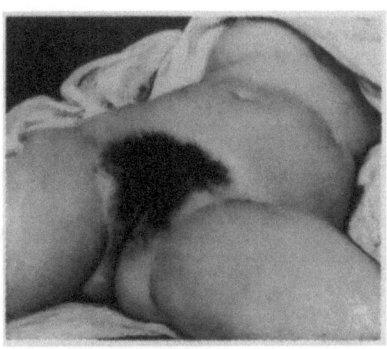

115 Courbet: ›L'origine du monde‹, 1866.

storikerin Hélène Toussaint, das Bild zu zeigen, »parce que ce n'était pas un bon tableau«.[48]

Geradezu einen Kult der Vulva haben seit eh und je die Japaner betrieben, und es gibt vielleicht keine Gesellschaft, in der die weiblichen Genitalien in Wort und Bild detaillierter beschrieben worden sind als auf diesen Inseln. Gleichzeitig haben aber auch die Japanerinnen herkömmlicherweise eine ganz ausgeprägte Genitalscham: Schon immer trugen die Frauen im Bade große Sorge, daß stets die Oberschenkel aneinandergepreßt und daß der Genitalbereich mit einem Handtuch oder zumindest mit einer Hand verdeckt war, und bereits die Reisenden, die um die Mitte des 19. Jahrhunderts die Bäder besuchten, berichten davon, sie hätten bei den Frauen »die Armhaltung der mediceischen Venus in kauernder Stellung« beobachtet.[49] Ein anderer, der es als Gynäkologe wissen mußte, schreibt, »daß das Gefühl der Scham, soweit es die Schamtheile selbst betrifft, bei den Japanerinnen ebenso fein entwickelt ist, wie bei Eva und bei der feinsten europäischen Dame«.[50]

Traditionellerweise erwartete man von einem jungen Mädchen oder einer Frau, daß sie mit geschlossenen Beinen schlief – war dies nicht der Fall, so offenbarte sie ihr unzüchtiges und hurenhaftes Wesen[51] –, und noch heute bindet man angeblich in manchen ländlichen Gegenden abends den pubertierenden

116 Japanerin bedeckt beim Hocken im Bad den Genitalbereich.

jungen Mädchen mit Gurten die Unterschenkel zusammen, damit sie im Schlafe nicht die Beine öffnen.[52] Von einer Dame, die stets einen Taschendolch im Ausschnitt trug, wird erzählt, daß sie sich vor ihrem Selbstmord »erst ihre unteren Gliedmaßen mit einer der zahlreichen schmalen Schärpen ihrer Kleidung fest zusammenbinden« mußte, »damit die Glieder in den Zuckungen der Todesagonie sittsam zusammengehalten wurden«.[53] Als im Jahre 1932 in einem großen Kaufhaus von Asakusa, einem Stadtteil von Tōkyō, ein Feuer ausbrach, kamen viele Frauen, die sich in den oberen Etagen aufhielten, ums Leben, da sie sich weigerten, in die Sprungtücher der Feuerwehrleute zu springen. Sie befürchteten nämlich, daß der Wind ihre Kimonos öffnen und alle Welt ihre Genitalien sehen würde. Nach dem tragischen Ereignis forderte die Feministin Hamako Tsukamoto alle Frauen auf, fortan nach westlichem Vorbild Schlüpfer zu tragen.[54] Aber auch beim Gehen, Stehen und Sitzen mußten die Frauen die Füße einwärts richten, denn es galt als sehr unanständig, wenn die Fußspitzen nach außen wiesen,[55] und als noch unschicklicher, wenn eine Frau wie ein Mann beim Sitzen die Beine übereinanderschlug.[56]

Auch die erotische Darstellung der Genitalien galt in Japan seit eh und je zwar als höchst erregend, aber als unanständig, und die entsprechenden Holzschnitte wurden immer wieder verboten, wobei man allerdings den Eindruck gewinnt, daß *heute* in vielen Fällen eher die Wiedergabe des Schamhaares als die der Genitalien selber Anstoß erregt: So passieren beispielsweise Abbildungen der Genitalien vorpubertärer Kinder, die noch kein Schamhaar haben, nicht selten die Zensur, obgleich an ihnen sexuelle Handlungen vorgenommen werden, und es gibt eine florierende Industrie von *rori-kon-* oder ›Lolita‹-Bildern, auf denen es erwachsene Männer mit unbehaarten Mädchen treiben.[57] Nach § 175 des japanischen Strafgesetzes dürfen zwar das Schamhaar sowie die Vulva, der Penis, der Hodensack und der After von Erwachsenen nicht »realistisch« dargestellt werden,[58] aber die Zensur scheint meist ein Auge zuzudrücken, wenn das Schamhaar oder die Schamlippen einigermaßen undeutlich durch einen halbtrans-

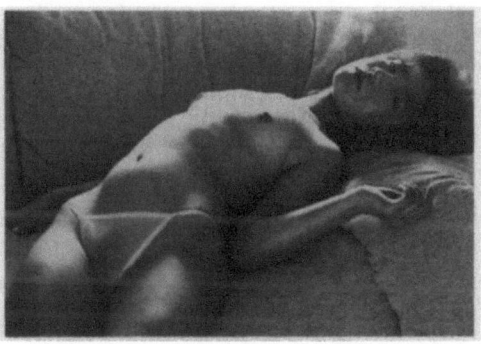

117 Aus einem japanischen Sex-Magazin, 1986.

parenten Slip schimmern (Abb. 117).[59] Außerdem dürfen die perversesten sexuellen Handlungen – etwa das Zerschneiden einer Vulva mit einem Samuraischwert – wiedergegeben werden, solange die Genitalien nicht deutlich sichtbar sind.[60] Viele japanische Werbefotografen stellen bei Nacktaufnahmen eine Auslandsversion mit unbedecktem und eine In-

landsversion mit bedecktem oder zugeschminktem Genitalbereich her (Abb. 118),[61] und auf Sexualkunde-Dias wird die

118 Japanische Werbephotographie, 1980.

Binde über und nicht unter dem Schlüpfer angelegt.[62] Und
während auf den *ukiyoe*-Bildern der *ama*, also der halbnack-
ten und als leidenschaftliche Liebhaberinnen geltenden Fischermädchen, die nach den die Vulva repräsentierenden
awabi-Muscheln tauchen,[63] die Genitalien noch durch Seegras verdeckt werden, war dies anscheinend um das Jahr 1936
nicht mehr möglich, da das Seegras zu sehr an das Schamhaar
erinnert hätte, so daß der Künstler Hiroaki Takahashi es
durch die Fransen eines Handtuchs ersetzte (Abb. 119).[64]
Gleichzeitig scheint es nun kaum ein Volk zu geben, dessen
Männer die weiblichen Genitalien in höherem Maße ästheti-
siert und die ein stärkeres, vor allem visuelles Interesse an der
Vulva entwickelt hätte als die Japaner. Ich meine damit nicht
die weite Verbreitung der apotropäischen Vulvadarstellungen
in Japan, denn diese findet man auch in den meisten anderen
Weltgegenden. So war etwa bei vielen *netsukē* auf der Unter-
seite eine unheilabwehrende und glückbringende Vulva ein-
geritzt; bewahrte man entsprechende Drucke in Kleidertru-
hen auf, um die Motten fernzuhalten, die den chinesischen

119 Hiroaki Takahashi: ›Awabi-Taucherin‹, um 1936.

pi-huo-t'u, den von chinesischen Buchhändlern in ihren Läden versteckten »Bildern, die gegen Feuer schützen«, ähneln.[65] So trugen auch die Samurai bisweilen Bilder von Frauen, welche die Genitalien entblößten, unter den Helmen, wenn sie in den Krieg zogen,[66] und während des

120 Aus *Sento Shinwa*.

Zweiten Weltkriegs fand man häufig in den Taschen der in Südostasien gefallenen japanischen Soldaten Fotos von Prostituierten, die mit den Fingern die Schamlippen auseinanderzogen.[67]

Vielmehr meine ich das *erotische* Interesse an der ›Baubo-Stellung‹ der Frau, die schon bei uralten weiblichen Skulpturen vorkommt und später auf die buddhistische Göttin K(w)annon übertragen wurde, so daß noch heute ein verbreiteter Ausdruck für einen Ausflug in eine Nackt-Show »die Kannon anschauen gehen« lautet.[68]

Das Zurschaustellen mehr oder weniger bekleideter Frauen, die nichts anderes tun, als gegen Bezahlung ihre Vulva zu entblößen und für ein Zugeld mit den Fingern die Schamlippen auseinanderzuziehen, ist alte japanische Tradition. Dabei waren vor allem solche Frauen beliebt, die besonders lange oder künstlich verlängerte Schamlippen, eine *maedare* oder »Schürze«, hatten[69] (Abb. 121). So gab es auch Bettlerinnen,

121 Schaustellung einer Frau mit verlängerten Labien.
Japanischer Holzschnitt, 19. Jh.

die auf der Straße Geld sammelten und die männlichen Passanten in ihre Vagina schauen ließen, sobald sie eine bestimmte Summe zusammen hatten.[70]

Herkömmlicherweise wurden die Prostituierten von den Kunden – bevor man sich handelseinig wurde – wie das Vieh auf dem Markt begutachtet, wobei vor allem ihre Genitalien taxiert wurden,[71] und während der Kunde sich im europäischen Bordell die Hure meist nach ihrem Gesicht oder nach der Beschaffenheit ihrer Brüste auswählte (Abb. 122), führ-

122 Frontispiz aus Crispin van de Passe:
Spigel der Alderschoonste Courtisanen deses tyt, 1631.

ten die japanischen Bordellkataloge dem Kunden vor Augen, wie die Genitalien der einzelnen Huren im Detail beschaffen waren (Abb. 123), oder man präsentierte ihm eine Kollektion der verschiedenen Vulvatypen, die gerade auf Lager waren (Abb. 124). Bereits die ältesten japanischen Bilder zeigen – wie aus Kopien von Originalen des 10. Jahrhunderts hervorgeht – überdimensional große Genitalien,[72] die so detailliert wie nur möglich dargestellt sind, und diese Liebe fürs Detail haben sich die Japaner bis heute erhalten. So erinnern sich beispielsweise die Yap-Insulaner noch sehr gut an die Schande, die ihnen die Japaner im letzten Krieg zugefügt haben, als diese die Frauen zwangen, sich in Reih und Glied

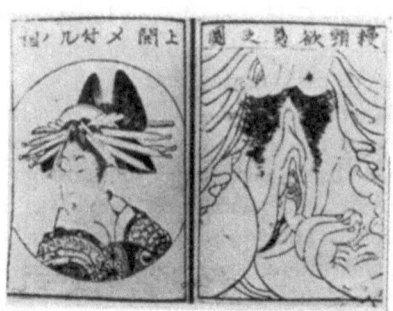

123 Holzschnitt von Utamaro aus einem Bordellführer, spätes 18. Jh.

niederzulegen und die Beine zu spreizen, so daß mehrere Japaner gleichzeitig ihre Genitalien inspizieren konnten,[73] wobei vermutlich die verlängerten Schamlippen der Mikronesierinnen das besondere Interesse der Soldaten gefunden haben werden. In vielen der ca. 40000 »Love Hotels« in Japan, etwa im »Prince of Cherryblossoms« in Osaka, sind die Zimmer als gynäkologische Praxis hergerichtet, in welcher der Kunde seine Dame auf dem Untersuchungsstuhl begutachten kann,[74] und wie mir Prostituierte vom Straßenstrich im balinesischen Kuta erzählt haben, zahlen die japanischen Touristen relativ hohe Summen, um mit dem Vergrößerungsglas die Schamlippen und die Klitoris inspizieren und in die Vagina schauen zu dürfen. Mit der anderen Hand halten sie die Taschenlampe, mit der sie die Vulva ausleuchten, bis sie schließlich den Frauen »ihren Saft auf den Bauch spritzen«.[75]

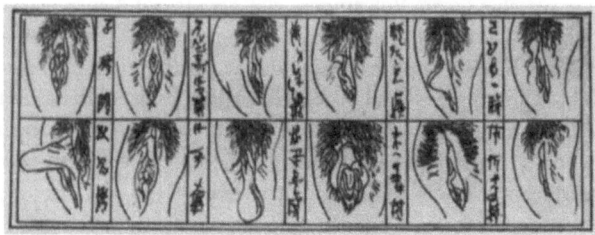

124 Vulvatypen. Japanischer Holzschnitt, 19. Jh.

242

Auch in Japan selber mußten bereits in vergangenen Zeiten die »Fürstinnen der letzten Nacht« dem Kunden erst einmal in allen Einzelheiten zeigen, ›was sie hatten‹, doch meist ließen sie ihre Genitalien nicht betasten, obgleich die Männer dies sehr gerne getan hätten, wie es auch häufig vorkam, daß eine Frau bei Massenveranstaltungen, etwa im Kabuki-Theater, spürte, wie plötzlich ihr Kimono geöffnet und ihr eine Hand zwischen die Beine geschoben wurde.[76] Statt der in Europa und in Amerika üblichen »Topless-Bars« sind in Japan bezeichnenderweise die »Unten-ohne-Bars« verbreitet, in denen die Animiermädchen ohne Slips über den spiegelglatten Fußboden gehen,[77] und wenn im Westen immer noch der mehr oder auch weniger kunstvolle Striptease, also die ›Ausziehshow‹, vorherrscht, beschränkt sich das japanische Äquivalent im wesentlichen darauf, daß das bereits ausgezogene Mädchen von Tisch zu Tisch geht, um ihre Vulva von den mit Taschenlampe und Vergrößerungsglas bewaffneten Herren untersuchen zu lassen.[78] Den Wunschtraum vieler dieser Männer scheint schließlich der im Jahre 1961 veröffentlichte Roman *Nemureru bijo* (»Die schlafenden Schönen«) zum Ausdruck zu bringen, in dem ein paar Männer unter der Bedingung, daß sie niemanden verletzen, fünf Nächte lang an durch Drogen betäubten jungen Mädchen »die Geheimnisse des Frauenkörpers erkunden« dürfen.[79]

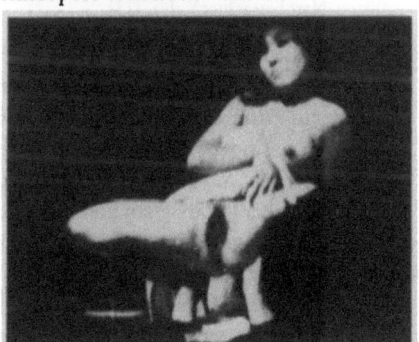

125 »Striptease« (Peep-Show) in Kyōtō, siebziger Jahre.

Zwar scheint im Gegensatz zu den angeführten Gesellschaften in Europa die Anschauung von der häßlichen und abstoßenden Vulva weit verbreitet gewesen zu sein, doch sollte dies nicht darüber hinwegtäuschen, daß es offenbar auch bei uns zu allen Zeiten viele Männer gegeben hat, die durchaus ein visuelles erotisches Interesse an den weiblichen Genitalien an den Tag legten. Dies zeigen nicht nur Darstellungen wie die von Urs Graf oder Pierino del Vaga aus der ersten Hälfte des 16. Jahrhunderts (Abb. 126 und 127), sondern auch litera-

126 Scheibenriß von Urs Graf:
Narr betrachtet Vulva, 1515.

rische Quellen des späten Mittelalters, beispielsweise eine Novelle Anthoine de La Sales, in der von einem Herrn erzählt wird, der unter einem Baum den Körper seiner Gattin studiert. Auf dem Baum befindet sich jedoch – von den beiden unbemerkt – ein Bauer, der auf einen Ast geklettert war, um nach seinem verlorenen Kalb Ausschau zu halten. Der Gatte »war ebenso wie seine Frau guter Laune und heiter und wollte sie von vorn und von hinten sehen, zog ihr das Kleid ab und ließ ihr nur den einfachen Unterrock. Danach hob er ihn trotz ihres heftigen Sträubens hoch, und nicht damit zufrieden, legte er sie, um ihre Rückseite nach Herzenslust sehen und

ihre Schönheit betrachten zu können, auf die andere Seite und
läßt endlich auf ihren dicken Hintern seine harte Hand drei-
oder viermal niederfallen; dann dreht er sie wieder um und
wie er ihren hinteren Teil betrachtet hatte, so macht er es auch
mit ihrem vorderen, worin die gute einfältige Frau um keinen
Preis willigen will; sie widersetzt sich ihm kräftig und Gott
weiß, daß ihre Zunge nicht müßig war. Nun heißt sie ihn bald
unfreundlich, toll, verrückt, bald schamlos,[80] und sagt ihm
tüchtig die Wahrheit, doch es nutzt nichts, er ist viel stärker

127 Bonacorsi, gen. Pierino del Vaga:
›Merkur und Glauros‹, erste Hälfte des 16. Jh.s.

als sie und hat sich in den Kopf gesetzt, ein Verzeichnis von all
ihren Reizen aufzunehmen. Als sie allen Widerstand aufgege-
ben hatte, nahm sich der tüchtige Mann Zeit, ihr Vorderes zu
betrachten, und wenn man es ohne die Scham zu verletzen
sagen kann, er war nicht zufrieden, wenn nicht seine Hände
seinen Augen die Geheimnisse aufdeckten, die er einer
gründlichen Musterung unterzog. Und wie er in diesem tiefen Studium begriffen war, sagte er bald: ›Ich sehe das‹, bald
›ich sehe jenes‹ und so weiter. Und wer ihn hörte, meinte, er
sähe die ganze Welt und noch viel mehr. Und nach einer großen Pause sagte er abermals von dieser anmutigen Betrach-

tung gefesselt: ›Heilige Marie, was sehe ich doch alles!‹ ›Ach‹, rief nun der Bauer vom Baum, ›seht Ihr nicht auch mein Kalb, lieber Herr? Ich glaube seinen Schwanz zu sehen!‹«[81]

In einem bekannten Renaissance-Gedicht rühmt sich ein Höfling aus Ferrara, seine Geliebte habe die schönsten Genitalien, und in einem kurz nach 1600 entstandenen Gedicht, das im Dialekt von Friaul verfaßt ist, werden die Klitoris und die Schamlippen einer Frau detailliert und in höchsten Tönen gepriesen.[82] In einer im Jahre 1633 geschriebenen Elegie John Donnes heißt es, die Frauen »Themselves are mystic books, which only we / Whom their imputed grace will dignify / Must see revealed. Then since I may know, / As liberally, as to a midwife, show / Thyself: cast all, yea, this white linen hence, / Here is no penance, much less innocence«,[83] und besonders im darauffolgenden 18. sowie im frühen 19. Jahrhundert entsteht geradezu eine Flut von Bildern, auf denen zu sehen ist, wie Männer sich am Anblick der weiblichen Genitalien erfreuen (Abb. 128–131), so daß die Behauptung des in § 14 zitierten Sozialwissenschaftlers, die Männer könnten den

128 Thomas Rowlandson:
›The Congregation‹, frühes 19. Jh.

129 Thomas Rowlandson:
›Susannah and the Elders‹, um 1820.

Anblick der Vulva »nicht ertragen«, zumindest in dieser Verallgemeinerung in einem merkwürdigen Licht erscheint.
Dem entspricht, daß auch die Peep-Show keine Erfindung
des 20. Jahrhunderts zu sein scheint und sich offenbar bereits
im 18. Jahrhundert doch so mancher Bordellbesucher erst
einmal die Genitalien der Hure betrachtet hat. So berichtet

130 Das Betrachten der Vulva.
Französische Miniatur, um 1780.

247

131 Peep-Show. Französischer Kupferstich, spätes 18. Jh.

etwa ein Herr aus einem Freudenhaus in Bornheim bei Frankfurt am Main:

»Das Mädchen mochte ohngefehr achzehn Jahre haben, war schön, ihre Brüste, die bei ihrem Hinlegen aufs Bette, wie frische Butterwekke aus dem losgemachten Halstuche emporstiegen; der von ihr selbst in die Höhe gehobene Rok, wo ich nun volle runde Schenkel, und eine recht appetitliche Liebesgrotte antraf; o, Freund! alles das, und was ich empfand da ich ihr die volle Ladung gab, läst sich nicht beschreiben, nur empfinden.«[84]

Schließlich macht auch die Nachfrage nach den Peep-Shows deutlich, daß wir keineswegs – wie der ebenfalls in § 14 zitierte Sexualwissenschaftler behauptet – im Verlaufe des sozialen Evolutionsprozesses »die Stufe der Papuas oder Waikas« verlassen haben, auf der den Menschen angeblich noch nicht gedämmert ist, wie abstoßend und häßlich doch die Vulva ist, oder zumindest müßte man erwarten können, daß sich der Peep-Show-Gast beim ersten Mal mit Grausen wendet und nimmer wiederkehrt. Denn offensichtlich erregt dieser Gast sich nicht an der raffinierten Entkleidung, sondern am Anblick der weiblichen Genitalien. So schreibt etwa eine Soziologin, die den ethnologischen Begriff der »participant observation« durch den der »participant presentation« er-

132 Pariser Prostituierte, um 1860. Photo von Auguste Belloc.

gänzt und für einige Zeit in einer Glaskabine (»phantasy-booth«) gearbeitet hat:

»Und so nach einem halben Tag krieg ich endlich mit, wie ich die Männer in der Kabine halten kann: Sie sind überhaupt nicht scharf auf kunstvollen Striptease und Playboy-Posen, sondern: Die wollen ganz unprätentiös und solide die weibliche Anatomie im Detail studieren: eine Möse von innen, die Klitoris, das Arschloch, alles möglichst nahe, manche bücken sich beim Wichsen, um alles ganz genau zu sehen. Also sitze ich meist einfach auf dem Stuhl wie beim Gynäkologen, die Füße oben an die Scheibe gelehnt, klappe meine Vagina auf und wundere mich, daß ich das nicht als erniedrigend empfinde, wie es sich gehört. Ich kann mein Spiegelbild in der Scheibe sehen, ich gefalle mir, und es gefällt mir zu gefallen, *gerade* wenn ich meine Möse von innen zeige. Hatte ich doch immer versteckte Zweifel daran, daß es Männern wirklich Lust bereitet, eine Vagina anzugucken, zu streicheln, zu küssen ..., immer der Verdacht: Die wollen mir bloß einen Gefallen tun, in Wirklichkeit mögen sie das gar nicht.«[85]

Während es in den westeuropäischen Peep-Shows meist so ähnlich zugeht wie in Wien, wo das »Girl« hinter der Glasscheibe zunächst den Tanga abstreift, dann die Beine rhythmisch öffnet und schließt und sich zum Schluß mit dem Ge-

133 Straßenstricherinnen in Warschau, frühe achtziger Jahre.

säß zu dem Peeper so verbeugt, daß dieser ein letztes Mal ihre Genitalien sehen kann, gibt es beispielsweise im Frisco Theatre in der 42. Straße von New York keine Scheiben; wenn die Klappe sich nach Einwurf eines Quarters geöffnet hat, tritt eines der Girls – die Genitalien in Augenhöhe – heran und sagt »One dollar you can touch me«. Hat der Kunde den Schein durch die Klappe gereicht, darf er Schamlippen, Klitoris und After betasten.[86] Aber auch in Europa darf der Peeper in manchen Städten handgreiflich werden,[87] und in gewissen Etablissements ist es ihm sogar gestattet, vor Publikum einen Cunnilingus zu absolvieren.[88] Inzwischen gibt es auch in Westdeutschland – wie in Japan – zahlreiche Bordelle, in denen einige Räume als Frauenarztpraxis inclusive gynäkologischem Stuhl eingerichtet sind,[89] so daß der Kunde seine anatomischen Kenntnisse über den weiblichen Körper erweitern oder auffrischen kann.

Auch an den »wilden« Nacktbadestränden scheinen viele Männer einem sich zufällig oder auch nicht zufällig ergebenden »pink shot« keineswegs abgeneigt zu sein, und ein bundesdeutscher Besucher dieser Strände erläutert entsprechend: »Vor allem wenn die Mädchen untenrum rasiert sind und man ihr Geschlecht richtig deutlich sehen kann, ist das für Männer wahnsinnig reizvoll, das bringt die unheimlich in Fahrt.

134 Photo von Charles Gatewood, 1970.

Wenn man mit so einem Mädchen auf 'nem Felsen liegt, dann
bricht der Orkan los. Dann legen sich die Männer zufällig 'n
bißchen näher oder tun dann so, als wenn sie lesen, oder setzen ihre Sonnenbrillen auf. Eine Frau ist ja richtig nackt nur
ohne Haare. Wenn ich 'n rasiertes Geschlechtsteil sehe, fahr
ich total drauf ab. Auch bei meiner Frau find ich das ganz
toll.«[90]

Schließlich läßt auch die häufig detailgerechte Ausstattung
der »Seemannsliebchen« oder »Gummimuschis«, die den japanischen »Glücksschachteln« entsprechen, darauf schließen, daß sie nicht allein den Unterleib, sondern auch das
Auge des Benutzers erfreuen sollten. Über ein solches Gerät,
das besonders in Frankreich auch mit einem »After« für die
Freunde des »Analverkehrs« ausgerüstet war, heißt es im Katalog einer französischen Gummiwarenfabrik aus den zwanziger Jahren:

»Cet appareil fort employé par les marins au cours de leurs
longues croisières, porte aussi le nom de ›Dame de Voyage‹. Il
est la reproduction exacte et précise de la moitié inférieure du
tronc féminin jusqu'au gras de la cuisse. L'organe féminin est
reproduit avec un souci scrupuleux de la vérité: poils, grandes
lèvres, petites lèvres, clitoris, le vagin et ses replis sont la vérité même de la nature. De ce fait, pour l'acte d'amour, notre

sexe artificiel donne exactement les mêmes sensations qu'une femme. De plus à sa face postérieure se trouve un anus en matière constrictive ce qui permettra aux amateurs de l'›envers‹ de se satisfaire.«[91]

Von ganz anderer Natur sind natürlich die Darstellungen der weiblichen Genitalien, in denen weibliche Künstler in den letzten beiden Jahrzehnten im Rahmen eines wachsenden Selbstbewußtseins der Frauen in den westlichen Gesellschaften zumindest *dem Willen* zu einer veränderten Sichtweise der Vulva Ausdruck verleihen. Als z.B. im Jahre 1973 die Künstlerin Betty Dodson in New York Fotografien aus ihrem »body workshop« vorführte, auf denen die verschiedenartigsten Vulvatypen zu sehen waren, die je nach Aussehen als »Baroque«, »Danish Modern«, »Gothic«, »Classical«, »Valentine« usw. kategorisiert waren, spendeten ihr die etwa tausend Teilnehmerinnen der Veranstaltung, von denen angeblich viele noch nie ihre Genitalien gesehen hatten, stehend Ovationen.[92] Bekannter als diese Fotos sind die Keramikteller Judy Chicagos geworden, auf denen ebenfalls verschiedene Vulven zu sehen sind, etwa der »Georgia O'Keeffe« genannte Teller (Abb. 135),[93] der vermutlich auf O'Keeffes

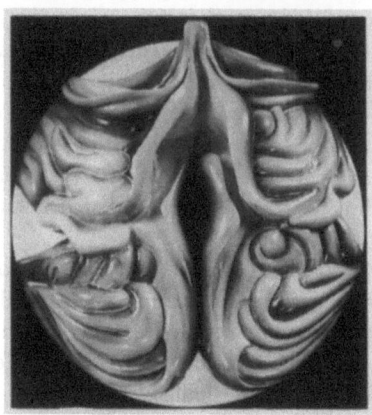

135 Judy Chicago: ›Georgia O'Keeffe Plate‹.
Porzellanfarben auf Keramik, 1974.

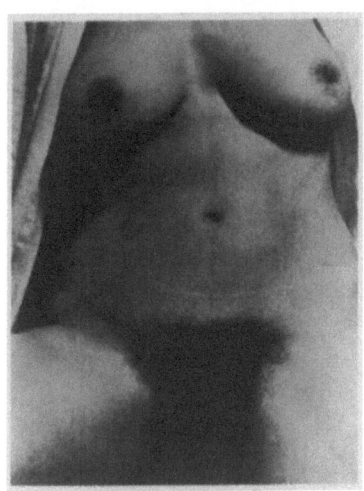

136 ›Georgia O'Keeffe‹.
Photo von Alfred Stieglitz, 1918.

Blumenbilder anspielt,[94] möglicherweise aber auch auf das
Foto, das Alfred Stieglitz im Jahre 1918 vom nackten Leib der
Künstlerin gemacht hat (Abb. 136). Eine vielleicht mehr my-
thologische Bedeutung hat dagegen der Eingang zu dem
Raum der alten Oper in Frankfurt am Main, in dem 1986 das
»Fest der tausend Frauen« stattfand und den Christiane
Dümmler-Cote aus rotem Samt in der Form einer Vulva ge-
staltete.[95]

Männliche, vor allem aber weibliche Kritiker haben etwa den
»Mösentellern« Judy Chicagos vorgeworfen, daß sie »merely
perpetuate the exclusively sexual identity of women, not only
as body but explicitly as cunt«,[96] während andere die Frage
aufgeworfen haben, was denn eigentlich diese Frauenkunst
von der für Männer hergestellten pornographischen »Kunst«
unterscheide, in der gleichermaßen die Frau auf »Arsch, Tit-
ten und Möse« reduziert werde.

Ich bin der Auffassung, daß diese Kritik zu kurz greift. Zugegeben: In einer Zeit, in der Bilder von die Beine spreizenden

137 Aus einem spanischen Sex-Magazin,
frühe achtziger Jahre.

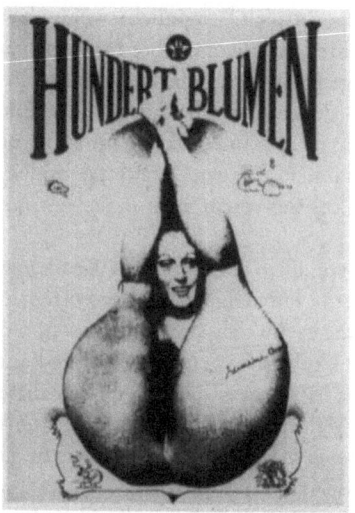

138 Berliner ›Underground‹-Zeitung
Hundert Blumen, Titelseite, 1973.

Frauen zur Standardausstattung von Sex-Heften gehören (Abb. 137), darf man annehmen, daß solche Darstellungen, auch wenn sie in anderen Zusammenhängen stehen, viel von der provokativen Kraft verloren haben, die sie noch vor knapp zwanzig Jahren hatten (Abb. 138). Wenn freilich Judy Chicago sagt: »I use the word ›cunt‹ deliberately«,[97] dann bedeutet dies wohl weniger, daß sie das Wort als Provokation ausspricht, sondern daß sie ihm den herkömmlichen verächtlichen Klang nehmen will. Und wenn sie auf ihren Tellern Vulven darstellt, dann heißt das nicht, daß sie sich und die anderen Frauen auf eine Vulva *reduziert* – denn schließlich hat sie ihre Teller auch nicht »mit der Möse bemalt« –, sondern daß sie zum Ausdruck bringt, daß die Genitalien einer Frau nichts Häßliches, Abstoßendes oder Widerwärtiges sein müssen, sondern etwas Schönes sein können, derentwegen eine Frau sich nicht zu schämen braucht.[98]

§ 16
›Theorie‹ der Körperscham

Wenn also festzustehen scheint, daß zum einen die weiblichen Genitalien nicht *von Natur aus* visuell abstoßend und häßlich sind und daß zum anderen auch in den Gesellschaften, in denen die Vulva als schön und anziehend empfunden wird, eine ausgeprägte Genitalscham existiert, läßt sich die Frage stellen: Warum schämen sich die Frauen – von der Scham der Männer wird der dritte Band handeln –, in der Öffentlichkeit ihre Genitalien sehen zu lassen? Dabei können wir die Behauptung, die These von der Universalität der Körperscham sei »schon früh von den Ethnologen und Kulturwissenschaftlern ad absurdum geführt« worden,[1] es gäbe für sie keine »ernstzunehmenden Belege«,[2] die neueren ethnologischen Untersuchungen tendierten »einstimmig« dazu, daß die »Naturvölker« ihre Genitalien nicht aus Scham bedeckten, sondern um sie zu schützen,[3] alle diese Behauptungen können wir inzwischen als erledigt betrachten. Zwar mag es richtig sein, daß die ›Schamthese‹ heutzutage »wohl kaum mehr ernsthaft vertreten« wird,[4] aber das braucht uns nicht zu kümmern.

Während die Säugetierweibchen in der Zeit des Eisprungs deutliche Brunftsignale aussenden, ist der Östrus der Frauen verborgen. Wenn nun etwa bei den freilebenden Schimpansenweibchen in der Mitte zwischen den alle 35 Tage auftretenden Monatsblutungen die Vulva bis zur »Größe einer mittleren Puddingschüssel« blaßrosa anschwillt,[5] weisen Frauen – bei denen auch die olfaktorischen Signale verhältnismäßig bescheiden sind[6] – keine vergleichbaren Schwellungen auf. Allerdings senden Frauen vor allem durch das Sehenlassen und mehr noch durch die Präsentation der Genitalien sexuelle Signale aus, d. h., sie laden zum Koitus ein, und zwar aufgrund der ›Verwischung‹ der Brunftzyklen zu jeder Zeit.[7]

Weibliche Genitalscham bedeutet nun nichts anderes, als daß die Frauen mit diesen Einladungen haushalten, daß sie sexuelle Reize nicht wahllos an jeden möglichen Sexualpartner aussenden, sondern auf bestimmte Partner beschränken.[8]

Die Scham entzieht also die besonders ›reizenden‹ Körperteile dem *öffentlichen* Blick und *privatisiert* sie, wie es etwa das englische Wort für die Genitalien, »private parts«, zum Ausdruck bringt. Oder anders ausgedrückt: Indem die Frau ihre Genitalien als einen Privatbereich behandelt, kontrolliert sie bis zu einem gewissen Grade die Sichtbarkeit ihrer Kopulationsbereitschaft.

Warum aber tut sie das? Warum restringiert die Frau die Aussendung sexueller Reize, indem sie ihre Genitalien verbirgt oder bedeckt, beim Sitzen oder Hocken die Beine schließt usw.?[9] Warum haben viele menschliche Gesellschaften die informelle Etikette entwickelt, daß ein Mann vor einer nackten Frau in ›nichtintimen‹ Situationen den Blick abwendet und ähnliches mehr?

Zum einen scheint die weibliche Körperscham, also die Restriktion der sexuellen Reizung der Männer, die sexuelle Rivalität unter diesen zu reduzieren,[10] eine Rivalität, die zu ›dysfunktionalen‹ Konflikten innerhalb der betreffenden Gesellschaften führen könnte. Zum anderen begünstigt diese Einschränkung die Partnerbeziehung, d.h. die Institution, die dem Nachwuchs bessere Überlebenschancen gibt, die der Frau eine Entlastung bei der Pflege und Sozialisierung des Nachwuchses garantiert und die ferner, was in bestimmten Gesellschaften relevant ist, dem Mann größere Sicherheit dafür bietet, daß es sich bei diesem Nachwuchs um seinen eigenen und nicht um den eines anderen Mannes handelt.[11]

Wenn also Diderot sagt: »Aussitôt que la femme devint la propriété de l'homme, et que la jouissance furtive d'une fille fut regardée comme un vol, on vit naître les termes *pudeur, retenue, bienséance*,«[12] so trifft er in gewisser Weise den Punkt, wenn er auch angesichts der Utopie des »Nouvelle Cythère« in der Familie lediglich die Institutionalisierung einer die Frau benachteiligenden *Herrschafts*beziehung sehen kann.[13]

Daß unsere Spezies offenbar »semi-social«[14] und in sexueller Hinsicht ›nicht-promiskuitiv‹ oder, wie Aldous Huxley einmal gesagt hat, »moderately gregarious« ist, bedeutet, daß es zum *Wesen* des Menschen gehört, die gesellschaftliche Sphäre, in der er sich bewegt, in einen öffentlichen und in einen privaten Bereich zu teilen, wobei – wie ich im ersten Band zu zeigen versucht habe – Elias und viele andere völlig verkennen, daß auch in fremden, angeblich weniger zivilisierten und in vorneuzeitlichen Gesellschaften eine scharfe Trennlinie zwischen diesen beiden Bereichen gezogen wird, wenn auch oft auf andere Weise als bei uns. Wie zum Wesen der Liebe die Exklusivität gehört – liebten wir jeden gleichermaßen, dann verlöre der Begriff »Liebe« seinen Sinn, er gliche, wie Wittgenstein sagen würde, einem Rad, »das nichts dreht« –, so gehört es zu unserer menschlichen *Identität*, daß wir den Zugang zu bestimmten Bereichen unseres Lebens kontrollieren. Macht man diese Bereiche allzu vielen anderen Menschen zugänglich,[15] dann bedeutet dies nicht, daß man einfach den Kreis derer, die an ihnen teilhaben, *erweitert*, vielmehr *verändert* man in grundlegender Weise diese Bereiche und damit das Wesen der menschlichen Persönlichkeit.[16] Da wir mithin weder Monaden noch Herdentiere sind, haben wir ein uns eigentümliches, tief verankertes Interesse an der Erhaltung von Privatheit, und vielleicht ist es charakteristisch für unseren Status als »Zwischenwesen«, daß auf ideologischer Ebene die Sozialphilosophien immer wieder zwischen den Extremen des Individualismus und des Kollektivismus oszillieren.

Wie wir gesehen haben, ist einer dieser Privatbereiche die menschliche Sexualität, und zu ihm gehören die Teile des menschlichen Körpers, die am eindringlichsten zum Geschlechtsverkehr einladen. Daß Machtausübung[17] oder »patriarchalische« Herrschaftsverhältnisse nicht – wie manche Feministinnen behaupten – *wesentlich* sind für das weibliche

Schamverhalten, ergibt sich aus der Annahme, daß auch in einer hypothetischen Gesellschaft mit einem ›egalitären‹ Geschlechterverhältnis die bindungsfördernde Restriktion sexueller Signale und damit solche Bindungen erwünscht wären. Nur in einer Gesellschaft, die auf solche Bindungen geringen oder gar keinen Wert legte, könnte Sexualität gewissermaßen ›naturalisiert‹, d. h. aus ihrer Verschränkung mit Liebe, Zuneigung, Vertrauen usw. herausgelöst werden, und bekanntlich ist eine solche Lösung der Sexualität aus affektiven und emotionalen Kontexten von den mittelalterlichen »Brüdern des Freien Geistes« bis zu manchen Kommunisten des 20. Jahrhunderts immer wieder als der eigentlichen Natur des Menschen gemäß propagiert worden. So schreibt etwa im Jahre 1879 der Arzt Roderich Hellmann in seinem Buch *Über Geschlechtsfreiheit*, in dem er die »Aufhebung der Scheu vor dem Nackten« durch Ausübung der Nacktkultur empfiehlt, die Kulturgeschichte und die Ethnologie hätten nachgewiesen, »daß das Schamgefühl, sowie überhaupt die das Geschlechtsleben gegenwärtig beherrschenden Ansichten nur anerzogen sind«,[18] und schließt daran an, in dem erstrebenswerten »geschlechtsfreien Staat« werde man im Koitus »kaum etwas Anderes erblicken, als jetzt in der beim Tanze stattfindenden Umarmung«.[19] Und schließlich lehnen fast hundert Jahre später die Gebrüder Cohn-Bendit die »repressive« Gesellschaft der Gegenwart ab, in der »Triebregungen, wenn vorhanden, sublimiert werden müssen«. Die Gesellschaft, die ihnen wünschenswert erscheint, erläutern sie wie folgt, und diese Erläuterung liest sich heute wie ein Zitat aus einem Handbuch für die Yuppie-Generation, wenn diese auch das Wort »konterrevolutionär« durch ein anderes ersetzen dürfte:

»Wir handeln nicht für unsere Kinder, denn das Opfer, dieses Produkt eines stalinistisch-jüdisch-christlichen Humanismus, ist konterrevolutionär, sondern damit wir endlich ›ohne Hemmungen genießen können‹.«[20]

Etwas maliziös und hegelianisch formuliert könnte man sagen, daß der Zeitgeist der kapitalistischen Überflußgesellschaft sich der Stimme dieser jungen ›Verbraucher‹ bedient hat, um zu sich selber zu kommen. Denn in der Tat scheint die – entgegen der Behauptung Elias' – allenthalben in der westlichen Gesellschaft beobachtbare Senkung der Schamschranken *auch* damit zusammenzuhängen, daß diese Gesellschaft, die tendenziell *alles* dem Konsum unterwirft, die Sexualität davon nicht ausnimmt. Eine solche Konsumhaltung gegenüber der Sexualität ist natürlich unvereinbar mit der Scham, weshalb die Konsum*ideologie* alle jene Auffassungen und Ideologien bekämpfen muß, die den Triebverzicht und die Restriktion oder Privatisierung sexueller Stimulierung gutheißen.[21]

Die Vermarktung der Sexualität fordert die Durchsetzung des Hedonismus als ›Konsummentalität‹, fordert das »hemmungslose Genießen« der Cohn-Bendits und damit die Herabsetzung aller Hemmschwellen, die dem Konsum im Wege stehen könnten, etwa die Barriere, die den öffentlichen vom privaten Bereich, *Mein heimliches Auge* vom nichtheimlichen trennt. Sie fordert z. B. die ›Liberalisierung‹ der Homosexualität, da nicht einzusehen ist, warum diese Genüsse illegitim, warum sich die Männer nicht auch untereinander sexuell ›verbrauchen‹ sollten,[22] sie begünstigt die Kinderfeindlichkeit (»Wir handeln nicht für unsere Kinder«), die Abwertung der Familie und der ehelichen Treue, der Virginität, aber auch des Alters. Und deshalb ist es auch nicht so sehr *der* nackte Körper, der immer weniger mit Scham besetzt wird, sondern der *junge* Körper, der sexy ist und leistungsfähig: »Sowohl Jeans-Mode wie Arbeiter-Look, sowohl das Nacktbaden wie das Destructuré erheben ein einziges Geschlecht zur Norm: das Jungsein.«[23]

Natürlich will ich mit diesen überspitzten Formulierungen nicht behaupten, daß wir heute die Utopie einer schamfreien und sexuell nicht-restriktiven Gesellschaft realisiert hätten, denn wäre dies der Fall, dann lebten wir in der Tat als ein Konglomerat beziehungsloser Monaden oder – was auf dasselbe hinausliefe – als die »Herde ohne Hirt«, von der Nietzsche gesprochen hat, befänden wir uns in einer Gesellschaft, in der das, was im soziobiologischen Jargon »random copulation« genannt wird, das evolutiv angemessenste Sexualverhalten darstellen würde. Ich stelle lediglich fest, daß diese relativ weitgehende hedonistische Entwertung oder, wenn man will, Liberalisierung der Sexualität, die für die letzten Jahrzehnte charakteristisch ist, sowohl in der Vergangenheit als auch in anderen Teilen der Welt ihresgleichen suchen muß. Ob eine solche ›hedonistische Gesellschaft‹ wünschenswert ist oder nicht, überlasse ich dem Urteil des Lesers.

Auf einem anderen Blatt steht die Frage, ob das beschriebene Schamverhalten *angeboren* ist, und da mir zahlreiche Rezensenten und Kritiker des ersten Bandes seltsamerweise unterstellt haben, ich hätte diese Frage bejaht,[24] möchte ich zum Abschluß auf sie eingehen.

Betrachten wir zunächst unsere eigene Gesellschaft, so hat es den Anschein, daß die meisten Kinder in einem bestimmten Alter anfangen, sich zu schämen, wenn andere Personen sie nackt sehen,[25] und es wird berichtet, daß so mancher Erwachsene sich noch an die »Todesangst« erinnere, die er ausstehen mußte, als man ihn als Kind dazu zwang, sich vor allem vor Kindern des anderen Geschlechts auszuziehen.[26] So sagt etwa eine Kinderärztin:

»Ein achtjähriger Junge hat mir erzählt, er gehe nicht mehr zu jener Ärztin, die von ihm verlangt hatte, daß er seine Hose auszog. Größere Kinder müssen sich bei mir nicht ganz ausziehen. Bei älteren Jungen, wo ich wissen will, ob die Testikel deszendiert sind oder nicht, lüfte ich das Höschen ein wenig und sage dem Vater oder der Mutter: ›Dreht euch mal um, wir zwei machen das schon‹.«[27]

In den amerikanischen Nudistencamps gibt es praktisch keine Teenager – »Even children who have gone to nudist camps regularly with their parents when young tend to drop out when they enter their early teens«[28] –, und Soziologen haben an dem ›wilden‹ Nacktbadestrand von San Diego, Black's

139 Nudistenpaar mit bekleidetem Sohn.
Photo von Diane Arbus, sechziger Jahre.

Beach, beobachtet, daß die Kinder sich ab dem Alter von
etwa fünf Jahren zu schämen begannen, nackt herumzulau-
fen. Wenn bisweilen Eltern ihre Teenager dazu aufforderten,
sich ebenfalls nackt auszuziehen, reagierten diese mit Entsetzen.[29]

An manchen regulären Nacktbadeständen in Europa wird
zwar – so die Autorin eines »FKK-Ratgebers« – »verlangt,
daß Eltern widerstrebende Kinder dazu bringen, sich auszuziehen. Ich halte das jedoch für Unsinn, und die meisten Eltern sind anscheinend auch dieser Meinung. Denn man sieht
auf Naturisten-Plätzen mehr angezogene Kinder als Erwachsene. Das ist ganz auffällig.«[30]

In der finnischen Sauna – wo man bisweilen auch schon früher nach Geschlechtern getrennt schwitzte und wo in jedem
Falle strenge Schicklichkeitsregeln beachtet wurden[31] – tragen die Jugendlichen beiden Geschlechts fast immer Badean-
züge bzw. Badehosen. Die Erwachsenen meinen dazu: »Die
Jungen und Mädchen sind in diesem Alter unsicher. Die Jungen werden von Erektionen überrascht und die Mädchen wissen nicht, ob ihr Busen richtig entwickelt ist. Wir lassen ihnen
Zeit. Ihre Schamhaftigkeit vergeht von selbst, wenn sie erwachsen sind.«[32] In den alten Zeiten vermieden die Burschen
und die jungen Mädchen es in vielen Gegenden überhaupt,
gemeinsam die Sauna aufzusuchen.[33]

140 Finnische Frauensauna.

Neill, der Begründer der Summerhill-Schule, berichtet, daß in den fünfziger Jahren nicht nur die Jungen Badehosen trugen, sondern auch die Mädchen einen brustbedeckenden Badeanzug. Einige von den Mädchen sonnten sich zwar nackt, doch nie in Anwesenheit eines Jungen. An sehr heißen Tagen zogen sich die Mädchen bis zum Alter von neun Jahren nackt aus, aber die kleinen Buben taten das nur selten, was Neill sehr merkwürdig findet, weil Freud doch gelehrt habe, daß ein Junge stolz auf seinen Penis ist, während ein Mädchen sich schämt, weil es keinen hat.[34] In den sechziger Jahren scheinen sich die Gewohnheiten allerdings teilweise geändert zu haben, denn die jungen Mädchen badeten meist auch dann ohne Badeanzug, wenn Jungen zugegen waren (Abb. 141), aber diese blieben – um Freud den Todesstoß zu versetzen – fast immer bei der Badehose, und zwar »aus Rücksicht auf physiologische Reaktionen, über die sie keine Kontrolle haben«, wie die antiautoritäre Stimme widerstrebend erklärt.[35] Auch bei der »orthopädischen Nacktgymnastik«, die der sozialdemokratische Volksschullehrer Adolf Koch ab dem Jahre 1923 mit Billigung der Schulbehörde im Berliner Arbeiterviertel Moabit durchführte und die eine reichsweite Pressekampagne gegen den »Nackttanz in der Schule« nach sich zog (Abb. 142), waren die zehn- bis vierzehnjährigen Mädchen nackt,

263

141 Schülerinnen in Summerhill, 1965.

während die gleichaltrigen Knaben eine Badehose anbehielten,[36] vermutlich aus den nämlichen Gründen.

In Japan stellten Beobachter schon sehr früh fest, daß die Buben und Mädchen ab dem Alter von etwa zwölf Jahren die gemischten Bäder mieden,[37] und von den jungen Mädchen der Indianer am Rio Papuri wird berichtet, daß sie sich stets scheuten, gemeinsam mit Männern zu baden, was die Frauen hingegen zumindest bisweilen taten.[38]

Bei den Negritos von Camarines sagten die Mädchen mit etwa acht und die Buben mit etwa zehn Jahren, daß sie nicht länger nackt herumlaufen und ihren Genitalbereich bedecken wollten,[39] und die Kinder der Senufo verlangten ungefähr im Alter von sechs oder sieben von ihren Eltern, daß diese sie kleideten, weil das Schamgefühl sich meldete.[40]

Die Angmagssalik-Eskimo nannten die Pubertät, die im Alter von 15 bis 16 Jahren eintrat, *kaŋisulerser*, »er (oder sie) fängt an, sich zu schämen«, und ab dieser Zeit konnte man kein Mädchen und keinen Jungen mehr ohne kurze Hosen sehen,[41] ja, viele junge Eskimo-Mädchen bedeckten im Gegensatz zu ihren Müttern sogar die sich entwickelnden Brüste (Abb. 143), und bei den Utku-Eskimo schliefen die Mädchen und Jungen voll bekleidet, um jegliche Möglichkeit einer Entblößung beim Umziehen auszuschließen.[42]

264

142 Adolf Kochs Gymnastikschule. Karikatur, 1925.

Auch auf den Trobriand-Inseln haben vor allem die Zehn- bis
Achtzehnjährigen ein ausgeprägtes Schamgefühl. Obgleich
sowohl die Jungen als auch die Mädchen in der unweit des
Dorfes gelegenen Süßwasser-Badegrotte stets unter sich waren, badeten sie nie nackt und wenn, dann hielten sie sich
wenigstens die Hand vor die Genitalien. Die jungen Ethnolo-
ginnen taten dies nicht und wurden daraufhin »natürlich ge-
bührend bestaunt«.[43]
Zeigen nun all diese Beispiele, daß die Körperscham angeboren ist, d. h., daß sie auf stammesgeschichtliche Anpassungen
zurückgeht, vergleichbar dem Lächeln, das sich ja auch bei
taub und blind geborenen Kindern findet?[44] So meinte schon
Sigmund Freud:
»Man gewinnt beim Kulturkinde den Eindruck, daß der Aufbau dieser Dämme ein Werk der Erziehung ist, und sicherlich
tut die Erziehung viel dazu. In Wirklichkeit ist diese Entwicklung (jedoch) eine organisch bedingte, hereditär fixierte
und kann sich gelegentlich ganz ohne Mithilfe der Erziehung
herstellen. Die Erziehung verbleibt durchaus in dem ihr ange-

265

143 Cape Prince of Wales-Eskimofamilie, 1908.

wiesenen Machtbereich, wenn sie sich darauf einschränkt, das organisch Vorgezeichnete nachzuziehen und es etwas sauberer und tiefer auszuprägen.«[45]

Nun mag zwar die Universalität einer Verhaltensreaktion eine notwendige Bedingung dafür sein, daß sie angeboren ist,[46] aber natürlich keine hinreichende, und es bleibt die Möglichkeit, daß z. B. die Körperscham »rein funktionsbedingt« ist. Verhaltensforscher wie Eibl-Eibesfeldt meinen indessen, die Tatsache, daß die Scham sich beim Kinde »gar gegen erzieherischen Druck« entwickle, sei ein »starkes Indiz dafür, daß hier stammesgeschichtliche Anpassungen des Verhaltens mitbestimmen«.[47] In der Tat führen verschiedene soziale Experimente klar vor Augen, in welch starker Weise sich die Natur – so scheint es zumindest – gegen die Ideologie gesträubt hat.

Ähnlich wie die Nudisten wollten beispielsweise die Kibbuzniks beweisen, daß Nacktheit und Sexualität keineswegs – wie die jüdisch-christlich-muslimische Tradition es will[48] – wesentlich miteinander verbunden sind und daß deshalb von den historischen Hypotheken entschlackte Menschen sich »ohne etwas dabei zu denken« voreinander nackt zeigen könnten. Als freilich die älteren Buben und Mädchen, die gemeinsam in einem Zimmer schlafen und gemeinsam duschen

266

mußten, dabei sexuelle Gefühle und Scham erlebten, schämten sie sich über ihre Scham und über die Empfindungen, die sie als »schmutzig« ansehen mußten, und versuchten, in ihrem Erscheinungsbild stets so asexuell wie nur möglich zu wirken. Dies führte dazu, daß die Erzieher im Kibbuz sich Gedanken darüber machten, »warum unsere Mädchen in einem Alter, in dem amerikanische Teenager möglichst attraktiv wirken wollen, sich weigern, Kleider anzuziehen, die ihre Brüste betonen«.[49]

Vor allem die Mädchen empfanden im vorpubertären Alter[50] das gemeinsame Duschen mit den Buben als »eine Art Folter«, und in den gemeinsamen Schlafräumen entkleideten sie sich erst, wenn es völlig dunkel war, aber auch dann taten sie dies nur Rücken an Rücken. Selbst in den heißen Sommernächten trugen sie stets Nachthemden oder Pyjamas für den

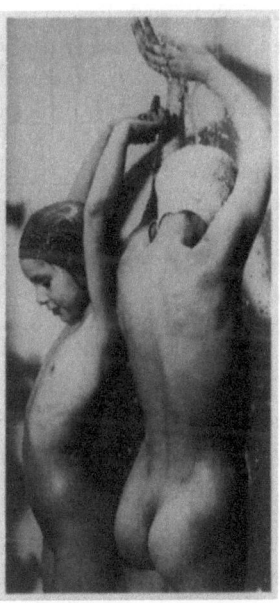

144 Mädchen unter der Dusche.
Photo von Carl Andreas Abel, 1957.

267

Fall, daß im Schlaf die Bettdecke herunterrutschte.[51] Im Jahre 1951 probten schließlich die Mädchen im Kibbuz Kiryat Yedidim den Aufstand. Sie schlossen die Jungen aus der Dusche aus und gingen abends vor ihnen in die Schlafräume, so daß sie sich alleine ausziehen konnten. Zwar respektierten die Kibbuzautoritäten zunächst den Willen der Mädchen nicht, aber nachdem diese die gemeinsame Dusche und das Voreinanderausziehen konsequent boykottierten, lenkten sie ein. Nach einem etwa zwanzigjährigen Kampf verschwanden in Kiryat Yedidim und in anderen Kibbuzim die gemeinsamen Schlafräume, Duschen und Toiletten.[52]

Aber selbst nach der Pubertät bleibt die Körperscham der Geschlechter voreinander bestehen, wenn auch beide auf das Getue, das die Mädchen und Jungen mit dem gemeinsamen Nacktsein verbinden, verzichten.[53] In den frühen Tagen der Kibbuz-Bewegung gab es auch Erwachsene, und zwar vor allem solche, die mit der Jugendbewegung ›Hashomer Hatzair‹ verbunden waren, die – beide Geschlechter gemeinsam – in der Öffentlichkeit duschten. Aus Gründen der Scham wurden diese Versuche jedoch eingestellt. Freilich war man der fälschlichen Hoffnung oder Überzeugung, daß die nächste oder übernächste Generation, die »natürlich« herangewachsen sei, derartige Probleme nicht mehr kennen würde.[54]

Beweisen also diese oder die Beispiele jener Kinder, die sich weigern, es ihren nacktbadenden Eltern gleichzutun, daß hier tiefverankerte stammesgeschichtliche Anpassungen wirksam sind?

Nun scheint es freilich, daß den Schülerinnen von Summerhill innerhalb einer relativ kurzen Zeit – allerdings im Gegensatz zu den Schülern – die Körperscham gewissermaßen abtrainiert worden ist, und es mag nicht wenige Leser geben, die behaupten werden, daß sie sich »nichts dabei denken«, wenn Angehörige des anderen Geschlechts ihre Genitalien sehen. So schreibt mir etwa ein Leser des ersten Bandes:

»Mein Bub wächst nun, anders als ich, dem nackten Körper gegenüber ›unbefangen‹ auf, nicht nur zuhause, sondern auch im evangelischen Kindergarten: Die Erzieherinnen duschen mit den Kindern und begleitenden Eltern im Schwimmbad selbstverständlich gemeinsam unbekleidet. Ob er und seine Altersgenossen später ihrerseits eine Befreiung aus dem ›Nacktheitszwang‹ brauchen, ob in ihnen einmal das ›natürliche Schamgefühl‹ gegen anerzogene Schamlosigkeit revoltiert, bleibt abzuwarten. Ich rechne allerdings, wie unschwer zu erraten, nicht damit.«

Nun haben freilich auch die Kibbuzniks der ersten Stunde mit so manchem nicht gerechnet, und es ist die Frage, ob die Erzieherin wirklich »unbefangen« bleibt, wenn ein begleitender Vater auf ihre Genitalien schaut, oder ob sie lediglich aus ideologischen Gründen so tut, wie wenn »gar nichts dabei« sei. Liegt ihre »Unbefangenheit« nicht viel eher darin, daß es ihr verhältnismäßig gleichgültig ist, ob sie den Mann sexuell stimuliert oder nicht, weil heutzutage die Sexualität in viel stärkerem Maße als früher aus emotionalen, affektiven und institutionellen Zusammenhängen herausgelöst und in diesem Sinne entwertet wird? Oder geht es ihr wie jenen Frauen, von denen eine Autorin behauptet, im Gegensatz zu den Männern schämten sie sich überhaupt nicht, ihren Genitalbereich zu entblößen, weil es da ja viel weniger zu sehen gäbe und weil sie ja gar »keine Heimlichkeit« präsentierten?[55]

Wie dem auch sein mag und auf die Gefahr hin, einige Leser zu enttäuschen: Ich glaube nicht, daß die Frage, ob die Körperscham ›genetisch fixiert‹ ist, gegenwärtig entschieden werden kann. Über die Kibbuz- und Nudismus-Beispiele hinaus müßte meines Erachtens gezeigt werden, daß die Versuche, die Körperscham zu eliminieren, unter den verschiedensten gesellschaftlichen Bedingungen zum Scheitern verurteilt sind. Die allgemeine Erosion von Peinlichkeitsstandarden und Schamschranken in der modernen westlichen Gesellschaft scheint dem freilich eher zu widersprechen. Es bleibt natürlich fraglich, ob dieser Erosionsprozeß anhält. Aber dies ist wieder eine andere Geschichte.

Anhang:
Antwort auf die bisherige Kritik
»Empirische« Einwände

I. Norbert Elias, der die Meinung vertritt, meine »Äußerungen« seien »voll lauter Töne« und ich hätte »viel Lärm um nichts« gemacht,[1] läßt es sich trotzdem nicht nehmen, wiederholt auf dieses »Nichts« einzugehen. »Recht unverständlich bleiben mir die Vorwürfe«, so Elias, »die mir Duerr wegen einiger Bordellszenen macht, die auf burgundischen Miniaturen zu sehen seien. Ich habe diese Miniaturen in meinem Buch nicht besprochen; sie sind nur in einem zu anderem Zweck als Note beigefügten Zitat erwähnt.«[2]

Dies ist unrichtig, denn Elias zitiert in seinem Buch zunächst ausführlich einen älteren Kulturhistoriker, der die erwähnten burgundischen Miniaturen aus dem 15. Jahrhundert beschreibt und der dann anmerkt:

»Gar zu züchtig ist es in dieser Art von Badestuben nicht zugegangen, und anständige Frauen werden sie wohl nicht benutzt haben. Für gewöhnlich sind aber die Geschlechter gewiß getrennt gewesen; eine so offenkundige Verhöhnung allen Anstandes hätten die Väter der Stadt nimmer geduldet.«[3]

Warum zitiert Elias diese Anmerkung des Historikers? Weil er damit vor Augen führen will, »wie die Affektlage und der Peinlichkeitsstandard seiner eigenen Zeit«, nämlich des späten 19. Jahrhunderts, diesen Mann zu einer völlig falschen Einschätzung der wirklichen Sachlage verführt hätten:

»Die Ratlosigkeit des späteren Betrachters ist nicht weniger groß, wenn er sich Sitten und Gebräuchen der früheren Phase gegenübergestellt findet, die einen anderen Standard des Schamgefühls ausdrücken. Das gilt in besonderem Maße z. B. von den mittelalterlichen Badesitten. Es erscheint im 19. Jahrhundert zunächst völlig unbegreiflich, daß die Menschen des Mittelalters sich nicht schämten, in größerer Anzahl

145 Illustration zu einer französischen Ausgabe
des Valerius Maximus, 15. Jh.

146 Illustration zu Valerius Maximus, 15. Jh.

nackt zu baden und zwar oft genug beide Geschlechter zusammen.«[4]

Abgesehen davon, daß es gerade die Kulturhistoriker des vergangenen Jahrhunderts waren, die den anscheinend unerschütterlichen[5] Mythos vom schamfreien Treiben der Nackten in den mittelalterlichen Badstuben propagiert haben, sieht man also sehr deutlich, daß Elias die burgundischen Miniaturen keineswegs, wie er es jetzt darstellt, »zu anderem Zweck erwähnt« hat.

Elias hat freilich nicht das geringste Recht, dem wilhelminischen Sittenschilderer ein falsches Verständnis mittelalterlicher Schicklichkeitsstandarde vorzuhalten. Denn daß hier wirklich eines der in manchen Städten recht zahlreichen Badebordelle zu sehen ist und nicht – wie Elias es will – eine ehrbare Badstube, in der die angeblich damals übliche »Vermischung der Geschlechter beispielhaft vor Augen« geführt werde, wie es neuerlich heißt,[6] wäre allen Interpreten dieser Bilder klargeworden, wenn sie nur einen Blick auf den Text geworfen hätten, der durch die Miniaturen illustriert werden sollte. Es handelt sich nämlich um eine Stelle in der *Sammlung merkwürdiger Reden und Taten* des zur Zeit des Tiberius lebenden Schriftstellers Valerius Maximus, eines Buches, in dem der Autor der Anständigkeit des verflossenen republikanischen Zeitalters nachtrauert. Dort heißt es:

»Eben so abscheulich war das Fest, welches der Amtsdiener der Tribunen, Gemellus, ein Freigeborener, dem jedoch sein niedriges Geschäft seine Stelle unter den Sklaven anwies, dem Konsul Metellus Scipio und den Volkstribunen zur großen Schande des Staates gab. Er machte nämlich seine Wohnung zu einem Bordell, und gab Mucia und Fulvia, welche beide durch ihre Väter und Gatten einen angesehenen Namen erhalten hatten, sowie Saturninus, einen vornehmen Knaben, preis. Welche verworfenen Geschöpfe mußten es sein, die sich hierzu willig finden ließen und sich den Einfällen trunkener Lust hingaben! Solche Orgien sollten Konsuln und Tribune nicht besuchen, sondern bestrafen.«[7]

Um also die römischen Sex-Orgien zu veranschaulichen, waren den spätmittelalterlichen Ausgaben des Buches bildliche Darstellungen zeitgenössischer »Orgien« in den Badebordellen beigegeben, Etablissements, die zumindest im gotischen Frankreich ausnahmslos mehr Betten als Badezuber aufwiesen.[8] Während die normalen Badstuben vor allem von Angehörigen der Unterschichten aufgesucht wurden – sie waren, wie es 1513 in der Kurpfalz heißt, für »dienende und arme Leut« eingerichtet worden,[9] da die Wohlhabenderen meist über Privatbäder verfügten –, dienten die Badebordelle vorwiegend den sexuellen Vergnügungen eines gehobeneren Publikums. Im Gegensatz zu den relativ billigen Huren der städtischen Frauenhäuser, die etwa in Dijon einen *blanc*[10] verlangten, was ungefähr dem Arbeitslohn einer Frau für einen halben Tag in den Weinbergen entsprach,[11] waren die Badhuren wesentlich teurer, da sie meist jünger waren und in einer gepflegteren Atmosphäre arbeiteten. Vor allem aber wurden die Badebordelle (»estuves bordiaus«) – wenigstens im südöstlichen Frankreich – seltener kontrolliert, so daß auch ein verheirateter Kunde – dem das Frauenhaus ja ver-

147 Der ›Verlorene Sohn‹ im Badebordell.
Marburger Bildteppich, um 1400.

wehrt war – relativ unbeschwert seine sexuellen Bedürfnisse befriedigen konnte.[12]

Aber noch etwas anderes macht deutlich, daß auf der Miniatur keine Alltagsszene in einer normalen Badstube gezeigt wird. Betrachten wir nämlich die Miniatur nicht isoliert, sondern vergleichen wir sie mit den anderen Illustrationen ihrer unmittelbaren Umgebung, dann zeigt es sich, daß auch hier ein sündhaftes oder maßloses Verhalten angeprangert wird, beispielsweise in ›Die Tafel der Mäßigen und die Tafel der Unmäßigen‹ (Abb. 148), einer Miniatur, auf der die Völlerei

148 Meister Antons von Burgund:
›Die Tafel der Mäßigen und Unmäßigen‹, um 1470.

mancher Zeitgenossen mit dem verglichen wird, was eher dem Normalverhalten der städtischen Bevölkerung des 15. Jahrhunderts entsprochen haben dürfte.

Nachdem Elias bestritten hat, in unserem Zusammenhang die burgundischen Miniaturen erwähnt zu haben, fährt er fort:

»Ausführlich besprochen habe ich Bilder des unbekannten Hausbuchmeisters. Dort ist unter anderem ein Badehäuschen abgebildet, zwei Männer und ein Mädchen sitzen nackt im Wasser, ein zweites Mädchen ist im Begriff, dazuzusteigen. Mein Kommentar *berichtet einfach, was da zu sehen ist.* Was da zu sehen ist, spricht kaum mit Bestimmtheit dafür, daß es sich um eine Bordellszene handelt.«[13]

Nun ist es allerdings keineswegs so, daß Elias die Zeichnung richtig beschreibt. Denn wenn er beispielsweise behauptet, daß »oben, von der zweiten Etage« des Hauses »Magd und Knecht« zusehen, »wie die Herrschaft sich vergnügt«,[14] so spricht zum einen nichts dafür, daß es sich bei den dargestellten Personen um Magd, Knecht und Herrschaft handelt, und zum anderen schauen auch die beiden oberen Personen mitnichten auf die Badegesellschaft – die sich ja *im Inneren* des Badehauses befindet – hinunter (Abb. 149a).

149a *Mittelalterliches Hausbuch*, fol. 19a, um 1480.

Aber davon einmal abgesehen: Ist es wirklich so, daß Elias lediglich berichtet, »was da zu sehen ist«?

Keineswegs, denn in Wirklichkeit führt Elias dieses und andere Bilder des Hausbuchmeisters als Beleg dafür an, daß die »Affektstandards« sich »zwischen dieser späten, ritterlichen und der kommenden, absolutistisch-höfischen Gesellschaft« unterschieden. Er will mit dieser spätgotischen Zeichnung beweisen, daß im späten Mittelalter »die erotische Beziehung zwischen Mann und Frau« und die Nacktheit »noch nicht so mit Schamgefühlen belegt« seien, daß man sie in camouflierter oder »obszöner« Weise darstelle. Die Wiedergabe von Liebe und Nacktheit sei »naiv« und zeige mithin, »wie anders der gesellschaftliche Standard des Schamgefühls hier war«.[15]

Da ich erst im nächsten Band die angebliche Unbefangenheit der mittelalterlichen Darstellung von Nacktheit und Sexualität behandeln werde, sollten wir jetzt fragen: *Was* ist auf der Zeichnung zu sehen? Ist es wirklich so, wie Elias behauptet, daß nichts dafür spricht, daß es sich um eine »Bordellszene« handelt? Wie ich zu zeigen versuche, hat Elias es auch in diesem Falle nicht verstanden, das Bild *zu lesen*, es *zu entschlüsseln*; vielmehr begnügt er sich ein weiteres Mal damit, die Zeichnung auf naive Weise als das Abbild einer Alltagsszene zu betrachten.

Zunächst mag es nicht ganz unwichtig sein, den Hintergrund des Bildes zu betrachten, in dem ein von Büschen gesäumter Weg zu sehen ist. Zwar gab es im späten Mittelalter auch Badstuben, die außerhalb der Ringmauern lagen, etwa die im Jahre 1408 erstmals erwähnte »badstube mit summerhus uf der landfeste« jenseits der Mauern Straßburgs, wo die Kunden sich nach Bad und Massage in der Sonne trocknen lassen konnten,[16] doch normalerweise befanden sie sich zwar in den Randbezirken der Städte, aber fast immer *innerhalb* der Stadtmauern, während die Bordelle häufig außerhalb der Stadt standen; ja, nach einer Etymologie ist »Bordell« die Verkleinerungsform von *borde*, womit man ein sich meist außerhalb der Ringmauer befindliches, einzeln stehendes Haus im Gegensatz zum städtischen Haus (*maison*) bezeichnete.[17] So hieß beispielsweise der im Jahre 1270 erstmals erwähnte Aussätzigenhof oberhalb von Vallières im Nordosten von Metz, der aus eingezäunten Hütten bestand, Les Bordes.[18] Daß wir hier eine Variante des *locus amoenus* vor uns haben, in der freilich nicht die kindliche Unschuld und sündlose Sinnlichkeit der Menschen, sondern ihre sexuelle Lasterhaftigkeit dargestellt ist, wird deutlich, wenn wir die Szenerie des Hauses anschauen. Im ersten Stock betrachtet keineswegs – wie Elias behauptet – das Dienstpersonal die im Parterre badende Herrschaft. Vielmehr blickt eine junge Frau mehr oder weniger kokett auf einen jungen Mann, der sich auf die Brüstung gelehnt hat. Dabei scheint sie – nach der Handhaltung zu urteilen – den Fensterladen schließen zu wollen, womit sie – so läßt sich vermuten – den Mann in die Kammer locken will. In der Tat werden wir weiter unten sehen, daß auf einer anderen Zeichnung des Hausbuchmeisters (Abb. 157a) Frauen in dieser oder ähnlicher Weise die Männer anzulocken versuchen. Die Szene ist zwar in keiner Hinsicht »obszön«, aber sie ist auch nicht ganz so »naiv« oder »kindlich«, wie Elias sie hinstellt.

Innerhalb des Hauses sitzen zwei Männer und eine nackte Frau im Bade, wobei die Frau Zeige- und Mittelfinger der linken Hand kreuzt. Mit dieser Geste der Finger der linken Hand erklärte man im späten Mittelalter beispielsweise einen mit der rechten Hand getätigten Schwur für ungültig, oder die törichte Jungfrau auf einer Federzeichnung von Urs Graf aus dem Jahre 1517 annulliert mit dem Kreuzen dieser Finger ihre Tugendhaftigkeit, die durch eine mit der rechten Hand hochgehaltene Lampe symbolisiert wird.[19] Und so verhält es sich aller Wahrscheinlichkeit nach auch im vorliegenden Fall: Die nackte Frau macht den beiden Männern Avancen, indem sie mit der Geste der linken Hand signalisiert, daß sie keine ehrbare und tugendhafte Frau ist, sondern eine Hure oder zumindest ein loses Flittchen. Auch die zweite Frau, die mit entblößten Brüsten soeben die Schwelle des Hauses überschreitet, deutet durch ihr Sichumschauen an, zu welchem Zwecke sie das Etablissement betritt: Auf einer anderen, ebenfalls von Elias fehlinterpretierten Zeichnung[20] des Hausbuchmeisters (fol. 15a) schaut sich ein Mann, der sich gerade zwischen die gespreizten Schenkel einer Frau begibt, um, ob jemand in der Nähe ist, der Zeuge des Liebesaktes werden könnte. Denn wie bereits der *Roman de la Rose* beschreibt, begab sich so manche scheinbar ehrbare Frau ins Badebordell, und was sie dort trieb, bedurfte keiner Zeugen.[21]

Es gibt aber noch weitere Indizien, die darauf schließen lassen, daß wir einen Bordellbetrieb vor uns haben. In dem als Liebesgarten oder – genauer gesagt – als ›Garten der Vanitas‹ gestalteten Hof[22] (Abb. 149b) umfängt ein Mann eine Jung-

149b *Mittelalterliches Hausbuch*, fol. 18b, um 1480.

frau, die von einer Zofe mit Gebende begleitet wird, mit dem Arm und berührt sie mit den Fingern seitlich an der Brust, während die Frau, die neben dem Falkner in einem Brief liest, gar das Kleid über die Knie gerafft hat, so daß ein Teil des Oberschenkels sichtbar ist – eine absolute Undenkbarkeit bei einer anständigen gotischen Frau, die, wie wir im folgenden Band sehen werden, nicht einmal den Fuß zeigen durfte!

Aber auch der Falke auf der linken Hand des modisch aufgeputzten jungen Mannes scheint hier ein Minnesymbol zu sein. So sehen wir beispielsweise auf Abb. 150 den Minnesänger Leuthold von Seven, wie er gerade seiner Angebeteten einen Liebesbrief überreicht. Der Falke auf seiner Linken versinnbildlicht ihn selber, der – gefesselt durch die Bande der Minne – zum Knecht der Frau geworden ist.[23]

Auf dem Gerüst neben dem Mäuerchen sitzt ein Affe, der einen zu ihm hochschauenden Hund reizt. Der Affe war im

150 ›Herr Leuthold von Seven‹.
Manessische Handschrift, frühes 14. Jh.

Mittelalter ein bekanntes Symbol der Luxuria, der Wollust und des Ehebruchs, der blinden Geilheit und der Schamlosigkeit.[24] Insbesondere die weiblichen Affen hielt man für äußerst lasziv: Sie erregten die Männchen, indem sie vor ihnen den Hintern verführerisch zur Schau stellten, und deshalb standen sie für die käuflichen Frauen – in den romanischen Ländern bezeichnete man die Huren mit *guenon, singesse, mona, maimuţă* und Zuhälter mit *singe* oder *bertone*[25] – aber auch in misogyner Absicht für die im Grunde unanständigen Frauen überhaupt. Denn wie das Sprichwort sagte: »Frauen sind Heilige in der Kirche, Engel auf der Straße, Teufel in der Küche und Affen im Bett.«[26]

Ein beliebtes mittelalterliches Motiv war der »weibliche« Affe,[27] der ein »männliches« Tier – meist einen jungen Bären oder einen Hund – das die männliche Libido symbolisierte, reizte oder lockte.[28]

In Thomas Murners *narrē bschwerūg* vom Jahre 1512 heißt es:

>»Das die natur verborgen hat,
>Eyn yeder aff das sehen lat
>Vnd hat ein freüd das er vffbleckt
>Vnd yederman syn arß entdeckt.

151 Meister E. S.: Figurenbuchstabe ›g‹, um 1466.

Ich heiß ein affen yederman,

Der syn scham nit decken kan«,

wobei der Dichter vorzugsweise an jene jungen Frauen
denkt, die ihre Brüste beinahe bis zum Warzenhof entblößen
und einen Teil der Beine zeigen:

»Jetz muoß ich ouch von äffin sagen,

Die ire brüst nit heimlich tragen

Vnd förchtendt, das sy dynn erstecken;

Wyt über das halb sy dann entdecken.«[29]

So nimmt es nicht wunder, daß auf einer Karikatur Dianas
von Poitiers, die zeitweise in Gesellschaft ein sehr gewagtes
Dekolleté getragen hatte, ein Affe auf dem Schoß der königlichen Mätresse sitzt (Abb. 152).[30]

152 Diana von Poitiers. Karikatur, 16. Jh.

Noch offenkundiger als die mehr oder weniger entblößten
Frauen auf der Zeichnung des Hausbuchmeisters versuchen
auf einem um 1460 entstandenen Kupferstich des Bandrollen-
meisters drei nackte Badhuren – zwei davon mit dem modi-
schen Hörnerkopfputz, die dritte mit offenem Haar –, einen
sich abwendenden Narren zu verführen, wobei die eine be-

reits seinen Rock lüftet, unter dem sein schlaffes Glied zu sehen ist. Aus dem in Hexametern abgefaßten Text auf den Spruchbändern geht hervor, daß der an Erektionsschwäche leidende Mann sich resigniert zurückziehen will, während die Huren ihn mit dem Versprechen zurückzuhalten versuchen, daß sie ihm bestimmt zu einer wenigstens mäßigen Schwellung verhelfen würden (Abb. 153).[31] Auch auf diesem Bild

153 Bandrollenmeister: Narr im Badebordell, um 1460.

fehlt der Affe nicht: diesmal ist es ein Affenpärchen, das anscheinend mit dem beschäftigt ist, was auch das Liebespaar vor dem zweischläfrigen Bett im Hintergrund tut und was im Renaissance-Florenz sogar ein Wunder nach sich zog.

Wie nämlich Luca Landucci berichtet, schloß am 13. November 1506 eine Figur der hl. Jungfrau gegenüber der Badstube an der Piazza Padella die Augen, womit sie höchstwahrscheinlich zum Ausdruck bringen wollte, daß sie die Unanständigkeiten, die dort begangen wurden, nicht mehr länger mit ansehen konnte. Am nächsten Tag kamen viele Leute mit Kerzen und Votivbildern zu der Stelle, an der das Wunder sich ereignet hatte, »und wäre es nicht gewesen, daß der Ort dieser Badstube ein für Frauen unpassender ist, so wären noch mehr Frauen hingegangen«.[32]

Aber noch ein weiteres verstärkt die Gewißheit, daß es sich bei unserem Badehaus um ein Bordell handelt. Im großen Fenster des Hauses sitzt nämlich ein Spielmann, der die Laute schlägt. Die Spielleute galten im Mittelalter als besonders haltlose und geile Menschen, und deshalb stellte man sie sehr häufig unter dem Planetenzeichen der Venus dar. Oft waren die Spielleute Kuppler (*hurewin*) und Zuhälter in Privatbordellen und verrufenen Badstuben, wo sie aufspielten, oder sie zogen mit den fahrenden Frauen, also den Wanderhuren, durch die Lande. Nicht selten sitzt ihnen auf Abbildungen ein Affe auf der Schulter, und neben ihnen liegt ein Hund, beide – wie wir gesehen haben – Sinnbilder ungezügelter Geschlechtslust.[33] Die Spielweiber galten entsprechend als Huren, und sie waren auch meist käuflich, weshalb sie das Haar offen trugen, im Gegensatz zu den anständigen Frauen, die züchtig das Gebende anlegten. In althochdeutschen Glossen wurden *meretrix* und *scortum* häufig mit *theatrice* und *spilwip*

154 Hendrick ter Brugghen: ›Spielmann und Hure‹, 1625.

155 Mair von Landshut: ›Die Todesstunde‹, 1499.

erläutert und übersetzt,[34] und so verwehrte man auch in den meisten Städten des späteren Mittelalters den Spielweibern den Zutritt zu den Badstuben.

Wie den öffentlichen Huren verweigerte man den Spielleuten oft die Kommunion und die Bestattung in geweihter Erde,[35] und nach dem *Schwabenspiegel* war es ein Enterbungsgrund »ob der svn ein spilman wirt wider sins vater willen, daz er guot fvr ere nimt«,[36] das heißt also, weil er um Geldes willen seine Ehre veräußerte.[37]

Von der Karolingerzeit bis zum ausgehenden Mittelalter war der Spielmann meist recht-, fried- und ehrlos[38] – so entzog z. B. Herzog Rudolf I. von Habsburg im Jahre 1281 »spilliuten, die diu wîp mit in füerent, ûzerhalb ir pfarre« jeglichen Rechtsschutz, indem er sie aus dem allgemeinen Landfrieden ausschloß, und nach bayerischem Landrecht war es ihnen untersagt, als Zeugen vor Gericht zu erscheinen. Viele Städte ließen die Spielleute erst gar nicht die Stadttore passieren,[39] und selbst später noch mußten nach vielen landesherrlichen Mandaten, aber auch nach Stadt- und Dorfordnungen die fahrenden Spielleute abgewiesen werden; lediglich den »ordinari Musicanten« wurde zugestanden, auf Kirchweihen und Hochzeiten aufzuspielen.[40]

156 ›Erstürmung der Minneburg‹.
Peterborough Psalter, East Anglia, um 1300.

Kurz, daß ein solcher Spielmann, den man auch nach der
Aufhebung der städtischen Frauenhäuser im 16. Jahrhundert
in den Winkelbordellen der Vorstädte findet, in einer ehrbaren Badstube der Spätgotik musiziert hätte, ist ziemlich unwahrscheinlich, und so taucht er auch nicht nur in den
Schwänken der Zeit regelmäßig dann auf, wenn eine Frau mit
ihrem Liebhaber im Badezuber Ehebruch betreibt,[41] sondern
auch – im Verein mit Affen, Hunden und Huren – auf vielen
Bildern der Zeit, die sich moralisierend vor allem an die Mittelschichten wandten.[42]
Unsere Interpretation des Bildes kann wohl kaum mehr zweifelhaft sein, wenn wir schließlich eine weitere leicht aquarel-
lierte Zeichnung des Hausbuchmeisters betrachten. Auch fol.
23b–24a (Abb. 157a u. b) ist eine allegorische Darstellung
der Geilheit und der Schamlosigkeit der Frauen, nämlich eine
Travestie des bekannten Motivs der Eroberung einer Minne-

157a *Mittelalterliches Hausbuch*, fol. 24a, um 1480.

burg und nicht – wie es immer wieder heißt – die »Zeichnung einer Straßenszene in einer spätmittelalterlichen Stadt«.[43]
So berichtet Rolandus Patavinus in seiner Chronik über ein Fest, das im Jahre 1214 in Treviso stattfand und zu welchem man »zwölf Damen, von den edelsten und schönsten und am meisten zu Spielen geeigneten, die damals in Padua zu finden waren«, eingeladen hatte. »Es wurde zum Scherz eine Burg gebaut und in diese die Damen mit ihren Jungfrauen, Geleiterinnen und Dienerinnen gebracht, die nun ohne Beihilfe eines Mannes diese Burg weislichst verteidigten.« Die Burg war mit allerlei Flitterkram ausgeschmückt, »mit Purpur-, Sammet-, Scharlachstoffen, Seidentüchern aus Bagdad und Almeria« und wurde nun von den anwesenden Herren erstürmt, und zwar mit solchen Waffen und Wurfgeschossen wie Blumen, Parfums und allen möglichen Spezereien.[44]

157b *Mittelalterliches Hausbuch*, fol. 23b, um 1480.

In der mittelalterlichen Literatur ist es eher so, daß der weibliche Unterleib als Minneburg beschrieben wird, die der un-
gestüme Liebhaber im Sturm zu nehmen gedenkt. In der
Krone Heinrichs von Türlin beispielsweise macht sich Gasozein über Ginovers her »und sîn hant vil dicke stiez, / swâ er
mohte, under ir gewant«. Als er sich schließlich durch dieses
Herumgefingere erregt hat und glaubt, daß die Festung
sturmreif ist, legt er noch einmal einen zu:
»als er nû die hüffe (= Hüfte) begreif, / sîn hant manegen
enden sleif, / swâ in aller liebest was, / unz er kam vür das
palas, / des vrouwe Minne eine pfliget / und dâ ir berc tougen
(= Heimlichkeit) liget: / dâ began er suochen daz sloz, / in ir
brüel / (= bewässerte buschige Wiese = weiblicher Genitalbereich) zevuorte er daz broz (= Knospe), / daz mit blüete
was entsprungen (= erigiert war).«

287

Darauf versucht Gasozein, die Riegel der Minneburg zu brechen, um seine Knospe einzuführen, aber die Burg ist gut verschanzt, und die Knospe bleibt ante portas.[45]

Während also im wirklichen Spiel und in der Literatur die Damen ihre Tugend gegen den Sturmlauf der Männer verteidigen, sieht man auf unserer Zeichnung die Verkehrung ins Gegenteil: Hier sind es die Frauen, die versuchen, die Männer zu erobern, und zwar »mit den Waffen einer Frau«.

So sitzt im Hintergrund rechts eine Frau wie eine öffentliche Hure im Fenster und lockt – nach der Geste der rechten Hand zu urteilen – den Kunden, während eine andere mit tiefem Dekolleté von einem Brunnenhaus her einem spärlich bekleideten Stallknecht zuwinkt; eine ehrbare Frau mit Gebende versucht eine weitere zurückzuhalten, die mit einem Vogelbauer auf Männerjagd geht – der außen über der Tür hängende Vogelkäfig war besonders in den Niederlanden das typische Aushänge-›Schild‹ der Frauenhäuser[46] (Abb. 158).

158 Braunschweiger Monogrammist: ›Im Frauenhaus‹, um 1540.

Der Vogel im Bauer war ein beliebtes Sinnbild der Jungfräulichkeit,[47] und der Käfig der jungen Frau auf unserer Zeichnung ist ebenso leer wie der über den Bordelleingängen. Auf dem Bildsockel von Abb. 159 ist zu lesen, was die gierige Katze denkt:

159 ›Chat Chah‹. Französischer Kupferstich, um 1580.

»Wenn ich meine Pfote durch diesen gespaltenen Zwischenraum hineinschieben könnte, dann hätte ich dieses undank-
bare Tier, ohne daß meine Zeit verloren wäre.«
Was damit gemeint ist, wird angesichts der zweiten Szene
deutlich, in der ein Mann sich anschickt, seine Finger in den
»gespaltenen Zwischenraum« der Frau zu schieben, um ihren
»Vogel« zu holen.[48]
Im Hintergrund der Zeichnung (Abb. 157b) ist schließlich ein
Mann bereits in die Falle geraten und hängt mit dem Kopf
nach unten hilflos in der Luft, wohingegen im Vordergrund
links eine Frau ihren Partner erst noch umgarnt: Seine Hände
ruhen auf ihren Hinterbacken, sie setzt ihm einen Liebes-
kranz aufs Haar und streckt ihm wollüstig den Unterleib entgegen.

II. Nun meint Elias, daß eine solche Deutung, selbst *wenn* sie
zuträfe, mit seiner Theorie durchaus kompatibel wäre, denn
er fährt fort:
»Aber selbst wenn (es sich um ein Freudenhaus handelte):
Sicher ist, daß der soziale Status der Bordelle damals ein anderer war als heutzutage. Es konnte vorkommen, daß eine
größere Stadt dem Kaiser und seinem Gefolge bei einem offi-

ziellen Besuch auch das Bordell als Willkommensgruß zur Verfügung stellte. Man vergleiche das mit dem amerikanischen Präsidentschaftskandidaten, der vor kurzem alle Chancen, gewählt zu werden, verlor, weil dem verheirateten Mann ein Rendezvous mit einer Freundin nachgewiesen werden konnte.«[49]

Einzuräumen ist, daß ein solches, geradezu operettenhaftes Bild der mittelalterlichen Prostitution und ihrer damaligen Einschätzung weite Anerkennung gefunden hat und auch gegenwärtig von Fachhistorikern verbreitet wird,[50] so daß Elias nicht der einzige ist, der dieses Bild mit der Wirklichkeit verwechselt.

Wie aber sah diese Wirklichkeit aus?

Zunächst gilt es festzuhalten, daß im *ausgehenden* Mittelalter wenigstens die Behörden eine wesentlich tolerantere Haltung gegenüber der Prostitution an den Tag legten als etwa im 13. oder noch in der ersten Hälfte des 14. Jahrhunderts, was bedeutet, daß man diesbezüglich von einer *abnehmenden* und nicht von einer zunehmenden Repression im Verlaufe des Mittelalters sprechen muß.[51]

So heißt es etwa in dem zur Pilgerfahrt nach Santiago de Compostela aufrufenden *Codex Calixtinus*, daß der Bann die Wirtsmägde treffe, »die sich aus Hurerei und Geldgier auf teuflisches Geheiß nachts den Pilgerbetten zu nähern pflegen. Die *meretrices*, die aus diesem Grund zwischen der Miño-Brücke und Palas del Rey an waldreichen Orten den Pilgern entgegentreten, müssen nicht nur exkommuniziert, sondern von allen geplündert und durch Abschneiden der Nase öffentlich geächtet werden.«[52] In einem Artikel der *Coutumes de Carcassonne*, der höchstwahrscheinlich ältere Gebräuche kodifiziert, werden zu Beginn des 13. Jahrhunderts die öffentlichen Huren aus der Stadt verbannt (»Meretrices publice foras muros Carcassonne emittantur«),[53] und aus den Verbrechensregistern der Abteien Sainte-Geneviève und Saint-Germain-des-Prés aus dem späten 13. und dem frühen 14. Jahrhundert geht hervor, daß jene Frauen, »qui estoient foles de

160 Jeanne d'Arc vertreibt die Troßhuren.
Aus *Vigiles du roi Charles VII*, 15. Jh.

leurs cors« und die sich weigerten, Paris zu verlassen, mit
dem Brandeisen und öffentlicher Zurschaustellung bedroht
wurden, eine Drohung, die in späterer Zeit nicht mehr ausgesprochen wurde.[54] Und schließlich wies im Jahre 1266 der
venezianische Großrat die »Signori de la notte« an, innerhalb
einer Woche sämtliche *meretrices publicae*, die in den verschiedenen *contrade* der Stadt ihrem Beruf nachgingen, aufs
Festland, die *terra firma* der Republik, zu vertreiben.[55]
Zumeist in der zweiten Hälfte des 14. und zu Beginn des darauffolgenden Jahrhunderts gingen indessen die meisten
Städte dazu über, Frauenhäuser einzurichten oder bereits
vorhandene, außerhalb der Mauern liegende Etablissements
in abseitige Gegenden *innerhalb* der Stadt zu verlegen, so
etwa im Jahre 1425 die »grande abbaye« in Toulouse und bereits einige Jahre vorher das Bordell von Montpellier[56] oder
die Frauenhäuser von Basel.[57] Diese Maßnahme begründete
man überall damit, daß die Tolerierung dieser Sünde dazu
beitrage, die Zahl noch schlimmerer Sünden, die immer häufiger begangen wurden, zu verringern, wobei die Italiener
mehr an Päderastie und die anale Vergewaltigung von Knaben[58] und die übrigen Europäer mehr an die Notzüchtigung
von Frauen und Jungfrauen dachten.[59] In den Städten waren

gegenüber früher die Möglichkeiten informeller sozialer Kontrolle geringer geworden, so daß sich zudem eine Konzentrierung gewerblicher Unzucht an bestimmten Stellen empfahl.

Während nach den alten Volksrechten hart gegen die Prostitution vorgegangen worden war – bei den Visigoten handelte sich ein Richter, der aus Nachlässigkeit oder aus Bestechlichkeit eine Hure duldete, eine Strafe von 30 Solidi und eventuell 100 Stockschläge ein, und eine Hure bekam 300 Stockschläge, das Maximum, das man überhaupt erhalten konnte[60] –, so hatten schon die Kirchenväter und später zahlreiche Theologen die Meinung kundgetan, man müsse diese Sünde zulassen, denn wenn man die Kloake verstopfe, stinke bald der ganze Palast.[61] Im hohen Mittelalter warnte auch Thomas von Chobham nachdrücklich davor, die Prostitution zu verbieten, da dies eine Zunahme von Vergewaltigungen mit Todesfolge[62] und von Sodomie nach sich ziehe,[63] und auf eben diese Weise legitimierten auch die Stadtväter die Einrichtung von offiziellen Bordellen.[64]

So etablierte beispielsweise im Jahre 1403 die florentinische Regierung ein »Offizium der Schicklichkeit (*Onestà*)«, das zur Hebung der öffentlichen Moral auswärtige und ausländische Huren – vor allem aus Deutschland und aus den Niederlanden – rekrutieren und ein Bordell einrichten sollte, und zwar in erster Linie, um die grassierende Knabenliebe einzudämmen, mit der man den stetigen Geburtenrückgang erklärte.[65] Auch Hermann von Weinsberg meinte über das Frauenhaus im Kölner Berlich:

»Was ursachen aber sulch schanthaus von den voreltern darhin gesatzst und gebaut sei, davon hab ich keinen gewissen berigt künnen vernemen, dan das es umb groben und meher sunden zu verhutten, geschein sei.«[66]

Oder um ein letztes Beispiel anzuführen: Als im Jahre 1478 in Lyon die in der Nachbarschaft der »estuves de la Pêcherie« wohnenden Bürger erwirken wollten, daß dieses Badebordell aus Schicklichkeitsgründen aufgelöst würde, brachten die

Verteidiger der Puffmutter, einer Flämin namens Casotte Cristal, das Argument vor, königliche Ordonnanzen hätten schon seit langem derartige Badstuben »ad evitandum maius malum« zugelassen, und dies sei der Grund, weshalb »on ne actempte point de corrompre les bonnes filles et preudes femmes«.[67]

In der Tat waren viele spätmittelalterliche Städte nicht nur Schauplatz relativ häufiger sexueller Belästigungen von Frauen, denen an die Brüste oder zwischen die Beine gefaßt wurde, sondern auch von Vergewaltigungen, und je größer und unüberschaubarer die Stadt war, um so größer war auch für eine Frau die Gefahr, Opfer eines solchen Verbrechens zu werden. Bedroht waren vor allem Frauen aus den Unterschichten, Töchter und Ehefrauen von Textilarbeitern und Tagelöhnern,[68] mehr noch junge Alleinstehende, jüngere Witwen oder Frauen, deren Männer für eine gewisse Zeit auswärts arbeiteten, fremde Frauen auf der Durchreise oder solche, die zu Recht oder zu Unrecht übel beleumundet waren. Da sich eine Frau nach Einbruch der Dunkelheit auch in männlicher Begleitung kaum noch auf die Gasse wagte,[69] verlief zumindest im südöstlichen Frankreich die Tat typischerweise so, daß eine Bande von Jugendlichen und jüngeren Männern,[70] die nachts in ihrem Viertel herumstreunte, quasi als Mannbarkeitsritual[71] in das Haus einer Frau einbrach, ihr Opfer verprügelte, demütigte und dann vergewaltigte.[72]

In Paris waren diese Nachtschwärmer – »reveürs« genannt – sehr gefürchtet, und bereits im 13. Jahrhundert wurde in den »statuts des estuveürs« des von Etienne Boileau, dem Stadtvogt, veröffentlichten Livre des mestiers ausgeführt, »que nuls ne nule du dit mestier ne soustiengne en leurs mesons ou estuves bordiaus de jour ne de nuit mesiaus ne meseles, reveürs ne autres genz diffamez de nuit«.[73] Solche städtischen Banden machten bisweilen auch die umliegenden Dörfer unsicher. Ein gewisser Pierotin le Fournier beispielsweise wurde abgeurteilt, nachdem er in der Weihnachtszeit des Jahres 1426 mit seinen Kumpanen mehrere Dörfer des Anjou

durchkämmt hatte. In Billy war die Bande in ein Haus eingedrungen und hatte dort eine junge Frau namens Marguerite de
Boulard vergewaltigt, da sie der Aufforderung der Burschen,
ihnen »sa compagnie charnelle« zu gewähren, nicht nachge-
kommen war.[74]

Da diese Verbrechen meist im Schutze der Nacht geschahen,
sah es die Obrigkeit auch nicht ungern, wenn die Kunden der
Frauenhäuser bei den Huren die ganze Nacht verbrachten,
denn dadurch war gewährleistet, daß die betreffenden Männer nach erfolgtem »Schuß« nicht die von den Wächtern nur
unzureichend kontrollierten Gassen unsicher machten. So
heißt es etwa im Recht des elsässischen Schlettstadt vom Jahre
1374:

»Wer ouch nach der dirten waht glocken, so der wahter ge-
bloset, in der gemeinen toehter hus angeleit sitzende wirt funden, der bessert dem meister II ß.; ist er aber nacket bi einer
tohter an eim bette, so bessert er nút, und sol man ouch dehein leit tuon.«[75]

Aus dem gleichen Grunde duldeten es auch die Londoner
nicht, daß in der Nacht zwischen ihrer Stadt und der »Stewes
Side« der Themse, also dem Bordellviertel von Southwark,
hin- und hergerudert wurde,[76] während eine Ordonnanz der
Stadt Leicester vom Jahre 1467 bestimmte, »that no man
walke after IX of the belle be streken in the nyght withoute
lyght or withoute cause resonable in payne of impreson-
ment«.[77]

Wir sehen also, daß die Existenz »offizieller« spätmittelalterlicher Frauenhäuser keineswegs bedeutet, daß sie *an sich*, als
eine Art ›Lustzentrum‹, gebilligt oder gutgeheißen wurden;
was man in ihnen trieb, waren »süntlich sachen«, wie es 1480
in Straßburg heißt.[78] Die Huren standen in »süntlichem wesen«, wie eine Nürnberger Frauenhausordnung es ausdrückt,[79] und Hermann von Weinsberg meint, im Köln seiner
Zeit habe es zwar so manchen Bodensatz der Gesellschaft gegeben, »sin aber nit so gar gemein und geschant« gewesen wie
die städtischen Huren.[80]

161 Spätmittelalterliche Gasse an der Stadtmauer
(rue du Matelas, Rouen).

Daß die spätmittelalterlichen Prostituierten ähnlich wie die
Juden und die Aussätzigen zu den ›outcasts‹ der Gesellschaft
zählten,[81] läßt sich mit zahllosen Indizien belegen.

Zum einen befanden sich – wie bereits erwähnt – die Frauenhäuser fast immer in den abgelegensten Gegenden, meist an
der Stadtmauer oder außerhalb derselben in der Vorstadt oder
am Stadtgraben – nach einer anderen Etymologie soll sich ja
das Wort »Bordell« von »bord« und »eau« herleiten, also »am
Rande des Wassers« bedeuten.

Lagen bereits im alten Rom die meisten *lupanaria* im Hafen
oder an den Stadttoren,[82] so auch im Europa des ausgehenden
Mittelalters. In Leipzig befand sich beispielsweise um die
Mitte des 15. Jahrhunderts das Frauenhaus vor dem Halli-
schen Tore »in einem der stillsten und abgelegensten Teile der
Vorstädte« – nicht einmal ein Steg führte von der Mauer über

den Stadtgraben zu dem Gebäude, so daß man den Eindruck gewinnt, die Stadtväter wollten es der männlichen Bevölkerung so schwer wie möglich machen, zum Ort der Sünde zu gelangen.[83] In Heilbronn stand das alte Frauenhaus zur selben Zeit »hinter der Mauer«, was offenbar bisweilen dazu führte, daß ein Wächter – so geschehen im Jahre 1494 – seine Pflicht hintanstellte, um sich im nahe gelegenen »gemayn frauen haus« etwas Abwechslung zu verschaffen.[84]

In Heidelberg befand sich das »frawen Haüß« in der »Groß Mantel Gaß« unmittelbar an der westlichen Stadtmauer, dem »Mantel«, unweit des Mitteltores (Abb. 162).[85] Nach der

162 Lage des Heidelberger Frauenhauses (Pfeil).
Kupferstich von Merian, 1620.

Stadterweiterung gegen Ende des 14. Jahrhunderts wurde der Graben nördlich dieses Tores nicht zugeschüttet, und er war zur Zeit der Blüte des Frauenhauses ein Ort, »Schießgraben« genannt, auf dem »denze« und Gelage mit »viel leichtfertigkeit für« gingen,[86] vergleichbar der »spilwise« bei dem »offen frowenhus« außerhalb der Stadtmauern von Überlingen vor dem Wiestor, dem einzigen Platz der Stadt, an dem Glücks- und Würfelspiele sowie Scheibenschießen erlaubt waren.[87]

In England schließlich war zwar in den meisten Städten jegliche Prostitution offiziell untersagt, aber dort, wo man sie mehr oder weniger stillschweigend tolerierte, standen die Frauenhäuser außerhalb der Stadtmauern, so etwa um die Mitte des 15. Jahrhunderts in Coventry oder in Leicester. Obgleich in London die käufliche Liebe innerhalb der Mauern verboten war, duldete man sie gemäß den Bestimmungen der Jahre 1384 und 1393 in der Cokkes Lane,[88] nachdem diese Gegend seit Beginn des Jahrhunderts gegen den Widerstand der Bevölkerung von Huren infiltriert worden war.[89] Das eigentliche Bordellviertel Londons lag freilich außerhalb der Stadt am anderen Ufer, der »stewes side« der Themse, einem Bereich, der bis zum Jahre 1327 unter der Gerichtsbarkeit des Bischofs von Winchester stand.[90]

Aber auch die berüchtigten Badebordelle des Kontinents befanden sich meist an oder jenseits der Ringmauern. So existierte etwa im Jahre 1490 in Annecy ein solches, im übrigen sehr einträgliches Etablissement mit fünfzehn Huren im »faubourg de Bœuf«, und auch das »quartier chaud« von Genf lag außerhalb der Mauern der Stadt im »faubourg de la Corraterie«, kaum einen Steinwurf vom Dominikanerkloster entfernt, bis es schließlich auf beharrliches Drängen der frommen Männer in die »charrière des Belles Filles«, später »rue du Vieux-Bordel« genannt, verlegt wurde.[91]

Gelegentlich scheint man auch in den Judenvierteln oder in den Judengassen, die nicht selten in der Nähe der Stadtmauer oder in der Vorstadt lagen,[92] Frauenhäuser für die nichtjüdischen Männer errichtet zu haben, doch es sieht so aus, als ob die Juden sich bisweilen erfolgreich gegen eine derartige Schändung ihrer Wohngegend gewehrt hätten, denn in Schweidnitz beispielsweise versprach der Rat im Jahre 1375 den Juden, keine *frouweschin* in die Töpfergasse, die man die Judengasse nennt, zu entsenden. In vielen spätmittelalter-

163 Hieronymus Bosch: Frauenhaus
(Detail aus ›Der verlorene Sohn‹), um 1499.

lichen Städten war ja das Judenviertel völlig vom Rest der Stadt abgeriegelt, und man dachte wohl auch, daß dort die öffentliche Prostitution besser kontrolliert werden könne. So gab es etwa in Regensburg ein Judenviertel, das im 15. Jahrhundert jeden Abend verschlossen und morgens wieder geöffnet wurde, und auch das Kölner Stadtbuch vom Jahre 1341 verlautet, daß der Stadtbote den Schlüssel zur Judenpforte innehatte, die er jeden Abend nach Sonnenuntergang ab- und morgens bei der frühen Prim wieder aufschloß, was die Juden im Jahr 20 Mark kostete.[93]

Gewiß sprachen vor allem zwei Gründe für eine Lage des Frauenhauses vor oder hinter der Mauer in der Nähe des Stadttores. Einerseits wiesen die Wohngegenden der mittelalterlichen Stadt ein soziales Gefälle vom Zentrum zur Peripherie hin auf. In den Randbezirken der Stadt und außerhalb der Mauern innerhalb der Bannmeile (*banlieue*) wohnten die Armen und Verachteten, Gelegenheitsarbeiter, Bettler,[94] Ange-

164 Wolf Drechsel: Bademagd, 16. Jh.

hörige unehrlicher Berufe wie z. B. Bademägde, die sich dort nicht selten prostituierten.[95] Im Nürnberg des frühen 15. Jahrhunderts durfte beispielsweise nur derjenige innerhalb der inneren Stadtmauer wohnen, der ein Vermögen von mindestens zweihundert Gulden nachweisen konnte.[96] Andererseits strömten jeden Tag die Bauern aus der Umgegend und andere Fremde durch die Stadttore,[97] und man hoffte, daß diese Männer im naheliegenden Frauenhaus so viel Dampf abließen, daß sie sich anschließend nicht mehr an den Bürgersfrauen und deren Töchtern vergriffen. In ausgesprochenen ›Stoßzeiten‹ – wenn sich etwa fremde Fürsten und andere Würdenträger oder Soldaten zu Verteidigungszwecken in der Stadt aufhielten – stockte der Rat nicht nur häufig die Frauenhäuser auf oder ließ fahrende Frauen, also Wanderhuren in die Stadt,[98] sondern er ermahnte noch eindringlicher als sonst die weibliche Bevölkerung, nach Einbruch der Dunkelheit die Gassen zu meiden. In den Frauenhäusern spielten sich dann nicht selten Keilereien zwischen den Huren,[99] mehr aber noch blutige Händel zwischen Ortsansässigen und Fremden ab, wie beispielsweise im Jahre 1422 in Heidelberg, wo »in der gemeinen frauwen hus« in der Großen Mantelgasse einem Mann aus dem Gefolge der in der Stadt abgestiegenen Gräfin Henriette zu Württemberg und Mömpelgard von etlichen Studenten nach schweren Mißhandlungen eine Hand abgehauen wurde.[100]

In diesen abgelegenen und verrufenen Gegenden ließ ein anständiger Bürger der Stadt sich nicht gerne sehen, und Hermann von Weinsberg erzählt:

»Aber uff diss frauwenhaus quam nemans tugligs, dan das sclimste, verachtste heffe des gemeinen folks. Die einige ehr und tugent leib hatten, scheuweten das haus. Vil machten umbwege, durften den weg dar langs nit wandern, wan schoin ire straisse daher fiele.«[101]

Weinsberg wußte, wovon er sprach, hatte er doch selber im Alter von zwanzig Jahren seine »jonferschaft« an eine der »scloiphoern« (Schlupfhuren), »genant Trein Hoestirne«, verloren, und auch nachher »in drunkentschaft noch 4 oder 5 mail mit horen haus gehalten«, bis er diese Vergnügungen aus Angst vor der Franzosenkrankheit einstellte.[102]

165 Erhard Altdorfer: Im Frauenhaus, um 1508.

Wenn die Kölner Bürger solchen Schlupfhuren – wohl deshalb auch »heimliche« Huren genannt, weil sie den Kunden bei sich daheim bedienten – auf die Schliche kamen, jagten sie die betreffenden Frauen aus ihrem Viertel: »Die scloiphoren moissen ihre sunden vur den nachparn wol verbergen, oder sie werden von innen nit gelitten oder verdriben.« Die städtischen Huren hatten sogar das Recht, die unliebsame Konkurrenz »uff karrn zu setzn und uff das offenbar haus zu foeren«,[103] was anscheinend auch geschah, denn es heißt: »Und was grois geschrei, wan sie dahin gefoirt worden«.[104]

Auch in anderen Städten waren es keineswegs nur die Angehörigen der Ober- und Mittelschichten, die heimliche Huren und Gassenstricherinnen, aber auch die ›offiziellen‹ gemeinen Frauen aus ihrer Nachbarschaft vertrieben wissen wollten, und meistens war es die Obrigkeit, die sich über die unmittelbaren Interessen der Einwohner hinwegsetzte. Dies geschah beispielsweise in Tarascon, wo die Anrainer verlangt hatten, daß wenigstens die Bordelltür, die auf ihre Gasse führte, zugemauert würde, oder in Dijon: Als im Jahre 1486 die dortige Stadtwache auf Initiative der Nachbarschaft einige Huren ins Loch geworfen hatte, wurden die betreffenden Beamten sogar vom Bischof von Langres so lange exkommuniziert, bis sie ihn um Gnade baten.[105]

In Paris empörten sich im Jahre 1373 die Nachbarn – alles ganz einfache Leute in einer abgelegenen Gegend – über das Etablissement einer Frauenwirtin namens Agnès und erwirkten, daß es in einen anderen Teil der Stadt verlegt wurde.[106] 25 Jahre später entrüsteten sich Florentiner Bürger über ihre Nachbarin, eine gewisse Angela, Frau des Nofri di Francesco, weil die Frau auf den Strich ging. Um sie von dieser schändlichen Gewohnheit abzubringen, boten die Leute an, ihr jede Woche einen Korb mit Brot als Beitrag zu ihrem Lebensunterhalt zu schenken, doch Angela erwiderte unverfroren, sie sei nur für 2 Florin pro Woche zu einer weniger lasterhaften Lebensführung bereit.[107]

Im Jahre 1458 beklagten sich schließlich drei Frankfurter

166 Der ›Verlorene Sohn‹ betritt das Frauenhaus.
Rechts die Frauenwirtin. Marburger Bildteppich, um 1400.

Bürgerinnen niederen Standes, die »elichen hußfrauwen Gre-
tigen, Katherin vnd Else« beim Rat, daß »unßer keine darff
gen uff der gaßen oder wo unß des noyt wer«, ohne daß sie
sich vom Treiben der »unschemhafftig frauwen« belästigt
fühlten,[108] und dies war auch die Sorge der Ratsherren, freilich in erster Linie aus einem anderen Grund: Sie fürchteten
nämlich, daß die anständigen Frauen und auch die Kinder
verdorben würden, wenn sie den Huren auf Kundenfang zusehen konnten,[109] denn *im Grunde* war auch die anständigste
Frau so geil wie Müllers Lumpi und deshalb durch die direkte
Anschauung leicht entzündbar.

So heißt es etwa zu jener Zeit in Frankfurt, daß die gemeinen
Weiber »viel frauwen vnd dochteren bose bijspiel vnd exempel geben, die durch dieselben zu untogende etwan gereizt
werden«,[110] und in einer Straßburger Verordnung vom Jahre
1480 wird deshalb bestimmt, die Huren dürften »nyergent in
diser stat do fromme frowen oder jungfrowen by einander
sint an die dentz gezogen werden undern frommen zuo dant-
zen; dann welher das dete, über das es im gütlich geseit und
gewert wurde, was im dann darumb begegent, one wunde
und dotslege, do soll kein strofe noch gon«.[111] So maßvoll

167 Hure lockt Kunden ins Frauenhaus. Englische Illustration von Meister Johannes zum Reisebericht Marco Polos, um 1400.

mochte sich freilich im Jahre 1462 ein Bürger in Hannover, der sich über die gemeinen Frauen erzürnt hatte, nicht benehmen, denn er griff zur Armbrust und eilte vor das »huse dat witlik und openbar was«. Daraufhin wurde er vor den Rat zitiert, der ihm eröffnete, daß er solche Arten von Selbstjustiz nicht zu dulden gedenke.[112]

Indessen sollte auch verhindert werden, daß die Huren mit dem männlichen Teil der Bevölkerung allzu sehr in Kontakt kamen. Gewiß, man ging davon aus, daß die meisten jungen Männer sich ab und zu ein wenig abreagieren mußten, oder wie ein Frauenhausbesucher in Dijon es formulierte: »Lundi derenier passé entre deu et trois heures après midi nature me meust de aler m'esbattre (= mich zu amüsieren) en la maison des filles«.[113]

Doch solche Männer sollten zum sündigen Geschlechtsverkehr nicht aktiv *angereizt* werden, vielmehr darauf warten, bis »die Natur« selber sie in das Nuttenviertel trieb. Deswegen gab es praktisch in allen Städten immer wieder Ratsbefehle, in denen die Huren aus anständigen Gegenden in die Winkel der Stadt verwiesen wurden,[114] die sich daraufhin bisweilen in sogenannte »süße Winkel« verwandelten. Und wo dies nicht der Fall war, wie anscheinend in Heidelberg,[115] erregten sich die ehrbaren Leute, z. B. im Jahre 1494 Heinrich Knoblochtzer, der sich bitter darüber beklagte, »daß die Fürweßer (= Aufseher) und Amptlüt den öffentlichen Frawen verhengen (= gestatten), in schentlichen Kleidern und schamperlich uff der gassen und zuvorab in die Kirchen zu gön, do mancher Junger offt also zu Unluterkeit (der Begird und villycht darnach auch der Werk) uß sölichem Gesicht gereitzt wird, der villycht sunst nit daran dacht het, so doch die offen Hüßer im Rechten nit anders zugelassen synd, dann zuvorkomen größer Ubel (der ledigen gesellen, die nit Eefrawen haben, noch zu keuscheit verbunden sind); aber nit, das dieselben Frawen yemands dartzu reitzen söllen, weder inn noch uß irem huß, mit Worten, Werken oder Geberden,[116] auch nit zu Gesellschaften, offen Platz, Merkte oder Kirwyhen ze gön;[117] darumb sie billich gehalten würden, nit uß irem Huß ze gön, dann in zimlicher Kleidung und zuvorab in die Kirchen, da sie auch stön sölten, das sie von Niemand möchten gesehen werden, noch sehen, dann allein die Altar.«[118]

Man versuchte nicht nur, die horizontale Mobilität der Huren mehr oder weniger auf das Bett zu beschränken, weshalb man sie etwa in Nürnberg,[119] Konstanz oder in Augsburg Zeiten hindurch geradezu kaserniert hielt;[120] vielmehr war es recht vielen Personengruppen überhaupt verboten, das Haus der Frauen aufzusuchen, die sich, wie man damals sagte, mit der Hand ernährten, auf der sie saßen.[121]

Während beispielsweise im alten Rom ein verheirateter Mann durchaus mit den *tabernariae*, den sich prostituierenden Schankmädchen, schlafen durfte, da dies keinen Ehebruch darstellte, weil die Mädchen dazu nicht den rechtlichen Status hatten,[122] verhielt es sich im Mittelalter anders. Wie überall im christlichen Abendland, so durften auch in Heidelberg die gemeinen Frauen niemanden zum Geschlechtsverkehr empfangen, »der do in der Ee oder Gelübdniß der Keuscheit were als alle Epistler, Evangelier, geistlich und weltlich Priester und Ordns Lüt«.[123]

168 Mönch und Hure im Stock, englisch, 14. Jh.

Trieb es ein verheirateter Mann – gleichgültig ob er Bürger der Stadt war oder nicht – mit einer Hure, so war dies Ehebruch, und die Strafe, die den Lustmolch erwartete, war meist empfindlich. Als beispielsweise im Jahre 1492 der Heilbronner Bürger Rotfritz eine »frowen uß dem gemein offen frowenhuß in sin huß wonung gefiert und siner hußfrowen ir kamer, darin si geweßt, verspart gehapt in verachtung des wirdigen sacraments der heilgen ee«, floh er nach der Tat aus der Stadt. Nachdem er jedoch zurückgekehrt war, wurde er verhaftet und für immer aus Heilbronn und einem Umkreis von zwei Meilen verwiesen.[124] In Ulm wurde den Gassenknechten befohlen, jeden verheirateten Mann, den sie bei einer Razzia im Frauenhaus fanden, in den »Keller«, also in den Kerker, zu werfen,[125] und ein Freiberger Ratsbeschluß vom Jahre 1412 lautete: »Alz dicke eyn elich man in deme frauwenhüschen betreten adder erfaren werd, daz er darynne gewest ist, daz der sal den burgern eine marg gr. geben ane widderrede; had er daz geld nicht, so sal er an den pranger stehen adder uff dy schuppe gesaczt werden.«[126]

Wesentlich strenger noch wurden die Juden bestraft, die es wagten, eine christliche Hure zu beschlafen.[127] Bereits der *Schwabenspiegel* im 13. Jahrhundert verfügte, daß Pfaffen und Juden das »hvore husse« verboten sei,[128] und das Reglement eines Bordells in Avignon vom Jahre 1347 besagt, daß ein Jude, der sich dort mit einer gemeinen Frau fleischlich vermische, eingekerkert und dann von der Gemeinde aus der Stadt gepeitscht werden solle, was im Jahre 1408 einem Juden aus Carpentras tatsächlich widerfuhr.[129] Aber auch viele

Zünfte hielten den Besuch des Frauenhauses für sittenwidrig und untersagten den Gesellen, ungeachtet, ob sie verheiratet waren oder nicht, derartige Vergnügungen.

So verlautet etwa zu Beginn des 15. Jahrhunderts eine Vorschrift der Rigaer Schuhmachergesellen:

»Item, weret sake, dat jemandt von unsen gesellen ginge dho hovescher fruwen huse und darjenig vandt (= fände) libe vör beer oder hemelike sake, de schall beteren in der companie 1 donne bers und do den lichten 1 mark wasses.«

Und auch die Leipziger Bäckerzunft verbot im Jahre 1453 ihren Gesellen, gemeinsam mit Huren zu zechen:

»Item wo die gesellen einen ort haben ader czechen, so wullen dy meister und das gantz hantwerk, das kein geselle eine frye fraw by sich setzen sal, bie einer buße dem hantwerck und Gesellen.«[130]

Obwohl ein öffentliches Interesse daran bestand, gemeinen Frauen durch eine Ehe die Rückkehr in ein weniger sündhaftes Leben zu ermöglichen, war anscheinend nur selten jemand bereit, eine »arme Tochter« zu heiraten, so daß schon Papst Innozenz III. im Jahre 1198 mit dem Speck nach den Mäusen werfen mußte, indem er einem solchen Mann die Vergebung sämtlicher Sünden versprach.[131] Die meisten Gilden und Zünfte freilich standen den Huren ablehnend gegenüber. So heißt es etwa im Jahre 1461 in Göttingen, »dat de gilden nicht dorven ynnemen berochtide wyff«,[132] nachdem im Jahre 1381 die Pariser Metzgerzunft festgelegt hatte: »Si un boucher de Paris prend une femme débauchée et publique sans la permission du Maître et des Jurés, il sera exclu pour toujours de la Grande Boucherie. Mais il pourra avoir un estal à la Boucherie du Petit-Pont.«[133]

Derartige Einwilligungen wurden indessen kaum gegeben, und wenn, dann blieb eine solche Frau trotzdem ihr Leben lang als ehemalige Hure gebrandmarkt wie z. B. in Hamburg, wo im Jahre 1483 verordnet wurde, daß auch eine gemeine Frau, die ihren Beruf aufgibt und heiratet, sich nicht wie eine anständige Frau kleiden dürfe:

»Welche beruchtede froue einen man thor ehe nimpt unde wil under dem schien gelick anderen ehrlicken frouen gaen, dat schal nicht wesen, effte se darup lieck ehrlicken frouen mit ziringen will gaen, de ziring schall ock verburet syn.«[134]

Wie aber steht es mit der gängigen Behauptung, der Beruf der öffentlichen Huren sei lediglich einer unter vielen gewesen, organisiert wie das ehrbare Handwerk?

Daß die gemeinen Frauen – wie Elias behauptet – bisweilen selber quasi zünftig organisiert gewesen seien, daß sie »*wie jede andere Berufsgattung* eine Korporation mit bestimmten Rechten und Pflichten« gebildet hätten,[135] ist nirgends nachweisbar und auch völlig unwahrscheinlich. Vermutlich geht diese irrtümliche Behauptung auf eine Fehlinterpretation zurück, die Elias einer Episode gegeben haben mag, die einer seiner Gewährsleute anführt[136] und die sich im Jahre 1502 in Nürnberg abgespielt hat. Als dort ein junger Kornschreiber ein ebenso schönes wie argloses »dirnlein«, dem er anscheinend vorgegaukelt hatte, »er wolt sie zu im haim in sein haus fuern«, in Wirklichkeit ins Frauenhaus brachte, wo er das junge Mädchen auch alsbald vernaschte, setzten am nächsten Morgen die Bordellhuren dem armen Opfer »ein stroeeß krentzlein auf, und ir zwu namen sie und fuerten sie wie ein praut herüber uber den Obßmarck und sprachen: ›wir mußen dich zum suessen wein fuern und wollen dir die hurnzunft schenken des sussen weins‹«.

Was folgt aus dieser Episode? Hätten Straßenräuber einen neuen Kumpan spaßhaft mit den Worten »Willkommen in der Schelmenzunft!« begrüßt, so müßte man den Historiker wohl suchen, der daraus ableitete, daß Räuber und Mörder im ausgehenden Mittelalter eine Korporation »wie jede andere Berufsgattung« gebildet hätten! Natürlich haben sich auch im Mittelalter manche Gauner organisiert, und die Coquillards des François Villon hatten sogar einen »König«.[137] Aber dieser »König« war noch weniger ein König als der schon im Jahre 1214 erwähnte »roy des ribauls« von Paris, bis um die Mitte des 15. Jahrhunderts ein Beamter von bescheidenem Rang, der die Einhaltung der Frauenhausordnungen überwachte.[138]

Auch die Pariser Huren scheinen sich zumindest im hohen Mittelalter organisiert zu haben, doch welchen Status diese ›Schwesternschaft‹ hatte, sieht man etwa daran, daß sich im späten 12. Jahrhundert der Bischof nicht einmal zu einem »non olet« entschließen konnte, als die gemeinen Frauen ein Glasfenster für die sich in Bau befindliche Kathedrale von Notre-Dame stiften wollten.[139] Die Stiftung von Kerzen für die samstägliche Abendandacht wurde ihnen zwar später gestattet, aber es war ihnen verboten, diese Kerzen selber zum Altar zu bringen.[140]

Schließlich durften in manchen Universitätsstädten auch die Studenten und die Magister – die ja, wenn sie im Kollegienhaus wohnten, zölibatär leben mußten[141] – nicht ins Frauenhaus, und mitunter war ihnen sogar der Zutritt zu Tanzveranstaltungen verwehrt, wie z. B. in Greifswald.[142] Dabei mag in vielen Fällen allerdings weniger die Moral mit im Spiel gewesen sein als die Bemühung der Obrigkeit, die häufig auftretenden Konflikte zwischen den Studenten und den übrigen jungen Burschen der Stadt sowie den Fremden zu reduzieren, die vorübergehend innerhalb der Mauern weilten.[143] So verordnete beispielsweise im Jahre 1460 die Universität Heidelberg auf Wunsch des Kurfürsten ihren Angehörigen, zu gewissen Zeiten nicht nur auf den Besuch des Frauenhauses zu verzichten, sondern auch die ›Privatbordelle‹ und die »Badetavernen« zu meiden, wobei es sich bei den letzteren vielleicht um Animierbetriebe handelte, in denen heimliche Huren ihre mehr oder weniger betrunkenen Kunden abschleppten:[144]

»Item mandamus, quod nullus in prostibulo seu lupanari atque in aliis habitacionibus suspectarum mulierum, similiter in foro balneis tabernis aut aliis conventiculis eo tempore, quo ritheri vel alii soldati seu stipendiati convenire solent, moram faciat, ne ex hoc aliquod periculum incurrat, in singulis premissis dolo et fraude seclusis.«[145]

Aber auch in Zeiten, in denen sich keine größere Anzahl von

möglicherweise zu Händeln bereiten Fremden in der Stadt aufhielt, sollten die Besucher der erwähnten zweifelhaften Orte dort nicht »zechas tenere«, also sich besaufen und auf den Putz hauen, sondern möglichst schnell ihre Lust vergießen[146] und sich dann trollen.

Haben wir also inzwischen gesehen, daß man sich im späten Mittelalter entgegen dem, was uns Elias und seine Schüler sagen,[147] alle Mühe gab, die städtischen Huren hinter die Kulissen des öffentlichen Lebens zu schieben, in eine Gegend, »wo die Ausübung einer so skandalösen Tätigkeit am besten verborgen werden kann«, wie es im Jahre 1415 die florentinische Obrigkeit formulierte,[148] oder an einen »endroit caché et peu honorable«, wie es etwa zur selben Zeit in Chambéry heißt;[149] und ist gleichermaßen deutlich geworden, daß man damals versucht hat, so viele Männer[150] wie möglich vom sündigen Frauenhausbesuch abzuhalten, so gibt es noch zahlreiche andere Fakten, die zeigen, daß auch die offiziellen städtischen Huren und nicht nur die heimlichen Gassenstricherinnen zum Abschaum der Bevölkerung, zur »verachtsten heffe« gehörten.

Die meisten Familien in einer spätmittelalterlichen Stadt hätten es allem Anschein nach als eine unerträgliche Schande empfunden, wenn bekannt geworden wäre, daß eine der Ihren Insassin eines Frauenhauses war, was man etwa daran sieht, daß die gemeinen Frauen ganz selten nur Einheimische waren[151] und in vielen Gegenden sogar überwiegend aus dem Ausland stammten: In »Les Stuwes« von Southwark waren so viele Huren ursprünglich aus Flandern, Holland und aus Brabant, daß »Flämin« im Englischen sogar ein Synonym für »Prostitutierte« wurde.[152] Überdies wird in überlieferten Frauenhaus-Ordnungen ausdrücklich hervorgehoben, daß keine Einwohnerin der betreffenden Stadt sich in den jeweiligen Einrichtungen prostituieren dürfe.[153]

Damit die gemeinen Frauen mit ihren anständigen Geschlechtsgenossinnen – die sie bisweilen auf der Gasse durch das Hochheben der Röcke zu schockieren trachteten – nicht

169 Gerard van Honthorst: ›Die Frauenwirtin‹, 1625.

zusammentrafen, hatten sie, wie die Juden, ihre eigene Badstube – beispielsweise in Ulm[154] –, oder es gab einen besonderen Tag, an dem die Frauenbadstube ihnen vorbehalten war
wie in Marseille im 13. Jahrhundert;[155] und wenn einmal der
Betreiber – wie z. B. im Jahre 1514 der Bader zum Becken in
Würzburg – Huren ins Frauenbad ließ, blieben ihm fortan
nicht nur die übrigen Kundinnen weg, sondern es wurde ihm
auch der Prozeß gemacht.[156]

Wie die Juden durften die Huren nach einer Bestimmung von
Avignon aus dem Jahre 1243 auf dem Markt Brot und Obst
nicht anfassen – »Statuimus quod Judæi vel Meretrices non
audeant tangere manu panem vel fructus, qui exponuntur ve-
nales; quod si fecerint, tunc emere illud, quod tetigerint, te-
neantur«[157] –, was ansonsten nur noch für die Aussätzigen,
die ›nach draußen Gesetzten‹, galt, deren Hütten oder Katen
vor den Toren der Stadt lagen und denen eine kurtrierische
Anleitung beibrachte:

»Ich lege dir ans Herz, daß du nicht irgend eine Sache, die du
kaufen willst, wo es auch sei, berührest, damit man erkenne,
was für eine Sache es sei.«[158]

Ja, in Krakau durften die gemeinen Frauen sich nicht einmal
an den gemeinsamen Löscharbeiten beteiligen, wenn eine
Feuersbrunst die Stadt einzuäschern drohte![159]

Wie bereits erwähnt, war es den Huren zwar meist gestattet, den Gottesdienst zu besuchen, wobei man allerdings fast immer spezielle Arrangements traf, damit sie nicht mit anständigen Zeitgenossen in Kontakt kamen oder auch nur von diesen gesehen werden konnten. Doch verordnete beispielsweise im Jahre 1287 Johann von Lüttich, offene Huren und Spielleute seien vom Abendmahl auszuschließen,[160] und auch später, zu Beginn der Neuzeit, heißt es über die Insassinnen des städtischen Frauenhauses zu Köln:

»Die Berligshoern waren auch in sulchem stande der verdamnis, das si nit wie christen zum hilligen sacrament moisten gain oder uff geweihete kirchove begraben werden oder mit ehrlichen leuten umbgain, dan man hilts darvur, das wenich hoffnong der besserunge bei inen were.«[161]

Hatte das Berlicher Frauenhaus im Hinterhof eine eigene Begräbnisstätte,[162] so dauerte die Ehrlosigkeit der Huren auch andernorts meist über ihren Tod hinaus an, so daß man sich weigerte, sie in geweihter Erde beizusetzen: In Frankfurt am Main gab es etwa zur selben Zeit eine Verordnung, die Leichen der gemeinen Frauen auf des Wasenmeisters Kaute, also auf dem Schindanger, zu verscharren,[163] nachdem auch Pius V. angeordnet hatte, man solle alle Huren unter dem Mist zur ewigen Ruhe betten. Wie die hingerichteten Sexualverbrecher vergrub man auch häufig die Leichen von Frauenwirten und -wirtinnen sowie die der ihnen unterstellten Frauen unter dem Galgen.[164]

Oft standen die gemeinen Frauen unter der Gewalt von Scharfrichtern und Bütteln[165] – etwa die Insassinnen des Hauses »zur kurzen Freud« in Freiburg im Breisgau[166] – also von Leuten, die »unehrlich« waren wie sie selber. Wenn die öffentlichen Huren zu allerlei entehrenden Dreckarbeiten herangezogen wurden, die sonst niemand ausführen mochte, [167] so mußte z.B. auch der Henker von Augsburg die Abtritte reinigen, die Aussätzigen aus der Stadt vertreiben und gleichzeitig die Huren, die zum Teil bei ihm wohnten, beaufsichtigen.[168]

170 Der Frauenwirt des Volkacher Frauenhauses mit seinen »Töchtern«
Halbvoz und Weytloch vor der Obrigkeit, um 1500.

Auch in Bern lag das städtische Frauenhaus unmittelbar neben der Amtswohnung des Scharfrichters im heutigen Ryffli-
gäßchen und wurde von dessen Frau verwaltet.[169]
Wie verachtet ihr Mann war, kann man daran ermessen, daß
im 15. Jahrhundert ein in Bern zum Tode verurteilter Verbrecher zwischen der Hinrichtung und der Übernahme des
Henkeramtes wählen konnte![170] Diese Verachtung traf gleichermaßen die Angehörigen des Henkers wie die ihm unterstellten Huren, und nach einer Altenburger Verordnung vom
Jahre 1438 wurden die gemeinen Frauen in derselben Weise
wie die Ehefrau und die Töchter des Henkers gekennzeich-
net: »Item dy frouwichen zcu und die hengerynnen dy sullen
gehele leppichen uff den slagen tragen.«[171]
Nahmen sich eine Hure oder ein »Ruffian«[172] gegenüber einem anständigen Stadtbewohner etwas heraus, so war dieser
innerhalb gewisser Grenzen zur Selbstjustiz berechtigt. Im
Landshuter Stadtrecht vom Jahre 1335 heißt es etwa:
»Dar ueber ist, daz ein burger oder sein chnecht einen uerbo-
ten aus der stat oder einen spilman, er sey sager oder singer,
oder einen loterpfaffen oder ein huebscharin oder wie si genant sein, laidig mit slahen oder mit stoezzen von schulden,
der sol des ane puezz beleiben von dem richter vnd von der

stat; wann soelich laewt suellen zue dheinen rechten geboeren, noch gepunden sein.«[173]

Das Schweriner Stadtrecht aus der zweiten Hälfte des 12. Jahrhunderts gestand gleichermaßen einem Bürger, der von einer Hure oder einer anderen »Unehrlichen« beleidigt worden war, eine Ohrfeige zu – »Wehr et Sake, dat eine unehrliche Fru einen framen Mann honede in Gegenwerdigkeit twe framer Männder, de mag dir billig und frie geven einen Bakkenschlag mit flacker Hand« –, während einem nach dem Passauer Rechtsbrief vom Jahre 1301 dies anscheinend auch zustand, wenn man vorher gar nicht provoziert worden war:

»Wer varund Volk, das gut für er nymbt, schilt oder slecht, daz das plüt nicht fürkümbt vnd nicht töttet, der ain gesessner man ist, der ist dem richtter nichts darumbe schuldig.«[174]

Verhöhnungen und Beleidigungen durch die gemeinen Frauen scheinen jedenfalls nicht zu den Seltenheiten gehört zu haben, wenn man Jacob von Vitry Glauben schenkt. Dieser berichtet, daß im 13. Jahrhundert die Pariser Huren auf der Gasse die Männer und besonders die Studenten ansprachen. Gingen diese weiter, riefen die Huren ihnen »Schwuler!« oder »Arschficker!« hinterher.[175]

In manchen Gegenden und besonders in früheren Zeiten war es einem Manne nicht nur gestattet, zumindest unter gewissen Umständen eine öffentliche Hure zu schlagen, er durfte sie sogar ungestraft vergewaltigen, hatte doch eine solche Frau keine Ehre, die man ihr hätte nehmen können. Wer z. B. nach dem schwäbischen Landrecht »di notnumft« an einem fahrenden Weibe beging, den sollte man so richten, »als er nie bi ir gelegen waere«,[176] und obwohl in der Epoche der städtischen Frauenhäuser eine solche Bestimmung natürlich das Gewerbe der öffentlichen Prostitution ad absurdum geführt hätte,[177] verlautet noch im Jahre 1558 Damhoudières *Practica rerum criminalium*:

»Mais pour ravir ou efforcher femmes légières qui se sont exposées au commun ou au bourdeau n'est aulcune punition car

il faut qu'elles soient a tous habandonnez, sans nulluy contre-
dire ou escondir estanz en estat.«[178]

So erstaunt es kaum, daß die Strafen, die den Vergewaltiger
einer öffentlichen Hure trafen, häufig recht mild ausfielen,
und zwar besonders dann, wenn der Täter auch noch protek-
tioniert wurde. Als beispielsweise im Jahre 1418 Peter Hun-
gerleitter, ein Diener Hans des Frauenhofers, sich im Landshuter Frauenhaus gleich an mehreren Insassinnen vergangen
hatte, kam er auf Intervention seines Herrn alsbald aus dem
Turm und mußte lediglich – der Inhaftierung wegen – Urfehde schwören.[179]

Damit man erst gar nicht ins Grübeln darüber kam, ob nun
eine bestimmte Frau auf der Gasse eine gemeine oder eine
anständige Frau war und um mithin manche Männer vor
peinlichen Mißgriffen zu bewahren,[180] mußten schließlich in
vielen spätmittelalterlichen Städten die öffentlichen Huren
besondere Kennzeichen tragen. So bestimmte beispielsweise
eine Zürcher Ratserkenntnis vom Jahre 1319, »daz ein ieglich
froewelin, die in offen hüsern sitzent vnd die wirtin, die si
behaltent, daz die tragen süln ir iegliche, swenne si für die
herberge gat, ein Rotes keppeli über twerch vf dem houpte,
vnd sol daz keppelin ze samen sin genât. Kumpt si in ein kil-
chen, wil sie daz kuogellin abezihen, so sol sis vf ir achsel
legen, vntz das sis aber wider vfgesetzet.«[181] Im Jahre 1497
heißt es im Hamburger Stadtrecht, daß die öffentlichen Huren keine Korallenschnüre und »ander tziringe, de fromen
frowen wontlyck syn to dreghende«, anlegen dürfen, um
»vnderscheed to hebbende twyschen erlyken vnde vnerlyken
wandelbaren frowen, de in apenbaren sunden leuen«,[182]
während im Jahre 1463 der Leipziger Rat ausdrücklich die
›Städtischen‹ von den ›Privaten‹ schied, indem er den ersteren
befahl, »einen großen gelen Lappen« an ihrer Kleidung anzubringen, »der eines Groschen breit ist«, also ein langes gelbes
Band, und den heimlichen Huren, auf der Gasse das »mentele
uff den heuptern« zu tragen, wie es in »etzlichen« anderen
Städten der Brauch sei.[183] So sagten auch im Jahre 1486 die

Räte von Berlin und Cölln dem Kurfürsten zu, daß die Frauen, »welche an der unehre sitzen oder sonst in vnzimlichen sündigen wesen vnd gemein sein, das sie zu einen zeichen, damit man unterscheid unter frommen und bosen frauen habe, die mäntell auf den köpffen oder kurtzen mäntelchen tragen bei einer zimblichen busse« (Abb. 171).[184]

171 Vorgeschriebene Kleidung der »gemeinen Frauen«.
Aus Weigels *Trachtenbuch*, 1577.

Auch in Italien war den *puttane* des späten Mittelalters und der Frührenaissance meist eine besonders gekennzeichnete Aufmachung vorgeschrieben – so mußten z. B. die Huren von Padua einen drei Ellen langen Halskragen und deren Wirte eine rote Mütze tragen, während in Bergamo für die Mädchen ein gelber, kragenloser Mantel und für die Bordellbetreiber eine Mütze, an der sich ein Glöckchen befand, obligatorisch waren.[185] Doch in Mailand wurde im Jahre 1581 der Vorschlag gemacht, allein die öffentlichen Huren von jeglicher Kleiderordnung *auszunehmen*, um zwei Fliegen mit einer Klappe zu schlagen. Man spekulierte nämlich darauf, daß die Huren sich in einem solchen Falle so unanständig und aufwendig wie möglich kleiden würden, so daß den ehrbaren Frauen gar nichts anderes übrigbliebe, als auf den Luxus und jegliche modische Schamlosigkeit zu verzichten, um auf der Straße nicht mit den Huren verwechselt zu werden.[186]

III. Scheint nun also nichts für die Eliassche Behauptung zu sprechen, »der soziale Status der Bordelle« und der öffentlichen Huren sei im Mittelalter höher gewesen »als heutzutage«, und hat es nicht einmal den Anschein, daß eine viktorianische Haymarket- oder Regent Street-Hure verachteter gewesen ist als ihre Kollegin von der Cock's Lane im 14. Jahrhundert,[187] so wird man folgendes einwenden: Hat Elias denn nicht angeführt, daß im späten Mittelalter nicht selten ein Kaiser mit seinem Gefolge »bei einem offiziellen Besuch« ins Frauenhaus gegangen sei, das ihm von den Vätern der betreffenden Stadt »als Willkommensgruß zur Verfügung« gestellt worden sei? Und hat Elias nicht sogar ausgeführt, daß der Geschlechtsverkehr mit einer städtischen Hure damals »wie etwa ein Gastmahl mit zu der Bewirtung« gehört habe, »die man hohen Gästen bot«? Und wäre es im Vergleich dazu nicht nachgerade unvorstellbar, daß etwa die Stadt Frankfurt dem die Buchmesse besuchenden deutschen Bundeskanzler auch nur eine Peep-Show im Bahnhofsviertel reservieren ließe? Oder wie Elias selber es ausdrückt: Ist ein größerer Kontrast vorstellbar als der zwischen dem sich vor aller Augen abspielenden Bordellbesuch des mittelalterlichen Kaisers und dem Fall des amerikanischen Präsidentschaftskandidaten Gary Hart, dem eine Affäre mit einer Geliebten politisch das Genick brach?

Nun ließe sich freilich die Frage stellen, was denn von der jeweiligen Öffentlichkeit wirklich als skandalöser empfunden wurde: Wenn gestern noch Griechenlands Premierminister Papandreou mit der jungen Kurtisane Dimitra Liani als Gattin-Ersatz auf politischen Veranstaltungen auftrat und wenn ein Pornosternchen wie Ilona Staller (»La Cicciolina«) im ita-

172 Die Abgeordnete Ilona Staller vor dem
Lenin-Denkmal in Budapest, 1989.

lienischen Abgeordnetenhaus sitzt und während politischer
Auslandsreisen öffentlich die Brüste entblößt? Oder wenn
sich vor einem knappen halben Jahrtausend Karl VII. von
Frankreich mit seiner Konkubine Agnès Sorel vor dem Volke
zeigte? Immerhin hielt es nicht erst Spinoza für skandalös und
unvereinbar mit der Würde eines Herrschers, wenn dieser
sich mit öffentlichen Huren abgab,[188] vielmehr kostete dies
auch den französischen König die letzten Sympathien, und
als sich etwa zur selben Zeit in Augsburg ein Herzog mit einer
jungen Metze in der Badebütte amüsierte, zerriß sich die
ganze Stadt das Maul darüber.[189]
Doch erscheint es mir wichtiger zu überprüfen, ob es denn
wirklich Quellen gibt, die Elias' Behauptung vom öffentlichen Frauenhausbesuch des Herrschers belegen. Vergleicht

317

man nun beispielsweise Elias' Angabe, Kaiser Sigismund habe sich im Jahre 1414 beim Berner Stadtmagistrat dafür bedankt, daß dieser ihm und seinem Gefolge kostenlos das dortige Frauenhaus zur Verfügung gestellt habe, mit der Angabe des Kulturhistorikers, auf den sich Elias beruft, so muß man zunächst feststellen, daß dort von einem Bordellbesuch *des Herrschers* überhaupt nicht die Rede ist. Vielmehr behauptet der Gewährsmann lediglich, der Rat habe den Befehl erlassen, die Insassinnen des Frauenhauses sollten eventuelle Kunden *aus dem Gefolge* des Herrschers »freundlich und unentgeltlich empfangen, und die Stadt selbst bezahlte die Dirnen anstatt des Kaisers. Dafür dankte Sigismund öffentlich (!) dem Berner Stadtmagistrat, daß dieser dem kaiserlichen Gefolge einen dreitägigen unentgeltlichen Zutritt zu den Frauenhäusern gewährt habe.«[190]

Kann sich nun aber wenigstens diese Angabe auf eine Quelle berufen? Elias' Gewährsmann gibt merkwürdiger- oder bezeichnenderweise keine Quelle an, und tatsächlich scheint auch eine solche Quelle überhaupt nicht zu existieren.[191]

Was freilich existiert, ist zum einen das Kapitel 366 in Justingers *Berner-Chronik*, in dem es heißt:

»Als nu der küng und der graf von safoy von bern geschieden, do uberslug man allen kosten der zerung; der schmiden, der sattlern, *bi den schönen frouwen im geslin*, darzu daz man an barem gelte gap des künges amptlüten, nemlich sinen pfiffern, trumpotern, türhütern, metzgern, köchen, daz bar gelt geburt sich in ein summe sechtzig schiltfranken und aller kost in ein summe gerechnot gebürte zwei thusent pfunt pfennigen. Der koste beturte nieman, won nachdem do der küng uf dem rine und vil andern stetten und landen gewesen waz, *do rümde der küng offenlich*, daz im in keiner richstat me eren und wirdikeit nach aller ordnunge erbotten were, denne ze bern. Und daz ist kuntlich war.«[192]

Höchstwahrscheinlich hat Justinger seinerseits auf eine etwas ältere und knapper gehaltene Quelle zurückgegriffen, in welcher ein anonymer Chronist bemerkt, der König Sigismund –

denn Kaiser war Sigismund damals noch lange nicht, sondern Römischer König und König von Ungarn – habe sich später gegenüber anderen blaublütigen Herren voll des Lobes darüber geäußert, daß »die stat einen keller mit win geordnet, da man allermenglichem win gab; si hattend ouch geordnet in dem frowenhus, das allermenglich wol enpfangen ward, und nieman nützit bezalt«.[193]

Besonders letzteres scheint den König sehr erfreut zu haben, denn daß man bei besonderen Ereignissen, wenn zahlreiche fremde Männer sich in der Stadt aufhielten, das Frauenhaus besonders herrichtete und sogar häufig das dortige Personal mit zusätzlichen fahrenden Frauen vergrößerte, war im späten Mittelalter durchaus üblich. So erwähnt beispielsweise Georges Chastellain, daß der Herzog von Burgund – während er in Valenciennes den englischen Botschafter und dessen Gefolge erwartete – den Befehl gab, sämtliche Badebordelle der Stadt für diejenigen bereit zu halten, die das »mestier« der Venus genießen wollten.[194] Immerhin war König Sigismund im Sommer 1414 mit einem riesigen Geleit von mehr als 1400 Berittenen in Bern eingezogen (Abb. 173),[195] und deshalb war eine solche Anordnung des Rates mehr als vernünftig, wollte man die Bernerinnen vor Vergewaltigungen und sexuellen Belästigungen bewahren.[196] Da auch der König kein Interesse daran haben konnte, daß Männer aus seinem Gefolge solche Verbrechen begingen, ist es verständlich, daß er die Vorbereitungen, die der Rat auch diesbezüglich getroffen hatte, gegenüber anderen Fürsten »darnach vil und dik rümte«.

Gibt es aber nicht eine andere und im übrigen viel berühmtere Quelle über einen anderen Frauenhausbesuch Sigismunds, auf die sich ebenfalls Elias' Gewährsmann bezieht,[197] der sich wiederum auf einen anderen Kulturhistoriker beruft, bei dem es schließlich heißt:

»Als Kaiser Siegmund 1434 längere Zeit in Ulm verweilte, beleuchtete man die Straßen, sobald der Kaiser oder sein Gefolge in das gemeine Tochterhaus gingen.«[198]

173 Empfang König Sigismunds in Bern, 1414.

Dieser Historiker stellt die zitierte Behauptung zwar ohne Quellenangabe auf, doch weitere Nachforschungen haben ergeben, daß mehrere späte Chronisten des spätmittelalterlichen Ulm im wesentlichen dasselbe behauptet haben, daß nämlich der Kaiser – jetzt war er wirklich Kaiser – »auch das Ulmer ›Frauenhaus‹« in der in unmittelbarer Nähe der Stadtmauer liegenden Sterngasse aufgesucht habe, »wahrscheinlich das heutige Gasthaus zum Stern, was aus dem Verzeichnis über die Ausgaben der Stadt während jenes Aufenthalts« hervorgehe.[199]

Dieser Chronist beruft sich nun seinerseits nicht direkt auf das Ausgabenbuch, sondern auf einen noch älteren Chronisten des vergangenen Jahrhunderts, der in der Tat diese Angabe macht,[200] wobei nicht ersichtlich ist, ob auch er sich auf eine noch weiter zurückliegende Chronik beruft oder ob er das Ausgabenbuch selber eingesehen hat.

Wie dem auch sei, schauen wir uns die Ur-Quelle an, so lesen wir dort:

»Winkel mertzler vmb vnschlytt Jn die wachten als der kaiser hie was vff das rathuse Jn vnserfrowen huse Jn des Sibers vnd Pfůlers husen och Jn des kaisers hoff zům ersten vnd sust vmb schmer vnd anders vnd selb

XVIII lb VIII ß Xhlr«[201]

Wie ist nun diese Passage, in der die Zeichensetzung fehlt, zu interpretieren?

Eines steht fest, daß nämlich die Stadt einem Merzler, also einem Krämer namens Winkel, 18 Pfund, 8 Schilling und 10 Heller dafür gezahlt hat, daß dieser in der Zeit, in der Kaiser Sigismund »zuo Ulme« gelegen war – »wol zehen wochen« lang,[202] genauer gesagt vom 31. Mai bis zum 13. August 1434 – Unschlitt, also Talg, geliefert hatte.

Wohin aber war die Lieferung des Krämers gegangen? In die Stadtwache *und* ins Rathaus *und* in »unserfrowen huse« *und* in die Häuser der genannten Personen *und* dorthin, wo der Kaiser untergebracht war, nämlich in die Gebäude des Barfüßerklosters?

Und wenn es sich so verhält, ist es dann eigentlich sicher, daß mit »vnserfrowen huse« überhaupt das Bordell gemeint ist? Für gewöhnlich wurde das Bordell ja »*das* frowenhus« und nicht »*unser* frowenhus« genannt, und auch der Umstand, daß »vnser« und »frowen« in *einem* Wort geschrieben ist, mag den leisen Verdacht nähren, daß nicht der Ort der »kurzen Freude«, sondern das »Haus unserer (lieben) Frau«, also der hl. Jungfrau, mit Talg versorgt worden ist, und dieses Haus könnte eventuell die Bauhütte des Ulmer Münsters gewesen sein,[203] vielleicht aber auch das Münster selber, das bereits in der ältesten Zeit, also im späten 14. Jahrhundert meist »unser frowen pfarrkirche ze Ulme« oder »unser frowenpfarre« genannt wurde.[204] Träfe diese Vermutung zu, dann hätte der Krämer wohl Talg zum Drehen von Kerzen in das Gotteshaus geliefert. Denkbar wäre freilich auch, daß das Wort das Armenkrankenhaus bezeichnete, das zu jener Zeit

»unser frowen zu sant lienhart by den sundersiechen« hieß.
Dort wurden mittellose Kranke, vor allem Aussätzige behandelt, weshalb man das Spital später »capella Marie Virginis ad leprosos« nannte.[205] Bekanntlich legte man den Leprösen wie später den Blatternkranken unter anderem Salben und Pflaster aus Unschlitt auf.

Dem steht indessen entgegen, daß sich im Ulmer Ausgabenbuch noch folgende Angaben finden:

»v̊(lrich) kupferschmid, der wachter in des Pfûlers huse, IV Wochen zů warten

XII ß hlr

Dem Siber von sinem huse VII Wochen, die Wile d(er) kaiser hie was, die wachte drinne zů haben

VII lib hlr«[206]

Die Häuser der beiden Männer, die offenbar an Besucher des damals in Ulm stattfindenden Reichstags vermietet waren,[207] wurden also offiziell bewacht, und es liegt wohl näher anzunehmen, daß das Bordell bewacht worden ist als das Münster oder gar das Armenspital, zumal es ja – wie wir weiter oben gesehen haben – gerade im Frauenhaus zu ständigen Schlägereien bis hin zum Totschlag kam.[208]

Dies bedeutet, daß der Krämer an die Stadtwache im Rathaus, im Frauenhaus, in den an Fremde vermieteten Häusern und im Barfüßerkloster am Münsterplatz Unschlitt geliefert hatte, damit die Wächter ausreichend mit Licht versorgt waren.

Wir sehen also, daß wer immer aus dieser Passage herausgelesen hat, der Kaiser sei zu einem Schäferstündchen ins Ulmer Frauenhaus gegangen – und dies noch vor aller Augen –, sich verlesen oder die Episode erfunden haben muß – paßt sie doch zu gut zu dem Bild, das selbst heute noch die meisten Kulturhistoriker vom Mittelalter und seinen Lebensformen haben.[209] Mochte Sigismund auch ein notorischer Schürzenjäger gewesen sein,[210] einen öffentlichen Gang ins Frauenhaus hätte er so wenig gewagt, wie das heute Helmut Kohl wagen würde.

Kam freilich einmal ein Kaiser ohne Arg dem Frauenhaus nahe, dann machte sich auch prompt das Volk darüber lustig wie beispielsweise einst die Nürnberger:

»Der Formschneider Hieronymus Resch, der auch Andreä hieß, hat allhier in der breiten Gassen gewohnt, dessen Wohnung hinten ins Frauengäßlein gangen. Er hat Albrecht Dürer seine meinsten Riß geschnitten. Als er 1517 an gedachtem Dürers Triumphwagen, so Kaiserlicher Majestät gehöret, gearbeitet, ist Jhro Majestät damals allhier gewesen, und fast täglich hinaus ins Frauengäßlein zu ihm gefahren, um seine künstliche Arbeit zu sehen, dahero von den gemeinen Leuten ein Sprüchwort entstanden: Der Kaiser fähret abermals ins Frauengäßlein.«[211]

Gibt es aber nicht dennoch Beispiele dafür, daß im ausgehenden Mittelalter städtische Huren mit Billigung der Obrigkeit hochstehende Personen aufgesucht haben?

Als etwa Kaiser Friedrich III. – im Gegensatz zu Sigismund nicht gerade eine Schwerenöter[212] – im Jahre 1471 das Nürnberger Kornhaus besichtigt hatte, ereignete sich folgendes:

»Item rait fürpaß hinten zun kornheusern und schawet den puchsenzeug und daz korn und da er vom kornhaus gieng, da viengen in zwu hure mit einer driklaftering silbrein keten und sprachen, eur genad muß gefangen sein; er sprach, wir sind ie nit gern gefangen, wir wollen uns ee auß losen, und er gab in 1 gld.; item reit fürpas fürs frawenhaus, da viengen in ander vier, gab er aber 1 gld.«[213]

In einer Altenburger Verfügung vom Jahre 1437 heißt es:

»Item dy frouwichen zcu besenden und in zcu sagen, das sie nicht meher czessen sollen holen zcu keynem hernessen noch zu hochczyten und wer in darobir gebe, der sal eynen halben gulden uff das rathus geben.«[214]

Auch der Stadtschultheiß von Würzburg dinierte am Johannistag im städtischen Frauenhaus, und noch im Jahre 1516 berichtet Siegismund von Herberstein aus Zürich, daß dort »der brauch was, das der burgermeister, gerichtsdiener und gemaine weiber mit dem gesandten sassen«.[215]

Schon den vier letzten Beispielen können wir natürlich entnehmen, daß sich die jeweiligen Männer keineswegs *sexuell* mit den gemeinen Frauen vergnügt haben, einmal vorausgesetzt, daß überhaupt für beide Seiten ein Vergnügen mit im Spiele gewesen ist. Aber wenn sie das nicht taten, was taten sie dann und – vor allem – warum?

Nun verkörpert in zahllosen Gesellschaften der Vergangenheit und auch noch der Gegenwart die Hure die ungebundene Sexualität und dadurch mittelbar die Fruchtbarkeit. Dies mag zunächst erstaunen, denn *un*mittelbar hat eine Hure ja gerade nichts mit Fruchtbarkeit zu tun – sie wird, jedenfalls normalerweise, nicht schwanger, und man hat ihr deshalb in Mittelalter und Neuzeit immer wieder vorgeworfen, sie verführe die Männer dazu, die Sünde Onans zu begehen und ihr Sperma nutzlos zu verspritzen. Freilich fördert sie trotzdem das Wachstum und die Fruchtbarkeit, weil ihre ungebundene Sexualität Schamlosigkeit und Obszönität bedeutet, durch die alle Feinde der Fruchtbarkeit in die Flucht geschlagen werden. Man denke etwa an die *meretrices* der Flora, der altitalischen Göttin des Pflanzen-, insbesondere des Getreidewuchses, die während des Frühlingsfestes der Floralien auf ein Zeichen mit der Tuba ihre bunten Gewänder abwarfen und sich nackt der Menge präsentierten, und zwar höchstwahrscheinlich, um mit entblößter Scham all die Kräfte abzuwehren, die der aufblühenden Natur hätten schaden können.[216] So wird auch verständlich, daß wegen häufig auftretender Mißernten die Ludi Florae ab dem Jahre 173 v. Chr. nicht mehr – wie bislang – unregelmäßig, sondern jedes Jahr abgehalten wurden.[217]

Aus diesem Grunde konnte in gewissen Zeiten die Begegnung mit einer Hure ein gutes Omen sein – auch im Traum sind Huren nach Artemidor von Daldis »im Hinblick auf jedes Vorhaben von guter Vorbedeutung«, denn sie »bedeuten Glück«[218] – und dieses Glück, ursprünglich Fruchtbarkeit, verliehen auch noch im ausgehenden Mittelalter die gemeinen Frauen dem Herrscher oder dessen Repräsentanten.

Überbleibsel derartiger archaischer Fruchtbarkeitsrituale gab es in der damaligen Zeit noch allenthalben, mag ihr Sinn auch vielen oder den meisten Zeitgenossen nicht mehr gegenwärtig gewesen sein. In Avignon etwa hatten die Studenten das »droit de batacule«, das ihnen erlaubte, an Fastnacht den gemeinen Frauen den Rock hochzuheben und ihnen auf den

174 ›Le droit de batacule‹, frühes 16. Jh.

nackten Hintern zu schlagen (Abb. 174) – was in Deutschland *fuen* oder *fizzeln* hieß[219] –, wobei die etwas schamhafteren Huren sich durch das Zahlen eines Denars eine solche Herabwürdigung ersparen konnten.[220] Noch im 15. Jahrhundert durften (oder vielleicht eher: mußten) in manchen Gegenden die Huren auf Hochzeiten tanzen und den Bräutigam beglückwünschen, und die Würzburger Ratschronik berichtet:

»Item uf montag nach Simonis et Judae im 1486. jahr ward hie zu Würtzburg o. brautlauf; ging der stockhmeister, genant Jacob Wellisch, mitten inne undt uf der rechten handt der hurnwirth, uf der linckhen handt der schinder derzeit undt ein büttel, genant Endres Gutte, undt darnach stinckendes fleisch undt fawle butter, ides nach seinem werth, undt kam zuletzt in die kirchen der hengker darzu. Item darnach ging die brauth undt uf der rechten handt die hurnwürthin, uf der lincken handt der braut tochter und darnach 6 oder 7 frawen; Gott weuß alle ihre nahmen wol.«[221]

Bis zum Jahre 1438 schenkten die venezianischen Huren den städtischen Beamten Rosen und andere Blumen[222] – die gemeinen Frauen Frankfurts taten dies beim sogen. »Hirschessen« sogar bis zum Jahre 1529,[223] und dem uns bereits bekannten Karl VII. von Frankreich wurde alljährlich im Mai von der »dame des filles de joye« ein solcher Strauß, »bouquet du renouveau« genannt, überreicht, »ainsi qu'il est accoustumé de faire de tout temps«, wie es noch im Jahre 1540 bei der Übergabe hieß.[224]

Wegen der Anordnung ihrer Blütenblätter, die an die Schamlippen der Frau erinnerte, galt die Rose als ein Symbol der Vulva – Pablo Neruda spricht von der »Rose aus feuchtem Feuer« – weshalb im späten Mittelalter die Frauenhäuser häufig in der Rosengasse lagen oder selber nach der Rose genannt wurden, wie das Bordell »Zum Rosenlöcher«, in dem man die Rosen »lochen« konnte.[225] »In die Rose gehen«, *rosas carpere*, »rosen brecken uppe der minnevelde« waren verbreitete Ausdrücke für den Beischlaf mit einer Frau, und akzeptierte eine Frau von einem Mann eine rote Rose, so erklärte sie sich damit bereit, mit ihm intim zu werden.[226] Durch das Überreichen des Symbols ihrer äußeren Genitalien[227] verhalfen somit die gemeinen Frauen den Vertretern der Obrigkeit ebenso zu Glück wie die Leipziger Huren ihrer Stadt. Diese zogen nämlich an Mittfasten – also zu Frühlingsbeginn – mit einer Anführerin, die an einer langen Stange eine Strohpuppe trug, unter Absingen von Reimen auf den Tod durch die Gassen der Vorstadt und warfen schließlich die Puppe in die Parthe. Durch dieses »Todaustragen« machten sie die jungen Frauen Leipzigs fruchtbar und bewahrten gleichzeitig die Stadt vor der Pest und anderen ansteckenden Krankheiten.[228]

Gerade in Zeiten des Übergangs und des Neubeginns, also in

den »Zeiten zwischen den Zeiten«,[229] etwa wenn der neue Herrscher sein Territorium umritt – was im Hl. Römischen Reich seit dem frühen 11. Jahrhundert üblich war[230] –, traten die Huren auf:[231] Zum Johannisfest in Breisach kamen beispielsweise im Jahre 1475 »multi leones et ribaldi cum meretricibus«,[232] und in Wien tanzten sie in jener Zeit um das Sonnwendfeuer.[233] Der Johannistag war eine *der* Wendezeiten des Jahres, Mittsommer und Sonnenwende. An diesem längsten Tag des Jahres versuchte man seit unvordenklichen Zeiten die das Wachstum bedrohenden Kräfte abzuwehren. Im Saalfeldischen tanzten etwa die jungen Mädchen in der Johannisnacht um den Flachs, zogen sich nackt aus und wälzten sich darin herum. In gewissen Gegenden Estlands tanzten unfruchtbare Frauen ohne Kleider um Ruinen, auf denen am Johannisabend ein Feuer entfacht wurde, und in vielen deutschen Landschaften hieß es, man müsse in dieser Nacht entblößt aufs Kornfeld gehen, aus jeder Ecke ein paar Halme abmähen und diese, zu einem Kreuz geformt, in den Schornstein hängen. Dadurch sei in der kommenden Zeit das Korn vor den Vögeln geschützt. In Leobschütz sagte man schließlich, in der Johannisnacht steige der hl. Johannes vom Himmel herab und segne die zu seinen Ehren gepflückten Blumen, die daraufhin alles Übel von Haus und Hof fernhielten, wie überhaupt der meist in der Mittagsstunde des Johannistages zu pflückende »Johannisstrauß« heil- und zauberkräftig war und alle Gefahren fernhielt.[234]

Auch die Wettläufe der leichtbekleideten Huren – die Elias anführt, um zu zeigen, wie sehr die gemeinen Frauen in der Gesellschaft integriert gewesen seien[235] – hatten höchstwahrscheinlich einen unheilabwehrenden Sinn. Solche Hurenwettläufe fanden nicht nur während der altrömischen Floralien statt, sondern beispielsweise im 13. Jahrhundert im Périgueux, etwas später beim Bartholomäusfest in Pernes und in Arles[236] und in Deutschland noch im Jahre 1509 während eines in Augsburg veranstalteten Armbrustschießens (Abb. 175).[237]

175 Wettlauf der öffentlichen Huren, Augsburg 1509.
Aus einer Bilderhandschrift, um 1570.

Beim österreichischen »Tuchlaufen«, an dem auch junge
Mädchen teilnahmen – denen im Jahre 1534 untersagt wurde,
sich dabei bis aufs Hemd auszuziehen –, winkte der Siegerin
als Prämie ein schönes Tuch. Ging es bei diesen Läufen mehr
um die Vertreibung der Feinde der Fruchtbarkeit und der Gesundheit, so in Italien häufig um den Sieg über den militäri-
schen Feind. So ließen z. B. die Perugianer nach zehnjähriger
ergebnisloser Belagerung Arezzos Huren mit entblößten
Brüsten vor den Toren der feindlichen Stadt um die Wette
laufen, und im Jahre 1363 wiederholten dies die Perugianer
vor den Mauern von Florenz. Auch hier wurde die siegreiche
Frau mit einem Tuch belohnt, das *palio* hieß (von lat. *pallium*,
dem viereckigen Überwurf, den besonders die antiken *meretrices* trugen), und mit der Zeit wurde auch der Lauf selber so
genannt.[238]
Wir haben also gesehen, daß es *magische* Gründe waren, weshalb bisweilen und in manchen Gegenden noch bis in die

frühe Neuzeit hinein gewisse Personen bei bestimmten Anlässen mit gemeinen Frauen in Berührung kamen,[239] ein Kontakt, der sie sonst geradezu »unehrlich« gemacht und befleckt hätte. Nichts spricht dafür, daß diese besonderen Fähigkeiten der Huren in irgendeiner Weise den sozialen Status dieser Frauen im Alltag erhöht hätten.[240] Genausowenig ließe sich etwa aus der Tatsache, daß um die Mitte des angeblich so prüden 19. Jahrhunderts die öffentlichen Huren von New Orleans zu Frühlingsbeginn in »schockierenden Kostümen« und Obszönitäten rufend durch die vornehmen Viertel der Stadt zogen, der Schluß ziehen, die Prostituierten seien im damaligen Louisiana relativ angesehene und »integrierte« Frauen gewesen.[241] Ja, überdies kann man sogar manches für die These anführen, daß die Huren von New Orleans mehr Vergnügen an der Sache hatten als ihre spätmittelalterlichen Schwestern oder die damaligen Juden, für welche die Pflicht, an einer »entrée royale«, einem Wettlauf oder gewissen Prozessionen teilzunehmen, eine herabwürdigende Zurschaustellung bedeutete, die ihre Ehrlosigkeit dokumentierte und unterstrich.[242]

176 Maskierte am Mardi Gras, Vieux Carré, New Orleans.

Wie dem aber auch sein mag, fest steht, daß derartige Gebräuche auf außergewöhnliche Zeiten beschränkt blieben. Wenn also heute ein nicht eben wohlwollender Kritiker meint, »ein Hauptspaß wäre ein Anti-Duerr, der z. B. aus der Geschichte des Karnevals und verwandter Feste ein Panoptikum der Schamlosigkeit und erotischen Übertretungen zusammenstellen würde«,[243] dann sollte der Kommentator damit rechnen, daß diesem Spaß recht enge Grenzen gesteckt wären. Die spätmittelalterlichen und frühneuzeitlichen Fastnachtsspiele beispielsweise fanden eben gleichermaßen in der »Zeit zwischen den Zeiten«, der närrischen Zeit statt, also innerhalb einer kurzen Spanne, in welcher man unter Einhaltung gewisser Schicklichkeitsnormen das tun und sagen durfte, *was sonst verboten war.*[244] In Nürnberg waren ja nach dem Handwerkeraufstand des Jahres 1348 die Zünfte verboten worden, und seit dieser Zeit wurden die Handwerker vom Rat der Stadt in hohem Maße gegängelt. Für die Gesellen, die überdies immer größere Schwierigkeiten hatten, Meister zu werden, war die Fastnacht *die* Gelegenheit, einmal ordentlich auf den Putz zu hauen und die Anstandsregeln zu verletzen.[245]

Denn daß die Fastnachtsspiele sich ganz bewußt an den Schicklichkeitsnormen der Zeit vergehen wollten, daß ihre Sprache sich als »grob red«[246] verstand, weshalb die ehrbaren Bürger sich auch nicht blicken ließen, geht ganz eindeutig vor allem aus den Pro- und Epilogen der Stücke hervor, etwa wenn es heißt:

»Hab wir unzucht bei euch getan, / Das sult ir uns haben vergut, / Wann man itzo gern nerrisch tut / Zu vasnacht mit mangerlei schimpf. / Herr wirt, habt uns fur kein ungelimpf / Unser grobhait und nerrisch parn.«[247]

Im spätmittelalterlichen Göttingen war es den gemeinen Frauen – die sonst nicht einmal die Wirtshäuser betreten durften – gestattet, an den letzten drei *dorentagen*, also am Ende der Fastnacht, auf dem Rathaus zu tanzen,[248] denn jetzt befand man sich in der verkehrten Welt, in der sich alles – natürlich innerhalb gewisser Grenzen, auf die genau geachtet wurde –, umstülpte:

»Der man verkert sich in ein frauen, / Die frauen sich in mannes gestalt, / Das junk geschaffen macht sich alt, / Das forder man hin hinter kert,/ Das hinder teil her fur dan fert, / Unters gen perg, obers gen tal, / Unsinnig wirt man uber al.«

Und dementsprechend tat und sagte man Dinge, worüber man sich im Alltag geschämt hätte:

»Die vasnacht das wol machen kan, / Das herrisch tut vil manig man, / Der sich des schamt ein ander zeit. / Seit das die vasnacht soliches geit, / So sei wir darumb daher kumen.«[249]

IV. Um seine These vom Anwachsen der Scham- und Peinlichkeitsschwellen im »Prozeß der Zivilisation« zu belegen, verweist Elias darauf, daß doch – wie allseits bekannt – die Nacktheit im griechischen Gymnasium noch »nicht mit Scham belegt« worden sei, während es heute »schwer zu ertragen wäre, wenn in den Turnhallen der Schulen alle Männer und auch alle Frauen nackt umherliefen«.[250] Auch in diesem Falle erwähnt Elias mit keinem Sterbenswörtchen, daß ich in dem von ihm kritisierten ersten Band des vorliegenden Buches en detail auf die angebliche Unbefangenheit der alten Griechen gegenüber der Nacktheit des menschlichen Körpers eingegangen bin,[251] weshalb ich mir erlaube, noch einmal die Eliassche Behauptung mit dem zu vergleichen, was weitere Quellen sagen.

Sehen wir einmal davon ab, daß die ionischen Griechen, die ihre Frauen und Mädchen wie die Orientalen aus jeder Öffentlichkeit fernhielten,[252] entsetzt gewesen wären, wenn diese nackt und noch dazu gemeinsam mit dem anderen Geschlecht in den Gymnasien Sport betrieben hätten – eine größere Schamlosigkeit wäre wohl für sie kaum vorstellbar gewesen –, so gibt es in der Tat eine Mitteilung Plutarchs, nach der die jungen Mädchen Spartas »ihre Entkleidungen und Wettspiele vor den Augen der Jünglinge« betrieben hätten.[253]

Was aber bedeutet hier das Wort »Entkleidung«? Eines steht fest: Es gibt keine einzige Quelle – sei es eine bildliche oder eine schriftliche –, die auch nur die Vermutung nähren könnte, daß die spartanischen Jungfrauen sich vor dem anderen Geschlecht ganz nackt ausgezogen hätten, ja, es ist nicht einmal sicher, daß sie in diesem Falle wirklich den Oberkörper entblößt haben und nicht nur die Schenkel, wie aus einer Stelle bei Euripides hervorgeht.[254] Es gilt nämlich zu bedenken, daß wir ja keine *spartanischen* Quellen vor uns haben,

177 Spartanische (?) Wettläuferin in kurzem Chiton.

und es mag sein, daß für die Ionier, die bereits den ärmellosen, kurzen und geschlitzten χιτών als Skandalon ansahen, ein so gekleidetes junges Mädchen »entkleidet« war.

Nach Pausanias trugen die jungen Teilnehmerinnen an den Wettläufen bei den Heraien in Olympia einen kniefreien Chiton, der auch eine Schulter bis zum Brustansatz freiließ (χιτών ὀλίγον ὑπέρ γόνατος καθήκει / τὸν ὦμον ἄχρι τοῦ στήθους φαίνουσι τὸν δεξιόν),[255] und es ist nicht unwahrscheinlich, daß damit auch die Kleidung der dorischen Mädchen beschrieben ist.

Zwar schildert Properz die Spartanerin Helena mit entblößten Brüsten:

»Auch auf dem langen Kamm des Taygetos heimischen Hunden / Nachzufolgen sich müht, reifüberzogen das Haar, /
Gleich Amazonen, der Schar nacktbusiger, kriegerischer
Mädchen, / Die des Thermodonstroms Wasser benutzen zum
Bad, / Gleich auch Kastor und Pollux, die übten im Sand des
Eurotas, / Dieser einst Sieger zu Roß, jener im Kampf mit der
Faust; / Nackt die Brust griff auch Helena mit ihnen zu Waffen, / Ward vor den Brüdern jedoch, heißt es, den Göttern,
nicht rot.«[256]

Doch ist Properz – der ähnlich wie Tacitus Kritik an den Sitten Roms übte – als Quelle für die Sportkleidung der jungen
Spartanerinnen mit Vorsicht zu genießen, denn es mag durchaus sein, daß der Dichter die Unbefangenheit der Dorer gegen
die Verderbtheit der Römer dadurch veranschaulichen
wollte, daß er schilderte, wie eine spartanische Frau, ohne zu
erröten, vor ihren Brüdern die Brüste entblößen konnte – für
eine junge Römerin ein Ding der Unmöglichkeit.[257]

Sicher ist jedoch, daß die jungen Sportlerinnen der Dorer –
die mit Abstand textilfreisten unter den Griechinnen – zumindest mit einem ζώμα, lateinisch *subligar*, also einer kurzen Hose bekleidet und keineswegs – wie Elias es will – nackt
Sport betrieben haben.[258]

Wie aber verhielt es sich mit der Nacktheit der Männer? Man
mag zwar einräumen, daß selbst die jungen Spartanerinnen
bei ihren sportlichen Übungen auf irgendeine Weise bekleidet
waren, aber man wird darauf bestehen, daß es doch unzählige
Beweise gebe, die deutlich vor Augen führten, wie sich wenigstens die griechischen Männer hüllenlos in den Gymnasien
getummelt haben. Und zeigt dies nicht, daß die Nacktheit der
Männer – wie Elias behauptet – schamfrei gewesen ist?

Nun ist es zunächst bemerkenswert, daß die athletische
Nacktheit der altgriechischen Männer ein relativ *spätes* Phänomen ist, was Elias, der anscheinend die Kultur des alten
Griechenland – ähnlich wie die des Mittelalters – als ein ziem-

lich homogenes Gebilde ansieht, unbeachtet läßt, obwohl –
oder vielleicht gerade weil – diese Tatsache für seine Evolutionstheorie des Zivilisationsprozesses fatal ist.

So schreibt etwa Thukydides im 5. Jahrhundert v. Chr. über
die Lakedämonier:

»Sie waren auch die ersten, die sich bei den Leibesübungen
entkleideten, öffentlich die Gewänder ablegten, und sich mit
Öl salbten. Ursprünglich hatten die Wettkämpfer beim
Olympischen Kampfspiel Schurze um die Schamteile (αἰδοῖα), *was erst seit wenigen Jahren aufgehört hat* (οὐ πολλὰ
ἔτη).«[259]

Damit meint Thukydides vermutlich die Zeit nach den Per-
serkriegen, die 448 v. Chr. beendet waren, eine Zeit, in der er
ein kleiner Bub und Plato noch gar nicht geboren war.[260]

Aber auch Plato gibt etwas später die Meinung kund, diejenigen, welche den Mädchensport anstößig fänden, sollten sich
daran erinnern, »daß es noch nicht lange her ist (οὐ πολὺς
χρόνος), als den Griechen schamlos und lächerlich erschien,
was jetzt den meisten Barbaren so erscheint, daß nämlich
Männer sich nackt sehen lassen. Und als zuerst die Kreter,
dann die Lakedämonier (Spartaner) mit den Turnplätzen begannen, da durften die Spötter jener Zeit sich über all dies
lustig machen.«[261]

Nicht nur Homer bestätigt, daß die Wettkämpfer zu Zeiten
der *Ilias* und der *Odyssee* bei allen Übungen bekleidet antra-

178 Athleten mit Schamschurz. Stamnos aus Vulci, 6. Jh. v. Chr.

334

ten;[262] auch auf schwarzfigurigen Vasenmalereien des späteren 6. Jahrhunderts v. Chr. tragen die Athleten das Perizoma, also eine Schambinde (Abb. 178),[263] die der sehr ähnlich ist, die bis zum Zweiten Weltkrieg von japanischen Arbeitern und Sportlern und heute noch von den männlichen Teilnehmern der sog. »Nacktfeste« getragen wurde bzw. wird.

Doch einmal abgesehen von der Tatsache, daß die athletische Nacktheit der griechischen Männer – wie Elias sagen müßte – ein *Zivilisationsprodukt* und keine *archaische* Sitte ist:[264] War die männliche Nacktheit der klassischen Griechen wirklich nicht schambesetzt?

Zunächst ist es nicht ganz unwichtig festzuhalten, daß die unbekleideten griechischen Athleten unter sich blieben, in anderen Worten, daß den Angehörigen des weiblichen Geschlechts der Zutritt zu den Trainings- und Wettkampfstätten strengstens verboten war. Die einzige Frau, die bei den Olympischen Spielen anwesend sein durfte, war die Priesterin der Demeter Chamyne. Ihr war es gestattet, auf einem Marmoraltar den Wettkämpfen beizuwohnen, und zwar sicherlich deshalb, weil sie die Göttin repräsentierte, der zu Ehren einstmals der Stadionlauf als fruchtbarkeitsfördernder Hochzeitslauf veranstaltet worden war.[265]

Gewöhnlichen Frauen aber war dies untersagt, und wenn man Pausanias glauben darf, stießen die Eleer eine Frau, die sich eingeschlichen hatte oder die den Wettkampfstätten auch nur nahe gekommen war, von einem hohen und schroffen Felsen des Tympaion hinab.[266]

Doch selbst diese eingeschränkte öffentliche Nacktheit der hellenischen Jünglinge war nicht so unproblematisch, wie Elias es hinstellt.

Zum einen war das »Entblößen« (φωλή) der Eichel, also das Zurückziehen der Vorhaut, allem Anschein nach[267] äußerst unanständig,[268] und so nimmt es nicht wunder, daß selbst in der Kunst die Eichel praktisch nie sichtbar ist: sogar der erigierte Penis bleibt völlig von der Vorhaut bedeckt. Im Gymnasium aber scheinen die etwas älteren Jünglinge mit entwikkelteren Genitalien, deren Vorhaut sich bereits auf natürliche Weise zurückgezogen hatte, zwei Techniken angewendet zu haben, um die Eichel vor den Blicken der anderen zu schützen. Entweder zogen sie die Vorhaut über die Eichel und banden sie vorne zu, so daß der Penis aussah wie ein Wurstzipfel, oder man rollte – wie der Lexikograph Phryniches es beschreibt – den Penis nach hinten und band ihn hoch.[269]

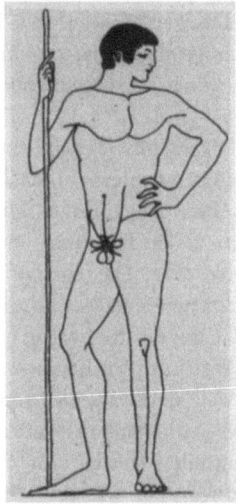

179 κυνοδέσμη. Rotfigurige Amphore, 5. Jh. v. Chr.

Die erste Methode hatte den Vorteil, dem pädophilen Ideal gemäß den Penis des jungen Mannes kindlicher erscheinen zu lassen, und so ist auch auf Vasendarstellungen die Vorhaut für gewöhnlich sehr lang, manchmal halb so lang wie der Penis selber.[270]

Zum anderen hätte sich ein anständiger nackter Athlet offenbar niemals breitbeinig hingesetzt oder auf irgendeine indezente Weise hingehockt. Tat dies einer, dann handelte es sich um ein verdorbenes Früchtchen, das auf diese Art – wie Plato es beschreibt[271] – die zuschauenden Männer sexuell erregen wollte. Mit gespreizten Beinen werden denn auch stets nur Satyrn dargestellt (Abb. 180), die als unzivilisierte Wesen, als

336

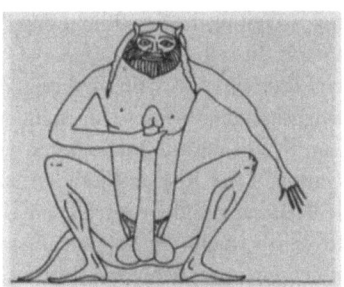

180 Satyr en face. Schwarzfig.
Amphore aus Tarquinia, 2. Hälfte d. 6. Jh.s.

Verkörperung der ungebremsten Geilheit und Unanständigkeit, recht häufig en face zu sehen sind – eine Seltenheit in der griechischen Kunst.[272]

So darf man annehmen, daß Aristophanes manchem Bürger Athens aus der Seele sprach, wenn er den Anwalt des alten Brauches sagen ließ:

»Und im Ringhof dann, wenn sie saßen zu ruhn auf dem Sande, da mußten sie züchtig / Vorbeugen das Bein, um Unziemliches nicht den Umstehenden draußen zu zeigen / Und erhoben sie sich, so verwischten sie stets in dem Sande die Spuren mit Vorsicht, / Daß die blühenden Formen nicht, abgedrückt, unreine Begierden erweckten«, während sich heutzutage die jungen Kerle lüsternen Männern zur Schau stellten.

Als ihm daraufhin der »Anwalt der schlechten Sache«, der Propagandist fortschrittlichen Denkens und Fühlens, vorwirft, das sei doch der Schnee von gestern, fährt der Traditionalist fort:

»Wohlan denn, vertraue mir, Jüngling, und nimm mich zum Lehrer, den Anwalt des Guten, / Dann gewöhnst du dich, stets zu verachten den Markt, und die Bäder, die warmen, zu meiden, / Dich dessen zu schämen, was schandbar ist, zu erglühn, wenn darob sie dich necken, / Und vom Sitze dich schnell zu erheben, sobald sich ein würdiger Alter dir nähert. Deine Eltern kränkst du durch Unart nie, und bestehst in je-

337

der Versuchung, / Weil für heilige Pflicht du es erachtest, ein Bild der Scham aus dir selbst zu schaffen.«[273]

So meinte auch Plutarch, es sei sehr schwierig, Päderastie und Verweichlichung einzudämmen, wenn Männer sich voreinander auszögen,[274] und um die Mitte des 4. vorchristlichen Jahrhunderts empfahl der Rhetor Aischines aus Athen, daß die Trainer die Palästra, also den Ort, an dem die Schwerathletik betrieben wurde, nicht vor Sonnenaufgang öffnen und nicht nach Sonnenuntergang schließen dürften, weil sonst die Gefahr bestünde, daß sie sich im Schutze der Dunkelheit an die jungen Athleten heranmachten.

Überdies sollte außer dem Trainer, dessen Sohn, Bruder oder Schwiegersohn niemand den nackten Athleten bei ihren Übungen zuschauen dürfen, der älter als diese selber sei: »Wer immer dieses Verbot mißachtet, soll mit dem Tode bestraft werden.« Schließlich sollten die für die Gymnasien Verantwortlichen darauf achten, daß kein erwachsener Mann gemeinsam mit den Jünglingen Leichtathletik betreibe, und der Gymnasiarch, der dieser Regelung nicht nachkäme, solle so bestraft werden, wie wenn er einen freigeborenen Buben zum Geschlechtsverkehr verführt hätte.[275]

Gewiß vertrat Aischines hier eine Meinung, die möglicherweise in dieser Strenge nicht von allzu vielen seiner athenischen Zeitgenossen geteilt wurde, aber sie beleuchtet trotzdem recht gut die *Problematik* jugendlicher Nacktheit in der Atmosphäre eines pädophilen Körperkultes, in der – wie Plato es anschaulich schildert – die erwachsenen Männer wie auch die jungen nur so dahinschmelzen, wenn ein schöner Jüngling gleich Charmides den Raum betritt:

»Und bei uns nun, den Männern, war das weniger zu verwundern; aber auch bei den Knaben bemerkte ich, wie keiner von ihnen anderswohin blickte, auch der kleinste nicht, sondern alle auf ihn schauten wie auf ein Götterbild. Und Chairephon rief mir zu und sprach: Wie gefällt dir der Jüngling, Sokrates? Ist er nicht schön von Angesicht? Über die Maßen, erwiderte ich. Dennoch, sagte Chairephon, wenn er sich erst

entkleiden wollte, würdest du sein Gesicht gar nicht bemerken, so durchaus schön ist er von Gestalt.«[276]
Scheinen also die Quellen zu zeigen, daß die athletische Nacktheit der griechischen Männer keineswegs ›so ohne‹ war, sondern »the source for a good deal of sexual arousal«,[277] so ist es nicht ganz unplausibel, daß die Griechen mit ihrem Nacktsport *auch* demonstrieren wollten, wie sie – im Gegensatz zu den barbarischen Völkern – ihre Triebe soweit kontrollieren konnten, daß ihre sexuelle Erregung nicht augenscheinlich wurde.[278]
Unabhängig davon aber bleibt festzuhalten, daß genau das Gegenteil von dem, was Elias behauptet, zuzutreffen scheint. Einmal abgesehen davon, daß ein Besucher einer heutigen Männersauna, der sich die Vorhaut zubände, geradezu der Lächerlichkeit preisgegeben wäre – in unserer Zeit schämt man sich oft mehr über die Scham als über die Nacktheit –, wären wohl selbst die Dorer vom Schlag getroffen worden, wenn sie das gesehen hätten, was heute an jedem Strand zu sehen ist, daß nämlich splitternackte Männer und Frauen miteinander Sport betreiben oder Zärtlichkeiten austauschen.

V. Nun begnügt sich Elias nicht damit, die alten Griechen als ein historisches Beispiel dafür heranzuziehen, daß es Gesellschaften gegeben habe, in denen die öffentliche Nacktheit schamfrei gewesen sei. Vielmehr verweist er auch auf ein rezentes Beispiel, auf eine »primitive« Gesellschaft, nämlich auf die Nuba im südlichen Kordofan.
Freilich sind die Nuba, mit denen Elias argumentiert, nicht die Nuba, wie die Ethnographie sie erschlossen hat, sondern jene Nuba, die uns auf den Fotografien von Leni Riefenstahl präsentiert werden, Bildern, die, wie Elias glaubt, »ein aus sterbendes Volk in seiner ganzen Würde und in seinen Gebräuchen zeigen, Fotos, die ich für meine Arbeit brauche«.[279]
Es geht mir hier nicht darum zu diskutieren, ob diese Fotos, wie Elias sagt, »gute« Fotos sind oder nicht. Es geht mir viel-

mehr darum zu zeigen, daß Elias – wie im übrigen zahllose andere Bewunderer der Bilder auf der ganzen Welt – angesichts der Suggestionskraft dieser Fotografien einem Mythos aufgesessen ist, an dem Leni Riefenstahl, getrieben »von der tiefen Sehnsucht des deutschen Menschen nach Nacktheit«, wie es im Jahre 1940 die Zeitschrift *Geist und Schönheit* ausdrückte,[280] fast ihr ganzes Leben lang gearbeitet hat. Dabei möchte ich aus der Nähe Leni Riefenstahls zu den Größen des NS-Regimes[281] kein Kapital schlagen, denn schließlich ersetzt eine politische Diffamierung keine Ideologiekritik ihrer Bilder.

Allerdings will ich einsichtig machen, daß die Fotos, die Riefenstahl von den Nuba aufgenommen hat, einer Ideologie zum Ausdruck verhelfen sollen, die *auch* den Nationalsozialismus maßgeblich beeinflußt hat. Damit meine ich weniger, daß die Fotografin, die einst ihren Olympiafilm einen zeitlosen »Hymnus auf die Schönheit und auf den Kampf« genannt hat,[282] auch auf die Nuba einen solchen Preisgesang komponiert hat, denn wie wir sehen werden, geht diese Hymne am Körper- und am Kampfkult der Nuba gar nicht so weit vorbei.

Vielmehr möchte ich zeigen, daß Leni Riefenstahl anhand ihrer Nubabilder *auch* den Mythos veranschaulichen will, an den viele Nationalsozialisten wie auch die meisten Anhänger der Freikörperkultur geglaubt haben.[283] Dieser Mythos besagt, daß der nackte Körper *an sich* unerotisch und deshalb schamfrei sei,[284] während erst die Kleidung und damit der ausgezogene Leib die Sünde ins Paradies gebracht habe.[285] Oder wie es für die Nazi-Kunst – und nicht nur für diese – galt: Der *nackte* Akt ist Kunst, der *entkleidete* Akt ist Pornographie.[286]

Mußte Leni Riefenstahl allerdings die Akteure auf ihren Olympiafotos erst künstlich enterotisieren – die Frauen haben weder Schamhaar noch Genitalien, die Männer tragen einen knappen, aber züchtigen Schamschurz[287] –, bis man über sie sagen konnte, was einst die Kritiker über den Ufa-Film

181 Josef Thorak: ›Zwei Menschen‹.
Vom »Führer« als Beispiel für »sauberen nordischen Eros«
geschätzte Marmorskulptur, 1941.

Wege zu Kraft und Schönheit geschrieben hatten, daß nämlich »jede Mutter ihn mit ihren Töchtern ansehen, und daß
auch junge Leute beiderlei Geschlechts ohne Bedenken im
Parkett nebeneinandersitzen können«,[288] so verhält sich die
Sache bei den Nuba-Akteuren anders.
Entstammten die Nackten der Olympiabilder immerhin einer
Gesellschaft, die den Sündenfall bereits hinter sich gebracht
hatte, so daß ein paar Retuschen und Schürzchen angebracht
waren, befanden sich die Nuba zu der Zeit, als Leni Riefenstahl erstmalig zu ihnen stieß, laut ihrer Besucherin in einer
»kindlichen« Verfassung: »Als ich die Nuba kennenlernte,
befanden sich sich in einem Zustand der Unschuld«, denn
»erst die Einflüsse der Zivilisation« haben »sie aus ihrem inneren Paradies vertrieben«.[289]
Auf meine Anfrage bei Leni Riefenstahl, ob sie bei ihren Aufnahmen nie auf irgendwelche Schambekundungen der Foto-

grafierten gestoßen sei, teilte mir auch dementsprechend ihr Sekretariat mit, »daß die Nuba, solange sie keine Kleider tragen mußten, ihre Nacktheit als ganz natürlich empfanden. Ein Schamgefühl stellte sich bei ihnen erst ein, als sie gezwungen wurden, Kleider zu tragen.«[290]

Bevor wir alle diese Behauptungen auf ihren Wahrheitsgehalt hin untersuchen, ist es nicht ganz unwichtig, die Art und Weise zur Kenntnis zu nehmen, in der Leni Riefenstahl bei den südöstlichen Nuba einen Großteil ihrer Aufnahmen gemacht oder – besser gesagt – erbeutet hat. Denn diese Kenntnis wird den Verdacht bestärken, daß sich weniger die Nuba als ihre Fotografin im Stande der Unschuld befunden hat.

Beim *njertun*-Tanz der südöstlichen Nuba, der von Riefenstahl als »Liebestanz« bezeichnet wird und bei dem es den Männern verboten ist, mitzutanzen, halten die nackten jungen Mädchen die Beine leicht gespreizt und drücken das Gesäß nach hinten (Abb. 182). Nach einer Weile tanzen sie auf

182 *Nyertun*-Tanz der jungen Nuba-Mädchen von Fungor.
Photo von Oswald Iten.

183 Nubamädchen mit Partner aus Fungor beim *njertun*.
Photo von Oswald Iten.

die in einiger Entfernung sitzenden jungen Männer zu, werfen in einer blitzschnellen Bewegung das Bein über den Kopf
eines jungen Mannes (Abb. 183) und lassen es dann auf seiner
Schulter ruhen. Während der ganzen Zeit müssen die Männer
den Blick zu Boden senken, denn wie wir später sehen werden, wäre es der Gipfel der Unanständigkeit, wenn ein Mann
einem jungen Mädchen – von einer Frau ganz zu schweigen –
zwischen die Beine schauen würde.[291]
Leni Riefenstahl hatte zunächst einen *njertun* hinter einem
Baumstamm versteckt mit langen Telelinsen fotografiert und
auch einige Nahaufnahmen vom Schlagringkampf der Männer gemacht, obwohl man sie immer wieder vom Ort des Geschehens, an dem sich weder Frauen noch Mädchen aufhalten
durften, vertrieben hatte. Mit entwaffnender Offenheit, aus
der deutlich wird, daß die Fotografin wohl auch hinterher
keinen Gedanken daran verschwendet hat, eventuell in die
Intimsphäre fremder Menschen eingedrungen zu sein, unter-
nahm sie einen erneuten Versuch, die jungen Mädchen beim

njertun abzulichten, und zwar im Augenblick, in dem sie das Bein hochwarfen:

»Doch da wurde ich schon von den Müttern umringt, die mich daran hinderten, diese Aufnahmen zu machen. Das machten sie sehr geschickt. Sie bildeten einen Kreis und tanzten um mich herum, so daß ich nicht fotografieren konnte. Inzwischen hatten zwei Mädchen die Beine auf die Schultern der Männer gelegt. Ich hätte vor Wut schreien können, daß ich dieses so seltene Geschehen nicht aufnehmen konnte. Ich riß mich von den Weibern los, rannte auf die andere Seite der Rakoba, wo gerade ein Mädchen, das mich nicht sah, vor ihrem Auserwählten tanzte. Mit vor Aufregung zitternden Händen stellte ich Belichtung und Entfernung ein und ließ den Motor surren. Schon waren die Weiber wieder bei mir. Dieses Mal machte ich gute Miene zum bösen Spiel.«[292]

Wenn man Leni Riefenstahl hier im Heia-Safari-Ton über die »Negerweiber« reden hört, dann glaubt man ihre gerne, daß sie die Nuba wirklich wie »Wesen von einem anderen Stern« empfunden hat,[293] als exotische Kinder vor dem Sündenfall, denen die Augen noch nicht aufgegangen waren.

Aber kannten die Nuba tatsächlich keine Körperscham? Hatten nicht wenigstens die Nuba das, was Elias bei den alten Griechen gefunden zu haben glaubte, nämlich ein unbefangenes, kindliches Verhältnis zur öffentlichen Nacktheit?

Bereits aus den frühesten ethnographischen Quellen geht hervor, daß die Frauen der Nuba sich in der Öffentlichkeit *nicht* nackt bewegt haben. Zwar meint ein früher Reisender zunächst, die Nuba vom Dschebel Tabatne seien im Jahre 1837 völlig nackt gewesen, aber noch im selben Satz schränkt er diese Behauptung erheblich ein:

»Beide Geschlechter, ohne Unterschied des Alters, gehen ganz nackt, ohne alle Verhüllung der Schamtheile, ja die Frauen und Mädchen hat ein eigenthümlicher Luxus, den ich sonst bei keinem andern Negervolke in Ost-Sudan fand, auf die Idee gebracht, gewisse Körpertheile, die man in kultivirten Ländern sorgfältig zu verbergen pflegt, besonders und auffallend zu produziren. Sie tragen nämlich um den Leib, oder den Hüften, eine Schnur festgebunden, befestigen daran vorne einen schmalen, kaum 1 Zoll breiten Streifen von weissem Baumwollenzeug, ziehen denselben zwischen den Beinen sehr straff an und befestigen ihn hinten am Rücken wieder an der erwähnten Schnur.«[294]

Sehen wir einmal davon ab, daß dieser Reisende den Schamstreifen der Frauen fälschlicherweise für eine raffinierte weibliche List hielt, den männlichen Blick auf ihre Liebesgrotte zu lenken, ein Irrtum, den wir einem an biedermeierliche Frauenröcke gewöhnten Herrn nachsehen dürfen, so wird die Beobachtung allenthalben bestätigt.[295]

So trugen beispielsweise die Frauen der Nyamang Nuba eine Hüftschnur mit blauen Perlen (*bardugele*), von der vorne ein Schamschurz aus Leder und hinten ein Metall-»Schwanz« herabhingen, wobei letzterer die Funktion hatte, vor allem die Genitalien zu bedecken, wenn die Frau sich vornüberbeugte;[296] bei den Korongo Nuba tragen die Frauen seit Menschengedenken einen Schamschurz aus Rindenbast[297] und bei den Masakin Qisar Nuba einen ähnlichen Schurz, *barega* genannt, den sie sich aus Wurzel- und Rindenfasern verfertigen.[298]

Anders steht es allerdings um die jungen Mädchen. Bei den Korongo wie bei den Masakin Qisar legte ein Mädchen erst am Tage ihrer Menarche den Schamschurz an;[299] bei den südöstlichen Nuba wurde ein Mädchen für gewöhnlich ein oder zwei Jahre nach der Menarche schwanger, also mit etwa 14 oder 15 Jahren, wonach man sie nie mehr ohne Rock sah,[300] und bei den Moro Nuba kleidete sich eine Frau gar erst nach der Geburt ihres ersten Kindes mit dem aus Palmenstielen gefertigten Schamschurz.[301]

Läßt sich also wenigstens sagen, daß die Nacktheit der jungen Mädchen, die noch nicht menstruiert oder die noch kein Kind geboren hatten, schamfrei war?

Den ersten Hinweis darauf, daß auch dies nicht der Fall war, haben wir bereits durch die Schilderung des Benehmens der

184 Heutige Mädchenkleidung bei den südlichen Nuba.

jungen Männer während des *njertun*-Tanzes erhalten, bei dem diese ja keinen Blick riskieren dürfen, wenn die nackten Mädchen auf sie zutanzen, um ihnen das Bein auf die Schulter zu legen. Doch der prekäre Charakter der jungfräulichen Nacktheit wird noch durch zahlreiche andere Umstände belegt.

Zunächst halten bei den Korongo, Nyamang wie auch bei allen anderen Nuba nicht nur die stets bekleideten Frauen, sondern vor allem auch die unbekleideten Mädchen beim Sitzen oder beim Hocken stets die Beine fest zusammen,[302] und auch sonst achten sie quasi automatisch darauf, sich in keiner Situation irgendeine Blöße zu geben. Wenn beispielsweise die Mädchen und Frauen der Moro sich an einer Quelle waschen, beugen sie sich leicht vornüber, so daß etwaige Passanten – die ohnehin den Blick abwenden müssen – nicht doch für einen Augenblick den weiblichen Genitalbereich unverhüllt sehen können. Obgleich es verpönt ist, daß überhaupt ein Angehöriger des anderen Geschlechts in der Nähe der Badenden vorübergeht, ziehen heutzutage die meisten pubertierenden Mädchen bei dieser Gelegenheit die Shorts nicht aus.

Im häuslichen Bereich waschen sich die Frauen und die Mädchen in blickgeschützten Ecken des Innenhofes oder im Schweinestall. Sie können aber auch von solchen Familienmitgliedern, die das Anwesen unaufgefordert betreten dürfen, nicht überrascht werden, weil draußen unter dem Schattendach sitzende Angehörige jeden Ankömmling darauf aufmerksam machen, daß die Frauen sich gerade waschen.[303]

In bestimmten Monaten der Trockenzeit tanzen die jungen Mädchen an Mondscheinabenden bis auf ein paar Blätter, die sie um die Lenden gewunden haben, nackt, aber einmal alle paar Jahre findet dieser Tanz auch tagsüber statt. Dabei halten sich die jungen Männer im allgemeinen dezent zurück, und nur die älteren Männer getrauen sich, etwas näher heranzukommen, wobei sie manchmal anzügliche Kommentare austauschen und die jüngeren Männer aufziehen, weil diese schamhaft im Hintergrund bleiben. Viele Mädchen schämen sich, an diesem Tanz teilzunehmen, und bleiben ihm fern, aber auch diejenigen, die mitmachen und ihn tapfer durchstehen, beißen währenddessen die Zähne zusammen und laufen nach Beendigung des Tanzes auf der Stelle weg.

Im Jahre 1983 zogen die Mädchen zu diesem Tanze erstmalig Unterhosen an, und einige Moro meinten, es sei nun endlich Schluß damit, daß die Männer sich anschließend auf obszöne Weise über die Geschlechtsteile der einzelnen Mädchen unterhielten, vor allem darüber, »ob man etwas an der Vulva hervorragen sieht«.[304]

Allem Anschein nach war es für ein Mädchen höchst beschämend, wenn man ihre äußeren Genitalien sehen konnte, und deshalb war es bei den Moro auch üblich, die Schamlippen und möglicherweise auch die Klitoris ein wenig zu stutzen,[305] ein Eingriff, der mit der auf sudanesischen Einfluß zurückgehenden Klitoridektomie, die bei den Moro Horrorvisionen

347

erzeugt, nichts zu tun hat.[306] Daß besonders ausgeprägte und dadurch auffällige und schwer zu verbergende Genitalien beschämend waren, kommt auch in rituellen Liedern obszönen Charakters zum Ausdruck, in denen Frauen dadurch beleidigt werden, daß man von ihnen sagt, ihre Schamlippen hingen so weit herunter, daß sie »den Schweinestall aufwischten«.[307]

Ganz offensichtlich war die völlige und durch das Einschmieren mit Öl und Ocker betonte Nacktheit der jungen Mädchen eine sexuelle Werbung, Bestandteil einer Heiratsmarktstrategie – etwa vergleichbar der Entblößung der Schultern und des Oberteils der Brüste bei den jungen Bürgermädchen des 19. Jahrhunderts auf dem abendlichen Ball, wo die jungen Leute sich kennenlernen konnten. In noch früheren Zeiten war es auch bei uns lediglich den Jungfrauen gestattet, das Haar, die Unterschenkel und einen Teil des Oberkörpers zu Werbungszwecken zu entblößen, während die verheirateten Frauen diese attraktiven Körperteile dem öffentlichen Auge entziehen mußten. Wie aber den europäischen Jungfrauen untersagt war, beispielsweise mit entblößten Brustwarzen oder Oberschenkeln zu werben, durften auch die Nuba-Mädchen insbesondere ihre Schamlippen nicht sehen lassen.

Daß diese Schicklichkeit in keinem wesentlichen Zusammenhang mit der den Nuba aufgezwungenen Kleidung – im Falle der Mädchen mit den Unterhosen – steht, wie Leni Riefenstahl behauptet, sieht man freilich nicht nur an den dezenten Körperhaltungen[308] und am Verbergen der Vulva, sondern auch an der Regel, die den Männern indiskrete Blicke untersagte.

Als beispielsweise in den dreißiger Jahren die jungen Mädchen der Nyamang noch völlig nackt gingen, war es verpönt, daß ein Mann einem Mädchen auf den Genitalbereich schaute, was freilich trotzdem immer wieder vorkam. So berichtet etwa der Ethnograph der Nyamang, daß man – in einer Menge stehend – bisweilen mitbekommen konnte, wie

348

ein Mädchen einem anderen zuflüsterte: »Du, der Typ da drüben hat dir auf die Möse geglotzt, der will was von dir!«[309]

Völlig unmöglich war es dagegen, den Genitalbereich einer verheirateten Frau zu sehen. So berichtet ein Forscher, er sei eines Tages bei den südöstlichen Nuba zu einer sterbenden Frau geführt worden, die zwei Tage zuvor ein totes Kind zur Welt gebracht hatte: »Ich zog das Tuch weg, mit dem die Frau zugedeckt war. Omer verließ sofort den Raum. Eine verheiratete Frau nackt zu sehen gezieme sich nicht, meinte er. Das erstaunte mich sehr, es paßte nicht zu meiner Vorstellung, daß die Nuba kein Schamgefühl besäßen.«[310]

Nun mögen Leni Riefenstahl und Elias vielleicht großzügig genug sein, um zuzugestehen, daß die weiblichen Nuba schon vor Einführung der Shorts, mit der die Briten im Jahre 1928 begannen, ihre paradiesische Unschuld verloren hatten,[311] aber sie werden daran festhalten, daß sich doch zumindest die Männer damals noch vor dem Sündenfall befanden. Wie steht es also mit der Nacktheit der männlichen Nuba?

Ähnlich wie bei den klassischen Griechen ist die Nacktheit der Nubamänner Bestandteil eines Kultes des jugendlichen Körpers, allerdings wohl ohne die starke homoerotische Färbung, die dieser Kult in Griechenland hatte. Haben wir gesehen, daß die *Jung*frauen der Nuba auf dem Heiratsmarkt innerhalb gewisser Grenzen ihren unverhüllten Körper zeigten, so gilt ähnliches für die *jungen* Männer. Die nackten Schlagringkämpfer der Nuba von Kao, Fungor und Njaro sind Angehörige der Altersklasse der *kadúndōr*, also der 20- bis höchstens 30jährigen. Ist ein Mann ungefähr 28 bis 30 Jahre alt, wechselt er in die Altersklasse der *kadōnga* über. Damit hört er auf, sich mit Öl und Ocker einzureiben und nackt in der Öffentlichkeit zu erscheinen[312] – ähnlich wie bei den alten Griechen, die es anscheinend ebenfalls für unschicklich hielten, wenn ein älterer Mann sich im Gymnasium entkleidete.[313]

Traditionellerweise kleideten sich die Männer der südöst-

185 Ringkampfsieger der Korongo Nuba.
Photo von George Rodger, 1949.

lichen Nuba mit einem durch die Beine gezogenen Tuch oder
einem Schamschurz aus Rindenbast.[314] Heute ziehen sie die
arabische *gallabiya* an – unterließen sie das, würden sie von
den Frauen ebenso ausgelacht wie vor Zeiten ein Mann mit
nacktem Unterleib.[315]

Damit ist aber doch gesagt, daß die *jungen* Männer, die *ka-
dŭndōr*, Leni Riefenstahls schwarze Helden, nackt in der Öffentlichkeit auftraten. War nun wenigstens deren Nacktheit
schamfrei?

Wenn ein Ethnologe eine These beweisen will, dann *wird* er
sie auch beweisen, und ich denke, daß es inzwischen keinen
Leser mehr gibt, der noch bezweifelt, daß auch die *jungen*
Nubamänner sich in gewisser Weise ob ihrer Nacktheit ge-
niert haben. Und so ist es auch.

Denn wenn z. B. die männlichen Nyamang den jungen Mädchen nicht auf die Scham blicken durften, so galt es auch um-

gekehrt als unschicklich, wenn eine Frau oder ein junges Mädchen den Genitalbereich eines nackten Mannes betrachtete.[316]

Viel schlimmer aber als ein weiblicher Blick auf den von der Vorhaut bedeckten Penis wäre eine in der Öffentlichkeit entblößte Eichel gewesen, weshalb sich beschnittene junge Männer stets nur bekleidet sehen ließen. So meinte beispielsweise ein zum Islam konvertierter südöstlicher Nuba:

»Die Frauen würden uns auslachen. Unter der *gallabiya* sieht niemand, daß ich beschnitten bin. Zu meiner Zeit als Ringkämpfer – ah, ich nahm an starken Kämpfen teil – hätte ich mich niemals beschneiden lassen. Ein beschnittener Penis und Nacktheit passen nicht zusammen.«[317]

Noch unanständiger war es indessen, wenn die Eichel dadurch entblößt wurde, daß der betreffende junge Mann in der Öffentlichkeit – gar noch vor dem weiblichen Geschlecht – einen »Pfahl« oder einen »Speerschaft« bekam und dem Unglücklichen nichts anderes übrigblieb, als den »Pfahl« nach hinten zu drücken und zwischen den Schenkeln zu verbergen, was wohl für die Nyamang nicht allzu schwierig war, denn deren Penisse »seem to be made of indiarubber anyway«, wie es ihr Ethnograph formuliert hat.[318]

Bleibt also Elias mit seinem Nuba-Beispiel von der Glücksgöttin ungeküßt, so will diese – wie es scheint – noch weniger von ihm wissen, wenn er vom östlichen Sudan über den Globus in die Polargegend eilt, um ein weiteres Exempel für seine These zu statuieren, daß bei den »unzivilisierten« Völkern die Erwachsenen noch halbe Kinder seien.

VI. Hatte Elias einst die Behauptung aufgestellt, daß »die Affekt- und Bewußtseinsstruktur der Kinder eine gewisse Verwandtschaft mit der von ›unzivilisierten‹ Völkern« habe,[319] so meint er auch heute noch ungebrochen, »auf dieser Stufe der gesellschaftlichen Entwicklung« seien die Erwachsenen wesentlich kindlicher gewesen als die in unserer gegenwärtigen westlichen Gesellschaft. Um diese niederere Stufe der Entwicklung, die wir Europäer schon längst hinter uns gelassen hätten, zu veranschaulichen und um zu zeigen, daß ich vor dieser entscheidenden Tatsache »die Augen« schlösse und mich »blind« stelle, führt Elias nun außer Riefenstahls Nuba auch die Eskimo an: »In der alten Zeit konnten Eskimokinder zwischen zehn und vierzehn Jahren den Beitrag eines Erwachsenen zum Bestand der Familie leisten. Der Übergang vom Kind zum Erwachsenen war fast bruchlos.«[320]

Wie bereits angedeutet, versuche ich im folgenden zu zeigen, daß Elias in diesem Falle eine noch unglücklichere Hand hatte als bei seinem Nuba-Exempel und daß seine Behauptungen schlicht aus der Luft gegriffen zu sein scheinen.

Zunächst ist die Auffassung, bei den Eskimo wären 10- bis 14jährige Kinder bereits in der Lage gewesen, eine Familie über Wasser zu halten, weil der dazu notwendige Wissensbestand und »die emotionale Anspannung, die dieser Wissenserwerb verlangt«,[321] wesentlich geringer gewesen seien, unzutreffend.

Vergegenwärtigt man sich, daß ein Eskimojunge als Angehöriger einer in geringem Maße arbeitsteiligen Gesellschaft im Verlaufe vieler Jahre lernen mußte, wie man Schneehütten, Kajaks und Schlitten baute, wie man in gefährlichen Gewässern navigierte, wie man die äußerst scheuen Rentiere aufspürte und sie mit Pfeil und Bogen schoß, wie man Lachse stach, Seehunden am Atemloch auflauerte oder sie mit dem Netz fing,[322] wie man einen gefährlichen Eisbären mit Lanze oder Messer erlegte, aus Elfenbein oder Knochen Figürchen schnitzte, einen mehrere hundert Meter hohen und steilen Felsen erkletterte, um Alknester auszunehmen, wie man Narwale harpunierte und das Wetter vorhersagen konnte, wie man seine Kleidung nähte – falls diese einmal auf einer Jagdexpedition in der eisigen Wüste riß –, wie man den Flug der Zugvögel deutete, die Bewegung und Form der Wolken, den Hof um den Mond, die Weise, in der die gefrorene Tundra schmilzt und das Meer sich bewegt, wie tief der Boden auftaut und wie der Schlamm rutscht, zu welchem Zeitpunkt die Dickschnabel- und Trottellummen zurückkehren, welchen Weg Füchse und Hasen nehmen, Rentiere und Moschusochsen, wie man auf die Indizien achtete, nach denen man die Ankunft der Seehunde im Fjord vorhersagen konnte, wie man aus der Art der Luft, die von den Schlittenhunden ausgeatmet wird, prognostiziert, ob es kalt wird oder neblig,[323] daß er die Mythen und die alten Gesänge lernen mußte und vieles mehr, und wenn man sich vor Augen führt, daß ein künftiger Schamane in einer langwierigen Ausbildung zu alldem noch zusätzlich üben mußte, wie man eine verlorene Seele zurückholt, wie man zum Mond reist oder zu Sedna, der Herrin der Tiere auf dem Meeresgrund, um ihr in einem Ringkampf das ausgebliebene Jagdwild abzuluchsen, dann muß man wohl schließen, daß Elias über die »Unzivilisierten« nur sehr unzureichend informiert ist, um es freundlich auszudrücken.

Und in der Tat zeigt es sich, daß nichts falscher sein könnte als Elias' Behauptung, die »Trieb- und Affektstruktur«, die ein Eskimo brauchte, um unter den harten Bedingungen der Polargegend überleben zu können, sei »nicht so weit von der der Kinder entfernt« gewesen wie die unsrige.[324] Schauen wir uns deshalb die »Trieb- und Affektstruktur« der Eskimo »der alten Zeit« etwas näher an.

Bereits den frühen Reisenden und mehr noch den späteren Ethnographen war aufgefallen, welch ungeheuren Triebverzicht die Lebensform der Eskimo forderte, und es ist Elias zuzubilligen, daß manchmal bereits die Kinder über ein relativ hohes Maß an Affektkontrolle verfügten. So erzählt etwa ein Forscher von einem kleinen Mädchen der Kupfer-Eskimo, das sich böse die Knie aufgeschlagen hatte, daß es zwar zunächst weinte, sich aber sogleich ärgerlich die Tränen aus den Augen wischte und davonlief, voller Scham darüber, daß jemand sie hatte weinen sehen.[325]

Zeigt also hier schon ein Kind eine ganz typische Verhaltensweise der Eskimo, bei denen Tränen nicht selten sogar angesichts des Todes verpönt sind,[326] so bedeutet dies freilich nicht, wie Elias annimmt, daß ein Eskimokind leichter den Affektstandard der Erwachsenen erreichen konnte, weil letzterer im Vergleich mit dem unsrigen *niedrig* war. Ganz im Gegenteil lag dieser Standard allem Anschein nach *höher*, und deshalb wurde den Eskimokindern eine stärkere Triebkontrolle abverlangt als den Kindern in unserer heutigen Gesellschaft.

So beherrscht etwa bei den Great Whale River Eskimo auch heutzutage noch ein Kind bereits mit etwa fünf Jahren das ›In-jeder-Situation-Lächeln‹ in erstaunlichem Maße,[327] und in Westgrönland müssen schon die Kinder relativ *naalappoq*, »zurückhaltend« sein. Dies bedeutet aber, daß eher das genaue Gegenteil von dem, was Elias behauptet, zuzutreffen scheint und die Eskimokinder – wenigstens in gewisser Hinsicht – viel ›erwachsener‹ erscheinen als die Kinder in unserer Gesellschaft. Verhält man sich nicht zurückhaltend, dann wird man in dieser egalitären wie individualistischen Gesellschaft als ein *naalagaaniartoq* bezeichnet, als einer, »der versucht, ein Führer zu werden«, was eine durch und durch negative Konnotation hat.

Der guten Sitte gemäß muß ein Westgrönländer bei einer Unterhaltung einen scheuen, verhaltenen Eindruck hinterlassen, leise reden und lange Pausen einlegen, und er darf nur ganz schwach gestikulieren.[328] Die Sprache selber ist voller Affixe, die alle dem betreffenden Ausdruck die Emphase nehmen, wie z. B. *-unar-*, *-navianngi C-*, *-nnguatsiar-* oder *-ner-*, und die »möglicherweise«, »vielleicht« und ähnliches bedeuten. Oft kommt auch der enklitische Partikel *-gooq* mit der Bedeutung »es heißt« oder »jemand hat gemeint« vor, verbunden mit zahlreichen nonverbalen Abschwächungen und einer großen Bereitschaft zum Themenwechsel, wenn das Gespräch in irgendeiner Weise brenzlig wird.

In anderen Worten: Die westgrönländische Sitte schreibt ein Benehmen und eine Sprache vor, die in Europa oder in Amerika einen Menschen als charakterlosen und feigen Softy erscheinen ließen, denn man stimmt jedem Gesprächspartner zumindest virtuell zu, da ein Schweigen wiederum als schroffe Ablehnung empfunden würde.[329]

Normalerweise unterläßt ein Eskimo es, eine Meinung, die er nicht teilt, zu kritisieren oder in Frage zu stellen, weshalb die meisten Weißen es überhaupt nicht mitbekommen, daß sie die Gefühle eines Eskimo verletzt haben.[330] Wenn es bei den Napaskiagmiut ganz offensichtlich geworden ist, daß irgend jemand wissentlich die Unwahrheit gesagt hat, dann heißt es nicht, er habe gelogen, sondern er habe sich einen Spaß erlaubt, denn unter allen Umständen muß vermieden werden, daß man den Lügner vor den Kopf stößt, indem man sagt, was er ist.[331]

Als einmal zwei Welpen eine prächtige Karibuhaut herunterzerrten und zerrissen, griff niemand von den Anwesenden ein – man weist eben ungern jemanden zurecht, selbst wenn es sich um junge Hunde handelt. Entsprechend muß ein Jäger lernen zu lachen, wenn ihm irgendein Mißgeschick widerfährt, und so kugelte sich der alte Jäger Kavik vor Lachen, wenn er von seinen frustrierendsten Jagdmißerfolgen erzählte, bis ihm die Tränen die Wangen hinunterliefen.[332]

Auch bei den Utkuhikhalingmiut wird den Kindern schon recht früh beigebracht, in jeder peinlichen oder ärgerlichen Situation so zu tun, als sei alles lustig. Als beispielsweise einmal ein Zelt zusammenbrach, sämtliche Wertgegenstände des Besitzers zertrümmerte und beinahe dessen Säugling erschlug, quittierte der Mann den Unfall mit Gelächter, da das *ihuma*, die ›Selbstkontrolle‹, es verbietet, Angst, Schrecken oder Wut freien Lauf zu lassen.[333]

Die Utku haben große Angst vor Menschen, die nicht jederzeit ihren ›good-will‹ durch ein fröhliches (*quvia*) Benehmen, durch Lächeln, Lachen und Witzereißen demonstrieren. Unterläßt man dies, so wird einem das als Feindseligkeit (*ningaq*) angelastet, und Ressentiments, »starke Gedanken« (*ihumaquqtuuq*) machen die anderen Menschen krank und können sie sogar töten. Überhaupt ist der Ausdruck von Affekten »unschön« (*hujuujaq*), da deutlich gezeigte Gefühle die anderen bedrängen, in Verlegenheit bringen und ihre Freiheit einschränken könnten.[334]

Die Westgrönländer machten geradezu einen Sport daraus, den anderen in Understatements zu übertreffen,[335] und die Schamanen (*angatquq*) der Keewatin beteuerten ständig, sie seien selber lediglich die Sprachrohre höherer Mächte und trügen überhaupt nichts zu deren Entscheidungen bei.[336]

Übertroffen wurden diese *angatquq* noch von einem Schamanen der Polar-Eskimo, den Knud Rasmussen einst in dessen Haus antraf:

»Er saß allein auf seiner Pritsche und rührte die Tommel. Wie er mein Gesicht erblickte, hielt er mit dem Trommeln ein, lachte zu mir empor und sagte: ›Lauter Narrenstreiche! Dummes Gaukelspiel! Lügengeschichten samt und sonders! (*pilugsingnartunga, maungainsarssuag oqulutsiarnialermiunga, sagdlutsiarnialermiunga!*) und wackelte dabei entschuldigend mit dem Kopfe.«

Der Sitte gemäß spielte nämlich jeder Schamane der Polar-Eskimo vor der Séance seine Fähigkeiten herunter, und je mehr er sein Können als Täuschungsmanöver oder als ein Sammelsurium fauler Tricks bezeichnete, um so berühmter und fähiger war er für gewöhnlich.[337]

Wenn also im Jahre 1966 der Schamane Anikau dem Korrespondenten der *Magadanskaja Prawda* erklärte, er sei in seinen aktiven Tagen nichts weiter als ein übler Betrüger gewesen, der den anderen Tschuktschen vorgemacht habe, daß es Geister gebe, wofür er in Naturalien entlohnt worden sei,[338] dann mag es durchaus sein, daß dieser Mann weniger durch den Marxismus-Leninismus erleuchtet worden war, als daß er auf herkömmliche Weise sein Licht unter den Scheffel stellte.

Nur selten sagte ein Polar-Eskimo ›ich denke‹, vielmehr ›die Inuit denken‹, und zwar nicht – wie es heute vielleicht ein New-Age-Apostel annehmen würde –, weil sein ›Ego‹ in der Ursuppe einer ›conscience collective‹ herumgeschwommen wäre, sondern aus Zurückhaltung und aus Höflichkeit.[339]

Diese Unaufdringlichkeit war auch Stefansson bei den Nag-juktogmiut im nördlichen Kanada aufgefallen:

»Über alles gab man mir bereitwillig Auskunft. Ich brauchte nur anzudeuten, was mich reizte, und sofort erzählte man mir, was man wußte. An mich richteten meine Gastgeber nur wenig Fragen. Ich fragte sie daher, ob sie nicht wissen wollten, warum ich hier war und wohin ich wollte. Sogar sehr, meinten sie, aber ich würde das schon freiwillig erzählen.«[340]

Durften Ärger, Wut, Enttäuschung, Neugierde, Stolz, Neid usw. nicht gezeigt werden, so galt gleiches auch für Gefühle der Eifersucht und – besonders bei Frauen – für den Ausdruck sexueller Lust. Wußte beispielsweise ein Mann, daß seine Frau es mit einem anderen in dessen Behausung trieb, betrat er wie nebenbei und ohne das geringste Anzeichen innerer Erregung die betreffende Hütte und holte die Ungetreue mit äußerster Höflichkeit gegenüber seinem Nebenbuhler nach Hause, und zwar so, »als pfiffe er seinen streunenden Hund zurück«.[341]

Auf der anderen Seite durften insbesondere die jungen Frauen ihre sexuelle Leidenschaft in keiner Weise äußern. Wie bereits aus einer »Instruction zum Gebrauch bey der Einleitung neu getrauter Eheleute« der Herrnhuter Mission vom Jahre 1786 hervorgeht, mußten die Eskimofrauen des westgrönländischen Godthåb-Fjordes herkömmlicherweise den Eindruck vermeiden, sie fänden am Geschlechtsverkehr Gefallen, denn es heißt dort, der Missionar solle den »bey den Grönländern existirende(n) Gedancke(n)« bekämpfen, »daß sich eine Frau schämet, gleich im ersten Jahre nach ihrer Verheyrathung ein Kind zu krigen«.[342]

Tatsächlich machten es die Schicklichkeitsregeln notwendig, daß eine Frau vor, während und zumindest einige Zeit nach der Hochzeit ihr Desinteresse an ihrem Partner, ja, ihre Abneigung gegen ihn dokumentierte, sei es, daß sie in der Hochzeitsnacht zu entfliehen trachtete oder daß sie sich so erbittert zur Wehr setzte, daß der Beischlaf – *wenn* er erzwungen werden konnte – eher den Charakter einer Vergewaltigung annahm.[343] Verhielt sich eine Frau anders, so sagte man ihr nach, ein geiles und schamloses Wesen zu sein. Aber auch viele junge Ehemänner, die – wie es von den Polar-Eskimo heißt – eben noch mit dreckigen Zoten in der Männergesellschaft geprahlt hatten –, zogen es plötzlich vor, die Hochzeitsnacht nicht mit ihren Frauen, sondern auf einer Jagdexpedition zu verbringen.[344]

Kam es bei den Westgrönländern zwischen Angehörigen eines Winterlagers zu ernsthaften Konflikten, dann packte für gewöhnlich die Familie eines der Beteiligten ihre Sachen und fuhr – ohne irgendwelche Emotionen zu zeigen – in eine andere Gegend. Gerieten indessen Leute, die in *verschiedenen* Winterlagern lebten, aneinander, verfuhr man normalerweise anders.[345] Die beiden Kontrahenten trafen sich nämlich zu einem »Singwettstreit«, dessen Ablauf streng geregelt war. Die betreffenden Männer durften sich zwar in gebundener Form gegenseitig die schlimmsten Gemeinheiten an den Kopf werfen – bei den Keewatin etwa, daß der andere ein schlechter Jäger sei, der zudem die Beute nicht teile, oder daß er einen zu kleinen Penis besitze und deshalb seine Frau nicht befriedigen könne[346] –, aber sie mußten dabei lächeln, und der jeweils

186 Herausforderer im ›Singwettstreit‹, 1906. Angmagssalik.

›Besungene‹ saß mucksmäuschenstill da und tat so, als ob ihn
die ganze Sache nicht im geringsten berühre.[347]
In Wirklichkeit bohrten sich freilich die Worte des ›Singen-
den‹ nicht selten wie Holzsplitter ins gegnerische Fleisch:
»Jetzt werde ich Worte abspalten – kleine Worte, spitz wie
die Holzsplitter, die ich mit meiner Axt abhacke; ein Lied aus
alten Zeiten – ein Hauch der Ahnen.«[348]
Ein ostgrönländischer Angmagssalik, der sein Leben durch
einen Feind bedroht fühlte, forderte den potentiellen Mörder
häufig zu einem derartigen Wettstreit heraus,[349] wobei die
beiden Gegner (*akiaret*) ihre ›Gesänge‹ meist schon lange vorher sorgsam ausgearbeitet hatten. Dabei folgten sie in Melo-
die und Refrain für gewöhnlich gewissen Mustern, die von
ihren Vorvätern und Vormüttern ererbt waren. Bezüglich der
Beleidigungen achteten sie darauf, sich selber nicht allzusehr
herauszustreichen, ja es wurde von ihnen – ähnlich wie von
den bereits erwähnten Schamanen – erwartet, daß sie beton-
ten, wie kümmerlich sie doch im Vergleich zu ihren Ahnen
sängen, und auch sonst mischten sie ein gehöriges Maß an
Selbstironie in den ›Gesang‹, wie sie für alle Eskimogruppen
charakteristisch ist.[350]
In Westgrönland sollte der »Singwettstreit« zwischen den
Gegnern eine ›Scherzbeziehung‹ herstellen.[351] Doch manchmal klappte das nicht so ganz. Wenn nämlich einer der Beteiligten vor den anderen oder vor sich selber allzusehr das
Gesicht verlor, zog er nicht selten anschließend mit seiner
Familie in eine andere Gegend und kehrte nie mehr zurück.[352]
In ganz schlimmen Fällen ging er – um seinen Gegner zu beschämen und in ihm Schuldgefühle hervorzurufen – in die
Wildnis, um dort jahrelang als Einsiedler (*qivittoq*) zu leben,
oder er wählte gar die extremste Form des Rückzugs, nämlich
den Selbstmord.[353]
Ich denke, daß wir inzwischen zur Genüge gesehen haben,
daß Elias’ Behauptungen über die »Affektstruktur« der Eskimo mit der Wirklichkeit nicht das geringste gemein haben.

Bedenkt man, daß etwa bei den Polar-Eskimo junge Männer nicht selten erst mit etwa 24 Jahren geheiratet haben, weil sie dann erst in der Lage waren, eine Familie ausreichend mit Wild zu versorgen,[354] dann wirkt seine ohne Belege dahingeworfene Sentenz von den 10- bis 14jährigen Eskimokindern, die das gekonnt haben sollen, wie frei erfunden. Ganz im Gegenteil zu dem, was Elias schreibt, war z.B. bei den Berg-Eskimo die Kindheit in genau dem Sinne, den wir heute diesem Begriff geben, sehr lang: trotz aller – meist eher indirekten – ›Triebmodellierung‹ hatten die 10- bis 14jährigen wenige Verpflichtungen und durften praktisch so oft und so lange spielen, wie sie wollten.[355] Erst mit ungefähr 14 Jahren entwickelte sich das Kind zum Jugendlichen, und auch dieser war noch lange nicht fähig, das zu tun, was man von einem Erwachsenen verlangte. So war auch ein noch nicht heiratsfähiger Polar-Eskimo, der kein Gespann besaß, von den Beratungen der wirklich erwachsenen Männer ausgeschlossen, und nicht selten konnte man solche jungen Männer sehen, wie sie an der Tür des Iglu standen und den Älteren »schweigend, mit gespielter Geistesabwesenheit« lauschten.[356] Bei den Qipisamiut endete für Mädchen die Kindheit mit etwa 20 Jahren und für die Buben etwas später, und auch bei den Utku war erst in diesem Alter die »Selbstkontrolle« (*ihuma*) so weit entwickelt, daß die Betreffenden den Tatsachen des Lebens ins Auge blicken und heiraten konnten.[357] Erst dann hatten die Utku die »Affektstruktur« eines Erwachsenen voll ausgebildet, die sie unter anderem in die Lage versetzte, die kleinen, Anstoß erregenden Taktlosigkeiten[358] und Unmutsäußerungen, die als ein Zeichen von Feindseligkeit angesehen wurden, zu vermeiden. Erst dann waren sie fähig, sich von den Weißen zu unterscheiden, über die einmal ein Eskimo zu der Ethnographin sagte: »Wenn ein Weißer wütend wird, ist die Sache schnell vorüber – *wie der Ärger eines Kindes*; wenn sich aber ein Eskimo über dich ärgert, wird er nie mehr mit dir reden!«[359]

Aber auch eine weitere Behauptung Elias', daß nämlich bei den Eskimo »der Übergang vom Kind zum Erwachsenen fast bruchlos« gewesen sei, ist unzutreffend, ja, man hat sogar davon gesprochen, daß viele Eskimo ihre Kinder unzureichend auf das Erwachsenendasein vorbereitet haben, weil diese zunächst in Watte gepackt[360] und dann auf einen Schlag mit einer sozialen Realität konfrontiert wurden, die sie häufig hart zurückstieß.[361] Bei den Nunivak-Eskimo erlebte zudem ein Junge im Alter von etwa acht Jahren einen ebenso abrupten wie tiefen Einschnitt in sein Leben: Man nahm – oder besser: riß – ihn von seiner Mutter weg und steckte ihn in das Zeremonialhaus der Männer, wo man damit begann, ihn zu einem Mann zu erziehen.[362]

Anmerkungen

Anmerkungen

1 Zit. n. E. S. Morgan, 1987, S. 21.

2 Zur Entstehung des Begriffs »Zivili*sation*« cf. L. Febvre, 1988, S. 39ff.

3 Allerdings muß innerhalb der letzten 10 Jahre doch ein gewisser Evolutionsprozeß der Affektkontrolle stattgefunden haben, denn damals konnte Paul Feyerabend noch über die wissenschaftliche Reaktion auf mein Buch *Traumzeit* schreiben: »Akademische Nagetiere aber nehmen es zum Anlaß, auf ihre Bäume und in ihre Höhlen zu flüchten und den Autor von diesen sicheren Verstecken aus mit ihren Denkabfällen zu bombardieren: den Eintritt in ihre Nester gestatten sie ihm nicht« (P. Feyerabend, 1980, S. 158).

4 N. Elias, 1939, II, S. 347.

5 N. Elias/W. Lepenies, 1977, S. 46.

6 Was den Amerikanern der Wilde Westen, scheint für uns Europäer das Mittelalter zu sein. »Das Gerede vom ›sinnenfrohen Mittelalter‹«, so R. Krohn, 1974, S. 44, »entspricht der wissenschaftlichen Ideologie von der ›natürlichen Unbefangenheit‹ dieser Zeit.« Auch Elias hängt an einem besonders im vergangenen Jahrhundert ausgemalten Bild, das »in seiner betont libertinösen Derbheit viel eher eine rückwärtsgewandte Projektion der verdrängten Sehnsüchte zu sein scheint, die das Bürgertum dieser Epoche mit seinem eigenen Schicklichkeitsempfinden nicht vereinbaren konnte« (a. a. O.). Was die »Naturvölker« betrifft, hat William I. Thomas bereits zu Beginn unseres Jahrhunderts klarsichtig geschrieben: »There is, however, a prevalent view, for the popularization of which Herbert Spencer is largely responsible, that primitive man has feeble powers of inhibition. Like the equally erroneous view that early man is a free and unfettered creature, it arises from our habit of assuming that, because his inhibitions and unfreedom do not correspond with our own restraints, they do not exist. Sir John Lubbock pointed out long ago that the savage is hedged about by conventions so minute and so mandatory that he is actually the least free person in the world. But, in spite of this, Spencer and others have insisted that he is incapable of self-restraint, is carried away like a child by the impulse of the moment, and is incapable of rejecting an immediate gratification for a greater future one. Cases like the one mentioned by Darwin of the Fuegian who struck and killed his little son when the latter dropped a basket of fish into the water are cited without regard to the fact that cases of sudden domestic violence

and quick repentance are common in any city today; and the fail-
ure of the Australian blacks to throw back the small fry when
seining is referred to without pausing to consider that our practice of exterminating game and denuding our forests shows an
amazing lack of individual self-restraint« (W. I. Thomas, 1907,
S. 263f.).
7 Thomas v. Aquin: *Summa theologica*, 144.3. IV.
8 Cf. U. Wikan, 1987, S. 362.
9 Cf. G. Devereux, 1987, S. 449.

ANMERKUNGEN ZUR EINLEITUNG

1 Hans-Martin Lohmann, *Norddeutscher Rundfunk*, 31. März
  1988. Eine Zusammenfassung der bisherigen Haupteinwände
  findet sich bei E. Guano, 1989, S. 81ff.
2 N. Elias, 1980, S. 21.
3 Nur ein kurzes Wort zu drei Rezensionen, die mir durch ihre
  besondere Dreistigkeit aufgefallen sind. In der linken *Tageszei-
  tung* vom 12. April 1988 behauptet ein anonymer Hecken-
  schütze, ich hätte die These, der Voyeur sei eine Erfindung des
  17. Jahrhunderts, »durch einen einzigen Beleg vor diesem Da-
  tum widerlegt; die vom fröhlich-unbeschwert freien Sexualleben
  in mittelalterlichen Badstuben muß ebenfalls nach nur einem Ge-
  genbeleg zu den Akten.« Daß die *taz* mein Buch von einem Anal-
  phabeten rezensieren läßt, der keinen Namen hat, mag ja noch
  angehen; daß es sich dabei aber auch noch um einen Blinden
  handeln muß, der die vier spätmittelalterlichen Voyeurdarstel-
  lungen nicht sehen kann, halte ich indessen für übertrieben.
  Voyeurszenen waren im übrigen während des Mittelalters sehr
  beliebt – man denke etwa an die zahllosen Marginalien dieser Art
  in den gotischen Manuskripten. Cf. P. Verdier, 1975, S. 132,
  153. Den ungeheuren Niveau-Unterschied, den Elias von so
  manchem Tölpel trennt, der sich heute zu seiner Verteidigung
  aufgerufen fühlt, führt sehr gut Michael Rutschky vor, der in
  einer dumm-frechen Rezension im *Bayerischen Rundfunk* vom
  14. Mai 1988, mit der er offenbar eine Familientradition weiter-
  führt (cf. K. Rutschky, 1986), meint, daß wir den Zivilisationsprozeß »hier und jetzt bei jedem Kind beobachten können«, und
  daß dieser Prozeß doch »deshalb (!) über das Kollektiv in seiner
  Geschichte abgerollt sein muß«. Während Elias vor einem halben Jahrhundert noch nach historischen Belegen suchte, die das
  »psychogenetische Grundgesetz« – das zum festen Repertoire

187 Voyeure beobachten Drusiana bei der Taufe, um 1250.

der meisten Evolutionstheorien gehört (cf. H.-J. Hildebrandt,
1985, S.25; zur Kritik A. Giddens, 1988, S.295) – erhärten
könnten, glaubt Rutschky blauäugig, daß der historische Zivilisationsprozeß dadurch bewiesen werde, daß er ja in jeder Onto-
genese stattfinde! Versuchen der *taz*-Rezensent und Rutschky
wenigstens noch den *Anschein* einer Argumentation zu erwek-
ken, haben sehr viele Kritiker von vornherein darauf verzichtet,
diesen Eindruck hervorzurufen, so etwa Jürgen Frey in der *Badi-
schen Zeitung* vom 26. Juli 1988, der nur noch mit Schaum vor
dem Mund bellt.

4 H. Kuzmics, 1988, S.88.
5 N. Elias, 1988b. Ähnlich auch R. Blomert, 1989, S.1.
6 Cf. z.B. H. P. Duerr, 1988, S.9f. und passim.
7 N. Elias, 1939, I, S. XIIf.
8 N. Elias, 1978, S.34.
9 N. Elias, 1988b. Ähnlich auch M. Maurer, 1989, S.227.
10 N. Elias, 1988a, S. 37.
11 Cf. H. P. Duerr, 1988b, S. 30.
12 »Die Vorteile«, schrieb etwa im Jahre 1764 Johann Bernhard Basedow, »die das menschliche Geschlecht aus der Gesellgkeit und
   Staatseinrichtungen hat, sind offenbar. *Also sind wir schuldig,*
   Menschen, die in einer völligen oder halben Wildheit leben, ge-

sellig zu machen, sofern wir etwas dazu beytragen können«
(zit. n. H. Hentze, 1979, S.48; Hervorh. v. mir).

13 N. Elias, 1939, II, S. 344.

14 A. a. O., S. 347.

15 Cf. G. Bleibtreu-Ehrenberg, 1988, S. 180.

16 N. Elias, 1988b. Cf. ferner B. Happe, 1989, S. 119, an deren
Besprechung man gut verfolgen kann, wie leicht es sich heutzutage Rezensenten auch in wissenschaftlichen Zeitschriften machen können.

17 J. Georg-Lauer, 1988.

18 Ich möchte an dieser Stelle noch einmal betonen, daß Wittgen-
steins »Essentialismuskritik« natürlich nicht bestreitet, daß
Dinge ein *Wesen* haben. Vielmehr versucht sie, uns von einem
bestimmten *Bild* des Wesens zu befreien.

19 U. Greiner, 1988, S. 54, meint, ich betriebe im Gegensatz zu
Elias Ontologie. Strenggenommen ist das entweder Unsinn –
denn ich ›betreibe‹ nicht Philosophie, sondern Kulturgeschichte
und Ethnographie –, oder es ist falsch, denn selbstverständlich
beschreibt auch Elias vergangene Gesellschaften mit ›unseren‹
Allgemeinbegriffen.

20 Ähnlich ist das Bild, »daß der kausale Nexus die Verbindung
zweier Maschinenteile durch einen Mechanismus, etwa eine
Reihe von Zahnrädern ist« (L. Wittgenstein, 1970, Nr. 580).

21 U. Greiner, a. a. O.

22 A. Kalckhoff, Brief vom 27. Juni 1988. Cf. auch Claudia Opitz
in SWF, 21. August 1988.

23 G. Baumann, 1989, S. 18. Ich bin mir nicht ganz sicher, ob ich
die Argumentation Baumanns wirklich verstanden habe. Sollte
ich sie mißverstanden haben, bitte ich den Verfasser um Ent-
schuldigung. Für eine Diskussion der Rezension danke ich Dag-
finn Føllesdal und Axel Honneth.

24 M. Müller, 1876, S. 14.

25 »The indigenous can only be seen for what it really is in the light
of the exotic« (J. A. Benardete, 1964, S. 176). Cf. auch A.
Strauss, 1968, S. 17f.

26 J. Georg-Lauer, a. a. O. Cf. auch M. Maurer, a. a. O., S. 235.

27 A. Kalckhoff, a. a. O.

28 In diesem Sinne habe ich an anderer Stelle versucht zu zeigen,
daß etwa Leroi-Gourhan, der sich gegen jede vergleichende Interpretation der jungpaläolithischen Kunst gewendet hat, ohne
es zu bemerken implizit selber solche Vergleiche vorgenommen
hat. Cf. H. P. Duerr, 1984, S. 322f.

29 M. Maurer, a. a. O. Cf. auch T. Bargatzky, 1983, S. 131.

30 Ich will auf diesen Punkt nicht weiter eingehen, weil ich dies an anderer Stelle getan habe. Cf. H. P. Duerr, 1988c, S. 50. M. Maurer, a.a.O., S. 238, schreibt, typisch für meine »methodische Orientierungslosigkeit« sei die Interpretation, die ich den Bildern gegeben hätte, die mir dazu dienen, die »These von der Universalität der Scham« zu untermauern. So meint er, die Interpretation der im Jahre 1525 entstandenen Zeichnung von Niklaus Manuel Deutsch, daß nämlich hier eine Bäuerin einem aufgehängten Mönch unter die Kleidung schaue, um ihn damit zu entwürdigen, sei zwar »phantasievoll«, aber perspektivisch unwahrscheinlich. Insbesondere übersieht der Interpret dabei die Parallelgestalt, den Mann, der dem Gehängten zunächst steht: Er nimmt dieselbe Kopfhaltung ein. Und doch wird man ihm schwerlich dieselbe Motivation des Schauens zuschreiben können, da seine Position ja eine ganz andere ist!« Ich bilde die Zeichnung hier noch einmal ab (Abb. 188), damit der Leser selbst entscheiden kann, ob es wirklich »perspektivisch unwahr-

188 Federzeichnung von Niklaus Manuel Deutsch, 1525.

scheinlich« ist, daß die Frau dem Mönch unter die Kutte schaut. Zum anderen habe ich den erwähnten Mann keineswegs »übersehen«. Er schaut auf das Gesicht des aufgezogenen Mönches, und damit hat es sich. Maurer behauptet, ich hätte Bilder wie dieses aus dem Kontext, in dem sie stehen, herausgelöst und sie »phantasievoll« gedeutet. Da der Kritiker den Kontext des Bildes nicht zu kennen scheint, liefere ich diesen hiermit nach. Der reformatorische Maler und Schriftsteller Deutsch hat die Zeichnung zur Illustration einer Szene seines Spiels *Der Aplasskremer* angefertigt, in dem der Ablaßkrämer Rychardus Hinderlist zu den »lieben puren« aufs Land geht, weil er in der Stadt keine Gegenliebe mehr findet. Doch die Bauernweiber ergreifen ihn und ziehen den Mann auf demütigende Weise zur Folter auf (cf. P. Zinsli, 1980, S. 116f.). Daß Frauen in diesen ländlichen Gebieten bisweilen Männer vor allem dadurch demütigten, daß sie ihnen die Hosen herunterzogen und ihre Genitalien entblößten und manipulierten, ist bekannt. Cf. H. P. Duerr, 1978, S. 47f. Auch sonst hat Deutsch obszöne Szenen dargestellt, etwa die 1517 entstandene Tafel ›Der Tod und das Mädchen‹, auf welcher der Tod eine Jungfer küßt und ihr gleichzeitig zwischen die Beine faßt (Abb. 189). Weiter meint Maurer, die »Heranziehung einer Illustration

189 Niklaus Manuel Deutsch: ›Der Tod und das Mädchen‹, 1517.

zum Werk de Sades« sei »ein peinlicher Mißgriff«, denn ein Vergleich mit den anderen Illustrationen desselben Werkes zeige »deutlich, daß gerade die Überschreitung der physikalischen Gesetze in der Intention des Autors liegt, so daß gerade das, was hier bewiesen werden soll (›Ejakulation durch Hängen‹), damit nicht bewiesen werden kann!« (A. a. O.) Schauen wir uns freilich die anderen Illustrationen Antoine Borels zu diesem Werk an (cf. D. M. Klinger, 1983, S. 80ff.), so finden wir auf diesen Kupferstichen folgende Praktiken dargestellt: Flagellantismus, manuelle Masturbation, homo- und heterosexuelle Fellatio, Cunnilingus, Analverkehr, normaler Koitus, Koitus mit Dildo, Urinieren von Frauen im Stehen sowie verschiedene Formen von Gruppensex (Abb. 190). Wenn Maurer in diesen Praktiken eine

190 Antoine Borel: Illustration zu de Sades *Justine*, 1790.

»Überschreitung der physikalischen Gesetze« sieht, dann muß ihm die Materie wohl recht neu sein. Was aber viel wichtiger ist: Ehe Maurer mir einen »peinlichen Mißgriff« anlastet, hätte er sich die Textstelle anschauen können, auf die sich das Bild bezieht. Dort steht nämlich: »Justine band nun seine Hände und schlug das Seil um den Kopf. Bald bedrohte das Glied Rolands den Himmel, und er gab Zeichen, daß Justine die Unterlage fortziehen möge. Würde man es glauben, auf dem Gesichte Rolands zeigten sich bloß Zeichen von Wonne, und bald spritzten

Fluten von Samen gegen die Decke« (D.-A.-F. de Sade, 1987, S. 411). *Drittens* meint der Kritiker zu Abb. 221 des ersten Bandes, »eine Zeichnung aus dem 19. Jahrhundert über den Einzug Karls V. in Antwerpen« könne »ja wohl kaum als Bildquelle zum Verständnis eines Brauchtums aus dem 16. Jahrhundert herangezogen werden!« (A. a. O.). Richtig, aber das war auch nicht meine Absicht! In Wirklichkeit habe ich die Illustration – wie auch andere Bilder aus dem 19. Jahrhundert – reproduziert, um zu zeigen, welches Bild des Mittelalters und der frühen Neuzeit uns viele Illustratoren des vergangenen Jahrhunderts vorgegaukelt haben. *Viertens* meint der Kritiker, Abb. 210 des ersten Bandes (»Das Hausmädchen und der junge Herr«) passe »denkbar schlecht zu den ethnologischen Beispielen über die Stimulierung des Genitalbereichs bei Kleinkindern«. Hätte Maurer über ein Mindestmaß an Fairneß verfügt, so wäre seinen Lesern nicht verborgen geblieben, was ich in Wirklichkeit mit dem Bild illustriert habe: Natürlich nicht die Stimulierung kleinkindlicher Genitalien in traditionellen Gesellschaften, sondern den Satz: »Immerhin war es zu jener Zeit – d. h. im 19. Jahrhundert – nicht allzu selten, daß das Kindermädchen auch den reiferen Sohn des Hauses befriedigte, freilich weniger um sein Schreien als um seine Lust zu stillen« (H. P. Duerr, 1988, S. 417). Spielt man sich – wie der Historiker Maurer es auf geradezu unerträgliche Weise in seinem Artikel tut – zum Gralshüter wissenschaftlicher Objektivität auf, dann sollte man vielleicht nicht selber das Niveau, das man bei anderen einklagt, vor die Hunde gehen lassen.

31 N. Elias, 1988a, S. 38.

32 J. Georg-Lauer, a. a. O. »Es wäre närrisch«, meint H.-M. Lohmann, 1988, S. 154, »zu behaupten, der ›zivilisierte‹ Mensch des späten 20. Jahrhunderts sei ›wesentlich‹ der gleiche wie der der frühen Neuzeit.« Strenggenommen ist indessen eine solche Aussage keine Narretei, sondern eine Tautologie, denn was sich wandelt, sind ja per definitionem die akzidentiellen Bestimmungen.

33 So z. B. K. P. Liessmann, 1988, S. 12. H. Boehncke unterstellt mir in einer etwas dümmlichen Rezension (*Frankfurter Rundschau*, 1. Oktober 1988) trockenen Auges, ich hätte doch angesichts der aufreizenden Mode, wie sie in den größeren Städten des Spätmittelalters von Teilen der Jugend getragen wurde, behaupten müssen, daß es diese Mode gar nicht hätte geben können, weil der Mensch ja meines Erachtens »von Natur aus« schamhaft sei!

34 Ich bin mit Peter Burkes Einwand (mündliche Mitteilung vom

16. Oktober 1989) völlig einverstanden, daß man nicht *generell* von einer steigenden oder sinkenden Triebkontrolle in allen Lebensbereichen sprechen kann.

35 Cf. H. P. Duerr, 1988, S. 158 ff. Ich gehe vielleicht nicht fehl in der Annahme, daß *manche* Anhänger Elias' diese neuen Verhaltensstandarde dadurch geradezu *legitimieren* wollen, daß sie behaupten, prämoderne Gesellschaften hätten ähnliche Triebkontrollen besessen. Dies würde auch die Wut erklären, die in vielen Rezensenten entfacht worden ist.

36 Cf. A. Bolaffi, 1988, S. 116. Dies bedeutet freilich nicht, daß ich – wie I. P. Culianu, 1990, S. 421 f., behauptet – im Gegensatz zur »›increase of control‹ thesis of Elias« eine generelle »›decrease‹ thesis« vertrete, also die Eliassche Evolutionstheorie einfach nur umdrehe. Cf. H. P. Duerr, a. a. O., S. 12.

37 Cf. H. P. Duerr, 1988, S. 341, Anm. 19. Soweit ich sehe, sind T. Schmid, 1988, S. 137, R. Jütte, 1989, S. 4, K. P. Liessmann, a. a. O., G. Baumann, a. a. O., und H. Kuzmics, a. a. O., S. 86, die einzigen Kritiker, die dies zur Kenntnis genommen haben. Daß Elias im Grunde eine Evolutionstheorie im Stile der entsprechenden Entwürfe des 19. Jahrhunderts entwickelt hat, haben auch andere Interpreten festgestellt: »This model is much more formalistic and much closer to obsolete evolutionist theories than the wealth of illustrative historical material would lead one to believe« (A. Honneth/H. Joas, 1988, S. 125).

38 M. Maurer, a. a. O., S. 234, behauptet, ich hätte »im wesentlichen« den Nachweis zu erbringen versucht, »Scham sei dem Menschen angeboren«. Dies ist eine Unterstellung, und deshalb weiß der Kritiker auch keinen einzigen Beleg dafür anzuführen. Ähnlich auch D. Hoffmann, 1989, S. 21.

39 Cf. H. P. Duerr, a. a. O., S. 10 ff., 341.

40 A. a. O., S. 341, Anm. 15.

41 Cf. M. Mitterauer, 1984, S. 25 ff., ferner M. C. Howell, 1988, S. 53.

42 J. Le Goff, 1989, S. 25. Im Gegensatz zu den dörflichen Familien waren die der Stadt im allgemeinen kleiner und »schon von ihrer Struktur her brüchig, zumindest in den Mittel- und Unterschichten« (J. Rossiaud, 1989b, S. 164).

43 Cf. A. Black, 1984, S. 57.

44 Da im späten Mittelalter immer weniger Handwerker damit rechnen konnten, daß ihre Söhne den väterlichen Betrieb übernahmen, holten sie sich immer häufiger fremde Gesellen ins Haus (cf. M. Mitterauer, a. a. O.), deren Benehmen von den Berufsgenossenschaften kontrolliert wurde. So überprüften ab dem

Jahre 1483 die Schneider von 14 mittelrheinischen Städten zweimal im Jahr, »obe eyner eynen gesynne hette, daß sich vnfromlich oder vnreddelich gegen den konden oder jm huße gegen der frauwen, kinden oder meyden gehalten hette«. Wenn dies der Fall war, drohte dem Betreffenden Berufsverbot. Weiters bestimmten sie, jeder Geselle müsse darauf achten, daß er sich bei der Arbeit nicht mit halbgeöffneter Kleidung vor Frauen, Jungfrauen und Kindern zeige. Cf. F. Göttmann, 1977, S. 149, 151, 157. Im 14. Jahrhundert bestimmten die Dortmunder Ratsstatuten, daß ein im Haushalt lebender Knecht den Hals verliere, wenn er Frau, Tochter oder Knecht des Hausherrn »beslepe unde enterade«. Cf. E. Maschke, 1980, S. 49. Vergewaltigungen weiblicher Angehöriger durch Gesellen waren anscheinend nicht allzu selten. So geht etwa aus dem Villinger Urfehdebrief eines gewissen Konrad Ryber aus dem Jahre 1518 hervor, daß dieser in der Nacht zum hl. Kreuztag durch den Laden in die Schlafkammer der Meisterin (»in ir beslossen gaden«) geklettert war, um sie und anschließend auch noch ihre Töchter notzuzüchtigen. Er machte sich jedoch zunächst an eine der schlafenden Jungfern heran, »in willen unnd maynung sy zuo schmähen, da sy mir nútt geschray underkom mienen näbend knächt geruofft und ir jungfroewlich er vor mir behalten hautt« (R. Maier, 1913, S. 43, 101).
45 Cf. S. Sieber, 1914, S. 465 f.
46 Cf. G. Geiger, 1971, S. 176.
47 Cf. hierzu P. Laslett, 1956, S. 164.
48 Wie R. Muchembled, 1982, S. 40, meint.
49 Cf. hierzu auch W. J. Bouwsma, 1980, S. 226 f.
50 Auf die wichtige Frage, ob in sogenannten »Schamkulturen« die Normen in geringerem Maße als in den sogenannten »Schuldkulturen« internalisiert worden sind oder werden, gehe ich im übernächsten und letzten Band des vorliegenden Buches ein.
51 Cf. T. Wolpers, 1980, S. 232.
52 Zit. n. J. Rossiaud, a. a. O., S. 156.
53 Cf. G. Wunder, 1967, S. 109 ff.; K. Schulz, 1985, S. 73 f.
54 Cf. E. Maschke, 1974, S. 6 f.; E. Pitz, 1973, S. 160.
55 Cf. H. Kühnel, 1984, S. 58.
56 Cf. M. Mitterauer, a. a. O., S. 10; ferner H. Boockmann, 1986, S. 49. In Prag wohnten allerdings im Jahre 1429 nur durchschnittlich 1½ Familien in einem Haus. Cf. R. Sprandel, 1975, S. 171 f. Cf. auch U. Dirlmeier, 1978, S. 241 ff., und B. Kirchgässner, 1964, S. 157.
57 Cf. H. Stoob, 1985, S. 156.

374

58 Cf. P. Wolff, 1986, S. 30ff.; H. Winkel, 1989, S. 384f.; H.-P. Becht, 1982, S. 87.
59 Cf. G. Grupe, 1986, S. 111, 115. Cf. auch M. Vovelle, 1983, S. 93.
60 Cf. F. Barker/P. Jackson, 1974, S. 27; M. Girouard, 1987, S. 74.
61 Cf. P. Gabrielsson, 1982, S. 110. Ähnlich verhielt es sich wohl in Lübeck. Cf. A. v. Brandt, 1978, S. 17.
62 Cf. P. Braunstein, 1984, S. 203. In anderen Gegenden war es ebenso. Cf. z.B. W. Blockmans, 1984, S. 117f., R. Lomas, 1989, S. 129f.
63 Cf. J. Ruffié/J.-C. Sournia, 1987, S. 39. Kleider-, Aufwands- und Luxusgesetze wurden vor allem in der Zeit nach der Großen Pest erlassen. Cf. N. Bulst, 1988, S. 35, 39f.
64 Cf. H. Reincke, 1973, S. 265ff.
65 Cf. R. Sprandel, 1972, S. 163. Die Nachkommenschaft eines Hamburger Bürgermeisters, der in drei Ehen 36 Kinder gezeugt hatte, war in der Patrilinie mit der Enkelgeneration bereits erloschen. Cf. H. Reincke, a. a. O., S. 266.
66 Ich werde dies im übernächsten Band ausführen. Nur so viel will ich bereits hier sagen, daß z.B. die der traditionellen *Volks*religion widerstrebenden Tendenzen zur »Verinnerlichung« von Religiosität, also das, was man die »Erfindung des Glaubens« nennen könnte (cf. hierzu H. Biezais, 1981, S. 565ff.), Tendenzen, die sich spätestens im 14. Jahrhundert abzeichnen und die in der Reformation gipfeln, mit einer solchen Entwicklung durchaus kompatibel sind.
67 R. Braun, 1984, S. 145.
68 Cf. H.-C. Rublack, 1982, S. 52f.
69 So wurden die Strafen für *schwere* Unzuchtsverbrechen nach dem Ausgang des Mittelalters eher milder, doch die für leichtere Delikte wie z.B. Ehebruch oder Kuppelei eher strenger, was sicher mit dem reformatorischen Bestreben nach Stärkung der Ehe zusammenhängt. Cf. A. Felber, 1961, S. 109f. In diesem Kontext ist mir der Vorwurf mancher Kritiker (cf. z.B. G. Pallaver, 1989, S. 77f.), ich hätte vergessen, daß die Existenz von Verboten doch wohl bedeute, daß es das Verbotene *gebe*, völlig unverständlich. Natürlich hat es das verbotene Verhalten immer wieder *gegeben*. Aber das bedeutet ja nicht, daß es allgemein *gutgeheißen* wurde!
70 Cf. auch A. Schreier-Hornung, 1981, S. 167, 177.

1 L. C. Scheffey, 1940, S. 215.

2 H. Speert, 1973, S. 75.

3 P. Fryer, 1963, S. 169.

4 Zit. n. W. F. Mengert, 1932, S. 460f. »Are not these women treated with less decency than a farmer would treat his horse or his cow, who wished to examine if they carried young?« (a. a. O.).

5 A. a. O., S. 459f. Blunt bezieht sich hier auf eine Stelle, an der Smellie geschrieben hatte: »A woman in the year 1750 bespoke me to attend her. I had the patient laid supine across the bed and her legs supported by two of my pupils ...«

6 P. Fryer, a. a. O., S. 168f.

7 Gegen Ende des 18. Jahrhunderts meinte etwa Mary Wollstonecraft: »Women might certainly study the art of healing, and be physicians as well as nurses. And midwifery decency seems to allot them; though I am afraid the word *midwife*, in our dictionaries will soon give place to *accoucheur*, and one proof of the former delicacy of the sex be effaced from the language« (zit. n. S. Gregory, 1856, S. 40f.). Immer noch galt der Grundsatz des Roderigo a Castro aus dem Jahre 1594: »Haec ars viros dedecet«, oder wie John Blunt es ausdrückte: »Such a man ought to be treated with as much indignity, as if he undertook to clear starch, hem a ruffle, or make a bed; yea, and with much greater; because in all these he is not called to handle the sacred parts of other men's wives. Man-midwifery is a personal, a domestic, and a national evil« (zit. n. H. Speert, 1973, S. 68f.). Durften doch im 17. und im 18. Jahrhundert aus Gründen des Anstandes meist nur verheiratete Frauen und Witwen – und auch nur solche, die selber bereits geboren hatten – Hebammen sein. Cf. U. Hakemeyer/G. Keding, 1986, S. 63f.

8 Wenn keine ausgebildeten Accoucheure zur Verfügung standen, sprangen in Notfällen bisweilen auch andere männliche ›Heiler‹ ein, aber meist verließen sie den unmittelbaren Ort des Geschehens, wenn die Preßwehen einsetzten. Als z. B. im Jahre 1730 in Oppenheim die zweiundzwanzigjährige Margaretha Wingebach ihrem ersten Kind das Leben schenkte, standen ihr folgende Personen bei: »Die Landhauptmännin Burckardin, Hans frantzin und abraham Eisenmengerin und Leonhard Zimmermanns fraw und ihre Mutter, auch der barbierer Schmitt, wäre aber zur thür hinauß gesprungen alß das kindt von ihr gestossen« (P. Zschunke, 1984, S. 146f.). 1782 schreibt der Aschaffenburger

Physikus Franz Hoepfner, er sei als Geburtshelfer in Krautheim »nur in der äußersten Noth herzu gerufen worden« (H. Mathy, 1977, S. 119).

9 Cf. M. Brander, 1973, S. 2; G. Rosen, 1976, S. 300.

10 Cf. C. M. Scholten, 1982, S. 60.

11 Cf. J. B. Donegan, 1975, S. 96; M. Rugoff, 1972, S. 108. Meigs befürwortete allerdings die männliche Geburtshilfe, und zwar mit dem Hinweis darauf, daß schon »the first woman must have been assisted in labor by a man, for Eve could have had no other assistance than that of Adam« (W. F. Mengert, a. a. .O., S. 462).

12 Cf. A. D. Wood, 1974, S. 6, 19. »Custom governs and sanctions everything«, schreibt im Jahre 1814 George Hanger, »or how could the most delicate and decent woman permit a man-mid-wife, six foot high and two feet broad, over the loins, to attend them during their pregnancy, taking liberties ...?« (zit. n. M. Brander, a. a. O.). Meigs vertrat die Auffassung, daß aus Schicklichkeitsgründen nur *alte* Frauen Hebammen werden dürften, und viele seiner Kollegen im In- und Ausland bestätigten, daß das den Frauen angeborene ausgeprägte Schamgefühl gerade die jüngeren unter ihnen für solche Dienste untauglich mache. Cf. J. B. Donegan, a. a. O., S. 97f. Auf der anderen Seite argumentierten nicht wenige Frauen, gerade diese »quicker feelings of native delicacy, and a stronger sense of shame« qualifiziere sie für diesen Beruf mehr als die Männer. Cf. B. Welter, 1976, S. 69. In den dreißiger Jahren des 19. Jahrhunderts rief die Boston Female Moral Reform Society die Frauen dazu auf, endlich die *falsche* Scham fallenzulassen und sich mit den nackten Tatsachen ihres Leibes vertraut zu machen. Cf. N. F. Scott, 1977, S. 153f.

13 Zit. n. R. M. Jones, 1973, S. 62.

14 Cf. W. F. Mengert, a. a. O., S. 464.

15 S. Gregory, 1856, S. 8. »Let the physician be an Æsculapius in medical renown, a kind David or apostle Paul in piety, morality, and gentlemanly deportment, – and that will not remove the objection, unless the race be restored to that moral position which knew no guilt nor shame nor required the drapery of fig leaves« (a. a. O., S. 12). In Yale war es ihm »as rather singular« erschienen, »that the department of the profession termed *midwifery* – a feminine occupation, as its name implies – should be exclusively in the hands of males« (a. a. O., S. 5).

16 A. a. O., S. 6, 26. Die ersten Vorlesungen für Frauen begannen im November 1848. Das 1860 in Leipzig erschienene Buch *Die Gefahr und Unsittlichkeit der männlichen Geburtshilfe* von Dr.

John Stevens – eine Übersetzung des in London publizierten *Man-Midwifery Exposed* – war leider auch über die Fernleihe nicht zu beschaffen.

17 Cf. L. Goodrich, 1982, II, S. 46. Im Jahre 1890 entschied der Oberste Gerichtshof der USA zugunsten einer Frau, die es abgelehnt hatte, sich von einem Arzt der Union Pacific Railroad untersuchen zu lassen, der feststellen wollte, wie schwer sie bei einem Zugunglück verletzt worden war. Man gestand der Frau die Wahrung ihres Schamgefühls zu. Cf. B. M. Hobson, 1987, S. 168.

18 Cf. E. Martin, 1987, S. 54ff., ferner P. Feyerabend, 1980, S. 154f.

19 Anonymus, 1894, S. 7, 15. Im Jahre 1902 empfiehlt Moll den Klinikärzten, unter der Bettdecke zu tasten und »junge Ärzte« aus dem Raum zu entfernen. Entblöße der Arzt die Patientin, solle er bedenken, »daß er damit das Schamgefühl des Weibes verletzt, und daß dies, zumal bei einem jungen Mädchen, die bedenklichsten Folgen haben kann«. Ohnehin verschwiegen viele Frauen ihre Unterleibsbeschwerden, weil sie befürchteten, ansonsten untersucht zu werden. Cf. A. Moll, 1902, S. 198, 600.

20 A. a. O., S. 52. In jener Zeit wurde auch immer wieder die Forderung laut, daß kranke Frauen nur von Frauen *gepflegt* werden sollten. Im Jahre 1900 antwortete der Vorsitzende des Standesvereins Berliner Privatkrankenpfleger und -pflegerinnen auf den Artikel einer Kollegin, die dafür plädiert hatte, daß – allerdings nur in Ausnahmefällen – Frauen von männlichen Krankenpflegern, Männer jedoch generell von Krankenpflegerinnen versorgt werden dürften: »Wie denkt Verfasserin es denn zu bewerkstelligen, einen schwerkranken Mann zu baden, der nur *etwas* Schamgefühl besitzt, ohne demselben unangenehm zu werden?« Und: »Ich könnte mich z. B. nicht in die Lage hineindenken, eine Frau zu baden, ›so decent‹, wie Verfasserin sich äußert. [...] Ich würde z. B. als Patient bei einigem Bewußtsein nie zugeben, mich von einer Pflegerin, noch dazu in Gegenwart meiner Frau oder Mutter, entblößen zu lassen.« Frauen sollten deswegen von Frauen und Männer von Männern versorgt werden (A. Funke, 1900, S. 186f.). Die Probleme, die aus einem solch engen Kontakt zwischen den Geschlechtern erwachsen konnten, stellten sich bereits im späten Mittelalter. So glaubten anscheinend immer wieder männliche Patienten, daß sie sich gegenüber dem weiblichen Personal Freiheiten herausnehmen könnten. In der Straßburger Spitalordnung wurden z. B. die Kranken angewie-

sen, »der siechen megd nit untzimlichen angriffen oder helsen und küssen«, und im Leprosenhaus untersagte man ihnen, den Mägden »an die brüst« zu »griffen« (J. Hatt, 1929, S. 357, 374). Solche Annäherungen und sexuellen Provokationen scheinen auch heute nicht selten zu sein. Cf. z. B. R. Bleck, 1986, S. 59.

21 Natürlich darf dieses Moment nicht unterschätzt werden. So wandten sich bereits im frühen 17. Jahrhundert die englischen Ärzte gegen eine Ausbildung von Hebammen zu »Ärztinnen«. Als im Jahre 1616 die Londoner Hebammen bei Jakob I. eine Petition einbrachten, in der sie darum baten, man solle eine Institution gründen, in welcher Hebammen formell unterrichtet würden, sprach sich das Royal College of Physicians gegen das Vorhaben aus. Auch eine erneute Petition vom Jahre 1633 wurde von den Ärzten zu Fall gebracht. Cf. B. S. Turner, 1987, S. 87.

22 Cf. S. Delamont, 1989, S. 78.

23 C. Lange-Mehnert, 1986, S. 293.

24 Cf. F. Fraser, 1987, S. 197f.

25 Eine Frau, die trotzdem zuhöre, könne keine anständige Frau sein. Cf. A. S. Lyons, 1980, S. 565f. Einige Zeit später wurde Elizabeth Blackwell nach vergeblichen Versuchen, an verschiedenen Universitäten zum Medizinstudium zugelassen zu werden, schließlich an dem kleinen Geneva College of Medicine im Norden des Staates New York akzeptiert, nachdem der dortige Dekan das Einverständnis der Studenten eingeholt hatte. Die Studenten hatten freilich nur deshalb – einstimmig – ihr Einverständnis erklärt, weil sie die ganze Sache für einen Scherz des Dekans hielten. Allerdings tolerierten sie ihre Kommilitonin bald und traten sogar für sie ein, als der Professor die junge Frau für die Zeit, in der er die Genitalien zu behandeln gedachte, aus dem Anatomieunterricht ausschließen wollte. Elizabeth wurde hingegen von der Einwohnerschaft des Ortes während ihres gesamten Studiums geschnitten. Cf. a. a. O., S. 569.

26 Cf. J. L'Espérance, 1977, S. 118.

27 Cf. A. Graf-Nold, 1988, S. 32. Bei den Sezierübungen des Arztes Karl Lintz in Brünn im Jahre 1753 wurden an einem bestimmten Tag die Hebammen in Abwesenheit der chirurgischen Praktikanten über die Funktionen der weiblichen Geschlechtsorgane unterrichtet. Cf. E. Wondrák, 1981, S. 187.

28 Cf. M. Kaufman, 1976, S. 253, 258.

29 Cf. R. H. Shryock, 1966, S. 180.

30 Cf. H. Vogt, 1960, S. 154.

1 Schon unter dem Ancien Régime reiste die Hebamme Mme de
  Coudray durch Frankreich, um mit Hilfe ihres berühmten
  »mannequin« (Abb. 191) Accoucheure auszubilden. Cf. P.
  Goubert/D. Roche, 1984, II, S. 120. Um das Jahr 1800 gab es
  Ärzte, die das den »Phantompuppen« aufgeklebte Schamhaar für
  besonders geeignet hielten, »um den Anstand zu beleidigen«. Cf.
  G. Ritter, 1966, S. 225.

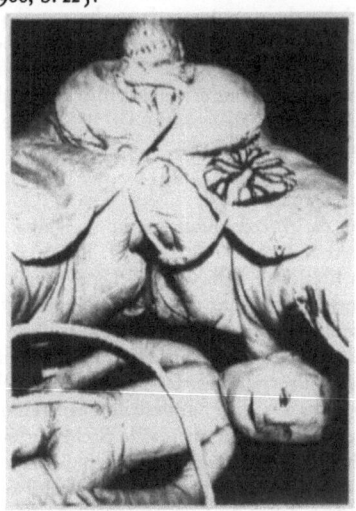

191 Das »mannequin de Mme du Coudray«, 18. Jh.

2 Cf. S. Preußler, 1985, S. 19. Im frühen 19. Jahrhundert gab es in
  Köln eine Einrichtung, die vom Direktor der örtlichen Hebammenschule geleitet wurde und in der »ehrbare« Frauen – ohne
  »unbefugten Nachforschungen« ausgesetzt zu sein – entbinden
  konnten. Um ihr Incognito zu wahren, trugen sie seidene Mäntel
  und Schleier. Cf. U. Frevert, 1986, S. 50f.
3 Cf. O. H. Gawliczek/W. E. Senk/H. Hatzig, 1978, S. 48. In
  dem 1796 von der Hamburger Armenanstalt eingerichteten
  Entbindungs-Saal, der in einem vom städtischen Zuchthaus ge-
  mieteten Anbau untergebracht war, wurden die Entbindungen
  allerdings von Hebammen und nur in Notfällen von Ärzten
  durchgeführt. Cf. M. Lindemann, 1982, S. 396.
4 Cf. U. Frevert, 1984, S. 80.

5 Cf. I. Weber-Kellermann, 1987, S. 184. Im Grazer Gebärhaus des späten 18. und des frühen 19. Jahrhunderts findet man nur ledige Mütter und unter diesen fast ausschließlich »Dienst- und Bauernmenscher«. Cf. G. Mittelbach, 1971, S. 106f.

6 Cf. W. Kaschuba/C. Lipp, 1982, S. 401. Bereits im 18. Jahrhundert hatte die hannoversche Landesregierung angeordnet, »denjenigen Weibs-Personen, welche sich in Unehren schwängern lassen, die Strafe auf den Fall zu erlassen, wenn sie sich zu Göttingen accouchieren lassen würden«. Obwohl diesen Frauen auch die Kirchenbuße erlassen wurde und sie sonstige Vergünstigungen erhielten, fanden nur wenige ihren Weg ins Accouchierhaus, dessen Betreibung von der Bevölkerung mißbilligt wurde. Cf. W. Kuhn/A. Teichmann/U. Tröhler, 1987, S. 175f. Ein weiterer Grund, warum die Frauen recht hatten, solche Anstalten zu meiden, lag darin, daß dort – vor allem wegen des Gebrauchs von Instrumenten – die Infektionsgefahr ungleich größer war als bei einer Hausgeburt. Cf. M. Chamberlain, 1983, S. 113f.

7 Cf. S. Preußler, 1985, S. 128, 135. Cf. auch M. Bergmeier, 1987, S. 85. In der Nazizeit verwendete man vielfach kreißende polnische und russische Fremdarbeiterinnen in den Kliniken als ›Anschauungsmaterial‹. Eine Hebamme aus Pommern berichtet, daß die Frauen während der Geburt von bis zu 25 Studenten ausgetastet worden seien: »Die Frauen ließen das notgedrungen über sich ergehen, denn sie konnten sich in dieser Lage nicht wehren« (M. Grabrucker, 1989, S. 110f.).

8 Zit. n. H. Mathy, 1977, S. 113. Als im Jahre 1786 ein deutscher Arzt, Chirurg am Wiener Waisen- und Findelhaus, Zutritt zur geburtshilflichen Abteilung des Pariser Hôtel-Dieu erwirken wollte, wurde ihm dies von der Verwaltung verwehrt. Er möge verstehen, so lautete die Begründung, daß bei den Frauen »die Tugend, der natürliche Anstand ihres Geschlechts, stets nur damit einverstanden sein wird, in Gegenwart von Frauen einer unverhüllten Entbindung unterzogen zu werden. Sie würden sonst auf eine Hilfe verzichten, die ihnen abstoßend erscheint und sie vor Männern zur Schau stellt. Kraft eines barbarischen Ehrbegriffs würden sie mit ihren Kindern lieber zugrunde gehen. Selbst Ehemännern ist es nicht gestattet, anderswo als in einem besonderen Sprechraum ihre Frauen zu sehen« (zit. n. E. F. Podach, 1953, S. 339). Französische Accoucheure wurden freilich im Hôtel-Dieu ausgebildet. Allerdings ließ man sie erst im späten 17. Jahrhundert bei normalen Geburten – im Gegensatz zu Zerstückelungsoperationen und Hakenextraktionen – assistieren. Cf. H. Fasbender, 1906, S. 146. François Mauriceau scheint der

erste Arzt gewesen zu sein, dem man dort die Gelegenheit gab, bei Geburten zuzusehen.

9 H. Mathy, a. a. O., S. 117.
10 Cf. C. T. Javert, 1948, S. 495ff. Trotzdem hatten Whites Demonstrationen heftige Proteste zur Folge. Schließlich stellte das ›Committee on Education‹ der American Medical Association fest, eine derartige Praxis sei völlig unnötig, da den Studenten ja Beschreibungen, Bilder und Phantompuppen (»mannikins«) zur Verfügung stünden. Außerdem sei es nicht nötig, die Vulva der Frauen zu entblößen, da man ja unter dem Leintuch tasten könne. Cf. J. B. Donegan, 1975, S. 103f.
11 Cf. F. P. Murphy, 1947, S. 345f.
12 Cf. Anonymus, 1894, S. 50.
13 Die Lagerung der Frau entsprach der heutigen auf einem gynäkologischen Stuhl.
14 Zit. n. C. Lansbury, 1985, S. 415f.
15 A. a. O., S. 416f. Cf. auch M. J. Peterson, 1986, S. 575.
16 Zit. n. S. K. Kent, 1987, S. 125f. Sophia Jex-Blake hatte noch im Jahre 1872 geschrieben, daß ein Gynäkologe, der ein Gentleman sei, ohne weiteres eine Frau untersuchen dürfe. 14 Jahre später revidierte sie jedoch in einer Neuausgabe ihres Buches diese Meinung: »I feel obliged to say frankly that, with greater experience, I have come to see more rather than less reason for the attendance of women on women in all special ailments relating exclusively to their sex« (a. a. O., S. 128).
17 Cf. C. Proskauer, 1958, S. 379f.
18 Cf. M. Poovey, 1986, S. 155.
19 Cf. R. Pearsall, 1969, S. 426. Andere Mittel, die nach Auffassung mancher Ärzte die Patientinnen zu Huren degradieren konnten, waren Äther und Chloroform. In einem 1847 in Lancet veröffentlichten Aufsatz warnte etwa der britische Arzt W. Tyler Smith – einer der späteren Gründer der Obstetrical Society – vor der Verabreichung von Äther wegen unerwünschter Nebenfolgen, nämlich »the occasional incitement of the sexual passion«. Smith führte aus: »In ungravid women, rendered insensible for the performance of surgical operations, erotic gesticulations have occasionally been observed, and in one case, in which enlarged nymphae were removed, the woman went unconsciously through the movements attendant on the sexual orgasm, in the presence of numerous bystanders. I may venture to say that to the women of this country the bare possibility of having feelings of such a kind excited and manifested in outward uncontrollable actions, would be more shocking even to anticipate, than the

endurance of the last extremity of physical pain« (zit. n. M. Poovey, a. a. O., S. 142f.). Wie *Lancet* berichtete, empfahl eine medizinische Kommission die Freilassung eines Gynäkologen in Philadelphia, der wegen Vergewaltigung einer Patientin verurteilt worden war, da die Ärzte vermuteten, die Frau habe lediglich in der Narkose unter sexuellen Halluzinationen gelitten. So mancher Arzt scheint zu jener Zeit den Geburtsvorgang an sich als eine Art Geschlechtsverkehr gesehen zu haben. Jedenfalls meinte Smith: »May it not be, that in woman the physical pain neutralizes the sexual emotions, which would otherwise probably be present, but which would tend very much to alter our estimation of the modesty and retiredness proper to the sex?« (A. a. O., S. 143).

20 Cf. J. R. Walkowitz, 1980, S. 56f. Samuel Bard verlangte im Jahre 1819, daß das Einführen des Katheters durch die Urethra in die Blase ausschließlich von Arztgehilfinnen vorgenommen werden sollte, und zwar unter der Bettdecke. Bereits zwei Jahre früher hatte Thomas Ewell konstatiert, der Arzt, der das selber tue, entehre die Patientin. Cf. J. B. Donegan, 1975, S. 101. Fleetwood Churchill meinte über das Spekulum: »It requires greater exposure and is more offensive to feminine delicacy than examination by the finger« (zit. n. H. Graham, 1960, S. 259f.).

21 Cf. K. Barry, 1983, S. 25f.

22 Wahrscheinlich hatte Josephine Butler mit dieser Behauptung völlig recht. Wenn man die Pariser Prostituierten im Gefängnis oder auf der Präfektur zufällig beim Ankleiden sehe, so meinte etwa im Jahre 1836 ein Vertrauter der Szene, »on les voit à l'instant se couvrir ou croiser les bras sur leurs poitrines« (A. Parent-Duchâtelet, 1981, S. 95). Um die Jahrhundertwende berichtete ein Arzt aus Berlin, daß auch die dortigen Prostituierten sich schämten, vor den Kollegen den Genitalbereich zu entblößen. Cf. A. Moll, 1902, S. 198.

23 J. R. Walkowitz, 1980, S. 130; S. K. Kent, 1987, S. 120. Im Jahre 1868 schrieb Josephine an eine Freundin: »O, if men knew what women have to endure, and how every good woman has prayed for the coming of a change, a change in this. How would any modest *man* endure to put himself in the hands of a woman medically, as women have to do into the hands of men?« (Zit. n. J. L'Espérance, a. a. O., S. 119).

24 Im Jahre 1871 protestierten Feministinnen gegen »the indecent and unnatural study and practice of male practitioners of obstetric medicine«, deren wahrer Grund »the degradation and sexual

abuse of women« und die »medical lust of indecently handling women« sei, oder wie es im *Examiner* eine Leserin formulierte: »Every young woman has to go through the ordeal of being shocked over and over again, before she is able to bear her fate with resignation.« Cf. S. K. Kent, a. a. O., S. 121ff.

25 Cf. R. E. Riegel, 1968, S. 448. Als im Jahre 1910 in New York die Page Bill verabschiedet wurde, die vorsah, daß eine wegen Prostitution verurteilte Frau gynäkologisch untersucht werden mußte, brach besonders unter den Feministinnen ein Sturm der Entrüstung los. Cf. B. M. Hobson, 1987, S. 169.

26 Zit. n. J. R. Walkowitz, a. a. O., S. 292.

27 Cf. C. Huerkamp, 1985, S. 156. Noch in einem jüngst erschienenen Hebammenlehrbuch ist die Rede von dem »schlechten Ruf«, in dem das Katheterisieren bei den Patientinnen stehe, »weil dabei das Genitale mit gespreizten Beinen ausgestellt wird« (G. Martius, 1983, S. 5).

ANMERKUNGEN ZU § 3

1 M. Laget, 1982, S. 333.

2 H. Möller, 1969, S. 283, 182f. Cf. auch P. Muller, 1981, S. 1314. Im Jahre 1797 klagte der Arzt Johann Georg Krünitz darüber, eine »unzeitige Schamhaftigkeit der Frauenspersonen« halte diese davon zurück, sich von einem Geburtshelfer beistehen zu lassen. Die Frauen wollten »lieber ein Raub des Todes werden«, als sich einer »Mannsperson« anzuvertrauen. Cf. A. M. Pachinger, 1906, S. 106ff. »Die Schwangern«, so auch Zinzendorf, »gebährenden Kindbetterinnen und Säugerinnen werden bey uns von Frauens-Personen behandelt, und ist dabey der Concurrentz der Manns-Leute verboten. Hingegen sind die übrigen Ehe-Umstände, wenn dabey etwas äusserliches vorfällt gewissen Männern unter Assistentz ihrer eignen Ehe-Frauen, aber auch dergestalt aufgetragen, dass sich keine Weibs-Person, unter was Prätext das sey, unterstehen darf, Männer zu behandeln.« (F. Tanner, 1952, S. 235).

3 J. C. G. Jörg, 1820, S. 299f.

4 Prof. Lisfranc, 1839, S. 28.

5 H. F. Kilian, 1840, II. 1, S. 32. Noch im Jahre 1885 gibt Chrobak in seiner *Untersuchung der weiblichen Genitalien* die Anweisung: »Behufs Vornahme dieser Untersuchung läßt sich der Untersuchende von der mit etwas gespreizten Füssen aufrecht stehenden Kranken, welche sich an irgendeinem Gegenstand stützt,

auf ein Knie nieder, und dringt mit der diesem Knie gleichnamigen Hand von rückwärts in die Vagina« (zit. n. E. Lesky, 1981, S. 205). Freilich wurden vielerorts bereits um die Mitte des Jahrhunderts innere und äußere Untersuchungen nicht selten bei liegenden Frauen durchgeführt. Cf. z. B. S. Fekete, 1970, S. 37. In Ungarn behielt man jedoch aus Schicklichkeitsgründen das Stehen bei (a. a. O., S. 41).

6 A. Levret, 1766, S. 80. Fünfzehn Jahre früher hatte Dr. John Burton aus York vorgeschlagen, die Patientin mit einem Kissen zwischen den Knien auf die Seite zu legen und – ohne sie aufzudecken – von hinten zu untersuchen. Cf. P. Fryer, 1963, S. 167. Noch heute ist es in Großbritannien verbreitet, daß die Frau mit angezogenen und geschlossenen Schenkeln auf der Seite liegt. Cf. G. Zwang, 1968, S. 22.

7 L. F. Froriep, 1806, S. 272.

8 C. G. Carus, 1828, I, S. 66. Fünf Jahre später meint sein Kollege Hohl: »Was mein Gehörorgan betrifft, so vernimmt es nur die Pulsationen, wenn der Leib mit dem Hemde oder auch mit einem leinenen Bettuch bedeckt ist« (A. F. Hohl, 1833, I, S. 62).

9 Jörg, a. a. O., S. 301, 304. »Der Daumen erhält dabei seine Lage seitwärts an den Genitalien, so dass er, sobald die rechte Hand untersucht, auf der linken Schaamlefze ruht, wodurch jede zweckwidrige Berührung der Klitoris vermieden wird« (E. C. J. v. Siebold, 1835, S. 119). Ohne dies zu belegen, behaupten die Feministinnen B. Ehrenreich/D. English, 1976, S. 32, die Männer hätten im 19. Jahrhundert geglaubt, daß sexuelle Empfindungen bei Frauen krankhaft seien. Um diesen Glauben zu bestätigen, hätten »einige Ärzte« ihre Patientinnen »immer wieder« an der Klitoris und an den Brüsten sexuell stimuliert. Ohne Nachweise ist dies eine Unterstellung, mit der offenbar gezeigt werden soll, was für ›Schweine‹ doch die viktorianischen Gynäkologen gewesen seien.

10 Cf. Zwang, a. a. O., S. 55. Prof. Lisfranc (a. a. O., S. 33f.) ergänzt: »Der Arzt läßt sich vor der Kranken nieder« und bemüht sich, »an die Klitoris nicht anzustossen«. Schlimmer aber noch ist die Einführung des Fingers in den Mastdarm: »Diese Explorationsweise ist für die Frauen noch viel peinlicher als die vorige; sie hegen gegen diese einen besondern Widerwillen.« J. Amann, 1861, S. 10, meint hingegen, der Arzt solle, natürlich nachdem die Patientin Schenkel und Schamlippen sorgfältig bedeckt habe, »wenn möglich« per vaginam den Finger einführen. Verweigere sie dies, solle er sich mit einer »Untersuchung per rectum« begnügen.

11 J. Amann, a. a. O., S. 25, 41. Chrobak legt dringend nahe, es zu vermeiden, »über den Damm heraufzustreichen« oder gar indirekten Druck auf die Klitoris auszuüben. Vielmehr solle der Untersuchende den Finger ohne Umschweife »direct in die Scheide« einführen. Cf. R. Chrobak/A. v. Rosthorn, 1908, S. 22ff. W. Tyler Smith erwartete von jeder Frau mit »chastity of feeling, and, above all, emotional self-control«, daß sie unschickliche Gefühle unterdrücke, wenn der Arzt sie an den sensitiven Stellen berührte. Cf. M. Poovey, a. a. O., S. 143.

12 Cf. J. H. Miller, 1978, S. 33; A. Oakley, 1984, S. 19. Dies häufig auch dann, wenn der Arzt lediglich den Bauch der Schwangeren abtastete.

13 Cf. J. B. Donegan, a. a. O., S. 100.

14 Froriep, a. a. O., S. 335. Der Autor bezieht sich hierbei auf eine »regelwidrige« Geburt. Noch gegen Ende des 19. Jahrhunderts mußte der Accoucheur Olshausen in Halle so manche Geburt unter der Bettdecke assistieren (cf. F. Munk, 1979, S. 81), und eine alte Frau aus Freising erzählte über ihre Großmutter, die zu jener Zeit als Hebamme vom Bezirksarzt geprüft wurde: »Da war es für den Arzt damals eigentlich eher etwas Beschämendes, wenn er zu einer Geburt gerufen wurde, und sie kamen gar nicht gerne, aber trotzdem glaubten sie, die Hebammen, die ständig bei den Frauen zu den Geburten waren, prüfen zu können. Ausgefragt haben sie sie, damit sie etwas von ihnen dazugelernt haben« (M. Grabrucker, 1987, S. 135). Im Jahre 1902 betrug der Anteil der Geburten, bei denen ein Gynäkologe anwesend war, in Preußen nur etwa 7%. Cf. C. Huerkamp, a. a. O., S. 157. In Hamburg wurden im Jahre 1900 gleichfalls 7% der Geburten von Ärzten geleitet oder zu Ende geführt, während in ländlichen Gebieten die Ärzte immer noch lediglich in Notfällen herangezogen wurden. Cf. H. Dietel, 1986, S. 372.

15 Cf. S. Gregory, 1856, S. 24f.

16 H. F. Kilian, 1839, S. 8.

17 Cf. J. P. Emerson, 1972, S. 81.

18 Cf. J. Amann, a. a. O., S. 10.

19 Cf. P. Fryer, a. a. O., S. 167. Über den als solchen deutlich erkennbaren, neuerlich eingeführten Untersuchungsstuhl schreibt A. Dührsen, 1895, S. 3, es gäbe auch unauffälligere für den Fall, daß der Frauenarzt »kein so auffälliges Möbel in seinem Sprechzimmer wünscht«.

20 J. C. G. Jörg, 1820, S. 295.

21 Cf. S. Gregory, 1856, S. 12.

22 A. E. v. Siebold, 1829, I, S. 101, 104.

23 Cf. A. Oakley, a. a. O., S. 19 f.
24 R. Chrobak/A. v. Rosthorn, a. a. O., S. 5.
25 J. J. v. Plenk, 1803, S. 71.
26 Zit. n. J. H. Young, 1964, S. 165.

ANMERKUNGEN ZU § 4

1 M. Foucault, 1976, S. 176 f.
2 Foucault, a. a. O., S. 177. Noch nach der Wende zum 20. Jahrhundert schreibt der Berliner Arzt Albert Moll: »Zur Untersuchung des Weibes ist oft dessen Entkleidung nötig. Eine Patientin klagt über Herzklopfen, über Schmerzen in der Gegend des Herzen; sie ist aber sehr erstaunt darüber, wenn der Arzt nun das Herz auch untersuchen will und wundert sich, daß sie auch das Korsett zu öffnen hat, als ob man durch diesen Panzer hindurch das Organ genau untersuchen könnte. Gewiß ist dies für die Patientin mit dem Gefühl der Schamverletzung verknüpft« (A. Moll, 1902, S. 197).
3 Zit. n. C. Huerkamp, 1985, S. 155 f. Drei Jahre vorher hatte sein Kollege Bernhard Liersch festgestellt: »So gehört es sich, daß bei der Untersuchung des Unterleibs, der Brüste etc. dies unterhalb der Bettdecke oder über dem Hemd, wenn es nicht dringende Ursachen anders gebieten, vorgenommen wird.«
4 Cf. M. Foucault, a. a. O., S. 177. Um die Mitte des 19. Jahrhunderts wollte Meigs, daß diesem »Willen zum Wissen« gewisse Grenzen gesetzt würden: »It is perhaps best, upon the whole, that this great degree of modesty should exist even to the extent of putting a bar to researches, without which no very clear and understandable notions can be obtained of the sexual disorders« (zit. n. S. Gregory, 1856, S. 11).
5 B. Duden, 1987, S. 94.
6 A. a. O., S. 102 f., 105.
7 M. de Sévigné, 1979, S. 149 f.
8 Robert Jütte: Brief vom 26. Mai 1988.
9 Nicht alle Barbiere waren wie derjenige, von dem hier die Rede ist, Wundärzte. Viele beschränkten sich auf Rasieren, Haareschneiden, Aderlaß und dergleichen. Cf. R. Jütte, 1989, S. 187.
10 Auch aus anderen zeitgenössischen Akten geht hervor, daß in einer solchen Situation »heimliche Schäden« zwar angegeben, aber nicht oder höchst ungern den Barbierärzten gezeigt wurden. Cf. a. a. O.

11 M. de Montaigne, 1922, I, S. 256. Im Jahre 1760, also etwa zwei Jahrhunderte nach Montaigne, klagt dagegen Lawrence Sterne über die »Man-Midwives« und vor allem über deren Patientinnen: »Ich ärgere mich abscheulich, wenn unsere Britische Damens mit dem, was bloß ihr Ehemann sehen sollte, so wenig geheim sind, und es einer fremden Mannsperson eben so ungescheut sehen lassen, als ihr Gesicht. Welch ein Exempel geben uns die Morgenländerinnen in dieser Absicht! als einmal ein europäischer Arzt eine kranke Sultane besuchte, war es ihm beym Pulsfühlen nicht einmal erlaubt, ihre Hand zu sehen. Sie hielt sie ihm, aber in einen Schleyer gehüllet, hin. Und unsere Brittische Damens machen sich kein Gewissen, einem Akkoucheur das betrachten zu lassen, was er nicht einmal flüchtig sehen sollte« (zit. n. H. Ploss/M. Bartels, 1908, II, S. 138).

12 Cf. H. Speert, 1973, S. 70.

13 Cf. J. Donnison, 1977, S. 11. Cf. auch E. Dühren, 1901, I, S. 109. F. Mauriceau, 1687, S. 318, gibt zu bedenken, manche Leute sagten, ein im Notfall herangezogener Geburtshelfer müsse unattraktiv sein »und ihm einen langen Bart wachsen lassen / damit er nicht irgend einigen Eyfer bey den Weibern / die ihn / um sich helffen zu lassen / nachschicken / ihren Männern erwecke«.

14 Cf. F. B. Osiander, 1799, S. 211. In der im Jahre 1700 erschienenen Ausgabe von *Aristotle's Compleat and Experienc'd Midwife* heißt es, daß die Frauen den Hebammen Dinge anvertrauten, »that they had rather die than discover to the doctor« (C. M. Scholten, 1982, S. 54).

15 J. E. Illick, 1977, S. 426.

16 K. C. Hurd-Mead, 1938, S. 393 f. In Amerika war bereits im Jahre 1646 einer gewisser Francis Rayus vom General Court in Wells, Maine, zu einer Strafe von 50 Shillingen »for presuming to act the part of a midwife« verurteilt worden (cf. S. Gregory, 1856, S. 26). Der erste legal praktizierende Geburtshelfer scheint im 18. Jahrhundert ein Dr. Atwood gewesen zu sein, aber für eine anständige Frau war es undenkbar, ihn aufzusuchen, »and Mrs. Grany Brown, with her fees of two and three dollars, was still deemed the choice of all who thought women should be modest« (E. M. Jameson, 1938, S. 415).

17 W. Smellie, 1779, I, S. 399.

18 Zit. n. H. Smith, 1976, S. 111.

19 Zit. n. M. Laget, 1982, S. 28. Entsprechend heißt es in der neunzehn Jahre später erschienenen deutschen Ausgabe: »Diese Figur möchte vielleicht züchtigen Augen / in einer unziemenden Ge-

stalt vorkommen« etc. (F. Mauriceau, 1687, S. 24). Um das auf dem Bild dargestellte Genital nicht in Wirklichkeit sehen zu müssen und natürlich um der Frau die Schande zu ersparen, rät der Verfasser: »Man kan ihr auch das Bett-Tuch / und die Decke von ihrem Bett / über die Schenckel werffen / um sie / soviel zur erbaren Gebühr vonnöthen / wegen der Umstehenden / wie auch / daß sie einigen Frost nicht empfinden / zu bedecken« (a. a. O., S. 323 f.).

20 L. Bourgeois, 1644, S. 51.

21 Cf. P. Wagner, 1986, S. 148. Schon im mittelalterlichen Persien wurden solche Traktate als pornographische Literatur verschlungen, und es mag sein, daß es zu jener Zeit bei uns auch so war. Cf. C. Elgood, 1968, S. 409 f.

22 G. Pallaver, 1987, S. 214.

23 Cf. H. P. Duerr, 1988, S. 252 ff.

24 Seit dem Jahre 1570 wurden nach einer Verfügung Philipps II. auch die spanischen Huren einmal wöchentlich von Ärzten untersucht. Cf. W. W. Sanger, 1858, S. 173; M. E. Perry, 1985, S. 138, 148, 156.

25 Cf. C. Jäger, 1831, I, S. 555 f. Auch in Konstanz und in Nürnberg übernahmen in dieser Zeit Ärzte diese Aufgabe der Hebammen. Cf. G. Schönfeldt, 1897, S. 107. In den meisten Bordellen untersuchten freilich auch im 16. Jahrhundert immer noch Hebammen. Cf. H. Graham, 1960, S. 85.

26 P. Darmon, 1979, S. 190 f. Traditionellerweise durften auch in Frankreich vergewaltigte Frauen nur von Frauen untersucht werden. So besagt etwa eine Anordnung aus dem 13. Jahrhundert, daß die »vue doit estre faict par sept femmes, veuves ou mariees, bien creables, pourquoy le depucellement soyt prouvé, si mestier est« (a. a. O., S. 163). Erst im Jahre 1560 bestimmte ein königliches Statut, daß die Pariser »sage-femmes« solche Untersuchungen in Anwesenheit eines Arztes und zweier »chirurgiens jurés« anstellen sollten. Cf. R. L. Petrelli, 1971, S. 279.

27 Cf. M. Laget, a. a. O., S. 150. Ob auch die Frauen an diese Erfolgschancen glaubten, sei dahingestellt. Immerhin schreibt Liselotte von der Pfalz in einem Brief vom 23. November 1672 während ihrer Schwangerschaft an Frau v. Harling: »Wan aber diß ey einmahl außgebrühet wirdt sein, so wolt ich, daß ichs euch auf der post nach Osnabruck schicken könte, denn ihr versteht euch beßer auf diß handtwerck, als alles waß hir im gantzen landt ist, undt bin ich versichert mit meiner eygenen experientz, daß es woll versorgt sein würde, aber hir ist kein kint sicher, denn die dockter hir haben der Königin schon 5 in die ander welt geholf-

fen, das letzte ist vor 3 wochen gestorben, undt 3 von Monsieur, wie er selber sagt, seindt auch so fort geschickt worden« (Elisabeth Charlotte von Orléans, 1908, I, S. 7).

28 A. Cabanès, 1923, VII, S. 60; W. Gibson, 1989, S. 75.

29 Zit. n. E. Sturtevant, 1917, S. 308.

30 Cabanès, a. a. O., S. 55 f. Als die Hebamme selber protestierte, herrschte der König sie an: »Tais-toy, tais-toy, sage-femme, ne te fasche point. Cet enfant est à tout le monde; il faut que chacun s'en réjouisse« (a. a. O., S. 60).

31 Cf. A. Cabanès, 1905, S. 193, 204 f.; H. S. Glasscheib, 1961, S. 87; V. Lehmann, 1978, S. 115; B. Groult, 1985, S. 151.

32 Cf. M. Laget, a. a. O., S. 150, 153; I. Albrecht-Engel/C. Loytved, 1988, S. 353. Mauriceau wird meist als der erste Geburtshelfer bezeichnet, der die Frauen in horizontaler Lagerung entbunden hat, wobei er den Unterleib allerdings nicht aufdeckte. Cf. H. Graham, a. a. O., S. 114.

33 Zit. n. J. P. Stucky, 1965, S. 21. Die meisten frühneuzeitlichen Geburtsstühle waren freilich sehr dezent und wiesen einen Vorhang auf, der vom Sitzbrett bis zum Boden reichte und den Genitalbereich verbarg. Cf. a. a. O., S. 18.

ANMERKUNGEN ZU § 5

1 P. Ariès, 1986, S. 11. In einer anderen Version dieses Aufsatzes meint der Verfasser, mit der Neuzeit sei eine »neue Schamhaftigkeit« aufgekommen, die es »paradoxerweise (?) mitunter sogar dem Arzt« schwergemacht habe, bei einer Entbindung zugegen zu sein. Cf. ders., 1985, S. 15.

2 Cf. A. Borst, 1988, S. 402.

3 Cf. T. G. Benedek, 1979, S. 211 f. In diesem Falle handelte es sich um eine sehr schwere Geburt, und der kleine Bub starb sofort nach der Entbindung.

4 Cf. K. Staniland, 1987, S. 302.

5 Zit. n. F. B. Osiander, 1799, I, S. 99. Der Mann hieß offenbar Vitus Volschen und nannte sich selber Dr. Veit oder Veites (cf. T. G. Benedek, a. a. O., S. 205), nach K. C. Hurd-Mead, 1938, S. 360, und M. J. Tucker, 1977, S. 338, Dr. Wertt. Ob er tatsächlich lediglich deshalb öffentlich verbrannt wurde, weil er als Hebamme verkleidet Geburtshilfe geleistet hatte, scheint mir zweifelhaft. Zumindest hat es den Anschein, daß sich das Wort »deswegen« in dem Zitat aus der Hamburger Chronik auch auf »seltzame Ebentheuer« bezieht: angeblich hatte Volschen näm-

lich auch Zauberei ausgeübt. Dazu mag noch gekommen sein, daß er bei den Entbindungen Frauenkleider getragen hat. Cf. auch Benedek, a. a. O.

6 T. Platter/F. Platter, 1840, S. 66f. In der Haute-Bretagne drohte der Mann seiner schwer gebärenden Frau, wenn es nicht anders gehe, müsse er Freunde holen, die sie dann hielten. Es heißt, daß darauf manche Frauen rascher entbunden hätten. Cf. F. Loux, 1980, S. 91.

7 Cf. C. Opitz, 1985, S. 192. Auf mittelalterlichen Darstellungen der Geburt Christi kehrt Josef – den die Künstler nicht einfach weglassen durften – der Geburtsszene meist schamhaft den Rükken zu. Cf. K. C. Hurd-Mead, a. a. O., S. 152.

8 M. Salvat, 1980, S. 90. Auf dem Lande halfen die Männer nur in äußersten Notfällen. Cf. D. Alexandre-Bidon/M. Closson, 1985, S. 56.

9 Es ist aber sehr fraglich, ob Rodericus diesbezüglich selber Erfahrung hatte. Cf. T. G. Benedek, a. a. O., S. 211.

10 Cf. A. Wilson, 1985, S. 134; R. Houlbrooke, 1988, S. 102.

11 Cf. J. Donnison, 1977, S. 198.

12 Cf. J.-N. Biraben, 1988, S. 437.

13 Cf. T. G. Benedek, 1977, S. 553. Erst über hundert Jahre später, 1555, verlautet die Ordnung dieser Stadt: »Was andere / zuuorab geheimer sachen mehr sind / deren man sich in oder bey der geburt / dieselben zufürdern / oder sunsten / gebrauchen sol oder mage / wil sich nit gezimen in truck zugeben / Sonder verstendige erfarne Hebammen / vnd frawen wissen sich / on das / hierin wol zuhalten / so kan man auch im fall der note / deßhalb bey den doctorn der Artzney allerley finden« (zit. n. G. Burckhard, 1912, I, S. 160).

14 A. Munck, 1951, S. 90. Im Jahre 1580 bestimmt Herzog Ludwig von Württemberg ausdrücklich, »dass die Mannspersonen zu solchen Sachen gezogen und gebraucht werden, Christlicher Zucht und Erbarkeit zuwider ist« (zit. n. F. B. Osiander, 1799, S. 132). Im 15. Jahrhundert legt die Colmarer Ordnung fest: »Trüg sich ouch zu, das ein hebam zu dergleich swangren frowen berufft und die sachen so swerlich und gefarlich finden, das sie der übrigen hebamen sampt oder sonders ratt und hilff begere«, so müsse sie nach diesen schicken. Cf. G. Burckhard, a. a. O., S. 118f. Ähnlich auch 1566 im Fuldaer »Hebammeneid«. Cf. N. Honegger, 1979, S. 97.

15 Dazu gehören sicher auch die Fälle, in denen ein toter Foetus zerstückelt und extrahiert werden mußte. In ländlichen Gegenden wurden anscheinend bisweilen in höchster Not Schäfer oder

192 Schwierige Geburt. Arzt palpiert den Bauch,
um die Lage des Foetus zu bestimmen.
Aus Albert der Große: *De animalibus*, 14. Jh.

Hirten herbeigeholt, die bei werfenden Tieren einige Erfahrungen gesammelt hatten. So verlautet etwa die ev. Kirchenzucht des Herzogtums Württemberg (cf. auch Anm. 14), daß diesen Männern jegliche Eingriffe verwehrt seien, und zwar nicht allein aus Schicklichkeitsgründen, sondern auch weil sie häufig die Krei-

193 Kaiserschnitt an bekleideter Frau.
Französische Buchmalerei, 15. Jh.

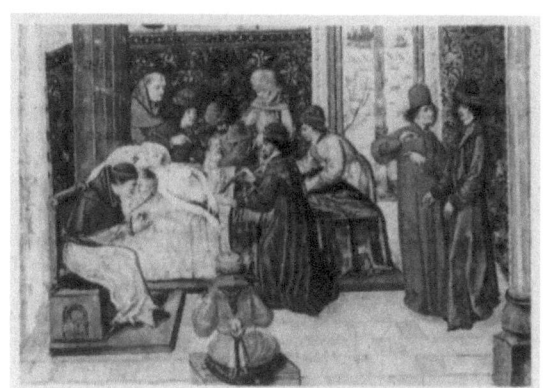

194 Kaiserschnitt an nackter Frau; Genitalbereich bleibt bedeckt, 15. Jh.

ßenden verletzt oder sogar getötet hätten. Zwanzig Jahre später wurde diese Bestimmung dahin modifiziert, daß die Männer bei Lebensgefahr das Kind von der Mutter »brechen« dürften: »Es wäre denn Sach, daß in extremo mortis periculo, benachbarte Hebammen und geschworne Weiber nichts mehr ausrichten können, vor Pfarrern und Amt-Mann bezeugten, daß das Kind gewiß abgestanden, und die Puerpera eines Schäffers begehrte, da mag ein verständiger und erfahrner, die Mutter zu erhalten, und das Kind von ihr zu brechen, Hand anlegen« (G. Burckhard,

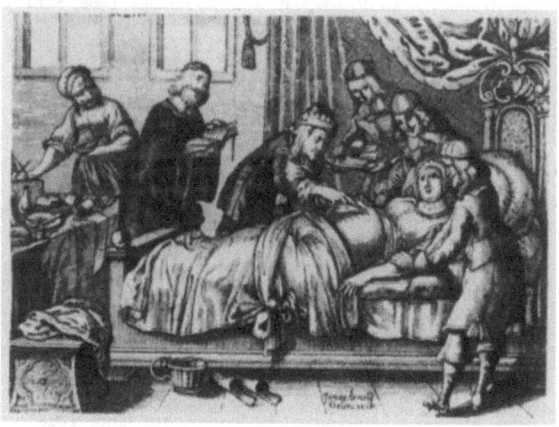

195 Jonas Arnold: Kaiserschnitt, zweite Hälfte des 16. Jh.s.

393

a. a. O., S. 99 f.). Auch der Kaiserschnitt an der toten, später an der lebenden Frau, ist von Männern ausgeführt worden (Abb. 193 bis 195).

16 A. a. O., S. 108. In der Stadt selber – in der es anscheinend genügend Kolleginnen gab – sollte sie lediglich »verordnenten frauen eine oder mere« heranziehen (a. a. O., S. 110).

17 K. Baas, 1913, S. 2. Cf. auch ferner U. Knefelkamp, 1981, S. 134. Ähnlich auch in den Hebammenordnungen von Heilbronn und in der Württembergischen Polizeiordnung vom Jahre 1549 (cf. G. Burckhard, a. a. O., S. 120, 128 f.), in den Ulmer Ordnungen von 1479 und 1491 (cf. A. Fischer, 1933, S. 170) sowie in den englischen Verfügungen des 16. Jahrhunderts. Cf. T. R. Forbes, 1964, S. 265. Es ist also auf alle Fälle unrichtig, wie M. Sjöö/B. Mor, 1985, S. 138, zu sagen, bereits in der »Frührenaissance« seien die Frauen aus dem Beruf der Geburtshilfe ausgeschlossen worden und »die männliche Medizin« sei »auf der Asche der verbrannten Hexen« gediehen, einmal abgesehen davon, daß nur ein geringer Prozentsatz der als Hexen hingerichteten Frauen Hebammen gewesen sind. Richtig ist, daß ab dem 15. Jahrhundert das Hebammenwesen von der Obrigkeit reglementiert worden ist und daß man den Frauen z. B. auferlegte, sich schicklich zu verhalten. So heißt es etwa im Jahre 1649 bei der Vereidigung einer englischen Hebamme, sie dürfe nichts von dem, was mit ihrer Tätigkeit zusammenhänge, in Gegenwart eines Mannes äußern, »unlesse necessity or great urgent cause do constraine you to do so« (zit. n. T. R. Forbes, 1966, S. 146).

18 Cf. S. Gabler, 1985, S. 17 f.

19 Cf. T. G. Benedek, 1979, S. 211.

20 Cf. C. O. Rosenthal, 1923, S. 142 f.

21 Cf. J. R. Shaw, 1975, S. 56; H. P. Duerr, 1978, S. 21 ff.

22 Cf. H. R. Lemay, 1985, S. 323. Besonders galt dies für solch höchst delikate Manipulationen – falls es sie wirklich gegeben hat – wie die, bei der die Hebamme die Frau mit dem Finger zum Orgasmus brachte, damit diese ihren giftig gewordenen Samen ausschüttete. Guainerius glaubte wie viele andere Ärzte der Zeit an die galenische Theorie, daß eine Frau, die nicht von Zeit zu Zeit ihren Samen ejakuliere, zugrunde gehen könne, da der Same ihren Leib vergifte. Cf. a. a. O., S. 323, 335. Auch Hippokrates hatte die Auffassung vertreten, eine Frau müsse sich um der Erhaltung ihrer Gesundheit willen von Zeit zu Zeit von ihren Säften trennen. Cf. M. Foucault, 1986, II, S. 155. Die Theorie beherrschte die abendländische Medizin. Im Jahre 1628 meinte etwa der französische Arzt Pierre Bailly, ihre Wahrheit erkenne

man daran, daß Witwen, Nonnen und alte Jungfern, die »sans le secours du masle« auskommen müßten, in Lebensgefahr schwebten und oft dem Tode verfallen seien. Cf. J. C. Bologne, 1986, S. 13.

23 »Quedam nobilis nuper molestabatur graui matricis passione, cui consilium dedi pessarizandi et occulte ab eodem Ricardo accepto pessario, presente obstetrice, tanquam huius pessarii procuratrice, magis propicia utraque, scilicet paciens et obstetrix, professit nobis, quod nullo conatu, nulla arte aut uiolentia sine graui periculo poterant intromittere pessarium intra orificium intrinsecus« (K. Sudhoff, 1927, S. 232f.). Bei diesem »Pessar« handelte es sich höchstwahrscheinlich um ein in Deutschland »Mutterkranz« genanntes mechanisches Hilfsmittel, das bei einer Gebärmuttersenkung oder bei einem Gebärmuttervorfall Verwendung fand. Cf. M Deinhard/H. Hörning-Winkelmann/ U. Tröhler, 1987, S. 142, 150. Zwar gibt es mittelalterliche medizinische Texte, die den Ärzten theoretisch gewisse Freiheiten zubilligen, aber es ist mehr als fraglich, ob Frauen den Ärzten in der Praxis jemals so weit entgegengekommen wären. So meinte etwa im 13. Jahrhundert Bruno von Longoburgo, bei einer blutigen Blasensteinoperation dürfe der Arzt die Instrumente führen – da er einer Hebamme offenbar nicht zutraute, dazu fähig zu sein –, aber auch bei einer deflorierten Frau dürfe er in keinem Falle die Finger in die Vagina einführen. Das Entgegenpressen des Steines sei vielmehr der Hebamme überlassen. Allerdings dürfe er bei einer Jungfrau einen Finger in den After einführen. Im 14. Jahrhundert scheint John Gaddesten dem Arzt erlaubt zu haben, zwar – wenn nötig – die Vulva zu betasten, doch die Vagina blieb weiterhin tabu. Cf. P. Diepgen, 1920, S. 726f.

25 Cf. A. Hohlweg, 1983, S. 125.

26 Cf. J. F. Benton, 1985, S. 51; P. Kibre, 1953, S. 11.

27 Cf. V. L. Bullough, 1976, S. 59. Cf. auch L. B. Pinto, 1973, S. 521.

28 Zit. n. C. O. Rosenthal, a. a. O., S. 202.

29 Anthoine de La Sale, 1907, S. 14 ff.

30 J. Quicherat, III, 1845, S. 175. Zwei der »ventrières«, die sie daraufhin untersuchten, stammten offenbar aus dem Hôtel-Dieu.

31 A. a. O. So machten auch Frauen, die Jeanne begleitet hatten, die Aussage, daß sie allem Anschein nach noch nicht menstruiert hatte. Cf. a. a. O., S. 219.

32 Wieso diese Damen zu Hebammen ernannt worden sind, ist nicht bekannt. T. G. Benedek, 1977, S. 561, vermutet, daß man richtigen Hebammen nicht vertraute, während man sich auf die Loyalität dieser Angehörigen des Hochadels verlassen konnte.

33 J. Quicherat, a. a. O., S. 209 f.

34 A. a. O., S. 89, 155.

35 A. a. O., S. 163. Im Rehabilitationsprozeß sagte der Theologieprofessor Johannes Monnet aus, man habe Jeanne schon einmal
visitiert, »quod ipsa Johanna fuit laesa in inferioribus de equitando« (a. a. O., S. 63).

36 A. a. O., S. 50.

37 A. a. O., S. 219. Mehr gesehen hatte freilich Margareta La Touroulde: »Dicit insuper quod eam pluries vidit in balneo et stuphis, et, ut percipere potuit, credit ipsam fore virginem«
(a. a. O., S. 88).

38 A. a. O., S. 89.

39 Cf. T. R. Forbes, 1988, S. 24 f.

40 Cf. G. Burckhard, a. a. O., S. 8.

41 Forbes, a. a. O., S. 26. In früherer Zeit durften bei solchen
Schwangerschaftsuntersuchungen auch dann, wenn es sich um
eine zum Tode Verurteilte handelte, keine männlichen Zeugen
anwesend sein. So heißt es etwa im ›Registre Criminel du Chastellet‹ vom Jahre 1392: »Rapportèrent Agace la Françoise & Jehanne la Riquedonne, matrosnes jurées du Roy notre Sire oudit
Chastellet, qu'elles ont veue & diligemment visitée à grant diligence Marion de la Court prisonnière dessus nommée, tastée et
mesniée à nu au mieulx que elles ont & sceu & ne tiennent en elle
aucun signe par quoy elles peussent et osassent tesmoigner que
elle soit grosse d'enfant car elle est moult plate de ventre & veu
l'esmouvance d'elle qui se débat en la visitant & regardant son
ventre tiennent & croient en leur conscience qu'elle ne soit aucunement grosse ou enchargée d'enfant« (zit. n. A. Porteau-Bitker,
1980, S. 27).

ANMERKUNGEN ZU § 6.

1 Cf. G. Keil, 1986, S. 189.

2 Cf. P. Diepgen, 1963, S. 174.

3 G. Schindler, 1937, S. 286.

4 Cf. H. R. Lemay, 1985, S. 321.

5 Cf. Diepgen, a. a. O. Ähnliche Regeln galten offenbar bei den
mittelalterlichen Juden. Nach dem Talmud durfte zwar eine
Krankenpflegerin einen Patienten männlichen Geschlechts nackt
sehen, nicht aber ein männlicher Krankenpfleger eine Patientin.
Zwar war es einer Frau gestattet, die Leiche eines Mannes zum
Begräbnis herzurichten und in ein Leichentuch zu hüllen, nicht

aber ein Mann eine verstorbene Frau. Cf. L. M. Epstein, 1948,
S. 34. Einer Frau war es selbst dann verboten, sich vor einem
Arzt zu entblößen, wenn dadurch ihr Leben gerettet werden
konnte. Cf. S. Krauss, 1910, S. 129. Allerdings scheint es vorgekommen zu sein, daß Ärzte zu einer Geburt gerufen wurden,
aber nur in solchen Fällen, in denen beispielsweise der tote Foetus im Mutterleib zerstückelt werden mußte. Cf. ders., 1911,
S. 6.

6 F. v. Zglinicki, 1983, S. 28.

7 V. Lehmann, 1978, S. 48 f. Ähnlich auch A. M. Pachinger, 1906,
S. 22.

8 R. Benayoun, 1978, S. 8.

9 Lehmann, a. a. O., S. 49.

10 Cf. P. Diepgen, a. a. O., S. 178.

11 Cf. K. C. Hurd-Mead, 1938, S. 188.

12 Cf. W. Schönfeld, 1947, S. 137. Die mittelalterlichen Kopisten
antiker medizinischer Texte ließen häufig die gynäkologischen
Kapitel oder die über die Genitalien einfach weg, obwohl sie im
Inhaltsverzeichnis noch genannt werden, da die Kopisten ver-
gessen hatten, sie auch dort zu tilgen. Thomas von Brabant be-
gründete freilich im 13. Jahrhundert eine solche Auslassung mit
seiner Schamhaftigkeit. In Konrad von Megenburgs *Buch der
Natur* kommen die Geschlechtsorgane deshalb nicht vor, weil
»Zucht und Sitte es nicht dulden, das in unserer Muttersprache
zu behandeln, was sich nur in fremder Sprache vorbringen läßt«.
Cf. P. Diepgen, a. a. O., S. 59, 99. Cf. auch C. Ferckel, 1912,
S. 7, 22.

13 Cf. Y. Knibiehler/C. Fouquet, 1983, S. 60.

14 Cf. T. G. Benedek, 1977, S. 551.

15 Cf. J. Cadden, 1986, S. 163.

16 Zit. n. C. Singer, 1915, S. 37. Cf. ferner E. Power, 1926, S. 421.
Ebenfalls aus dem 14. Jahrhundert stammt folgender ähnliche
Text: »For as moch as ther ben manye women that hauen many
diuers maladies and seknesses nyhg to the deth & thei ben shame-
full to shewen and to tellen her greuances to eny wight (= Kerl).
Therefore I schal sumdele wrightte herre maladies remedye
Praying to god ful of grace to sende me grace truly to write to the
plesaunce of god & to all womanies helpyng ffor charite axeth
this that euery man shuld trauaile for helpyng of his brotheryn &
his susteryn (= Schwestern) after the grace of god that he hathe
underfongyn. And throwgh women have diuers evelles & many
greet greuances mo than all men knowen of as I seyd hem scha-
men for drede of repreuing in tymes comynge of discuryng (=

397

enthüllen) of uncurteys men that love women but for her lusts and for her foule lyking. And yf women be in dissese suche men haue hem in despyte and thenke noughte how moche dysese women haue or than they haue brought hem in to this world: and therfore in helpyng of women I wyl wright of women prevy sekenes the helpyng and that oon (= eine) woman may helpe another in her sykenesse & nought diskuren her previtees to such uncurteys men« (Singer, a. a. O., S. 37 f.). Im 16. Jahrhundert wurden gerade die gynäkologischen und die Geburtshilfe-Handbücher im Gegensatz zur übrigen medizinischen Literatur immer häufiger in der jeweiligen Landessprache verfaßt und nicht auf Latein, weil sie sich an die Frauen selber und an die Hebammen richteten. Cf. T. G.Benedek, 1977, S. 552. Doch noch der Übersetzer von Roeßlins Hebammenbuch ins Englische vermerkt im Jahre 1540: »Many think that it is not meete ne fitting such matters to be intreated of so plainly in our mother and vulgar language, to the dishonour (as they say) of womanhood and the derision of their own secrets, by the detection and discovering wherof, men it reading or hearing, shall be moved thereby, the more to abhorte and loathe the company of women, every boy and knave reading them as openly as the tales of ›Robin Hood‹« (zit. n. M. Poovey, 1986, S. 166).

17 Cf. C. O. Rosenthal, 1923, S. 117f. Wenn in der Legende die an Brustkrebs leidende Schwester Gregors von Nyssa sich vor Scham nicht überwinden konnte, vor einem Arzt die Brüste zu entblößen (cf. W. E. H. Lecky, 1904, S. 670f.), so darf man wohl annehmen, daß in der Wirklichkeit die meisten Frauen sich wohl anders verhalten haben, da sie vermutlich nicht damit gerechnet haben, zur Belohnung für ihre Schamhaftigkeit vom lieben Gott geheilt zu werden, wie es der erwähnten Schwester geschah. Nach einer Legende im apokryphen Jakobus-Evangelium schämte sich die hl. Jungfrau – die ja nach dem Turiner Papyrus jedesmal die Augen schloß, wenn sie sich auszog (cf. J. Z. Smith, 1965, S. 220) – vor einer vaginalen Untersuchung durch eine Hebamme, die an der wundersamen Geburt Christi zweifelte. Wurde die schamhafte Schwester Gregors belohnt, so ereilte die ungläubige Hebamme ihre Strafe, denn Gott ließ die schamlose Hand verbrennen. Cf. F. Heiler, 1977, S. 152. Der Glaube, Maria sei bei der Geburt ihres Sohnes unversehrt geblieben, da dieser nicht durch die Vagina ausgetrieben wurde, war weit verbreitet. Lediglich Origines vertrat die These der »reseratio vulvae« unmittelbar nach der normalen Geburt. Cf. J. Ledit, 1976, S. 174.

18 Cf. H. Viefhues, 1985, S. 293; A. R. Myers, 1969, S. 1184. Solche Anweisungen gab es bereits in der Antike. Cf. P. Carrick,
1985, S. 79; D. Gourevitch, 1970, S. 750f.

19 K. Baas, 1911, S. 90.

20 Frei übersetzt nach D. W. Amundsen, 1971, S. 562. Cf. auch L.
C. MacKinney, 1952, S. 4.

21 Im Jahre 1298 wurde auf der Würzburger Diözesansynode allen
Klerikern die Ausübung der Chirurgie sowie die Anwesenheit
bei Operationen verboten, höchstwahrscheinlich vor allem deshalb, weil sonst die Möglichkeit bestanden hätte, daß diese Männer mit dem weiblichen Körper in Berührung gekommen wären
oder Teile desselben unbedeckt zu Gesicht bekommen hätten.
Cf. A. Fischer, 1933, S. 30.

22 Zit. n. S. Harksen, 1974, S. 27.

23 Cf. J. F. Benton, a. a. O., S. 51.

24 Cf. L. Falck, 1973, S. 58.

25 Cf. D. A. Fechter, 1856, S. 79f.

26 Cf. F. J. Mone, 1861, S. 20.

27 Cf. L. Münster, 1962, S. 137.

28 Cf. P. M. Jones, 1984, S. 124.

29 Cf. H. Zotter, 1980, fol. 37v.

30 Cf. A. Fischer, a. a. O., S. 142. Zusätzlich wird bestimmt, daß
aus Sittlichkeitsgründen das Pflegepersonal nicht nur achtbar
und anständig, sondern auch verheiratet sein müsse. Cf. a. a. O.,
S. 144.

31 Die Klistierszenen der späteren Zeit – wobei die französischen
Darstellungen aus dem 18. Jahrhundert viel offener erotisch sind
als die der niederländischen Genremalerei des 17. Jahrhunderts,
in der die Frauen bekleidet sind – dürfen nicht als Wiedergabe der
Wirklichkeit mißverstanden werden. Sie gehören zu den »galan-

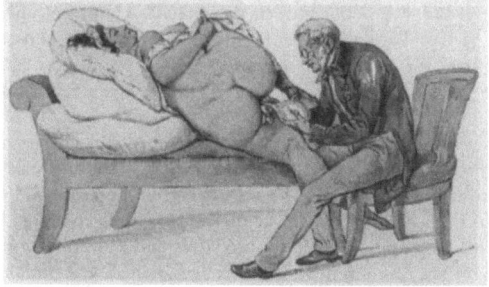

196 ›Das Klistier‹. Erotisches Aquarell von
Johann Nepomuk Geiger, um 1860.

ten« Bildern, wie etwa Watteaus um 1716 entstandene Zeichnung ›Le remède‹, auf der eine Dienerin ihrer Herrin das Klistier
verabreicht. Offenbar gehört sie – wie auch ›La toilette intime‹
vom Jahre 1715 (Abb. 197), dem einzigen nichtallegorischen Akt

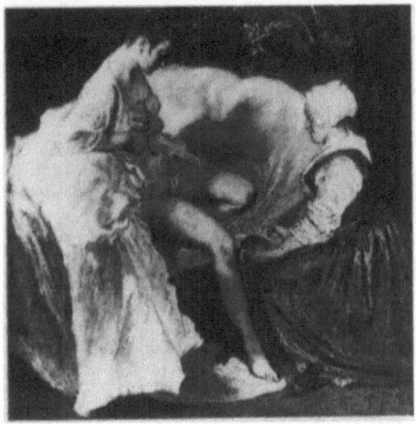

197 Watteau: ›La toilette intime‹, um 1715.

des Künstlers, der heute noch existiert – zu den Werken, deren
Zerstörung Watteau kurz vor seinem Tode im Jahre 1721 angeordnet hatte. Cf. M. M. Grasselli/P. Rosenberg/N. Parmantier,
1984, S. 164. Damals gab es auch eine frivole Klistierliteratur von
erheblichem Umfang, in der das Verabreichen des Klistiers häufig mit dem – von den Frauen angeblich heiß ersehnten – Analverkehr gleichgesetzt wurde. So wird z. B. ein Apothekerlehr-
ling, welcher der Pariser Schauspielerin Mlle Mars ein Klistier
geben soll, von der Schönheit ihres nackten Hinterns übermannt
»et se trompe d'instrument. Son forfait accompli, il n'ose lever
les yeux sur sa victime; il reste silencieux et n'ose bouger. Mais
une voix qu'il sent chargée de sévérité le tire de son marasme:
›Combien vous dois-je pour le lavement?‹ – ›Oh! Madame,
croyez bien … toute ma vie … le remords … la splendeur in-
comparable … excusez ma jeunesse … Il bafouille, mais on reste sourd à son repentir. La voix reprend implacable: ›Combien
vous dois-je?‹ Ne sachant ce qu'il dit, l'élève répond au hasard:
›C'est cinq francs.‹ – ›C'est bien‹, répond l'interlocutrice, voici
dix francs, donnez-m'en un autre!‹« (Zit. n. F. v. Zglinicki, 1972,
S. 82). Nicht wenige Damen ließen freilich niemanden, wie es in
der Biedermeierzeit heißt, »die Schwelle ihres strengen Gynä-

ceums überschreiten: sie bereiten höchsteigenhändig alle zu der verschwiegenen Operation, welcher sie sich überliefern wollten, nöthigen Elemente und überließen niemals einer Kammerfrau oder gar einem Kammerdiener die Sorgen dieser Vorbereitungen« (a. a. O., S. 83). Daß es auch im 17. Jahrhundert ungewöhnlich war, wenn man sich in Anwesenheit anderer Personen das Klistier verabreichte, geht aus einem Brief Liselottes von der Pfalz an Herzogin Sophie vom 24. Juli 1678 hervor, in dem sie schreibt: »Undt ein ander par kenne ich auch, die einander alß vertrawen, wenn sie ein clistier nehmen undt von nöthen haben; ich habe solches mitt meinen eygenen ohre gehört undt der liebhaber bekente, daß er solches von nöthen, weillen er den abendt zuvor zuviel gefreßen hette, so ihm ein groß magenwehe versagte, drumb wolle er ein clistier nehmen, umb desto beßer wider zu mittag zu eßen, ohne desgoust« (Elisabeth Charlotte, 1908, I, S. 32). Im Jahre 1784 heißt es in einem Lehrbuch für das Pflegepersonal, daß die Klistiere beim Mann von »vernünftigen Wundärzten« zu verabreichen seien. »Da aber die Schamhaftigkeit den weiblichen Kranken hier andere Geseze vorschreibt, und diese Gattung Heilmittel *von jeher* ihren Geschlechtsgenossen anvertrauet hat, so ist es nöthig, für Krankenwärterinnen die nöthige Vortheile sowohl, als die bei dem Klistirgeben unentbährliche Behutsamkeit zu bestimmen« (F. May, 1784, S. 73 f., Hevorh. v. mir).

32 Cf. T. G. Benedek, 1977, S. 558 f.
33 Mit so etwas beschäftigte ›man‹ sich nicht, und noch im 16. Jahrhundert wurden Chirurgen wie Ambroise Paré oder Jacques Guillemeau, die sich ›Frauendingen‹ zuwandten, in der Zunft deswegen schief angesehen. Cf. M.-J. Imbault-Huart, 1983, S. 84. E. H. Ackerknecht, 1974, S. 184, meint, die mittelalterlichen Ärzte hätten sich auch deshalb von Geburten und Frauenkrankheiten ferngehalten, weil sie nicht mit weiblichen Sekreten, Blut usw. in Berührung kommen wollten. So seien in manchen Gegenden die Hebammen ja auch »unehrlich« (= unehrbar) gewesen. Richtig ist, daß die gelehrten Herren sich ganz allgemein von allzu engen Körperkontakten zurückhielten – so schnitten sie z. B. meist nicht selber, sondern ›ließen schneiden‹. Aber das galt auch für den Umgang mit männlichen Patienten. Und schließlich hatten ja auch »unehrliche« Männer wie Bader, Henker usw. keinen leichteren Zugang zum weiblichen Unterleib. Insgesamt darf man die »Unehrlichkeit« der Hebammen nicht übertreiben. Waren sie »unehrlich«, dann gab es noch wesentlich »Unehrlichere«. Als beispielsweise im Jahre 1685 in Husum

keine einzige Hebamme sich bereit erklärte, der Frau des Schin-
derknechts bei der Entbindung zu helfen, weil diese die »Unehrlichkeit« ihres Mannes teilte, versuchte der Rat die Hilfe dadurch
zu erzwingen, daß er drohte, »wofern sich nicht binnen 24 Stunden eine Frau fände, die der Bewußten beispränge, so würde E.
E. Rat überall keine Bademutter weiter dulden, sondern dafür
sorgen, daß künftighin Mannspersonen des Barbieramts den
Frauen die benötigte Hilfe leisten sollten« (zit. n. T. Koch, 1988,
S. 160).

34 Cf. S. A. Brody, 1978, S. 231.

35 L. Kanner, 1945, S. 230.

36 D. Jacquart/C. Thomasset, 1985, S. 65. In seinen *Observationes
anatomicae* findet man nach H. Graham, 1960, S. 93, die erste
»precise description of the anatomy of the clitoris«.

37 Cf. G. Penso, 1984, S. 188.

38 Die »Enge des Ortes« überdauere oft auch einen wiederholten
Koitus und sei überdies durch Anwendung von Adstringentien
erhaltbar. Cf. E. Fischer-Homberger, 1983, S. 56.

39 Zit. n. E. Fischer-Homberger, 1977, S. 79f. Cf. auch dies., 1984,
S. 75 f. Auch im 17. Jahrhundert hielten viele Ärzte das Hymen
für etwas ganz Außergewöhnliches (cf. J. Bajada, 1988, S. 137),
ja, selbst der berühmte Buffon bestritt noch in der zweiten Hälfte
des 18. Jahrhunderts seine Existenz. Cf. A. Tardieu, 1867,
S. 18.

40 Cf. A. Meyer-Knees, 1989, S. 430.

41 L. Thurneysser zum Thurn, 1584, S. CVIII. »Dann nach dem
ich/Ehelicher Pflicht nach / mich mit jhren / als nu meiner ehelichen Vertrauweten (aber vermeinten vnd betruglichen) Jung-
frauwen hab gebrauchen wollen / Habe ich dermassen / an son-
derlichen ortten / sie also geschaffen zu sein gespührt / also / das
ich zwar in sehr grossen zweiffel gewesen / Ob ich sie für ein
Wittwe oder Jungfrauw halten / oder achten / oder ob ich sie also
bald aus meinem Ehebette verstossen solt. Weil ich aber / als ein
tieffsinniger / vnd nit doll (wie jhr vnd viel andere mich vielleicht
achten) allerley betracht / Sonderlich das solchs offtermalen / den
vber die 25. Jahr eralteten Weibsbildern / durch zufell / als durch
Crimmen / das lang Quartan Fieber / beschwerliche Husten /
durch nothzwang der erhartteten Stulgeng / Brüche / vnd anderer vrsachen begegnet / Habe ich sie (vnwissendt des rechten
grundes) nicht schenden / vnd viel lieber die sachen vorhin in ein
gründlichs wissen richten / dann mutmaßlicher weis jemand entehren wollen« (a. a. O., S. CVII). Wahrscheinlich hatte Thurneysser die »Enge des Ortes« vermißt, ähnlich wie der Mann, der

sich nach der *Zimmerischen Chronik* vor Gericht weigerte, sein Heiratsversprechen einzulösen: »Der sprach, ja, es wer war, aber er hetts mit aim underschaid geret, namlich, da er sie würde finden als ain jungfraw, aber es het bei ir die mainung nit gehapt, wie sie das selbs wisst, dann er wer ir hinein gewüscht, wie ain pfeifer in ain würtshaus« (K. A. Barack, 1881, II, S. 556).

42 So auch im alten Indien. Cf. S. Singh, 1973, S. 36. Die Abneigung gegen das Seziertwerden war noch verbreiteter. »Don't let them cut me up«, beschwor Truganini, die letzte Tasmanierin, auf ihrem Totenbett im Jahre 1876 die Umstehenden, aber bald danach stand ihr Skelett im Tasmanian Museum. Cf. M. Cannon, 1983, S. 26.

43 T. Platter/F. Platter, 1840, S. 152 f. Da im 18. Jahrhundert die Leichen exekutierter Verbrecher zum Sezieren verwendet werden durften, lieferten sich unter dem Galgen häufig Ärzte, Chirurgen und Medizinstudenten regelrechte Schlachten, um in den Besitz des Toten zu gelangen. Cf. E. F. Frey, 1982, S. 9. Noch der frühviktorianische Maler und Bildhauer John Gibson buddelte nächtens Leichen aus den Gräbern, um anatomische Studien machen zu können. Cf. R. Pearsall, 1976, S. 132.

44 Cf. J. Mathé, 1978, S. 19 f. Bereits zur Zeit Galens war es verboten, menschliche Leichen – ausgenommen jene von ausgesetzten Neugeborenen – zu sezieren, und der Arzt bedauerte, daß nicht einmal die Militärärzte in Germanien die getöteten germanischen Krieger aufschneiden durften. Cf. W. Artelt, 1940, S. 4.

45 Zu den Widerständen gegen die Autopsie einer weiblichen Leiche im frühen 18. Jahrhundert cf. B. Duden, 1987, S. 105.

46 Cf. P. Capparoni, 1934, S. 628; E. Holländer, 1923, S. 26.

47 Erst mehr als hundert Jahre danach wurde wieder eine weibliche Leiche zur Sektion freigegeben. Cf. H. S. Glasscheib, 1961, S. 262 f. Im 17. Jahrhundert haben sich anscheinend manche hochadelige Herren weibliche Leichen besorgen lassen. So heißt es etwa: »Hier fut tiré de la Conciergerie une jeune fille de Tours; et de là menée à la Grève, où elle fut pendue et étranglée, pour avoir, à ce qu'on dit, défait son enfant. Mais aussitôt un carrosse arrive dans la Grève, dans lequel fut mis ce corps et emporté dans le Louvre, où quelque grand en veut avoir la démonstration« (zit. n. A. Cabanès, o. J., IV, S. 314). Es wird auch berichtet, daß auffällig viele Damen anwesend waren, »quand on disséquait un homme« (a. a. O., S. 316).

48 Cf. C. Singer, 1915, S. 31.

49 Cf. G. Klein, 1907, S. 10.

50 Cf. z. B. R. Margotta, 1968, S. 9, 126 f.; F. Weindler, 1908,

S. 121, 155; K. Sudhoff, 1907, S. 43, 79, 83, Tf. X, XIII, XX; B.H. Hill, 1965, Fig. I, II; R. Herrlinger, 1967, I, S. 12f; K. Marcelis, 1986, *passim*. Auf anatomischen Abbildungen des 13. Jahrhunderts spreizen zwar die Männer die Beine, doch den – genitalienlosen – Frauen bleibt eine solche im Höchstmaß indezente Haltung erspart. Cf. K. Sudhoff, 1908, S. 25.

51 Cf. H.-P. Korsch, 1958, S. 84.

52 M. de Montaigne, 1922, I, S. 20.

Anmerkungen zu § 7

1 Cf. L. C. MacKinney, 1965, S. 250; A. Martin, 1917, S. 245; H.S. Glasscheib, 1961, S. 85f. Anscheinend tat etwa die Göttinger Hebamme, die *bademoder*, normalerweise nicht viel mehr als die Kreißende zu beruhigen und nach der Geburt das Kind zu baden (cf. H. Roeseler, 1917, S. 65), was Gegenstand zahlreicher Abbildungen ist.

2 Soranus v. Ephesos, 1894, XXI, § 70; ders., 1927, S. 54. Cf. H. Herter, 1976, Sp. 30; F. Kudlien, 1973, Sp. 41.

3 Cf. auch G. Snyder, 1972, S. 55.

4 Cf. H. Hunger, 1981, S. 76; R. Jackson, 1988, S. 99.

5 Cf. z.B. H. Matthäus, 1987, S. 56f.

6 Cf. J. André, 1987, S. 125. Bereits in früher Zeit ist von einem »ärztlich tätig sein« (ἰητρεύειν) der Hebammen die Rede, und wenn etwa im 4. Jahrhundert v. Chr. eine gewisse Phanostrate »Hebamme und Ärztin« (μαῖα χαὶ ἰατρός) genannt wird, handelt es sich wohl ebenfalls um eine Geburtshelferin, die Frauenkrankheiten behandelte. Die kaiserzeitliche ἰατρίνη war vermutlich eher Allgemeinmedizinerin. Cf. F. Kudlien, 1979, S. 88f. Bei Seneca und ähnlich bei Rufinus und anderen werden »obstetrices id est medicae« genannt, während in den Grabinschriften »obstetrices« und »medicae« unterschieden sind. Aber auch die letzteren scheinen vorwiegend Gynäkologinnen gewesen zu sein, und unter ihnen gab es anscheinend regelrechte Spezialistinnen: So nennt eine Grabinschrift eine gewisse Forella Melaniona »medica a mammis«. Nach einem antiken Kommentator hatte die »obstetrix« ihren Namen, »weil sie sich dem Kind entgegenstellt«. Cf. M. Eichenauer, 1988, S. 155.

7 Cf. A. Rousselle, 1980, S. 1091; E. C. Keuls, 1985, S. 142. Es heißt, daß eine Frau namens Agnodike eine frauenärztliche Praxis geführt und Männerkleidung getragen habe, da Frauen nicht ärztlich tätig sein durften. Die Legende berichtet weiter, daß

man sie entdeckt und daraufhin das Gesetz geändert habe. Cf. P. Ghalioungui, 1973, S. 104.

8 H. Herter, a. a. O. Cf. auch J. Ilberg, 1971, S. 383.

9 Cf. A. Rousselle, a. a. O., S. 1113; dies., 1983, S. 39. Cf. auch C. O. Rosenthal, 1923, S. 132. Wenn im späten 18. Jahrhundert die Pariser École de Chirurgie Antoine Gibelin beauftragte, einen Kupferstich anzufertigen, auf dem ein antiker ›Accoucheur‹ eine praktisch unbekleidete Frau entbindet (Abb. 198), dann war diese Darstellung Teil einer Propaganda für die männliche Geburtshilfe. Cf. F. v. Zglinicki, 1983, S. 110.

198 ›Geburt in der Antike‹. Kupferstich von Antoine Gibelin.

10 A. Rousselle, 1983, S. 38 f.

11 Cf. P. Diepgen, 1920, S. 726.

12 A. Rousselle, a. a. O., S. 40.

13 Cf. J. Scarborough, 1969, S. 46, 131.

14 Hippokrates, I. 62.

15 A. a. O., I. 21. Offenbar stand es auch den altägyptischen Ärzten nicht zu, als Geburtshelfer zu arbeiten. Cf. F. Weindler, 1915, S. 19. Allem Anschein nach lehrte man im »Hause des Lebens« (pr-ʿnḫ) zu Saïs den Hebammen Geburtshilfe, und diese Frauen gaben ihrerseits den Ärzten gewisse Kenntnisse weiter. Cf. P. Ghalioungui, 1963, S. 121. Es gibt keinen Hinweis darauf, daß auch Männer zu diesem Hause Zugang gehabt hätten. Cf. ders., 1983, S. 92.

16 Dies führte dazu, daß man insbesondere in Bagdad schon sehr früh Frauen zu regelrechten Gynäkologinnen ausgebildet hat. Cf. Y. Knibiehler/C. Fouquet, 1983, S. 50 f.

17 Selbst solche Abbildungen sind sehr selten. Cf. C. W. Turner, 1934, S. 505 f.

18 Cf. F. Rahman, 1987, S. 55 f.

19 Cf. C. O. Rosenthal, a. a. O., S. 134.

20 Auch bei normalen Geburten, bei denen nur Frauen anwesend waren, blieben die Kreißenden anscheinend voll bekleidet. Dies galt offenbar gleichfalls für außergewöhnliche Geburten. Auf der Darstellung eines Kaiserschnittes im *Shah-Nahmeh*, dem ›Königsbuch‹ Firdausis aus dem 16. Jahrhundert, ist bei der Gebärenden lediglich der Gewandschlitz über dem Bauch geöffnet. Cf. I. Veith, 1967, S. 288.

21 Nach Ibn Sīnā darf ein Arzt den Finger weder vaginal noch rektal einführen, aber es sei ihm gestattet, einen Spiegel oder eine Sonde zu verwenden. Cf. M. Ullmann, 1970, S. 250 f. Das Spekulum ist im arabischen Kulturbereich seit mehr als tausend Jahren verbreitet. Cf. P. M. Jones, 1984, S. 27 f.

22 W. B. Stanford/E. J. Finopoulos, 1984, S. 198. Auch im Irak durfte der Arzt den Puls nur durch die *aba*, den schwarzen Umhang, oder durch ein Taschentuch hindurch fühlen. In Transjordanien schnitt man für die Impfung ein kleines Loch in den Ärmel der Frau, und die Zunge besah der Arzt ebenfalls durch ein in ein Tuch geschnittenes Loch. Das Tuch war der Patientin auf den Mund gelegt worden, damit der Arzt nicht ihre Lippen sah. Cf. D. F. Beck, 1970, S. 573 f.

23 Cf. H. Dittrick, 1952, S. 428.

24 Cf. A. B. Rugh, 1986, S. 127.

25 Cf. A. Kennett, 1925, S. 132.

26 L. Gremliza, 1953, S. 1680. Im 19. Jahrhundert ließen auch auf Malta die Kreißenden nur bei Lebensgefahr Geburtshelfer zu. Cf. P. Cassar, 1964, S. 414.

27 Jürgen Frembgen: Brief vom 27. Juli 1989.

28 Y. el-Masry, 1963, S. 116 bzw. 135. Nicht einmal wenn es um Leben und Tod ging, holte man in der Oase Sīwah einen Arzt. Cf. M. M. 'Abd Allah, 1917, S. 2. In der Oase Tabelbala befestigte man in einem solchen Fall lediglich ein Amulett am Hals der Gebärenden, und ein Kind trug ihren Gürtel zum Grab des Marabu Sidi Buzekri. Cf. D. Champault, 1953, S. 94.

29 Cf. C. Delaney, 1988, S. 81, 86.

30 Cf. E. M. Atabek, 1984, S. 110.

31 Cf. A. Petersen, 1985, S. 13, 18.

32 F. C. Endres, 1916, S. 162 f.

33 H. Kentenich, 1984, S. 70. Cf. auch I. Kayankaya, 1983, S. 238.

34 Cf. G. Mayer, 1984, S. 658. Ein Heidelberger Gynäkologe teilte mir mit, daß er inzwischen den türkischen Patientinnen vaginale Untersuchungen nicht einmal mehr vorschlage. Gegen Untersuchungen der Brüste hätten allerdings die meisten Frauen, so seine Erfahrung, wenn sie bereits Kinder zur Welt gebracht haben, nichts einzuwenden.

35 Cf. K. Pfingsten, 1986, S. 133.

36 Cf. G. Zwang, 1968, S. 228.

37 Cf. F. Guerra, 1964, S. 41.

38 Cf. C. Rätsch, 1983, S. 174.

39 B. Jordan, 1982, S. 35. Auch bei den Lakandonen ist eine solche Situation unschicklich, aber *wenn* sich eine Frau überwunden hat und zur Geburt ins Hospital geht, läßt sie nicht selten die gewohnten Normen außer acht: »In clinical conditions, the Lacandon women are quite sophisticated in that they do whatever they are told even when it violates traditional norms of modesty« (Robert D. Bruce: Brief vom 27. Juni 1986). Hierzu paßt auch, daß manche Männer sich bisweilen gemeinsam mit ihren Frauen Pornohefte anschauen, die sie von Touristen in Palenque erhalten haben. Zwar erstaunt sie dabei das üppige Schamhaar der in diesen Heften Agierenden und die wunderlichen Stellungen, die diese einnehmen, aber sie empfinden keine Scham (*ma' sub-laken*), und zwar wahrscheinlich deshalb, weil es sich bei den Dargestellten nicht um Lakandanonen handelt, sondern um Leute, bei denen ihre Schambegriffe nicht ›greifen‹ (Christian Rätsch: Brief vom 5. Juni 1986). Die Lakandonen verhalten sich also nicht wesentlich anders als die Leser der »salonethnographischen« Literatur der Jahrhundertwende, die Aktbilder von Exotinnen mit ganz anderen Augen betrachtet haben als die Fotos entblößter weißer Frauen.

40 Cf. E. Burgos, 1984, S. 15. Auch eine Michoacanekin würde nie einen Geburtshelfer zulassen. Cf. B. Engelbrecht, 1987, S. 63. Heute noch haben die peruanischen Frauen selbst in den Städten eine so große Genitalscham, daß die meisten außer einer der lokalen Hebammen nicht einmal andere Frauen bei ihrer Niederkunft dulden. Cf. E. Wellin, 1955, S. 84. Die meisten Puertoricanerinnen weigern sich, einen Gynäkologen ihre Genitalien sehen zu lassen, ja, sie würden sich sogar schämen, wenn ihr eigener Mann ›dorthin‹ schaute. Cf. J. M. Stycos, 1955, S. 201. Ähnlich auch traditionellerweise in Vietnam. Cf. R. J. Coughlin, 1965, S. 240.

41 Cf. G. J. Engelmann, 1884, S. 17, 57. So auch bei den Cheyenne (Informant: Standing Elk Alone, Juni 1982).

42 Cf. H. Ellis, 1900, S. 18 f. Die Frauen der St. Michael-Eskimo waren äußerst schamhaft, und es kam praktisch nie vor, daß eine Frau – selbst wenn sie in Lebensgefahr schwebte – einen Geburtshelfer akzeptierte. Cf. H. M. W. Edmonds, 1966, S. 30. Bei den Great Whale River-Eskimo an der Hudson Bay war die Kreißende stets vollbekleidet, so daß niemand von den Anwesenden ihre Genitalien sehen konnte. Cf. I. Honigmann/J. J. Honigmann, 1953, S. 32.

43 Cf. L. L. Sample/A. Mohr, 1980, S. 430 f. Bei den Agta im nordöstlichen Luzon sind die Männer und mehr noch die Frauen herkömmlicherweise extrem schamhaft und stets bedecken sie den Genitalbereich mit einem Rindenbaststreifen. Cf. A. A. Estioko/P. B. Griffin, 1975, S. 239 f. Bei der Geburt ist der Unterleib der Kreißenden sorgsam mit einem Tuch bedeckt, und selbst die beistehenden Frauen dürfen keinen Blick auf die Vulva werfen. Cf. T. N. Headland, 1975, S. 248.

44 Cf. L. Romanucci-Ross, 1985, S. 173. Bei den Humli-Khyampa im westlichen Nepal läßt sich eine Frau während der Geburt von niemandem im Genitalbereich anfassen, auch nicht von einer anderen Frau. Eine Ausnahme von dieser Regel läßt sie nur zu, wenn es sich um eine komplizierte Geburt handelt. Cf. H. Rauber, 1987, S. 218 f. Vor allem aus Schamgründen und ferner auch um sie warm zu halten, bleibt die Javanerin bei der Geburt bedeckt. Cf. P. Wessing, 1984, S. 235. Javanische Prostituierte auf Bali haben mir versichert, daß sie sogar einer anderen Frau nicht ihren nackten Schoß zeigen würden.

45 Cf. W. Schiefenhövel, 1983, S. 50; ders., 1988, *passim*; G. Koch, 1979, S. 17.

46 Cf. C. Furth, 1987, S. 18.

47 Cf. P. Huard/M. Wong, 1959, S. 144. Wie mir Liselotte Kuntner in einem Brief vom 1. Dezember 1986 mitteilt, waren in der chinesischen Gynäkologie manuelle vaginale oder rektale Untersuchungsmethoden überhaupt unbekannt.

48 Cf. C. Furth, a. a. O., S. 16.

49 Zit. n. P. U. Unschuld, 1980, S. 257.

50 Cf. G. E. Henderson/M. S. Cohen, 1984, S. 56.

51 Zit. n. E. Honig/G. Hershatter, 1988, S. 54 f.

52 F. Hübotter, 1929, S. 101.

53 Cf. I. Veith, 1980, S. 255. War die Dame besonders schamhaft, blieb sie hinter einem Vorhang und streckte lediglich den bis zum Handgelenk bekleideten Arm durch den Schlitz.

54 Cf. H. Dittrick, 1952, S. 428 f; K. F. Russell, 1972, S. 131; A. S. Lyons/R. J. Petrucelli, 1980, S. 129, 138.

55 Cf. I. Veith, 1951, S. 45. Das erste Geburtshilfelehrbuch – von Genetsu Kagawa – erschien im Jahre 1765. Cf. Y. Fujikawa, 1911, S. 47f.

56 G. J. Engelmann, a. a. O., S. 47.

57 Cf. I. Veith, a. a. O., S. 56. Zahlreiche andere Bilder bestätigen dies. Cf. z. B. H. Speert, 1973, S. 94.

58 Cf. R. Herold, 1980, S. 124f.

59 A. Wernich, 1878, S. 135.

60 Cf. D. Sich, 1982, S. 135.

61 Dorothea Sich: Brief vom 8. Mai 1987.

62 P. M. Schulien, 1926, S. 877.

63 Cf. A. Krämer/H. Nevermann, 1938, S. 185. Nachdem das philippinische Erziehungsministerium angeordnet hatte, daß sämtliche Schulkinder der Isneg ärztlich untersucht werden sollten, zog man diese Order bald wieder zurück. Man befürchtete nämlich, daß es bei den Isneg einen Aufstand geben würde, da diese eine Entblößung der Schülerinnen vor einem Arzt auf keinen Fall duldeten. Unter dem *tapis*, einer Art Sarong, tragen die jungen Mädchen zwar einen Durchziehschurz, aber trotzdem würde kein Mädchen vor einem Mann das *tapis* ablegen, und zwar selbst dann nicht, wenn der Mann sie nur von hinten sehen könnte. Die Genitalien würde eine unverheiratete Frau nicht einmal vor anderen Frauen entblößen. Cf. M. Vanoverbergh, 1938, S. 151f.

64 Cf. G. Jansen, 1973, S. 110. Eine Venda-Frau erlaubt nicht einmal ihrem Liebhaber, geschweige denn einem Gynäkologen, ihre Vulva mit den künstlich verlängerten Labien zu sehen. Nur in Notfällen – etwa bei einer lebensgefährlichen Geburt – gestattet sie dies einer älteren Frau. Cf. N. J. van Warmelo/W. M. D. Phophi, 1948, S. 270.

65 Diese Frauen waren freilich nicht selten nach Vergewaltigungen durch deutsche Soldaten zur Prostitution getrieben worden. Cf. M. Mamozai, 1989, S. 251 f., 283.

66 Bereits in den ältesten medizinischen Schriften ist nie die Rede davon, daß bei einer normalen Geburt ein Arzt herangezogen worden sei. Cf. K. B. Rao, 1963, S. 19. Aber anscheinend überließ man auch in Notfällen die Kreißende oft ihrem Schicksal. Im *Suśruta Samhitā* heißt es beispielsweise: »Die Schwangere, die im Todeskampf heftig den Kopf zurückwirft, und deren Körperoberfläche kalt wird, was sie zwingt, schamlos (*nirapatrapā*) zu werden, stirbt unweigerlich mit dem toten, in ihr eingeschlossenen Kind.« (K. L. Bhishagratna, 1981, II, S. 57f. Für den Hinweis auf diese Stelle danke ich Eli Franco.)

67 Zit. n. R. Jeffery, 1988, S. 48.
68 Cf. R. Jeffery, 1979, S. 305.
69 Cf. z. B. H. Homans, 1982, S. 242 f.
70 Cf. P. Jeffery/R. Jeffery/A. Lyon, 1987, S. 154 f.
71 Cf. L. Minturn/J. T. Hitchcock, 1966, S. 77.
72 Zit. n. K. F. Stifter, 1988, S. 16.

ANMERKUNGEN ZU § 8

1 Cf. R. Dor/C. M. Naumann, 1978, S. 79.
2 D. A. Jacobson, 1980, S. 306.
3 Cf. U. Lind, 1971, S. 220 bzw. J. F. Embree, 1939, S. 178 f.
4 Cf. A. Petersen, 1985, S. 16.
5 Cf. J. K. Campbell, 1964, S. 289. Ähnlich auch bei den Palästi-
   nenserinnen. Cf. R. T. Antoun, 1968, S. 674. Die Burgunder
   Bäuerinnen sagen, daß die Frauen aufgehört hätten, während der
   Preßwehen zu schreien, seitdem Ärzte zur Geburt herangezogen
   wurden. Cf. J. Verdier, 1982, S. 103.
6 Cf. A. D. Sherfan, 1976, S. 31.
7 Y. Preiswerk, 1985, S. 120. Während der Geburt blieben die
   Frauen ganz still; sie schrien und klagten nicht, damit niemand
   sie hörte. Cf. a. a. O., S. 122.
8 E. Burgos, 1984, S. 15 f.
9 J. H. Kelley, 1978, S. 133.
10 Cf. A. Franklin, 1898, IX, S. 316.
11 Zit. n. F. v. Reitzenstein, o. J., S. 334.
12 E. L. Schieffelin, 1977, S. 124.
13 Cf. E. M. Loeb, 1935, S. 116. Bei den Amhara wurden vor Beginn der Preßwehen alle Jungfrauen und Frauen, die noch nicht
   geboren hatten, aus dem Geburtsraum geschickt, da man sie
   nicht schockieren wollte. Cf. T. Ras-work, 1957, n. p.
14 Cf. G. H. Herdt, 1981, S. 197. Weitere Beispiele bei G. M.
   Stenz, 1907, S. 68 (Chinesen); E. Hurel, 1911, S. 293 (Bakerewe); M. N. Maceda, 1964, S. 78 (Mamanua-Negritos in
   Nordost-Mindanao); G. Calame-Griaule, 1965, S. 466 (Dogon);
   W. L. D'Azevedo, 1986, S. 486 (Washo); L. Brotmacher, 1955,
   S. 221 (Somäli); J. W. Vanstone, 1962, S. 79 (Point Hope-Es-
   kimo); D. Faye, 1983, S. 77 (Sereer); H. C. Jackson, 1923, S. 140
   (Nuer); M. Krengel, 1989, S. 245 (Kumaon); K.-I. Sudo, 1987,
   S. 93 (Satawal, Karolinen); A. Spoehr, 1942, S. 88 (Seminole); P.
   Paulitschke, 1893, I, S. 191 (Somäli und 'Afar); G. J. Engelmann,
   1884, S. 54 (Loangoaner); Esther Goody: Persönliche Mitteilung

vom 24. Februar 1990 (Gonja); B. Malinowski, 1988, S. 188 (Mailu); Informant Pak Lamuri, Juli 1986 (Ata Kiwan); T. Koch-Grünberg, 1908, S. 182 (Siusí).

15 Cf. T. E. Mails, 1974, S. 57. Nur bei einer sehr schweren Geburt ist bei den Pau d'Arco-Kayapó der Mann der Kreißenden anwesend und versucht, von hinten ihren Leib zu pressen, während sie sich an einem starken Ast festhält. Cf. G. Hartmann, 1988, S. 115.

16 Cf. E. Brandewie, 1981, S. 65. Weitere Beispiele bei G. T. Emmons, 1979, S. 100 (Tahltan im nördlichen British Columbia); L. M. J. Schram, 1954, S. 100 (Monguor); Reimar Schefold: Brief vom 19. August 1986 (Sakuddai auf Siberut); Ingrid Bell: Brief vom 14. Oktober 1986 (Trobriander); Michael Oppitz: Persönliche Mitteilung vom 10. Februar 1990 (Magar); Maurice Godelier: Persönliche Mitteilung vom 6. Februar 1990 (Baruya); C.-R. Lagae, 1923, S. 165, 167 (Azande). Bei den Heilzeremonien der Navaho, die in einem meist überfüllten Hogan stattfinden, ist die zumindest teilweise Entkleidung der Patienten erforderlich. Die Patientinnen ziehen sich zwar ganz aus, aber ein paar Frauen halten eine Decke um sie herum, so daß man nur ihre Köpfe sehen kann. Die männlichen Patienten behalten stets ihren Durchziehschurz an und bedecken zusätzlich den Genitalbereich mit den Händen. Außerdem wird von den anwesenden Frauen erwartet, daß sie prinzipiell nicht auf den liegenden Mann schauen. Cf. W. Dyk, 1951, S. 109f.

17 Bei den Tumleo-Insulanern darf sich nicht einmal der Ehemann auch nur einigermaßen der Hütte nähern, in der die Geburt sich abspielt. Cf. J. Blaes, 1949, S. 854, 856. In vielen Gesellschaften kommt freilich noch hinzu, daß die Männer sich vor der »Unreinheit«, die mit einer Geburt verbunden ist, fürchten, und diese Befleckung ist sicher auch die Ursache der »Unehrlichkeit« der Hebammen in manchen Gegenden Europas. Noch heute ist bei den Zigeunern die Hebamme *marimē*, »unrein«. Cf. H. Arnold, 1965, S. 185.

18 D. B. McGilvray, 1982, S. 58. Als ich bei den Ata Kiwan von Belogili, Ost-Flores, eine sehr selbstbewußte Fischerin namens Ema Lepa nach der Geburt fragte – sie selber hatte zahlreiche Kinder –, wurde sie so verlegen, daß ich das Thema sofort fallenließ.

19 M. A. Haindl, 1987, S. 85; ebenso W. Leierseder/L. Riepl, 1987, S. 119. Liselotte von der Pfalz erinnert sich an das Jahr 1660: »Ich war schon ein muthwillig vorwitzig Kind. Man hatte eine Puppe in einen Rosmarien-Strauch gelegt, und mir weis machen wollen,

es wäre das Kind, wovon ma tante niedergekommen; in der Zeit hörte ich sie abscheulich schreien, denn Jhro L. waren sehr übel, das wollte sich nicht zum Kinde im Rosmarien-Strauch schikken« (1908, II, S. 261).

20 H. Dudek-Mannes, 1987, S. 129f.

21 Cf. H. Stekl, 1986, S. 27.

22 R. Sieder, 1986, S. 71.

23 Y. Verdier, 1982, S. 60. Eine Hebamme erzählt über die Zeit während des letzten Krieges im Münsterland: »Eine Schwangerschaft sah man früher den Frauen nicht an, denn sie waren mit ihren vielen weiten Kleidern, Schürzen und Kitteln unauffällig gekleidet. Man sollte auch nichts merken. Um Schwangerschaften wurde damals noch eine Geheimniskrämerei gemacht« (M. Grabrucker, 1989, S. 131). Noch in den dreißiger Jahren erzählte man den niederbayerischen Bauernkindern, die kleinen Kinder würden von der Hebamme mit dem Korb gebracht (a. a. O., S. 126).

24 Cf. S. Walther, 1986, S. 197. Hinzu kam allerdings, daß Sissy sehr stolz auf ihre Wespentaille war, die einen Umfang von 45 cm hatte.

25 J. R. Gillis, 1985, S. 300.

26 Cf. P. Tinkler, 1987, S. 74.

27 Das Bild (Abb. 52) wurde von Fritz Waerndorfer, dem Begründer der Wiener Werkstätte, gekauft, der es bei sich zu Hause in einer Art Flügelaltar verwahrte und es bei Herrenabenden seinen Gästen zeigte. Cf. W. G. Fischer, 1987, S. 123.

28 Zit. n. C. Kröll, 1978, S. 81; A. Junker/E. Stille, 1988, S. 59.

29 Zit. n. H. Hentze, 1979, S. 54. Zehn Jahre später verlautet der Pädagoge: »Aber von den zur Begattung erforderlichen Schamtheilen und von der Begattung der Menschen sollt ihr ohne besondere Erlaubnis nicht reden, ihr Kinder. Die Übertretung dieses Verbots ist euch selbst sehr schädlich und schändlich. Ich kann euch freilich die Ursache davon nicht sagen. Aber wahr ist es, gleichwie es wahr ist, daß man die Entblößung der Schamtheile als schändlich und unehrbar tadelt« (J. B. Basedow, 1976, S. 71).

30 Cf. S. H. Mendelson, 1987, S. 26.

31 Cf. I. Loschek, 1987, S. 267.

32 Cf. F. v. Zglinicki, 1983, S. 25; G. Klein, 1907, S. 16.

33 Cf. L. Walk, 1928, S. 42.

34 Cf. G. L. Forth, 1981, S. 134.

35 Wenn die jungen Frauen schwanger waren, schämten sie sich insbesondere vor ihren Vätern. Ohnehin waren sie dem Vater ge-

genüber sehr scheu und vermieden jede körperliche Berührung.
Cf. O. Lewis, 1960, S. 69 bzw. 61 f.

36 Cf. R. E. Reina, 1966, S. 238.
37 »Ein Kind gebären« heißt bei den Michoacaneken »aliviarse«,
»sich erholen« (cf. G. M. Foster, 1967, S. 158). Das Wort »parir«
wird nur für das Werfen von Tieren verwendet. Cf. ders., 1966,
S. 56f.
38 G. M. Foster, a. a. O., S. 56.
39 Cf. F. R. Myers, 1986, S. 123. Dies erinnert an Max Schelers
Ausführungen über den Menschen, der sich schämt, wenn er sich
an seine »tierartige Existenz mit der ganzen Menge ihrer Bedürf-
tigkeiten gekettet findet« (M. Scheler, 1957, I, S. 68f.).
40 Cf. M. Krengel, 1989, S. 243.
41 Cf. J. Okely, 1975, S. 67; E. Diezemann, 1979, S. 72; L. Abu-
Lughod, 1986, S. 132, 285. Nach H. Ammar, 1954, S. 96, würde
sich ein ägyptischer Fellache sehr schämen, wenn er einem anderen Mann, auch wenn es sein Freund sei, sagen müßte, daß seine
Frau schwanger ist. Rushdi Saïd macht mich darauf aufmerksam,
daß die Verschwiegenheit gegenüber *Fremden* eher mit der
Angst vor dem Bösen Blick zusammenhängen dürfte (persönliche Mitteilung vom 1. März 1990).
42 Cf. H. Aufenager/G. Höltker, 1940, S. 64. Cf. auch R. T. Parsons, 1964, S. 37 (Kono, Sierra Leone).
43 Cf. A. G. O. Hodgson, 1926, S. 50.

Anmerkungen zu § 9

1 Cf. S. Kitzinger, 1981, S. 61. Cf. auch M. Nehr, 1989, S. 146.
2 N. Elias, 1939, I, S. 257. Cf. ferner auch C. Wouters, 1977.
3 P. Feyerabend, 1989, S. 52.
4 H. G. Mutke, 1980, S. 250. So beklagt z. B. E. Frankfort, 1972,
S. 33, »the cold, impersonal manner many gynecologists adopt.
Their language merely reflects this: for example, ›the hysterec-
tomy down the hall‹ when referring to a woman.«
5 Cf. J. M. Henslin/M. A. Biggs, 1971, S. 254, 247.
6 R. Lockot, 1983, S. 12.
7 Cf. J. M. Henslin/M. A. Biggs, a. a. O., S. 258.
8 C. Downer/R. Chalker, 1987, S. 79. »Not only does the drapery
further depersonalize the woman by making her faceless and bo-
dyless *except* for her vagina, it also prevents her from seeing what
the doctor is doing« (E. Frankfort, a. a. O., S. XII).
9 H. K. Brehm, 1976, S. 166.

10 O. Küstner, 1919, S. 55. Ein weiterer Wandel gegenüber den Lehrbuchanweisungen des 19. Jahrhunderts besteht darin, daß der Gynäkologe den Genitalbereich der Patientin völlig entblößt sehen konnte: »Man lasse die Kranke das Korsett ablegen, die Hose und sämtliche das Mesogastrium schnürende Röcke aufbinden, den Unterleib ganz enthüllen« (a. a. O., S. 555).

11 R. Kaiser/A. Pfleiderer, 1985, S. 49, 52, 58.

12 Cf. G. Amendt, 1985, S. 22.

13 Cf. J. P. Emerson, 1972, S. 87, 89.

14 A. a. O., S. 83.

15 Man sieht nichts und ›ist deshalb nicht da‹. Bei den Tswana heißt »Scham« *go tlabisa ditlhong* (»verursacht jemanden, die Augen zu bedecken, wie der Dachs, der Angst davor hat, gefangen zu werden«). Cf. H. Alverson, 1978, S. 188.

16 Cf. R. Meringer, 1913, S. 134; G. Amendt, a. a. O., S. 24; J. M. Henslin/M. A. Biggs, a. a. O., S. 264f. Auch manche Lehrbücher empfehlen dem Arzt, unwirsch und grob vorzugehen, um die Patientinnen nicht sexuell zu erregen. Wenn G. Devereux, 1973, S. 220, dazu meint, die Autoren dieser Bücher würden verkennen, daß es doch gerade das sei, was manche Frauen liebten, nämlich während des Sexes dort grob angefaßt zu werden, gibt er wohl mehr über sein Frauenbild preis als über die Erotik der Frauen.

17 Amendt (a. a. O., S. 27) meint dazu: »Daß die Untersuchung im Genitalbereich durch die Unterstellung eines Vater-Tochter-ähnlichen Verhältnisses keineswegs leichter wird, sondern für Frauen noch belastender sein kann, entgeht Gynäkologen.«

18 Cf. J. P. Emerson, a. a. O., S. 81f. Auch die Gummihandschuhe werden wohl von manchen Ärzten in erster Linie als Distanzierungsmittel empfunden. Jedenfalls antwortete ein amerikanischer Gynäkologe auf die Frage einer Interviewerin, ob die Handschuhe die Infektionsgefahr verringern sollen: »Infizieren? Was wollen Sie denn da infizieren? Die Vagina ist ein schmutziger Teil des Körpers; was wollen Sie da noch infizieren?« Cf. Amendt, a. a. O., S. 25. Cf. auch J. M. Henslin/M. A. Biggs, a. a. O., S. 261.

19 Cf. G. Amendt, a. a. O., S. 25f.

20 Cf. J. M. Henslin/M. A. Biggs, a. a. O., S. 263.

21 P. Stoll/J. Jaeger, 1970, S. 32.

22 Hätten die Ärzte und die Patientinnen tatsächlich solche »absolut sicheren« internalisierten Kontrollen, dann würde dies bedeuten, daß sie ihre diesbezüglichen Gefühle und Empfindungen gewissermaßen »sexuell anästhesiert« hätten, so daß die be-

schriebenen Entsexualisierungs- oder Versachlichungsstrategien überflüssig wären. Ich will keineswegs bestreiten, daß manchen Ärzten und Patientinnen eine solche »innere« Entsexualisierung gelingt und daß es ihnen so geht wie der Prostituierten, von der mir George Devereux einmal erzählt hat, daß sie ohne jegliche sexuellen Empfindungen vaginal ihre Kunden befriedigen konnte. Ich bestreite lediglich, daß sie die Norm sind.

23 Zit. n. G. Amendt, a. a. O., S. 24f. Daß den Gynäkologen tatsächlich einiges unterstellt wird, zeigt der Spruch, den ich in den fünfziger Jahren oft gehört habe: »Ihr Vater war Frauenarzt und sie war auch ein Schwein.« Eine Domina aus St. Pauli meinte, die Gynäkologen unter ihren »Sklaven« wollten von ihr dafür bestraft werden, daß sie sich während der inneren Untersuchung ihren sexuellen Phantasien hingeben. Cf. T. Ungerer, 1986, S. 50.

24 K. Margolis, 1987, S. 22. Ähnliches haben mir zahlreiche Frauen mündlich mitgeteilt. Andere haben auf meine diesbezügliche Frage geradezu empört reagiert und sexuelle Empfindungen bei einer gynäkologischen Untersuchung als »undenkbar« bezeichnet.

25 Cf. *Sexualmedizin* 1987, S. 399. Nach Gesprächen mit Frauen habe ich den Eindruck, daß manche deshalb einen männlichen Gynäkologen vorziehen, weil sie diesem die größere Sachkompetenz zubilligen.

26 P. M. Dunn, 1983, S. 74. Eine Frau sagt über die Gewohnheit amerikanischer Gynäkologen, die Partner der Patientinnen für die Zeit der Untersuchung aus dem Raum zu schicken: »It must be because they're frightened of the blokes (= Typen, Macker) being jealous, I can't think of any other reason. Not jealous, but feeling a bit funny about the doctor sticking his . . .« (A. Oakley, 1980, S. 298).

27 Cf. M. Ringler, 1985, S. 66.

28 »Viele Hebammen rühmten sich übrigens, daß sie sehr gut ›verdeckt‹ arbeiten konnten. Aber anfangs unseres Jahrhunderts zogen sich die Frauen dann aus, behielten nur ihr ›Taghemd‹ oder das *paletolèt*, eine Art Nachthemd, an und zogen das Leintuch über sich« (Y. Preiswerk, 1985, S. 123).

29 A. Favre, 1985, S. 35

30 Der Ethnologin fiel es schwer, hierüber Informationen zu erhalten, weil die Walliserinnen aus Schicklichkeitsgründen sehr wortkarg waren. Cf. R.-C. Schüle, 1979, S. 57f. Eine Engadiner Hebamme erzählt über die Gebärenden in den zwanziger Jahren: »Damals waren sie noch sehr verschämt. Über eine bevorste-

hende Geburt wurde kein Wort gesprochen. Eher bissen sich die Frauen während der Wehen die Lippen wund, solange die Kinder noch im Hause waren und man auf die Hebamme wartete. Später lag dann das neue Geschwisterchen einfach in der Wiege. Auch die Geburtswäsche wurde nachts am unteren Teil des dreiteiligen Dorfbrunnens gewaschen, so daß es niemand sah.« Ähnliches berichtet auch eine Südtiroler Hebamme. Cf. M. Grabrucker, 1989, S. 14, 35.

31 So heißt es im Text zur Fotodokumentation einer Hausgeburt über die entblößte Vulva der betreffenden Frau: »Die Vagina stört überall dort, wo sie ihre Bedeutung für die Geburt verloren hat« (P. Burmeister/U. Puritz/C. Robert, 1979, S. 140).

32 Cf. P. Nijs, 1985, S. 495.

33 A. K. Månsson, 1978, S. 332f.

34 A. Moll, 1902, S. 198.

ANMERKUNGEN ZU § 10

1 J. van Ussel, 1979, S. 47, 77f.

2 N. Elias, 1939, I, S. 215. Diese Auffassung Elias' hat bereits M. C. Albrow, 1969, S. 235, kritisiert, ohne daß sich die Kritik irgendwo niedergeschlagen hätte. *Heute* hat Elias zwar seine *Terminologie* der des Zeitgeistes angepaßt, vertritt aber *in der Sache* die gleiche Meinung wie im Jahre 1939. Cf. z. B. N. Elias, 1990, S. 88 ff.

3 O. König, 1988, S. 26.

4 Cf. H. Baumann/D. Westermann, 1957, S. 298. Die Frauen der Dani im westlichen Hochland von Neuguinea verbergen äußerst schamhaft ihr Gesäß, das von einem langen, vom Kopf über den Rücken hängenden Tragnetz bedeckt wird. Sie sagen, daß dieses Netz *auch* die Funktion habe, zu verhindern, daß herumziehende Geister in den After eindringen. Cf. K. G. Heider, 1979, S. 57f. Die Somäli-Frauen geben an, die Infibulation schütze *auch* vor den bösen Geistern (*zār*). Cf. M. Erlich, 1984, S. 228.

5 Cf. G. Muraz, 1932, S. 109f.

6 Richard O. Clemmer: Brief vom 4. November 1986.

7 Jorge Miranda: Brief vom 27. Februar 1986.

8 Zilles Buch *Rund ums Freibad*, in dem die Lithographie abgebildet war, wurde im Jahre 1926 in Basel als »unsittlich« beschlagnahmt. Cf. D. Rosenbach/R. Altner/M. Flügge, 1984, S. 10. Solche Arbeiter-Familienbäder wurden übrigens von bürgerlichen Nudisten kaum besucht: »Im Wannsee habe ich nicht so

gern gebadet. Es war mir zu viel ›Zille‹ dort« (O. Goldmann, 1924, S. 83).

9 In einem Zirkular der australischen Marine wurden alle auf den Admiralitäts-Inseln lebenden weißen Frauen angewiesen, ihre »unmentionables« selber zu waschen, damit sich die eingeborenen Diener, die normalerweise die Wascharbeiten erledigten, bei dieser Arbeit nicht sexuell erregten. Cf. L. Romanucci-Ross, 1985, S. 147. Damit war die Marine wenigstens deutlicher als der *Reutlinger und Mezinger Courir* vom 22. Januar 1848, der verlautete: »Allein ebenso abscheulich ist der namentlich hier vielfach stattfindende Brauch, die Wäsche vor den Fenstern an Stangen zu trocknen. In manchen Städten ist dieß polizeilich verboten; in den meisten aber verbietet es den Einwohnern das Schicklichkeitsgefühl, eine Garnitur mitunter sehr zerrissener Strümpfe und Hemden und anderer Wäsche am Hause anzubringen. Wie stolz nimmt sich dann oft noch ein Paar Hosen unter den fliegenden Fahnen aus!« (Zit. n. C. Lipp, 1986, S. 19)

10 Cf. H. Damm, 1938, II, S. 80.

11 Cf. A. E. Jensen, 1948, S. 133 f.

12 Cf. R. B. Davis, 1984, S. 66. Auch auf Alor war der Lendenschurz der Frauen für die Männer tabu. Vor dem Beischlaf mußte die Frau ihn selber ablegen, weil ein Mann sich geekelt hätte, ihn zu berühren. Cf. C. DuBois, 1961, S. 98, 103. Cf. auch P. Wirz, 1922, I, S. 69 (Marind-anim). Bei den benachbarten Ata Kiwan von Ost-Flores tragen die Frauen zwar solche Schurze schon lange nicht mehr, aber als ich die bereits erwähnte Fischerin Ema Lepa nach dem Sarong der Frauen (im Lamaholot *kwáte*) fragte, reagierte sie peinlich berührt. Was die Ekelgefühle der aloresischen Männer betrifft, so spielt sicher auch eine Rolle, daß die Unterleibsbekleidung der Frauen vermeintlich oder tatsächlich mit Menstruationsblut und Vaginalsekret in Kontakt kommt. So berühren bei den Kuri am Hagenberg die Buben und die Männer nicht einmal die Sumpfpflanzen, aus denen später die Schamschürzen der Frauen hergestellt werden (cf. P. Wirz, 1952, S. 27), und bei den Mbowamb ist nicht nur die Vulva, sondern alles, was mit ihr in Berührung gekommen ist, abstoßend. Ernest Brandewie (Brief vom 29. Februar 1988) hatte für seine Sammlung einen Frauenrock erworben, den er in seinem Haus aufbewahrte, was die Männer für schrecklich und ekelhaft hielten. Freilich ist die Genitalscham der Mbowambfrauen davon unabhängig: nie würden sie ihre Vulva jemanden sehen lassen, und deshalb baden sie auch ganz alleine.

13 Die Schambedeckung der trobriandischen Männer bestand aus

einem breiten Pandanus- oder Arecapalmblattstreifen, der den Genitalbereich, einen Teil des Unterleibes und den Rücken bis zu den ersten Lendenwirbeln bedeckte. Vor einer Frau wurde er nie abgenommen, denn dies hätte als würdelos und verächtlich gegolten. Aber auch in der Liebe wäre es unschicklich gewesen, das Schamblatt zu entfernen und der Partnerin das steife Glied in die Hand zu legen. Cf. B. Malinowski, 1979, S. 260, 355, 366, 379 f.

14 Cf. L. Cipriani, 1961, S. 493 f. Den Namen des Faserrockes (*jé-räw*) auszusprechen galt bei den Morauri in Neuguinea für unschicklich. Cf. H. Nevermann, 1939, S. 36.

15 Cf. W. V. Grigson, 1938, S. 65 f., 71. Auch bei den Muria ist die Vulva sehr schambesetzt. Als einmal während eines Tanzes, bei dem die jungen Mädchen ihrer Partnerin das Bein auf die Hüfte legen, ein Mann sich auf den Boden setzte, um den Tanzenden zuzuschauen, riefen die Mädchen empört »Du dreckiges kleines Biest, du willst uns anschauen!«, ergriffen ihn und banden ihn zur Strafe eine Viertelstunde lang am Dach des Jugendhauses fest. Cf. V. Elwin, 1959, S. 215. Bei den Semai halten die Frauen und die Männer den Genitalbereich stets bedeckt. Aber es gibt bisweilen, besonders unter den Frauen, Geisteskranke, *papaq* genannt, die sich entblößen, an den Genitalien herumspielen und andere auffordern, dasselbe zu tun. Oder sie kriechen nachts zu den Schlafenden und decken deren Unterleib auf. Solche Leute betrachtet man als krank und geht ihnen aus dem Wege. Cf. R. K. Dentan, 1968, S. 141, 150 f.; ders., 1970, S. 104. Selbst für Ärzte ist es praktisch unmöglich, die Semai an den Genitalien zu behandeln. Cf. P. D. R. Williams-Hunt, 1952, S. 37.

16 Cf. J. W. M. Whiting, 1941, S. 51, 86 f. Cf. auch H. P. Duerr, 1988a, S. 135 f. Bei den Chagga wurden bereits die ganz kleinen Mädchen diesbezüglich einem scharfen Drill unterworfen. Cf. M. M. Edel, 1957, S. 186. Auch die Mädchen der Ngoni in Njassaland wurden schon früh darin unterwiesen, sich beim Setzen erst niederzuknien und dann die Beine seitwärts einzuschlagen. Wenn die kleinen Kinder, besonders die Buben, sich für die unbedeckten Genitalien des anderen Geschlechts zu interessieren begannen, schimpfte man sie aus oder verprügelte sie gar. Cf. M. Read, 1959, S. 81 f.

17 Cf. C. R. Hallpike, 1977, S. 245 f. bzw. I. Eibl-Eibesfeldt/W. Schiefenhövel/V. Heeschen, 1989, S. 51.

18 Cf. I. Kopytoff, 1980, S. 195. Eine Frau rief dasselbe, wenn sie durch Zufall den Penis eines Mannes sah. Bei den Anyanja durfte zwar die Frau den Penis ihres Mannes, niemals aber dieser die

Vulva seiner Frau sehen. Cf. H. S. Stannus, 1910, S. 292. Wenn
ein Ibo-Mann einen Blick auf die Vulva seiner Frau warf, galt
dies als Scheidungsgrund. Cf. J. H. Field, 1975, S. 32. Und bei
den Efik wurden in dem Falle, daß ein Mann den Genitalbereich
oder auch nur die Oberschenkel einer Frau entblößt sah, beide
des Ehebruchs beschuldigt. Cf. D. C. Simmons, 1960, S. 161.
Die Männer der Tugen dürfen zwar während der Mädchenbe-
schneidung anwesend sein, aber es ist ihnen verboten, näher her-
anzutreten, weil sie sonst die Vulva der Mädchen sehen könnten.
Cf. H. Behrend, 1985, S. 55 f. Es scheint, daß auch der Sexualpartner einer Frau nicht deren Genitalbereich sehen darf. Wenn
nämlich ein Mann, der mit einer Frau schläft, die er eventuell
heiraten will, nachprüft, ob sie dichtes Schamhaar hat und damit
»fruchtbar ist wie ein Wald« oder ob es nur spärlich wächst »wie
unbewachsenes steiniges Land«, dann tut er dies mit der Hand,
was er wohl nicht nötig hätte, wenn er hinschauen dürfte (Heike
Behrend: Brief vom 5. Juni 1986). Wenn früher ein Mandingo-
Mann badende Frauen beobachtete, um ihre Genitalien zu sehen, verkaufte man ihn zur Strafe in die Sklaverei. Cf. H.
Schurtz, 1900, S. 404.

19 Cf. R. Huffman, 1931, S. 4 f.; H. A. Bernatzik, 1930, S. 27; E. E.
   Evans-Pritchard, 1956, S. 178; H. T. Fischer, 1966, S. 63 f.;
   T. O. Beidelman, 1981, S. 149.
20 Cf. E. E. Evans-Pritchard, 1947, S. 115; ders., 1948, S. 39; T. O.
   Beidelman, 1968, S. 118 f. Erst jetzt durften der Mann und die
   Frau sich gegenseitig sehen, wenn sie aßen, aber auch dann geschah dies nie in der Öffentlichkeit. Cf. E. E. Evans-Pritchard,
   1956, S. 178. Auf die sexuelle ›Besetzung‹ des Essens werde ich
   im nächsten Band eingehen.
21 Cf. H. T. Fischer, a. a. O., S. 68.
22 Edward E. Evans-Pritchard: Mündliche Mitteilung vom 30. Januar 1971.
23 Zit. n. A. Henn, 1988, S. 45 f.
24 Cf. F. M. Deng, 1972, S. 16; P. Fuchs, 1977, S. 127. Im Trauer-
   fall tragen auch die verheirateten Frauen kürzere Röcke, und sie
   tragen sie nachlässiger.
25 Irene Leverenz: Brief vom 5. September 1986. Cf. auch ferner P.
   Fuchs, a. a. O., S. 129 f.
26 Cf. J. H. Driberg, 1923, S. 64 f.; A. Butt, 1952, S. 27.
27 Cf. Driberg, a. a. O., S. 162. Die Frauen der Turkana tragen
   vorne einen kurzen und hinten einen längeren Ziegenfellschurz.
   Cf. G. Best, 1978, S. 95.
28 Cf. F. S. Santandrea, 1944, S. 129.

29 Cf. G. A. S. Northcote, 1907, S. 58 f.

30 Cf. E. E. Evans-Pritchard, 1950, S. 141; ders., 1965, S. 243. Diese vollständige oder relative Nacktheit der *unverheirateten* Frauen findet man in vielen Gesellschaften, vor allem aber in Afrika. So hieß es z.B. bei den Zulu, die Nacktheit der Jungfrauen symbolisiere ihre Unschuld und Reinheit, während ein berührter Körper nicht länger nackt sein dürfe, weil er eben »sexuell« geworden sei. Cf. E. J. Krige, 1968, S. 174. Dabei wußte man natürlich, daß auch der jungfräuliche Körper sexuelle Reize aussendet, weshalb die jungen Mädchen ständig darauf achten mußten, daß man »nichts sah«: So badeten sie stets aufrecht und nie gebückt. Cf. F. Mayr, 1907, S. 636. Bei den Tallensi mußte eine Frau ab ihrer ersten Schwangerschaft die Vulva bedecken, und zwar auch nachts, weil sonst sie selber und die anderen »beschämt« waren. Cf. M. Fortes, 1970, S. 233. Bei den Ewe trugen die Mädchen bis zu ihrer Defloration – egal, ob ehelich oder unehelich – nur ein Lendenband. Cf. J. Spieth, 1906, S. 184. Die jungen Mädchen der Náuděba waren bis auf eine rote Lendenschnur nackt. Nach der Geburt ihres ersten Kindes legte eine Frau einen etwa 15 cm breiten Streifen aus Rindenbaststoff an, der vorne und hinten unter die Lendenschnur gesteckt wurde und der jedem Mann signalisierte, daß er jegliche Avancen vergessen konnte. Cf. R. Mohr, 1960, S. 297. Cf. auch Owa Raha-Insulaner im Salomonen-Archipel (H. A. Bernatzik, 1936, S. 44; W. G. Ivens, 1927, S. 91); Bagesu (J. Roscoe, 1924, S. 5 f.); Orokaiva (F. E. Williams, 1930, S. 99); Schilluk, Anuak (A. Butt, a. a. O., S. 27); Hima (Y. Elam, 1973, S. 86); Igbo (M. D. W. Jeffreys, 1970, S. 39); Bakwese (T. A. Joyce/E. Torday, 1907, S. 147); Lugbara (R. E. McConnell, 1925, S. 448); Turkana (E. D. Emley, 1927, S. 182 f.); Malekula-Insulaner (A. B. Deacon, 1934, S. 155). Die Frauen der Thakur östlich von Bombay trugen nach der Hochzeit noch den linken Hinterbacken entblößt, und zwar als Zeichen dafür, daß er »der Familie ihres Vaters« (*māher*) gehörte und nicht ihrem Ehemann. Cf. L. N. Chapekar, 1966, S. 13.

31 Die Rüdiger Schott (Brief vom 20. März 1986) als »unglaublich prüde« bezeichnet. Nach Wolf Brüggemann (mündliche Mitteilung vom 5. Oktober 1987) sind auch die den Bulsa benachbarten Lyela »äußerst sittsam«.

32 Traditionellerweise trugen die Bulsa-Frauen vorne und hinten jeweils ein Blätterbüschel. Ende der fünfziger Jahre verbot die Regierung Nkrumah diese Kleidung, und wenn eine Frau ohne die jetzt vorgeschriebene Stoffkleidung auf den Markt kam, wur-

den ihr von eigens zu diesem Zwecke dort wartenden Männern
die Blätter vom Leib gerissen, was sie zutiefst demütigte. Freilich
beleidigten diese Angriffe nicht nur das Schamgefühl der Frauen,
sondern auch das der Erde, die als Frau personifiziert jedesmal
dann auftritt, wenn »das Land verdirbt«. Auch in diesem Falle
soll eine Frau mit rotem Haar und roter Haut auf dem Markt von
Sandema aufgetaucht und einige Tage später wieder spurlos ver-
schwunden sein. Cf. R. Schott, 1980, S. 290 f.

33 Cf. R. Schott, 1970, S. 36.
34 Cf. F. Kröger, 1978, S. 273.
35 Cf. H.-J. Heinz/M. Lee, 1978, S. 43.
36 Cf. I. Eibl-Eibesfeldt, 1973, S. 137; L. Marshall, 1959, S. 346. J.
   H. Wilhelm, 1953, S. 121, gibt für die !Kung eine merkwürdige
   Koitus-Stellung an, die der Soixanteneuf-Stellung ähnelt, nur
   daß bei ihr Genital- und nicht Oralverkehr erfolgt. Aber auch
   hier wird der Penis von hinten eingeführt. Wenn der Mann ejakuliert und den Penis aus der Vagina der Frau herausgezogen hat,
   ohne daß diese zu einem Orgasmus gekommen ist, gönnt sie ihrem Mann erst ein bißchen Ruhe und holt sich dann, was ihr
   zusteht, denn die Frauen glauben, daß sie ohne Orgasmus krank
   werden. Nur wenn der Mann zu erschöpft ist und keine Erektion
   mehr zustande kriegt, »macht sie es sich selbst« (M. Shostak,
   1982, S. 228).
37 Auf die erotische Bedeutung der weiblichen Hinterbacken werde
   ich im nächsten Band ausführlicher eingehen.
38 Cf. L. Marshall, 1976, S. 244.
39 Cf. J. H. Wilhelm, a. a. O., S. 116. Die !Kung-Frauen verhielten
   sich bereits äußerst schamhaft, als Anthropologen lediglich ihre
   Hüften abmessen wollten. Cf. A. S. Truswell/J. D. L. Hansen,
   1976, S. 174. Noch beschämter reagierten Buschfrauen auf die
   medizinische Untersuchung ihrer Schamlippen. Cf. J. Drury,
   1926, S. 113.
40 Cf. L. Marshall, 1965, S. 263, 265. In der Öffentlichkeit war das
   den Hintern völlig bedeckende *kaross* für jede Frau obligatorisch, und kein Mann hätte es hingenommen, wenn seine Frau
   ohne den Umhang vor anderen erschienen wäre. Cf. J. Marshall,
   1973, S. 116 f.; ferner J. D. Lewis-Williams, 1981, S. 44.
41 Cf. L. Marshall, 1969, S. 365. Die Esubo-Tänze der splitternackten Gusii-Mädchen fanden – allerdings unter Ausschluß der
   Männer – bei Mondlicht statt. Dabei sangen die Mädchen obszöne Lieder vom Typ »Gebt ihnen unsere Möse, laßt sie durch
   unsere Möse betrunken werden, laßt durch unsere Möse die
   Männer müde werden!« Cf. P. Mayer, 1953, S. 33.

42 Zit. n. M. G. Guenther, 1980, S. 128. Solche Tänze wurden immer wieder angeführt, um den niedrigen Grad der Zivilisationsentwicklung bei den afrikanischen Eingeborenen zu demonstrieren. Cf. C. Marx, 1988, S. 193.

43 Cf. z. B. R. P. C. Estermann, 1949, Pl. I, 6; V. Lebzelter, 1934, S. 74; F. Seiner, 1910, S. 358 (Hukwe).

44 Cf. P. V. Tobias, 1978, S. 18; J. Rudner/I. Rudner, 1978, S. 73.

45 Mathias Guenther: Brief vom 3. März 1986.

ANMERKUNGEN ZU § 11

1 Auf einigen alten Fotos sind auch Seri-Frauen zu sehen, die wie Männer dasitzen. Cf. A. L. Kroeber, 1931, S. 16. Die Frauen der Mbowamb achten peinlichst darauf, daß niemand, auch keine andere Frau, ihren Genitalbereich sehen kann: Sie hocken meist mit dem Hintern auf dem Boden und sitzen mit ausgestreckten Beinen. Cf. E. Brandewie, 1988. Auch beim Stehen drücken sie stets die Schenkel aneinander. Manchmal hocken sie jedoch kurzfristig auf Männerart, aber dann ziehen sie ihren Schamschurz zwischen den Beinen durch und knüpfen ihn hinten hoch (ŋketl ndemka rui). Cf. G. F. Vicedom/H. Tischner, 1948, I, S. 36, 93.

2 Cf. M. Wex, 1979, S. 23, 31, 37.

3 M. Wex, a. a. O., S. 173. Cf. auch R. L. Birdwhistell, 1970, S. 44. S. Mallmann, 1981, passim, hat zahlreiche sitzende Frauen fotografiert, von denen einige die Beine geöffnet haben. Fast alle der letzteren bedecken die ohnehin von der Kleidung verhüllte Genitalregion mit dem Arm oder der Hand.

4 Zit. n. S. el-Gabalawy, 1988, S. 42.

5 S. Gräfin Schönfeldt, 1987, S. 217.

6 L. F. Pusch, 1984, S. 178.

7 P. Réage, 1977, S. 26.

8 A. a. O., S. 36f.

9 Cf. E. A. Fisher, 1978, S. 259.

10 A. a. O., S. 272.

11 P. Clark, 1983, S. 149. Dies bedeutet natürlich nicht, daß alle Kunden mit solchen Entblößungen einverstanden waren. Jedenfalls geht aus den Akten einer gerichtlichen Untersuchung hervor, daß manche Kunden es im Jahre 1460 etwas anstößig fanden, daß die Dijoner Frauenwirtin Jeanne Saignant ihre »Mädchen« dazu aufforderte, sich auszuziehen, damit die Puffbesu-

cher sich eine Beischläferin nach ihrem Geschmack aussuchen konnten. Cf. J. Rossiaud, 1989a, S. 111. Auch manche der Huren mögen sich geschämt haben. Jedenfalls erzählt James Boswell, der im Jahre 1763 mit einer käuflichen Schauspielerin, die er Louisa nennt, im ›Black Lion Inn‹ eine Nacht verbrachte, in der er sie angeblich fünfmal »nahm«, er habe das Zimmer verlassen müssen, als Louisa sich ihrer Kleider entledigte. Cf. H. M. Hyde, 1965, S. 99. Lord Grosvenor bekannte, daß er der Hure, die sich von ihm nackt beschlafen ließe, bedeutend mehr zahlen würde als einer, die – wie offenbar weithin üblich – angezogen bliebe. Schließlich fand er eine, die dazu bereit war, doch sie litt

99 Thomas Rowlandson: ›The Wanton Frolic‹, 1810.

sehr darunter, daß während des Aktes die Kniehosen Ihrer Lordschaft an einer ihrer empfindlichsten Stellen scheuerten, worauf Grosvenor sich allerdings entschloß, ausnahmsweise dieselben und auch die Schuhe auszuziehen. Auch Fanny Hill ist schokkiert, als sie gewahr wird, daß ein Genuese mit einer völlig entblätterten Frau den Beischlaf pflegt, und führt dies auf »a taste« zurück, »I suppose, peculiar to the heat, or perhaps the caprices of their own country« (L. Stone, 1977, S. 522f.). Und in den gegen Ende desselben Jahrhunderts angeblich in London erschienenen *Briefen über die Galanterien von Frankfurt am Mayn*, die wahrscheinlich der Feder des Dermatologen Ehrmann, Arzt am Rochusspital, dem Frankfurter Krankenhaus für Geschlechtskrankheiten, entstammen (cf. M. D. Kreuzer, 1989,

S. 31), heißt es schließlich, daß es im Bornheimer Puff so duster war, daß man die »Liebesgrotte« der Bettpartnerin nicht sehen konnte: »Oben im F—Zimmer ist es meist dunkel. Man kann also sein Mädchen nicht recht erkennen, nur ihre Theile kann man befühlen, und so Sans gene – « (Anonymus, 1791, S. 14).

12 Artemidor v. Daldis, I. 78.

13 Zit. n. J. Franco, 1985, S. 419.

14 Cf. J. Rossiaud, a. a. O., S. 190. Auch die Huren in der Hölle sitzen meist charakteristischerweise mit geöffneten Beinen (Abb. 200).

200 ›Die Bestrafung von Kupplern, Huren und Zuhältern in der Hölle‹. Miniatur von Bartolomeo di Fruosino zu Dantes ›Inferno‹.

15 Zit. n. C. Andersson, 1978, S. 28. Nach der Schlacht von Murten wurden allerdings die Huren, die den Tod fanden, aus Versehen niedergemacht: »da was ouch ein tross von mer dann drütusend gemeiner vnd varender frouwen. Da was gut spil. Vnder jnen waren, die sich in harnisch angeleit hatten, dero wurden ouch etlich vnerkannt erstochen« (zit. n. M. Bauer, 1917, II, S. 64).

16 Auf Hans Sebald Behams Kupfer werde ich an anderer Stelle eingehen.

17 Auf dem Dekolletésaum der Frau steht »Madalen Drvgses von Wolvvs«, bei der es sich möglicherweise um eine dem Künstler persönlich bekannte Basler Hure handelt. Graf war im Jahre 1522 wegen Ehebruchs mit Basler gemeinen Huren und wegen Verprügelns seiner Frau ins Gefängnis geworfen worden. Cf. C. Andersson, a. a. O., S. 26.

18 A. a. O., S. 28f.

19 Cf. E. S. Jacobowitz/S. L. Stepanek, 1983, S. 82.

20 »Secrete partes« hießen damals in England die Genitalien, und genauso nennen sie auch – zusammen mit dem After und den Hinterbacken – die Bakweri in Kamerun. Cf. S. G. Ardener, 1973, S. 426.

21 Zit. n. J. Bumke, 1986, S. 477.

22 F. Zarncke, 1852, S. 135.

23 M. de Montaigne, 1983, S. 78.

24 Zit. n. R. Leppert, 1988, S. 36.

25 Cf. D. Morris, 1971, S. 219f.

26 Zit. n. H.-V. Krumrey, 1984, S. 315.

27 Cf. M. S. Weinberg, 1981, S. 339, 343.

28 W. Kuppel, 1981, S. 110.

29 Auf der anderen Seite ist es auch verpönt, sich zu schamhaft zu bewegen oder ostentativ wegzuschauen, da dies ein Indiz dafür wäre, daß man kein »ungezwungenes« Verhältnis zur Nacktheit hat. Cf. G. Norden/M. Prinz, 1986, S. 173f.

30 Cf. J. D. Douglas/P. K. Rasmussen/C. A. Flanagan, 1977, S. 142f.

31 Cf. L. Casler, 1964, S. 320. Auf eine Umfrage antworteten 9 % der Nudistinnen anonym, sie suchten die Camps aus sexuellen Motiven auf, und viele gaben an, sie genössen es, nackt betrachtet zu werden: »Being an exhibitionist, as are most nudists, I have ample opportunity to let others see me. This I love.« Cf. M. F. De Martino, 1969, S. 170, 173. In der Tat hat eine amerikanische Untersuchung ergeben, daß die Nudisten »greater personality deviations, sexual conflicts and inhibitions« sowie stärkere voyeuristische und exhibitionistische Neigungen aufwiesen als die Mitglieder einer nichtnudistischen Kontrollgruppe, und man hat daran anschließend die Meinung vertreten, daß durch Nacktbaden und ähnliches diese Tendenzen eventuell ausagiert werden könnten. Cf. L. Blank, 1969, S. 23; L. Blank/R. H. Roth, 1967, S. 397f. Ein anderer Autor behauptet, durch »nude marathons«, d. h. durch mindestens 24 Stunden dauernde Therapiesitzungen nackter Patienten, »sexual exhibitionists have become at least temporarily symptom-free«. Cf. P. Bindrin, 1968, S. 180f.; ders., 1969, S. 28.

32 »It sexes us up«, bekannten bereits zu Beginn der siebziger Jahre 25 % der befragten Nudistenpaare. Daß die Sexualität im Camp eine viel größere Rolle spielt als früher angenommen oder zugegeben, zeigt auch die Tatsache, daß selbst von den »old nudists« immerhin 20 % erklärten, im Camp von nudistischen »wife-

swappers« angesprochen worden zu sein. 30% zogen es vor, die Frage nicht zu beantworten. Cf. S. K. Johnson, 1972, S. 13, 70.

33 M. Wex, 1983, S. 56.

34 Cf. L. Standing Bear, 1978, S. 151. Ebenso die Ngoni-Frauen. Cf. H. P. Junod, 1938, S. 93. Auch den Chiricahua-Apache-Mädchen brachte man diese Sitzweise bereits im zartesten Alter bei. Cf. M. E. Opler, 1941, S. 77.

35 Cf. A. C. Fletcher/F. LaFleche, 1911, S. 329.

36 Cf. R. Laubin/G. Laubin, 1977, S. 114.

37 Tsistsistas-Informanten, Juni 1981.

38 Cf. C. Niethammer, 1982, S. 284.

39 Tsistsistas-Informanten, Juli 1982. Früher trugen die Jungfrauen der Mbowamb in Neuguinea auch tagsüber ein Rindenbastband um die Schenkel, und zwar direkt oberhalb der Knie. Wenn sie einige Zeit nach der Hochzeit defloriert wurden, durften sie das Band entfernen. Cf. E. Brandewie, 1981, S. 115.

40 Es ist sehr unwahrscheinlich, daß man den jungen Mädchen die Schenkel zusammenband, um sie vor einer nächtlichen Vergewaltigung zu bewahren, wie E. H. Erikson, 1957, S. 122, meint, denn die ›Nachtkrabbler‹ führten höchstens ein Stückchen den Finger in die Vagina ein, nie aber den Penis.

41 Wenn man früher ein Cheyenne-Mädchen aus Übermut auch nur an ihrem Keuschheitsgürtel zupfte, konnte das böse ins Auge gehen, denn der Betreffende lief Gefahr, von den männlichen Verwandten des Mädchens totgeschlagen oder von den weiblichen Verwandten aufgeschlitzt zu werden (Tsistsistas-Informanten, a. a. O.).

42 F. Kurz, 1894, S. 130f.

43 Cf. M. Vanoverbergh, 1937, S. 911, 914. Beim Sitzen krümmten sie ein Bein so nach innen, daß der Genitalbereich mit der Ferse verdeckt wurde. Cf. ders., 1929a, S. 53 f.

44 Cf. ders, 1929b, S. 188. Auch bei den Tinguian galt es für eine Frau als schamlos, sich so zu setzen, daß man zuviel von ihrer Durchziehbinde (*palingtan*) sah. Cf. F.-C. Cole, 1922, S. 363, 438.

45 Cf. M. Gusinde, 1958, S. 547ff. Wenn die Frauen der Keman Enga beim Hocken und beim Sitzen den Schamschurz (*kura*) zwischen den Beinen hindurchziehen und hinten durch die Hüftschnur stecken, dann geschieht dies vielleicht weniger aus Schamgründen – die vorne und hinten von der Schnur herabhängenden Binsen würden in jedem Fall den Unterleib bedecken –, sondern eher als Prophylaxe gegen die Befleckung der Sitzfläche

durch weibliche Sekrete und Menstruationsblut. Überhaupt achten die Männer sehr darauf, so wenig Körperkontakt wie möglich mit den befleckenden Frauen zu haben, und keiner von ihnen würde jemals den Schamschurz berühren. Cf. T. Jentsch/R. Doetsch, 1986, S. 86, 483.

46 Cf. H. Aufenanger, 1962, S. 331. Bei den Simbu (Chimbu) ist es für eine Frau ebenfalls sehr entehrend, wenn jemand ihre Genitalien sehen kann. Eine vermeintliche Hexe hängt man an den Füßen oder mit angewinkelten Knien über einem schwelenden Feuer an einem Gestell auf, so daß ihr Schurz (*ambu kaur*) nach unten fällt und ihr »Ding« sichtbar wird. »Eine Hexe mag noch so sehr lügen«, erklärte ein Informant dem Ethnographen, »aber wenn wir sie aufhängen und räuchern, sagt sie schließlich die Wahrheit« (J. Sterly, 1987, S. 316f.). Wie ich im ersten Band ausgeführt habe, war es im Mittelalter aus Anstandsgründen unüblich, eine Frau zu hängen. Nach Jean Chartiers *Chronik Karls VII.* wurde die erste Französin im Jahre 1449 gehängt: »Et est assavoir que grant multitude de peuple y affluet de toutes parts, et, par special, femmes et filles pour la grande nouveauté que c'estoit de voir pendre une femme, car oncques cela fut veu dedans ce royaume de France. Fut ladite femme pendue toute deschevelée en une longue robe ceinte d'une corde, les deux jambes ensemble, au-dessous du genoux« (zit. n. A. Porteau-Bitker, 1980, S. 51 f.). Als im Jahre 1609 in Hamburg eine Frau aufgeknüpft wurde, tat man dies erst, nachdem man ihr »um des Anstands willen ein paar Mannshosen angelegt hatte, über die dann der Weiberrock herabfiel« (W. Oppelt, 1976, S. 229).

47 Schon die ganz kleinen Kinder sieht man bei den Baining nie nackt, selbst beim Baden nicht. Cf. C. Laufer, 1971, S. 190, 193, 198. Wenn auf Manam ein Mann in einem Wutanfall einer Frau den Bananenblätterschurz wegreißt, ist dies im Höchstmaß beschämend. Als dies einmal einem jungen Mädchen als Strafe für ein Vergehen widerfuhr, warf ihr zwar eine Frau sofort ein Lendentuch um, doch es schämte sich so sehr, daß es nicht mehr ins Dorf zurückwollte. Eine andere meinte in solch einem Fall, sie habe jetzt ihre Ehre verloren: »Ich kann nicht mehr in mein Dorf gehen, denn die Leute haben mich nackt gesehen.« Cf. K. Böhm, 1975, S. 32.

48 Cf. G. Spannaus, 1955, S. 74. Die Samoanerinnen dürfen nur dann die Beine geschlossen nach vorne ausstrecken, wenn sie schwanger sind. Cf. L. L. Neich/R. Neich, 1974, S. 461. Bei den Ingalik schlägt eine Frau nur dann die Beine übereinander, wenn kein Mann in der Nähe ist. Cf. C. Osgood, 1958, S. 166f. Ob-

wohl sie schon sehr früh die korrekte Art zu sitzen gelernt hat, darf sich ein Tallensi-Mädchen bis zum Alter von 9 oder 10 Jahren so hinsetzen, wie sie will. Cf. M. Fortes, 1970, S. 233. Die Ainu-Mädchen mußten dagegen die Beine dicht zusammenhalten, und die Füße hatten in eine Richtung zu weisen. Die Jungen durften zwar die Knöchel überkreuzen, doch die Knie durften nicht zu weit auseinanderstehen. Cf. M. I. Hilger, 1971, S. 178. Die Balinesinnen sitzen entweder mit den Beinen seitwärts rechts oder links eingeschlagen, oder sie verschränken die Beine und führen die Füße unter die Oberschenkel (Anette Rein: Mündliche Mitteilung vom 12. August 1986). Die Kirgisen saßen mit untergeschlagenen Beinen, und ihre Frauen knieten oder nahmen eine Art ›Schützenstellung‹ ein, bei der sie mit dem einen Bein knieten, während das andere gebeugt stehen blieb. Cf. R. Karutz, 1924, S. 79. Als sich auf Manam die Ethnologin einmal niederhockte, wiesen die Frauen sie darauf hin, daß dies unanständig sei. Cf. C. H. Wedgwood, 1937, S. 403. Cf. auch A. W. Nieuwenhuis, 1907, II, Tf. 20 und 55 (Kajan); H. Morrison, 1962, S. 55ff., 63, 98 f. (Iban oder See-Dayak); H. Morrison, 1965, S. 293 (Murut); W. C. Farabee, 1918, S. 171 (Aruak); W. Davenport, 1965, S. 182 (Santa Cruz-Insulanerinnen); C. Wagley, 1960, S. 399 (Tapirapé); B. Stefaniszyn, 1964, S. 14 (Ambo); A. L. Bennett, 1899, S. 71 (Fang); M. M. Edel, 1976, S. 151 (Chagga); D. Thomson, 1984, S. 29 (Wik-Munkan, Warramirri, Pintupi).

49 Informant Bene Boli Koten Tena Wahang, Juli 1986.
50 Informantin Ema Lepa, August 1986.
51 Cf. E. Vatter, 1932, S. 79 f.
52 Lorenz G. Löffler: Brief vom 22. Februar 1988. Der knielange Rock der jungen Akha-Mädchen bedeckt stets den Genitalbereich. Außerdem erhalten sie im Alter von 15 oder 16 Jahren ein Hüfttuch, das beim Sitzen zwischen den Beinen hängt, sowie eine Gesäßkette, die beim Sichbücken den Rock niederhält (Friedhelm Scholz: Mündliche Mitteilung vom 7. Februar 1987).
53 C.-D. Brauns/L. G. Löffler, 1986, S. 195. Auch die Ethnographin W. H. Kracke, 1978, S. 24, 142, beschreibt die »perfect propriety«, mit der sich die Frauen der Kagwahív in ihren äußerst knappen Miniröcken hinhocken können. Die Frauen der Nyamwezi hocken dagegen nie: entweder knien sie oder sie setzen sich mit ausgestreckten Beinen platt auf den Boden. Cf. W. Blohm, 1933, S. 85.
54 Cf. C. van Overbergh/E. de Jonghe, 1909, S. 195. Die Frauen

der Dan drückten beim Sitzen fest die Beine zusammen und hielten noch zusätzlich eine Hand vor die Genitalgegend (Ulrike Himmelheber: Mündliche Mitteilung vom 16. März 1986). Beim Baden bedeckten sie auch dann die Genitalien mit der Hand, wenn kein Mann in der Nähe war. Cf. H. Himmelheber, 1957, S. 44.

55 Es ist behauptet worden, daß bei den Südaustralierinnen die Vulva relativ weit hinten liege, so daß die Schamlippen normalerweise nicht sichtbar gewesen seien. Cf. E. Eylmann, 1908, S. 12, 128.

56 Cf. J. Bonwick, 1870, S. 58. Nur die sehr alten Frauen nahmen es oft in dieser Hinsicht nicht mehr so genau.

57 Inzwischen sind die Pintupi bekleidet, und B. Scrobogna, 1980, S. 130, 136, schreibt ganz unbefangen, daß es ihm nur mit großer Mühe, »langwierige(n) Verhandlungen und Geschenke(n)« gelungen sei, die Pintupi-Mädchen dazu zu bringen, sich vor der Kamera nackt auszuziehen (Abb. 201). Vermutlich sind mehr

201 Entblößte Pintupi-Mädchen.

ethnographische Nacktfotos »geraubte« Aufnahmen (cf. hierzu auch S. 545 f.), als man gemeinhin annimmt, und natürlich tragen solche Bilder dazu bei, daß man sich ganz falsche Vorstellungen von den Schicklichkeitsnormen macht, die in den betreffenden Gesellschaften gelten. Lorenz Löffler (a. a. O.) schreibt mir etwa über Abb. 202, zu diesem Bild dürfte dem Fotografen Brauns dessen »männlicher Führer verholfen haben. Wohl ohne Zustimmung der Frauen. Falls sie ihn gesehen hätten, wäre eine Aufnahme sicher nicht möglich gewesen. Männer und Frauen baden

202 Badende Mru-Frau.

(bei den Mru) getrennt. Männer halten dabei auch in Gesellschaft des eigenen Geschlechts die Genitalien (mit der linken Hand) verdeckt. Noch schamhafter sind die Marma, wo Frauen und Männer nur mit *lungi* (= Sarong) ins Wasser gehen und nach dem Bad die nasse Hülle nur unter der neuen fallen lassen. In einem Haus fing der Rock eines (vorpubertären) Mädchens Feuer. Statt ihn, wie ihr von allen Anwesenden befohlen, sofort fallen zu lassen, zog sie sich lieber Verbrennungen zu: die Anwesenheit fremder Männer mag dabei wichtig gewesen sein.«

58 Cf. J. Irle, 1906, S. 64.
59 Cf. A. B. Deacon, 1929, S. 462.
60 Cf. R. M. Berndt/C. H. Berndt, 1951, S. 21 f. Cf. auch E. Palmer, 1884, S. 281 (Mycoolon, Myappe, Mythuggadi) und H. Baldus, 1972, S. 499 (Guayakí).
61 Cf. S. Hellbusch, 1941, S. 77.
62 Cf. C. S. Ford, 1945, S. 33.
63 Trotzdem erwartete man von ihnen, daß sie sich von Männern, die nicht zum engeren Kreis der Familie gehörten, fernhielten. Cf. C. W. M. Hart/A. R. Pilling, 1960, S. 49 f.; H. Basedow, 1913, S. 296.
64 Manche Tänze waren sehr erotisch: Wenn etwa im Kunapipi-Ritual die Frauen tanzten, spreizten sie dabei mit den Fingern die großen Schamlippen. Cf. R. M. Berndt, 1951, S. 51; H. P. Duerr, 1984, S. 220.

65 Cf. A. T. H. Jolly/F. G. G. Rose, 1966, S. 105.
66 Cf. R. M. Berndt/C. H. Berndt, a.a.O., S. 22. Gewiß spielt
   dabei *auch* eine Rolle, daß junge Mädchen und Frauen im fortpflanzungsfähigen Alter die Männer nicht anschauen dürfen, da
   dies als sexuelle Aufforderung verstanden oder mißverstanden
   werden könnte.
67 Cf. L. Sharp, 1934, S. 430.

ANMERKUNGEN ZU § 12

1 Cf. K. v. d. Steinen, 1894, S. 193. Bei manchen Gruppen war das
   ulúri ornamentiert. Cf. M. Schmidt, 1905, S. 393, 395 f. Die Tru-
   maí-Frauen tragen hingegen weiche, durch die Beine hindurch-
   gehende Rindenbastbinden. Cf. G. Hartmann, 1986, S. 174.
   Nach O. Villas-Bôas/C. Villas-Bôas, 1974, S. 27, handelt es sich
   um »something called *dessiní*, made of the inner bark of lianas
   and consisting of a wide strap circling the waist and passing between the legs«.
2 Etwa bei den Kipsiki, Kirdi, Mamba und Tipuri der Mandara-
   Berge (cf. G. Polykrates, 1984, S. 28) im Norden Kameruns oder
   bei den Massa im südlichen Tschad. Peter Fuchs, von dem Abb.

203 Massa-Mädchen beim Fischen im Logone.
Photo von René Gardi.

204 Massa-Frau vom Logone.

204 stammt, schreibt mir in einem Brief vom 15. Dezember 1986, daß die Vulva der Frau wahrscheinlich bedeckt war, aber er habe sie nicht danach gefragt. Die Frauen der Korro im westlichen Sudan trugen zwei dünne, kaum sichtbare Lederschnüre, die parallel und an der Vulva entlang am Damm entlangführten, und zwar so, daß die großen Schamlippen zusammengedrückt wurden. Cf. P. Staudinger, 1897, S. 153.

3 Zit. n. F. Gewecke, 1986, S. 103. Die Bororó-Frauen trugen offenbar einen an einem breiten Gürtel befestigten Durchziehschurz, der so schmal war, daß er lediglich die Schamlippen bedeckte. Cf. D. E. Berthels/B. N. Komissarov/T. I. Lysenko, 1979, S. 256.

4 Genaugenommen ist es unrichtig, den Teil der Vulva, der durch das *ulúri* verborgen wird, den »Schleimhautbereich« der weiblichen Genitalien zu nennen, denn die Haut entlang der Schamspalte und innerhalb der großen Schamlippen ist keine Schleimhaut, vielmehr »eine feine, rosige, reichlich mit Schweiß- und Talgdrüsen versehene Haut, wodurch sie leicht feucht und schmiegsam bleibt« (G. Zwang, 1968, S. 45).

5 I. Bloch, 1907, S. 142f. »Die Stämme im Quellengebiet des Schingu haben betreff Sexualia gar kein Schamgefühl« (H. Ploß, 1912, II, S. 556). Traditionellerweise gelten gerade die südamerikanischen Tieflandindianer als körperschamfrei par excellence.

Bereits im Jahre 1557 meint Jean de Léry (1967, S. 185 f.), er billige die Nacktheit der Tupinamba mitnichten, doch er fügt hinzu, wir seien keinen Deut besser, »denn wir verfallen in das entgegengesetzte Extrem« und verbergen unseren Leib unter zahllosen Kleidungsstücken. Cf. auch N. Pellegrin, 1987, S. 512 f.

6 W. Zude, 1916, S. 85. Ein bekannter ›Nahost‹-Ethnologe hat in einem Gespräch behauptet, die Araber verschleierten ihre Frauen nur deshalb, weil sie ohne Schleier zu wenig sexy wären. Ich werde auf diese These im nächsten Band eingehen.

7 Cf. T. Gregor, 1985, S. 47 f. Der Autor schreibt, daß der »Schwanz« entfernt würde, weil die Männer befürchteten, daß sie sich an ihm verletzen könnten. Günther Hartmann schreibt mir dagegen in einem Brief vom 27. Januar 1988, »daß nach den Angaben verschiedener Informanten, die ich bei den Mehináku, Yaulapiti, Kalapalo, Kamayurá und Waurá erhielt, die Hüftschnur mit dem *ulúri*« beim Koitus »abgelegt wird«. O. Villas-Bôas/C. Villas-Bôas/M. Bissiliat, 1979, S. 19, schreiben, die Kamayurá-Frauen bedeckten die Vulva nur während der Menstruation. Das ist natürlich irreführend, denn der »Schwanz« ist schließlich eine Genitalbedeckung.

8 Cf. T. Gregor, 1977, S. 164. Bei den Kuikúru lehrte der mythische Kulturheroe Kuatungue die Frauen, wie man anständig sitzt, und er gab ihnen auch das *ulúri*. Cf. O. Villas-Bôas/C. Villas-Bôas, 1974, S. 74.

9 Cf. T. Gregor, 1985, S. 43 f.

10 G. Hartmann: Brief vom 9. Dezember 1987. Dies scheint bei den südamerikanischen Ethnien häufig der Fall zu sein. Schon im 18. Jahrhundert heißt es über die Abipon in Paraguay: »Wenn die Frauen baden, findet sich nicht der Schatten eines Mannes (J.-F. Saucier, 1972, S. 241). Wenn die Yanomamö-Frauen mit den kleinen Kindern im Fluß baden, ziehen sie ihre Schurze aus, aber nur, wenn keine Männer in der Nähe sind. Cf. R. Hanbury-Tenison/V. Englebert, 1982, S. 52 f. Wenn bei den Kagwahív ein Mann und eine Frau gemeinsam schwimmen gehen, heißt es, daß sie miteinander schlafen. Cf. W. H. Kracke, 1978, S. 153. Bei den Carajá baden dagegen nur die unverheirateten Frauen außerhalb der Sichtweite der Männer. Cf. E. Wustmann, 1965, S. 118. Bei den Bora und Miraña im peruanischen Tiefland verhält sich eine badende Frau selbst gegenüber ihren kleinen Kindern sehr schamhaft. Fährt ein Mann mit seinem Kanu an der mit nackten Brüsten im Wasser stehenden Frau vorüber – die Frauen legen beim Baden nie den Rock ab –, so gehört es sich, daß er weg-

schaut und so tut, als sehe er sie gar nicht. Geht eine Frau zum Fluß hinunter, um sich oder die Wäsche zu waschen, und sie sieht, daß dort ein Mann badet, kehrt sie auf der Stelle um. Cf. M. Guyot, 1972, S. 154f. Ähnlich verhält es sich bei den Bari. Cf. S. Pinton, 1965, S. 318.

11 Cf. T. Gregor, 1985, S. 102f.

12 A. a. O., S. 24.

13 Cf. R. F. Murphy/B. Quain, 1955, S. 93.

14 H. Baldus, 1931, S. 22. F. Krause, 1911, S. 208f., 329, berichtet über die geflochtenen Gürtel der kleinen Carajá-Mädchen, von denen Fransenbüschel über die Genitalpartie herabhängen: »Frauen haben nie in unserer Gegenwart ihre Binde abgelegt oder gewechselt, und kleine Mädchen, denen ich ihren Gürtel abkaufte, gingen hinter die nächste Mattenwand, um dort einen neuen anzulegen, ehe sie mir den getragenen Gürtel brachten.« Als im Jahre 1981 ein Touristik-Unternehmen Uitoto-Frauen, die in einem Hotelhof einen traditionellen Tanz aufführen sollten, nötigte, dazu die Brüste zu entblößen, genierten die jungen Mädchen sich ganz offensichtlich. Cf. A. Seiler-Baldinger, 1988, S. 227. Nach Fotos von T. Koch-Grünberg, 1910, S. 303, zu urteilen, bedeckten die Uitoto-Frauen bereits zu Beginn des Jahrhunderts die Brüste.

15 Cf. F. Caspar, 1952, S. 156, 158. Cf. auch A. R. Holmberg, 1950, S. 19 (Sirionó).

16 Cf. C. Wagley, 1977, S. 112, 127; H. Baldus, 1945, S. 115.

17 Cf. T. Koch-Grünberg, 1910, S. 76; ders., 1921, S. 271. »Trotz der geringen Bekleidung der Frauen sah ich nie bei ihnen auch nur die geringste Unanständigkeit. (Sie) benahmen sich so dezent, daß man ihre Nacktheit völlig vergaß« (a. a. O., 1910, S. 149).

18 Cf. M. Nadig, 1986, S. 149.

19 Cf. H. P. Duerr, 1988a, S. 349. Ein Ganda vom Victoria-See erinnerte sich an die Lehre seiner Großmutter, daß er erblinde, wenn er jemals ihre Vulva sähe. Cf. J. W. Sempebwa, 1978, S. 166. Wenn ein Hua die Genitalien einer Frau erblickt, dann kann dies zu Entzündungen in seinem Gesicht führen, ja seine Gesundheit ist gefährdet, wenn er die Worte für die weiblichen Genitalien ausspricht oder nur kennt! Cf. A. S. Meigs, 1978, S. 311.

20 Cf. L. Romanucci-Ross, 1978, S. 129. Die Tanga-Insulanerinnen besitzen eine extreme Genitalscham und legen unter keinen Umständen – selbst beim Baden nicht – die Genitalbedeckung ab. Das Schlimmste, was einer Frau widerfahren könnte, wäre,

daß ihr Bruder ihre Vulva sähe, weshalb sie nur dann auf eine Kokospalme klettert, wenn unten eine Aufpasserin steht. Als einmal eine Epileptikerin während eines Anfalls ihren Schurz wegriß, konnten die entsetzten Eltern diese unerhörte Handlung nur so interpretieren, daß ein böser Dämon von ihr Besitz ergriffen habe. Cf. F. L. S. Bell, 1935, S. 177, 186.

21 Die Qunantuna-Frauen dürfen auch nicht hocken, die Knie beugen oder lebhafte Bewegungen ausführen, weil sie dann nicht mehr kontrollieren können, ob ›etwas‹ zu sehen ist. Cf. C. Laufer, 1949, S. 354.

22 Cf. A. Cannizzaro, 1964, S. 95.

23 Cf. J. C. Goodale, 1974, S. 39.

24 Cf. H. M. Ross, 1973, S. 125.

25 L. G. Löffler, a.a.O.; ders.: Mündliche Mitteilung vom 14. Dezember 1989.

26 Ist ein Mädchen dann verheiratet, erhält es einen weiten Lederrock und einen Umhang. Ließe ein Frau oder ein junges Mädchen die Oberschenkel oder gar die Genitalien sehen, würde man sie für eine Verrückte halten. Cf. Ivo Strecker: Brief vom 5. März 1986.

27 Cf. G. Bogesi, 1947, S. 216.

28 Cf. Hr. Vahness, 1900, S. 414 f.

29 Cf. W. A. Lessa, 1966, S. 79.

30 Ich will keineswegs bestreiten, daß dies bisweilen – vor allem in Neuguinea – der Fall ist. So begründen etwa die Mbowamb das Verbot damit, daß die Frauen nie ihre Genitalien waschen und deshalb an ihren Schamlippen getrocknetes Blut haften könne, und es heißt, die Beine des Jungen würden verkrüppeln, wenn eine Frau über sie hinwegstiege. Aber auch die Männer dürfen nicht über die Beine der Frauen steigen, und wenn es einer trotzdem tut, kann es passieren, daß die Frauen sagen: »Denkt er denn, daß er nie scheißt, wenn er sich so etwas erlaubt?« Cf. M. Strathern, 1972, S. 166; A. Strathern, 1989, S. 84. Cf. auch C. W. Hobley, 1938, S. 161 (Kikuyu). Im ländlichen Taiwan sah die Ethnographin einmal, wie ein siebenjähriges Mädchen von ihrem Großvater vertrimmt wurde, weil sie ihren kleinen Bruder zwischen ihren Beinen hatte durchkriechen lassen, wo doch die Vulva als »schmutzig« gilt. Cf. M. Wolf, 1972, S. 96.

31 Cf. D. C. Simmons, 1960, S. 161. Cf. auch O. F. Raum, 1973, S. 100 (Zulu); W. D. Hambly, 1934, S. 285 (Ovimbundu); L. M. J. Schram, 1954, S. 86 (Monguor).

32 Cf. H. M. Ross, 1973, S. 122.

33 Cf. W. H. Davenport, 1981, S. 17.

34 Cf. W. G. Ivens, 1927, S. 89.

35 Cf. G. Graber, 1911, S. 157.

36 Cf. J. Sterly, 1987, S. 59. Wenn sich bei den !Kung ein Mann genau dorthin setzt, wo vorher eine Frau gesessen ist, oder wenn er sich zu nah an sie heransetzt, heißt es, daß er seine Jagdfähigkeit verliert. Umgekehrt sagt man, daß die betreffende Frau Blut im Urin bekäme. Cf. L. Marshall, 1976, S. 249. Freilich scheint diese Sitte nicht wirklich mit der Angst vor Genitalsekreten und ähnlichem zusammenzuhängen, denn sie gilt nicht für Geschwister vor der Adoleszenz, Eltern–Kinder oder für in einer Scherzbeziehung zueinander stehende Individuen, die ja meist eine zumindest verbale sexuelle Lockerheit im gegenseitigen Umgang haben. Cf. dies, 1959, S. 339.

37 Cf. H. Bernatzik, 1936, S. 93.

38 Cf. H. M. Ross, a. a. O., S. 125.

ANMERKUNGEN ZU § 13

1 L. A. de Bougainville, 1771, S. 188. In der deutschen Übersetzung, die kurze Zeit später erschien, heißt es irreführend: »Heute kamen auch einige Weiber in den Pirogen, die artig und meist nackend waren« (ders., 1772, S. 155).

2 A. a. O., 1771, S. 190; 1772, S. 157. Cf. hierzu K.-H. Kohl, 1981, S. 213.

3 A. a. O., S. 190f. bzw. 157f.

4 A. Sharp, 1968, S. 45.

5 A. a. O., S. 168.

6 Cf. E. H. MacCormick, 1977, S. 12. Eine von Wallis ausgesandte Bootsbesatzung berichtete, »die Indianer hätten sie recht bestimmt, daß sie mit ihnen an Land kommen sollten, insbesondre wären die Weiber an den Strand herabgekommen, hätten sich allda ausgezogen, und durch viele unzüchtige Gebehrden, die im geringsten nicht zweydeutig waren, sie hinzulocken gesucht. Für diesesmal aber waren unsere Leute stark genug der Versuchung zu widerstehen.« Bald mußte Wallis indessen erkennen, daß der Widerstandskraft der Besatzung Grenzen gesetzt waren: »Als ich es endlich erfuhr, wunderte ich mich nicht mehr, daß das Schiff der Nägel und des Eisens wegen, welche dasselbe zusammenhielten, Gefahr lief ganz zertrümmert zu werden, zuvor aber hatte ich mir vergebens den Kopf zerbrochen, um zu errathen, wozu sie nur die Nägel brauchen müßten?« (zit. n. P. W. Lange, 1984, S. 164f.).

7 Zit. n. E. N. Ferdon, 1981, S. 151. Der alte Forster beobachtete diese Geste zuerst auf Tahiti, dann auf Tonga: »The motion with the Fingers clenched, which is usual among the Isles & generally understood, is well understood by the women here, who laughed immoderately at it; however I saw several that seemed to refuse all immodesty offered to them« (J. R. Forster, 1982, III, S. 381).

8 J. R. Forster, 1783, S. 340. Cf. auch H. Melville, 1967, S. 25 f.

9 Bougainville, 1771, S. 178 f.; 1772, S. 164. Wo der Franzose von »insulaires« spricht, heißt es in der deutschen Übersetzung »Wilde«. Im Gegensatz zu den übrigen Südseevölkern hat der junge Forster die Tahitianer nicht zu den »Wilden«, sondern zu den »Halbcivilisirten« gerechnet. Cf. E. Berg, 1982, S. 179.

10 C.-F.-P. Fesche, 1977, S. 387 f. Im Gegensatz zu den Briten und den Franzosen hatten die Besatzungen der spanischen Tahitifahrer – 1772 war Don Domingo Boenechea gelandet und drei Jahre später Don Cayetano de Langara – striktes Verbot, die Polynesierinnen, die sich ihnen anboten, zu beschlafen, und sie scheinen sich im allgemeinen auch an diesen Befehl gehalten zu haben. Cf. C. I. Archer, 1979, S. 118. So heißt es in einem zeitgenössischen spanischen Expeditionsbericht: »Sie boten uns mit großer Freymüthigkeit ihre Weibsbilder an, und verwunderten sich höchlich, daß wir dieses Darlehn nicht annehmen wollten.« Wozu der Übersetzer Georg Forster meint: »Es macht der Moral des Verfassers und seiner Reisegefährten Ehre, daß sie standhaft denjenigen Reizen widerstanden welche über Engländer und Franzosen den Sieg davongetragen hatten« (G. Forster, 1985, V, S. 44, 66).

11 Cf. H. P. Duerr, 1988a, S. 59 f.

12 Bougainville, a. a. O., S. 209, 219 f. bzw. 173, 183 ff.

13 Zit. n. B. W. Smith, 1985, S. 46. Das Wort »Queens« bezieht sich auf die vermeintliche Königin Oberea, die Sir Joseph Banks in das tahitianische Reich der Sinne eingeführt hatte. Cf. K.-H. Kohl, 1987, S. 24. In seiner im gleichen Jahr in London publizierten *Epistle, Moral and Philosophical, from an Officer at Otaheite to Lady Grosvenor* schreibt der Autor, John Courtenay, ironisch: »Perhaps, my Emma, this strange story slights, / Such public acts of Love's mysterious rites / You disbelieve; but here no shame imprest / Heaves with alarming throbs the female breast; / Naked and smiling every nymph we see, / Like Eve unapron'd, 'ere she robb'd the tree / Immodest words are spoke without offence, / And want of decency shews innocence. / A problem hence Philosophers advance, / Whether shame springs

from Nature or from chance. / The contest lasts; kept up by human pride, / Where Sages differ, how can I decide?« (zit. n. C. Roderick, 1972, S. 85).

14 D.-A.-F. de Sade, 1980, S. 90.

15 »Le Taïtien nous dirait: Pourquoi te caches-tu? de quoi es-tu honteux? fais-tu le mal, quand tu cèdes à l'impulsion la plus auguste de la nature?« (D. Diderot, 1951, S. 972, 996).

16 Zit. n. W. E. Mühlmann, 1955, S. 218.

17 Cf. D. L. Oliver, 1974, I, S. 350.

18 G. Forster, 1981, S. 140f.

19 Cf. R. v. Krafft-Ebing, 1912, S. 2. Cf. dagegen z. B. J. D. Unwin, 1934, S. 217.

20 W. Zude, 1916, S. 39, 43, 84. Bereits Stendhal hatte daraus Rückschlüsse auf das Wesen der menschlichen Scham gezogen: »On a observé que les oiseaux de proie se cachent pour boire, c'est qu'obligés de plonger la tête dans l'eau, ils sont sans défense à ce moment. Après avoir considéré ce qui se passe à Otaïti, je ne vois pas d'autre base à la pudeur« (zit. n. H. Jacquier, 1945, S. 62). Schon vorher hatte Diderot (a. a. O., S. 970, 996) verlautet, daß die Tahitianer deshalb keine Körper- und Sexualscham kennen, weil bei ihnen jede Frau jedem Mann gehöre.

21 J. van Ussel, 1979, S. 78.

22 Dieses Bild war und ist so verbreitet, daß man ihm selbst in Filmen wie dem auf Samoa handelnden ›Moana‹ (1925) von Robert Flaherty und dem auf Tahiti spielenden ›Tabu‹ (1931) der Murnaus für jene Zeit weitgehende Konzessionen machte. Auch in dem Nachkriegsfilm ›Die Meuterei auf der Bounty‹ (1962) konnte man so viele nackte und hüpfende Brüste sehen wie in kaum einem anderen zeitgenössischen Hollywood-Film.

23 J. Cook, 1955, I, S. 126. »Man sieht die Einwohner oft nackend, und nur mit einer bloßen Binde um den Leib, ihre Blöße zu decken« (Bougainville, a. a. O., S. 215 bzw. 179).

24 Cf. J. M. Orsmond, 1928, S. 285; D. L. Oliver, a. a. O., S. 152f. Dem König erwiesen die Frauen dadurch Respekt, daß sie vor ihm die Brüste entblößten. Cf. J. La Farge, 1987, S. 314.

25 Cf. J. Cook. a. a. O. Ähnlich war es auf Viti Levu, wo die jungen Mädchen, die ein kurzes Baströckchen (vau lingu) trugen, sich stets so bewegten, daß nichts zu sehen war. Die verheirateten Frauen trugen einen längeren Rock. Cf. H. Tischner, 1966, S. 368.

26 J. Morrison, 1935, S. 225. Zu den Brüsten cf. allerdings Anm. 24. Der Autor konzediert zwar, daß es bei rituellen Tänzen zu indezenten Entblößungen käme, aber daß sich diese Tänzer und

Tänzerinnen im Alltagsleben äußerst sittsam und schamhaft verhielten (a. a. O.).

27 Cf. D. L. Oliver, a. a. O., S. 124, 153. Die britischen Missionare
verboten zwar das gemeinsame Baden der Geschlechter in den
Flüssen, hatten aber damit kaum Erfolg. Cf. W. E. Mühlmann,
a. a. O., S. 214. Wie aus Bemerkungen von Reisenden wie Louis
Reybaud oder René Primeverre Lesson hervorgeht, scheinen sie
auch spätestens um 1830 herum in ihrem engeren Einflußbereich
die »Mother Hubbard dresses« eingeführt zu haben. So schreibt
in dieser Zeit auch Chamisso: »Es wird nun schon zu spät. Auf
O-Taheiti, auf O-Waihi verhüllen Missionshemden die schönen
Leiber« (A. v. Chamisso, 1975, S. 137).

28 Lowell D. Holmes: Brief vom 18. Februar 1986.

29 Cf. A. Krämer, 1903, II, S. 290.

30 Cf. R. I. Levy, 1973, S. 106.

31 Cf. G. Koch, 1962, S. 139.

32 Cf. K. P. Emory, 1965, S. 165.

33 Cf. R. C. Suggs, 1966, S. 66, 123f.

34 Cf. R. Firth, 1936, S. 473.

35 Raymond Firth: Mündliche Mitteilung vom 9. April 1968. Wenn
irgendwelche Tikopianer mit dem Kanu einen See überquerten
und in der Ferne badende Frauen sahen, konnte man sicher sein,
daß einer von ihnen sagte: »fafine sa karo«, »die Frauen waschen
sich die Möse«. Um ein Mädchen sehr zu ärgern, machten die
Buben vor ihr mit dem Mund ein klickendes Geräusch, das dem
Geräusch ähneln soll, das die weiblichen Genitalien hervorbrin-
gen. Cf. R. Firth, a. a. O., S. 497, 511.

36 Cf. E. Arning, 1931, S. 7. Ähnlich auf Tonga. Cf. K. Bain, 1967,
S. 81.

37 Der Venushügel wurde mit der flachen Hand immer wieder ge-
preßt und mit *kukui*-Nußöl eingerieben, damit er nicht zu hüge-
lig wurde. Cf. E. S. Handy/M. K. Pukui, 1958, S. 91, 94.

38 Cf. W. S. Middleton, 1971, S. 445.

39 A. v. Chamisso, a.a.O., S. 132f., 157, 207. Auch von den Ton-
ganern heißt es, ihre Eichel sei *tapu* gewesen und sie hätte von
niemandem gesehen werden dürfen. Cf. H. Ploß, 1912,
S. 204.

40 W. Zude, a. a. O., S. 43.

41 A. Sharp, a.a.O., S. 198.

42 J. Cook, 1955, I, S. 280.

43 T. E. Donne, 1938, S. 230. Auf der anderen Seite hieß es, daß das
mana der Vulva einen Mann töten könne. Cf. E. Arbman, 1931,
S. 341. In Anspielung auf den bekannten Mythos, in dem Maui

von der Muttergöttin Hine-nui-te-po vaginal verschluckt wird, wurde die Vagina *te whare o aitua* genannt (cf. E. Best, 1914, S. 132f.), wörtlich übersetzt »Ort, reich an Geistern« (Horst Cain: Mündliche Mitteilung vom 17. Mai 1984).

44 Cf. H. Schurtz, 1900, S. 404.

45 Cf. F. A. Hanson/L. Hanson, 1983, S. 144; B. N. Heuer, 1969, S. 461. Cf. auch T. W. Downs, 1929, S. 158.

46 Cf. R. I. Levy, a.a.O., S. 111; B. Danielsson, 1956, S. 62.

47 Cf. J. C. Furnas, 1937, S. 67.

48 Cf. R. I. Levy, a.a.O., S. 339.

49 Cf. B. Danielsson, a.a.O.

50 Cf. B. Danielsson, 1965, S. 88; H. Ritz, 1983, S. 108.

51 Damit will ich nicht in Abrede stellen, daß insbesondere die britischen Missionare in vielerlei Hinsicht strengere Schicklichkeitsbegriffe hatten als die Tahitianer, und vor allem französische Besucher der Insel haben sich über manche der Neuerungen ausgiebig mokiert. Schließlich waren auch die langen Missionshemden verhüllender als das längste *'ahu-pu*. So entrüstet sich auch A. Krämer, 1906, S. 244: »Ich bin sonst bereit, für die Missionare in der Südsee einzutreten, wo ich nur kann. Aber wenn ich auf die Kleiderfrage komme, dann verliere ich die Fassung.« Auch war es nicht die Bevölkerung, unter der Gauguin für Mißmut sorgte, als er in seinem Garten zwei hölzerne Aktfiguren aufstellte, sondern der katholische Priester von Punaauia, Pater Michel, der im Jahre 1896 seinem Landsmann drohte, er werde die Figuren zerstören, wenn Gauguin sie nicht entferne oder wenigstens bekleide. Der geistliche Herr geriet in solch heiligen Zorn, daß Gauguin zuletzt die Hilfe des örtlichen Gendarmen in Anspruch nehmen mußte, um seine Figuren vor einem Anschlag zu sichern. Cf. B. Danielsson, a.a.O., S. 189f. In unserer Zeit schreibt ein enttäuschter deutscher FKK-Fan über seinen Aufenthalt in Tahiti: »Leider war ich nicht in der Lage, ein Anzeichen von Nacktleben festzustellen [...]. Das Studium der von Eingeborenen beachteten Badegewohnheiten zeitigte ein enttäuschendes Ergebnis. Die Frauen scheuten sich sehr, ihren Körper den Blicken auszusetzen. Verheiratete Frauen baden fast ausnahmslos nicht öffentlich, während die Mädchen ihre Baumwollkleider sogar im Wasser tragen. Ein trauriger Anblick ist es, diese Mädchen in ihren nassen Kleidern am Strande zu beobachten, wie sie frieren, wobei die Arme über der Brust gekreuzt werden, wohl in der Befürchtung, die enganliegenden nassen Kleider könnten ihre Formen dem Fremden zu stark preisgeben. Nur durch viel Zuspruch brachte ich meine Freunde in Tahiti so weit,

sich mit nichts weiter als dem traditionellen ›pareu‹, einem leinernen Hüfttuch, der Kamera zu stellen« (Aus *Helios* 1953, zit. n. G. Spitzer, 1989, S. 158).

52 Cf. W. E. Mühlmann, a. a. O., S. 54, 78f., 100.

53 Cf. M. Sahlins, 1987, S. 5.

54 J. Morrison, a.a.O., S.225.

55 Cf. J. H. Moore, 1978, S. 318, 321; H. P. Duerr, 1984, S. 269.

56 J. Cook, a. a. O., S. 93f.

57 Cf. J. Banks/D. Solander, 1772, S. 73. Schon vorher hatte einer der Begleiter Bougainvilles, der Naturforscher Philibert de Commerson, berichtet, auf Tahiti übten Schamgefühl und Züchtigkeit ihre Tyrannei nicht mehr aus und ein jeder sei eingeladen, an den Lüsten teilzuhaben (P. Commerson, 1977, S. 365). Auf Samoa scheint es sich anders verhalten zu haben, denn im Jahre 1839 schreibt etwa Charles Wilkes über die Zurückhaltung der dortigen Frauen, »exhibiting a strange contrast to those of Tahiti« (zit. n. D. Freeman, 1983, S. 227). Cf. auch B. Shore, 1981, S. 196.

58 »Diesem Volke der Lust und der Freude – o könnt ich doch mit einem Atemzuge dieser lauen, würzigen Luft, mit einem Blicke unter diesem licht- und farbreichen Himmel euch lehren, was Wollust des Daseins ist – diesem Volke, sage ich, war die Keuschheit als eine Tugend fremd« (A. v. Chamisso, a. a. O., S. 131). Und der begeisterte Commerson schreibt über den tahitianischen Geschlechtsverkehr: »Jeder Fremde wird zur Teilnahme an diesen glücklichen Mysterien zugelassen, ja es ist sogar eines der Gesetze der Gastfeundschaft, ihn dazu einzuladen, so daß der gute Tahitier unaufhörlich genießt – entweder das Gefühl seiner eigenen Wonnen oder das Schauspiel der Sinnenlust der anderen. Ein puritanischer Sittenrichter sieht darin vielleicht nur Zügellosigkeit der Sitten, grauenvolle Prostitution, den dreistesten Zynismus, aber ist es nicht der Zustand des natürlichen Menschen, der in seinem Ursprung wesentlich gut, von jedem Vorurteil frei ist und der ohne Argwohn und ohne Gewissensbisse den sanften Trieben eines stets sicheren Instinktes folgt, welcher noch nicht zur Vernunft degeneriert ist?« (a. a. O., S. 366).

59 J. Cook, 1961, II, S. 238f. Der Kapitän berichtet auch – ähnlich wie Tasman – von den Tonganerinnen, die an Bord kletterten und dort tanzten, »stark naked, at the same time using the most lascivious Gestures«, daß diese »Whores by profession« gewesen seien. »Tayweherooa has told us that none of the fine Girls were suffered to come near us but were kept with great Care at their

Habitations, & that those Girls who came on board the Ships were the mere refuse & outcasts among them« (Cook, 1967, III, 1, S. 170; III, 2, S. 996, 1042, 1044). Über diese Huren, die für ein Beil oder ein Hemd eine ganze Nacht lang zu haben waren, schreibt auch Forster: »Hätten wir von der Verschiedenheit der Stände allhier hinlängliche Kenntniß gehabt, so würde sich wahrscheinlicher weise gefunden haben, daß, wie in Tahiti so auch hier, die liederlichen Frauenspersonen, nur vom niedrigsten Pöbel waren« (G. Forster, 1965, II, S. 363).

60 G. Forster, 1966, III, S. 45 f. Omaï war der erste Tahitianer, der England besucht hat.

61 J. Morrison, a. a. O., S. 237. »On the whole«, so Cook (1961, II, S. 239), »a stranger who visits England might with equal justice draw the Characters of the women there, from those which he might meet with on board the Ships in one of the Naval Ports, or in the Purlieus of Covent Garden & Drury Lane.«

62 Cf. G. R. Scott, 1936, S. 56.

63 J. Cook, 1967, III, 2, S. 995. Der alte Forster notiert in seinem Tagebuch, daß manche der Frauen offensichtlich von ihren »male procurers« zur Prostitution gezwungen worden seien. Cf. J. R. Forster, 1982, II, S. 288, 303.

64 Cf. E. Vogler, 1989, S. 55.

65 Cf. A. Métraux, 1988, S. 34; E. Vogler, a. a. O., S. 65.

66 A. v. Chamisso, a. a. O., S. 442.

67 Cf. A. Métraux, a. a. O., S. 96. Nachdem im Jahre 1883 die Korvette, auf der Mikloucho-Maclay nach Neuguinea zurückgekehrt war, angelegt hatte, notierte der umsichtige Forscher in seinem Tagebuch: »Meinen bei der Abreise im Jahr 1877 gegebenen Instruktionen gemäß waren alle jungen Mädchen und jungen Frauen fortgeschafft; es blieben nur einige abstoßend häßliche Frauen zurück« (N. Mikloucho-Maclay, 1986, S. 240).

68 Auch die Nootka stellten den Briten im Austausch für begehrte Güter Frauen zur Verfügung. Da es allem Anschein nach bei diesem Volke nie professionelle Huren gegeben hat, handelte es sich höchstwahrscheinlich um Sklavinnen, die auf Beutezügen bei feindlichen Stämmen gefangen worden waren. Darauf deutet auch das untertänige Benehmen dieser Frauen hin, das sie im Gegensatz zu den anderen weiblichen Nootka an den Tag legten. Cf. R. Fisher, 1979, S. 94 f.

69 Cf. D. L. Oliver, a. a. O., S. 356.

70 In den zwanziger Jahren gab es ein Mädchen, das sich angeblich mit mehreren Männern eingelassen hatte. Man gab ihr den Namen Bobby, denn so hieß eine allzeit bereite Hündin im Dorf.

Obgleich die Ontong Javaner nicht eben prüde waren, wurde sie von den Frauen laut mit diesem Tier verglichen, wenn sie vorüberging. Cf. I. Hogbin, 1931, S. 25, 30. Ohne Begründung schreibt B. Hauser-Schäublin, 1987, S. 11, in »dörflichen Gemeinschaften« sei Prostitution »undenkbar«. Außerdem setze »der Begriff der Prostitution Geldwirtschaft voraus«. Beide Behauptungen sind falsch.

71 Ohnehin war es in Polynesien weithin üblich, einer unverheirateten Frau für den Geschlechtsverkehr ein ›Geschenk‹ zu geben. Wenn z. B. auf der westpolynesischen Insel Rotuma ein Mädchen mit einem Mann geschlafen hätte, ohne etwas von ihm zu fordern, wäre sie in den Ruf gekommen, daß ihr der Sex genauso Spaß mache wie dem Mann. Cf. A. Howard/I. Howard, 1964, S. 271.

72 Vielleicht zogen viele Tahitianer und auch andere Polynesier die Fellatio mit einem transsexuellen *māhū* dem vaginalen Koitus mit einer Frau deshalb vor, weil jener sie mit dem Mund besser ›melken‹ konnte.

73 R. C. Suggs, 1963, S. 122f., 128.

74 Cf. J. Cook, 1961, II, S. 796f.

75 Cf. H. Jacquier, a. a. O., S. 56f.

76 J. Morrison, a. a. O., S. 236f.

77 J. R. Forster, 1783, S. 222.

78 Es scheint ein allgemeiner polynesischer Zug zu sein, daß Liebe und tiefe Gefühle auf der einen und Sex auf der anderen Seite nicht allzu eng miteinander verknüpft waren und sind. Cf. z. B. D. S. Marshall, 1971, S. 119 (Mangaia). Anscheinend wird auch in Samoa der Geschlechtsakt geradezu als aggressive Handlung gesehen und man sagt: »Du schläfst nicht mit jemandem, dem gegenüber du Liebe (*alofa*) empfindest« (B. Shore, 1982, S. 229). In diesem Falle scheint Gauguin – entgegen seiner sonstigen Neigung – nur geringfügig übertrieben zu haben, wenn er über die jungen Tahitianerinnen ›à l'œil tranquille« schreibt: »Mais toutes veulent être prises, *prises* à la mode maorie (*mau*, saisir) sans un mot, brutalement; toutes ont eu quelque sorte, le désir du viol« (P. Gauguin, 1947, S. 46; cf. auch die Urform von 1893: ders., 1985, S. 23).

79 J. Cook, a. a. O., S. 236. Ähnlich G. Forster, 1965, II, S. 241. Über die Tonganerinnen verlautet der alte Forster in seinem Tagebuch: »Their women are modest enough, when married, & I believe there was not one instance of a woman's yielding that was married, though the offerred bribe were ever so great« (J. R. Forster, 1982, III, S. 401). Die Frauen auf Raiatea hatten zwar

teilweise mit den Briten kokettiert, um Geschenke zu ergattern, doch sie »will not comply to sleep with them, unless they be common prostitutes« (a. a. O., II, S. 357).

80 Cf. D. L. Oliver, a. a. O., S. 352. Damit will ich nicht bestreiten, daß mitunter einige Leute dabei zugeschaut haben, wie Mitglieder der Mannschaft Bougainvilles die Prostitutierten beschlafen haben. Aber auch G. Forster, a. a. O., S. 278, meint von den »Tahitischen Buhlerinnen«, diese seien »im Grunde minder frech und ausschweifend als die gesittetern Huren in Europa« gewesen.

81 J. R. Forster, a. a. O., S. 340. »Daß sich Personen von Stande, (wie wir sie nennen würden,) mit unsern Reisegefährten auf einen vertrauten Umgang eingelassen hätten, ist, alte Weiber abgerechnet, ohne Beyspiel« (a. a. O., S. 373 f.).

82 Zit. n. D. L. Oliver, a. a. O., S. 363. Dies scheint ein bißchen übertrieben zu sein. Immerhin gab es wenigstens in späterer Zeit selbst auf Samoa einen relativ ungezwungenen vorehelichen sexuellen Umgang der Geschlechter. Cf. L. D. Holmes, 1987, S. 245. Auf den Marquesas waren zudem Partnertausch und sexuelle Gastfreundschaft nicht allzu selten. So wurde ein Ethnologenehepaar in den ersten drei Monaten ihrer Feldforschung, wenn auch diskret, so doch dreimal, zum »swinging« aufgefordert. Cf. R. C. Suggs, a. a. O., S. 123.

ANMERKUNGEN ZU § 14

1 Cf. R. Huber, 1977, S. 52 f. Gleiches gelte für die weiblichen Brustwarzen, weshalb die Maler für gewöhnlich auch nie reife Nippel, sondern lediglich die Knospen junger Mädchen darstellten, selbst wenn es sich um die Brüste stillender Mütter handle. In geringerem Maße empfinde man eine Abneigung gegen die Runzeln und Falten sowie das Tumeszente des Penis und des Hodensacks, aber sie genüge, um die Maler dahin zu bringen, ein ›Bubespitzele‹ statt eines reifen Penis wiederzugeben. Cf. a. a. O., S. 54, 72. Ich verzichte hier auf einen Kommentar, da ich auf die Darstellung der Brüste und der Genitalien in der Kunst im nächsten Band eingehen werde.

2 R. Huber: Brief vom 25. September 1986. An einer anderen Stelle scheint der Autor die Auffassung zu vertreten, daß wir Heutigen den Anblick der Vulva nicht mehr gewöhnt seien und sie deswegen als häßlich empfänden. Ein häufig stattfindender und vertrauter Umgang mit den weiblichen Genitalien könne

jedoch dieses ästhetische Empfinden modifizieren. Cf. ders., 1984, S. 71, 78.

3 Cf. R. Huber, 1977, S. 51, 53, 68, 87, 97ff.

4 O. Weininger, 1921, S. 313, 314.

5 Er meint, insbesondere die weiblichen Genitalien seien deshalb nicht »sexually alluring«, weil sie häßlich sind: »Under the influence of art there is a tendency for the sexual organs to be diminished in size, and in no *civilized* country has the artist ever chosen to give an erect organ to his representations of ideal masculine beauty. It is mainly because the unæsthetic character of a woman's sexual region is almost imperceptible in any ordinary and normal position of the nude body that the feminine form is a more æsthetically beautiful object of contemplation than the masculine. Apart from this character we are probably bound, from a strictly æsthetic point of view, to regard the male form as more æsthetically beautiful« (H. Ellis, 1928, IV, S. 161 f.). Auch er meint, in Urzeiten seien die Genitalien attraktiv gewesen, aber im Verlaufe des Zivilisationsprozesses seien schließlich »the very methods which had been adopted to call attention to the sexual organs« nur beibehalten worden, um die Genitalien zu verbergen.

6 S. Freud, 1961, S. 33.

7 Cf. G. Devereux, 1960, S. 6.

8 Cf. ders., 1973, S. 221.

9 H. Licht, 1924, S. 24, 29 f.

10 Cf. G. Vinnai, 1977, S. 49 f.; R. Huber, 1981, S. 282; R. J. Stoller, 1979, S. 133. Der Marquis de Sade (1987, S. 313) läßt einen »Sodomiten« bemerken: »›Sapperlot, verstecken Sie die Scham, meine Damen‹; sagt er zu Dorothea und Justine, da er sie bereit sieht, ihm Altäre darzubieten, die ihm so wenig des Kultes würdig schienen; ›verhüllen Sie das, ich beschwöre Sie, sonst machen Sie mich für sechs Wochen impotent!‹« Manche Sufis, die »tugendreichen jungen Männern« (*fatā, jawānmard*) zugeneigt waren, ekelten sich so sehr vor Frauen, daß sie nicht einmal die von Frauen zubereiteten Speisen berührten. Waren sie verheiratet, sahen sie ihre Ehe als gültigen Ersatz für das Höllenfeuer an. Cf. A. Schimmel, 1985, S. 606. Im 19. Jahrhundert berichtet der Militärarzt Jacobus Sutor, in den Hintergassen von Alexandria, Port Saïd und Suez hätten die Prostituierten vor den vorübergehenden Homosexuellen die rasierte Vulva entblößt, um sie zu provozieren, worauf die Frauen von ihnen mit eisigen Blicken bedacht und bespuckt worden seien. Cf. A. Edwardes/R. E. L. Masters, 1963, S. 194.

11 Cf. R. Bilz, 1967, S. 97f. Ein französischer Gynäkologe meint hierzu: »Diese Phantastereien von mysteriösen Kauwerkzeugen spuken bei vielen Impotenten und Homosexuellen: sie wollen sich nicht ›haben lassen‹, sich nicht verschlingen lassen. Für nichts in der Welt würden sie ihm ihren kostbaren Penis anvertrauen« (G. Zwang, a. a. O., S. 229). Cf. auch P. E. Slater, 1968, S. 14f., 63.

12 Cf. M. Ash, 1980, S. 176.

13 K. Landauer, 1928, S. 42.

14 Dalí selber führte aus: »Als mich García Lorca besitzen wollte, habe ich mich mit Schaudern geweigert. Doch seit ich älter werde, fühle ich mich ein wenig mehr von Männern angezogen. Meine Voyeur-Einstellung richtet sich voller Gefallen auf sie, vorausgesetzt, daß sie keinen Bart haben, sehr jung sind und daß sie Mädchen mit langen Haaren und engelhaften Gesichtern ähneln. Auf einem sehr geschmeidigen, quasi femininen Körper die Männlichkeit sich aufrichten zu sehen, bereitet meinen Augen Genuß« (zit. n. R. Biederbeck/B. Kalusche, 1987, S. 98).

15 Zit. n. *Stern* 9, 1989, S. 138.

16 Cf. G. Devereux, 1981, S. 90. Ich möchte nicht den Eindruck erwecken, daß ich *die* männliche Homosexualität aus einer Abneigung gegen die weiblichen Genitalien erklären will, und Gisela Bleibtreu-Ehrenberg schreibt mir etwa, sie habe noch nie einen »Schwulen« getroffen, der etwas über solche Empfindungen gesagt hätte. Auf der anderen Seite sagten mir mehrere Homosexuelle aus meinem Bekanntenkreis, sie könnten es nicht nachvollziehen, daß ein Mann bereit sei, seinen »sauberen und trockenen Penis« in eine solche Molluske zu stecken. Gleichzeitig erscheint offenbar nicht selten Lesbierinnen der homosexuelle Koitus zwischen Männern als ekelerregend. So schrieb z. B. Gertrude Stein an Hemingway: »The act male homosexuals commit is ugly and repugnant and afterwards they are disgusted with themselves« (zit. n. E. Cooper, 1986, S. 112). Freilich fühlen auch viele Männer, die sexuell von Frauen angezogen werden, eine unüberwindliche Abneigung gegen die Vulva und die Vagina und sagen, diese käme ihnen »wie ein schleimiges Tier« vor. Cf. M. Hirschfeld, o. J., S. 562. J. D. Weinrich, 1987, S. 185, hat gegen die These, die Homosexualität mancher Männer resultiere aus einer Aversion gegen die Frau als Sexualwesen, geltend gemacht, daß »you don't love tomatoes because you hate spinach«. Was aber, wenn es nur Tomaten und Spinat gibt?

17 Saltarelli war zuvor auf Grund einer anonymen Anzeige verhaftet worden und hatte beim Verhör angegeben, unter anderem

auch mit Leonardo, der damals 24 Jahre alt war, *soddomia* betrieben zu haben. Cf. A. Vallentin, 1952, S. 36; S. L. Gilman, 1987, S. 149; M. Hirschfeld/R. Linsert, 1927, S. 299. Später hieß es, daß Leonardo seine Schüler nicht nach ihrem Talent, sondern nach ihrer Schönheit ausgewählt habe, wie etwa Andrea Salaini, dessen »belli capelli ricci e inanellati« er über die Maßen bewunderte. Cf. A. Moll, 1910, S. 58.

18 Leonardo da Vinci, 1977, S. 112.

19 Ders., 1940, S. 52.

20 Cf. J. Mathé, 1978, S. 89. O. Rank, 1919, S. 229, vergleicht hiermit die zeitgenössische Beschreibung Melusines als »ange par la figure et serpent par le reste«.

21 Cf. S. L. Gilman, a. a. O., S. 160, 164 f.

22 Leonardo, 1977, S. 110.

23 *King Lear* IV, 6, 124 ff.

24 S. de Beauvoir, 1951, S. 390 f.

25 N. Sombart, 1989, S. 363 ff., 370. Der Autor fügt hinzu, daß die Beschneidung der Frauen die Angst vor der Vulva bewältige (a. a. O., S. 373). R. D. Guthrie, 1976, S. 88, meint, die Genitalien würden nicht deshalb bedeckt, weil sie sexuell aufreizten, sondern weil sie Angst einflößten und deshalb Anstoß erregten.

26 H. Licht, a. a. O., S. 28.

27 Im Gegensatz zu den Lesbierinnen, die aber offenbar – wenigstens bei den ionischen Griechen – als abartig angesehen wurden. Selbst in den Komödien kommen lesbische Frauen kaum vor.

28 Cf. S. B. Pomeroy, 1975, S. 47, 144. Daß dieses erotische Interesse am weiblichen Hintern nichts mit den pädophilen Neigungen der griechischen Männer zu tun hat, wie immer wieder behauptet wird (cf. z. B. C. Reinsberg, 1989, S. 138), sieht man zum einen daran, daß volle Hinterbacken ja nicht typisch für Knaben sind, und zum anderen, daß in vielen ›traditionellen‹ Gesellschaften, in denen Päderastie oder Homosexualität überhaupt nicht vorkommen, ein prominentes weibliches Gesäß in hohem Maße geschätzt wird.

29 Cf. S. Laser, 1983, S. 34.

30 Cf. T. Hopfner, 1938, S. 162.

31 Zit. n. R. H. Bloch, 1986, S. 83.

32 Cf. A. Richlin, 1983, S. 26, 55 f., 67 f. Auch der After des passiven Homosexuellen im Gegensatz zu dem des *puer* galt als häßlich. Cf. a. a. O., S. 99.

33 Richlin, a. a. O., S. 93 f. Bei den Griechen wie bei den Römern scheint es als sehr schamlos gegolten zu haben, die Vulva einer

Frau anzuschauen. Herodot (1, 8) läßt etwa den Lyder Gyges anläßlich des unsittlichen Vorschlages seines Herrn sagen, ein jeder Mann solle nur die Blöße seiner eigenen Frau betrachten, denn »wenn ein Weib vor einem Manne sein Kleid auszieht, zieht es die Scham mit aus«. Für die Griechen empörend war die Schamlosigkeit des thrakischen Königs Diegylis, dem man nachsagte, er habe den getöteten Frauen die Gewänder hochbinden lassen, so daß alle Barbaren ihnen zwischen die Beine schauen konnten. Cf. M. Casevitz, 1985, S. 123, 134. »Denn die Geschichte wird erzählt, daß eine gewisse Jungfrau, Helvia, beim Reiten vom Blitz erschlagen wurde, und ihr Pferd wurde mit abgestreiftem Geschirr auf dem Boden liegend aufgefunden; und sie selber war entblößt, denn ihre Tunika war weit nach oben gezogen, wie wenn dies absichtlich geschehen wäre. [...] Die Wahrsager erklärten, daß dies eine schreckliche Entehrung für die Vestalischen Jungfrauen sei und daß sich dies überall herumspräche« (Plutarch: *Quaestiones Romanae* 83).

34 Cf. B. Roy, 1977, S. 161. Eingedenk dessen, was sie zwischen den Beinen hat, ist nach den apokryphen Apostelakten das bloße Anschauen einer bekleideten Frau »widerlich«, von der Ekelhaftigkeit des Beischlafs ganz zu schweigen. Cf. B. Lohse, 1969, S. 152. Nach Athenaios kastrierten (εὐνουχίσαι) die Lydier junge Frauen, um sie dann wie männliche Eunuchen, d.h. anal, gebrauchen zu können. Xanthos, den Athenaios zitiert, fügt hinzu, daß dies geschehe, um die Jugendlichkeit der betreffenden Frauen zu erhalten. Da man damals noch nicht die Eierstöcke entfernen konnte, ist bei dieser Operation wohl an eine Kauterisation oder Beschneidung der Vulva zu denken. Cf. G. Devereux, 1981, S. 106. Dadurch wird zwar nicht die Jugendlichkeit bewahrt, aber vielleicht sollten die Frauen durch das Entfernen der ›häßlichen‹ Klitoris und Schamlippen entweiblicht, d.h. den männlichen Eunuchen angeglichen werden.

35 Cf. M. Albistur/D. Armogathe, 1977, S. 72.

36 Zit. n. R. Muchembled, 1982, S. 30.

37 Cf. W. Molsdorf, 1926, S. 221. Zur Kröte als Symbol der Vulva cf. H. P. Duerr, 1984, S. 333, 398.

38 Cf. S. J. Cohen, 1976, S. 42, 48.

39 Diesen Anblick hat Gichtel selber sich zeitlebens versagt. Er hat seine Frau nie angerührt. Cf. F. Tanner, 1952, S. 25ff. Die Frauenkleidung mußte entsprechend die weiblichen Reize möglichst verbergen. In der pietistischen Amana Community in Iowa mußten sogar die ganz kleinen Mädchen schwarze Hauben und dunkle Kleider tragen, und die kleinen Buben durften nicht mit

ihnen reden, um sich nicht sexuell zu entzünden. Cf. L. Ungers/
O. M. Ungers, 1972, S. 21.

40 Cf. I. P. Culianu, 1987, S. 187.

41 Den Männern wurden der Penis und die Hoden, manchmal nur
letztere entfernt. Cf. K. K. Grass, 1914, II, S. 687, 699, 707 ff.,
718 ff. Für viele Häretiker waren die Genitalien schändlich und
nicht von Gott, sondern vom Teufel geschaffen. So gossen die
Eunomianer dem Täufling das Wasser nur über den Kopf, damit
das heilige Naß nicht mit den Genitalien in Berührung kam. Cf.
T. Hopfner, a. a. O., S. 19 f. Die Andronykäer lehrten ebenfalls,
daß die Frau vom Nabel aufwärts ein Geschöpf Gottes und vom
Nabel abwärts eine Ausgeburt der Hölle sei, weshalb sie den Unterleib nur nachts entblößen dürfe. Cf. G.-J. Witkowski, 1907,
S. 33.

42 Cf. S. Brownmiller, 1984, S. 157.

43 J. E. Keidel, 1909, S. 88.

44 S. Hite, 1977, S. 332. Cf. auch C. H. Poston, 1978, S. 23 ff.

45 Eva Rühmkorf, damaliger Vorstand der ›Leitstelle Gleich-
stellung der Frau‹ beim Hamburger Senat, bezeichnete allerdings das Plakat – dem Geist der Zeit entsprechend – als »eindeutig frauendiskriminierend«. Cf. *Spiegel* 7, 15. Februar 1988,
S. 202 f.

46 Cf. J. M. Henslin/M. A. Biggs, a. a. O., S. 256. Anscheinend
wünschten sich manche Viktorianer eine »saubere« und daher
»trockene« Frau. Jedenfalls heißt es in *Rees' Cyclopaedia*: »That
a mucous fluid is sometimes formed in coition from the internal
organs and vagina is undoubted; but this only happens in lascivious women, or such as live luxuriously« (zit. n. E. Trudgill,
1976, S. 62). Vielleicht entspricht die Behauptung auch nur den
sexuellen Erfahrungen des Autors.

47 Cf. C. H. Stember, 1976, S. 126 f. Auf die starke »Sexualisierung« der Schwarzen durch die Weißen werde ich im nächsten
Band eingehen.

48 Zit. n. W. Bartholomäus, 1987, S. 55 f.

49 17,8 % der Frauen begründeten ihre Weigerung mit Ekel und
Scham vor dem Geschlechtsakt. Cf. J. A. Blazer, 1971, S. 99.
Auch heute noch scheint nicht selten mangelnde Geschlechtslust
mit einem Widerwillen gegen den Anblick der Genitalien des an-
deren Geschlechts zusammenzuhängen. Cf. G. Lischke, 1987,
S. 74.

50 Cf. M. Ash, a. a. O., S. 177, ferner V. L. Clower, 1980, S. 162.
Natürlich mag auch eine Rolle spielen, daß ein Mädchen oder
eine Frau ihre Vulva weniger häufig sieht oder – etwa beim Uri-

nieren – seltener anfaßt als der Mann seine Genitalien, und dies mag ein Grund sein, »weshalb Frauen ihr Genitale weniger als Objekt, als Gegenstand empfinden denn als Teil ihrer selbst« (R. Huber, 1977, S. 67).

51 Dies haben mir zahlreiche Frauen im Alter von 35 bis 50 Jahren erzählt. Wenn also zu Beginn des Jahrhunderts die Ethnologin Elsie Clews Parsons sagen konnte, daß »women have no words, secret or otherwise, to describe even some of the simplest sex characteristics« (zit. n. J. Bernard, 1981, S. 378).), dann scheint sich daran auch in den kommenden Jahrzehnten nicht allzu viel geändert zu haben.

52 Cf. I. Stolz, 1989, S. 74 f.

53 Cf. A. Blau, 1943, S. 481 f. Allerdings gab es z. B. in England im 17. Jahrhundert den Ausdruck »mother«. Cf. M. D. W. Jeffreys, 1956, S. 26. Das altgriechische κλειτορίς geht offenbar auf κλείειν, »schließen« zurück und scheint ein Umgangswort gewesen zu sein. Zwar behaupten die Renaissanceärzte, die Klitoris entdeckt zu haben (cf. S. 90), aber zumindest die Klitoris*gegend* war in ihrer Funktion bereits den Gelehrten des Mittelalters einigermaßen bekannt. In frühmittelalterlichen gynäkologischen Texten wird sie bisweilen »loca dilectabilia« genannt (cf. P. Diepgen, 1933, S. 232), und Albertus Magnus meinte, man könne sehen, wie die Frau ihr Sperma ejakuliere, wenn man sie dort mit schnellen Bewegungen reibe. Cf. J. R. Shaw, 1975, S. 61.

54 Cf. H. Mester, 1982, S. 86; A. P. French/H. L. Nelson, 1972, S. 618 f. Auch Inzesterlebnisse führen offenbar bisweilen zur Magersucht und zu einem Haß auf die Vulva und zu deren Verstümmelung. Cf. H. U. Ziolko/I. Hoffmann, 1977, S. 215 ff. Entsprechendes fand man bei Männern, die »submissive masochistic relationships with women« unterhielten und ihre Genitalien ablehnten. Man denkt hier an die Galli der Kybele, die sich kastrierten und ihre Hodensäcke, vielleicht auch ihre Penisse im unterirdischen θάπαμος der ›Großen Mutter‹ niederlegten. Cf. A. Persson, 1942, S. 106 f.

55 E. Burgos, 1984, S. 66.

56 Cf. T. Gregor, 1985, S. 34 f., 80, 110, 141.

57 Allerdings waren die Frauen nicht bereit, ihn zu »lutschen«, »weil sie sich zu sehr schämen« (a.a.O., S. 149).

58 Cf. C. Lévi-Strauss, 1971, S. 348.

59 Cf. S. G. Ardener, 1973, S. 426; dies., 1987, S. 115 f. Die Kaguru vergleichen die Vulva mit dem After: beide seien gleich schmutzig. Cf. T. O. Beidelman, 1972, S. 168.

60 Cf. H. I. Hogbin, 1946, S. 189. Wenn auf Tikopia ein Mann den

Penis mit der Hand in die Vagina seiner Partnerin einführt und dabei aus Versehen die Schamlippen berührt, wird dies als ekelhaft empfunden. Will die betreffende Frau später einmal diesen Mann diskreditieren, so erzählt sie den anderen Frauen, er habe eine »schweinische Hand«. Cf. R. Firth, 1936, S. 493 f.

61 Die einzige Gelegenheit, bei der eine Nandi-Frau den Penis ihres Mannes oder Liebhabers anfaßt, ist die, wenn sie ihn nach dem Koitus vom Vaginalsekret und vom Sperma reinigt. Cf. F. Bryk, 1928, S. 78; B. de Rachewiltz, 1965, S. 242 f. Für solche und ähnliche Tätigkeiten benutzen bekanntlich viele ›traditionelle‹ Gesellschaften die linke Hand, die ansonsten weitgehend aus dem sozialen Verkehr gezogen wird.

62 Cf. G. H. Herdt, 1981, S. 188. Nach dem Autor (ders., 1984, S. 65 f.) besteht diese Abneigung gegen die Frauen in allen »pädophilen« Gesellschaften Neuguineas, doch in manchen – etwa bei den Kiwai oder den Kaluli – scheint sie nicht sehr ausgeprägt zu sein. Cf. D. K. Feil, 1987, S. 181 f. Dazu mehr im nächsten Band.

63 Cf. O. Lewis, 1961, S. 43 f.

64 Manche Informanten brüsteten sich damit, in einer Nacht 15 mal »gekommen« zu sein, bis schließlich statt Sperma Blut herausgespritzt sei. Cf. V. Crapanzano, 1981, S. 234, 268.

65 Cf. ders., 1983, S. 154.

66 Cf. M. E. Spiro, 1977, S. 232, 235 f. Bei den Aranda ist *atna wondjina*, »Mösenschlecker«, ein geläufiges Schimpfwort. Obgleich sich die Erwachsenen mehr oder weniger schämen, es zuzugeben, wird allerdings der Cunnilingus – freilich seltener als Fellatio – ausgeübt. Cf. G. Róheim, 1974, S. 238 f. Die Mohave praktizierten zwar Fellatio, waren aber von der Vorstellung des Cunnilingus entsetzt, denn sie empfinden einen extremen Ekel vor dem Geruch der weiblichen Genitalien. Cf. G. Devereux, 1951, S. 405; ders., 1978, S. 86 f. Auch die Aloresen waren von der Vorstellung des Cunnilingus schockiert (cf. C. DuBois, 1961, S. 99), ebenso die Ata Kiwan von Ost-Flores (eigene Befragungen). Bei den Kaska gab es ihn kaum, weil diese Indianer die Vulva für giftig hielten. Dies hatte offenbar nichts mit dem Menstruationsblut zu tun, denn es kam nicht selten vor, daß ein Mann sich an ein wegen ihrer Monatsblutung abgesondertes Mädchen heranmachte, um mit ihr zu schlafen. Cf. J. J. Honigmann, 1954, S. 125, 129. Die !Kung-Männer stimulieren zwar die weiblichen Genitalien mit der Hand, doch gibt es keinen oralen Sex. Eine !Kung-Frau: »Die Genitalien einer Frau können den Mann verbrennen. Deshalb küßt er sie nur auf den Mund«

(M. Shostak, 1982, S. 228). Auf Bali scheint der Cunnilingus äußerst problematisch zu sein, weil dabei ein so edler Teil des Körpers wie das Gesicht des Mannes mit der unedlen Vulva in Berührung kommt. Cf. A. Duff-Cooper, 1985, S. 414f. Bei den Ibibio ist Cunnilingus, aber auch Fellatio undenkbar. Cf. D. C. Simmons, 1956, S. 80. Cf. auch F. S. Krauss, 1909, S. 405 (Harar, Somāli, Galla).

67 Cf. W. G. Archer, 1974, S. 229f. Die Baiga haben vom Cunnilingus noch nie etwas gehört. Cf. V. Elwin, 1939, S. 264. Die Navaho glaubten, daß ein Mann, der die Vulva einer Frau oral stimuliere, vom Blitz erschlagen werde, und für die Ojibwa – bei denen die Erwähnung der weiblichen Genitalien das Obszönste darstellte, zu dem man verbal überhaupt in der Lage gewesen ist, war allein der Gedanke an den Cunnilingus in hohem Grade ekelerregend. Cf. A. I. Hallowell, 1955, S. 298. Bei den Baruya übt praktisch jede Frau bei ihrem Mann Fellatio aus, aber ein Cunnilingus ist absolut undenkbar. Cf. M. Godelier, 1987, S. 92. Die Guajiro glauben, daß nur eine Prostituierte zu Cunnilingus oder Fellatio bereit wäre. Würde eine normale Frau sich oral stimulieren lassen, nähme ihr Mann an, daß sie unehrbar und fähig sei, ihn zu betrügen. Cf. L. C. Watson, 1973, S. 154f. Die zentralindischen Bauern vermeiden es im allgemeinen, die Vulva ihrer Frau auch nur mit der Hand zu berühren. Der Cunnilingus wäre für sie entwürdigend, doch manche Männer lassen es sich gerne gefallen, wenn ihre Frau sie »lutscht«. Die meisten muslimischen Frauen scheinen allerdings nicht bereit zu sein, dies zu tun, mit Ausnahme gewisser Tänzerinnen, die freilich das Sperma ausspucken, weil sie befürchten, ansonsten schwanger zu werden. Cf. Dr. Susruta, 1911, S. 245f.

68 In der erotischen Vasenmalerei der Griechen wurde der Cunnilingus anscheinend nicht dargestellt (cf. R. F. Sutton, 1982, S. 90f.), und in den pompejanischen Wandkritzeleien kommt seine Unterstellung als Beleidigung vor. Cf. E. Diehl, 1930, S. 38f., 79f., ferner W. Krenkel, 1962, S. 51.

69 Cf. J. Rossiaud, 1989a, S. 109f.

70 R. Maier, 1913, S. 57.

71 Über einer Zellentür des Klosters Chartreuse-du-Val-de-Bénédiction ist ein aus dem 14. Jahrhundert stammendes Relief angebracht, das eine Szene zeigt, die man als einen an einer sich nach vorne knienden Frau von hinten durch einen Geißbock – der Allegorie des sexuellen Lasters – ausgeführten Cunnilingus interpretieren kann. Cf. H. Kraus, 1982, S. 79f.

72 Bereits im frühen 13. Jahrhundert wurde auf einem Säulenkapi-

tell des Domkreuzganges in Brandenburg an der Havel eine »Judensau« dargestellt, an deren Genital- und Analbereich sich ein Jude mit seiner Zunge zu schaffen macht. Cf. W. Schouwink, 1985, S. 85. Auf die den Juden bis heute unterstellte extreme Geilheit werde ich im nächsten Band eingehen.

73 Zit. n. J. Dalarun, 1987, S. 144.

74 Cf. J. Wirth, 1979, S. 89. In unserer Zeit scheint der Cunnilingus vor allem in Nordamerika verpönt gewesen zu sein. Gegen Ende des 19. Jahrhunderts drohten einem Paar – gleichgültig, ob es miteinander verheiratet war oder nicht – für Cunnilingus und Fellatio in Georgia lebenslanges, in Connecticut 30 Jahre und in Florida, Massachusetts, Minnesota, Nebraska und New York 20 Jahre Gefängnis. Cf. M. Harris, 1981, S. 85. Noch in den sechziger Jahren wurde in den USA ein Mann wegen Cunnilingus zu mehreren Jahren Freiheitsstrafe verurteilt, wegen guter Führung aber nach einem Jahr entlassen. Typische Antwort einer Amerikanerin auf die Frage, ob ihr oraler Sex zusage: »Ich genieße Cunnilingus, obwohl es für mich bequemer ist, einen Mann zu blasen. Ich habe mich vor Männern in dieser Stellung noch nie entspannt, weil ich mir unästhetisch vorkomme« (S. Hite, a. a. O., S. 324).

75 Cf. H. Küppers, 1984, S. 1947.

76 Auf die Frage, warum das Entblößen der Vulva in den meisten Kulturen der Abwehr von Feinden, üblen Geistern oder zur Verhöhnung und Beleidigung anderer Personen, insbesondere von Männern dient, gehe ich im nächsten Band ein.

77 Cf. E. G. Gobert, 1951, S. 40. Hans Himmelheber hat mir erzählt, daß er im Herbst 1937 im Kameruner Grasland eine Frau sah, die vor der Vulva nichts als eine an einer Schnur befestigte Kauri trug. In Nubien tragen nicht selten die jungen Mädchen Kauri-Gürtel (*rahad*) oder Kauris an der Stelle des Rockes, unter der die Genitalien sich befinden. Cf. L. Keimer, 1948, S. 20. Cf. auch E. Nowack, 1954, S. 42 (Konso im südlichen Äthiopien). Wie mir Bernhard Streck in einem Brief vom 10. November 1983 mitteilt, nähen sich die Frauen der Topotha Kauris als die Fruchtbarkeit fördernde Amulette auf den Schamschurz, wohingegen die Kauri bei den Iregat im Zentralsudan eher vor dem Bösen Blick schützt. Auch die muslimischen Punjabi-Frauen tragen während der Schwangerschaft unter den Kleidern eine Kauri auf dem Bauch, um das Ungeborene zu schützen (cf. S. N. Dar, 1969, S. 144), und bei den Tiv band man einem Mädchen, wenn ihre Brüste anfingen, sich zu entwickeln, ein Schneckenhaus um den Hals, damit keiner sie vergewaltigen könne. Cf. R.

205 Charles Gleyre: ›La Nubienne‹, 1838.
Kaurischnecke in Höhe des Schambereichs.

East, 1939, S. 309. Bei den Ila am Kafue-Fluß in Zambia symbo-
lisieren die Impande-Muscheln, die zwischen den Brüsten einer
Frau baumeln, den mit Leben gefüllten Bauch, aber auch den
Koitus. Auch über den Eingängen zu den Rundhütten, die symbolische Frauenleiber sind, befinden sich Muscheln und Brüste.
Cf. E. M. Zuesse, 1979, S. 80f. Das Mende-Wort für Kauri,
kpòyò, ein von den Männern nicht benutztes Frauenwort, spielt
auf den weiblichen Unterleib an. Die Mende-Frauen sagen, die
obere Seite der Kauri sei wie ein schwangerer Bauch und die untere wie eine Vulva. Cf. S. A. Boone, 1986, S. 221. Das *Sušruta
Samhitā* verlautet: »Die Vagina einer Frau ähnelt in der Gestalt
dem Nabel der Schneckenmuschel und besitzt drei enge Win-
dungen (*ávartas*) wie das Innere einer Molluske« (K. L. Bhishagratna, 1981, II, S. 171). Die Dusun, die die Kaurischnecke
»Vulvamuschel« nennen, trugen sie auf der Kleidung, die sie zur

454

Kopfjagd anlegten, und befestigten sie an der Waffe, mit der sie den Kopf vom Rumpf trennten. Sie begründeten dies damit, daß die erfolgreiche Kopfjagd die Fruchtbarkeit fördere, also eine reiche Ernte sichere. Cf. I. H. N. Evans, 1923, S. 22.

78 Cf. B. Karlgren, 1930, S. 34, nach M. Eliade, 1958, S. 164f. Cf. auch F. J. P. Poole, 1981, S. 143 (Bimin-Kuskusmin im Sepikgebiet); U. Topper, 1977, S. 259 (Kalaş); H. Hunger, 1979, S. 291.

79 Cf. S. Aigremont, 1909, S. 46f.

80 Cf. C. v. Fürer-Haimendorf, 1940, S. 34.

81 Cf. K. Singer, 1940, S. 51. Bei den Chagga durfte man das eigentliche Wort für die Vulva nicht benutzen, sondern mußte das Wort für die Kaurischnecke verwenden. Cf. B. Gutmann, 1938, S. 306f.

82 Cf. J. André, 1985, S. 59.

83 Cf. M. E. Opler, 1941, S. 81; ders., 1969, S. 65. Cf. auch K. Komatsu, 1987, S. 321ff. (Ulithi). Nach L. B. Boyer, 1979, S. 212f., schlafen die Apache-Ehepaare nicht selten vor ihren bis zu zwei Jahre alten Kindern miteinander, weil sie die kleinen Kerlchen noch nicht für richtige Personen halten. Der Autor meint, daß die Kinder aufgeweckter seien, als die Erwachsenen glauben, und den Koitus als aggressiven Akt empfänden. Deshalb erschiene den Kindern später die Lehre, daß alle Frauen eine ›vagina dentata‹ besäßen, sehr plausibel.

84 Cf. G. Róheim, 1977, S. 143. G. Devereux, 1960, S. 17, ist der Überzeugung, die Vorstellung von der kastrierenden Vagina gehe auf die Erfahrung der Detumeszenz nach der Ejakulation zurück. Die Somáli sagen beispielsweise, die Vagina sei der Ort, »wo der Penis stirbt«.

85 Cf. C. P. Morris, 1976, S. 248.

86 Cf. G. Róheim, 1974, S. 250. Den *penis captivus*-Mythos gibt es bekanntlich auch hierzulande. Bisweilen ist eine solche ›zuschnappende‹ Vagina eher begehrt. In Marokko wird sie *el addād*, »die Beißende«, genannt, und es erhöht die Lust mancher Männer, wenn sie sich vorstellen, daß ihr Penis mit gierigen Bissen bearbeitet und bis zum letzten Tropfen Sperma ausgesaugt wird. Cf. S. A. Jahn, 1980, S. 25.

87 Cf. H. P. Duerr, 1978, § 2.

88 Cf. G. Róheim, 1933, S. 236, 238. Die Beschneidung der »häßlichen« Vulva als sexuelle ›Stillegung‹ der Frauen werde ich im nächsten Band behandeln.

1 In unserem Kulturbereich scheinen Männer durch Großaufnahmen der Vulva wenig oder gar nicht sexuell erregt zu werden. Cf. H. Selg/M. Bauer, 1986, S. 73.

2 Cf. G. Zwang, 1968, S. 226. Hier gibt es offenbar auch rassische Unterschiede, über die heutzutage kaum jemand zu schreiben wagt, der sich nicht dem Verdacht des Rassismus aussetzen will. Nach E. v. Eickstedt, 1938, S. 805 ff., weist die Genitalhaut von Negerinnen wesentlich mehr Schweißdrüsen auf als die von Europäerinnen. Es heißt, daß die Indianerinnen von Surinam sich vor den Frauen der Djuka-Buschneger die Nasen zuhielten, und in einem Lied der westindischen Schwarzen heißt es: »The Lord, he loves his nigger well, / He knows his nigger by the smell.« Dagegen scheint die Vaginalhaut der Japanerinnen wiederum wesentlich weniger Schweißdrüsen zu besitzen als die der weißen Frauen. Bekanntlich weigern sich mit dem wiedererstarkenden japanischen Nationalbewußtsein in den letzten Jahren immer mehr Japaner, z. B. in Flugzeugen, neben Weißen zu sitzen, da diese angeblich unangenehm riechen.

3 Cf. L. Vincze, 1985, S. 35, 41. Damit ihre Vulva einen »guten Geruch« hat, räuchern die Frauen der Harar und der Galla von Zeit zu Zeit den Unterleib. Cf. F. J. Bieber, 1910, S. 230. Daß die Borana sich nie waschen, begründen sie unter anderem damit, daß sonst das Vieh sie nachts nicht erkennen könne und möglicherweise angreife. Auch die Frauen waschen den Genitalbereich – den nicht einmal ihr Geliebter sehen darf – nie. Mindestens einmal in der Woche hockt sich indessen eine Borana-Frau, nachdem sie das Haus fest abgeschlossen hat, nackt über ein Loch im Fußboden, in dem sich glimmende Holzscheite und Harzbrocken befinden. Während sie sich Haare und Leib mit gewürzter Butter einreibt, räuchert sie sich so die Genitalien ein. Dagegen salben und räuchern sich die Frauen der Ari und Dime, die sich auch nicht waschen, nie. Cf. E. Haberland, 1963, S. 55 f.

4 Cf. C. Rätsch/H. J. Probst, 1985, S. 1123 f.; Felicitas Goodman: Brief vom 14. März 1986.

5 Cf. M. Granet, 1976, S. 214.

6 Cf. L. Stone, 1977, S. 485 f.

7 Cf. E. Huguet, 1946, IV, S. 11.

8 Zit. n. P. Dufour, 1899, IV, S. 82. Bereits im Jahre 1349 wird zwar ein Holz-Bidet erwähnt – »A Hue d'Iverny pour 11 chaierent de fust, a laver dames« (P. Négrier, 1925, S. 125) –, aber in

größerem Umfang fanden diese Artikel erst in der zweiten Hälfte des 18. Jahrhunderts Verbreitung (cf. G. Vigarello, 1988, S. 132), in der »bonne bourgeoisie nivernaise« gar erst im frühen 20. Jahrhundert. Cf. A. Corbin, 1987, S. 444. Noch im vergangenen Jahrhundert verband man Bidets selbst in Frankreich weithin mit den »demi-mondaines«. Bekannt wurde das silberne Bidet einer Pariser Prostituierten mit der einziselierten Inschrift: »Laissez venir à moi les petits enfants!« Cf. H. A. Kuno, 1929, S. 94.

206 Frau auf dem Bidet. Gemälde von Louis Leopold Boilly, zweite Hälfte des 18. Jh.s.

9 Zit. n. I. Bloch, 1912, S. 817.
10 A. Prost, 1987, S. 96.
11 Cf. G. Devereux, 1958, S. 280, 283. Nach T. Gladwin/S. B. Sarason, 1953, S. 109, 115, erlauben es indessen die Frauen auf den Truk-Inseln den Männern nicht, ihre Vulva anzuschauen oder zu betasten, und deshalb lüften sie vor dem Koitus tagsüber den Rock nur so weit, daß der Mann den Penis einführen kann. Am liebsten haben sie den Koitus von hinten, weil sie dann sicher sein können, daß der Partner die Vulva nicht sieht. Diese Mitteilung der Autoren ist freilich in unserem Zusammenhang irrelevant, da die Männer die weiblichen Genitalien ungeachtet der Scham der

Frauen als schön empfinden. Sie sind auf ihren Anblick sehr scharf, und weil die reiferen Frauen sie meist abweisen, führen die älteren Männer den Cunnilingus häufig mit pubertierenden Mädchen aus, was diesen angeblich großes Vergnügen bereitet.

12 Ihr eigenes Schamhaar lassen die Männer stehen. Fellatio wird auf Songosor wie auf Ifaluk nur in einem einzigen Fall geübt, nämlich als liebevoller Abschiedsgruß gegenüber dem verstorbenen Mann. Cf. A. Eilers, 1935, I, S. 60.

13 Cf. H. Damm, 1938, II, S. 189.

14 Man ließ auch eine große schwarze Ameise in die Klitoris beißen, was nach Angabe der Informantinnen einen »kurzen, prickelnden Reiz verursacht«. Cf. O. Finsch, 1880, S. 316f.

15 Cf. G. Devereux, a. a. O., S. 280.

16 Obwohl sie die Röcke anbehielten, wäre es beschämend gewesen, wenn ein Mann sie beim Baden beobachtet hätte. Die Männer drehen sich beim Urinieren auch vor Angehörigen des eigenen Geschlechts weg. Cf. T. Gladwin/S. B. Sarason, a. a. O., S. 115.

17 Cf. W. A. Lessa, 1966, S. 78ff.

18 Wie Montaigne, 1922, I, S. 380, berichtet, vermieden sie auch das Wort »spongia«, denn »Ils se torchoyent le cul (il faut laisser aux femmes cette vaine superstition des parolles) avec une esponge: voylà pourquoy SPONGIA est un mot obscœne en Latin.«

19 Cf. W. A. Lessa, 1968, S. 373.

20 Cf. E. G. Burrows/M. E. Spiro, 1957, S. 284, 296f. A. Krämer, 1919, S. 307, führt die extreme »jungfräuliche Schamhaftigkeit« der Palau-Insulanerinnen auf die manipulierten Schamlippen zurück: »Das Vorhandensein der verlängerten labia minora, der *begél*, erklärt bei einer Frau manchmal zur Genüge ihre Sprödigkeit.«

21 Cf. D. M. Schneider, 1955, S. 230f. A. Krämer, 1906, S. 322, 337f., erzählte man auf einem Atoll der Gilbert-Inseln, der König Tebureimoa habe einst einen Voyeur von einem Baum heruntergeschossen, der den Frauen beim Baden zugeschaut habe: »Seitdem singen alle, die auf den Bäumen etwas zu schaffen haben.« Um die Wasserlöcher, in denen die Frauen sich geduckt wuschen, waren Zäune (*mandukeduk*) errichtet, aber auch so vor Blicken geschützt behielten sie ihre Baströcke (*te rid* oder *te riri*) an. Auf Ralik-Ratak im Marshall-Archipel trugen die Frauen »zwei längere Matten mit einer Schnur um die Hüften befestigt, die Mädchen früher schon eine kleinere Schürze« (A. v. Chamisso, a. a. O., S. 404).

22 Cf. A. Eilers, a. a. O., S. 47.

23 L. Friederichsen, 1881, S. 14. Daß besonders die jungen Mädchen zu solchen Aufnahmen bisweilen nachgerade vergewaltigt werden mußten, geht etwa aus dem Bericht von G. Fritsch, 1896, S. 544, hervor.

24 Cf. J. L. Fischer, 1983, S. 161.

25 K. Semper, 1873, S. 68. Nach A. Krämer, 1926, S. 287, wurde das Überraschen einer badenden Frau auf dieselbe Weise bestraft, wie wenn der Betreffende sie vergewaltigt hätte.

26 Cf. S. A. Boone, 1986, S. 82, 99, 104, 117ff., 125.

27 Nach der Beschneidung werden die jungen Mangaier auch in den Techniken des Cunnilingus unterwiesen. Cf. D. S. Marshall, 1971, S. 110, 114.

28 Cf. K. Helfrich, 1972, S. 158.

29 Cf. G. Devereux, 1951b, S. 103.

30 Cf. R. Clemmer, 1979, S. 109f., 112. Die anderen Leute mußten während der Rituale abstinent bleiben, weil die Regenwolken den »Geruch« der Frauen nicht mögen. Cf. M. Titiev, 1944, S. 206.

31 Cf. M. Titiev, a. a. O., S. 205. Bei den Tewa hörte ich, daß sich in den alten Zeiten die Mädchen häufig gesträubt hätten, an solchen rituellen Tänzen teilzunehmen. »Die Tränen flossen manchmal reichlicher als der Regen« (Informantin Emily Highwater, August 1963).

32 Cf. R. M. Berndt, 1951, S. 51.

33 Cf. ders., 1952, S. 42.

34 Cf. J. B. Danquah, 1952, S. 364.

35 Cf. T. Gregor, 1977, S. 100, 133.

36 Cf. z. B. M. Gref, 1989, S. 90.

37 Cf. E. G. Gobert, 1951, S. 31.

38 Cf. A. Bouhdiba, 1985, S. 37.

39 A. Ḥ. al-Ghazālī, 1964, S. 41.

40 G. Mayer, 1984, S. 658f.

41 Die Zande sind der Auffassung, daß das Glied eines normalen Mannes beim Anblick der Vulva steif werden *muß*, und man stellte die Impotenz eines Mannes dadurch fest, daß man vor ihm eine Frau die Beine spreizen ließ. Blieb dann die Erektion aus, galt seine Impotenz als erwiesen. Das Berühren der Vulva beim Vorspiel hielten die Zande allerdings für pervers, und die Männer zogen die Frauen manchmal mit den Worten auf: »Bring mal deine Möse rüber, damit ich sie in die Hand nehmen kann!« Worauf die Frau schimpfte und nach dem Penis des Mannes schnappte. Eine Frau durfte in der Liebe die Genitalien des Man-

nes ohne weiteres berühren, und nach dem Koitus wusch sie auch den Penis und ölte ihn ein. Cf. E. E. Evans-Pritchard, 1973, S. 172 f.

42 Cf. A. Bouhdiba, a. a. O., S. 38.

43 Um die Vagina zu verengen, rät der Scheich zu Spülungen mit einer Alraunlösung.

44 A. 'A. 'O.b.M. an-Nafzawi, 1966, S. 59, 64, 96, 192 f., 204 f.

45 A. a. O., S. 181 ff. Manche haben aus solchen glühenden Beschreibungen den Schluß gezogen, die Araberinnen hätten keine Genitalscham besessen, so z. B. J. van Ussel, 1979, S. 77. Ich werde im nächsten Band zeigen, daß nichts verfehlter sein könnte als eine derartige Behauptung.

46 Auch bei Vergewaltigungen scheint der Cunnilingus häufig vorgekommen zu sein. Cf. A. Edwardes/R. E. L. Masters, a. a. O., S. 193, 299 f., 304.

47 Cf. M. Jacobs, 1979, S. 63.

48 Cf. A. Roger, 1987, S. 187. Das Bild befand sich zeitweilig im Besitz Jacques Lacans, in dessen Landhaus es hinter einer Art Schutzschirm verborgen war. Cf. S. Faunce/L. Nochlin, 1988, S. 178.

49 Zit. n. T. Theye, 1989, S. 419. Cf. auch M. S. Yamashita/D. Lee, 1980, S. 77.

50 A. Wernich, 1878, S. 134, 136.

51 Cf. G. DeVos, 1986, S. 92.

52 Cf. M. Wex, 1979, S. 332.

53 Cf. S. Longstreet/E. Longstreet, 1973, S. 155. Wie mir Klaus-Peter Koepping mitteilt, war dies allgemein üblich.

54 Cf. L. Dalby, 1985, S. 362 f.

55 Cf. H. Ploss/W. Bartels, 1908, I, S. 133.

56 Cf. C. J. Dunn, 1972, S. 162. Auch auf Okinawa wird schon den kleinen, noch nackt herumlaufenden Mädchen beigebracht, in jeder Situation fest die Beine zusammenzuhalten. Haben sie diese Regel noch nicht so ganz »internalisiert«, müssen sie damit rechnen, daß die Buben ihnen zurufen: »He du, wir können deine Möse sehen!« Wenn die Mädchen ungefähr 5 oder 6 Jahre alt sind, schämen sie sich bereits, wenn irgend jemand in ihrer Gegenwart ihre Genitalien erwähnt, und im Gegensatz zu den Buben urinieren sie nie vor anderen. Cf. T. W. Maretzki/H. Maretzki, 1963, S. 492.

57 Cf. J. P. Collins, 1986, S. 142. Herkömmlicherweise gilt Körperhaar bei den Japanern als animalisch, weshalb sich früher die Dame auch sämtlichen Gesichtsflaum sowie die Augenbrauen abrasierte. Cf. L. Hearn, 1981, S. 165.

58 Auch obszöne Wörter, die etwa unserem »ficken«, »Votze« usw. entsprechen, dürfen nicht verwendet werden.

59 Ich möchte hier Sebastian Frobenius danken, der mir eine Auswahl japanischer Pornohefte zur Verfügung stellte. Abb. 117 ist dem *Super Porno Culture Magazine Crash*, No. 15, December 1986, entnommen.

60 Die nur undeutlich sichtbaren oder mit weißen und schwarzen Balken verdeckten Schamteile werden ersetzt durch Sperma und Vaginalsekret, die wie auf den traditionellen Holzschnitten gleich literweise fließen, sowie durch AUOOO! stöhnende Männer und häufig durch gefesselte oder von hinten ›genommene‹ Frauen, deren *yada!* und *yamete!* (»Halt!« und »Aufhören!«) oder *iyaa!* (»Nicht doch!«) nicht selten in ein *ii!* (»Gut!«) oder *motto!* (»Mehr!«) übergeht. Cf. E. Bachmeyer, 1986, S. 120, 125 ff., 187; F. L. Schodt, 1983, S. 130, 133 ff., 137.

61 Auch in dem berühmten Film *Im Reich der Sinne* (Abb. 207) ist

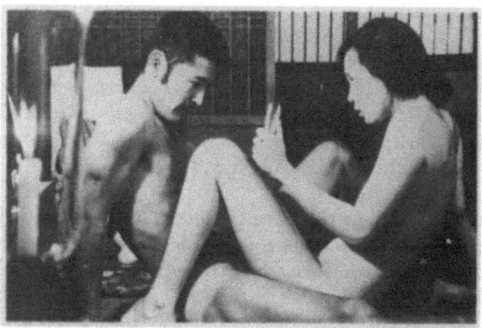

207 Nagasi Oshima: ›Im Reich der Sinne‹, 1976.

die Vulva der Frau nie sichtbar, und Wolfgang Schamoni sagt mir, daß die *shunga* (»Frühlingsbilder«) der *ukiyoe* (»Bilder der vergänglichen Welt«) in Japan selbst Wissenschaftlern offiziell nicht zugänglich sind.

62 Cf. G. Schwarz, 1984, S. 426. Bereits in den dreißiger Jahren waren in Japan Tampons angeboten worden – ohne Erfolg, denn die meisten Frauen waren über die Zumutung, daß sie etwas in die Vagina stecken sollten, schockiert. Erst seit dem Ende der sechziger Jahre sind die Artikel wieder auf dem Markt. Cf. R. Herold, 1980, S. 121.

63 Cf. F. Maraini, 1963; R. Linhart, 1985, S. 87 ff. Wie mir Gernot Prunner mitteilt, gibt es solche Taucherinnen auch auf der Insel Chejudo (Quelpart) an der südkoreanischen Küste.

64 Cf. L. Smith, 1983, S. 73.

65 Cf. R. H. van Gulik, 1961, S. 332.

66 Cf. ders., 1972, S. 916.

67 Cf. G. Devereux, 1981, S. 63, der meint, es sei ungeklärt, ob diese Fotos ›Pin ups‹ waren oder ob sie die Soldaten schützen sollten. Ich vermute, daß die Soldaten, indem sie diese Bilder bei sich trugen, das Angenehme mit dem Nützlichen verbunden haben.

68 Cf. I. Buruma, 1985, S. 23.

69 Cf. F. S. Krauss/T. Sato, 1965, S. 116 ff. Es heißt, daß die Japanerinnen – ähnlich wie die Frauen von Neubritannien oder die Kamtschadalinnen – ohnehin längere Schamlippen hätten als die Europäerinnen. Cf. F. v. Reitzenstein, o. J., S. 43. Bereits im 19. Jahrhundert hatten westliche Gynäkologen festgestellt, daß die großen Labien bei den Japanerinnen mehr hingen als bei den Frauen im Westen. Cf. A. Wernich, 1878, S. 131.

70 Cf. Krauss/Sato, a. a. O., S. 125.

71 Cf. M. Hane, 1982, S. 208.

72 Cf. I. Morris, 1988, S. 259. Sehr beliebt waren auch die Figürchen sitzender Frauen. Dreht man sie herum, sieht man einen nackten Hintern und eine – meist geöffnete – Vulva. Cf. J.-P. Bourgeron, 1985, S. 174 ff.

73 Cf. D. M. Schneider, a. a. O., S. 230f.

74 Cf. *Spiegel* 36, 1988, S. 174.

75 Kuta, Bali, August 1986. Die meisten Frauen weigern sich allerdings aus Scham, vor den Kunden die Genitalien zu entblößen, und sie betrachten japanische Männer von vornherein mit Argwohn.

76 Cf. Krauss/Sato, a. a. O., S. 352, 354f., 468. Verbreitet waren beim Geschlechtsverkehr mit öffentlichen Huren Fellatio (»Drehen des Stengels«), Cunnilingus (»Suchen der Klitoris«) und Soixanteneuf (»Knospe an Knospe«). Cf. S. Longstreet/E. Longstreet, a. a. O., S. 83, 89. Cunnilingus-Darstellungen, auf denen häufig gezeigt wird, wie der Mann die Klitoris leckt, waren sehr beliebt. Cf. T. Lésoualc'h, 1978, S. 32, 35. Eine Darstellung aus dem 18. Jahrhundert heißt »Der Saft der Unsterblichkeit«, was darauf hindeutet, daß manche Männer den Cunnilingus ausführten, um sich – wie in China – die ›Lebensessenz‹ der Frau anzueignen. Im Begleittext zu einem Cunnilingusholzschnitt heißt es entsprechend: »Oh! oh! Das Innere deiner Möse ist rosa und scharlachfarben, und wenn ich es lecke, verlängert dies mein Leben um dreitausend Jahre!« (zit. n. A. Edwardes/R. E. L. Masters, a. a. O., S. 326). Und in einem chinesischen Text heißt es

208 ›Festschmaus der Pfingstrosen‹.
Chinesische Seidenmalerei
nach einem Original aus dem 16. Jh., um 1800.

etwa: »Die Pfingstrose öffnet ihren Kelch. Ein Falter fliegt vorbei und beginnt zu saugen. Klar duftender Nektar fließt. Er ist süß und schmeckt lieblich« (zit. n. H. Hunger, 1984, S. 84). Die javanischen Prostituierten in Bali sagten mir, daß sie Cunnilingus im Gegensatz zu Fellatio ablehnten. Da der Geschlechtsverkehr bei völliger Dunkelheit stattfindet, ist es ihnen – wie sie ausführten – ein leichtes, den Kunden zu betrügen, indem sie ihn statt in die Vagina in die angefeuchtete Hand ejakulieren lassen. Damit wiederholen sie die mythische Dame Uma, die keinen Penis in ihre Vagina ließ, sondern lediglich »zwischen ihre Schenkel, die sie so bog, daß sie wie ihre Vagina wurden. Der Samen floß auf die Erde« (zit. n. J. A. Boon, 1982, S. 185).

77 Vielleicht haben zu dem Riesenerfolg der Nuba-Bücher Leni Riefenstahls in Japan auch die Fotos der splitternackten Mädchen beigetragen. Da es sich um »Wilde« handelt und zudem kein Schamhaar zu sehen ist, blieben die Bilder nämlich unzensiert.

78 Cf. T. Lésoualc'h, a. a. O., S. 91 f. Aber auch der Penis ist von großem Interesse. So hatten im 19. Jahrhundert manche Mädchen »Wunderschachteln«, die den »Mösenschachteln« der Männer (cf. Abb. 74 in H. P. Duerr, 1988a, S. 124) entsprachen. Öffnete man sie, sprang einem ein rosafarbener erigierter Penis entgegen. Cf. F. v. Hellwald, 1889, S. 91.

79 Cf. E. May, 1984, Sp. 955. Wie schon bei den Bemerkungen über die ›Comics‹ angeklungen ist, handelt der weitaus größte Teil der japanischen Pornographie von »S+M-Sex« und Vergewaltigung. Da die Vergewaltigungsrate in Japan jedoch nur ⅟₁₆ der Rate der USA beträgt, ist diese Tatsache zur Bestätigung der ›Substitutionsthese‹ herangezogen worden, nach der die Betrachter der Bilder die Vergewaltigung in ihrer Phantasie vollziehen. Cf. R. Green, 1987, S. 432. In Kriegsfällen waren die Japaner indessen als Vergewaltiger berüchtigt. Nach zuverlässigen Angaben wurden beispielsweise nach der Eroberung von Nanking im Jahre 1937 allein im Monat Dezember mindestens 20000 weibliche Einwohner der Stadt – von kleinen Mädchen bis zu Greisinnen – vergewaltigt und teilweise hinterher ermordet, obwohl das japanische Oberkommando der Zivilbevölkerung zugesichert hatte, daß ihr kein Leid geschehe. Außerdem wurden innerhalb von 7 Wochen in Anwesenheit internationaler Beobachter wenigstens 42000 Zivilisten mit dem Bajonett erstochen, mit Maschinengewehren erschossen oder bei lebendigem Leibe verbrannt. Besonders jüngere Opfer verbluteten meistens nach den ›gang-rapes‹. Manche Soldaten ließen sich während der Vergewaltigungen von ihren Kameraden fotografieren, und viele beschrieben ihre Verbrechen en detail in ihren Tagebüchern – so einer 19 Vergewaltigungen in wenigen Wochen. Als die Japaner damit begannen, Prostituierte nach Nanking zu schaffen, ebbte die Vergewaltigungswelle ab. Cf. L. E. Eastman, 1980, S. 294 ff., S. 301. Japanische Greueltaten gegen Frauen waren stetiges Thema chinesischer Propagandaplakate (Abb. 209). Cf. G. Prunner, 1987, S. 82.

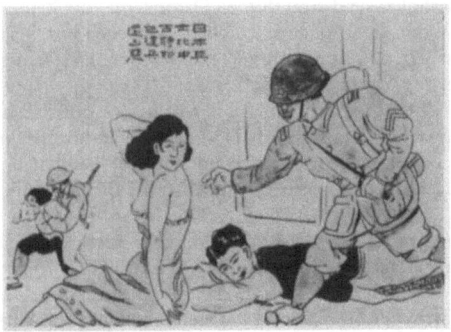

209 »Die japanischen Soldaten benehmen sich wie spartanische Krieger.« Handgemaltes chinesisches Plakat, 1932.

80 Bereits R. Schnell, 1981, S. 247, hat aus zahlreichen mittelalterlichen Beispielen für die weibliche Körpersham gefolgert, »daß
im Mittelalter ganz im Gegensatz zu der von Norbert Elias re-
präsentierten Forschungsrichtung die Peinlichkeitsschwelle gegenüber dem Nackten nicht sehr niedrig anzusetzen ist«. Ich
werde darauf im nächsten Band in einem anderen Zusammenhang noch einmal zurückkommen.

81 Anthoine de La Sale, 1907, S. 84 ff. Da nicht erwähnt wird, daß
der Herr die Hosen heruntergelassen hätte, wird sich wohl das
Wort »Schwanz« nicht auf den Penis, sondern möglicherweise
auf die Schamlippen oder eher auf die Klitoris der Gattin beziehen, die anscheinend in einer anderen Novelle als »Nase« bezeichnet wird. Dort fragt ein Wirt zum Gaudi der Gäste seinen
kleinen Sohn, der mit der Mutter im Frauenbad gewesen war,
welche von all den Frauen denn die größte Möse gehabt hätte:
»›Nun sage mir also jetzt, wer hatte die schönste und größte?‹ Da
meinte das Kind: ›Die hatte sicherlich meine Mutter, die schönste und größte, aber sie hatte eine so große Nase.‹ ›So große
Nase‹, rief der Vater, ›geh, geh, du bist ein guter Junge.‹ Wir
begannen allesamt zu lachen und tranken kräftig und sprachen
von diesem Jungen, der so gut schwatzen konnte. Doch seine
Mutter wußte nicht ihre Fassung zu bewahren, so sehr schämte
sie sich« (a. a. O., S. 499 f.).

82 Cf. L. Lawner, 1987, S. 94.

83 J. Donne, 1976, S. 125 f. Den Hinweis auf diese Stelle verdanke
ich Elaine Scarry.

84 Anonymus, 1791, S. 5 f.

85 Elisabeth B., 1983, S. 22. Neben den Solokabinen gibt es auch
solche mit Drehbetten, um die herum Guckkästen angebracht
sind. Winken mit dem Zeigefinger und die Zunge herausstrecken
ist das Zeichen des Kunden für: »Komm mit deiner Möse direkt
vor die Scheibe, damit ich dran lecken kann. Manche vergessen
sich so weit, daß sie mit geschlossenen Augen die Scheibe ablek-
ken, nach dem Orgasmus ein Geschmack von Glasreiniger auf
der Zunge. Oder: Augen aufreißen und zugleich die Hände von
der Mitte nach außen bewegen bedeutet wohl: Zieh die Schamlippen auseinander, ich will reingucken« (a. a. O., S. 28 f.). In einer Hamburger Peep-Show erscheint auf Knopfdruck ein Mädchen auf dem Bildschirm. Über eine Sprechanlage äußert der
Kunde seine speziellen Wünsche, und mit einer dritten Taste
kann er acht Kameras dirigieren, mit denen sich aus jeder Perspektive filmen läßt. Cf. *Spiegel* 3, 1989, S. 179. Die erste europäische Peep-Show scheint 1976 in München eröffnet worden zu

sein (cf. M. D. Kreuzer, 1989, S. 290), aber in manchen Städten weigern sich offenbar die »Girls«, Manipulationen an der Vulva vorzunehmen: »Die andere Sache«, so ein Girl, »die extra Trinkgelder einbringt, ist schon etwas heikler, da sie eine feierliche Abmachung unseres Teams betrifft: Wir sind übereingekommen, daß keines der Mädchen die Schamlippen auseinanderzieht, was ein sehr häufiger Sonderwunsch der Kunden ist. Alle sind sehr stolz auf diese Übereinkunft, denn sie bedeutet für die Mädchen die Abgrenzung zu etwas sehr Niedrigem und erhöht ihre Selbstachtung. Wenn man die Gespräche darüber mit anhört, dann möchte man meinen, daß dies der Punkt ist, wo Entwürdigung beginnt, während die bloße Zurschaustellung des Körpers noch einen ›sauberen‹ Charakter hat« (a. a. O., S. 292 f.).

86 Cf. R. Kohoutek, 1983, S. 95, 99 f. Manche Girls lassen, wie bereits erwähnt, nicht alles zu: »Bis vor zwei Jahren waren keine Glasscheiben in den Fenstern. Die Mädchen befällt Nostalgie, wenn sie daran zurückdenken: Mindestens 50 Dollar Trinkgeld am Tag! Ich frage Cherry: Haben euch die Typen ihre Finger in die Möse gesteckt? Sie ist indigniert: Ich lasse doch keinen Guy seinen Finger in meine Pussy stecken! Nur von außen an die Schamlippen, mit Zunge oder Finger, kostet einen Dollar« (Elisabeth B., a. a. O., S. 30). Die traditionellen amerikanischen Stripperinnen werden dagegen von den Besitzern der Lokale seltener dazu angehalten, sich betasten zu lassen, »to cop a feel«. Manche Girls setzen sich allerdings zu den Nachtklubkunden an den Tisch oder an die Bar und lassen sich – meist allerdings nur die Brüste – abtasten. »One girl reported making $ 75 one night by allowing a customer to feel her breast at $ 5 a feel« (J. Boles/A. P. Garbin, 1974, S. 324). Die Prostituierten im balinesischen Kuta sagten mir, daß sie die Vulva – im Gegensatz zu den Brüsten, die sie aus den panzerartigen BHs ziehen – nur selten befühlen ließen. Ungleich den japanischen, australischen und europäischen Kunden interessierten sich die Amerikaner ohnehin mehr für die Brüste.

87 Cf. M. D. Kreuzer, a. a. O., S. 293.

88 »Gloria, die Frau auf der Bühne, die – als er eintrat – noch in eine Schlangenhaut und eine riesige Federboa gehüllt war, sitzt inzwischen nackt, mit gespreizten Beinen, auf einem glitzernden Barhocker, der sich langsam dreht, und zieht – scheinbar genüßlich – ihre Schamlippen auseinander. ›Love me tender, love me true!‹ Der Punktstrahler ruht auf ihrem Geschlecht. Sie läßt ihre Blicke schweifen: ›Na, wer will's mir denn mal machen?‹ Ihr ist

es egal. Mann ist Mann und geil sind sie alle. Lächelnd und lüstern versenkt sie ihre Augen in die gierigen Gesichter. Der Scheinwerfer folgt ihren Bewegungen, haftet an Augen, Lippen, Brüsten, und wenn dieser Körper genug versprochen hat, wird sie einen Mann erwählen, den sie auf die Bühne zieht, der sein Gesicht in sie gräbt, in ihre von irgendeinem Chemiegel feuchte Scham, und sie wird diesem Mann ihren Körper so lange überlassen, bis seine Gier befriedigt ist.« Dreimal am Abend läßt Gloria für eine Gage von insgesamt 200 DM den Cunnilingus über sich ergehen. Cf. M. de Ridder, 1985, S. 317.

89 Cf. M. D. Kreuzer, a. a. O., S. 304.
90 S. Millhagen, 1986, S. 83.
91 Vor Gebrauch wurden Vagina und Anus mit der Creme »Voluptueuse« eingeschmiert. Cf. *Bilder-Lexikon Kulturgeschichte*, Wien 1928, Beilage LXXXIII.
92 Cf. L. Tickner, 1978, S. 242. Cf. auch J. Semmel/A. Kingsley, 1980, S. 4.
93 Cf. J. Chicago, 1979, S. 193.
94 Georgia O'Keeffe selber hat indessen abgestritten, daß sie – wie ihr die Kunstkritik unterstellte – mit ihren Blumen die Vulva gemeint habe. Cf. N. G. Heller, 1987, S. 126f.
95 Cf. H. Mirus/E. Wisselinck, 1987, S. 292.
96 R. Parker/G. Pollock, 1981, S. 127.
97 J. Chicago, 1977, S. 55.
98 G. Nabakowski, 1980, S. 246, meint, es sei bezeichnend, daß viele der Künstlerinnen, deren Werke um den weiblichen Unterleib kreisen, Jüdinnen seien, da das Judentum alles, was mit diesem zusammenhänge, besonders tabuisiert habe. Ich bezweifle allerdings, daß das Judentum eine negativere Einstellung zum weiblichen Genitalbereich und zur weiblichen Sexualität hatte als die christliche Tradititon. Doch davon im nächsten Band.

ANMERKUNGEN ZU § 16

1 A. Kuntz, 1985, S. 16. Der Autor meint, daß die ›Schamthese‹ wohl »biblischen Ursprungs« sei und daß die Nacktheit lediglich »von Gesellschaften mit repressiver Sexualmoral mit erotischer Versuchung gleichgesetzt« würde. Wie wir gesehen haben, sind beide Behauptungen falsch.
2 C. M. Sommer/T. Wind, 1988, S. 12. Die Autoren dekretieren, die »Schamhypothese« sei typisch für das »moralinsaure Klima des 19. Jahrhunderts« und gelte als widerlegt: Die »Stammeskul-

turen« wollten beispielsweise »kaum ihre Geschlechtsorgane verbergen«, vielmehr würden sie diese mit Körperbemalung, Schnüren und dergleichen sogar noch betonen. Erst mit der Bekleidung sei die Scham entstanden. In der Tat wird diese Auffassung heute von den meisten Kulturwissenschaftlern – auch von Ethnologen – vertreten. Als zwei Beispiele für viele: H. Nixdorff, 1987, S. 98 f., und O. König, 1988, S. 28. Im übrigen ist es unrichtig, daß die »Schamhypothese« typisch sei für das vergangene Jahrhundert, denn sie herrschte bereits im späten Mittelalter und in der frühen Neuzeit vor. So gibt etwa im Jahre 1555 Andreas Musculus (1894, S. 17 f.) zu bedenken, »das ouch die leut, so doch sunst der hitze halben in den heissen lendern gar nackent gehen, dennoch aus eingepflantzter zucht, scham vnd erbarkeit, mit schürtzen von schönen federn oder anderen köstlichen dingen, jre scham zudecken«.

3 U. Roderer, 1986, S. 24. Auch H. Krumbach, 1985, S. 125, behauptet, die weibliche Schambedeckung in den Tropen solle die Vulva »lediglich vor lästigen Insekten schützen«, was zeige, daß die Kleidung »nicht aus dem Schamgefühl« entstanden sei. Bereits H. Schurtz, 1900, S. 406, hat den Vertretern dieser Auffassung die schlichte Frage entgegengehalten, warum man denn dann nicht auch die Genitalien der Kinder bedeckt habe, die sich beim Spielen, Klettern und Herumtollen doch viel leichter verletzen können als die Hausfrauen und die den Insekten gleichermaßen ausgesetzt sind.

4 Sommer/Wind, a. a. O. In den zwanziger Jahren dieses Jahrhunderts verlautet der Freiherr von Reitzenstein: »Es tobt seit langer Zeit ein Streit über den Ursprung der Kleidung. Er wäre an sich so einfach zu erklären, wenn man nur wollte. Man will aber nicht sehen, denn man will vor allem das Schamgefühl als eine primäre Eigenschaft des Menschen *retten*, da die christliche Moral seiner als hauptsächlichster Grundlage bedarf. Man hat diese Neurose dem Volke aufgedrängt und behauptet, es sei vorhanden gewesen, denn man bedarf der ›gröblichen Verletzung des Schamgefühls‹, um diese Moral amtlich zu decken« (F. v. Reitzenstein, o. J., S. 130).

5 Die Schwellung hält etwa 10 Tage an und schrumpft dann wieder. Cf. J. van Lawick-Goodall, 1971, S. 161 f., 70.

6 Cf. D. M. Stoddart, 1986, S. 518. Ich will damit nicht bestreiten, daß vaginale Pheromone von Frauen stimulierend wirken, aber sie werden offenbar nur beim Intimkontakt, etwa während eines Cunnilingus, wahrgenommen, und man hat sogar behauptet, daß viele Männer am Cunnilingus vor allem wegen des Duftrei-

zes interessiert seien. Cf. R. Lothar, 1929, S. 26. Männliche und weibliche Versuchspersonen wurden von der Parfumindustrie gebeten, die Duftnoten von Sekreten zu beurteilen, die der Vagina von Frauen während des Eisprungs und solchen, die nicht ovulierten, entnommen waren. Alle Testpersonen beurteilten diesen als unangenehm und jenen als angenehm. Cf. J. Money, 1982, S. 304; R. P. Michael, 1975, S. 178. Die Pheromone von Frauen sollen dieselben sein wie die von Rhesusaffenweibchen (cf. C. Baill/J. Money, 1980, S. 73), und als man die einer ovulierenden Frau entnommenen Vaginalsekrete einem nichtovulierenden Affenweibchen auftrug, wurden die Männchen sexuell stimuliert. Cf. J. Money, 1977, S. 390. Cf. auch O. F. Scheuer, 1926, S. 144 ff. Bekanntlich haben früher viele öffentliche Huren ihren ›Sexualgeruch‹ dadurch verstärkt, daß sie Moschus als Parfum verwendeten. In vielen japanischen Sexläden werden getragene Damenslips für »Schnüffler« angeboten. Da jedoch spätestens nach einem Tag der Duft verfliegt, tragen die Slips die Angabe der Stunde, in der sie ausgezogen wurden. Cf. *Spiegel* 36, 1988, S. 166. Seit 1983 gibt es im Frankfurter Bahnhofsviertel sogenannte »Schnüffelbars«, offiziell »Live-Shows« genannt, in denen der Kunde unmittelbar an einer Rotationsscheibe sitzen kann, so daß er mit der Nase lediglich wenige Zentimeter von der entblößten Vulva des »Girls« entfernt ist. Cf. M. D. Kreuzer, 1989, S. 295. Früher versuchten bisweilen bei den zentralaustralischen Aranda junge Männer ein Mädchen festzuhalten und ihr einen Finger in die Vagina zu stecken. Hinterher rochen sie an dem Finger (*aruntjima*) und erregten sich dabei sexuell. Cf. G. Róheim, 1974, S. 245 f. Auch die Santa Cruz-Insulaner – bei denen allerdings der Cunnilingus wie auch die Fellatio verpönt sind – erregen sich am Geruch der Vagina. Cf. W. Davenport, 1965, S. 184. Zwar stimulieren sich die Trobriander in erster Linie visuell – die Augen sind der Sitz der Begierde, (*magila kayta*, »Wunsch nach dem Koitus«), und man sagt, mit geschlossenen Augen bekäme ein Mann keine Erektion, aber es heißt auch, daß die Männer bisweilen sexuell erregt würden, wenn eine Frau im Dunkeln den Bastrock ablegte, weil sie dann deren Genitalien riechen könnten. Im Gegensatz zur Fellatio gibt es indessen keinen Cunnilingus, weil die Männer den Geschmack der Vulva nicht mögen. Cf. B. Malinowski, 1979, S. 126, 366, 371. Auf Palau gab es erotische Darstellungen, die einen Mann zeigten, »der das *gotúngĕl*-Täschchen, das seine Frau vorn unter dem Schurz trägt, bei ihrem Fernsein beriecht« (A. Krämer, 1926, S. 333 f.).

Schon Rousseau schreibt: »Wenn Tierweibchen nicht die gleiche Scham empfinden, was folgt daraus? Haben sie die gleichen, unbegrenzten Begierden wie die Frauen, denen die Scham als Zügel dient? Der Trieb entsteht bei ihnen nur aus dem Bedürfnis. Ist das Bedürfnis befriedigt, hört der Trieb auf. Sie weisen das Männchen nicht nur zum Schein zurück, sondern im vollen Ernst: Sie tun das Gegenteil von der Tochter des Augustus; sie nehmen keinen Fahrgast mehr auf, wenn das Schiff beladen ist. Selbst wenn sie nicht trächtig sind, ist die Zeit ihrer Willfährigkeit kurz und bald vorbei. Der Instinkt treibt sie und der Instinkt hält sie zurück. Womit sollten die Frauen diesen negativen Instinkt ersetzen, wenn man ihnen das Schamgefühl nähme?« (J.-J. Rousseau, 1981, S. 387). In den meisten Gesellschaften ist das Sehenlassen der Genitalien die deutlichste Aufforderung zum Koitus, die einer Frau zu Gebote steht. Wenn etwa bei den Kamanugu im Hochland von Neuguinea eine Frau einen Mann geil machen will, befestigt sie ihre Unterleibsbekleidung so locker, daß er ihre Schamlippen sehen kann. Cf. H. Aufenanger, 1964, S. 224.

Auch sollte wohl die sexuelle Stimulierung der andersgeschlechtlichen Familienmitglieder herabgesetzt werden. Cf. hierzu B. Justice/R. Justice, 1979, S. 215. L. Wurmser, 1981, S. 42f., meint, die Genitalscham habe ihre Wurzel darin, daß die Menschen ihre Genitalien als unvollkommen empfänden und befürchteten, bei einer Zurschaustellung lächerlich gemacht oder abgelehnt zu werden. Aber man schämt sich normalerweise nicht *wegen* der Genitalien, sondern man schämt sich, *daß sie gesehen werden*, daß die Grenze zwischen privatem und öffentlichem Bereich aufgehoben wird. Als eine solche Grenzaufhebung wurde ja auch herkömmlicherweise die Pornographie kritisiert (cf. W. Gaylin, 1988, 73), während man heute, im »Zeitalter der Schamlosigkeit«, weniger mit ›Schamargumenten‹ gegen sie auftritt, sondern mit dem Vorwurf, sie verherrliche die Gewalt oder mache die Frau »zum Objekt«. Natürlich gibt es Menschen, die sich *wegen* ihrer Genitalien schämen, beispielsweise die Frauen, die ihre Vulva ekelhaft finden, oder es gibt Frauen, die ihre Brüste nicht zeigen, weil sie Hängebrüste haben und diese nicht dem Ideal der Zeit entsprechen. Doch handelt es sich bei dieser Scham gewissermaßen um eine sekundäre, *kulturspezifische* Scham. H. H. Eckardt, 1952, S. 77, erklärt die Scham aus der »Ambivalenz der Sexualität«, also daraus, daß sie nichts Selbstverständliches sei. Freilich haben wir zu vielem eine ambivalente Einstellung, ohne daß wir unsdieser Sache schämten. Auch ist es nicht so, daß wir uns schämten, weil wir uns mit »dem Animalischen« unserer Natur nicht abfinden könnten (so M. Scheler, 1957, S. 68 f.), denn wir schämen uns ja auch nicht, wenn wir in der Öffentlichkeit atmen, obgleich wir diese Tätigkeit ebenfalls mit den Tieren gemeinsam haben. Wiederum will ich nicht bestreiten, daß es diese *spezifische* Scham gibt, so wenig, wie ich die Existenz der ›Hängebrustscham‹ in Frage stelle.

9 J. Zwernemann, 1983, S. 493 f., behauptet, die Körperscham sei »offensichtlich dem Wesen nach« kulturspezifisch und müsse »sich absolut nicht auf die Genitalregion beziehen«, was man daran sehe, daß die Eskimo manchmal in der Hütte »lediglich eine Hüftschnur« trügen, die Haidafrauen sich »kaum« störten, »irgend einen Körperteil entblößt zu zeigen« und daß bei den Chinesen nur die Entblößung des Frauenfußes »ein starkes Schamgefühl« auslöse, was die sonstige körperliche Nacktheit nicht bewirke. Ich werde im nächsten Band zeigen, daß alle diese Aussagen empirisch falsch sind und daß sowohl die Frauen der Eskimo als auch die der Haida und Chinesen eine ausgeprägte Genitalscham hatten und haben. Die weitere Behauptung Zwernemanns, die Nacktheit in Australien oder in Südamerika beweise, daß es kein natürliches Schamgefühl gebe, darf dagegen – wie ich hoffe – als widerlegt gelten. Damit will ich selbstverständlich nicht in Abrede stellen, daß man sich in den verschiedenen Gesellschaften nicht *auch* schämt, wenn man andere Körperteile entblößt. So berichtet z. B. der Ethnologe Weule in Kolonialherrenmanier, wie er eine Jungfrau der Yao nötigte, ihr *kipini*, den Ebenholz-Nasenpflock, an ihn zu veräußern, und wie sie diesen Pflock abnahm: »Sichtbar ist der ganze Vorgang nicht gewesen, denn mit einer geradezu unerklärlichen Ängstlichkeit und Beharrlichkeit hat sie die ganze Nasenpartie mit der ausgebreiteten Rechten überdeckt. Auch jetzt, nachdem sie längst ihr Silberstück in Empfang genommen hat, steht sie noch in dieser Haltung da; meine Leute witzeln von neuem, doch immer fester drückt die Frau die Rechte auf die entblößte Stelle« (K. Weule, 1909, S. 166).

10 Cf. I. Eibl-Eibesfeldt, 1984, S. 314, 316; D. Zillmann, 1984, S. 27, 55, 77; B. W. P. Wells, 1983, S. 80 f.

11 Cf. K. Grammer, 1989, S. 148; D. Symons/B. Ellis, 1989, S. 131 f.

12 D. Diderot, 1951, S. 996.

13 »Self-serving distortions of ethnographic accounts tend to project promiscuity as the ideal solution to the problem of sexual access and human sexuality altogether. Nonpromiscuous socie-

ties are invariably characterized as repressive, but such characterizations are only meaningful if it is assumed that modest and moderate sexual expression is ›unnatural‹ and cannot be a desired state« (D. Zillmann, a. a. O., S. 38).

14 Cf. T. Malmberg, 1980, S. 239.

15 Schizophrene sind häufig nicht mehr in der Lage, ihre Privatsphäre von der öffentlichen Sphäre abzugrenzen, und das »Innen« wird vom »Außen« überschwemmt. Cf. I. Altman, 1979, S. 101 f.; H. P. Duerr, 1985, S. 57 ff.

16 Cf. C. D. Schneider, 1977, S. 42 f., ferner A. L. Epstein, 1984, S. 41. Ich glaube also keineswegs daran, daß das Wesen des Menschen darin besteht, keines zu haben (cf. P. Strasser, 1987, S. 428 f.).

17 »The girl of the unclothed races who takes in sitting a modest attitude is acting on the result of experience. She may have been often annoyed by the attentions of men at periods when their attention was not welcome, and in this case the action is one of shrinking and avoidance« (W. I. Thomas, 1907, S. 212). Noch akzentuierter hat man gesagt, daß die weibliche Scham eine Prophylaxe gegen eine Vergewaltigung darstellen könne: »It is also conceivable, however, that women sought to avoid harassment, owing to the indiscriminate sexual enticement of men, by observing genital modesty« (D. Zillmann, a. a. O., S. 77).

18 Auch Heinrich Pudor bestätigt im Jahre 1893 Hellmann in der Ansicht, daß der nackte Körper keine sexuellen Reize aussende: »Das Verhüllte ist es, was reizt. Denn tröstet euch nur: Legen

210 Frau kreuzt die Beine vor zudringlichem Mann.
Aus: *Tacuinum sanitatis*, um 1445.

wir erst die Kleider ab, dann müssen wir vielleicht über zu seltenen Geschlechtsgenuß klagen. Heute reizt dich dein Weib, weil
du seine wissenswürdigsten Teile nicht siehst. Sähst du sie täglich
– wie sollten sie dich reizen? Dann erst wird alles gut und gesund;
dann tritt der Geschlechtsgenuß dann und nur dann ein, wenn
der Becher zum Überschäumen gefüllt ist oder wenn man sich
nach einem neuen Menschen sehnt – während heute die schon
zehnmal ausgedrückten Zitronen zum elften und zwölften Male
ausgedrückt werden« (zit. n. W. Kuppel, 1981, S. 147 f.). Bereits
Gabriel de Foigny hatte im Jahre 1676 in seiner Schrift *La Terre
Australe Connue* erklärt, man habe bei uns die Kleidung erfunden, weil ein Mann von seiner *nackten* Frau nur sehr mäßig erregt würde: »C'est une propriété de notre nature de souhaiter et
de se porter avec chaleur à ce qu'elle ne voit pas, et de faire mépris
de ce dont elle jouit avec liberté« (zit. n. E. Rettich, 1976, S. 361).
Oder W. Zude, 1916, S. 44 f.: »Die völlige Nacktheit dagegen
gibt nichts mehr zu erraten und ihre Anziehungskraft wird durch
die Gewohnheit sehr schnell abgestumpft, wie jeder Forschungs-
reisende weiß, der einmal unter nackten Naturmenschen hat leben müssen.« Und I. Bloch, 1907, S. 173, meint schließlich:
»Erst wenn wir *absichtlich* ein sexuelles oder überhaupt ein
künstliches Moment hineinlegen, wirkt die Nacktheit als ein lü-
sterner Reiz. Prüderie ist aber weiter nichts als solch ein Anschauen des Nackten mit versteckter Begierde.«

19 Zit. n. U. Linse, 1985, S. 245 ff. Dies nimmt die bekannte kom-
munistische »Glas-Wasser-Theorie« des Geschlechtsverkehrs
vorweg.
20 G. Cohn-Bendit/D. Cohn-Bendit, 1968, S. 124, 134.
21 Cf. G. Schmidt, 1986, S. 48 ff.
22 Cf. U. Preuß-Lausitz, 1983, S. 100.
23 W. Seitter, 1979, S. 6.
24 Wahrscheinlich haben diese Kritiker die Behauptung der Universalität mit der Behauptung des Angeborenseins verwechselt.
25 Nach C. Meves, 1984, S. 51, schämen sich die meisten Buben
etwa mit fünf, die Mädchen aber häufig erst mit zehn Jahren.
26 Cf. L. Arnold-Carey, 1972, S. 43.
27 H. Ahrens, 1983, S. 53.
28 S. K. Johnson, 1972, S. 13. Eine Kopie dieses Artikels verdanke
ich Oliver König. In den sechziger Jahren stellten Wissenschaftler fest, daß in den US-Nudistencamps praktisch keine Jugendlichen zwischen 16 und 20 Jahren auftauchten. Die wenigen, die
da waren, zogen sich auch bei heißem Wetter nie ganz aus. Cf. F.

473

Ilfeld/R. Lauer, 1964, S. 46, ferner H.-H. Eckardt, 1952, S. 85.

29 Cf. J. D. Douglas/P. K. Rasmussen/C. A. Flanagan, 1977, S. 160.

30 R. Merten, 1982, S. 20.

31 Cf. V. Anttila/I. Talve, 1980, S. 44 f.

32 Cf. H. Kentler, 1979, S. 74 f. Auch im Lettland der zwanziger Jahre scheint das hüllenlose Dampfbad, an dem beide Geschlechter gemeinsam teilnahmen, ohne nackte Pubertierende oder Adoleszente stattgefunden zu haben (Haralds Biezais: Mündliche Mitteilung vom 23. November 1985). Über die jungen lettischen Mädchen des späten 19. Jahrhunderts heißt es, daß sie zumindest vor Fremden nie die Arme oder die Brüste entblößten, um vom Unterleib ganz zu schweigen. Cf. F. Tetzner, 1902, S. 167.

33 Cf. E. Aaltonen, 1953, S. 164.

34 Cf. A. S. Neill, 1969, S. 219.

35 J. Popenoe, 1971, S. 67.

36 Cf. G. Spitzer, 1985, S. 79; ders., 1987, S. 178; O. König, 1988, S. 170. Natürlich mußte dieser »Nackttanz« der Mädchen für die ältere Generation ein Ärgernis sein. Als beispielsweise im Jahre 1890 die »young ladies« des North London Collegiates sportliche Übungen vorführten, waren nicht einmal die Brüder der Mädchen als Zuschauer zugelassen. Als elf Jahre später in Berkeley ein Basketballspielfeld für Studentinnen eingerichtet wurde, umgab man den Platz mit einem vier Meter hohen Holzzaun ohne Astlöcher, und 1911 heißt es in Tunbridge Wells: »An annual gym display was started for an audience of mothers *and fathers who were doctors*« (S. Delamont, 1989, S. 82 ff.).

37 Cf. É.-E.-R. Ribo, 1931, S. 109. Auch auf Bali badeten die Mädchen und Jungen, wenn sie in die Pubertät kamen, nicht mehr öffentlich. Cf. W. Weck, 1976, S. 118.

38 Cf. P. P. Kok, 1926, S. 934.

39 Cf. J. M. Garvan, 1964, S. 37. Cf. auch H. I. Hogbin, 1946, S. 187 (Wogeo-Insulaner).

40 Cf. P. Knops, 1938, S. 487 f.

41 Cf. W. Thalbitzer, 1941, S. 604.

42 Jean L. Briggs: Brief vom 30. Oktober 1986. Das traditionelle Haus der Karen im nördlichen Thailand besitzt zwar nur einen Raum, aber dieser ist häufig durch einen Schirm geteilt, der den Bereich der adoleszenten Tochter vom übrigen Wohnbereich abtrennt. Gibt es in einer Familie ein Mädchen in diesem Alter, dann sollte ein etwa gleichaltriger Sohn nie im Haus, sondern bei

schwesterlosen Freunden schlafen. Cf. P. Lewis/E. Lewis, 1984, S. 86f. Bei den Swampy Cree in Zentralkanada wurden die Mädchen mit Einsetzen der Pubertät extrem scheu und zurückhaltend. Nach einer einmonatigen Seklusion, die mit der Menarche begann, kamen sie mit einem Perlenschleier – dem Zeichen der Schamhaftigkeit – vor dem Gesicht zu den anderen zurück. Cf. L. Mason, 1967, S. 48.

43 Im Alter von 14 bis 16 Monaten, wenn es abgestillt wird, erhält das trobriandische Mädchen sein erstes Baströckchen, aber bis zum Alter von etwa 6 Jahren läuft es in der Nähe des Strandes – nie jedoch im Dorf – nackt herum (Ingrid Bell: Brief vom 14. Oktober 1986). In den meisten Gesellschaften werden die kleinen Mädchen wesentlich früher gekleidet als die Buben. Bei den Jale und Dani in Neuguinea erhalten die Mädchen im Alter von 1 bis 2 Jahren ihr *bubul* genanntes Röckchen, die Jungen ihre Peniskalebasse erst sehr viel später bei der Initiation. »Ein kleiner Junge«, so heißt es, »hat noch nichts, weshalb er sich schämen müßte«. Cf. R. C. Brumbaugh, 1980, S. 337f. Während die Punjabi-Mütter ihre Söhne bis zu 4 oder 5 Jahren nackt auf der Gasse herumspringen lassen, bringen sie ihren Töchtern schon im zartesten Alter bei, daß ihre Vulva etwas Schmutziges sei, was sie stets verbergen müßten, und ziehen ihnen andauernd die Kleider herunter. Cf. P. Hershman, 1977, S. 272. Im Gegensatz zu den Buben tragen die Somäli-Mädchen die Genitalien, die später infibuliert werden, stets bedeckt. Cf. I. M. Lewis, 1965, S. 339. Bei den Bajau Laut ist vor allem die Vulva der jungen Mädchen sehr schambesetzt, im Gegensatz zu den männlichen Genitalien, die auch dem anderen Geschlecht nicht selten sichtbar sind. In Anwesenheit des Ethnologen unterhielten sich zwei Frauen mit einem Mann über die mutmaßliche Größe und Beschaffenheit von dessen Penis und wie dieser sich wohl beim Koitus verhielte. Das Gespräch verlief »rather clinically« (H. A. Nimmo, 1970, S. 252f.). Bei den Hadza erhielten die Jungen frühestens mit Einsetzen der Pubertät ein kleines, die Genitalien bedeckendes Wildkatzenfell, während die Mädchen bereits als Krabbelkinder einen Lederriemen (*zambédá*) um die Hüften trugen, von dem Perlenschnüre über den Genitalbereich herabhingen. Zu dieser Schambedeckung kam bei den jüngeren Frauen noch ein Fell der Schwarzfersenantilope (*loāāköö*), das vor allem die Funktion hatte, das Gesäß zu bedecken. Cf. L. Kohl-Larsen, 1958, S. 57f.; G. W. B. Huntingford, 1953, S. 133. Cf. auch P. L. Newman, 1965, S. 15 (Gururumba im oberen Asarotal); T. O. Beidelman, 1967, S. 37, 62 (Kaguru, Ngulu); P. Gulliver/P. H. Gulliver,

1953, S. 58 (Turkana); R. A. LeVine, 1959, S. 981 (Gusii); C. C. Willoughby, 1905, S. 502 (Neuengland-Indianer); J. C. D. Lawrence, 1957, S. 105 (nilohamitische Iteso); E. M. Albert, 1960, S. 187 (Tutsi, Hutu); B. Shore, 1982, S. 228 (Samoaner); R. Mitton, 1983, S. 190 (Asmat); J. Nilles, 1943, S. 110 (Kuman im Bismarck-Gebirge); G. van den Boom, 1964, S. 193 (Wandamba); C. Baroin, 1987, S. 141 (Tubu); E. Brandewie, 1988 (Mbowamb).

44 Irenäus Eibl-Eibesfeldt: Brief vom 28. Juni 1988; W. Schiefenhövel, 1982, S. 161.

45 S. Freud, 1942, V, S. 78.

46 Häufig hat man gesagt, daß die Scham deshalb nicht angeboren sein könne, weil doch die kleinen Kinder sich nicht schämten. Das ist natürlich kein ernstzunehmendes Argument. »Gewiß ist, daß sie erst mit einer gewissen geistigen Höhe des Kindes auftritt, aber das beweist nichts gegen ihre allgemeinmenschliche Art, denn auch die Zähne stellen sich erst nach der Geburt ein, und doch ist es allgemeinmenschliche Art, Zähne zu haben« (R. Meringer, 1913, S. 132).

47 I. Eibl-Eibesfeldt, 1983, S. 30 und Brief vom 14. Juli 1988. Allerdings räumt er ein, daß der Mensch sich auch »über seine angeborenen Dispositionen hinwegsetzen« könne (a. a. O., S. 42).

48 Wie in der Genesis folgt auch im Koran 7,21 auf den Sündenfall das Innewerden, genauer gesagt die *Erotisierung* der Nacktheit. Allerdings heißt es in Sure 7,28 daß den ersten Menschen die Kleider ausgezogen worden seien, so daß sie die »Schamteile« (*sūātihima*) sehen konnten und sich schämten, was bedeutet, daß es entgegen der Lehre des Alten Testamentes keine primordiale ›unschuldige‹ Nacktheit gegeben hat. Die Schuld für den Sündenfall wurde übrigens erst in den Ḥadīths der Eva zugeschoben.

49 B. Bettelheim, 1980, S. 215 f., 221. Die Verdrängung der sexuellen Empfindungen führte nach dem Autor dazu, daß die Betreffenden allem Anschein nach als Erwachsene eine große physische und seelische Distanz zueinander hielten und vor jeder körperlichen Berührung zurückschreckten. Cf. a. a. O., S. 218.

50 Nach J. Snarey/L. Son, 1986, S. 104, stellte sich die Körperscham ungefähr im Alter von 9 oder 10 Jahren ein. In dieser Zeit beginnen die Kinder auch häufig, sich über die Nacktheit Erwachsener zu schämen. Vielleicht könnte man sagen: Wie das Fremdeln die kleinen Kinder vor Fremden schützt, bewahrt die pubertäre Scham die Heranwachsenden vor möglicherweise den noch unreifen Körper schädigenden Schwangerschaften.

51 Cf. M. E. Spiro, 1958, S. 329f. Cf. auch N. Datan, 1977, S. 337.

52 Cf. M. E. Spiro, 1979, S. 27, 98 f. Viele Psychoanalytiker, z. B. F. E. Hoevels, 1984, S. 108, führen die Scham der Kinder oder der Jugendlichen darauf zurück, daß diese ja bereits durch ihre Erziehung »die Existenz des Nacktheitstabus« mitbekommen hätten. Allein die Kibbuz-Beispiele zeigen freilich, daß die Scham sich auch *gegen* die Erziehung entwickelt.

53 Cf. Y. Talmon, 1972, S. 155 f.

54 Melford E. Spiro: Brief vom 17. Dezember 1986.

55 C. Gehrke, 1986, S. 73.

Anmerkungen zum Anhang

1 N. Elias, 1988a, S. 38.

2 N. Elias, a. a. O.

3 N. Elias, 1939, I, S. 319f.

4 N. Elias, a. a. O., S. 319.

5 Nur ein paar Beispiele aus heutiger Zeit: »Die Frauen«, schreibt etwa R. Pape, 1986, S. 90, »trafen in den Bädern ungezwungen und gleichberechtigt mit Männern zusammen. Ehebruch, für die Kirche ein Verbrechen, wurde hier geduldet, auch wenn er von Frauen begangen wurde, oft sogar, wie die Badeberichte zeigten, unter den Blicken der Ehemänner.« Etwas moderater W. Hansen, 1967, S. 32 f.; R. Delort, 1972, S. 115; G. Pallaver, 1987, S. 161 f.; D. Hammer-Tugendhat, 1985, S. 35; L. Schmugge, 1987, S. 85; H. Kuzmics, 1989, S. 97 oder U. Paravicini, 1985, S. 20, wo es heißt, erst die Reformation und die Gegenreformation hätten die Nacktheit tabuisiert. Cf. auch G. Heinsohn/O. Steiger, 1985, S. 246, die von einer »Ausrottung der Genußsexualität« während der frühen Neuzeit und von einer »terroristischen Unterbindung« von öffentlicher Nacktheit, Defäkation usw. reden. Ähnlich auch B. Loewenstein, 1987, S. 261 f. Alexander Fritsch, der die Empfindung mitteilt, meine bisherige Elias-Kritik sei in einem so »polemischen, schnodderigen Ton« abgefaßt, »daß man erhebliche Zweifel« haben müsse, ob die folgenden Bände überhaupt »seriös genug sein werden, um die wissenschaftliche Souveränität und Thesenkraft von Norbert Elias ernsthaft anzugreifen«, malt schließlich ein – offenbar ernst gemeintes – Bild mittelalterlicher Umgangsformen, das der Kindersendung »Neues aus Entenhausen« angemessener gewesen wäre als dem Sonderprogramm von RIAS Berlin (25. Februar

1989): »Man stelle sich ein Abendessen der Bundesregierung in Bonn vor«, meint der Autor, und zwar wie es dabei im späten Mittelalter zugegangen wäre: »Auf dem Tisch liegt ein halbes Rind, das Innenminister Zimmermann gerade mit einem Fleischermesser ausnimmt. Interessiert und nebenbei ins Tischtuch schneuzend beobachtet Postminister Schwarz-Schilling das Geschehen, während Bildungsminister Jürgen W. Möllemann sich mit den Händen einige Portionen Kartoffeln (sic!) auftut. Derweil essen Außenminister Genscher und Familienministerin Lehr mit dem einzigen vorhandenen Löffel gemeinsam aus der großen Suppenterrine in der Mitte des Tisches. Als Entwicklungsminister Klein gerade herzhaft und überaus hörbar aufstößt, betritt der Kanzler den gutgeheizten Saal. Helmut Kohl ist bis auf ein paar Holzsandalen nackt, und bevor er sich zu der versammelten Runde an die Tafel setzt, kneift er noch schnell Deutschlandministerin Wilms in die Hüfte.«

6 G. Vigarello, 1988, S. 41. Ich habe im ersten Band dieses Buches ausführlich belegt, daß die überwiegende Mehrzahl der Badstuben zu allen Zeiten des Mittelalters eine Geschlechtertrennung hatte und daß viele Städte und Dörfer sogar über separate Badhäuser für Männer und Frauen verfügten (cf. z.B. J. G. Batton, 1864, S. 94; R. Hoffmann, 1885, S. 7; H. Roeseler, 1917, S. 67; L. Ernst, 1954, S. 316), wobei manchmal nur indirekt geschlossen werden kann, daß es sich bei der Einrichtung um eine Frauenbadstube handelte, etwa wenn im Regensburger Wundenbuch aus der ersten Hälfte des 14. Jahrhunderts von »Witlein den frawnchneht in der patstuben in Schefterstrazz« die Rede ist. Cf. J. Widemann, 1912, S. 751; F. Bastian/J. Widemann, 1956, S. 470. Ja, wenn beispielsweise im 15. Jahrhundert ein Volksprediger wie Michel Menot sich darüber ereifert, es gebe in Tours »öffentliche Badehäuser, die ganz und gar Bordelle sind; es gibt dort keine Trennung zwischen Mann und Frau« (zit. n. J. Rossiaud, 1989, S. 228; cf. auch A. Cabanès, o.J., II, S. 256f.), dann sieht man, daß in manchen Gegenden die fehlende Geschlechtertrennung geradezu als Kriterium eines Badebordells diente. So heißt es fast durchweg ähnlich wie im ältesten Stadtbuch Luzerns, das um 1300 verfaßt worden ist, aber ältere Bestimmungen wiedergibt: »Ez ensol ovch enhein vrowe baden in deheinr batstuben wand an der mitwochen in Ritzmans vnd Stecken bi .x. sγ., vnd sol ovch dez selben tages enhein man bi inen baden bi .j. ℔. vnd dar zuo mueste er ein manot von der Stat sin« (J. E. Kopp, 1854, S. 350). In seltenen Fällen – etwa in Basel oder in Straßburg – badeten Männer und Frauen vorübergehend im sel-

ben Raum, die Männer mit einer *bruoch* und die Frauen mit einer *badehr* bekleidet, die nicht nur den Unterleib, sondern auch Bauch und Brüste bedeckte. Doch auch in diesen Städten wurde gegen Ende des Mittelalters das gemischte Baden verboten, und zwar in Straßburg deshalb, weil Fremde in diesen Bädern für Sittenskandale gesorgt hatten. Dort richtete man fünf Badstuben für Männer und drei für Frauen ein, und ein Bader, der Angehörige des anderen Geschlechts zuließ, büßte dies mit fünf Pfund Denaren. Cf. C. Wittmer, 1961, S. 92. Befanden sich die Männer- und die Frauenbadstube unter einem Dach, so waren die beiden Stuben meist – wie z. B. in Krakau – durch eine fast bis zur Decke reichende Holzwand voneinander geschieden, und selbstverständlich kleideten sich die Geschlechter auch in getrennten Räumen aus und wieder an. Cf. A. Jelicz, 1981, S. 99. Zwar gingen bisweilen – obgleich dies als sehr unschicklich angesehen wurde – manche Frauen nur mit der *badehr* bekleidet über die Gasse ins Bad (cf. A. Martin, 1931, S. 60), doch diese bedeckte ja den Leib von der Brust bis zu den Knien. Wie ungewöhnlich es damals für einen Mann gewesen sein muß, eine Frau mit entblößtem Oberkörper beim Baden zu sehen, geht etwa daraus hervor, daß der Reisende Jacques Le Saige es für nötig erachtete, folgendes Erlebnis der Nachwelt zu überliefern, das ihm widerfuhr, als er im Jahre 1512 in einer Herberge in La Tour-du-Pin übernachtete. Als er zufällig die Küche betrat, überraschte er die Wirtin, die in einem Zuber saß, ohne dessen Vorhänge zugezogen zu haben, so daß er ihre nackten Brüste sehen konnte. Voller Scham zog er sich auf der Stelle zurück, um später zu erfahren, daß niederkommende Frauen häufig ihre Nachbar*innen* (cf. hierzu E. Sturtevant, 1917, S. 191 f.) im Badezuber sitzend empfingen: »Ainssy que entray en la cuisine pour sçavoir se nostre disner estoit prest, trouvay l'hostesse qui se baignoit dedans une cuve baignoire engourdinée, et y avoit tout plain de houpiaus autour d'elle. Je fus tout esbahis, car on le veoit nue sans nul affulloir jusques au ventre, et avoit devant elle une petite table ou elle sortissoit les plats pour ses hostes. Et nous fut dit que pendant la gésine d'une femme on les voit tous les jours baignant nue et les voisins viennent souvent faire le banquet d'emprès ledite gésante. J'en fus tout honteux et vuiday soubit de la dite cuisine« (zit. n. P. Négrier, 1925, S. 317 f.). Hätten im ausgehenden Mittelalter und in der frühen Neuzeit tatsächlich die Geschlechter nackt miteinander gebadet, so wäre es im übrigen völlig unverständlich, daß man im Jahre 1535 über die Amsterdamer Adamiten empört vermerkte, daß Männer und Frauen gemeinsam zu den

Badstuben gingen, im Eingang die Kleider ablegten und dann nackt beieinandersäßen. Cf. J. Friedman, 1987, S. 283. (Zahlreiche weitere Beispiele finden sich im ersten Band dieses Buches. Für T. Kleinspehn, 1989, S. 104, der ungestört seinen Traum weiterträumen möchte, sind das alles nur »vereinzelte Gegenbelege«.) Auch im mittelalterlichen Byzanz gab es Bäder für Männer (ἀνδριῷα λουτρά) und solche für Frauen (γυναικεῖα λουτρά). Bis etwa zum 6. Jahrhundert hatte es vereinzelt auch gemischte Bäder (ἀνδρόγυνα πουτρα) gegeben, die jedoch als anrüchig galten. So anerkannte Justinian I. das gemeinsame Baden einer Ehefrau mit fremden Männern in wollüstiger Absicht (»commune lavacrum viris libidinis causa«) als Ehescheidungsgrund. Wie Euagrios Scholastikos berichtet, badeten im 4. Jahrhundert manche Anachoreten in *balnea mixta*, um ihre ἀπάθεια zu testen, und Epiphanios von Konstantia erzählt, daß eine christliche Jungfrau, die sich unvorsichtigerweise in ein solches Bad gewagt hatte, einen jungen Mann, der sie dort unzüchtig betasten wollte, wie den Grafen Dracula mit dem Kreuzeszeichen verscheuchte. Cf. A. Lumpe, 1979, S. 157f. Selbst in dem *balneum*, das die im Orient als lose und indezent verschrienen Kreuzritter in Akkra eingerichtet hatten, gab es eine Geschlechtertrennung. Cf. J. Prawer, 1972, S. 88. In den spätmittelalterlichen und frühneuzeitlichen Wildbädern badeten Männer und Frauen – mit *bruoch* und *badehr* bekleidet – hingegen nicht selten gemeinsam (cf. freilich L. Geizkofler, 1873, S. 106), wobei das Becken allerdings häufig durch ein hölzernes Gatter in eine Männer- und in eine Frauenhälfte geteilt war. Fehlte dieses Gatter, so war das anscheinend so manchem Badegast peinlich, vor allem wenn das andere Geschlecht in der Überzahl war. So stieg z. B. im Jahre 1573 Hans Ulrich Krafft mit seinem Begleiter in ein leeres Becken zu Baden im Aargau. Nach einer Weile kamen zweiundzwanzig vornehmlich ältere Frauen hinzu, mit denen sich die beiden Männer zunächst »freindlĭch« unterhielten. Als Krafft freilich merkte, daß sie die einzigen Männer blieben, »fangt mir an bey soviel Weiber zu sitzen bang werden«, und die beiden suchten schleunigst das Weite. Cf. E. W. Zeeden, 1968, S. 304. Daß das gemeinsame Baden der Geschlechter *in früherer Zeit* keine Selbstverständlichkeit gewesen sein dürfte, legt die Tatsache nahe, daß etwa John Mandeville im 14. Jahrhundert als Kuriosität berichten konnte, im heißen Südasien wateten Männer und Frauen miteinander in die Fluten: »Und die Frauen schämen sich nicht vor den Männern und liegen sie so zusammen in dem Wasser« (1989, S. 182). Was Wildbadberichte à la Poggio

oder entsprechende bildliche Darstellungen betrifft, so habe ich
im ersten Band zu zeigen versucht, daß Elias und seine Anhänger
deren Charakter mißverstanden haben. Es wird dort keine Realität wiedergegeben, sondern die Utopie eines *locus amoenus* aus-
gemalt, eines irdischen Paradieses inmitten der Wildnis, in dem
der Frühling und ewige Jugend und Sinnlichkeit herrschen (Abb.
211). Cf. hierzu jetzt M. Bitz, 1989, S. 48 ff.

211 Der »locus amoenus«: Kaltes Bad auf dem Wepchen.
Holzschnitt aus Stumpfs *Schweizerchronik*, 1548.

7 Valerius Maximus IX, 1.8.
8 Cf. J. Rossiaud, 1982, S. 68. M. Maurer, 1989, S. 238, meint, ich
könne doch wohl kaum Elias vorwerfen, den Unterschied zwischen ehrbaren Badstuben und Badebordellen übersehen zu haben, wenn »es schon den Zeitgenossen schwerfiel, die Unter-
scheidung zu treffen«, denn ich hätte doch angeführt, daß die
Wiener Badstuben schon frühzeitig als Winkelbordelle gegolten
hätten. Ich muß gestehen, daß ich diese Argumentation nicht
verstehe. *Wenn* in Wien die meisten Badstuben als unehrbar gegolten haben, dann *haben* sie eben als unehrbar gegolten. Wieso
soll es dann den »Zeitgenossen« schwergefallen sein, »die Unter-
scheidung zu treffen«? Es mag natürlich sein, daß solche zeitgenössischen Behauptungen übertrieben waren – etwa wenn im
Jahre 1484 der schlesische Ritter Nikolaus von Popplau meinte,
ganz England sei praktisch ein einziger großer Puff (cf. A. Kalckhoff, 1980, S. 376) –, aber solche Behauptungen setzen die Un-
terscheidung ja voraus. Und sie wurde auch *ganz explizit* ge-

macht. Nachdem beispielsweise im Jahre 1417 alle Badstuben der Innenstadt Londons und der Vorstädte, die in der Londoner Gerichtsbarkeit lagen, wegen zahlreicher Sittlichkeitsdelikte und anderer Verbrechen geschlossen worden waren, erteilte man elf Jahre später wieder Konzessionen, freilich unter der Bedingung, daß auf eine strenge Geschlechtertrennung geachtet würde, daß der Betreiber Londoner Bürger und daß die Badstube »ehrbar«, d. h. anständig sei. Cf. R. M. Karras, 1989, S. 408 f. Wie in England, so wurden auch in Frankreich (cf. L. Le Pileur, 1908, S. 8 f., 79, 99) und im deutschsprachigen Raum die Kategorien terminologisch strikt voneinander getrennt – im Basel des 14. Jahrhunderts war z. B. eine bekannte »unehrbare« Badstube die von St. Leonhard in der Vorstadt (cf. D. A. Fechter, 1956, S. 82) – was natürlich nicht ausschließt, daß es auch anrüchige Badstuben gab, die irgendwo in der Grauzone zwischen normaler Badstube und Bordell anzusiedeln waren.

9 Cf. H. P. Niedhammer, 1906, S. 286 f. Cf. auch H. Kellenbenz, 1959, S. 237, 245.

10 Cf. A. Tobler/E. Lommatzsch, 1915, Sp. 985 f.

11 Noch preiswerter waren die Huren, die den Geschlechtsverkehr im Freien abwickelten. Wenn etwa in Guise Markttag war, standen den Besuchern neben den städtischen Huren noch die »filles de jolie vie« zur Verfügung, die den Kunden – in Ermangelung des heutigen Stadtparks – mit in den Wald nahmen und die nur die Hälfte kosteten. Cf. A. Terroine, 1978, S. 262 f. Im großen und ganzen scheinen in den folgenden Jahrhunderten – von ausgesprochenen Krisenzeiten einmal abgesehen – die Preise in Westeuropa relativ konstant geblieben zu sein. Um 1560 kostete etwa in Sevilla oder in Valencia einen besseren Handwerker ein Bordellbesuch nur ungefähr ⅕ seines Tageseinkommens. Cf. J. Solé, 1979, S. 211. In der zweiten Hälfte des 18. Jahrhunderts waren in Paris nach J.-P. Bertaud, 1989, S. 219, die allerbilligsten Huren für 1 bis 2 Sous, nach A. Rosa, 1988, S. 37, für 6 Sous zu haben, während ein einfacher Arbeiter zwischen 8 Sous und 1 Livre am Tag verdiente. Eine ›Durchschnittshure‹ kostete nach J.-P. Bertaud, a. a. O., S. 221, zwischen 3 Sous und 3 Livres und die teuersten bis zu 18 Livres. Nach R. Darnton, 1985, S. 122, verdiente ein gelernter Zimmermann zwischen 2 und 3 Livres am Tag.

12 Cf. J. Rossiaud, 1976, S. 304, 306 f. Gelegentlich wurden solche Badebordelle auch von Frauen aufgesucht, und zwar anscheinend nicht nur von solchen, die sich dort mit ihren Liebhabern trafen. So gingen etwa um die Mitte des 15. Jahrhunderts zwei

ehrbare Bürgerinnen von Dijon offenbar regelmäßig in die ›Estuves Saint Philibert‹, um sich dort »massieren« zu lassen. Da es sich bei dieser Badstube um einen Bordellbetrieb handelte, der von der bekannten Puffmutter Jeanne Saignant geführt wurde (cf. J. Rossiaud, 1989, S. 38), liegt der Gedanke nahe, daß sie sich dort mit der Hand befriedigen ließen.

13 N. Elias, 1988a, S. 38. Hervorhebung von mir. Elias könnte sich sogar auf A. Martin, 1906, S. 250, berufen, der behauptet, hier wäre das »gesellige Treiben in einem kleinen Mineralbade am Bodensee« zu sehen.

14 N. Elias, 1939, I, S. 295.

15 N. Elias, a. a. O., S. 296.

16 Cf. C. Wittmer, 1961, S. 93, 111. Im Jahre 1466 wird dort noch eine Badstube vor dem St. Elisabeths-Tor erwähnt.

17 Cf. D. Dufour, 1899, S. 134 f.

18 Cf. D. Staerk, 1972, S. 551.

19 Cf. C. Andersson, 1988, S. 31. Auf einem um 1480 entstandenen Kupferstich Schongauers hält freilich die erste der fünf törichten Jungfrauen mit der Linken die Lampe nach unten und kreuzt Daumen und Zeigefinger der Rechten. Cf. M. Bernhard, 1980, S. 109.

20 Cf. H. P. Duerr, 1988a, S. 34 ff.

21 Roman de la Rose, 14328 ff.

22 Schon früh bringt der ›Garten der Vanitas‹ die Vergänglichkeit von Liebe, Sexualität, Sinnlichkeit und Schönheit zum Ausdruck und verurteilt vornehmlich den von Frauen begangenen Ehebruch. Cf. P. F. Watson, 1979, S. 54 ff.

23 Cf. D. Walz, 1988, S. 354; P. Wapnewski, 1979, S. 24 ff.

24 Cf. H. Aurenhammer, 1959, S. 60 ff; J. Seibert, 1982, S. 16, 149; J. C. J. Metford, 1983, S. 30; L. Wehrhahn-Strauch, 1968, Sp. 78 f.; R. Schenda/S. Schenda, 1975, Sp. 138 f. Cf. auch G. Göbel/D. Hüppner, 1985, S. 88 f. Bereits bei den alten Ägyptern war der Affe Inbegriff insbesondere der weiblichen Sexualität. Auf einigen obszönen Graffiti tragen die Beischlafpartnerinnen Affenzüge, und in den Gräbern ist unter der Darstellung des Stuhles, auf dem die Frau des Grabherrn sitzt, häufig ein kleines Äffchen abgebildet. Cf. L. Manniche, 1987, S. 43 f. Baba – von dessen Name sich unser Wort »Pavian« herleitet, ist der Herr der männlichen Potenz. Cf. E. Brunner-Traut, 1975, Sp. 85. Bei den Maya verkörperte der Affe die Promiskuität und den Ehebruch. Auf einem Gefäßfragment aus Uaxactún ist ein Affe dargestellt, welcher der nackten Mondgöttin an die Brust faßt. Cf. M. Romain, 1988, S. 293 f.

25 Cf. H. W. Janson, 1952, S. 262, 278; E. Radtke, 1979, S. 242; S. Battaglia, 1962, II, S. 191.

26 Cf. A. de Vries, 1974, S. 17.

27 In selteneren Fällen symbolisiert der Affe am Seil nicht die Frau, sondern den vernarrten Liebhaber – »seitemal die buler von den bösen begirden gleich als an einem strick geführet werden«, wie Geiler von Kaisersberg es ausdrückt (cf. H.-J. Zimmermann, 1979, S. 65) – der durch den Minnestrick gebunden ist. Cf. M. Stokstad/J. Stannard, 1983, S. 218. Cf. auch P. J. J. van Thiel, 1968, S. 98.

28 Cf. H. W. Janson, 1952, S. 264f. Auch der die Menschheit verlockende Teufel erschien bisweilen auf dem Hexentanzplatz als Affe. Cf. P. Dinzelbacher, 1988, S. 158.

29 T. Murner, 1894, § 14 [d 7bff.]. Cf. hierzu auch W. Hoenninger, 1929, S. 50, und R. W. Scribner, 1981, S. 41f.

30 Auf dem Holzschnitt, der den Abschnitt ›Von buolem‹ in Sebastian Brants *Narrenschiff* illustriert, sitzt der ›Frow Venus‹ ein Affe zu Füßen. Cf. S. Brant, 1494, CIV.

31 Auf dem einen Spruchband steht: »vt maneā volo tecū nam dūa nolo / perge' cū preapus nūc nō wlt surge' meus« und auf dem anderen: »balneū accedes nobiscū bone jhoes / hinc modicū stabis a nob' neque meabis.« Cf. M. Lehrs, 1921, S. 150. Auf einem etwas früher entstandenen Model ist dieselbe Szene mit einer Hurenwirtin im Hintergrund dargestellt. Cf. W. v. Bode/W. F. Volbach, 1918, Tf. VII, 12.

32 L. Landucci, 1978, S. 138.

33 Cf. W. Salmen, 1983, S. 33, 35, 75.

34 Cf. P. Browe, 1928, S. 249.

35 A. a. O., S. 253; T. Hampe, 1902, S. 22.

36 *Schwabenspiegel* (Landrecht), ed. F. L. A. v. Laßberg, 1840, § 15. Auch wenn sich die soziale Stellung des Spielmannes gegen Ende des Mittelalters gebessert hatte (cf. E. Schubert, 1988, S. 119), blieb er zumindest anrüchig. So nahmen etwa die Kölner Goldschmiede – wie auch die von Lübeck – nur denjenigen als Lehrling auf, der »ein recht eekint« und »dehains pfiffers noch dehains varenden mans kinde« war (cf. E. Maschke, 1967, S. 14), und noch im 17. Jahrhundert bestimmt die Willkür der Gilden von Osterode: »Daß keines Müllers, Baders, LeineWebers, Schaffers, Pfeiffers etc. Sohn oder Tochter in die Gilde Zunehmen.« Cf. H. Wendt, 1988, S. 336.

37 Anscheinend hatte man nach dieser Auffassung kein Verständnis dafür, daß Mimen oder Possenreißer Gefühle oder Stimmungen zum Ausdruck brachten oder daß Spielleute solche Gefühle er-

zeugten, die nicht ihre eigenen waren, eine Einstellung, die sich wohl mitunter noch heute bei alten Bauern in europäischen Randgebieten findet. Cf. A. Kalckhoff, 1983, S. 284f. Nach dem *Sachsenspiegel* hatte derjenige, welcher in einem gerichtlichen Zweikampf stellvertretend für einen anderen kämpfte, keinen Anspruch auf Wergeld. Noch im 18. Jahrhundert bestand die ›Hurenhaftigkeit‹ der Schauspielerinnen unter anderem darin, daß sie nicht ihre eigenen Gefühle ausdrückten. Cf. K. Laermann, 1989, S. 147f.

38 Cf. O. Beneke, 1889, S. 27f.; W. Hartung, 1982, S. 66ff. Auch die russisch-orthodoxe Kirche verurteilte nach byzantinischer Tradition die Spielleute als *igry besovskija* (»teuflische Spieler«), und nach einem Gesetz vom Jahre 1509 durften sie keine Wohnhäuser betreten. Auf den Synoden von Regensburg (1512) und Augsburg (1517) wurde bestimmt, daß diese *dampnabiles* von der Kommunion ausgeschlossen blieben, und in manchen Gegenden nähte man ihnen wie den öffentlichen Huren Lappen und Stoffstreifen in bestimmten Farben auf. Cf. W. Salmen, 1976, S. 13.

39 So z.B. Worms 1220, Boulogne 1288, Bremen 1292 oder Paris und Montpellier 1321. Cf. W. Salmen, 1983, S. 47f., 53. In vielen Gegenden entband man auch die Gastwirte von der Beherbergungspflicht gegenüber den Spielleuten.

40 Cf. E. Schubert, 1983, S. 237.

41 Cf. J. Schultz, 1940, II, S. 3.

42 Cf. W. Salmen, 1976, S. 35.

43 So z.B. R. Fossier, 1986, S. 450.

44 Zit. n. A. Schultz, 1889, S. 578. Cf. auch R. S. Loomis, 1919, S. 255. Solche Erstürmungen der Minneburg gab es noch in der Renaissance. So verteidigten sich beispielsweise am Neujahrstag des Jahres 1512 am Hofe Heinrichs VIII. sechs Damen in einer solchen Burg gegen den jungen König und fünf Adelige, bis sie sich ergaben und anschließend mit den Siegern tanzten. Cf. B. J. Harris, 1989, S. 67. Das Motiv findet sich auch in der bildenden Kunst. So ist etwa auf einer geschnitzten elfenbeinernen Spiegelkapsel des Kärntner Stiftes Reun aus der Mitte des 14. Jahrhunderts eine Szene dargestellt, in der mehrere Ritter gegen eine Burg anstürmen, die von den Damen mit Rosen als Wurfgeschossen verteidigt wird. Cf. D. D. R. Owen, 1975, S. 74; T. Husband, 1980, S. 71f.; R. Koechlin, 1968, Pl. CLXXVf.; L. F. Sandler, 1986, Abb. 280; F. Baekeland, 1975, S. 22, 35f.

45 Zit. n. P. Schultz, 1907, S. 61. »er rante mir in daz purgelin/cuspide erecta« (»er erstürmte meine kleine Burg/mit aufgestelltem

Spieß«) klagt in den um 1230 entstandenen *carmina burana* eine
deflorierte Maid (cf. R. Clemencic/M. Korth/U. Müller, 1979,
S. 124). Bei Heinrich von Neustadt (*Apollonius* 15265ff.) ist dagegen nicht von einer Minne*burg*, sondern von einer Minne*herberge* die Rede: »oberhalp dem gürtelîn/merket man deu prüste-
lîn,/niderhalp siht man die stat,/dâ deu minne zalas hât.«

46 Cf. K. Renger, 1970, S. 32, ferner J. P. Filedt Kok, 1985, S. 218,
und M. Jonas, 1986, S. 77. »Vogelbauer« und »Vogelhaus« sind
auch heute noch gebräuchliche Ausdrücke für Bordell und Vagina, »das Vogelhaus lackieren« für koitieren. Cf. E. Borneman,
1984, 1.66, 35.18. Dieselbe Bedeutung hat im Niederländischen
das Wort »kooien«, »in den Vogelkäfig einsperren«. Cf. M.
Grundler, 1989, S. 28.

47 Peter Burke hat mich auf einen Brief aus dem Jahre 1635 aufmerksam gemacht, in dem sich der Witwer Caspar Barlaeus bei
einem Freund dafür bedankt, daß dieser ihm Rebhühner geschenkt hat: »Dat ge juist aan mij, weduwnaar, patrijzen stuurt,
is vreemd in ieder opzicht. De meest geile vogel, symbool en
hieroglief van Venus, stuurt ge me, door welks aanschouwen ge
bij de herinnering oproept aan de liefkozingen die ik als weduwnaar moet missen. Wat is dit anders dan een hongerig mens, die
niet heeft wat hij begeert te eten, speeksel in de mond brengen?«
(zit. n. E. de Jongh, 1969, S. 29). Eine alte englische Bezeichnung
für öffentliche Huren war »quail«. Cf. H. Koštials/J. Koštials,
1909, S. 21; E. Partridge, 1968, S. 170. In manchen Gegenden bedeutet »Vogel« die weiblichen Genitalien. So wird etwa im amerikanischen Stripperinnen-Slang die Vulva »bird« genannt, und die
männlichen Zuschauer heißen entsprechend »birdwatchers«. Cf.
J. K. Skipper/C. H. McCaghy, 1971, S. 284. »Bird's nest« ist ein
alter englischer Ausdruck für den Genitalbereich und insbesondere für das Schamhaar der Frau. Cf. E. Partridge, a. a. O., S. 66.
Das Wort »vögeln«, ahd. *fogalôn*, mhd. *vogelen*, leitet sich jedoch
höchstwahrscheinlich nicht von »den Vogel fangen«, sondern von
»wie die Vögel tun« her. Cf. J. Grimm/W. Grimm, 1951, XXVI,
Sp. 432; M. Lexer, 1978, III, Sp. 425.

48 Cf. W. Harms, 1985, S. 216. »Die Nachtigall herauslocken und
singen lassen« ist ein alter Ausdruck für »eine Frau zum Orgasmus bringen«. Cf. M. Grundler, a. a. O., S. 32.

49 N. Elias, 1988a, S. 38.

50 Mit Recht hat z.B. E. Uitz, 1983, S. 142, von einer »Romantisie-
rung« des spätmittelalterlichen Bordellwesens durch viele Kulturhistoriker gesprochen, die an der harten Lebenswirklichkeit
der öffentlichen Huren vorbeigeht. Ein zu romantisches Bild der

Huren von Dijon scheint selbst J. Rossiaud, 1982, S. 69f.; 1989, *passim*, zu entwerfen, der bezeichnenderweise unerwähnt läßt, daß die »fillettes communes« im 15. Jahrhundert, also im Untersuchungszeitraum Rossiauds, von der Portelle du Bourg in zwei eigens erbaute Frauenhäuser außerhalb der Stadtmauern von Dijon verwiesen wurden. Cf. B. Geremek, 1976, S. 262, und meine Rezension des Rossiaudschen Buches in *Frankfurter Allgemeine*, 10. Juli 1989. Auch in Lyon warf man in jener Zeit die öffentlichen Huren aus den Straßen, die »publiques et honnestes« waren. Cf. N. Gonthier, 1984, S. 36.

51 Man mag dies für die Entwicklung *im Mittelalter* konzedieren, wird aber einwenden, es sei doch kaum zu bestreiten, daß ein im 16. Jahrhundert einsetzender ›Zivilisationsschub‹ den Frauenhäusern eine Ende bereitet habe. Dabei sollte man freilich nicht vergessen, daß sich nach einem vielerorts anfänglich scharfen Vorgehen der Reformation gegen die Prostitution die Wogen bald glätteten und daß im 17. und im 18. Jahrhundert in weiten Teilen Europas öffentliche Huren weitgehend toleriert wurden, solange ihnen keine Straftaten nachgewiesen werden konnten (cf. O. H. Hufton, 1974, S. 307), oder daß sie sogar offiziell wieder zugelassen wurden. So erneuerte zwar in den Niederlanden die calvinistische Reformation gegen Ende des 16. Jahrhunderts die Konzessionen der Frauenhäuser nicht mehr, aber kurze Zeit später entstanden die Bordelle aufs neue und wurden von dem *schout*, einem städtischen Beamten, überwacht. Cf. A. Moolenaar, 1983, S. 45; C. Brown, 1984, S. 182. Das Berner Bordell im Frauen- oder Nachrichtergässli wurde im Jahre 1534 von der Reformation geschlossen, aber vierzig Jahre später wiedereröffnet (cf. B. Weber, 1976, S. 84; P. Hofer, 1952, I, S. 251), während in Zürich die Reformation die beiden Frauenhäuser in der Wacht Neumarkt (der heutigen Chorgasse) beließ. Cf. K. Kilchenmann, 1946, S. 39. In Deutschland schloß man zwar im Jahre 1601 in Landshut eines der letzten verbliebenen städtischen Frauenhäuser, das die Stürme der Erneuerung überstanden hatte (cf. J. Kirmeier, 1988a, S. 182), aber allenthalben wurden die Privatbordelle, die keineswegs auffälliger hinter den Kulissen verschwanden als im Mittelalter, mehr oder weniger geduldet. Auch nachdem beispielsweise in London die Prostitution offiziell abgeschafft worden war, blühte sie in vielen Teilen der Stadt, angeblich weil sie nicht oder mit relativ geringen Strafen geahndet wurde, weshalb etwa Philip Stubbes in seiner 1583 erschienenen *Anatomie of Abuse* konstatierte, es sei kein Wunder, daß die Stadt von Nutten nur so wimmele, wenn die Strafe, die ihnen

drohe, geradezu lächerlich sei: »For what greate thyng is it, to goe twoo or three daies in a white sheete, or els in a Cope (a ridiculous kinde of punishement) before the Congregation, and that sometymes not paste an hower or twoo in a daie, havying their usuall garmentes underneath, as commonly thei have« (zit. n. M. Vale, 1977, S. 146). Freilich sollte man nicht unterschätzen, welche Demütigung eine solche Schandstrafe in Wirklichkeit dargestellt haben muß. So berichtet etwa ein Augenzeuge, Samuel Zehender, über ein Hurenaustreiben in Bern im Jahre 1563: »Do hat man vier gemeine Metzen von dem Kefithurm bis zum obern Thor durch den Nachrichter mit Ruten ausgeschwungen, je zwei und zwei zusammengekoppelt. Und als die eine fast (= sehr) geweint und sich übel gehub, tröstete sie die andere und sprach: Was willst du dich also gestellen? es ist nicht so weit biß zum Thor, bis nur guter Dinge! – Deß ward dieselb baßer (= mehr) gestrichen« (zit. n. P. Sommer, 1969, S. 97). Nachdem im Jahre 1646 die Frau eines Levellers, Mary Overton, nach Bridewell, »that common shore & sinke of Bauds & Whores« geschleppt worden war, schrieb ihr empörter Mann, dies habe man getan, »to blast her reputation for ever« und um sicherzustellen, daß »she should not passe the streetes upon her necessary occasions any more without contumely and derision, scoffing, hissing, and poynting at her, with such or the like sayings, as, see, there goes a Strumpet that was dragged through the streets to Bridewell« (zit. n. M. George, 1988, S. 63). Auch Paris war im 17. Jahrhundert wieder voll mit von der Obrigkeit tolerierten Bordellen, so daß Liselotte von der Pfalz schreiben konnte: »Met verlöff, met verlöff, bordels seindt gar viel zu Paris, wo offt große desordre vorgehen« (Elisabeth Charlotte v. Orléans, 1871, II, S. 604). In vielen Städten hatte man die Abschaffung der städtischen Frauenhäuser bedauert (cf. G. L. Maurer, 1870, III, S. 115 f.), und häufig machte man diesen Schritt nur halbherzig. So war z. B. das Nördlinger Frauenhaus zwar bereits im Jahre 1536 offiziell aufgelöst worden, doch noch 31 Jahre später heißt es: »Stoffel Fleischman betelvogt, hett mitt den gemainen weibern, sonderlich nachgenannter Hiberin vnzucht trieben, da er doch befelch hett, sie abzuschaffen. wurd also einzogen vnnd heutt auff ain a. v. wider erlassen, der statt verwisen bis man nach ihm schickhe« (A. Felber, 1961, S. 55). Im Jahre 1577, also fünfzehn Jahre nach Auflösung des Nürnberger Frauenhauses, wurden fünf ehemals in ihm beschäftigte Huren »durch backen gebrendt«, weil sie ihre Tätigkeit fortgesetzt hatten. Cf. U. Koenigs-Erffa, 1955, S. 278. Auch die Aufenthaltsbestimmungen ›fahrender‹ Huren entsprachen nach einer strengeren Zwischenperiode im 17. Jahrhundert wieder weitgehend denen des späten Mittelalters. Heißt es etwa in einer um 1572 in Bern erlassenen Ordnung, die im übrigen nicht ernsthaft befolgt worden zu sein scheint, die »heimschen umbschweyfenden huoren söllend wie die frömbden geveecht, vencklich ingezogen und mit dem eyd an die ort, da sy erzogen und erboren oder sunst hußhäbliche wonung hand, gewisen« werden (cf. H. Rennefahrt, 1968, S. 420f.), so verlautet das Stadtrecht von Estavayer vom Jahre 1627: »Pareillement que aucung hoste, ny aultres, ne doigent / aberger, ny garder ribaudes, ny paillardes publicques, / plus d'un jour et d'une nuict souz semblables bamp« (B. de Vevey, 1932, S. 234). Etwas strenger war sieben Jahre später das ›Règlement des tavernes et hostes‹ der Stadt Gruyères: »N'albergeront ny retireront aucunes filles débauchées et publiques, leur donneront à boire et à manger seulement« (ders., 1938, S. 167).

52 Zit. n. R. Plötz, 1988, S. 16.

53 L. L. Otis, 1985, S. 17. Ähnlich auch in den englischen Städten wie London, Oxford oder Cambridge. Cf. J. Bellamy, 1973, S. 156.

54 Cf. B. Geremek, 1976, S. 240, 262. Nach allen Quellen gewinnt man den Eindruck, daß im Frankreich des 14. Jahrhunderts die Obrigkeit mit aller Härte eher gegen die »maquerelles publiques« und die »bordelières«, also gegen die Kupplerinnen und Puffmütter, vorging als gegen die Huren selber. Cf. A. Porteau-Bitker, 1980, S. 39. Ludwig IX. hatte bereits im Jahre 1254 den Versuch unternommen, alle Huren »tam de campis quam de villis« zu vertreiben, und angeordnet, ihnen alles zu nehmen »usque ad tunicam vel ad pellicium«, für den Fall, daß sie sich widersetzten. Zwei Jahre später wurde freilich eine neue Ordonnanz erlassen, die sich damit begnügte, die »foles femes« zu gettoisieren: »Desgleichen sollen alle üblen und vagierenden Frauen außerhalb aller Vesten und Städte gehalten werden, besonders auch von allen belebten Straßen der Städte, weit von der Stadtmauer, weit von allen geweihten Orten wie Kirchen und Friedhöfen; wer an solchen ungeeigneten Orten ein Frauenhaus hält oder nur eine Dirne bei sich beherbergt, soll an die Männer, denen wir solches zuweisen, von diesem Hause den Zins eines Jahres bezahlen« (zit. n. C. Lombroso/G. Ferrero, 1894, S. 208f.). Cf. auch J. Le Goff, 1980, S. 353.

55 Cf. E. Pavan, 1980, S. 243. Bereits im Jahre 1233 waren durch das Statut *de indivinatoribus expellendis de civitate* die öffentli-

chen Huren aus Städten wie Bologna oder Parma auf Lebenszeit verbannt worden. Cf. A. Vauchez, 1966, S. 533 f.

56 Cf. J. Rossiaud, 1989, S. 64. Freilich wurden bald danach Klagen laut, einst hätten die Frauenhäuser – wie es sich auch gehöre – außerhalb der Stadt gestanden, aber jetzt seien die Städte voll von ihnen. Cf. a. a. O., S. 198. Manche Städte hielten indessen durchgehend die Frauenhäuser draußen. So verboten etwa das Burghauser Stadtrecht vom Jahre 1307 und das Neuöttinger vom Jahre 1321 jegliche Prostitution innerhalb der Ringmauer. Cf. J. Kirmeier, 1988a, S. 172.

57 In Basel wird bereits im Jahre 1293 ein Frauenwirt namens Burchard von Esch erwähnt, aber ob dessen Frauenhaus dem Rat unterstand oder von diesem nur geduldet wurde, scheint nicht bekannt zu sein. Halboffizielle Übergangsformen gab es dann offenbar im darauffolgenden Jahrhundert. So heißt es etwa in Basler Ratsverordnungen der Jahre 1384 und 1409, »daz alle hußfrovwen die varend toechtern und frovwen enthaltent, wer die sint, von denselben frovwen und tochtern nyt me nemmen soellent denne den dritten phenning in allen sachen.« In der Innenstadt waren freilich allem Anschein nach solche Einrichtungen nicht zugelassen. Offenbar hatte der Rat mit ihnen so manche Probleme, denn im Jahre 1388 verordnete er, daß »Elschin in ihrem huse, under St. Oswaldscapelle gelegen, nit me mit offen toechtern hushäblich sin soll, sündlich leben do zu tribende«. Bald danach verkaufte oder verpachtete er einige »hüslin, da die hübschen frowen insitzen«, an Frauenwirte, vor allem an der Lys und eines in der Malenzgasse. Cf. D. A. Fechter, 1856, S. 115 f.; J. Schnell, 1856, S. 41, 87. Ob das bereits im Jahre 1273 in Augsburg erwähnte Frauenhaus ein Privatbordell war, ist anscheinend ebenfalls ungeklärt. Gleiches gilt für entsprechende Einrichtungen in Luzern, über die um 1300 das Stadtbuch verlautet: »Der Rat ist ovch vber ein komen, dc in der offennen vrovwen hüsern noch in dien batstuben nieman froemder vbernacht sol gehalten noch drinne spilen« (J. E. Kopp. a. a. O., S. 350).

58 Im Trecento war zwar jede Form von Sodomie verboten, aber zumindest in Florenz scheint man im allgemeinen lediglich homosexuelle Vergewaltigungen strafrechtlich verfolgt zu haben. Dies sollte sich im Quattrocento ändern, in dem jegliche Päderastie, Homosexualität und jeder Analverkehr geahndet wurden. Cf. S. Cohn, 1980, S. 222. Auch in Frankreich scheinen Homosexualität und Analverkehr einigermaßen verbreitet gewesen zu sein. Jedenfalls verlautet Jean Gerson zu Beginn des 15. Jahrhunderts: »Denn es gibt kaum welche, die im entsprechenden Alter

nicht schreckliche und entsetzliche Sünden begehen, wenn sie nicht jung verheiratet sind. Und sogar wenn sie verheiratet sind, begehen die jungen Leute viele schreckliche Ausschweifungen, über die so viel zu sprechen ich mich schäme, denn die Sünde wider die Natur ist so furchtbar und zum Himmel stinkend, daß Gott sich mehrfach gerächt hat, wie wir es von den fünf Städten aus der Bibel wissen, die wegen der Schrecklichkeit dieser Sünde einstürzten« (zit. n. J.-L. Flandrin, 1977, S. 278).

59 Wo immer Männer längere Zeit unter sich sein mußten, war meist dafür gesorgt, daß Prostituierte ihnen zur Verfügung standen – man denke etwa an die zahlreichen Troß- und Lagerhuren, die ein Heer begleiteten, oder an die Schiffshuren (Abb. 212). In Rostock heißt es beispielsweise im Jahre 1267, daß nach Schonen auslaufende Schiffe vierzig Huren an Bord hatten. Cf. E. Hoffmann, 1988, S. 198.

212 Hans Holbein d. J.: Dreimastsegler mit halbentblößter Hure (Mitte) beim Verlassen des Hafens, um 1533.

60 Cf. V. L. Bullough, 1977, S. 10.

61 »Welche Art von Menschen«, so Augustinus in einer im Mittelalter immer wieder zitierten Passage, »kann man anführen, die niederträchtiger, haltloser und mit mehr Schmutz und Schande beladen sind als die Dirnen, Kuppler und ähnlicher Abschaum der Menschheit? Aber beseitige die Dirnen aus der menschlichen Gesellschaft: du wirst sehen, in welche Verwirrung die sinnli-

chen Begierden alles bringen werden! Zwinge sie in die Stellung
der verheirateten Frau: du wirst alles durch Schande und
Schmutz entehren! Von ihrem eigenen Verhalten her gesehen
führt diese Art von Menschen das sittenloseste Leben von allen,
gehört aber dank der gesetzlichen Ordnung seiner Stellung nach
zu dem geringsten Stand. Gibt es nicht einige Körperteile, deren
Anblick man nicht ertragen kann, wenn man sie für sich alleine
betrachtet? Trotzdem will die Ordnung der Natur sie nicht missen, weil sie eine lebenswichtige Funktion erfüllen; sie läßt aber
nicht zu, daß sie deutlich sichtbar sind, weil sie häßlich sind«
(Augustinus, *De ordine* II, 12). Häufig angeführt wurde auch die
pseudo-augustinische Interlinearglosse aus dem 13. Jahrhundert: »Die Hure bedeutet für die Gesellschaft das, was der Bal-
lastraum für das Schiff auf dem Meer und was die Kloake für den
Palast ist.« Cf. J. Rossiaud, 1989, S. 84; M. E. Perry, 1978,
S. 206.

62 Zumindest ein bestimmter Typus von potentiellen Vergewalti-
gern konnte damals wohl durch die Möglichkeit, ins Frauenhaus
zu gehen, von der Tat abgehalten werden. Über diesen meinte in
unserer Zeit eine norddeutsche Prostituierte: »Vor manchen
Männern habe ich auch Angst. Da erzählte mir einer: ›Wenn ich
hier nicht vorbeigekommen wäre, hätte ich ne Trämperin mitge-
nommen und die vergewaltigt. Es stehen ja genug an der Straße.
Wenn ich hier nicht noch Licht gesehen hätte, dann wäre was
passiert‹« (H. Westphal, 1988, S. 138).

63 Aus den nämlichen Gründen hielt im 13. Jahrhundert König Roger von Sizilien die Prostitution für ein notwendiges Übel, doch
er verbot den Huren – wie auch den Schankmädchen und den
Schauspielerinnen, die er selbstverständlich für Huren hielt –,
Stadtviertel zu bewohnen, die von ehrbaren Frauen betreten
wurden. Cf. J. A. Brundage, 1987, S. 390f. Cf. auch Thomas
von Aquin: *Summa Theologica* II. 8. 11. III. Lange vorher hatte
bereits Konstantin der Große so argumentiert, als er in Konstan-
tinopel ein Bordell mit regulären Huren (πόρναι) einrichten ließ.
Cf. J. Irmscher, 1985, S. 15. Auch nach dem Mittelalter wurde
die Prostitution meist auf diese Weise legitimiert, wenn auch die
Emphase mehr auf die Gefahr der Verführung der Frauen und
Mädchen als auf die der Vergewaltigung gelegt wurde. So
schreibt etwa der englische Italienreisende Thomas Coryate im
Jahre 1608, die Venezianer duldeten die etwa zwanzigtausend
Kurtisanen, von denen viele »ihren Köcher jedem Pfeil« öffne-
ten, »*ad vitanda majora mala*. Sie denken nämlich, daß die
Keuschheit ihrer Frauen um so eher angegangen würde und ih-

nen infolge dessen um so eher Hörner aufgesetzt würden (was der Venezianer von allen Schmähungen der Welt am wenigsten geduldig hinnimmt), gäbe es diese Orte der Entleerung nicht« (T. Coryate, 1988, S. 188). Cf. auch C. Hibbert, 1988, S. 89. Im Jahre 1724 gibt Mandeville in seiner *Modest Defence of Publick Stews* zu bedenken: »If courtezans and strumpets were to be prosecuted with as much rigor as some silly people would have it, what locks or bars would be sufficient to preserve the honor of our wives and daughters?« (Zit. n. K. Thomas, 1959, S. 197f.) Und als sich im Jahre 1816 ein hannoverischer Bürger an die königliche provisorische Regierungskommission mit der Bitte wandte, einem »öffentlichen Mädchen« in seinem Hause eine Wohnung vermieten zu dürfen, wurde dieser Bitte nach Erstellung eines Gutachtens entsprochen. Darin hatte die Polizeidirektion festgestellt, daß einerseits die betreffende Straße »abgelegen und größten Theils nur von ganz geringen Leuten bewohnt« sei. Andererseits wurde gegenüber moralisierenden Kritikern betont, daß Huren eben zu den »nothwendigen Uebeln« einer Stadt gehörten. Cf. S. Müller, 1983, S. 16. Als in einer Verfügung des Reichsministers des Inneren vom 9. September 1939 die »Wiedereinrichtung von Bordellen und die kasernenähnliche Zusammenfassung der Prostituierten«, vor allem zwangsverpflichteter Polinnen, Französinnen, Tschechinnen und Zigeunerinnen, angeordnet wurde, wies man darauf hin, daß dies insofern dem Volkswohl diene, als die Soldaten und die fremdvölkischen Zwangsarbeiter von den deutschen Frauen abgelenkt würden. Cf. M. D. Kreuzer, 1989, S. 52. Nachdem schließlich gegen Ende des Jahres 1981 die Peep-Shows durch ein Urteil des Berliner Bundesverwaltungsgerichtes wegen Entwürdigung der Frau für sittenwidrig erklärt worden waren, demonstrierten die Peep-Girls bundesweit in der Öffentlichkeit, und zwar vor allem mit dem Argument, daß bei einem Verbot dieser Einrichtung deren Kunden ihre Bedürfnisse anderweitig befriedigen würden. Cf. a. a. O., S. 293 f.

64 Wenn einmal – wie etwa im spätmittelalterlichen Krakau – der Rat schwankend wurde, ob er nicht doch diese Frauenhäuser schließen und die Huren ausweisen solle, war meist die Kirche dagegen. Cf. A. Jelicz, 1981, S. 51. Nachdem Ludwig der Heilige die Prostitution untersagt hatte, beschwerten sich allenthalben die Familienväter, es sei ihnen nicht mehr möglich, die Tugend ihrer Frauen und Töchter gegen die Anschläge der Soldaten und der Studenten zu verteidigen. Cf. W. W. Sanger, 1859, S. 96.

65 Cf. R. C. Trexler, 1981, S. 983. Aus diesem Grunde wurden seit
der Mitte des 15. Jahrhunderts den heterosexuellen venezianischen Prostituierten immer mehr Freiheiten zugestanden. Cf. P.
H. Labalme, 1984, S. 247f. Noch im Jahre 1846 begründete der
portugiesische Konsul in Rio de Janeiro den Transport azorischer Frauen nach Brasilien damit, dies sei nötig, um die Päderastie einzudämmen. Cf. M. dos Santos Silva, 1988, S. 295f. In
noch späterer Zeit hat es allerdings auch nicht an Stimmen gefehlt, nach denen die Prostitution und andere Formen von Unzucht durch die ›Einführung‹ der Päderastie bekämpft werden
sollten. So verlautete etwa im Jahre 1904 Edwin Bab: »Die Bewegung für männliche Kultur fordert von dem Jüngling, daß er sich
in engster Freundschaft einem zu ihm passenden Manne anschließe, daß er nicht der allgemein gestellten Forderung, er
dürfe nur das Weib lieben, Folge leiste, und seinen gleichgeschlechtlichen Liebestrieb unterdrücke; daß er nicht in den Armen einer feilen Dirne sich, seine Familie und den Staat gefährde;
daß er nicht Jagd auf ehrbare Weiber mache; daß er auch nicht
durch maßlose Masturbation sich in früher Jugend seiner wertvollsten Kräfte beraube und an der Degeneration des Volkes arbeite« (zit. n. M. E. P. de Ras, 1988, S. 26). Im Jahre 1475 wurde
freilich in Ferrara die alarmierende Tatsache, daß immer weniger
Männer heirateten und Kinder zeugten und somit viele Jungfrauen sitzenblieben, nicht nur mit der verbreiteten Homosexualität erklärt, sondern auch mit der Prostitution. Wer würde sich
denn, lautet die »Erklärung«, wenn er sich jederzeit ein Glas
Milch holen könne, gleich eine Kuh kaufen? Cf. W. L. Gundersheimer, 1984, S. 59f. Bereits der hl. Paulus hatte ja die Meinung
vertreten, es sei zwar im Grunde das beste für jeden Mann, eine
Frau erst gar nicht anzufassen, aber da der Betreffende dann den
Gefahren der Unzucht ausgesetzt wäre, sei es doch noch besser
für ihn, sich eine Frau zu suchen, »denn es ist besser zu heiraten
als zu brennen« (1. Korinther 7,96). Entsprechend der mittelalterlichen Auffassung von der Ehe als »remedium concupiscentiae« (cf. H.-G. Gruber, 1989, S. 237f.; A. McGrath, 1988,
S. 204) sah auch Luther in der Prostitution eine gefährliche Rivalin für die Ehe, denn er schrieb in einem Brief vom Jahre 1540:
»Was bedürfte man aber des Ehestandes Arzney oder Hoffnung,
wenn wir Hurerey ließen ungestraft hingehen?« (M. Luther,
1921, S. 273).
66 H. v. Weinsberg, IV, 1898, S. 193. Auch in fremden Gesellschaften gab es aus den nämlichen Gründen vergleichbare Einrichtungen. Um die Frauen vor sexuellen Belästigungen zu bewahren,

494

bestand z. B. bei den äußerst puritanischen Manus auf den Admiralitätsinseln der Brauch, aus feindlichen Dörfern Frauen zu rauben und diese zur Prostitution zu zwingen. Die eigenen Frauen waren indessen für diesen (in doppeltem Sinne) Liebesdienst in keiner Weise dankbar: Sie haßten diese Huren, die – im Gegensatz zu ihnen selber, denen durch die Erziehung jede Freude am Sex genommen worden war – als sehr libidinös galten und deswegen bisweilen auch von den verheirateten Männern aufgesucht wurden. Die Sicherheit der Huren war so gefährdet, daß die Männer sie auch aus diesem Grunde mitnehmen mußten, wenn sie das Dorf zu Fischzügen und kriegerischen Unternehmen verließen. Cf. M. Mead, 1934, S. 58f. Um vor allem reisende und alleinstehende Männer von der Vergewaltigung und Verführung fremder Frauen und Knaben abzuhalten, erlaubten hingegen einige muslimische Juristen des Mittelalters die Masturbation – eine Praxis, die von Christen und Juden nie zugelassen wurde. Cf. B. F. Musallam, 1983, S. 33.

67 J. Rossiaud, 1976, S. 308, 324. In dem bereits angeführten Brief ›widerlegt‹ Luther dieses Argument wie folgt: »Antwort: Dawider ist ein gute Arzney von Gottes Gnaden, die Ehe oder Hoffnung, sich in Ehestand zu begeben.« Durch die Existenz von Frauenhäusern seien das »Jungfrauen und Frauen Schänden und Hurerei« vielmehr »gemehret« worden. Aber so ganz scheint ihm seine Behauptung nicht geheuer gewesen zu sein, denn schließlich schreibt er am Ende seines Briefes: »Man lasse gehen, was recht ist, sollte gleich die Welt drüber zu scheitern gehen« (M. Luther, a. a. O.). Als vier Jahre vorher die Reformation in Nördlingen das dortige Frauenhaus hatte schließen lassen, tat sie dies ausdrücklich »unangesehen das man sagt, es würden ergere sünden dadurch entstehen vnnd an andern orten einreißen« (A. Felber, 1961, S. 117), und als im Jahre 1562 das Nürnberger Frauenhaus aufgelöst werden sollte, machten in der Tat Juristen auf die Probleme aufmerksam, die sich ergeben könnten, wenn die durchreisenden Fremden »ihrer bösen Lust aus Mangel des gemeinen Hauses nicht entschütten können« (E. Schubert, 1985, S. 117). Auch die Gegenreformation verurteilte die Frauenhäuser. So meinte etwa Padre Juan de Mariana ähnlich wie Luther, die Bordelle mäßigten keineswegs die Geschlechtslust, sondern förderten sie. Cf. M. E. Perry, 1985, S. 151. Der damalige Streit um die soziale Funktion der Prostitution erinnert sehr an die heutige Kontroverse darüber, ob Pornographie gewisse Männer zu Sittlichkeitsverbrechen anreize oder ob sie ihnen eher den Wind aus den Segeln nehme.

68 In Hamburg waren es beispielsweise die weiblichen Angehörigen der Böhnhasen, also derjenigen, die illegal ein Handwerk
betrieben. Sie genossen wenig Schutz, und aus einer Beschwerde
geht hervor, »daß man ihre Frauen auf offener Straße und auf
dem Markt gestoßen, an den Haaren gerauft und an unziemlichen Örtern betastet habe« (E. Klessmann, 1988, S. 148).

69 Cf. J. Rossiaud, 1982, S. 75; R. Muchembled, 1987, S. 52; A.
Vrbka, 1931, S. 13f. Auch im 17. Jahrhundert war z. B. in Hamburg mit einbrechender Dämmerung die Sicherheit einer Frau so
bedroht, daß der Rat sich im Jahre 1610 entschloß, auf den Gassen nachts Militär patrouillieren zu lassen, und zwar sechzig Soldaten in zwei Abteilungen. Cf. E. Klessmann, a. a. O., S. 130.
An der Situation hat sich in den Großstädten auch später kaum
etwas geändert. Cf. z. B. A. Clark, 1988b, S. 711.

70 J. Rossiaud, 1989, S. 8 f., schätzt, daß im Dijon des ausgehenden
Mittelalters im Jahr ungefähr 20 Frauen vergewaltigt wurden,
davon etwa 80 % von bis zu 15 Mitgliedern zählenden Banden
von »jeunes fils«, meist zwischen 18 und 24 Jahre alten Gesellen
und Lehrlingen. Auch im England der frühen Neuzeit wurden
die meisten Vergewaltigungen von Jugendlichen unter 21 Jahren
durchgeführt. Cf. K. Thomas, 1988, S. 48. Die Opfer der Bandenvergewaltigungen im Gouvernement Tver in der Zeit zwischen Revolution und Kollektivierung waren typischerweise
minderjährige und unverheiratete Unterschichtfrauen sowie
Verheiratete, deren Familien sie nicht verteidigten oder rächten,
und Fremde. Die Tätergruppen setzten sich stets aus Minderjäh-
rigen und – meist ledigen – jungen Erwachsenen im Alter zwischen 15 und 25 Jahren zusammen. Cf. H. Altrichter, 1984,
S. 131.

71 Innerhalb tatsächlicher Mannbarkeitsrituale hatten in manchen
Gesellschaften die Initianden ein Vergewaltigungsrecht. So durften beispielsweise die Initianden der Bushong sich jede Frau
›nehmen‹, die ihnen während ihres ›Initiationstodes‹ im Busch
nahe kam. Cf. H. P. Duerr, 1978, S. 244.

72 Auch im London der 1770er Jahre wurden 59 % aller vergewaltigten Frauen im Hause Opfer des Verbrechens. Cf. A. Clark,
1987, S. 23. Daß die Täter ihr Opfer vor oder während der Vergewaltigung erniedrigten und demütigten, war wohl einerseits
Ausdruck eines allgemeinen ›Geschlechterantagonismus‹, hatte
aber andererseits sicher auch den Sinn, die Tat vor sich selber und
den anderen zu legitimieren. Cf. auch A. Clark, 1987, S. 39. Es
handelte sich ja nur um eine »Hure«, der man das gab, was sie
verdiente ...

73 A. Tobler/E. Lommatzsch, 1971, Sp. 1105. Wie ich im vorigen
Band ausgeführt habe, befanden sich in Paris die Badstuben der
Frauen und die der Männer schon frühzeitig in verschiedenen
Gebäuden. Das bekannteste Frauenbad scheint ›Le Lion d'ar-
gent‹ in der Rue Beaubourg gewesen zu sein (cf. R. Corson,
1972, S. 83), ein anderes ›Les Deux Bœufs‹. Nach einer Verfügung vom Jahre 1399 durften kleine Buben bis zum Alter von 7
Jahren mit in die Frauenbäder genommen werden. Cf. A. Cabanès, o.J., II, S. 177, 183.

74 Cf. R. Muchembled, a.a.O.; J. Rossiaud, 1976, S. 293f., 297f.
Bezeichnenderweise heißt es im Überlinger Stadtrecht vom Jahre
1333, daß »swele burger«, der »dem andern *in sin hus gat*, es sie
tages oder nahtes, vnd im sin wirttenne (= Ehefrau) oder sin
tohter oder sin swester oder sin muomen [...] benôtzogen wil«,
hart bestraft würde (S. Riezler, 1877, S. 315f., Hervorh. v. mir).
Zum Anstieg der Vergewaltigungsrate im späten Mittelalter trug
sicher auch der Umstand bei, daß in jener Zeit viele Männer erst
sehr spät – etwa 10 bis 15 Jahre nach der Pubertät – heirateten.
Cf. L. Stone, 1987, S. 365f.; P. Ketsch, 1983, S. 311. Im Süd-
osten Frankreichs heirateten im 15. Jahrhundert die Männer im
Durchschnitt mit 25 Jahren und die Frauen mit 20, wobei etwa
ein Drittel der heiratsfähigen Mädchen von »den arrivierten und
älteren Männern« weggeschnappt wurde. Cf. J. Rossiaud, 1989,
S. 21, 24. Im späten Mittelalter und in der Renaissance waren die
florentinischen Männer, die aus dem Kaufmannsstand kamen,
bei der Eheschließung älter als 27 und übertrafen damit ihre
Frauen um etwa ein Dutzend Jahre. Cf. C. Klapisch-Zuber,
1989, S. 326.

75 J. Gény, 1902, S. 275. Dementsprechend sollten auch die Huren
ab einer festgelegten Abendstunde auf der Gasse keine Kunden
mehr anlocken. So wies z.B. das Stadtrecht von Baden im Aargau um 1520 den Bettelvogt an, »ob ouch er nach der betglocken
etlich gmein mätzen vß dem frowen huß oder sunst ander ver-
lümbdte frowen vß den badhüsern sähe vff der gassen hin vnd
widerloufen, die sölle er vmb fünf schilling pfenden vnd inen die
zu straf abnemen« (F. E. Welti/W. Merz, 1899, S. 201). Die Insassinnen des im Jahre 1449 eingerichteten Frauenhauses von
Meran durften zwar tagsüber von einem Wirte Wein, Suppen
und Speisen holen, doch nach dem Ave-Maria-Läuten, »so man
Licht aufzünde«, durfte sich keine mehr auf der Gasse blicken
lassen. Cf. C. Stampfer, 1889, S. 52.

76 Bereits Heinrich II. hatte im Jahre 1161 verfügt, daß die Southwarker Huren jeden Kunden, der sich nach Sonnenuntergang

497

noch bei ihnen befand, bis zum nächsten Morgen in ihrer Kammer behalten mußten. Cf. D. W. Robertson, 1968, S. 58.

77 Zu gewissen Zeiten war es den Londonern im Sommer gestattet, sich bis um 10 Uhr abends auf der Gasse aufzuhalten, aber das war auch das Späteste, was jemals erlaubt wurde. Cf. G. T. Salusbury-Jones, 1975, S. 139.

78 J. Brucker, 1889, S. 463.

79 J. Baader, 1861, S. 118. Bereits Thomas von Chobham meint, daß die Prostitution zwar an sich schlecht sei, doch handle es sich trotzdem um eine Lohnarbeit, da die Hure ihren Körper vermiete, und deshalb sei es auch nicht schlecht, wenn sie für diese Arbeit entlohnt werde. Prostituierte sie sich allerdings aus Wollust, so könne von einer Vermietung nicht die Rede sein. Aus diesem Grunde sei nicht nur die Tätigkeit schamlos, sondern auch der mit ihr erzielte Profit. Gleichermaßen gelte: Wenn die Hure sich parfümierte und aufdonnerte, um mehr zu scheinen, als sie ist, dann handle es sich um eine Lüge und mithin um eine Sünde, weshalb sie – falls ihr der Kunde einen Denar gibt, wohingegen er ihr in Anbetracht ihrer wirklichen Erscheinung nur einen Obolus gegeben hätte – nur einen Obolus behalten dürfe. So ganz wohl scheint sich freilich Thomas bei dieser Argumentation nicht gefühlt zu haben, denn schließlich verwirft er seinen Gedankengang und betont, daß die Prostitution in jedem Falle »ex natura« sündig sei. Cf. J. Le Goff, 1977, S. 102f.

80 H. v. Weinsberg, 1898, S. 194. H. Kuzmics, 1988, S. 88, meint, daß »vielleicht Elias' Badestuben wirklich Bordelle« gewesen seien, »aber immerhin« habe »es dann ja recht viele im Spätmittelalter« gegeben. Was aber heißt »recht viele«? In London gab es beispielsweise im Jahre 1841 immerhin 933 reguläre Bordelle, was nicht wenig ist, wenn man bedenkt, daß die meisten Prostituierten ihre Kunden auf dem Strich aufgabelten und sie dann in ein »lodging house« abschleppten. Cf. A. Clark, 1988a, S. 643. Um 1865 gab es in Chicago ca. 500 Freudenhäuser. Cf. D. J. Pivar, 1973, S. 31. Im Jahre 1797 schätzte Colquhoun die Zahl der Londoner Prostituierten auf etwa 50000; eine Schätzung um 1840 kam auf 80000, und im Jahre 1858 nahm man an, daß ein Sechstel der unverheirateten Londonerinnen zwischen 15 und 50 sich regelmäßig prostituierten (1841 waren knapp 10000 Prostituierte bei der Polizei registriert). Cf. E. M. Sigsworth/T. J. Wyke, 1972, S. 78f. Im Jahre 1857 veranschlagte die medizinische Zeitschrift *The Lancet* die Zahl der offiziellen und inoffiziellen Londoner Bordelle auf ungefähr 6000 und die Zahl der Prostituierten auf 60000, was bedeutete, daß jedes sechzigste

213 Der ›Ehebrechergang‹ in Hamburg, 1865.

Haus in dieser Stadt ein Puff und jede sechzehnte Einwohnerin eine öffentliche Hure war (cf. T. Huonker, 1988, S. 27), ja, nach anderen Schätzungen gab es zu jener Zeit sogar bis zu 120000 Prostituierte, d. h., etwa 8% aller Londonerinnen gingen diesem Beruf nach. Cf. K. D. M. Snell, 1985, S. 59, 353. Louis-Sébastien Mercier schätzte am Vorabend der Revolution die Anzahl der *offiziellen* »filles publiques« von Paris auf etwa 30000 (cf. L.-S. Mercier, 1782, III, S. 114), was bedeutet hätte, daß ungefähr jede zehnte Einwohnerin weiblichen Geschlechts eine Prostituierte gewesen wäre, und heute nimmt man an, daß um die Mitte des vergangenen Jahrhunderts in allen größeren Städten Europas auf ein Dutzend einheimischer und fremder Männer eine Hure kam. Cf. E. J. Bristow, 1982, S. 23. Würde Kuzmics aus all diesen Angaben den Schluß ziehen, daß die Europäer des frühviktorianischen Zeitalters ein relativ unbefangenes und ›kindliches‹ Verhältnis zur Sexualität hatten? Überdies: *Wenn* man die Tolerierung und die große Zahl der Frauenhäuser im ausgehenden Mittelalter heranzieht, um Elias' These vom Zivilisationsprozeß zu stützen, dann muß man auch bereit sein, zu akzeptieren, daß dieser Prozeß bis zum Beginn der Neuzeit gerade *umgekehrt* verlaufen ist, als Elias es behauptet! Hier rächt sich ein grundlegender Fehler Elias', den auch K. Thomas, 1978, S. 29, und A. Ebenbauer, 1985, S. 9, bemerkt haben, nämlich seine Tendenz, das gesamte Mittelalter wie einen monolithischen Block zu betrachten, in dem sich zivilisatorisch kaum etwas verändert hat.

81 Cf. R. Jütte, 1980, S. 109f.

82 Cf. M. Eichenauer, 1988, S. 122.

83 Cf. G. Wustmann, 1907, S. 471. In solchen Gegenden lag auch meist der »Gutleuthof« für die Aussätzigen. Cf. z. B. R. Jütte, 1984, S. 179, 248; A. McCall, 1979, S. 182.

84 Cf. M. v. Rauch, 1913, S. 187, 556. Im spätmittelalterlichen Köln wurden die städtischen Huren »die Frauen auf der alten Mauer« genannt. Cf. M. Groten, 1988, III, S. 126.

85 Nach H. Derwein, 1940, S. 135, soll dieses Frauenhaus unmittelbar neben dem »Frawenthurn«, auch »Keffig« (= Käfig) genannt, einem Zwangsarbeitshaus für leichtfertige Frauen (cf. auch C.-P. Clasen, 1984, S. 113), gelegen haben, aber er nennt für diese Behauptung keine Quelle. Im Einwohnerverzeichnis vom Jahre 1588 heißt es lediglich: »Im Frauen Hauß ist Hanß Wittib mit 1 Kind, 2. Item Jost Koppens Wittib mit 2 Kindern, 3. Item Michel Beck mit seim Weib und 1 Sohn, 3.« (A. Mays/K. Christ, 1890, S. 215). Daß in einem so kleinen Fachwerkhaus (cf. Abb. 162) drei Familien mit zusammen acht Personen gelebt haben sollen, mag zunächst befremden, aber man muß berücksichtigen, daß der untere Teil der Großen Mantelgasse zu der Zeit, als das Frauenhaus bestand, von ganz armen Leuten wie Sauhirten, Tagelöhnern, Fischern und anderen, die weder zünftig noch Bürger waren, bewohnt wurde, und deren Familien wohnten auch andernorts auf engstem Raum. Ludwig Merz schreibt mir in einem Brief vom 19. August 1988, daß in den letzten, kleineren Häusern der Gasse doch die Mauerwächter mit ihren Familien gewohnt hätten und daß kaum anzunehmen sei, daß solch ehrbare Bürger gemeine Frauen unter sich geduldet hätten. Wenn man freilich davon ausgeht, daß das Frauenhaus in den sechziger Jahren des 16. Jahrhunderts von dem streng calvinistischen Kurfürsten Friedrich dem Frommen geschlossen worden ist und etwas mehr als 20 Jahre später die erwähnten armen Leute dort gewohnt haben, dann ist es auch nicht unwahrscheinlich, daß solch niederes Volk und nicht die Stadtwächter in der unmittelbaren Umgebung lebten, zumal die westliche Mauer durch die Stadterweiterung im Jahre 1392 ihre ursprüngliche Funktion ja

weitgehend verloren hatte. Wie mir Berndmark Heukemes in einem Brief vom 24. August 1988 mitteilt, wurden während des Orléansschen Erbfolgekrieges im Jahre 1693 sämtliche Häuser der Großen Mantelgasse – wie praktisch die ganze Stadt (cf. R. Vetter, 1989, S. 30, 53) – und so auch das ehemalige Frauenhaus eingeäschert. Dokumente über die Auflösung des Heidelberger Frauenhauses scheinen nicht mehr zu existieren. Zwar wurden bereits in der »Ordenunge christlicher und guter policey« Friedrichs II. vom Jahre 1546, die siebzehn Jahre später im wesentlichen in der Eheordnung Friedrichs III. wiederholt wurde, »ehebruch, auch alle unehelich leichtfertige beywonungen, kuppplereyen und dergleich ergerlich bübisch wesen« verboten, aber weder hier noch im »Mandat« von 1575, in dem »ehbruch, unehlich beischlafen und hurerei gantz höchleich und bei grosser, schwerer straf verboten« wurden, ist irgendeine Rede vom Frauenhaus. Cf. E. Schling, 1969, S. 104, 285, 486. In den meisten Städten blieb das Frauenhaus während der ersten Phase der Reformation noch bestehen. So beschloß zwar der Ulmer Rat bereits im Jahre 1531, ohne Verzug »die Meß und die Bilder uß der Kürchen zu thun« (K. Hoffmann, 1981, S. 259), und in der neuen Kirchenordnung wurden die »sündtlichen widerchristlichen Laster« angeprangert (H. E. Specker/G. Weig, 1981, S. 190), doch das Frauenhaus mußte erst sechs Jahre später das Tor schließen.

86 Cf. K. Hartfelder, 1881, S. 249f.; ferner L. Merz, 1986, S. 10; H. Hoepke, 1971, S. 75. Dort wurde nicht nur getanzt und getrunken, auch Glücksspiele fanden statt. Aus dem Ausgabenbuch Kurfürst Friedrichs IV. geht hervor, daß selbst er gegen Ende des 16. Jahrhunderts im »schiß graben« zu würfeln und zu dinieren pflegte (cf. J. Wille, 1880, S. 255, 256, 261), wobei es allerdings – allem Anschein nach – recht sittsam zugegangen ist. So verbot der Kurfürst beispielsweise im Jahre 1597 den sogenannten »Rüpeltanz«, bei dem die Partnerin so geschwenkt wurde, daß ihre Kleider flogen. Cf. H. Knapp, 1987, S. 11f.

87 Cf. K. Obser, 1916, S. 637, 640. Häufig hatte das Frauenhaus einen Restaurantbetrieb, in dem Glücksspiele stattfanden, die ebenfalls vom Frauenwirt – der oft mit dem Henker identisch war (cf. W. Tauber, 1987, S. 35) – kontrolliert wurden. So »spillte« man nach einer Berner Urkunde des Jahres 1475 »uf des nachrichters platz oder hus« in der Nähe der Stadtmauer. Cf. H. Rennefahrt, 1968, S. 246. Auch in fast allen anderen Städten befand sich das Frauenhaus in einer solchen Gegend, meist vor oder hinter einem Stadttor: In Bretten an der Mauer neben dem

Bockstor (G. Ginter, 1967, S. 30); in Krems am Wachtbergtor
(G. Jaritz, 1981, S. 30); in Köln anscheinend ursprünglich im
Altgrabengäßchen, auch Spielmannsgasse genannt (F. Irsigler/
A. Lassotta, 1984, S. 183 f.); bereits im frühen 14. Jahrhundert
»ufem graben« Zürichs (L. Weiß, 1938, S. 265); in Konstanz »am
Graben« und »im süßen Winkel« (J. Marmor, 1860, S. 49 f., 76,
82 f.); in Marburg im »Leckergäßchen« (M. Lemberg/G. Ober-
lik, 1986, S. 57), wobei »lecker« in diesem Falle soviel wie »lüstern« bedeutet (cf. M. Lexer, 1872, Sp. 1851); in Toledo am
Visagra-Tor zur Straße nach Madrid (M. Weisser, 1980, S. 93); in
Sevilla außerhalb der Mauern und im Hafen (M. E. Perry, 1978,
S. 207, 209 f.); in Neustadt an der Weinstraße nahe der Mauer in
der Vorstadt (A. Haas, 1951, S. 141); in Nördlingen zwischen
dem Lepsinger und dem Tyninger Tor an der Mauer (W. E.
Vock/G. Wulz, 1965, S. 262); in Altenburg zwischen der Berg-
pforte und dem Burgtor (W. Rudeck, 1905, S. 49); in Basel auf
der Lys am Egelolfstor und die »offenen häuser der Fro Vrenen«
im Jahre 1380 am Spalentor (D. A. Fechter, 1856, S. 115); im
Hamburg des Jahres 1428 werden acht Frauenhäuser am Kattre-
pel, 1450 ein weiteres am Steintor erwähnt (E. Klessmann, 1988,
S. 131); in Coburg ist im späten 14. Jahrhundert die Rede von
Häusern »an der mawer bey den schon frawen« (K. v. Andrian-
Werburg, 1977, S. 2); in Frankfurt am Main gab es »das frauwen-
zimmer by der Mulporten, darin Jacob frauenwirt (G. L.
Kriegk, 1871, S. 388), und nach dem Beedbuch vom Jahre 1388
lagen an der sich am Main entlangziehenden Stadtmauer bei dem
Frauentürlein, später Hurenpforte genannt, nebeneinander die
beiden städtischen Frauenhäuser (a. a. O., S. 302); bereits im 13.
Jahrhundert spricht Berthold von Regensburg von den »boesen
hiute (= Häute), die ûf dem graben gênt«; und in der Tat gingen
die meisten Huren Avignons »sur le pont d'Avignon« auf Kundenfang (cf. W. W. Sanger, a. a. O., S. 101); in Worms stand die
»vröwen schure« ebenso an der Mauer (H. Boos, 1890, S. 373;
ders., 1899, S. 48) wie in Bayreuth (W. Holle/G. Holle, 1901,
S. 48), Ravensburg (A. Dreher, 1972, S. 148), Danzig (M. Bogucka, 1987, S. 134), Wien (W. Danckert, 1963, S. 156), Rothenburg ob der Tauber (H. Boockmann, 1986, S. 34), Graz (F. Popelka, 1960, II, S. 330, 429), Riga (J. G. L. Napiersky, 1888,
S. 507; C. Mettig, 1897, S. 121), Landshut (J. Kirmeier, 1988a,
S. 172), Memmingen, Passau, Dresden, Zwickau, Eichstätt, Hall
in Tirol (E. Schubert, 1985, S. 115), Braunschweig (H. v. Strombeck, 1860, S. 187), Stuttgart (A. Rapp, 1912, S. 131), Nîmes (L.
Le Pileur, a. a. O., S. 138) oder Winterthur (W. Ganz, 1960,

S. 334); in Breslau hatte der Rat das »sündliche Haus der freyen Weiber im Winckel bey dem alten Oderthor« eingerichtet (A. Schultz, 1903, S. 154). In England ergibt sich folgendes Bild: in Bristol außerhalb der Stadtmauern (F. Gies/J. Gies, 1978, S. 56), und auch die Londoner Bordelle lagen bekanntlich der Stadt gegenüber in Southwark an der Themse. Cf. G. Salgado, 1977, S. 49 ff., ferner M. S. C. Byrne, 1954, S. 54 f. Cf. auch H. G. P. Gengler, 1882, S. 75; V. L. Bullough, 1964, S. 113 f., und B. Rath, 1986, S. 561 f. In Wien lagen die beiden Bordelle, das vordere und das hintere Frauenhaus, unweit des Leichenhofes der Juden im Graben vor dem Widmertor. Während der Belagerung Wiens durch Mathias Korvin im Jahre 1485 waren die Insassinnen für 29 Wochen in die Stadt geflüchtet, kehrten aber danach in ihre Häuser außerhalb der Mauern zurück. Erst als im Jahre 1529 die Türken während des Sturms auf Wien die beiden Gebäude einäscherten, zogen die Huren endgültig in die Stadt, und zwar ins Frauenhaus »im Ellendt an der hohen Pruggen«. Cf. J. E. Schlager, 1846, S. 358, 377, 387 f. Wenn also etwa J. Rossiaud, 1989, S. 160, behauptet, mit der Reformation sei eine Epoche zu Ende gegangen, »in der im bürgerlichen Bewußtsein das *prostibulum publicum* seinen Platz mitten in der Stadt hatte, auf halbem Wege zwischen Kathedrale und Rathaus«, so könnte nichts falscher sein. Eine der wenigen Ausnahmen bildete »das gemain horrenhaws« Aachens, das auf dem Büchel in der Innenstadt lag und in dem die Huren kaserniert waren. Cf. J. Biergans, 1909, S. 53.

88 Cf. A. R. Myers, 1969, S. 1073 f., ferner ders., 1972, S. 11. Eine Hure, die in einer anderen Gegend aufgegriffen wurde, zog man bis aufs Hemd aus, und ihre Oberbekleidung wurde einbehalten. Nach einer Bestimmung vom Jahre 1344 wurden die Huren Bristols wie die Aussätzigen innerhalb der Stadtmauern nicht geduldet. Leicester und Cambridge folgten diesem Beispiel im 15., Berwick, St. Ives und Nottingham zu Beginn des 16. Jahrhunderts. Cf. G. T. Salusbury-Jones, 1975, S. 150.

89 Ließen sich Huren in anderen Stadtteilen Londons nieder, hängte man in den betreffenden Häusern die Fenster und die Türen aus und gab sie erst zurück, wenn die Huren ausgezogen waren. Cf. G. T. Salusbury-Jones, a.a.O., S. 148 f., 151 f., 154. Einem Mann, der wegen notorischer Hurerei verurteilt worden war, schnitt man für gewöhnlich den Bart ganz ab und das Haupthaar bis auf einen zwei Zoll langen Kranz rund um den Kopf. Anschließend stellte man ihn an den Pranger. Wurde er zum drittenmal verurteilt, verweis man ihn auf ewig aus der

Stadt. Eine Kupplerin führte man in einem Schandaufzug mit Katzenmusik von Newgate durch die Gassen zum Belferstuhl auf dem Stock Market. Dort schnitt man ihr das Haar ab und überließ die Frau der Willkür des Bürgermeisters und der Aldermänner. Eine Hure wurde mit einer gestreiften Haube auf dem Kopf und einem weißen Stab in der Hand von Newgate nach Algate und anschließend ebenfalls zum Belferstuhl geführt, wo man ihren Lebenswandel öffentlich anprangerte. Anschließend brachte man sie ins Nuttenviertel von Cokkes Lane. Cf. D. W. Robertson, 1968, S. 102f. Im Wiederholungsfall fielen die Strafen freilich drastischer aus. So heißt es etwa im Jahre 1490, daß eine gewisse »Cristine Houghton alias Stone, having been convicted as a common bawd and common strumpet, ordered to void the City, and having been found again therein, is condemned to be set on the pillory for an hour on two several days, and then be committed to prison for a year and a day« (C. H. Williams, 1971, S. 967f.).

214 Schandumzug einer öffentlichen Hure, 1529.

90 Cf. R. M. Karras, 1989, S. 407f. Außer »Les Stuwes« von Southwark scheint das einzige legale Bordell in England das von Sandwich, einer Hafenstadt in Kent, gewesen zu sein, dessen Insassinnen im späteren 15. Jahrhundert euphemistisch »ancillae« genannt wurden. Cf. a. a. O., S. 411.
91 Cf. R. Brondy/B. Demotz/J.-P. Leguay, 1984, S. 362. In Annecy zwang schließlich die Obrigkeit den Betreiber, elf der

Frauen zu entlassen, da vier Huren genug seien »pour les besoins de la ville«.

92 Cf. z.B. F. Reuter, 1983, S. 41; D. A. Fechter, 1856, S. 117 f.
93 Cf. O. Stobbe, 1866, S. 276, 80, 94; L. Le Pileur, 1908, S. 51. Simonsohn, 1982, III, S. 1462, 1494. Einzelne Judengassen waren nicht selten mit Draht oder »seylen«, die »vber dye gassen gezcogenn« wurden, abgeteilt. Cf. Stobbe a. a. O., S. 177, ferner E. J. Mone, 1858, S. 269. Auch im spätmittelalterlichen Coburg wurde das Judentor bei beginnender Dämmerung verschlossen. Wurde danach ein Jude zu Pferde in der Stadt ergriffen, zahlte er drei Groschen Strafe. War er zu Fuß, kostete es ihn nur einen Groschen und sechs Pfennige. Cf. P. C. G. Karche, 1825, S. 30. In Trier waren die Juden bereits im Jahre 1235 gezwungen worden, jene Türen ihrer Häuser, die Häusern von Christen zugewandt waren, zu vermauern (cf. A. Haverkamp, 1979, S. 21), doch die in vielen Gegenden verschärften Spannungen zwischen christlicher und jüdischer Bevölkerung im ausgehenden 13. Jahrhundert veranlaßten mancherorts wohl die Juden selber, Zugänge zu ihren Vierteln und Häusern zuzumauern. Cf. M. J. Wenninger, 1984, S. 18. Die Ghettoisierung im großen Stil begann freilich erst nach den schweren Verfolgungswellen in der zweiten Hälfte des 14. Jahrhunderts, fand aber auch nicht überall statt. Cf. J. Kirmeier, 1988b, S. 161, ferner W. Schich, 1977, S. 161. In Frankfurt am Main beispielsweise zwang man die Juden erst im Jahre 1462, die abgeschlossene Judengasse im Norden der Stadt zu beziehen. Cf. E. Sandmann, 1957, S. 132. In Valencia gab es im späten Mittelalter ein ummauertes Prostituiertenghetto, an dessen einzigem bewachtem Tor der Richtplatz lag. Cf. W. W. Sanger, a. a. O., S. 172. In einem Nürnberger Ratsbefehl vom Jahre 1546 heißt es: »Es soll dem Frawenwirt von Raths wegen gesagt vnd eingepunden werden, das in der preiten Gaßen fürgemacht thor vnd thürlein zuzulassen, vnd drob zu sein, das es nit offen steen playbt, oder wo nit, werde mans an Jme einkummen, su lang biß er anzaigt, wer es also offen halte« (zit. n. J. C. Siebenkees, 1795, S. 591).
94 Cf. A. Winter, 1975, S. 27; R. Muchembled, 1982, S. 111; J. W. Thompson, 1959, S. 786.
95 Cf. z.B. H. Rüthing, 1986, S. 209. Dort befanden sich auch meistens die Badstuben. Cf. z.B. K. Baas, 1935, S. 98 f.; G. Biundo, 1937, S. 252; H. Enßlin, 1971, S. 192; J. E. Schöttle, 1884, S. 61; U. Knefelkamp, 1981, S. 127; P. Dieffenbach, 1857, S. 314 f.; G. Burkhardt, 1963, S. 280; W. Steinhilber, 1956, S. 38; G. Pfeiffer, 1959, S. 494; K. A. Schaab, 1841, S. 447; E. Munz/O. Klein-

knecht, 1972, S. 60; K. Graf, 1984, S. 183; H. Hilgard-Villard, 1885, S. 209, 429; L. Haenselmann, 1845, S. 168f.; R. Zanker, 1963, S. 148; P. Schubart, 1980, S. 70f.; H. Weber, 1975, S. 146. Dies lag nun freilich weniger daran, daß der Bader und sein Personal häufig »unehrlich« waren oder daß es sich eventuell um anrüchige Badstuben oder um regelrechte Badebordelle handelte. Vielmehr war es eher so, daß sich an der betreffenden Stelle eine Abwasseröffnung in der Ringmauer befand, wie z.B. im Falle der im Jahre 1398 erwähnten Ravensburger Badstube (cf. A. Dreher, 1972, S. 148), oder daß dort gar ein Schöpfwerk stand wie etwa jenes, das im Jahre 1318 Wasser aus der Donau in die Regensburger »padstuben« beförderte. Cf. K. Bauer, 1970, S. 532.

96 Cf. E. Maschke, 1967, S. 20. Cf. auch E. Schirmacher, 1988, S. 145.

97 Als der venezianische Großrat im Jahre 1358 beschloß, ein Bordell einzurichten, begründete er dies damit, daß ständig Fremde in der Stadt ein und aus gingen. Deshalb wählte man für dieses Bordell – Casteletto genannt – die Pfarre S. Matteo di Rialto, das Handelszentrum der Lagunenstadt. Cf. E. Pavan, 1980, S. 242, 250. Auch in Köln und in Sevilla scheinen die meisten Frauenhauskunden Auswärtige gewesen zu sein. Cf. F. Irsigler/A. Lassotta, a.a.O., S. 190f., bzw. M. E. Perry, 1985, S. 143. Was für die Huren früher die Gegend des Stadttores war, ist heute für sie meistens die Umgebung des Bahnhofs.

98 Während des Konstanzer Konzils, das von 1414 bis 1418 stattfand, wurden die einheimischen Huren angeblich mit siebenhundert fahrenden Frauen verstärkt: »Varent veil frouwen ob VII[c.] Heimlich frouwen und curtisaninnen gar vil« (C. Justinger, 1871, S. 253). Um keinen falschen Eindruck zu gewinnen, muß man freilich wissen, daß nur ein verschwindender Prozentsatz der Fremden, die sich damals in Konstanz aufhielten, Kleriker waren. Cf. H. Rashdall, 1951, I, S. 578.

99 In Chambéry fand beispielsweise im Jahre 1418 ein »estonnant spectacle« statt, das in eine »véritable bataille« ausartete: »les méretrices se matraquent, roulent à terre, déchirent leurs vestements et une certaine Greda va mesme jusqu'à mettre le feu au capuchon d'une de ses collègues« (R. Brondy/B. Demotz/J.-P. Leguay, a.a.O., S. 362f.).

100 Cf. E. Winkelmann, 1886, S. 26. In Heidelberg, das, wie es um die Mitte des 15. Jahrhunderts heißt, »stetlich geziert von usszluten« (*celebrata hospitibus*), also vielbesucht von Fremden war, gab es möglicherweise nach 1320, aber vor 1381 ein älteres

Frauenhaus, und zwar außerhalb der östlichen Stadtmauer. In der dortigen Jacober oder Oberen Vorstadt findet sich erstmals im Jahre 1381 ein »frauen geßel by dem obern dore« erwähnt (cf. H. Derwein, 1940, S. 134), das vermutlich mit der schon im Jahre 1410 so genannten heutigen Jacobsgasse, einem kleinen »gessel, das da geet uff den necker«, identisch ist. Gleich nebenan befand sich das Pilgerhaus, und es kann sein, daß man in dem abgelegenen Gäßchen ein Frauenhaus errichtet hatte, um die dort eintreffenden Pilger so weit sexuell zu befriedigen, daß sie vor ihrer Weiterreise erst gar nicht durch das Obertor die Stadt betraten und eventuell Frauen belästigten. Im 14. Jahrhundert trieben ja bekanntlich Kriege, Hungersnöte und die Pest immer mehr ruinierte Bauern als Vagabunden übers Land und in die Städte (cf. B. Schnapper, 1985, S. 145 f.), und zudem gab es zahllose Pilger, die manchmal ihr Leben lang auf der Wallfahrt verbrachten, zur Kriminalität neigten (cf. W. Seidenspinner, 1985, S. 383 f.; M. P. Maaß, 1968, S. 202; J. Stagl, 1989, S. 152) oder regelrechte Banden bildeten – man denke etwa an die *palmers* in England (cf. R. Jütte, 1988, S. 178; S. M. Kuhn, 1981, S. 576 f.) oder an die durch Villon weltberühmten *coquillards*, die sich wie ihre Kollegen in Deutschland (cf. z. B. G. Geiger, 1971, S. 164) mit Vorliebe in den Frauenhäusern herumtrieben. John Wyclif meinte, daß in seiner Zeit, also im 14. Jahrhundert, »pilgrimage is mene for to do lecherie«: Habe es zu Zeiten Jesu noch heilige Pilgerfahrten gegeben, so würden diese heute nur noch durchgeführt, um mit fremden Frauen den Geschlechtstrieb zu befriedigen. Cf. C. K. Zacher, 1976, S. 108. Und in der Tat ist es bezeichnend, daß sich etwa der Pilger Arnold von Harff in verschiedenen Sprachen vor allem die Fragen »Goede frauwe laidst mich biz uch slaeffen« und »Frauwe sal ich dich frauweren?« sowie die erstaunliche Feststellung »Frauwe alwege byn ich in vrem gebede!« (»Frau, ich liege bereits in Eurem Bette!«) angeeignet hatte. Cf. N. Foster, 1982, S. 244; H. Beckers, 1988, S. 59. Ludwig Merz schreibt mir (a. a. O.), daß nach mündlicher Überlieferung in der Jacobsgasse »in späterer Zeit« – also wohl im 19. oder frühestens im 18. Jahrhundert – ein »Puff« existiert habe. Auf der anderen Seite ist es genausogut möglich, daß das »frauen geßel« seinen Namen von dem bis zum Jahre 1320 in der Oberen Vorstadt liegenden Franziskanerkloster hatte, das zu Ehren der hl. Jungfrau erbaut worden war. Zwar wurden tatsächlich die meisten Frauengassen nach einem sich dort befindlichen Bordell so genannt, etwa das Nürnberger Frauengäßchen im Muckental an der alten Stadtmauer (cf. E. Reicke, 1896, S. 683), aber selbst manche »Frauenhäuser« waren alles andere als Bordelle. So trug beispielsweise der Anbau an der Kirche, in dem während des Kirchgangs die Frauen warten mußten, bis sie eingesegnet wurden, diesen Namen (cf. E. v. Künßberg, 1935, III, Sp. 674), und auch das prächtige Straßburger »Frauenhaus« (cf. E. v. Borries, 1909, S. 139) war keine Stätte der Wollust, sondern »unser frawen lewt hus« für die armen Seelen, die an den »boesen blatern oder frantzosen« erkrankt waren und »darin dann die mann sunder, auch die frauen allein ligen« (K. Stenzel, 1926, S. 64 f.).

101 H. v. Weinsberg, 1898, IV, S. 194.

102 H. v. Weinsberg, 1886, I, S. 119 f.

103 In Leipzig nennen die Stadtrechnungen des Jahres 1472 die Huren, die sich freiwillig ins Frauenhaus begaben, »fromme«, also gefügige Huren. Immer wieder beschwerten sich die Leipziger Bürger über das Treiben der Heimlichen in ihrer Nachbarschaft, bis diese schließlich im Jahre 1498 aus der Stadt gewiesen wurden. Der Straßenstrich fahrender Frauen war ohnehin untersagt. Cf. G. Wustmann, 1907, S. 470, 476 f. In manchen Städten arbeiteten freilich die Fahrenden vorübergehend im Frauenhaus. So mußten die Wanderhuren z. B. in dem im Armenviertel von Hall gelegenen Bordell bis zum Jahre 1468 dem Rat einen Wochenzins von zwei Schilling pro Person entrichten. Cf. G. Wunder, 1967, S. 111. Wie bereits in Anm. 98 erwähnt, zogen zahlreiche fahrende Frauen in die Städte, wenn dort größere Veranstaltungen stattfanden. Dietrich Butzbach berichtet etwa vom Wormser Reichstag des Jahres 1521, »alle gassen« seien voll der »schoenen frauen« gewesen (R. Aulinger, 1987, S. 284), und über den Regensburger Reichstag vom Jahre 1541 wird vermeldet: »Item sollen nur dy leichtsinnigen weiber beschriben sein, es wer ein zimblichs register voll« (E. v. Oefele, 1878, S. 183). Eberhard Dacher verlautet über Konstanz zur Zeit des Konzils: »Also ritten wir von einer Frawen Hauß zu dem andern, die solch Frawen enthielten. Vnd funden in einem Hauß etwan 30, in einem minder, in dem andern mehr, ohne die, die in den Stellen lagen und in den Badstuben. Vnd funden also gemeiner Frawen bey 700« (J. C. Siebenkees, a. a. O., S. 579). Freilich wurden diese Frauen von der Obrigkeit so gut es ging kontrolliert. So heißt es z. B. über den Regensburger Reichstag von 1532 in der Chronik des Leonhart Widmann: »Den 15. marci füret der profos ob 40 hurn ein, und darfft kaine hie umbgeen, sy must sich im anzaigen und 1 gul-

den geben, und ich hab von einen steckenknecht gehört, das ir
ob 15c. hie sein gewesen« (a. a. O., S. 109). Wenn man der
Zimmerischen Chronik glauben darf, wurde das Meßkirchner
Frauenhaus aufgelöst, weil seine Insassinnen dem Konkurrenz-
druck der Heimlichen nicht mehr gewachsen waren: ›Es haben
ainest die alten allerlai mittel an die handt genomen, die jugendt
zu ziehen und mit ainem bösen ain ergers zu fürkommen. als-
dann sein gewesen die gemainen frawenheuser in den stetten.
Also auch ist von vil jaren her ain sollich gemain frawenhaus zu
Messkirch gewesen in der undern statt an der ringkmaur an der
Ablach. Bei zeiten aber und regierung herr Johanns Wernhers
freiherren zu Zimbern des jüngern do ist ain solichs verwegens
und frechs wesen bei etlichen weibsbildern zu Mösskirch worden, das die armen huren im frawenhus sich nit mer erneren
künden, sonder haben ir haus sampt der muetter verlassen und
haben, wie man sagt, ein fatzenetlin an ain stecken gepunden,
damit sein sie mit fliegenden fendlin usser der statt gezogen.
Volgendts ist solch haus von der obrigkait verkauft und verwendet worden, und ist zu besorgen, das kemmet sei dozumal im
haus zersprungen, die funken hin und wider zerstoben. Und
bedarf man ains sollichen haus diser zeit gar nit, ein solliche
grosse leuchtfertigkait ist in der welt« (K. A. Barack, 1881, II,
S. 78 f.).

104 H. v. Weinsberg, 1898, IV, S. 194. In anderen Gegenden
machte man das diskreter, wie etwa eine Augsburger Verordnung vom Jahre 1494 über das »Huren-ausruffen« es zeigt. Cf.
P. v. Stetten, 1743, S. 251. Auch der Nürnberger Rat verwies
häufig Frauen, die der Unzucht überführt waren, auf den Plerrer oder den Judenbühl, wo »gemeine dirnen oder andere
weibspilder« ihrem Gewerbe nachgehen konnten. Im Jahre
1480 war nämlich in Nürnberg die Prostitution verboten worden, ausgenommen den »grund auff dem Judenpühel, vnd
dartzu den anger oder wißen, zwischen dem wiboltzprunnen
und der Staynen Prucken, das von alter her der plerrer genannt
ist« (E. Reicke, 1896, S. 682 f.). Trotz dieses Verbots kamen
viele Huren, die in den umliegenden Dörfern wohnten, täglich
nach Öffnung der Stadttore in die Gassen. Cf. G. Strauss, 1976,
S. 38.

105 Cf. J. Rossiaud, 1989, S. 178 f. Später machte sich Karl VII. vor
allem beim einfachen Volk äußerst unbeliebt, weil er der Prostitution sehr entgegenkam und sich selber »drei oder vier« Konkubinen hielt, von denen es hieß, daß sie vorher »filles communes« gewesen seien.

106 Cf. K. D. Hüllmann, 1829, IV, S. 268. In Paris vertrieben die Anwohner immer wieder die Huren aus ihren Gassen – so etwa die Bewohner der rue Chapon (cf. A. Terroine, 1978, S. 266), und im Jahre 1508 setzten die »anständigen Frauen der rue Saint Pierre« in Dijon es durch, daß die Behörden gegen die Huren in ihrem Viertel vorgingen. Cf. J. Rossiaud, a. a. O., S. 142, 227. In Lyon verfaßten die Anwohner der rue de la Pêcherie gegen das dortige Badebordell eine Petition, in der über die »paillardise et deshonnesterie desdites estuves« geklagt wurde, die »pires que bourdeau public« seien. Cf. A. Cabanès, a. a. O., S. 191. Im 14. und im 15. Jahrhundert wandten sich die Einwohner von Southwark wiederholt an den König und an das Parlament, wenn die Huren von »Les Stuwes« sich an anderen Stellen der Ortschaft niederlassen wollten. Cf. R. M. Karras, 1989, S. 411. Cf. auch D. J. Pivar, a. a. O., S. 15. Manchmal – so scheint es wenigstens – hätten die Nachbarn die gemeinen Frauen ja noch zähneknirschend hingenommen, wenn diese und ihre Kundschaft sich einigermaßen zivilisiert benommen hätten. Dies war freilich häufig nicht der Fall. So beklagten sich beispielsweise die Einwohner des schwäbischen Onolzbach, daß die Insassinnen des dortigen Frauenhauses auf der Gasse herumschrien, sangen oder fluchten. Cf. E. Nübling, 1907, S. 323.

107 Hierauf wurde sie von den Behörden verurteilt, und zwar mit der Begründung, sie habe sich ohne die vorgeschriebene Aufmachung, nämlich »Handschuhe an den Händen und ein Glöckchen auf dem Kopf«, prostituiert. Cf. G. Brucker, 1971, S. 191 f.

108 Cf. G. L. Kriegk, 1871, S. 395. In der ältesten Danziger Willkür heißt es: »Keyne gemeyne beruchtigete frauwen sollen wonen bey erbaren lewten noch kegen den kirchthoren vbir, is were denne, das sy die nockbir mit gutten willen wolden bey en leyden zcu wonen, bey III gutten marken« (P. Simson, 1904, S. 61). Bei der Verachtung, die den Huren im spätmittelalterlichen Danzig entgegengebracht wurde, dürfte letzterer Fall kaum jemals eingetreten sein.

109 Dieses Argument wird auch in den folgenden Zeiten immer wieder vorgebracht. »Comment«, fragt etwa L.-S. Mercier, 1782, III, S. 113, »un pere de famille, pauvre & honnête, se flattera-t-il de conserver sa fille innocente & intacte dans l'âge des passions, lorsque celle-ci verra à sa porte une prostituée mise élégamment, attaquer les hommes, faire parade du vice, briller au sein de la débauche, & jouir, sous la protection des loix

même, de sa licence effrénée?« Es sei zwar nicht zu bestreiten, daß durch die Tolerierung der Prostitution die Zahl der Vergewaltigungen und Verführungen drastisch gesenkt worden sei, aber dies werde durch die ostentative Verletzung des Schamgefühls der jungen Bürgerstöchter mehr als aufgewogen. Cf. S. Petersen, 1988, S. 113. Cf. auch A. Clark, 1989, S. 243 f. Deshalb sprachen sich auch in der Französischen Revolution die meisten Bürger für eine Konzentration der Prostitution in abgelegenen Gegenden aus. So forderte etwa Olympe de Gouges im Jahre 1789, »de balayer les rues de Paris des filles publiques et les tenir dans les quartiers où la police sera faite à l'insu des femmes honnêtes qui sont tous les jours spectatrices du débordement de ces viles créatures et de leur affreuse situation« (A. Rosa, 1988, S. 99).

110 Zit. n. G. L. Kriegk, a. a. O., S. 389. In einer Wiener Beschwerdeschrift aus dem Jahre 1403 heißt es über die Weinmeister: »vnd wo sy schenkhen; da mus in ains jeden erbrn pidermanns Haus sein, ain offenes Frawnhaus da man puben, vnd pubin, pulian hayt (= hegt) vnd das ewr Ersam lieben Hausfrawn, vnd lieben Kinder, Jungfrawn, vnd knaben, knecht, vnd diern Irs schemlichen wesen muessen zuelugen, dauon grosser schad vnd schant kommen moecht an sel, vnd leib, vnd an Ern, vnd an Gut« (zit. n. J. E. Schlager, a. a. O., S. 354 f.)

111 J. Brucker, 1889, S. 465 f. Auch in Hannover war es den Frauen, die »openbar berochtiget« waren, verboten, mit »erlikenn vrowen tome dantze noch to jenigher selschup« zu gehen (S. Müller, 1983, S. 10). Seit dem frühen 14. Jahrhundert bringen sizilianische Verordnungen die Befürchtung zum Ausdruck, daß anständige Frauen vom Beispiel der Huren angesteckt werden könnten (»una sola pecora poteva contaminare tutto il gregge«), und so heißt es z. B. in einer Ordonnanz von Castiglione, einem Städtchen am Fuße des Ätna, aus dem Jahre 1392, »che una vili, e trista (= schlechte) femina non digia stare a lo convichino di li onesti femini«. Cf. A. Cutrera, 1903, S. 35 f.

112 S. Müller, a. a. O., S. 10 f.

113 J. Rossiaud, 1976, S. 305. Daß die Männer – im Gegensatz zu den Frauen – auf Grund ihrer Natur regelmäßigen Geschlechtsverkehr brauchten, wurde bis in die neuste Zeit als ein Argument für die Prostitution angeführt. Cf. L. Tickner, 1987, S. 223.

114 Bereits im 13. Jahrhundert bestimmen die Statuten von Marseille, daß Huren sich nicht in der Nähe von Kirchen (*prope*

alias ecclesias) und unter ehrbaren Bürgern (*inter probos homines et honestos*) aufhalten dürfen. Cf. L. L. Otis, 1985, S. 21. Ein Pariser Präfektur-Edikt vom 8. Januar 1415 bedroht diejenigen Einwohner, die in anständigen Gegenden Wohnungen an Huren vermieten, mit der Ausstellung am Pranger, Brandmarkung mit glühenden Eisen und Ausweisung aus der Stadt (cf. P. Dufour, 1899, S. 210), während eine Miltenberger Bestimmung vom Jahre 1422 deutlich milder verlautet: »Es sal auch nimant kein gemein dochter halden, sunder sie sal gen, da sie hin gehort, in der stat gewonlich huß, bi der stat buß 5 ß« (R. Schröder, 1898, S. 317). Im Jahre 1483 forderten in Hamburg aufständische Bürger vom Rat der Stadt, daß er die alte Bestimmung wieder in Kraft setze, nach welcher die gemeinen Frauen »up nenen karckhaven (= Kirchhöfen) edder apenbaren straten (= belebten Straßen), dar daglickes unse borgere edder borgerschen, jungfrouen, frouen unde mannen moten tho karcken gaen, wanen scholen«. Weiter heißt es: »Ock begeren de borgere, dat me des jares eins« eine Razzia durchführe »und de gemene horen bringe up eine behorlike stede«. Cf. Dr. v. Posern-Klett, 1874, S. 66; G. Schönfeldt, 1897, S. 99. Cf. auch D.-H. Voges, 1972, S. 541; B. de Vevey, 1932, S. 133, 181; J. Schnell, 1856, S. 203. Nach einem Kölner Gesetz des Jahres 1455 durften die Huren nur in einer ganz bestimmten Gegend wohnen, und 1486 wurden die »lijchte ind undoechdige dyrnen« aus gewissen (anständigen) Gegenden vertrieben. Cf. W. Stein, 1895, S. 374, 593. Nach altem lübischem Recht sollte den Huren, die bestimmte Gassen verließen, in einer sie kennzeichnenden Weise das Haar abgeschnitten und an den Kaak genagelt werden. Cf. R. Reuter, 1936, S. 114f. Im Jahre 1451 gebot Botho, Graf zu Stolberg, den Stiftsherren zu Wernigerode, die ärgerniserregenden gemeinen Frauen binnen vier Wochen von sich zu lassen, »dat denne eyn grot smaheyt ist godde unde deme volcke, unde bose exempla gheven« (E. Jacobs, 1891, S. 305f.), während eine Straßburger Stadtordnung vom Jahre 1471 bestimmt, alle nicht von der Stadt angestellten Huren hätten sich in das Hurenviertel zu begeben: »das alle hushelterin, spontziererin und die so offenlich zur unee sitzent oder buolschaft tribent, wo die in der stat sessent, soltent ziehen in Bikkergasse, Vinckengasse, Gröybengasse, hünder die muren oder an ander ende, die inen zugeordent sint, do ist erkant daz das doby bliben soll«. Daß diese Verordnung kein Novum darstellte, ergibt sich aus einer anderen Verfügung, in der es heißt, daß in solch abgelegenen Gassen »von alter har solich frowen

wonhaft und gesessen gewesen sint, umb das erber luote, ir
kinde und gesinde davon ungeergert und unbeswert bliben« (J.
Brucker, 1889, S. 459, 465). Aus dem Rotbuch der Stadt Colmar geht hervor, daß im 14. Jahrhundert jedem Wirte geboten
wurde, »dehein varende tochter zu enthalten in sinem huse, sü
syent frumde oder heimesch. dieselben töchter sollent gon an
die ende, do se hin gehörent«, d.h. ins Frauenhaus. Cf. K. Baas,
1907, S. 245 f. Im Grunde hat sich an derartigen Bestimmungen
im Verlauf der Jahrhunderte nicht viel verändert. So untersagte
beispielsweise eine Bestimmung des Jahres 1824 den öffentlichen Huren von Manchester »to wander the public streets or
highways and behave in a riotous or indecent manner« (C. De-
Motte, 1980, S. 236).

115 Es ist natürlich möglich, daß es damals auch in Heidelberg solche Verordnungen gegeben hat und daß sie lediglich auf liederli-
che Weise eingehalten wurden. Erfahren wird man dies wohl
nie, da wohl auch diese Dokumente – wenn es sie gab – mit dem
Rathaus 1689 von den Franzosen verbrannt wurden.

116 Bereits in der Southwarker Bordellordnung des Jahres 1162
werden die Huren angewiesen, still hinter der Tür des Frauenhauses zu sitzen. Eine Hure, eine Frauenwirtin oder ein Frauenwirt, die einen Passanten an der Kleidung festhielten, mußten
ihrem Gerichtsherrn, dem Bischof von Winchester, eine Strafe
von 20 Schillingen zahlen. Außerdem war es den Huren verboten, auf der Gasse vor den Bordellgebäuden auf den Strich zu
gehen. Cf. R. M. Karras, 1989, S. 425, 427f., 429. Auch die
Frankfurter gemeinen Frauen durften im 15. Jahrhundert weder auf den Türschwellen und Haustreppen des Bordells sitzen
noch am Eingang ihrer Gasse auf Kunden lauern. Cf. G. L.
Kriegk, a. a. O., S. 307. Solche Verordnungen wurden freilich
häufig mißachtet. So heißt es etwa über die Leipziger Huren –
eine der bekanntesten hieß »gemalte Anna« –, daß sie von morgens bis abends aufgedonnert in der Tür des Frauenhauses saßen und versuchten, vorübergehende Männer hineinzulocken
(cf. G. Wustmann, 1907, S. 473, 476), und auch die Kölner Huren machten die Männer an: »Irer waren etliche also geschant
und unschemel, das si ehemenner und geistlichn, inwendige
und usswendige, anfertigten, wan ir wegs dar langs fiele, und
furten sie uff das haus, dardurch mancher in groissen verdreis,
gefeir, schant, schade und gebrech von pocken komen, in un-
willen mit iren hausfrauwen komen und von den geweltrichtern
da betretten, zur schult und unschult gestraift worden« (H. v.
Weinsberg, 1898, S. 193 f.).

117 Im 14. Jahrhundert bestimmte das Meraner Stadtrecht, daß kein »gemeines fräule« einen Frauenmantel oder einen Pelz tragen noch an einem Tanz teilnehmen dürfe, bei dem Bürgerinnen oder andere anständige Frauen zugegen seien. Cf. M. Panzer, 1938, S. 40. Im Jahre 1493 verwies der Rat von Metz die Huren der Stadt in das Viertel Angle-Mur (»au haut de la rue du Heaume«) und verbot ihnen die Teilnahme an öffentlichen Festen und Tanzveranstaltungen. Cf. Major Westphal, 1875, I, S. 298f. Den Basler Huren auf der Lys (am Leonhardsgraben) war neben dem Straßenstrich auch untersagt, ein Wirtshaus zu betreten. Cf. R. Wackernagel, 1916, II, S. 922. In einer Speyrer Verordnung vom Jahre 1383 werden »die cöche und wirte« bei Strafe dazu aufgefordert, »keinen riffian oder keine der unerbern wibe« in ihr Haus zu lassen (cf. E. J. Mone, 1856b, S. 61 f.), und eine Verordnung in Göttingen vom Jahre 1445 bestimmt: »Ok en schal neyn beruchtiget fruwe to beyre in huse edder tapherne gan unde dar tolage mit selsschup sitten, noch neyn unser medeborger, de beyr open hefft, ynnemen« (G. v. d. Ropp, 1907, S. 176, 510).

118 A. Mays/K. Christ, 1890, S. 219f. In der Straßburger Verordnung vom Jahre 1471 heißt es: »Es söllent ouch derselben lichtvertigen frowen dhein me im münster uf die staffeln für die altar kuderen oder sitzen, es sy uf dem chore für den fronaltar oder hie nydenan in der kirchen für die andern altar« (J. Brucker, a. a. O., S. 460). Ein Jahr zuvor hatte es bereits geheißen: »Als etliche lichtvertige frowen bitzhar in dem münster uf die staffelen für die altar gesessen sint, dem altar und dem gotsdienst den rucken gekört und die lüte angeschouwet haben, als obe sie gotsdienst nit achtent, sonder uf dem gümpelmarkt sehssent, umb sich zu sehen, welcher kouf inen der liebste were, das doch in dem münster an den gewichten (= geweihten) enden unbillich und nit zu liden ist.« Solche unziemlichen Weiber sollten vom Siebenergericht um mindestens 1 Pfund Pfennige bestraft werden. Cf. O. Winckelmann, 1907, S. 255f. Cf. auch B. de Vevey, 1932, S. 108 (Stadtrecht von Estavayer vom Jahre 1481). Nach der Konstanzer »Frowen wirtz ordnung« hatten die Insassinnen des Frauenhauses an der sogen. Wiese am Münzistor im Münster einen gesonderten Sitzplatz. Cf. P. Meisel, 1957, S. 147. Ebenso in Frankfurt am Main. In England verbot man ihnen im Jahre 1485 überhaupt den Kirchgang. Cf. G. L. Kriegk, a. a. O., S. 325.

119 Cf. H.-F. Rosenfeld/H. Rosenfeld, 1978, S. 131.

120 So daß zwei von ihnen beim ersten Mal, als sie zum Kirchgang

geführt wurden, die Chance nutzten und entflohen: »Anno dni.
1520 a die 4. febrer da fieng man hie an zuo dem ersten mal und
lies die frauen aus dem Frauenhaus alle suntag in der fasten an
die predig gan gen sant Moritzen; man hett in dem predighaus
ain besuonder portkirchen gemacht, darauff sie besuonder gien-
gen in der fasten. Und der frauenwirt belaittet sie mit 2 knechten
gen kirchen und wider haim. und den ersten tag auff dattum da
entlieffen im 2 frauen, als sie an der predig waren gewesen, in die
kirchen und kamen darvon« (K. v. Hegel/F. Roth, 1896,
S. 123). Als um 1466 in Konstanz eine öffentliche Hure zwecks
Besserung ihres Lebenswandels vom Frauenhaus in die Augu-
stinerkirche geflohen war, drangen »der Hurenmeister und
seine Genossin« in die Kirche ein, um die Frau zurückzuholen.
Weil sie freilich damit die Immunität der Kirche verletzt hatten,
wurden die Leutpriester angewiesen, gegen das Paar vorzugehen. Cf. W. Köhler, 1942, S. 92. Wie an vielen Orten Europas
wurden auch in Venedig häufig Frauen vom Festland entführt,
mißbraucht und in der Langunenstadt zur Prostitution gezwungen. Cf. G. Ruggiero, 1985, S. 41 f. Auch in anderen
Weltgegenden wurden die Prostituierten nicht selten an einen
festgelegten Ort gebunden. So berichtet beispielsweise G.
Rohlfs, 1875, S. 321, daß die *almehs* im ägyptischen Esneh ihr
Viertel »nie mehr verlassen« durften.

121 Cf. R. Quanter, 1925, S. 357.
122 Cf. M. Eichenauer, 1988, S. 113 f. Offenbar fühlten die Römer
– wie auch die Griechen (cf. J. Vogt, 1988, S. 153) – die Institution der Ehe durch derartige sexuelle Beziehungen nicht gefährdet. Nach der *lex Julia* war indessen eine Ehe zwischen Freigeborenen und Huren nicht möglich.
123 A. Mays/K. Christ, a. a. O., S. 220. Im Jahre 1490 wendet sich
in Würzburg ein »Gebote der gemeynen verlewmutten frawen«
gegen jene Huren, die sich »allein auß hochfart zu eritzung der
ledigen und abwendung der eemenner auß eelichen gesetzen«
aufputzten. Cf. H. Hoffmann, 1955, S. 203. Cf. auch K. O.
Müller, 1914, S. 255.
124 Cf. M. v. Rauch, 1913, II, S. 515. Auch die Puffmutter mußte
von verheirateten Männern die Finger lassen. Im Jahre 1501
schwor beispielsweise »Anna von Stouffen, Duenis Scherers
tohter«, die vom Bürgermeister und vom Rat Villingens »daz
gmein frowenhuß by inen gelihen« hatte, Urfehde und gelobte,
nie mehr die Stadt zu betreten. Die Frau war ein Verhältnis mit
dem verheirateten Jacob Bogenschütz eingegangen. Cf. H.-J.
Wollasch, 1970, S. 166.

125 Cf. C. Jäger, 1831, S. 554.

126 Dr. v. Posern-Klett, a. a. O., S. 69. Solche Verordnungen trieben natürlich manche Ehemänner und auch Geistliche in die Hände von Kupplerinnen, die sie »zu den sunden« beherbergten, wie es in Regensburg hieß. Cf. H. Knapp, 1914, S. 234.

127 Geschlechtliche Handlungen zwischen Juden und Christen wurden überhaupt als eine Art Perversion betrachtet. »Lit ein iude bi einer cristenin«, so das Augsburger Stadtrecht vom Jahre 1276, und »vindet man si bi einander an der hantgetat, so sol man si beidiu brennen« (C. Meyer, 1872, S. 57). Zwar bestimmte auch das »erst rechtpuch« des Ruprecht von Freysing aus dem Jahre 1473: »Vnd ist das ein christnn man bey ainer jüdinn ligt oder ain jud bey ainer christynn ligt dy sind des vberhures schuldig. vnnd sol sy paide vber einander legenn vnd sol sy prennenn« (Ruprecht v. Freysing, 1839, S. 223). Doch wurde häufig nicht so heiß gegessen wie gekocht. Nach anderen spätmittelalterlichen Verordnungen sollte dem Juden »sein ding abesniden« und ein Auge ausgestochen werden (cf. J. Grimm, 1840, I, S. 533), aber es scheint, daß man in den meisten Fällen das Paar lediglich aus der Stadt wies, so etwa im Jahre 1372, als »ein fraw von Babenberg und ein schaland jud, die zarten mit anander« gewesen waren (cf. R. Jütte, 1988, S. 34), die sich also wohl nur gegenseitig abgeknutscht hatten, verbannt wurden. In Nürnberg soll zwar im Jahre 1406 ein Jude »darumb, das er ins gemeine frauenhaus gangen« verbrannt worden sein (cf. R. Straus, 1960, S. 32; G. L. Kriegk, a. a. O., S. 317), aber anscheinend wurde ihm in Wirklichkeit nur »auf ewig« die Stadt verboten. Cf. J. Müllner, 1984, II, S. 195; J. C. Siebenkees, a. a. O., S. 586. Cf. auch S. Simonsohn, 1977, S. 115, 139; R. Calimani, 1987, S. 10. Im 17. Jahrhundert endete freilich angeblich in Italien eine Jüdin, die sich mit einem jungen Adeligen eingelassen hatte, auf dem Scheiterhaufen. Cf. E. Murphy, 1987, S. 92. Cf. auch R. Jütte, 1987, S. 121.

128 *Schwabenspiegel*, a. a. O., § 255. Bekanntlich wurden im nationalsozialistischen Deutschland sexuelle Beziehungen jeder Art zwischen »Ariern« und Juden als »Rassenschande« bezeichnet und wie im Mittelalter bestraft, auch wenn es sich beim »arischen« Partner um eine Prostituierte handelte. So wurde beispielsweise im Jahre 1938 in Frankfurt am Main ein jüdischer Kaufmann zu 2 Jahren und 2 Monaten Zuchthaus verurteilt, weil er vor einer Prostituierten mit deren Zustimmung onaniert hatte. Cf. E. Noam/W.-A. Kropat, 1975, S. 176 ff. Im gleichen Jahr wurden in Linz zwei SA-Führer von der Gestapo verhaftet

und ins KZ Dachau eingewiesen, weil sie eine Jüdin gezwungen hatten, sich nackt auszuziehen und zu onanieren, worauf Sturmbannführer Hintersteiner seine Finger in die Vagina der Frau einführte und »darin herumspielte«. Cf. *profil* 45, 7. November 1988, S. 70. Ilse Koch, die berüchtigte »Kommandeuse« von Buchenwald, in SS-Kreisen »die Bestie« genannt, wurde wegen verschiedener Vergehen vor ein SS-Gericht gestellt, jedoch nach 16 Monaten Untersuchungshaft wieder freigelassen. Unter anderem hatte sie sich mit kurzem Rock und ohne Unterhosen breitbeinig über einen Graben gestellt, in dem Häftlinge arbeiteten. Wenn die Männer hochschauten, schlug sie ihnen mit der Reitgerte das Gesicht blutig oder ließ sie mit entblößtem Unterleib »über den Bock«, wobei sie häufig zuschaute. Cf. A. L. Smith, 1983, S. 59ff.

129 Cf. E. J. Bristow, 1982, S. 13. Auch von jüdischer Seite – so bereits von Naḥmanides im 13. Jahrhundert – wurde der Gang ins (christliche) Frauenhaus ebenso abgelehnt wie die Einrichtung jüdischer Bordelle, und die meisten Judengemeinden vertrieben immer wieder Jüdinnen, die sich heimlich prostituierten, aus der Stadt. Auf das Argument, die Existenz jüdischer Frauenhäuser trage dazu bei, die Anzahl geschlechtlicher Beziehungen zwischen Juden und Christen zu senken, entgegnete Judah ben Asher, es sei sinnlos, den Leib Israels auf Kosten seiner Seele zu retten. Cf. a. a. O., S. 15.

130 Cf. R. Wissell, 1929, I, S. 248. Während die im Jahre 1404 erlassene Ordnung der Bruderschaft der Ulmer Webergesellen allen ihren Genossen den Gang ins Frauenhaus untersagte (cf. C. Jäger, 1831, S. 537, 553), forderte die Ordnung der Danziger Leinewebergesellen lediglich Diskretion: »Item wo achte ader czene gutte gesellen sitczen zcu eynem fromen wirthe vnde ume ere gelt tryncken, so sal vnder den orthgenossen keyne eyne frawe yn ruffe vnde by sich setzcen zcu tranke, sy sy denne erenwert« (W. Reininghaus, 1981, S. 99f.). In Wien war den Bäckergesellen der Besuch der Frauenhäuser am Wiedner Tor und am Tiefen Graben verboten (cf. L. Bassermann, 1965, S. 117), und 1442 wurde den Gothaer Schützen und Schützengesellen das »gemeine frawenhuß« untersagt. Cf. K. F. v. Strenge/E. Devrient, 1909, S. 246. Cf. auch O. Hierhammer, 1974, S. 42. Nach den Statuten der Rottweiler Engelsgesellschaft durfte kein Geselle bei einer Buße von 36 Schillingen mit einer Hure tanzen (cf. M. Panzer, 1938, S. 41), und den Frankfurter Buchbindergesellen war sogar verboten: »Item soll kein gesell mit keiner gemeinen dirn an einem ofnen blatz (stehen)

oder auf der herberg noch in einem wirtzhaus zu trincken geben bey straff eines batzen« (B. Schmidt, 1914, S. 280). Cf. auch die Ordnungen der Leipziger Schuhmachergesellen, Leineweber und Weinschenken bei G. Wustmann, a. a. O., S. 469 f., die Ordnung der Egerer Kürschnergesellen vom Jahre 1490 bei K. Siegl, 1909, S. 77, sowie den Artikel der Münchener Messerschmiede vom Jahre 1450 und die Verordnung der Colmarer Bruderschaft der Rot- und Weißgerber bei Dr. v. Posern-Klett, a. a. O., S. 70 f. Wie ernst solche Verordnungen genommen wurden und wie viele der Gesellen tatsächlich ins Frauenhaus gingen, ist natürlich schwer auszumachen. Immerhin meinten im Jahre 1525 die im Basler Rat vertretenen Handwerksmeister – vielleicht halb im Scherz –, die Gesellen würden die Arbeit niederlegen, wenn der Rat sich dazu entschlösse, das letzte verbliebene Frauenhaus zu schließen. Cf. E. Isenmann, 1988, S. 328.

131 Cf. I. Bloch, 1912, S. 323.

132 G. v. d. Ropp, 1907, S. 251. Cf. auch die Verordnung U. L. Frauen-Bruderschaft der Schuhmacher- und Gerbergesellen von Wernigerode bei E. Jacobs, 1891, S. 352. Im Jahre 1470 bestimmte die Bruderschaft der Colmarer Rot- und Weißgerber, daß sie keinen Frauenwirt aufnähmen: »Welcher auch ein frawe wurt were, dem sol ir hantwerck verbotten sin und weder meister noch gesellen kein gemeinschaft mit im haben« (E. J. Mone, 1865, S. 22). Aber auch Männer, die mit den gemeinen Frauen zu tun hatten oder mit ihnen zusammenlebten, blieben aus den Zünften ausgeschlossen. So verabredeten im Jahre 1465 die Kürschnerzünfte von Bayern, Franken, Schwaben und die vom Rhein auf der Jacobimesse in München, keinen Ruffian unter den Ihren zu dulden (cf. W. Schultheiß, 1936, S. 142), nachdem bereits im Jahre 1341 die Ordnung der Regensburger »pekchenknehte« verfügt hatte, niemanden zu dulden, »der ain rüffian sei«: »Vnd wir mainen auch mer, wer der sei, der nicht ain rechtz weip hat, dem wellen wir auch nichtz schuldig noch gepunden sein vnd wir mainen auch der zech nicht ze gen« (G. Fischer, 1962, S. 294).

133 Zit. n. A. Porteau-Bitker, 1980, S. 38.

134 Dr. v. Posern-Klett, a. a. O., S. 77. In den meisten Städten des späten Mittelalters verstießen die Zünfte diejenigen ihrer Mitglieder, die eine »berüchtete« Frau heirateten. Cf. E. Maschke, 1967, S. 14. So untersagte etwa der Bund der mittelrheinischen Barettmacher und Hosenstricker seinen Gesellen ausdrücklich die Eheschließung mit einer einstigen Hure und der Tochter

eines Schergen. Cf. F. Göttmann, 1977, S. 152. Wer in Danzig eine öffentliche Hure zur Frau nahm, konnte in älterer Zeit enterbt werden. Später durfte man ihm lediglich einen Teil seines Erbes nehmen. Cf. A. Meyer, 1935, S. 88. Cf. auch W. Ebel, 1955, S. 99 f. In der ältesten Willkür dieser Stadt hieß es zudem: »Welchs borgersson eyn beruchtiget gemeyne weib zcu der ee nympt, der sal mitsampt seynem weibe die wonunge dieszer stat entperen ewiglich« (P. Simson, 1904, S. 35). Im Jahre 1429 stellte die Wiener Bäckerzeche beim Rat den Antrag, in die Zunftordnung aufzunehmen, »daz kainer auf dem Handwerich, er sey Maister oder knecht kain freye tochter noch ungelewnte weiber zu der Ee nicht nemen sullen« (J. E. Schlager, a. a. O., S. 356). In Nürnberg gab es bekanntlich seit Mitte des 14. Jahrhunderts keine Zünfte mehr, und es hat den Anschein, daß Ehen mit Huren häufiger eingegangen wurden. Im Jahre 1442 heißt es z. B. über einen »peckenknecht«, er habe »eine arme tochter auß dem frawen hawse genommen, gibt nichts umb das burkerrecht« (R. Wissell, a. a. O., S. 252), und 1525 nahm ein gewisser Egidi Peihel eine gemeine Dirne aus dem Frauenhaus zur Ehe und wurde Tuchhefter. Cf. J. Müllner, 1972, S. 161. Höchstwahrscheinlich waren solche Männer zeitlebens stigmatisiert. Als beispielsweise einmal eine Zunft bereit war, einen Wagnergesellen, der sich mit einer »gemeinen dirnen verloffen« hatte, »ex gratia« aufzunehmen, wurde er fortan von den anderen Gesellen gemieden. Cf. K. Rumpf, 1964, S. 81. In Spanien erzählte man sich, einst habe eine Hure einen Mann vor dem Galgen retten wollen, indem sie anbot, ihn zu heiraten. Der Mann lehnte das freilich ab, weil ihm dieser Preis für sein Leben zu hoch schien. Cf. W. W. Sanger, a. a. O., S. 173. In Sevilla war es reuigen Huren fast unmöglich, einen Ehepartner zu finden. Cf. M. E. Perry, 1978, S. 211.

135 N. Elias, 1939, I, S. 242. Hervorh. v. mir. Ähnlich auch D. Röhr, 1972, S. 37.

136 Cf. W. Rudeck, 1905, S. 50, der – wie auch sonst sehr oft – A. Schultz, 1892, S. 75, fast wörtlich abschreibt, ohne diesen auch nur beim Namen zu nennen.

137 Cf. F. Graus, 1985, S. 99. Im frühneuzeitlichen England war »quean« ein beliebter Name für die öffentlichen Huren. Cf. K. U. Henderson/B. F. McManus, 1985, S. 120.

138 Cf. A. Terroine, 1978, S. 255, 263 f.

139 Cf. J. Le Goff, 1977, S. 102; E. Ennen, 1984, S. 174.

140 Cf. M. W. Labarge, 1986, S. 197.

141 Cf. G. Wustmann, 1907, S. 481.

142 Cf. G. Liebe, 1894, S. 377.

143 In Greifswald hatte es beispielsweise ständig Streit und Schlägereien zwischen den Studenten und den Handwerksgesellen, vor
allem den Schmieden und den Schuhmachern gegeben, die etwa
im Jahre 1563 mit lautem Gegröle und steinewerfend vor dem
Kolleg erschienen und dessen Bewohner herausforderten. Cf.
G. Liebe, a. a. O., S. 378. Cf. auch E. Bonjour, 1960, S. 140f.;
P. Classen/E. Wolgast, 1983, S. 9f.; C. Prantl, 1872, I, S. 39.

144 Im damaligen Heidelberg gab es drei Badstuben: die schon im
Jahre 1303 existierende »obern Badtstuben gegen der statt maur
vber« (H. Derwein, 1940, S. 217) Ecke Oberbadgasse/Zwin-
gerstraße, das mittlere Bad (Ecke Mittelbadgasse – damals
»Metzler gaß« genannt –/Zwingerstraße), das vielleicht identisch ist mit der bereits im Jahre 1265 erwähnten *stupa balnea-
ria*, und das vermutlich später eingerichtete, aber schon im
Jahre 1568 verfallene untere Bad Ecke Kettengasse/Zwinger-
straße, die damals »Gasse zum heißen Stein« genannt wurde,
weil alle drei Bäder Dampfbäder waren. Cf. M. Huffschmid,
1900, S. 148. Daß es sich bei diesen nur einen Schritt von der
Stadtmauer entfernten Badstuben um die in der Verordnung erwähnten anrüchigen »Badetavernen« gehandelt hat, ist jedoch
sehr zu bezweifeln, obgleich auch das weibliche Personal dieser
Badstuben dem Anschein nach nicht eben als besonders züchtig
angesehen wurde. Cf. z.B. A. Thorbecke, 1891, S. 107f. So
manche Bademagd war zur Gelegenheitsprostitution bereit,
wie etwa »Anna Gaucherin, Abzieherin im Vorderbad« von
Hall, die im Jahre 1529 aus der Stadt verwiesen wurde, »umb
daß sie sich unschicklich gehalten und mit etlichen Ehemännern
zu schaffen gehabt« (G. Wunder, 1967, S. 111). Auch in Augsburg wurden zu jener Zeit häufig »badraiberinnen« wegen Unzucht aus der Stadt gewiesen. Cf. R. Hoffmann, 1885, S. 7. Auf
dem Kölner Berlich gab es in der Nähe des Frauenhauses eine
Badstube, in der die Huren zunächst dort badende Männer mit
Alkohol füllten und dann ins Frauenhaus bugsierten. Cf. F. Ir-
sigler/A. Lassotta, 1984, S. 189f. Auch in Mosbach lagen – vielleicht nicht durch Zufall – Badstube und Frauenhaus nah bei-
einander. Cf. E. Brüche/D. Brüche, 1978, S. 227. Cf. auch J.
Bellamy, 1973, S. 60. Im heutigen Belgien waren in den großen
Städten manche »stoven« mit üblen Spelunken und Frauenhäusern (»taveernen ende bordeelen of andere dierghelzeke loket-
ten«) verbunden. Cf. A. Cabanès, a. a. O., S. 204.

145 E. Winkelmann, 1886, I, S. 179; cf. auch A. Thorbecke, 1886,
S. 54. Um diese Zeit herum verbot auch der Nürnberger Rat das

Waffen- und Wehrtragen im Frauenhaus, »ausgenomen slechte ungeverliche protmesser« ohne Spitze. Cf. J. Baader, 1861, S. 51.

146 Cf. G. Ritter, 1936, I, S. 404. In Dijon hatte ein Kunde im Frauenhaus immerhin maximal eine halbe Stunde Zeit, die mit einer Kerze gemessen wurde. Dies muß auch in anderen Gegenden üblich gewesen sein, denn in Italien nannte man die gewöhnlichen *meretrices* auch »Kerzenmädchen«. Cf. J. Rossiaud, 1976, S. 322. Manchmal behielten die Huren einen Mann auch die ganze Nacht bei sich – so mußte jede Insassin des Ulmer »Töchterhauses« in einem solchen Falle dem Frauenwirt einen Kreuzer Schlafgeld abgeben (cf. C. Jäger, a. a. O., S. 549). Dies geschah entweder aus dem auf S. 294 angeführten Grunde, oder es handelte sich wohl meistens um »sundere bulschafft, die sy nennen ir liebe menner« (J. Baader, a. a. O., S. 121), also um Ruffiane, d. h. Freunde oder Zuhälter der Frauen, vielleicht auch um eine gewisse Stammkundschaft. In Leipzig war der »liebe Mann« der Puffmutter nach G. Wustmann, a. a. O., S. 472, deren Zuhälter, in Wirklichkeit freilich eher ihr fester Partner. Cf. E. Schubert, 1988b, S. 323f. Freilich gab es auch damals bereits Zuhälter in unserem Sinne. Cf. z. B. M. E. Perry, 1978, S. 201.

147 Cf. N. Elias, 1939, I, S. 242f.; ferner z. B. H. Korte, 1988, S. 147; A. Ulrich, 1985, S. 78, oder T. Huonker, 1985, S. 10, der über die mittelalterlichen Huren schreibt: »Sie waren damals nicht auf eine versteckte Nachtschattenexistenz in dunklen Absteigen beschränkt, sondern lieferten mit ihrer ostentativen Präsenz bei Staatsempfängen, Festumzügen, Konzilien und Reichstagen dem damaligen öffentlichen Leben einen großen Teil seines festlichen Glanzes.« Andererseits gewinnt man schwerlich den Eindruck, daß im 19. oder im 20. Jahrhundert die Bordelle mit größerer »Heimlichkeit umgeben« (N. Elias, a. a. O.,) waren als im Mittelalter. So meinten beispielsweise Wiesbadener Informanten, daß zu Beginn unseres Jahrhunderts die Prostitution im »Hexenhäuschen«, dem dortigen Bordell, das allerdings nur von Fremden aufgesucht wurde, »kein Gegenstand moralischer Empörung im Quartier war. Eher handelte es sich um eine Form des Dienstleistungsgewerbes im Wohnviertel unter anderen« (I. Behnken/M. du Bois-Reymond/J. Zinnecker, 1989, S. 134.)

148 Damals wurden zusätzlich zu dem bereits existierenden florentinischen Bordell zwei weitere eingerichtet. Cf. G. Brucker, 1971, S. 190.

149 Cf. R. Brondy et al., a. a. O., S. 362, 367. Blieben die »filles« nicht an diesem »endroit« und kamen in den Gesichtskreis der Frauen und der Jugendlichen, stellte man sie an den Schandpfahl und peitschte sie aus.

150 Wäre Elias die Ulmer Anweisung bekannt gewesen, nach welcher Buben unter 15 Jahren vom Frauenwirt aus dem Bordell geprügelt werden sollten (cf. C. Jäger, a. a. O., S. 555) – eine ähnliche Verordnung gab es auch in anderen Städten, z. B. in Dijon –, so hätte er das sicher als Beleg für seine Behauptung gewertet, daß zu jener Zeit junge Menschen, die biologisch fast noch Kinder waren, als Erwachsene gegolten und sich auch so verhalten hätten (cf. N. Elias, 1988a, S. 38). Ich werde in einem späteren Band des vorliegenden Buches ausführlich auf diese These eingehen. Hier möchte ich lediglich zu bedenken geben, daß auch im ›prüden‹ 19. Jahrhundert so mancher Junge in zartem Alter von einem Dienstmädchen oder von einer Prostituierten ins Reich der Sinne eingeführt wurde und daß in den sechziger Jahren dieses Jahrhunderts während der Schulferien oder am schulfreien Donnerstagnachmittag die Pariser Bordelle mit Schuljungen überfüllt waren (cf. E. J. Bristow, 1982, S. 24). In den fünfziger Jahren gingen manche meiner Klassenkameraden aus dem Mannheimer Kurpfalzgymnasium als Männlichkeitsdemonstration in die Neckarstädter »Neunzehnt«, wo das Bordell lag, obwohl sie erst mitten in der Pubertät waren. Wie mir Jahre später eine Prostituierte erzählte, waren die jungen »Schnellschbritzer« bei den Nutten sehr beliebt, »weil se so schnell fäddisch (=fertig) gewese sinn«.

151 Auch im heutigen Bali sind praktisch alle Prostituierte Auswärtige, vor allem Javanerinnen. Einige Prostituierte aus Kuta erklärten mir dies damit, daß Bali eine zu kleine Insel sei, als daß sich eine Balinesin unbemerkt von ihrer Verwandtschaft an Touristen verkaufen könne.

152 Cf. R. M. Karras, 1989, S. 415 f.; D. W. Robertson, 1968, S. 22. In späteren Zeiten scheint dies nicht anders gewesen zu sein. Jedenfalls schrieb der Police Commissioner von London im Jahre 1902: »As there must always be prostitutes, it is perhaps less demoralizing to have foreign than Englishwomen and if you get rid of the former their places will be taken by Englishwomen« (zit. n. E. J. Bristow, a. a. O., S. 34). Eine gewisse Ausnahme bildete das spätmittelalterliche Dijon, wo im 15. Jahrhundert von den 146 Huren immerhin 38 aus derselben Stadt stammten. Wahrscheinlich war der größte Teil dieser einheimischen Frauen auf Grund von Bandenvergewaltigungen zu

ihrem Beruf gekommen – was bei 27 % der Gesamtanzahl der Fall war –, was bedeuten würde, daß sie als Opfer eines solchen Verbrechens ohnehin ihre Ehre verloren hätten. Cf. J. Rossiaud 1989, S. 38 f., 189.

153 Cf. J. C. Siebenkees, a. a. O., S. 590 f.; A. Schultz, 1892, S. 73 f. Bereits bei den alten Griechen stammten die meisten weiblichen und männlichen Prostituierten aus dem Ausland. Cf. K. J. Dover, 1988, S. 276.

154 Cf. C. Jäger, a. a. O., S. 553; ferner auch A. v. Gleichen-Rußwurm, 1926, S. 249; I. Bloch, a. a. O., S. 816.

155 Cf. L. L. Otis, a. a. O., S. 70.

156 Cf. H. Schreiber, 1966, S. 32. In Péronne verboten in den Jahren 1480 und 1485 zwei königliche Ordonnanzen den »filles publiques«, die Frauenbadstuben der Stadt zu betreten. Cf. P. Négrier, 1925, S. 150.

157 D. du Cange, 1884, S. 354. Auch nach einem Ulmer Statut des Jahres 1421 durften die Juden auf dem Markt nur Waren berühren, die sie zuvor erstanden hatten. Cf. D. A. Schultes, 1937, S. 60. Die gemeinen Frauen waren auch in anderer Hinsicht ähnliche ›outcasts‹ wie die Juden. So verlautet etwa die Schlettstädter Schneiderordnung vom Jahre 1488: »Item es sollen ouch die schnider keinem juden in sinem huse, noch in dem offen frowenhuse oder in des schniders huse weder negen noch schniden durch sich noch sine gesinde« (J. Gény, 1902, S. 907).

158 Cf. D. Staerk, 1972, S. 541, ferner auch E. Richter, 1987, S. 139. In Lübeck durfte auch der Scharfrichter oder Büttel, »fron« genannt, der »stinkende an den eren« war, auf dem Markt nichts anfassen. Cf. H. Lagemann, 1915, S. 48.

159 Cf. E. v. Sokolowski, 1910, S. 50.

160 Cf. W. Danckert, 1963, S. 231. Huren und ihre Wirte oder Wirtinnen konnten auch meist nicht als Ze ginnen und Zeugen vor Gericht auftreten. In der Schliengener Dorfordnung heißt es z. B., daß vom Zeugenstande ausgeschlossen sei, wer »offentlich mit vrtheil vnd sonst vom Rechte geschmacht, als mainaidige, todschläger, frouwenwürt, platzmaister (= Überwacher öffentlicher Tänze und Gaukelspiele) vnd andere dergleichen« (J. Bader, 1865, S. 231).

161 H. v. Weinsberg, 1898, S. 193.

162 »Es war ein hulzen gehuise mit steinen gereien und hat hinden einen hoff und kirchoff vur die gmein dirnen an« (a. a. O.).

163 Cf. G. L. Kriegk, a. a. O., S. 329, ferner W. Harriet/B. Klein, 1904, S. 92. Herkömmlicherweise wurden auf dem Wasen, also dem Torf oder der Moorerde, vom Wasenmeister – der nicht

selten mit dem Henker identisch war – die Selbstmörder ver-
scharrt. Cf. J. Willmann, 1917, S. 68; F. J. Fischer, 1962,
S. 76 f.

164 Cf. z. B. C. Hegel, 1878, S. 108; E. v. Oefele, 1878, S. 108; J,
Kirmeier, 1988a, S. 171. Im Jahre 1428 begrub man in Ulm einen Krämer, der in Augsburg ein Sittlichkeitsverbrechen begangen hatte, lebend unter dem Galgen. Cf. D. A. Schultes,
1937, S. 61. Unter demselben Galgen verscharrten im Jahre
1499 die Henkersknechte die Leichen von vier Geistlichen, die
man, weil sie wiederholt mit Huren Haus gehalten hatten, in
einem am Perlachturm hängenden Holzkäfig hatte verhungern
lassen. Cf. K. D. Hüllmann, 1829, S. 262. Als man – wie der
Augsburger Chronist Hektor Mülich berichtet – im Jahre 1471
die dortige Galgengrube »ramet«, fand man »250 häupter dar-
inn« (D. Weber, 1984, S. 226).

165 Cf. z. B. Dr. v. Posern-Klett, 1874, S. 82 (Dresden); G. Wustmann, 1907, S. 471 (Leipzig); J. Gernhuber, 1957, S. 144
(Landshut, Braunschweig, Rottenburg, Passau); W. Hanauer,
1919, S. 9 (im Jahre 1410 in der Berliner Rosengasse). Bereits im
Jahre 1276 heißt es im Augsburger Stadtbuch über den »hen-
cker«: »Er sol auch aller varnden freulin phlaegen« (C. Meyer,
1872, S. 71). Im Jahre 1484 erbot sich Meister Konrad, der Henker von Bozen, ein neues Frauenhaus als Pächter zu überneh-
men, denn das alte war gerade abgebrannt, oder aber in seinem
eigenen Haus einen Bordellbetrieb einzurichten. Bisweilen und
besonders nach der allgemeinen Auflösung der Frauenhäuser
führten die Nachrichter illegale Bordelle weiter. Nachdem beispielsweise dem Haller Henker Christof Tollinger die Frau
weggelaufen war, umgab er sich im Jahre 1579 mit allerei »Vet-
teln« und eröffnete einen Privatpuff. Als die Sache ruchbar
wurde, gab man ihm den Laufpaß. Cf. H. Moser, 1982, S. 44.
Im 14. Jahrhundert war der Scharfrichter von Amiens gleichzeitig »roi des ribauds« (cf. J. Rossiaud, 1989, S. 61). In Bordeaux
war dies der Büttel, der dort auch »roi de l'amoureuse vie« genannt wurde und dessen Hauptaufgabe darin bestand, Straftä-
ter in Eisen zu legen und gemeingefährliche Irre aus der Stadt zu
peitschen. Cf. A. Terroine, 1978, S. 262.

166 Cf. R. Süß, 1980, S. 104.

167. Cf. z. B. H. Sturm, 1951, S. 174. Auch der Colmarer Nachrichter war beauftragt, »was er von abgestandenem vie, uff den gassen findet oder sonst in heussern erfart, desgleychen die ussge-
schütten hering oder fisch hinausss uff den bestimpten wassen
zu fueren«. Desgleichen oblag ihm, wie es im Schlettstadter

Recht heißt, »die heimlichen gemachen oder propheyen (= privets)« zu säubern. Cf. K. Baas, 1919, S. 75, ferner auch H. Weckbach, 1987, S. 2 f.; G. Wilbertz, 1979, S. 16 ff., 94 ff.

168 Cf. H. Schuhmann, 1964, S. 162. Hatte eine Stadt keinen eigenen Scharfrichter, sondern lieh ihn bei Bedarf aus, so nächtigte er meist im Frauenhaus, weil er ansonsten seinen Gastgeber entehrt hätte. So heißt es in einem Friedberger Ratserlaß vom Jahre 1387: »Auch ist iz beret, wan iz noid duet, daz man eynen henckir han sal obir schedeliche lude von den zu gerichten, den sal der raid laßin holen und iwerbin uff ir kost; und wan he zu Frideberg kommet, so sal he sin zu hus mit den frauwen in dem gemeynen huse« (M. Foltz, 1904, S. 362).

169 Cf. B. Weber, 1976, S. 84, 212. Im Jahre 1589 ist die Rede von dem »allt frouwen hus, gelegen im gäßli, wenn man ab der spittalgaßen an die Golatenmatgaßen gat, an des nachrichters hus«. Im und vor dem Hause des Henkers fanden offenbar Glücksspiele statt, denn im Jahre 1516 heißt es: »Wölicher ouch mit dem nachrichter gemeinschaft hätte, und uf sinem platz oder siner stuben spilte oder zarte, gibt zuo büß 5 ß, aune alle gnaud (= Gnade)« (H. Rennefahrt, 1968, S. 249). Anscheinend war dies sozusagen die Animierkneipe für das Frauenhaus nebenan. P. Sommer, 1969, S. 14 f., meint, der Berner Henker habe wohl kaum die Aufsicht über die gemeinen Frauen geführt, da er ja durch den Weibel aus der Stadtkasse besoldet worden sei. Freilich schließt sich beides nicht aus, ja, normalerweise wurden anscheinend die Betreffenden sowohl direkt vom Rat *und* von den Huren entlohnt. So heißt es etwa in einer Braunschweiger Verordnung vom Jahre 1408: »De gemeyne rath holt einen scharprichter unde lonet und kledet deme. To dem lone, dat ome de rath gifft, schullen ome geven de gemeynen openbaren wiver, alse de in dem Roden Klostere unde up der Murenstrate« (H. v. Strombeck, 1860, S. 187). Im Zwickauer Stadtrechtsbuch aus dem 14. Jahrhundert ist vermerkt: »Ouch gibet man dem butel von dem frauwenhûs alle sunnâbende einen grosschen« (R. Kötzschke, 1949, I, 2, S. 131) – wohl zusätzlich zu den Abgaben, die ihm die gemeinen Frauen entrichten mußten. Der Henker von München mußte freilich bis zum Jahre 1435 ausschließlich von den Einkünften des Frauenhauses und des Glücksspiels leben. Erst dann wurde er ordentlich besoldet. Cf. J. Knobloch, 1921, S. 69. In Wien erhielten der Büttel (*dewpscherge*) und der Henker (*heher*) erst ab dem Jahre 1450 vom Rat einen förmlichen Jahressold. Zuvor wurden sie vom Pachtzins der beiden Frauenhäuser, die herzogliches Lehensgut

waren, bezahlt. Cf. J. E. Schlager, a. a. O., S. 373, 375. Auch »de gemeyn doichter« von Köln mußten im Jahre 1435 dem dortigen »scharpreychter« regelmäßig Abgaben »van yrme gewyn geven« (W. Stein, 1893, I, S. 768).

170 Cf. H. Rennefahrt, 1928, S. 41.

171 H. Patze, 1976, S. 18; W. Oppelt, 1976, S. 470.

172 Das Wort »Ruffian« wird oft etwas irreführend mit »Zuhälter« übersetzt. Meist handelte es sich bei ihnen jedoch um Gauner verschiedensten Schlages, die mit den Huren zusammenlebten – man denke etwa an François Villon. Cf. E. Schubert, 1985, S. 112. Cf. auch Anm. 146. In Basel ist etwa die Rede von notorischen Glücks- und Falschspielern, »die da offen vnd verrucht Riffian sin wellent vnd liegent stätes vf spil vnd armen varenden döchtern vnd kleiden sich köstlich«. Sie wurden dazu verurteilt, eine Zeitlang einen gelben Kugelhut zu tragen, auf dem drei schwarze Würfel mit weißen Augen aufgenäht waren. Cf. D. A. Fechter, 1856, S. 52.

173 T. Herzog, 1963, S. 218. Der Passus war aus dem Landshuter Stadtrecht des Jahres 1279 übernommen worden, wo er lautet: »Item si civis interdictum civitatis vel mimum vel meretricem publicam ex cause leserit, quoad iudicum civitatis remanet in punitus, non sunt enim iure legum laqueis innodati« (zit. n. J. Kirmeier, 1988a, S. 165 f.). Die »Lotterpfaffen«, die man den Text des Jahres 1335 hinzugefügt hatte, waren heruntergekommene ehemalige Geistliche, die als »loter«, d.h. als Gaukler umherzogen. Die »loterphaffen mit dem langen hâre«, heißt es um die Mitte des 13. Jahrhunderts, »sint ûz dem fride«. Cf. M. Lexer, 1872, I, Sp. 1963. Das Lauinger Stadtrecht vom Jahre 1439 bestimmt: »Were auch ob ain offner rüffian oder ains gemeins fröwelin mit rede oder mit wercken an ainem burger oder burgerin oder andehain ir gesinde vnfug brachte an den fräffelnt auch nyemand ob sie getzüchtiget oder geschlagen von im würden« (J. Köppl, 1934, S. 32).

174 Zit. n. L. Heß, 1940, S. 138. In den im Jahre 1278 von König Rudolf I. verliehenen Bürgerrechten wurden die gemeinen Frauen Wiens zwar außerhalb des Gesetzes gestellt, aber dennoch genossen sie einen gewissen Schutz. So hieß es in der Formulierung des anno 1340 von Herzog Albrecht II. verliehenen Stadtrechtsprivilegs: »Wir tuen ouch dehain gepot von den gemainen weiben, wan ez wer unwirdig und untzeitlich, daz man seu in die pant der êe besluzze. Doch wellen wier, daz si nieman an schulde laydig; swer si aber laydigt, den sol der richtter puezzen nach des rates rat« (P. Csendes, 1986, S. 69, 114). Beson-

ders die städtischen Huren wurden später unter Schutz gestellt –
so bewahrte man bereits im Jahre 1330 die gemeinen Frauen
Ravensburgs vor willkürlichen Mißhandlungen durch die Bevölkerung (cf. A. Dreher, 1972, S. 148, 667), und in einer fünfzig Jahre danach erlassenen Verordnung von Halberstadt heißt
es: »Ok willen use hern, dat seck neman vorgripe an der stad
knechten noch an den wiven, de dar wonen bi dem Pole. den
enscal men nicht sere slan, sunder men scal hoveliken mede ene
spelen, wu sek dat gebord« (G. Schmidt, 1878, S. 578). Im 15.
Jahrhundert verlautet das Ofner Stadtrecht: »Dÿe Freÿen
toechter seÿn eyn armes, petrubteß vnnd vorczagtes gesinde,
Nach sol man sÿe pehueten vor gewalt vnnd vor vnrecht« (K.
Mollay, 1959, S. 124).

175 Cf. G. Kaufmann, 1888, I, S. 144.
176 Cf. Dr. v. Posern-Klett, a. a. O., S. 76; ebenso das älteste Brünner Stadtrecht. Cf. T. Hampe, a. a. O., S. 19. Dagegen die Bestimmung des alten Sächsischen Weichbildrechts: »An varnden
weibenn, vnnd an ammen mag eynn Man wol seynen leybb wol
Vorwircken ab er sy beschlefft an yrn danck Vnd an yrn willen«
(W. v. Thüngen, 1837, Art. XCIX). Im Augsburger Stadtrecht
vom Jahre 1276 heißt es: »Swer die notnumpht begat an maege-
ten, an wiben oder an varnden wiben, wirt der gefangen an der
hantgetat, so ist diu rehte urteil, daz man in laebendigen begraben sol.« In einer Abschrift vom Jahre 1527 werden die »varnden wiben« nicht länger erwähnt, was wohl bedeutet, daß die
Notzucht an ihnen nicht mehr geahndet wurde. Cf. C. Meyer,
1872, S. 88. »Quod cognoscentes mulieres vagas« – so das
Brünner Schöffenbuch von 1343 – »non sunt spoliandi. Qui cle-
ricum vel laicum ob hoc, quod mulierem vagam diei vel noctis
tempore in quocumque loco cognoscit carnaliter, rebus vel ve-
stibus suis privat vel denudat, poenam furti vel spolii sustine-
bat« (E. F. Rössler, 1852, S. 230). Cf. auch G. Winter, 1880,
S. 161. Im Jahre 1389 verordnete Karl VI. von Frankreich: »Si
quis mulierum diffamatam aut aliam de lupanari violenter co-
gnoverit, debet pro banno centum sol. viennensium« (zit. n. A.
Porteau-Bitker, 1980, S. 39). In Berlin erwartete im 15. Jahrhundert den Vergewaltiger einer Hure die Todesstrafe. Cf. W.
Schich, 1987, S. 234.
177 Anscheinend kam es nicht selten vor, daß ein Kunde – »post
coitum« in einer anderen Stimmung als »ante« – der Hure die
miteinander ausgemachte Entlohnung vorenthielt und daß die
Frau den Mann daraufhin wegen Vergewaltigung anzeigte.
Deshalb bestimmte im Jahre 1192 Herzog Leopold V. bezüg-

lich der gemeinen Frauen Wiens: »Quod si cum meretrice publica aliquis dormierit et ipsa, quia tantum datur ut vellet, super
violentia, quę notnumpft dicitur, de eo querimoniam fecerit,
non audiatur nec ipse respondere teneatur« (P. Csendes,
a. a. O., S. 28).

178 Zit. n. B. Geremek, a. a. O., S. 267.

179 Cf. J. Kirmeier, 1988a, S. 173. Bisweilen unterschied man auch
juristisch zwischen der Vergewaltigung einer Prostituierten und
der einer anständigen Frau. Nach den Gesetzen des ungarischen
Königs Ladislaus aus dem 11. Jahrhundert wurde der Notzüch-
tiger einer *publica meretrix* lediglich enthauptet, also auf eine
Weise hingerichtet, die ihm seine Ehre beließ. Wer dagegen eine
verheiratete Frau vergewaltigte, wurde auf die schmachvollste
Weise getötet, die es gab, nämlich gerädert. Wer das Verbrechen an einer Jungfrau beging, wurde zwar auch nur mit dem
Schwert gerichtet. Aber vorher band man ihn an den Schweif
eines Pferdes und schleifte ihn auf entehrende Weise durch den
Straßenkot, was sicher manchem ohnehin einen qualvollen Tod
brachte. Cf. J. v. Magyari-Kossa, 1935, S. 120.

180 Ein anderer, jedoch sekundärer Grund lag sicher darin, daß
man auf diese Weise als potentieller Kunde reguläre städtische
Huren von ›wilden‹ Stricherinnen unterscheiden konnte, die
eventuell verheiratet waren, so daß im Falle des Geschlechtsverkehrs eine weitere Sünde, nämlich die des Ehebruchs, vermieden werden konnte.

181 Zit. n. J. C. Bluntschli, 1938, I, S. 160, und K. Kilchenmann,
1946, S. 38. In Genf mußten die Huren nach einem Statut vom
Jahre 1397 am rechten Ärmel eine roten Streifen tragen, und in
anderen Städten Savoyens durften sie nur mit einer gehörnten
Haube in die Öffentlichkeit. Cf. R. Brondy et al., a. a. O.,
S. 367. In Ofen heißt es: »Dÿ armen vnnd durfftigen sullen eÿn
gelbs fechil (= Streifen) zum mÿnsten eÿner handt prait tragen
auf iren haüp tuchern« (K. Mollay, 1959, S. 124f., 155f.), während nach einem Ratsbeschluß von Hermannstadt (Nagysze-
ben) noch im Jahre 1697 eine der Unzucht überführte Frau ein
rotes Kopftuch – statt eines weißen – tragen mußte. Cf. J. v.
Magyari-Kossa, 1935, S. 147. Im Jahre 1337 hatte Alfonso XI.
den spanischen Huren gelbe Kopfbedeckungen verordnet, eine
Ordonnanz, die später von Ferdinand und Isabella erneuert
wurde. Freilich beklagte man im Jahre 1527, daß inzwischen
auch viele ehrbare Frauen diese Hurenfarbe bevorzugten (cf.
M. E. Perry, 1985, S. 141f.), nachdem bereits um das Jahr 1150
Heinrich von Melk über gewisse Frauen »mit ihr höhvertigem

gange unt mit vrömder varwe an dem wange unt mit gelwem gibende« (A. Denecke, 1891, S. VI) geklagt hatte. In Basel war den *riffianen* ein gelber Kugelhut vorgeschrieben (cf. H.-R. Hagemann, 1981, S. 268), und den Meraner gemeinen Frauen war es nicht nur verboten, sich zu schnüren und sich mit bunten Federn und Silbergeschmeide zu schmücken, vielmehr mußten sie auch ein gelbes Fähnchen an ihrer Kleidung anbringen. Cf. C. Stampfer, 1889, S. 52. Gelbe und rote Abzeichen waren bekanntlich auch den Juden vorgeschrieben, und zwar von der Zeit an, in der sie damit aufhörten eine für sie charakteristische Kleidung zu tragen. Cf. G. Kisch, 1957, S. 103ff., ferner E. Nübling, 1896, S. 52f. In Frankreich scheint man zumindest zeitweise Weiß als Hurenfarbe favorisiert zu haben. Als freilich im Jahre 1389 »les filles de joie du Bordel de Toulouse dit la Grant Abbaye« beim König dagegen protestierten, daß sie »chaperons et cordons blancs« tragen mußten, überließ ihnen Karl VII. in einer Ordonnanz die Wahl der Farbe, »pourvu qu'elles eussent autour de leur bras une jarretière ou lisière d'une couleur différente de leurs habits« (A. Porteau-Bitker, a. a. O., S. 37). Cf. auch G. Hertel, 1894, S. 266; H. Hoffmann, 1955, S. 202f.; P. Larivaille, 1975, S. 78. In Bristol durfte sich keine Hure ohne einen gestreiften Umhang in der Stadt zeigen. Cf. G. T. Salusbury-Jones, 1975, S. 153f. Diese Streifen dienten typischerweise zur Kennzeichnung von Prostituierten in England. Cf. Anm. 89.

182 Zit. n. E. Maschke, 1967, S. 10. In Bremen durfte um 1450 neben den gemeinen Huren auch eine Frau, die in »openbarer unkusscheit levet«, nicht »gelyk erbaren vrouwen« gekleidet sein. Cf. K. A. Eckhardt, 1931, S. 268. Im Jahre 1478 wird in Lübeck eine am Rathaus befestigte Tafel erwähnt, auf der die für gemeine Frauen obligatorische Kleidung beschrieben war. Cf. H. Lagemann, a. a. O., S. 64.

183 Cf. K. Weinhold, 1882, S. 23f. Cf. auch D. du Cange, 1884, S. 353f. In einer Verordnung für die Magdeburger Vorstadt heißt es im Jahre 1503: »Die unzuchtigen frawen sollen yre mentel uff den heubten tragen ader ein zceichen haben, dorbey man sie kennen möge bey einer marg« (zit. n. A. Moll, 1921, S. 359).

184 Cf. Dr. v. Posern-Klett, a. a. O., S. 84; G. Holmsten, 1987, S. 87. In Basel wurde im Jahre 1482 verordnet, »daz alle dirnen die kuntlich und offenbar sind hinfür mentel tragen sollent, die nit lenger syen dann einen spann lang underhalb dem gürtel, und welhe einen lengern mantel truege dann wie ob stat, sollen

die stattknecht inen den selben abziehen und nemen« (J. Schnell, 1856, S. 203). Auch nach einer Lüneburger Vorschrift vom Jahre 1486 sollten die Huren »neyne lange hoyke dragen, sondern alleyne korte mannes hoyken uppe den koppen« (Dr. v. Posern-Klett, a. a. O., S. 76). Anscheinend galt dies als schändlich, weil dadurch ein Teil der Unterschenkel entblößt wurde. So heißt es etwa in der Ordnung der Biberacher Klause-schwestern im Jahre 1406, keine Schwester solle »ihren mandtel auf dem haupt tragen, sintemahlen allein verworfene Böginen (*Beguinae*) ihre mändtel also tragen« (G. Luz, 1876, S. 63). Be-kanntlich haben sich gewisse Beginen mancherorts prostitu-iert.

215 Basler Meister nach Hans Holbein d. J.: Hure, 16. Jh.

185 Cf. K. D. Hüllmann, 1829, IV, S. 270.
186 Cf. D. O. Hughes, 1983, S. 75 f. Bereits im Jahre 1343 war es in Siena den *puttane* vorbehalten, Plateauschuhe zu tragen und sich zu verschleiern, letzteres deshalb, weil man – wie übrigens immer wieder in der Geschichte – befürchtete, daß der Schleier den anständigen Frauen zur Anonymität und damit zur Freizü-gigkeit und zu Freiheiten verhelfe. Cf. a. a. O., S. 92.
187 Cf. z. B. A. Clark, 1988a, S. 643.
188 »Nam iis, vel ei, qui imperium tenet, æquè impossibile est, ebrium, aut nudum cum scortis per plateas currere, histrionem agere, leges ab ipso latas apertè violare, seu contemnere, & cum his majestatem servare, ac impossibile est, simul esse, & non esse« (B. de Spinoza: *Tractatus politicus*, IV, 4, 22 ff.).

189 Cf. B. Sastrow, 1824, S. 88 f.

190 W. Rudeck, 1905, S. 53 f.

191 Für diese Information danke ich Vinzenz Bartlome vom Staats-
archiv des Kantons Bern (Brief vom 20. Juli 1989). Häufig wird
von Kulturhistorikern ohne Quellenangabe ein angeblicher
Dankesbrief Sigismunds erwähnt. Ein solcher Brief findet sich
nicht in den Regesten Sigismunds.

192 C. Justinger, 1871, S. 220, oder ders., 1819, S. 289. Hervorh. v.
mir.

193 A. a. O., S. 459. Als im Jahre 1450 die österreichische Gesandt-
schaft mit ihrem Gefolge in Neapel weilte, waren »die Frawen
im Frawenhaus [...] all bestellt, durft kheine khain Pfennig
nicht nemen, schnittens nur auf ain Rabisch da fandt ainer Mö-
rin (= Mohrinnen) vnd sonst schoene Frawen, was ain lustet«
(zit. n. J. E. Schlager, a. a. O., S. 352).

194 Cf. E. A. Bowles, 1977, S. 150.

195 Cf. Justinger, a. a. O., S. 217. Cf. auch R. Feller, 1949, I,
S. 243.

196 Allerdings findet sich in der »ordnung, So Jn der Statt Berne
von kung Sigmundus, Römsches kuniges gemachet ist«, also
den überkommenen Ratsbeschlüssen bezüglich der Vorbereitungen auf den Besuch, kein Hinweis auf das Frauenhaus. Cf.
G. Tobler, 1886, S. 363 ff.

197 W. Rudeck, a. a. O., S. 53.

198 A. Schultz, 1892, S. 76. In fast jeder Kulturgeschichte taucht
diese Episode als Faktum auf. Cf. z. B. W. Bauer, 1960, S. 105,
E. Schubert, 1985, S. 118, oder G. Denzler, 1988, S. 208. K.
Saller, 1966, S. 125 f., schreibt etwa: »Kaiser Sigismund ging,
als er das Konzil in Konstanz besuchte, mitsamt seinem Gefolge
auch ins Hurenhaus [...]. In Ulm wurden nachts die Straßen
illuminiert, wenn der Kaiser und sein Gefolge das städtische
Frauenhaus besuchen wollten.«

199 E. Nübling, 1904, S. 163. Nach einer Verfügung des Jahres
1512 durfte dieses Frauenhaus nicht weniger als 14 Huren beschäftigen. Cf. ders., 1907, S. 321.

200 Cf. D. A. Schultes, 1937, 62.

201 Ich danke dem Stadtarchiv Ulm für die Ablichtung der betreffenden Seite des Ausgabenverzeichnisses (A 2). Rudolf Benl
vom Stadtarchiv Heidelberg und Folker Reichert vom Historischen Seminar der Universität Heidelberg danke ich für ihre
Hilfe bei der Transkription.

202 Cf. E. Windecke, 1893, S. 369, 378; ders., 1899, S. 259; W. Altmann, 1900, S. 304 ff., 332.

203 Diese Vermutung verdanke ich Rudolf Benl, der mich in einem Brief vom 30. Mai 1989 darauf hinweist, daß die Bauhütte des Straßburger Münsters bis heute »Frauenhaus« genannt wird. Cf. auch Anm. 100. Wie mir freilich Hans Eugen Specker vom Ulmer Stadtarchiv mitteilt, wurde die Ulmer Bauhütte meist nur kurz »Hütte« genannt.

204 Cf. E. Nübling, 1907, S. 138; H. E. Specker, Brief vom 29. Juni 1989.

205 Cf. H. Muschel, 1965, S. 17.

206 Cf. Anm. 201.

207 Cf. G. Beckmann, 1898, S. 442.

208 Im Parterre vergnügten sich meist die gemeinen Frauen mit ihren Kunden beim Weine, bevor man schließlich in den Kammern – die oft im 1. Stock lagen – zu zweit zur Sache kam. Im Animierbetrieb des Parterre kam es meist zu den Schlägereien zwischen den angetrunkenen Kunden, aber bisweilen auch zwischen den Huren (Abb. 158). Daß der Rat einer Stadt bei hohem Besuch die zusätzlichen Beleuchtungskosten selber trug, war im übrigen damals üblich. Cf. J. Biergans, 1909, S. 38.

209 Um vor Augen zu führen, daß im späten Mittelalter eine ganz andere Sexualmoral geherrscht habe als heute, führt z.B. J. Rossiaud, 1989, S. 74, an, daß man während der Hungersnot des Jahres 1419 in Metz »vier Frauen für den Preis eines Eies« haben konnte. Aber was besagt das schon? Wie viele amerikanische Soldaten konnten nicht 1945 erzählen, daß sie so manche ehrbare deutsche Frau für ein paar Lucky Strikes oder für eine Tafel Hershey's haben konnten?

210 Cf. H. Koller, 1984, S. 283.

211 Zit. n. J. C. Siebenkees, a.a.O., S. 590.

212 Friedrich III. war nicht nur gegenüber Frauen äußerst zurückhaltend – so weist nichts darauf hin, daß er jemals irgendwelche Amouren gehabt hätte –, er war auch dem Tanz, dem Wein und der Mode abhold, war wortkarg und lächelte selten. Cf. R. Schmidt, 1984, S. 301f., 329.

213 C. Hegel, 1872, IV, S. 328; cf. auch ders., 1874, V, S. 464. Ein Rechnungsprotokoll verlautet zum Einzug Albrechts II. in Wien im Jahre 1438: »vmb Wein den gemain Frawen 12 achterin. Item den Frawen die gen den kunig geuarn (= gezogen) sind, 21 Achterin Wein pr. 12 dl., facit 1 Pf. 12 dl.« Vierzehn Jahre später heißt es über König Ladislaus Posthumus: »Darnach zoch er gen Wienn, vnd die gancz herschaft. Da ward er schoen emphangen von Armen vnd Reichen mit Zelt aufgeschlagen vnd paner an dem Wienerperg darunter die schoenen

Frawen vnd all hantwerch frawen sein warten an Maentl« (zit. n. J. E. Schlager, a. a. O., S. 350f.).

214 H. Patze, 1976, S. 18.

215 Cf. K. Weinhold, a.a.O., S. 23.

216 Der erste Tag der Floralien – ursprünglich der 28. April und später der 3. Mai – war der Festtag der Prostituierten, und es hieß, Flora sei einst selbst eine öffentliche Hure gewesen. Cf. W. W. Fowler, 1899, S. 93. Das römische Fest war den Gebildeten des späten Mittelalters und der Renaissance – vor allem in Italien – durchaus präsent. So heißt es beispielsweise in einer deutschen Boccaccio-Übersetzung aus dem 15. Jahrhundert, die »gemainen frowen« hätten einstmals das Fest der Flora gefeiert. Dieses »ward ovch jaerlich begangen mit schantlichen geberden und wolnust der huoren« (G. Boccaccio, 1895, S. 215).

217 Cf. H. H. Scullard, 1981, S. 110f. Als die französische Kolonialregierung die Prostitution der Frauen des Awlad Nā'il-Stammes in den Städten verbieten wollte, protestierte der ganze Stamm mit dem Argument, daß es dann lauter Mißernten geben würde. Cf. F. A. Marglin, 1987, S. 312.

216 Sich prostituierende Jungfrau der Awlad Nā'-il in Biskra.

218 »Nur der Ort nicht« (also das Bordell, weil dort so viel Sperma zugrunde geht). »Deshalb ist es günstiger, im Traum herumstreichende Hetären zu sehen. Glückbringend sind auch die, welche vor dem Bordell ihre Reize zur Schau stellen« (Artemidor v. Daldis: *Traumbuch*, I, 78). Glück verheißend ist auch –

nach Scheich Nafzawi im frühen 16. Jahrhundert –, wenn man im Traum eine offene Vulva sieht. Cf. A. ʿA. ʿO.b.M. an-Nafzawi, 1966, S. 174.

219 Cf. W. Danckert, 1963, S. 154.

220 In Florenz machte man in der Spätrenaissance die öffentlichen *putane* auf andere Weise herunter, worauf diese sich freilich bei ihren Peinigern revanchierten. Cf. D. Kunzle, 1973, S. 270.

221 W. Engel, 1950, S. 90.

222 Cf. E. Pavan, 1980, S. 247.

223 Cf. G. L. Maurer, 1870, III, S. 105 f.

224 D. du Cange, 1884, S. 354.

225 Cf. G. Heinz-Mohr/V. Sommer, 1988, S. 59 f., ferner L. K. Goetz, 1931, S. 230; H. Vorwahl, 1933, S. 297; D. Schaller, 1988, S. 73. Ein anderes Frauenhaus hieß – möglicherweise in Anspielung auf das die Vulva bedeckende Schamhaar – »Zur schwarzen Rose« (G. Heinz-Mohr/V. Sommer, a. a. O.). Im 15. Jahrhundert wohnten die »schamel wyfeken« Danzigs in der verrufenen Rosengasse, wo »allerley schnöde kuplerey und pufferey« getrieben wurde, und in der Ketterhagergasse, beide dicht an der Stadtmauer (cf. P. Simson, 1913, I, S. 205; A. Meye, 1935, S. 89); im 14. und im 15. Jahrhundert hielten sich die auswärtigen Huren, die während der Messe nach Frankfurt am Main kamen, im »rosental«, und zwar vor allem in der dortigen Rosengasse auf. Das Rosental war der einzige Ort in Frankfurt, an dem Privatbordelle erlaubt waren – das erste ist bereits im Jahre 1396 erwähnt. Seine Inhaberin hieß Gude Schurge, im Volke Backtrog oder Marktschiff genannt. Cf. G. L. Kriegk, a. a. O., S. 300, 304 f. In Königsberg lag das Frauenhaus im »Rosenwinkel«, in Naumburg an der Saale im »Rosengarten« (cf. G. Heinz-Mohr/V. Sommer, a. a. O.), und in Berlin wurde im Jahre 1420 in der Rosenstraße nahe der Stadtmauer, nicht weit vom Neuen Markt und vom Spandauer Tor ein neues Frauenhaus eingerichtet. Cf. A. Theissen 1987, S. 112; W. Schich, 1987, S. 234. Cf. auch F. Eberlein, 1987, S. 111 (Coburg), R. Hoffmann, a. a. O., S. 20 (Augsburg), und K.-S. Kramer, 1985, S. 52. Auch Badstuben lagen nicht selten in der Rosengasse oder wurden nach Rosen benannt, etwa das 1350 urkundlich erwähnte, aber mit Sicherheit ältere Straßburger »Rosenbad« in der heutigen rue des Bains-aux-Roses. Cf. C. Wittmer, 1961, S. 111 f. Cf. auch F. T. Schulz, 1933, S. 121 f.; L. Falck, 1973, S. 59; F. Vogtherr, 1927, S. 8; H. Woltering, 1965, S. 161.

226 Cf. z. B. S. Schama, 1989, S. 214.

227 Auch Shakespeare benutzte häufig das Wort »rose« für die Vulva. Cf. E. Partridge, a. a. O., S. 176, 211. Die nackte Luxuria – etwa die Verkörperung der »orrible synne of luxurie« in Stratford-upon-Avon aus dem 15. Jahrhundert (cf. M. Laird, 1986, Abb. 34) – hält häufig eine Rose oder einen Rosenzweig in der Hand. Cf. auch H. Fink, 1969, S. 111. Auf einem Stich aus derselben Zeit hält eine nackte Frau – wohl eine Hure – eine Rose vor die Vulva. Auf einem Spruchband stehen die Worte »Set ale her czo wor Ich disse rose hin do«; auf einem zweiten Band »Scham dich dorin« (A. G. Stewart, 1978, S. 57, 130). Bekanntlich erblühte eine Rose in dem Augenblick, als die soeben geborene Aphrodite den Meeresstrand betrat. Auch auf Bouchers Kupferstich ›Femme nue étendue, une jambe repliée, avec deux Amours‹ ist eine Frau mit gespreizten Schenkeln zu sehen, deren Vulva von Rosen verdeckt ist. Cf. P. Jean-Richard, 1978, S. 176. Cf. auch I. Camartin, 1987, S. 153. Noch heute ist »rose« ein Ausdruck für die weiblichen Genitalien im Französischen. Cf. P. Guiraud, 1978, S. 555. Im Bordelljargon wurde der Name der Rose bisweilen auch für den After verwendet. So hieß beispielsweise der Analverkehr »sfogliar la rosa«, also »die Rose entblättern«, und der Anilingus »faire feuille de rose«. Cf. I. Bloch, 1907, S. 381. Ein heutiges Synonym für »Arschficker« ist »Rosengärtner«. Cf. E. Borneman, 1984, 29.3.

228 Cf. P. Sartori, 1932, Sp. 919.

229 Cf. H. P. Duerr, 1978, S. 49 ff.

230 Cf. P. F. Kramml, 1985, S. 79.

231 Cf. H. P. Duerr, 1988a, S. 301 f.

232 A. Schultz, 1892, S. 72.

233 Cf. M. Panzer, 1938, S. 41.

234 Cf. P. Sartori, 1931, Sp. 705, 707 ff., 714 ff., 738; P. Burke, 1981, S. 195.

235 Cf. N. Elias, 1939, I, S. 242.

236 Cf. B. Geremek, 1989, S. 401; J. Rossiaud, 1989, S. 71, 194, 201. In Wien heißt es im Jahre 1454, in einem Wettlauf seien die »freyen knecht«, also die Henkersknechte, und ein einem anderen die »freyen toechterl« gegeneinander angetreten. 1515 liefen in Breslau die »freyen weiber wette umb ein weissen parchen, umb. 1. par schuch und um eine schaube«. Cf. K. Weinhold, 1893, S. 20f. Daß man bisweilen auch Juden um die Wette laufen ließ – so etwa in Rom im Jahre 1466 –, hängt vielleicht ebenfalls mit der ›abwehrenden Kraft‹ der Juden zusammen. In der Oberpfalz hieß es beispielsweise, die Juden könnten Gewitter

abwenden; in anderen Gegenden glaubte man, sie seien in der Lage, die Unfruchtbarkeit abzuwehren. Cf. W.-E. Peuckert, 1931, Sp. 813.

237 Cf. H. P. Duerr, 1988a, S. 303 f. Ohne Beteiligung öffentlicher Huren fanden solche Läufe auch in späteren Zeiten noch statt. So verlautet z. B. im Jahre 1757 eine oberösterreichische Kammerverordnung, »es habe diese landesfürstliche Repräsentation und Kammer mit äußerstem Mißfallen glaubwürdig vernehmen müssen: Wienach das ledige Bauernvolk in einigen Gegenden des Landes sich bey dem sog. Spiele des Ofenschüsselrennens ungemein ärgerlich und sündhaft zu betragen pflege, allermaßen deren verschiedene ohne Unterschied des Geschlechts bey sothanem Spiele sich zu nicht geringer Ärgerniß der Umstehenden fast völlig entblößen, allerhand sündhafte Zotten und Possen treiben, ja sogar verschiedener abergläubischen Dinge und Sprüche, wodurch selbe die Geschwindigkeit zu erlangen vermeynen, sich gebrauchen sollen.« Der Wettlauf wurde zwar nicht verboten, aber er sollte sittsamer durchgeführt werden. Cf. K. Tönz-Leitich, 1970, S. 184f.

238 Cf. W. Endrei/L. Zolnay, 1988, S. 85 f., 137.

239 L. L. Otis, a. a. O., S. 71, meint allerdings – und sicher zu Recht –, vieles spreche dafür, daß die meisten Kulturhistoriker die Beteiligung öffentlicher Huren an Festen, Umzügen, Hochzeiten usw. übertrieben hätten.

240 Manche Kulturhistoriker sind der Auffassung, daß die freundlichen und manchmal geradezu liebevollen oder ehrerbietigen Bezeichnungen, die man nicht selten den Huren gab – wie z. B. »sconevrouwen« (so im 13. Jahrhundert in Köln [cf. E. Ennen, 1984, S. 173]) oder »offen hübeschærinne« (besonders in Süddeutschland); »femmes amoureuses«, »filles joyeuses« (in Frankreich); »vriuntschaftswib« (so 1294 in Zürich [cf. O. Fecht, 1909, S. 11]) usw. –, auf den relativ hohen Status schließen ließen, den diese Frauen im Mittelalter besessen hätten. Freilich handelt es sich bei diesen Wörtern in früherer Zeit um Euphemismen – man scheute sich, die eigentlichen Bezeichnungen in den Mund zu nehmen – und später wohl eher um leicht spöttische Benennungen, wie etwa die heute noch in Italien üblichen »buona donna« oder »brava donna« (cf. E. Radtke, 1979, S. 201 f.). An letzteres darf man vermutlich denken, wenn im Jahre 1477 ein Frankfurter Beamter das an der Stadtmauer gelegene Frauenhaus »Mantelgotteshaus« nannte (cf. G. L. Kriegk, a. a. O., S. 291), wenn in Toulouse zur selben Zeit das Bordell als »grande abbaye« bekannt war (cf. J. Rossiaud, 1982, S. 77)

und das in Braunschweig »das rode kloster« (cf. H. v. Strombeck, 1860, S. 187) oder wenn man im Jahre 1399 in Nîmes die Puffmutter »Abbatissa levium mulierum« (cf. L. Le Pileur, a. a. O., S. 136) und die Genfer Frauenwirtinnen »Königinnen« nannte (cf. G. L. Maurer, 1870, III, S. 110) – eine Bezeichnung, die man in Basel den Bettlerinnen gab, die auf den Vorstadtgassen die Männer ›anmachten‹ (»da kann schier ein biderb mann nit durch die gassen kommen, so fallent sie in an und wollen gelt von im gehept han«). Cf. D. A. Fechter, 1856, S. 112. Abschätzige Ausdrücke wie z. B. »ribaldae«, »lubricae filiae«, »mulieres de mala vita«, »inhonesta mercimonia«, »savates« (= ausgelatschte Schuhe) in Südostfrankreich (cf. J. Rossiaud, 1989, S. 51), »femmes blasmées et diffamées de leur corps« (A. Terroine, a. a. O., S. 266), »femme de très petit gouvernement«, »femme de péchié et petite renommée« (A. Porteau-Bitker, a. a. O., S. 26f.), »verlorene Frauen« in Sevilla (M. E. Perry, 1978, S. 195) waren zumindest genauso gebräuchlich, und auch »fillettes de vie« verliert seinen bezaubernden Klang, wenn man weiß, daß es die Kurzform von »fillettes de vie dissolue« ist. »Hure« war eines der schlimmsten Wörter, mit dem man eine Frau beleidigen konnte. Nach langobardischem Recht kostete einen dies die stattliche Summe von 20 Solidi (cf. V. L. Bullough, 1977, S. 10), und als sich in Westheim am Kocher zwei Frauen gegenseitig als »böse Hure« und »Mönchshure« beschimpften, ließ das Gericht sie »gefangen legen und sie dann uß dem Land jagen« (G. Fritz, 1988, S. 55 f.). Cf. ferner H. Maurer, 1882, S. 132; F. Frensdorff, 1882, S. 26, 93; G. Kisch, 1919, S. 284f.; R. v. Schreckenstein, 1878, S. 449; E. J. Mone, 1856, S. 13; C. Meyer, o. J., S. 343. Ja, um die Mitte des 14. Jahrhunderts hieß es sogar, daß eine öffentliche Hure bestraft würde, wenn sie eine Kollegin »ein boese huore schiltet«, es sei denn, dieser wäre ein Diebstahl nachweisbar. Cf. J. Schnell, 1856, S. 29, 86. Der italienische Ausdruck »Kurtisanen« als Synonym für »meretrices honestae«, also für Prostituierte, die ihren »Köcher nicht *jedem* Pfeil öffneten« und der sich im Quattrocento einbürgerte, wurde, da sich anscheinend viele gewöhnliche »putane« bald so nannten, seinerseits spezifiziert. Auf der einen Seite gab es die »cortegiane da candela« (cf. Anm. 146) und die »cortegiane da lume« und auf der anderen die »cortegiane oneste« oder »cortegiane onorate«, also die eigentlichen Edelnutten, vergleichbar der griechischen Hetäre oder der römischen »nobile scortum«. Cf. P. Larivaille, 1975, S. 33, 35; M. F. Rosenthal, 1989, S. 227; E. Rodenwaldt, 1956, S. 99. Die eigentlichen Kurtisanen hatten sich freilich längst »donne di corte« genannt, um nicht für Edelnutten gehalten zu werden. Zwar hieß es in einer bekannten *pasquinade* über letztere: »come l'altre son puttane / na piu caro vendon lor frutto« (»Huren sind sie wie die anderen / sie verkaufen ihre Früchte lediglich teurer«) (E. Murphy, 1987, S. 87) und meinte später Mercier: »Que de distinctions, de nuances, de noms divers, & ce pour exprimer neansmoins une seule & même chose!« (L.-S. Mercier, 1782, III, S. 121), aber in Wirklichkeit achtete man doch sehr auf die Distinktionen. »Le putane non sono donne, ma sono putane«, meinte Aretino (zit. n. P. Partner, 1976, S. 99), der es wissen mußte, und die »cortegiane oneste« waren keine »putane«. So wurde beispielsweise in der ersten Hälfte des 16. Jahrhunderts eine gewisse Lucieta Padovana, die angeblich die Prostitutionsbestimmungen verletzt hatte, freigesprochen, nachdem ihr Verteidiger das Gericht darauf aufmerksam gemacht hatte, daß Lucieta keine gewöhnliche »meretrice«, sondern eine »cortesana« war. Cf. C. Santore, 1988, S. 45.

241 Damals trugen in New Orleans die Huren aus dem besseren Viertel gegen die mehr ›proletarischen‹ Basin-Street-Huren einen rituellen Kampf zwischen Sommer und Winter aus. Cf. A. Orloff, 1980, S. 26f.

242 Cf. B. Geremek, 1989, S. 401. Als man im Jahre 1442 in Nördlingen »hubsche frawen die man haysset die gemeynen zu dem parachat (= Barchent) lauffen« ließ, heißt es: »des lachet mancher werder man«. Cf. K. Weinhold, 1893, S. 21.

243 Heiner Boehncke in *Frankfurter Rundschau*, 1. Oktober 1988. Auf weniger maliziöse Weise hat Dieter Richter einen solchen Einwand formuliert.

244 Cf. z. B. M. Bachtin, 1987, S. 55 ff.; R. Darnton, 1989, S. 100f.

245 Cf. P. Krohn, 1974, S. 90ff.

246 Bereits Heinrich Wittenwiler unterstrich die belehrenden Partien seines Gedichtes ›Der Ring‹ mit einer roten und die derbunzüchtigen, schwankhaften mit einer grünen Linie, die sich auch tatsächlich in der Meininger Handschrift finden lassen. Cf. E. Wiessner, 1927, S. 149ff.

247 Zit. n. P. Krohn, a. a. O., S. 189.

248 Cf. H. Roeseler, 1917, S. 96.

249 Zit. n. P. Krohn, a. a. O., S. 100, 201.

250 N. Elias in SWF 3, 13. Juni 1988. Ich zitiere aus einer Abschrift, die mir der Fernsehredakteur Harold Woetzel, der das Gespräch führte, liebenswürdigerweise zur Verfügung gestellt hat.

251 Cf. H. P. Duerr, 1988, S. 13 ff.

252 Cf. z. B. K. J. Dover, 1988, S. 267 f. Bereits in homerischer Zeit sollte sich das weibliche Geschlecht so selten wie nur möglich in der Öffentlichkeit zeigen, und wenn es unvermeidbar war, dann in Begleitung von Sklavinnen und verschleiert. Cf. F. G. Naerebout, 1987, S. 119.

253 Plutarch, *Lykurgos* 15. Vermutlich ist dies die Hauptquelle für die weitverbreitete Vorstellung vom idyllischen gemeinsamen Nacktsport der Geschlechter bei den Griechen. Bei jenen, die in der schamfreien Nacktheit keine Regression in ein archaisches Zeitalter, sondern eine Zivilisationsleistung sahen, liest sich das meist so, wie es im Jahre 1920 ein Rundbrief des ›Deutschen Mädchen-Wanderbundes‹ formulierte: »Nacktkultur, wenn man es so versteht, daß die Geschlechter ohne weiteres so miteinander verkehren sollen, können wir natürlich nicht betreiben. Das konnten vielleicht die Griechen ein Zeitalter hindurch, als sie auf der höchsten Stufe ihrer Entwicklung standen und nachdem sie sich durch Jahrhunderte von Kultur dazu entwickelt hatten« (zit. n. M. E. P. de Ras, a. a. O., S. 129). Einen solchen erstrebenswerten Zustand hatte etwa die »Nacktänzerin« Isadora Duncan im Sinn, wenn sie sagte: »Und zur Nacktheit des Wilden wird der Mensch, angelangt auf dem Gipfel der Kultur, zurückkehren müssen; nur wird es nicht mehr die unbewußte, ahnungslose Nacktheit des Wilden sein, sondern eine bewußte und gewollte Nacktheit des reifen Menschen, dessen Körper der harmonische Ausdruck seines geistigen Wesens sein wird« (1903, S. 29).

254 Euripides, *Andromache* 590 ff.

255 Pausanias, *Beschreibung Griechenlands* V. 16. 3.

256 Properz, *Gedichte* 3.13 ff.

257 Cf. auch W. Kroll, 1988, S. 71. Für eine römische Athletin wäre es unziemlich gewesen, den nackten Oberkörper zur Schau zu stellen. Solche Frauen scheinen – zumindest zeigt dies das berühmte Mosaik von Piazza Armerina – einen Bikini mit trägerlosem Oberteil getragen zu haben. Dieses Oberteil bestand aus einem ziemlich hoch getragenen breiten Band, das wohl auch – straff gespannt – die Funktion hatte, etwas vollere Brüste bei den Übungen am ebenso lästigen wie aufreizenden Hüpfen und Wackeln zu hindern. Auch Atalanta trägt auf einem Kraterfragment einen ähnlichen trägerlosen Bikini und auf einer Darstellung im Inneren eines rotfigurigen Kylix aus dem fünften vorchristlichen Jahrhundert einen Bikini mit Trägern Cf. H. M. Lee, 1984, S. 62, und H. P. Duerr, 1988a, S. 347, Abb. 189.

Nach D. Balsdon, 1979, S. 304, gehörten solche Bikinis auch zur Berufskleidung von Tänzerinnen in den übel beleumundeten Nachtklubs des alten Rom. Wie schambesetzt der nackte weibliche Oberkörper bei den Römern gewesen sein muß, sieht man vielleicht auch daran, daß straffällig gewordene Vestalinnen, die vom Hohenpriester mehr oder weniger entblößt ausgepeitscht wurden, laut Plutarch diese Strafe an einem dunklen Ort erlitten und daß zudem zwischen der Sünderin und ihrem Züchtiger ein Tuch gespannt war. Cf. M. R. Lefkowitz/M. B. Fant, 1977, S. 187.

258 Cf. bereits W. A. Becker, 1854, II, S. 178.

259 Thukydides, *Geschichte des peleponnesischen Krieges* I. 6 (Hervorh. v. mir).

260 Cf. N. B. Crowther, 1982, S. 166f. Gegen Ende des 5. Jh.s v. Chr. scheint in Griechenland jeder männliche Sportler γυμνός gewesen zu sein. Cf. J. C. Mann, 1974, S. 178.

261 Plato, *Der Staat* 452 C.

262 Cf. z. B. *Ilias* 23, 683.

263 M. B. Poliakoff, 1987, S. 166, meint, die athletische Nacktheit reiche bis in die Zeit der 14. oder 15. Olympiade zurück und das Perizoma habe im späten 6. Jh. v. Chr. lediglich eine kurze Renaissance erlebt.

264 Ähnlich verlief die Entwicklung bei den Römern, denen man eine Prüderie nachgesagt hat, die es mit derjenigen der Biedermeierzeit aufnehmen könne (cf. W. Kroll, 1988, S. 87). Die athletische Nacktheit, die zunächst heftig als Schamlosigkeit abgelehnt worden war, verbreitete sich erst in der Kaiserzeit, und zwar nach einem Zeugnis des Dionysius von Halikarnassos während der Regierungszeit des Kaisers Augustus, der vermutlich deswegen Frauen als Zuschauerinnen bei athletischen Übungen ausschließen ließ. Cf. N. B. Crowther, 1981, S. 120, 122.

265 Cf. L. Drees, 1967, S. 65. Während ich im ersten Band dieses Buches die athletische Nacktheit der Griechen aus der kriegerischen Nacktheit hergeleitet habe, neige ich jetzt mehr dazu, in jener ein Relikt der apotropäischen Nacktheit der Teilnehmer fruchtbarkeitsbringender Wettläufe zu sehen, womit natürlich noch nichts über die *Funktion* der Nacktheit in *klassischer* Zeit ausgesagt ist. Solche Läufe mit mehr oder weniger unbekleideten Teilnehmern oder Teilnehmerinnen hat es in den verschiedensten Zeiten und Gesellschaften gegeben, und zwar von den bereits im Haupttext erwähnten Läufen der jungen Mädchen bei den Heraien, die auf Fruchtbarkeitsläufe während der

Hochzeit Heras und Pelops' zurückgehen (cf. hierzu H. P. Duerr, 1984, *passim*), den Wettläufen der *meretrices* während der Floralien über die Läufe der öffentlichen Huren im Mittelalter und in der Frührenaissance bis zu denen der Cheyenne während des Regenerierungsrituals der »Neulebenshütte« (*hohvéheyom*), die ich noch im Frühsommer 1981 in Oklahoma gesehen habe.

266 Pausanias V. 6. 7f. Eine gewisse Kallipateira soll sich einst, als Trainer verkleidet, eingeschlichen haben. Als ihr Sohn Olympiasieger wurde, sprang sie über die Einzäunung, wobei offenbar wurde, daß sie eine Frau war. Zwar ließ man sie laufen, weil auch ihr Vater und ihre Brüder vorzeiten in Olympia gesiegt hatten, doch man setzte fest, daß fortan auch die Trainer nur entkleidet die Wettkampfstätte betreten durften (a. a. O.). Wie diese aitiologische Geschichte zeigt, hatten anscheinend auch die Griechen zur Zeit Pausanias' Schwierigkeiten damit, die athletische Nacktheit zu deuten.

267 H.-P. Isler hat eingewendet, es sei doch eher anzunehmen, daß die κυνοδέσμη Verletzungen der Eichel oder dem Eindringen von Sand vorbeugen sollte. Wie mir Walter Burkert in einem Brief vom 26. Dezember 1989 mitteilt, scheint sich indessen die Annahme, der Penis sei aus Schamgründen zugebunden worden, aus folgendem zu ergeben: »1. aus der Tatsache, daß es (vor allem in der Komödie verwendet) für die entblößte Eichel ein eigenes Wort gibt, das die ›Nacktheit‹ schlechthin betont, φωλή, verwendet in grob sexuellem und besonders in karikierendem Kontext; 2. daraus, daß die Darstellung eines so ›entblößten‹ Glieds in der Malerei immer karikierende Funktion hat; 3. daß die Beschnittenen den Griechen als ›unanständig‹ erschienen.« Außerdem darf man nicht vergessen, daß die κυνοδέσμη ja auch von Personen angelegt wurde, bei denen kaum eine Verletzungsgefahr bestand und die mit Sand nicht in Berührung kamen. Cf. L. Stieda, 1902, S. 288f.

268 Cf. W. Burkert, 1987, S. 29. Anscheinend wurden selbst in den medizinischen Traktaten Eichel und Vorhaut nie beim Namen genannt. Cf. A. Rousselle, 1980, S. 1092. Bekanntlich ließen die Juden, die in dem in Jerusalem errichteten »heidnischen Gymnasium« Sport betrieben, die verbliebenen Reste ihrer Vorhaut verlängern. Cf. 1. Makkabäer 1,15f. Der Grund dafür lag bestimmt darin, daß sie sich wegen ihrer entblößten Eichel vor den an den Wettkämpfen teilnehmenden Nichtjuden schämten. Cf. M. Hengel, 1988, S. 137, 506. Auch die Römer empfanden eine nackte Eichel als im höchsten Maße beschä-

mend – sicherlich einer der Gründe, warum Hadrian die Cir-
cumcisio verbot. Cf. E. M. Smallwood, 1959, S. 340. Die Männer, die sich die Vorhaut operativ verlängern ließen, taten dies
»decoris causa«, also aus Anstandsgründen. Cf. L. Stieda,
a. a. O., S. 284 ff.

269 Cf. W. E. Sweet, 1987, S. 129.
270 A. a. O., S. 132. Ähnlich wie die griechischen sind auch die
etruskischen Athleten auf den ältesten bildlichen Darstellungen
bekleidet. Werden sie in späterer Zeit nackt dargestellt, ist die
Vorhaut meist zugebunden und am Gürtel befestigt. Im Gegensatz zur κυνοδέσμη der Etrusker war die römische *infibulatio*
nicht so leicht zu lösen und diente wohl weniger der Schicklichkeit als der Keuschheit Cf. L. Stieda, a. a. O., S. 252; J.-P.
Thuillier, 1981, S. 181 f.
271 Plato, *Symposium* 217 B.
272 Cf. F. Lissarrague, 1987, S. 66 f.; F. Frontisi-Ducroux, 1984,
S. 159; Y. Korshak, 1987, S. 5 ff.
273 Aristophanes, *Die Wolken* 966 ff.
274 Plutarch, Αἴτια Ῥωμαϊκά (*Quaestiones Romanae*) 40.274 D.
275 Aischines, *Gegen Timarchos* 9 f., 12.
276 Plato, *Charmides* 154 D. Den Hinweis auf diese Stelle verdanke
ich Walter Burkert.
277 J. A. Arieti, 1975, S. 434.
278 A. a. O., S. 436. Ich möchte freilich nicht so weit gehen, hierin
die Funktion der athletischen Nacktheit zu sehen. Viel wichtiger scheint mir, daß hier ein Kult des schönen männlichen Leibes gefeiert wurde. Von der Bühne blieb indessen die Nacktheit
verbannt, vor allem wenn es sich um geile Naturwesen wie Satyrn oder um Frauen handelte. In den Satyrspielen des 5. und 4.
Jh.s v. Chr. beispielsweise trugen die zwölf Mitglieder des Sa-
tyrchores fleischfarbene *somatia* und einen ledernen Penis.
Auch die (männlichen) Darsteller nackter Frauen in der Komödie trugen solche ›body-stockings‹, die an der Brust ausgestopft
waren; die Brustwarzen hatte man aufgemalt. Cf. D. J. Symons, 1987, S. 46 f.
279 N. Elias, 1988b.
280 Zit. n. M. Schmidt/G. Dietz, 1983, S. 63.
281 Cf. hierzu z. B. R. Wiggershaus, 1984, S. 79.
282 L. Riefenstahl, 1937, S. 5. Da sie dabei – etwa im Gegensatz zu
Hitler – von Anfang an keine spezifische Rasse im Auge hatte,
halte ich es für verfehlt, Leni Riefenstahl als Rassistin zu bezeichnen, wie es z.B. G. Gebauer/C. Wulf, 1988, S. 23, tun.
Cf. auch S. Sontag, 1977, S. 12 ff.

283 Cf. H. P. Duerr, 1988a, S. 150ff.; D. Pforte, 1989, S. 136ff.

284 In der im Jahre 1939 erschienenen völkischen Schrift *Dein ›Ja‹ zum Leibe* heißt es beispielsweise: »Der deutsche Mensch braucht sich nicht seines Leibes oder einzelner seiner Teile zu schämen, sondern nur alles dessen, was den Leib schlecht macht, ihn schwächt und beeinträchtigt, das Volk stärker zu machen. Im Ringen um eine arteigene Sittlichkeit hat deshalb eine Neuordnung des Wissens um die Beziehung zwischen Nacktheit, Moral und Erziehung besondere Bedeutung« (zit. n. D. Pforte, a. a. O., S. 144).

285 Cf. z.B. A. Koch, 1929, S. 27f. Nicht alle Anhänger der Freikörperkultur halten dieses Dogma heute noch aufrecht. So sprach etwa der Alt-Nudist Paul Isenbügel kürzlich in einem Fernseh-Interview die geradezu befreienden Worte: »Dazu kann ich sagen, daß das ne Schutzbehauptung war! Wir wurden sowieso angefeindet wegen unsittlichen Verhaltens, und da haben wir behauptet – wenn wir uns nackt gegenübertreten, ist zwischen uns nichts Sexuelles, nichts Erotisches ... Mit anderen Worten: Wir sehen den Menschen in die Augen und nicht an andere Stellen! Das war der größte Quatsch! Da sind wir heute immer noch nicht runter ...« (Thomas Rautenberg: Brief vom 15. August 1989).

286 Cf. K. Wolbert, 1982, S. 36. Die Kleidung jener Zeit sollte den Umrissen der natürlichen Form des Körpers folgen und keine Körperpartie betonen. Oder wie es in einem NS-Frauenbuch aus dem Jahre 1934 heißt: »Wenn z.B. in der Mode Formen bevorzugt werden, die Körperformen entstellen oder unnatürlich hervorheben, so ist das ein Beweis für fremde Einflüsse, denen das Zurschaustellen des Körpers artgemäß ist« (zit. n. N. Westenrieder, 1984, S. 46f.). Nackte Brüste und Hintern passierten in der Nazi-Zeit meist die Filmzensur, und in der »Nacht der Amazonen« im Park des Nymphenburger Schlosses traten »Amazonen«, »Göttinnen« und »Blüten« oben ohne auf. Auch auf der Pfaueninsel bei Postdam blieb weitgehende Nacktheit unbeanstandet. Cf. A. M. Rabenalt, 1985, S. 120f.; H. P. Bleuel, 1972, S. 114f.; A. Meyhöfer, 1989, S. 314f. Im Gegensatz dazu galt bei den Stalinisten in der zeitgenössischen Sowjetunion schon die Andeutung eines nackten Busens – etwa bei antiken Skulpturen – als obszön. Cf. A. Flegon, 1976, S. 8; D. M. Noack, 1984, S. 120ff. Als erste Schauspielerin wagte es im Jahre 1988 Jelena Silina auf einer sowjetischen Bühne die Brüste zu entblößen. Cf. *Spiegel* 40, 3. Oktober 1988.

217 ›Diana und ihr Gefolge‹. Festumzug anläßlich der Einweihung des Münchener Jagdmuseums vor Ehrengast Hermann Göring, 1938.

287 Cf. L. Riefenstahl, a. a. O., *passim.* S. Wenk, 1987, S. 116, vertritt die Auffassung, die weiblichen Aktskulpturen der Nazi-Zeit hätten die Erotik des nackten Körpers gerade *nicht* verleugnet, da im Gegensatz zu früher Genitalbereich und Brüste »offen« gezeigt worden seien, als habe es gegolten, das »Ende der Scham« zu demonstrieren. Doch was da »offen« gezeigt wurde, war ein weitgehend enterotisierter Körper ohne Schamhaar und Vulva, dessen Brüste nicht »erigiert« waren, wie die Autorin es sieht, sondern die – klein und fest wie Sportlerinnenbrüste – so unsexy wie möglich dem Körper anhaften. Cf. auch G. Huster, 1987, S. 149 f.; M. Lehker, 1984, S. 32. In der Malerei wurden entsprechend die Akte nur ganz selten in Räumen, gar in Boudoirs, Schlaf- oder Badezimmern gezeigt, sondern meist unanzüglich im Freien, an Seen oder auf sonnigen deutschen Höhen. Cf. B. Hinz, 1980, S. 102 f.

288 Anonymus, 1925, S. 671. Der Film wurde damals in der linken wie in der rechten Presse ob seiner Schicklichkeit gefeiert. Es hieß, endlich könne man sich »ohne ungesunde Nebengedanken« an der Schönheit nackter Körper erfreuen, und daß »bei einem seelisch gesunden Menschen keine sogenannten moralischen Bedenken aufkommen« könnten (K. Karkosch, 1954, S. 4, 6).

289 L. Riefenstahl, 1982, S. 23 ff. Als »Menschen im Paradies« stellte auch Ende der siebziger Jahre Oskar Luz, der Leiter der Expedition der Deutschen Nansengesellschaft, die Nuba dem Publikum vor. Cf. G. Dabitz, 1985, S. 147. Schon drei Jahrzehnte vor ihrer Reise zu den Nuba hatte Leni während der Dreharbeiten zu dem Film *SOS Eisberg* die kindlichen Wilden kennengelernt, wenn auch in einer anderen Weltgegend: »Sehr angenehm empfanden wir, daß Knud Rasmussen, zu dem die Eskimos wie zu ihrem König aufsahen, eintraf, um uns bei den Aufnahmen mit den Eskimos zu helfen. Er beherrschte ihre Sprache, da seine Mutter Grönländerin war. Mit ihm übersiedelten wir in die kleine Eskimosiedlung Nugatsiak, wo ein Begrüßungsfest für uns veranstaltet wurde. Hier lernten wir die so heiter lächelnden Eskimos von ihrer wahren Seite kennen. Sie waren große Kinder« (L. Riefenstahl, 1987, S. 170).

290 Brief vom 13. Juli 1988.

291 Dies ist lediglich den in langen Hüfttüchern mittanzenden Frauen gestattet, die plötzlich ihre Tochter umlegen, deren Beine spreizen, einen Blick auf die Vulva werfen und dann laut trillernd die – tatsächliche oder angebliche – Jungfräulichkeit des Mädchens preisen. Cf. L. Riefenstahl, 1976, S. 12, 217, 223. Es ist übrigens unrichtig, wenn Riefenstahl die tänzerische Aktivität der jungen Mädchen und die Passivität der jungen Männer dahingehend interpretiert, daß bei den Nuba die Mädchen ihren künftigen Ehepartner auswählten und die Wahl dadurch dokumentierten, daß sie ihrem Partner das Bein auf die Schulter legten. Denn bei den südöstlichen Nuba geht nicht nur die Initiative zur Eheschließung vom Mann und von dessen Familie aus, vielmehr werden die Mädchen und Frauen überhaupt für sexuell passiv gehalten. Cf. J. C. Faris, 1968, S. 47. Bei den Afitti Nuba vom Dschebel Dair wird ein ›leichtes Mädchen‹ dadurch charakterisiert, daß es auf dem Weg einen jungen Mann mit den Worten anspitzt: »He du, Mann, bist du taub oder willst du nicht hören? Oder machst du dir nichts aus Mädchen? Nimm deinen Speer und komm mit uns zum Brunnen und schöpfe für uns Wasser, damit wir noch beizeiten nach Hause kommen!« Ein solches Flittchen soll ein anständiger Nuba nicht heiraten. Cf. P. D. Kauczor, 1923, S. 23.

292 Sie tanzte dann noch ein wenig mit den Frauen, riß sich aber in einem günstigen Augenblick los, »um im allerletzten Licht noch einige Aufnahmen zu machen«, was ihr diesmal auch gelang. Cf. L. Riefenstahl, a. a. O., S. 217. Einen Augenzeugenbericht über die Aufnahmemethoden Riefenstahls findet man

bei O. Iten, 1983, S. 178f. Freilich hat auch Iten die Intimsphäre seiner Gastgeber bewußt verletzt, obgleich er sein Benehmen wenigstens problematisiert. So berichtet er über die Narbentatauierung einer Frau: »Die junge Frau legte sich auf den Bauch und die alte zog ihr das Tuch von den Hüften herunter: ›Geh jetzt weg, das ist nichts für Männer‹, gebot mir die Alte. Noch schnell schoß ich ein paar Bilder. Auf ihre Mißfallensbekundungen hin zog ich mich aus dem Eingang der (Fels-) Spalte zurück, schraubte ein Teleobjektiv auf die Kamera und fotografierte aus der Distanz weiter. Nach einer Weile bemerkte dies die Alte. Zornig schlug sie mit der Hand auf den staubigen Boden« (a. a. O., S. 20).

293 Eine solche Tendenz zur »Exotisierung«, zum Verfremden des Fremden, findet sich auch allenthalben in den alten wie in den neuen Schriften von Elias. Bereits auf dem Zürcher Soziologentag im Jahre 1928 meinte Elias in seiner Stellungnahme zu einem Referat Thurnwalds über die »Primitiven«: »Das erste, was wir sehen, wenn wir diesen fremden Menschen gegenübertreten, ist, daß wir sie nicht verstehen« (zit. n. H. Korte, 1988, S. 106f.). Solche Sätze tauchen fast wörtlich immer wieder in den Publikationen Lévy-Bruhls auf, der zwischen den beiden Kriegen einen enormen Einfluß auf die westlichen Intellektuellen ausgeübt hat.

294 J. Russegger, 1844, S. 180. Cf. hierzu auch R. Husmann, 1984, S. 150f.

295 Ungefähr ein Jahrzehnt vor Russegger berichtete E. Rüppell, 1829, S. 154, daß »alle erwachsenen Nuba wenigstens um die Lenden einen Streifen Baumwollenzeug gewunden« hatten. Nach J. W. Sagar, 1922, S. 154, trugen zu Beginn unseres Jahrhunderts die Frauen im Norden der Nuba-Berge einen schmalen, die Vulva bedeckenden Tuchstreifen und die im Süden vorne und hinten einen Büschel aus Blättern oder Gras, was auch von C. G. Seligman/B. Z. Seligman, 1932, S. 17, 371f., bestätigt wird. Aus dem Jahre 1873 stammt ein Bericht von Pater Stanislao Carceri, nach dem die Dilling Nuba, die er besucht hatte, bis auf die Buben, also inklusive der jungen Mädchen, bekleidet gewesen seien. Cf. B. Streck, 1982, S. 208. Über nördliche Nubafrauen heißt es, sie hätten im Jahre 1914 lediglich den *rahad* getragen (cf. O. v. Wettstein, 1916, S. 86), also den Lederfransenrock der sudanarabischen Frauen, die ebenfalls den Oberkörper unbedeckt ließen.

296 Cf. R. C. Stevenson, 1940, S. 89, 92.

297 Noch heute tragen die Korongo-Frauen den traditionellen

Schamschurz unter ihren Shorts (Fritz Kramer: Brief vom 10. August 1987).

298 Cf. L. Riefenstahl, 1973, S. 18.

299 Fritz Kramer: Mündliche Mitteilung vom 26. Juli 1988. Cf. auch L. Riefenstahl, 1982, Abb. 157, 172. Kramer meint, daß die matrilinearen südlichen Nuba im Gegensatz zu den patrilinearen nördlichen und den duolinearen südöstlichen Nuba dem Menstruationsblut eine größere Macht zuschrieben und daß deshalb jene das Mädchen bei der Menarche und nicht erst später gekleidet hätten. Wie man Edeltraut Marx sagt, kann man heute bei den Korongo – wie auch bei den Miri (cf. G. Baumann, 1987, S. 47) – nur noch kleine Kinder oder Verrückte ganz nackt sehen. Wenn gelegentlich Nubamädchen nur mit Shorts bekleidet in arabische Ortschaften kommen, werden sie nicht selten auf die Polizeistationen geschleppt und dort wegen ihrer nackten Brüste von den Militärs verprügelt (F. Kramer, a. a. O.), und dies ungeachtet der Tatsache, daß früher ja auch die Frauen der Sudanaraber die Brüste unbedeckt trugen. Bei ihrer ersten Reise zu den Nuba im Dezember 1962 wurde Leni Riefenstahl von einem Polizisten begleitet, der die Aufgabe hatte, zu verhindern, daß sie Aufnahmen von mehr oder weniger nackten Nuba machte. »Ab und zu kamen auch in die entlegensten Winkel der Nuba-Berge Lastwagen, in denen sudanesische Beamte (saßen, die) kostenlos Kleidungsstücke an die Eingeborenen verteilten« (1987, S. 638 f.).

300 Cf. J. C. Faris, 1969, S. 485, ferner O. Iten, 1980, S. 109; L. Stein, 1978, S. 37. Bei den Nyamang bedeckten die Mädchen ihren Genitalbereich gelegentlich nach der Initiation. Cf. R. C. Stevenson, a. a. O.

301 Richard Rottenburg: Brief vom 5. August 1988.

302 Fritz Kramer: Brief vom 17. März 1986; Roland C. Stevenson: Brief vom 4. Juli 1988.

303 Cf. R. Rottenburg, a. a. O.

304 R. Rottenburg, a. a. O.

305 Wie mir R. Rottenburg in einem Brief vom 25. August 1988 mitteilt, vermerkte der Ethnograph Nadel im Jahre 1940 in seinem Tagebuch, daß die Moro die kleinen Schamlippen dann stutzten, wenn diese »wie ein kleiner Penis« hervorstanden und deshalb gesehen werden konnten. S. Nadel, 1947, S. 241, schreibt dagegen, daß eine große und deshalb hervorstehende Klitoris beschnitten würde, weil das betreffende Mädchen sich sonst dreckige Bemerkungen einhandelte. Nach Rottenburgs heutigen Informanten wurde die Klitoris indessen kaum abge-

trennt, da man über ihre Funktion in der Liebe genau Bescheid wußte. Heute verzichtet man jedenfalls auf solche Eingriffe, da die Mädchen ja – wie die Buben – ab dem Alter von etwa 5 Jahren Shorts tragen.

306 Die »pharaonische« Beschneidung gibt es gelegentlich bei einigen Tira Nuba-Gruppen (cf. R. C. Stevenson, 1963, S. 19) und seit den vierziger Jahren bei den Miri Nuba (cf. G. Baumann, 1987, S. 48). Bei den verhältnismäßig früh arabisierten Dilling Nuba wird den Frauen kurz vor ihrer Erstgeburt die Klitoris entfernt. Cf. C. G. Seligman/B. Z. Seligman a. a. O., S. 389, und P. D. Kauczor, a. a. O., S. 21.

307 Schon den kleinen Moro-Mädchen wurde eingebleut, sich nie mit geöffneten Beinen hinzusetzen. Cf. R. Rottenburg, a. a. O.

308 Wenn früher die südlichen Nubamädchen ihre Ringkämpfe austrugen, waren sie von einem dichten Zuschauerinnenring umgeben. Dem anderen Geschlecht war es verboten, zuzuschauen. Die Seligmans sahen jedoch einmal bei einer solchen Gelegenheit eine Reihe von Voyeuren, die aus einiger Entfernung von einem Felsen herüberspähten, während eine ganze Traube junger Männer auf einem großen Baum saß und ebenfalls von weitem zuschaute. Cf. C. G. Seligman/B. Z. Seligman, a. a. O., S. 391 f. Fritz Kramer sagt mir, daß es heute bei den Ringkämpfen der behosten Korongo-Mädchen kaum männliche Zuschauer gibt, was seines Erachtens aber eher daran liegt, daß das gleichzeitig ausgetragene Männerringen für die Männer interessanter sei.

309 R. C. Stevenson: Brief vom 4. Juli 1988.

310 O. Iten, 1983, S. 65.

311 Dies gilt für die südlichen Nuba. Wenn Leni Riefenstahl behauptet, die Welt der Nuba sei zur Zeit ihres ersten Besuches, also um 1963, noch ›in Ordnung‹ gewesen, dann bastelt sie für ihr Publikum ein zweites Märchen zurecht. Wie mir Fritz Kramer mitteilt, befinden sich zudem die nackten jungen Männer und die spärlich bekleideten Mädchen, die Riefenstahl abgelichtet hat, nicht »in der Öffentlichkeit«, sondern in den von den Dörfern teilweise sehr weit entfernten Rinderweidelagern.

312 Die Masakin Qisar sind der Auffassung, daß ein verheirateter Mann durch den Geschlechtsverkehr die zum Ringen notwendige Kraft verliere: »Wenn du heiratest, kannst du nicht mehr ringen.« Cf. S. Paul, 1987, S. 35. Wie die Mädchen erschienen auch die jungen Männer nur dann nackt in der Öffentlichkeit, wenn sie sich gewaschen, alles Körperhaar rasiert und sich ein-

geölt hatten. Cf. J. C. Faris, 1972, S. 54f. Nach Ansicht der Nuba unterscheiden sich die Menschen dadurch von den Tieren, daß jene das Körperhaar epilieren. Über Seele und Sprache verfügen nämlich die Tiere auch. Cf. O. Iten, 1978b, S. 91.

313 Cf. D. Sansone, 1988, S. 108. Bei den griechischen Athleten scheint man vom Einölen eine kräftigende Wirkung erwartet zu haben – wahrscheinlich eine Folge der archaischen Vorstellung vom Öl als lebensspendender Kraft. Cf. C. Ulf, 1979, S. 228 ff. Deshalb wurde Öl auch häufig als Heilmittel eingenommen. Cf. A. S. Pease, 1937, Sp. 2014.

314 Cf. H. Bernatzik, 1930, S. 130.

315 Cf. O. Iten, 1978a, S. 21. Wenn bei den südöstlichen Nuba ein junger Mann krank oder so arm ist, daß er sich Ocker und Öl nicht leisten kann, bekleidet er sich ebenfalls. Auch ein junges Mädchen würde nie aus der Hütte treten, ohne auf diese Weise zurechtgemacht zu sein. Cf. J. C. Faris, 1978, S. 334.

316 Cf. R. C. Stevenson, a. a. O.

317 O. Iten, 1983, S. 29. Beschneidungen der Männer gab und gibt es mehr im Norden der Nuba-Berge, wo der Einfluß der Araber größer ist, etwa bei einigen Tira Nuba-Gruppen oder bei den Nyamang, wo ein Mann im Alter von 22 bis 27 Jahren beschnitten wurde. Dann erst galt er als richtiger Mann, als *keru kwai*, »Mann einer Frau«. Cf. R. C. Stevenson, 1940, S. 88; ders., 1984, S. 101 f.; ferner A. Kronenberg, 1958, S. 79.

318 R. C. Stevenson: Brief vom 4. Juli 1988. Als ein paar junge Moromänner mit dem Lastwagen zu einer anderen Nuba-Ethnie gefahren waren, in der die jungen Mädchen immer noch lediglich einen kleinen dreieckigen Schamschurz trugen, »stellte sich ein Mitreisender die Frage, wie die jungen Burschen, die auch dort Shorts tragen, es anstellen, daß sie keine Erektion bekommen« (R. Rottenburg, a. a. O.).

319 N. Elias, 1939, I, S. XIII. Mit Recht hat bereits K. Thomas, 1978, S. 30, zu Elias bemerkt: »It is hard not to feel that his whole picture of ›civilization‹ is excessively ethnocentric. At times he seems to suggest that non-European peoples were as spontaneous as little children in their attitudes toward table manners and bodily functions.« R. Blomert, 1989, S. 2, dem die wissenschaftlichen Felle davonzuschwimmen scheinen und der deshalb aufgeregt am Ufer auf und ab rennt, schreibt, Elias habe nicht behauptet, diese Völker *seien* kindlicher, sondern sie *schienen* »kindlicher« (Anführungsstriche!) zu sein. Was Blomert hier betreibt, ist eine geradezu kindliche Augenwischerei (ohne Anführungsstriche!). Zitieren wir deshalb den Meister

ausführlich: »Die Distanz zwischen dem Verhalten und dem ganzen psychischen Aufbau der Kinder auf der einen, der Erwachsenen auf der anderen Seite vergrößert sich im Laufe des Zivilisationsprozesses; hier liegt zum Beispiel der Schlüssel zu der Frage, weshalb uns manche Völker oder Völkergruppen als ›jünger‹ oder auch als ›kindlicher‹, andere als ›älter‹ oder ›erwachsener‹ erscheinen; was wir auf diese Weise auszudrücken suchen, sind Unterschiede in der Art und der Stufe des Zivilisationsprozesses, den diese Gesellschaften durchlaufen haben.« Und etwas später: »Wohl hat daher die Affekt- und Bewußtseinsstruktur des Kindes eine gewisse Verwandtschaft mit der von ›unzivilisierten‹ Völkern [...]« (a. a. O., S. XII f.).

320 N. Elias, 1988a, S. 38.
321 N. Elias, a. a. O.
322 Cf. z. B. J.-F. Le Mouël, 1978, S. 139 ff.
323 Cf. J. Malaurie, 1977, S. 110. Cf. auch ferner C. Irwin, 1989, S. 247.
324 Cf. N. Elias, 1980, S. 21.
325 Cf. D. Jenness, 1922, S. 234.
326 Cf. J. L. Briggs, 1975, S. 153 (Utku).
327 Cf. J. J. Honigmann/I. Honigmann, 1953, S. 42.
328 Cf. P. Langgaard, 1986, S. 302, 305; R. G. Williams, 1973, S. 272 (Pallimiut).
329 Langgaard, a. a. O., S. 305 f.
330 Cf. J. J. Honigmann/I. Honigmann, 1965, S. 244.
331 Cf. W. Oswalt, 1963, S. 44.
332 Cf. R. K. Nelson, 1976, S. 320.
333 Cf. J. L. Briggs, a. a. O., S. 143 f.
334 Cf. J. L. Briggs, 1970, S. 47 f., 71. Cf. auch M. Lantis, 1953, S. 125 (Nunivak Eskimo); J. J. Honigmann, 1960, S. 15 (Great Whale River Eskimo); F. A. Milan, 1964, S. 57 f. (uluRunikamiut in Alaska).
335 Cf. I. Kleivan, 1971, S. 21; W. H. Oswalt, 1967, S. 205; T. F. Johnston, 1988, S. 168 (Inupiaq). Beschädigte bei den Aivilik jemand aus Versehen das Eigentum eines anderen, so spielte dieser den Wert seines Besitzes herunter. Cf. F. Boas, 1901, S. 116. Cf. auch I. Kleivan, 1984, S. 615.
336 Cf. R. G. Williamson, 1974, S. 48.
337 K. Rasmussen, 1920, S. 26 f.
338 Cf. H. P. Duerr, 1978, S. 151 f.
339 Cf. J. Malaurie, a. a. O., S. 331. Deshalb zeigten die Polar-Eskimo auch selten Erstaunen oder Bewunderung. Nach Malaurie (a. a. O., S. 134, 182) ließen die Erwachsenen lediglich dann die

Maske fallen, wenn sie mit ihren Kindern spielten. Nur gegenüber seinem kleinen Sohn war ein Mann natürlich, nur ihm erzählte er in Kindersprache, was er soeben auf der Jagd erlebt hatte. Informanten der Qikiqtagrungmiut vom Kotzebue-Sund erzählten, daß ihre Eltern und Großeltern in der Öffentlichkeit kaum jemals irgendwelche Emotionen gezeigt hätten. Auch bei den häufig stattfindenden Wettkämpfen verschiedenster Art hätten sie jede Äußerung von Stolz oder Enttäuschung zurückgehalten. Cf. E. S. Burch, 1984, S. 312.

340 V. Stefansson, 1925, S. 110.

341 W. Herbert, 1976, S. 43.

342 Zit. n. H. Israel, 1969, S. 26.

343 Cf. R. Kjellström, 1973, S. 90 ff. Allerdings war das Paar – vor allem die Frau – tatsächlich meist völlig unvorbereitet. Cf. z. B. M. Lantis, 1953, S. 117 (Nunivak).

344 Cf. J. Malaurie, a. a. O., S. 130.

345 Cf. I. Kleivan, 1971, S. 16; G. van den Steenhoven, 1958, S. 533 f. (Karibu-Eskimo). Die Kobukfluß-Eskimo am Kotzebue-Sund sagten, zwischen Verwandten könne kein »Singwettstreit« stattfinden, denn »man macht sich über Verwandte nicht lustig«. Cf. W. W. Anderson, 1974, S. 80.

346 Cf. R. G. Williamson, a. a. O., S. 47.

347 Cf. I. Kleivan, a. a. O., S. 17; M. Lantis, 1984, S. 177 (Aleuter); H. König, 1925, S. 282. Gelegentlich verlor dennoch einer der Beteiligten die Selbstbeherrschung und zog das Messer. So wurde z. B. der Angmagssalik-Schamane Augpaligtoq bei einem »Singwettstreit« erdolcht. Cf. R. Kjellström, a. a. O., S. 134.

348 K. Rasmussen, 1922, S. 235 f.

349 Cf. R. Petersen, 1984, S. 635.

350 Cf. W. Thalbitzer, 1923, S. 166 ff., 318 ff.

351 Cf. I. Kleivan, 1984, S. 615. Am Kotzebue-Sund sagten die Gegner, daß alles nur ein Spaß sei. Cf. W. W. Anderson, a. a. O.

352 Cf. W. Herbert, a. a. O., S. 41.

353 Cf. I. Kleivan, a. a. O.; R. G. Williams, 1974, S. 47. Selbstmord als Reaktion auf Scham und Schuldgefühle war bei den Eskimo recht verbreitet. Als z. B. einmal ein Mann seinen Adoptivsohn in einem Streit mit den Worten anfuhr: »Ich wünschte, du wärest tot. Du bist die Nahrung nicht wert, die du ißt!«, lief der Junge noch in derselben Nacht ohne Kleidung in den Schnee hinaus, um zu erfrieren. Cf. K. Rasmussen, 1927, S. 96.

354 Cf. J. Malaurie, a. a. O., S. 131.

355 Cf. E. S. Hall, 1984, S. 343.
356 Cf. Malaurie, a. a. O., S. 111. Auch heute noch werden die Kinder erst in der Pubertät nach und nach in die später auszuübenden Tätigkeiten eingewiesen. Cf. C. Adler, 1979, S. 60.
357 Cf. J. L. Briggs, 1975, S. 174 f., 180.
358 Zu diesen – vermeintlichen oder tatsächlichen – antisozialen Verhaltensweisen zählt auch, daß man z. B. seine Tasse nur halb austrinkt, daß man schweigend dasitzt oder daß man statt »ich will nicht« »vielleicht« sagt.
359 J. L. Briggs, a. a. O., S. 142 (Hervorh. v. mir).
360 Die Literatur über die »Permissivität« der eskimoischen Kindererziehung ist so bekannt, daß ich sie hier wohl nicht anzuführen brauche. Eine gewisse Ausnahme scheinen die Konjagen, Chugach und die Unegkurmiut gebildet zu haben, die offenbar ihre Kinder schon früh zu härtester Triebunterdrükkung gedrillt haben, und zwar durch Ermahnung, Verhöhnung und Beschämung, aber auch dadurch, daß sie die Kleinen bisweilen in eiskaltes Wasser tunkten. Cf. D. W. Clark, 1984, S. 192. Gemeinsam scheint freilich allen Eskimogruppen gewesen zu sein, daß Kinder fast nie geschlagen wurden.
361 Cf. J. J. Honigmann/I. Honigmann, 1965, S. 235 f.
362 Cf. M. Lantis, 1959, S. 28.

Bibliographie

Aaltonen, E.: »On the Sociology of the *sauna* of the Finnish Countryside«, *Transactions of the Westermarck Society* 1953.

'Abd Allah, M. M.: »Siwan Customs«, *Harvard African Studies* 1917.

Abel, C. A.: *Fotografien 1945-1985*, Köln 1987.

Abu-Lughod, L.: *Veiled Sentiments*, Berkeley 1986.

Ackerknecht, E. H.: »Zur Geschichte der Hebammen«, *Gesnerus* 1974.

Adler, C.: *Polareskimo-Verhalten*, München 1979.

Ahrens, H.: »Interview mit einer Kinderärztin« in *Ärztliches Handeln und Intimität*, ed. R. Lockot/H. P. Rosemeier, Stuttgart 1983.

Aigremont, S.: »Muschel und Schnecke als Symbole der Vulva ehedem und jetzt«, *Anthropophyteia* 1909.

Albert, E. M.: »La femme en Urundi« in *Femmes d'Afrique noire*, ed. D. Paulme, La Haye 1960.

Albistur, M./D. Armogathe: *Histoire du féminisme français du moyen âge à nos jours*, Paris 1977.

Albrecht-Engel, I./C. Loytved: »Gebärpositionen in der Geschichte und Völkerkunde aus medizinischer Sicht« in *Frauenalltag – Frauenforschung*, ed. A. Chmielewski-Hagius et al., Frankfurt/M. 1988.

Albrow, M. C.: »On the Civilizing Process«, *Jewish Journal of Sociology* 1969.

Alexandre-Bidon, D./M. Closson: *L'Enfant à l'ombre des cathédrales*, Lyon 1985.

Altman, I.: »Privacy as an Interpersonal Boundary Process« in *Human Ethology*, ed. H. v. Cranach et al., Cambridge 1979.

Altmann, W.: *Die Urkunden Kaiser Sigmunds*, Bd. II, Innsbruck 1900.

Altrichter, H.: *Die Bauern von Tver*, München 1984.

Alverson, H.: *Mind in the Heart of Darkness*, New Haven 1978.

Amann, J.: *Die gynäkologische Untersuchung*, München 1861.

Amendt, G.: *Die bevormundete Frau oder Die Macht der Frauenärzte*, Frankfurt/M. 1985.

Ammar, H.: *Growing Up in an Egyptian Village*, London 1954.

Amundsen, D. W.: »Visigothic Medical Legislation«, *Bulletin for the History of Medicine* 1971.

Anderson, W. W.: »Song Duel of the Kobuk River Eskimo«, *Folk* 1974.

Andersson, C.: *Dirnen, Krieger, Narren*, Basel 1978.

–: »Jungfrau, Dirne, Fortuna: Das Bild der Frau in den Zeichnungen von Urs Graf«, *Kritische Berichte* 1988.

André, J.: »Le Coq et la jarre: Le sexuel et le féminin dans les sociétés afro-caribéennes«, *L'Homme* 1985.

André, J.: *Être médecin à Rome*, Paris 1987.

Andrian-Werburg, K. v.: *Das älteste Coburger Stadtbuch*, Neustadt/A. 1977.

Andritzky, M.: »Berlin – Urheimat der Nackten« in ›*Wir sind nackt und nennen uns Du*‹, ed. M. Andritzky/T. Rautenberg, Gießen 1989.

Anonymus: *Briefe über die Galanterien von Frankfurt am Mayn*, London 1791.

Anonymus: *Ärztliche Untersuchungen und Scham- und Sittlichkeitsgefühl des weiblichen Geschlechts*, Leipzig 1894.

Anonymus: »Wege zu Kraft und Schönheit: Zu dem Körperkulturfilm von N. Kaufmann und W. Prager«, *Velhagen & Klasings Monatshefte*, Juli 1925.

Antoun, R. T.: »On the Modesty of Women in Arab Muslim Villages«, *American Anthropologist* 1968.

Anttila, V./I. Talve: *Finnische Volkskunde*, Hamburg 1980.

Arbman, E.: »Seele und Mana«, *Archiv für Religionswissenschaft* 1931.

Archer, C. I.: »The Spanish Reaction to Cook's Third Voyage« in *Captain James Cook and His Times*, ed. R. Fisher/H. Johnston, London 1979.

Archer, W. G.: *The Hill of Flutes*, London 1974.

Ardener, S. G.: »Sexual Insult and Female Militancy«, *Man* 1973.

–: »A Note on Gender Iconography: The Vagina« in *The Cultural Construction of Sexuality*, ed P. Caplan, London 1987.

Ariès P.: »Eine Geschichte der Privatheit«, *Ästhetik und Kommunikation* 57/8, 1985.

–: »Pour une histoire de la vie privée« in *Histoire de la vie privée*, ed. P. Ariès/G. Duby, Bd. III, Paris 1986.

Arieti, J. A.: »Nudity in Greek Athletics«, *Classical World* 1975.

Aristophanes: *Die Wolken*, ed. T. v. Scheffer, München 1913.

Arning, E.: *Ethnographische Notizen aus Hawaii 1883-86*, Hamburg 1931.

Arnold, H.: *Die Zigeuner*, Olten 1965.

Arnold-Carey, L.: *Und sie erkannten, daß sie nackt waren*, Göttingen 1972.

Artelt, W.: *Die ältesten Nachrichten über die Sektion menschlicher Leichen im mittelalterlichen Abendland*, Berlin 1940.

Artemidor v. Daldis: *Das Traumbuch*, ed. K. Brackertz, Zürich 1979.

Aschbach, J. v.: *Geschichte Kaiser Sigmunds*, Bd. I, Hamburg 1838.

Ash, M.: »The Misnamed Female Sex Organ« in *Women's Sexual Development*, ed. M. Kirkpatrick, New York 1980.

Atabek, E. M.: »Einige Entbindungsszenen aus den orientalischen Miniaturen«, *Historia Hospitalium* 1984.

Aufenanger, H.: »Sayings With a Hidden Meaning (Central Highlands, New Guinea)«, *Anthropos* 1962.

–: »Women's Lives in the Highlands of New Guinea«, *Anthropos* 1964.

Aufenanger, H./G. Höltker: *Die Gende in Zentralneuguinea*, St. Gabriel 1940.

Aulinger, R.: »Reichsstädtischer Alltag und obrigkeitliche Disziplinierung« in *Alltag im 16. Jahrhundert*, ed. A. Kohler/H. Lutz, München 1987.

Aurenhammer, H.: *Lexikon der christlichen Ikonographie*, Bd. I, Wien 1959.

Baader, J.: *Nürnberger Polizeiordnungen aus dem 13. bis 15. Jahrhundert*, Stuttgart 1861.

Baas, K.: »Studien zur Geschichte des mittelalterlichen Medizinalwesens in Colmar«, *Zeitschrift für die Geschichte des Oberrheins* 1907.

–: »Gesundheitspflege im mittelalterlichen Straßburg«, *Archiv für Kulturgeschichte* 1911.

–: »Mittelalterliche Hebammenordnungen«, *Archiv für die Geschichte der Naturwissenschaften und der Technik* 1913.

–: »Gesundheitspflege in Elsaß-Lothringen bis zum Ausgang des Mittelalters«, *Zeitschrift für die Geschichte des Oberrheins* 1919.

–: »Mittelalterliche Gesundheitspflege im Gebiet der heutigen Rheinpfalz«, *Zeitschrift für die Geschichte des Oberrheins* 1935.

Bachmeyer, E.: »»Gequälter Engel‹: Das Frauenbild in den erotischen Comics in Japan« in *Aspekte japanischer Comics*, ed. M. Maderdonner/E. Bachmeyer, Wien 1986.

Bachtin, M.: *Rabelais und seine Welt*, Frankfurt/M. 1987.

Bader, J.: »Die Schliengener Dorfordnung von 1546«, *Zeitschrift für die Geschichte des Oberrheins* 1865.

Baekeland, F.: »Two Kinds of Symbolism in a Gothic Ivory Casket«, *Psychoanalytic Study of Society* 1975.

Baill, C./J. Money: »Physiological Aspects of Female Sexuality« in *Women's Sexual Development*, ed. M. Kirkpatrick, New York 1980.

Bain, K.: *The Friendly Islanders*, London 1967.

Bajada, J.: *Sexual Impotence*, Rom 1988.

Baldus, H.: *Indianerstudien im nordöstlichen Chaco*, Leipzig 1931.

–: »Os Tapirapé«, *Revista do Arquivo Municipal* 1945.

–: »Die Guayakí von Paraguay«, *Anthropos* 1972.

Balsdon, D.: *Die Frau in der römischen Antike*, München 1979.

Banks, J./D. Solander: *Supplément au voyage de M. de Bougainville*, Paris 1772.

Barack, K. A.: *Zimmerische Chronik*, Bd. II, Freiburg 1881.

Bargatzky, T.: »Traumzeit, Ethnologie und die ›Reise um die Welt‹« in *Der gläserne Zaun*, ed. R. Gehlen/B. Wolf, Frankfurt/M. 1983.

Barker, F./P. Jackson: *London*, London 1974.

Baroin, C.: »The Position of Tubu Women in Pastoral Production«, *Ethnos* 1987.

Barry, K.: *Sexuelle Versklavung von Frauen*, Berlin 1983.

Bartholomäus, W.: *Glut der Begierde, Sprache der Liebe*, München 1987.

Bartlome, V.: Brief vom 20. Juli 1989.

Basedow, H.: »Notes on the Natives of Bathurst Island, North Australia«, *Journal of the Royal Anthropological Institute* 1913.

Basedow, J. B.: »Aus dem ›Elementarwerk‹ (1774)« in *Kinderschaukel*, Bd. I, ed. M.-L. Könneker, Darmstadt 1976.

Bassermann, L.: *Das älteste Gewerbe*, Wien 1965.

Bastian, F./J. Widemann: *Regensburger Urkundenbuch*, Bd. II, München 1956.

Battaglia, S.: *Grande dizionario della lingua italiana*, Bd. II, Turin 1962.

Batton, J. G.: *Oertliche Beschreibung der Stadt Frankfurt am Main*, Frankfurt/M. 1864.

Bauer, K.: *Regensburg*, Regensburg 1970.

Bauer, M.: *Deutscher Frauenspiegel*, Bd. II, München 1917.

Bauer, W.: *Geschichte und Wesen der Prostitution*, Stuttgart 1960.

Baumann, G.: *National Integration and Local Integrity*, Oxford 1987.

–: »Questionable Propriety: Duerr's *Nacktheit und Scham*«, *Times Literary Supplement*, January 6, 1989.

Baumann, H./D. Westermann: *Les peuples et les civilisations de l'Afrique*, Paris 1957.

Beaglehole, E.: *Social Change in the South Pacific*, London 1957.

Beauvoir, S. de: *Das andere Geschlecht*, Hamburg 1951.

Becht, H.-P.: »Medizinische Implikationen der historischen Pestforschung am Beispiel des ›Schwarzen Todes‹ von 1347/51« in *Stadt und Gesundheitspflege*, ed. B. Kirchgässner/J. Sydow, Sigmaringen 1982.

Beck, D. F.: »The Changing Moslem Family of the Middle East« in *Readings in Arab Middle Eastern Societies and Cultures*, ed. A. M. Lutfiyya/C. M. Churchill, The Hague 1970.

Becker, W. A.: *Charikles*, Bd. II, Leipzig 1854.

Beckers, H.: »Die Reisebeschreibung Arnolds von Harff« in *Deutsche Jacobspilger und ihre Berichte*, ed. K. Herbers, Tübingen 1988.

Beckmann, G.: *Deutsche Reichstagsakten unter Kaiser Sigmund*, Gotha 1898.

Behnken, I./M. du Bois-Reymond/J. Zinnecker: *Stadtgeschichte als Kindheitsgeschichte*, Opladen 1989.

Behrend, H.: *Die Zeit des Feuers*, Frankfurt/M. 1985.

–: Brief vom 5. Juni 1986.

Beidelman, T. O.: *The Matrilineal Peoples of Eastern Tanzania*, London 1967.

–: »Some Nuer Notions of Nakedness, Nudity, and Sexuality«, *Africa* 1968.

–: »The Filth of Incest«, *Cahiers d'Études Africaines* 1972.

–: »The Nuer Concept of *thek* and the Meaning of Sin«, *History of Religions* 1981.

Bell, F. L. S.: »The Avoidance Situation in Tanga«, *Oceania* 1935.

Bell, I.: Brief vom 14. Oktober 1986.

Bellamy, J.: *Crime and Public Order in England in the Later Middle Ages*, London 1973.

Benardete, J. A.: *Infinity: An Essay in Metaphysics*, Oxford 1964.

Benayoun, R.: *Erotique du surréalisme*, Paris 1978.

Benedek, T. G.: »The Changing Relationship Between Midwives and Physicians During the Renaissance«, *Bulletin for the History of Medicine* 1977.

–: »Dr. Veit: Charlatan or Martyr to Obstetrics?«, *Bulletin for the History of Medicine* 1979.

Beneke, O.: *Von unehrlichen Leuten*, Berlin 1889.

Benl, R.: Brief vom 30. Mai 1989.

Bennett, A. L.: »Ethnographical Notes on the Fang«, *Journal of the Anthropological Institute of Great Britain and Ireland* 1899.

Benton, J. F.: »Trotula, Women's Problems, and the Professionalization of Medicine in the Middle Ages«, *Bulletin for the History of Medicine* 1985.

Berg, E.: *Zwischen den Welten*, Berlin 1982.

Bergmeier, M.: »›Die gute Polizey‹: Gesundheitsfürsorge, Sauberkeit und Ordnung« in *Biedermeiers Glück und Ende*, ed. H. Ottomeyer, München 1987.

Bernard, J.: *The Female World*, New York 1981.

Bernatzik, H. A.: *Gari Gari*, Innsbruck 1930.

–: *Geheimnisvolle Inseln Tropen-Afrikas*, Berlin 1933.

–: *Südsee*, Leipzig 1934.

–: *Im Reiche der Bidyogo*, Wien 1936.

–: *Owa Raha*, Wien 1936.

Berndt, R. M.: *Kunapipi*, Melbourne 1951.

–: *Djanggawul*, London 1952.

Berndt, R. M./C. H. Berndt: *Sexual Behavior in Western Arnhem Land*, New York 1951.

Bernhard, M.: *Martin Schongauer und sein Kreis*, München 1980.

Bertaud, J.-P.: *Alltagsleben während der Französischen Revolution*, Freiburg 1989.

Berthels, D. E./B. N. Komissarov/T. I. Lysenko: *Materialien der Brasilien-Expedition 1821-1829 des Akademiemitgliedes Georg Heinrich Freiherr von Langsdorff*, Berlin 1979.

Best, E.: »Maori Beliefs Concerning the Human Organs of Generation«, *Man* 1914.

Best, G.: *Vom Rindernomadismus zum Fischfang*, Wiesbaden 1978.

Bettelheim, B.: *Die Kinder der Zukunft*, Frankfurt/M. 1980.

Bhishagratna, K. L.: *Suśruta Samhitā*, Bd. II, Varanasi 1981.

Bieber, F. J.: »Neue Forschungen über das Geschlechtsleben in Äthiopien«, *Anthropophyteia* 1910.

Biederbeck, R./B. Kalusche: *Motiv Mann*, Gießen 1987.

Biergans, J.: *Die Wohlfahrtspflege der Stadt Aachen in den letzten Jahrhunderten des Mittelalters*, Aachen 1909.

Biezais, H.: »Religion des Volkes und Religion der Gelehrten« in *Der Wissenschaftler und das Irrationale*, Bd. I, ed. H. P. Duerr, Frankfurt/M. 1981.

–: Mündliche Mitteilung vom 23. November 1985.

Bilz, R.: *Die unbewältigte Vergangenheit des Menschengeschlechts*, Frankfurt/M. 1967.

Bindrin, P.: »A Report on a Nude Marathon«, *Psychotherapy* 1968.

–: »Nudity as a Quick Grab for Intimacy in Group Therapy«, *Psychology Today*, June 1969.

Biraben, J.-N.: »L'hygiène, la maladie, la mort« in *Histoire de la population française*, Bd. I, ed. J. Dupâquier, Paris 1988.

Birdwhistell, R. L.: *Kinesics and Context*, Philadelphia 1970.

Birkelbach, D./C. Eifert/S. Lueken: »Zur Entwicklung des Hebammenwesens vom 14. bis zum 16. Jahrhundert am Beispiel der Regensburger Hebammenordnungen«, *Beiträge zur feministischen Theorie und Praxis* 1981.

Bitterli, U.: »Die exotische Insel« in *Die andere Welt*, ed. T. Koebner/G. Pickerodt, Frankfurt/M. 1987.

Bitz, M.: *Badewesen in Südwestdeutschland 1550 bis 1840*, Idstein 1989.

Biundo, G.: *Annweiler*, Annweiler 1937.

Black, A.: *Guilds and Civil Society in Europe and Political Thought from the Twelfth Century to the Present*, London 1984.

Blaes, J.: »Brauchtum bei der Geburt eines Kindes auf den Inseln am Berlinhafen, Nordost-Neuguinea«, *Anthropos* 1949.

Blank, L.: »Nudity as a Quest for Life the Way It Was Before the Apple«, *Psychology Today*, June 1969.

Blank, L./R. H. Roth: »Voyeurism and Exhibitionism«, *Perceptual and Motor Skills* 1967.

Blau, A.: »A Philological Note on a Defect in Sex Organ Nomenclature«, *Psychoanalytic Quarterly* 1943.

Blazer, J. A.: »Married Virgins: A Study of Unconsummated Marriages« in *Deviance, Reality, and Change*, ed. H. T. Bruckner, New York 1971.

Bleck, R.: »Krankenschwesternreport I« in *Käufliche Träume*, ed. M. T. J. Grimme, Reinbek 1986.

Bleibtreu-Ehrenberg, G.: Rezension von Hans Peter Duerrs *Nacktheit und Scham, Tribus* 1988.

–: Brief vom 4. April 1990.

Bleuel, H. P.: *Das saubere Reich*, Bern 1972.

Bloch, I.: *Das Sexualleben unserer Zeit*, Berlin 1907.

–: *Die Prostitution*, Bd. I, Berlin 1912.

Bloch, R. H.: *The Scandal of the Fabliaux*, Chicago 1986.

Blockmans, W.: »Die Niederlande vor und nach 1400« in *Europa 1400*, ed. F. Seibt/W. Eberhard, Stuttgart 1984.

Blohm, W.: *Die Nyamwezi*, Hamburg 1933.

Blomert, R.: *Psyche und Zivilisation*, Münster 1989.

Blunt, J.: *Man-Midwifery Dissected*, London 1793.

Bluntschli, J. C.: *Staats- und Rechtsgeschichte der Stadt und Landschaft Zürich*, Bd. I, Zürich 1838.

Boas, F.: »The Eskimo of Baffin Land and Hudson Bay«, *Bulletin of the American Museum of Natural History* 1901.

Boccaccio, G.: *De claris mulieribus*, ed. K. Drescher, Tübingen 1895.

Bode, W. v./W. F. Volbach: »Mittelrheinische Ton- und Steinmodel aus der ersten Hälfte des 15. Jahrhunderts«, *Jahrbuch der königlich preußischen Kunstsammlungen* 1918.

Böhm, K.: *Das Leben einiger Inselvölker Neuguineas*, St. Augustin 1975.

Bogesi, G.: »Santa Isabel, Solomon Islands«, *Oceania* 1947.

Boglár, L.: *Wahari*, Hanau 1982.

Bogucka, M.: *Das alte Danzig*, München 1987.

Bolaffi, A.: »Selvaggi siamo noi«, *L'Espresso*, 11. September 1988.

Boles, J./A. P. Garbin: »Stripping for a Living« in *Deviant Behavior*, ed. C. D. Bryant, Chicago 1974.

Bologne, J. C.: *Histoire de la pudeur*, Paris 1986.

Bonjour, E.: *Die Universität Basel*, Basel 1960.

Bonwick, J.: *Daily Life and Origin of the Tasmanians*, London 1870.

Boockmann, H.: *Die Stadt im späten Mittelalter*, München 1986.

van den Boom, G.: »Die Wandamba«, *Anthropos* 1964.

Boon, J. A.: *Other Tribes, Other Scribes*, Cambridge 1982.

Boone, S. A.: *Radiance From the Waters*, New Haven 1986.

Boos, H.: *Urkundenbuch der Stadt Worms*, Bd. II, Berlin 1890.

–: *Geschichte der rheinischen Städtekultur*, Bd. III, Berlin 1899.

Borneman, E.: *Sex im Volksmund*, Herrsching 1984.

Borries, E. v.: *Geschichte der Stadt Straßburg*, Straßburg 1909.

Borst, A.: *Barbaren, Ketzer und Artisten*, München 1988.

Bougainville, L. A. de: *Voyage autour du monde*, Paris 1771.

–: *Reise um die Welt*, Leipzig 1772.

Bouhdiba, A.: *Sexuality in Islam*, London 1985.

Bourgeois, L.: *Hebammen Buch*, Frankfurt/M. 1644.

Bourgeron, J.-P.: *Les Masques d'Eros*, Paris 1985.

Bouwsma, W. J.: »Anxiety and the Formation of Early Modern Culture« in *After the Reformation*, ed. B. C. Malament, Manchester 1980.

Bowles, E. A.: *Musikleben im 15. Jahrhundert*, Leipzig 1977.

Boyer, L. B.: »Stone as a Symbol in Apache Folklore« in *Fantasy and Symbol*, ed. R. H. Hook, London 1979.

Brain, R.: *The Decorated Body*, New York 1979.

Brander, M.: *The Georgian Gentleman*, Farnborough 1973.

Brandewie, E.: *Contrast and Context in New Guinea Culture*, St. Augustin 1981.

–: Brief vom 29. Februar 1988.

Brandt, A. v.: »Lübeck und die Lübecker vor 600 Jahren«, *Zeitschrift des Vereins für Lübeckische Geschichte und Altertumskunde* 1978.

Brant, S.: *Das nüv schiff võ Narragonia*, Basel 1494.

Braun, R.: *Das ausgehende Ancien Régime in der Schweiz*, Göttingen 1984.

Brauns, C.-D./L. G. Löffler: *Mru*, Basel 1986.

Braunstein, P.: »Die französische Wirtschaft am Ende des Mittelalters« in *Europa 1400*, ed. F. Seibt/W. Eberhard, Stuttgart 1984.

Brehm, H. K.: *Frauenheilkunde und Geburtshilfe für das Krankenpflegepersonal*, Stuttgart 1976.

Briggs, J. L.: *Never in Anger*, Cambridge 1970.

–: »The Origins of Nonviolence: Aggression in Two Canadian Eskimo Groups«, *Psychoanalytic Study of Society* 1975.

–: Brief vom 30. Oktober 1986.

Bristow, E. J.: *Prostitution and Prejudice*, Oxford 1982.

Brody, S. A.: »The Life and Times of Sir Fielding Ould: Man-Midwife and Master Physician«, *Bulletin for the History of Medicine* 1978.

Brondy, R./B. Demotz/J.-P. Leguay: *La Savoie de l'an mil à la Réforme*, Bd. II, Rennes 1984.

Brotmacher, L.: »Medical Practice Among the Somalis«, *Bulletin for the History of Medicine* 1955.

Browe, P.: »Die kirchliche Stellung der Schauspieler im Mittelalter«, *Archiv für Kulturgeschichte* 1928.

Brown, C.: *Holländische Genremalerei im 17. Jahrhundert*, München 1984.

Brownmiller, S.: *Weiblichkeit*, Frankfurt/M. 1984.

Brucker, G.: *The Society of Renaissance Florence*, New York 1971.

Brucker, J.: *Straßburger Zunft- und Polizei-Verordnungen des 14. und 15. Jahrhunderts*, Straßburg 1889.

Brüche, E./D. Brüche: *Das Mosbach-Buch*, Elztal 1978.

Brüggemann, W.: Mündliche Mitteilung vom 5. Oktober 1987.

Brumbaugh, R. C.: »Models of Separation and a Mountain Ok Religion«, *Ethos* 1980.

Brundage, J. A.: *Law, Sex, and Christian Society in Medieval Europe*, Chicago 1987.

Brunner-Traut, E.: »Affe« in *Lexikon der Ägyptologie*, Bd. I, ed. W. Helck/E. Otto, Wiesbaden 1975.

Bryk, F.: *Neger-Eros*, Berlin 1928.

Bullough, V. L.: *The History of Prostitution*, New York 1964.

–: *Sex, Society, and History*, New York 1976.

–: »The Prostitute in the Middle Ages«, *Studies in Medieval Culture* 1977.

Bulst, N.: »Zum Problem städtischer und territorialer Kleider-, Aufwands- und Luxusgesetzgebung in Deutschland (13.- Mitte 16. Jh.)« in *Renaissance du pouvoir législatif et génèse de l'état*, ed. A. Gouran/A. Rigaudière, Montpellier 1988.

Bumke, J.: *Höfische Kultur*, München 1986.

Burch, E. S.: »Kotzebue Sound Eskimo« in *Handbook of North American Indians*, Bd. V, ed. D. Damas, Washington 1984.

Burckhard, G.: *Die deutschen Hebammenordnungen von ihren ersten Anfängen bis auf die Neuzeit*, Bd. I, Leipzig 1912.

Burgos, E.: *Rigoberta Menchú*, Bornheim 1984.

Burke, P.: *Helden, Schurken und Narren*, Stuttgart 1981.

–: Mündliche Mitteilung vom 16. Oktober 1989.

Burkert, W.: »Die betretene Wiese« in *Die wilde Seele*, ed. H. P. Duerr, Frankfurt/M. 1987.

–: Brief vom 30. Juni 1988.

–: Brief vom 26. Dezember 1989.

Burkhardt, G.: *Geschichte der Stadt Geislingen an der Steige*, Konstanz 1963.

Burmeister, P./U. Puritz/C. Robert: »Hausgeburt: Schwierigkeiten und Erfahrungen mit einer Fotodokumentation« in *Eingreifendes Fotografieren*, ed. W. Kunde/L. Wawrzyn, Berlin 1979.

Buruma, I.: *Japan hinter dem Lächeln*, Frankfurt/M. 1985.

Butt, A.: *The Nilotes of the Sudan and Uganda*, London 1952.

Byer, D.: *Fremde Frauen*, Wien 1985.

–: »Die Rückkehr des geraubten Schatten« in *Der geraubte Schatten*, ed. T. Theye et al., München 1989.

Byrne, M. S. C.: *Elizabethan Life in Town and Country*, London 1954.

Cabanès, A.: *Le Cabinet Secret de l'Histoire*, Bd. I, Paris 1905.

–: *Mœurs intimes du passé*, Paris 1908 ff.

Cabaud, M.: *Paris et les Parisiens sous le Second Empire*, Paris 1982.

Cadden, J.: »Medieval Scientific and Medical Views of Sexuality: Questions of Propriety«, *Medievalia et Humanistica* 1986.

Cain, H.: Mündliche Mitteilung vom 17. Mai 1984.

Calame-Griaule, G.: »Maternité chez les Dogon« in *1er Congrès Internationale de médecine psychosomatique et maternité*, Paris 1965.

Calimani, R.: *The Ghetto of Venice*, New York 1987.

Camartin, I.: *Lob der Verführung*, Zürich 1987.

Campbell, J. K.: *Honour, Family and Patronage*, Oxford 1964.

du Cange, D.: *Glossarium mediae et infimae latinitatis*, Bd. V, Niort 1884.

Cannizzaro, A.: *Und die Seinen nahmen ihn auf*, Wien 1964.

Cannon, M.: *Australia: A History in Photographs*, South Yarra 1983.

Capparoni, P.: »Mondino o Raimondino dei Liucci o Liuzzi« in *Enciclopedia Italiana*, Bd. XXIII, Roma 1934.

Carrick, P.: *Medical Ethics in Antiquity*, Dordrecht 1985.

Carus, C. G.: *Lehrbuch der Gynäkologie*, Bd. I, Leipzig 1828.

Casevitz, M.: »La femme dans l'œuvre de Diodore de Sicile« in *La femme dans le monde méditerranéen*, ed. A.-M. Vérilhac, Paris 1985.

Casler, L.: »Some Sociopsychological Observations in a Nudist Camp«, *Journal of Social Psychology* 1964.

Caspar, F.: »Clothing Practice of the Tuparis (Brazil)« in *Proceedings of the Thirtieth International Congress of Americanists*, London 1952.

Cassar, P.: *Medical History of Malta*, London 1964.

Chamberlain, M.: *Histoire des guérisseuses*, Monaco 1983.

Chamisso, A. v.: *Sämtliche Werke*, Bd. II, München 1975.

Champault, D.: »La naissance à Tabelbala«, *Journal de la Société des Africanistes* 1953.

Chapekar, L. N.: *Thakurs of the Sahyadri*, Bombay 1966.

Chicago, J.: *Through the Flower*, Garden City 1977.

–: *The Dinner Party*, Garden City 1979.

Chrobak, R./A. v. Rosthorn: *Die Erkrankungen der weiblichen Geschlechtsorgane*, Wien 1908.

Cipriani, L.: »Hygiene and Medical Practices Among the Onge (Little Andaman)«, *Anthropos* 1961.

Clark, A.: *Women's Silence, Men's Violence: Sexual Assault in England 1770-1845*, London 1987.

–: »Prostitution« in *Victorian Britain*, ed S. Mitchell, New York 1988.

–: »Sexual Violence« in *Victorian Britain*, ed. S. Mitchell, New York 1988.

–: »Whores and Gossips: Sexual Reputation in London 1770-1825« in *Current Issues in Women's History*, ed. A. Angerman et al., London 1989.

Clark, D. W.: »Pacific Eskimo« in *Handbook of North American Indians*, Bd. V, ed. D. Damas, Washington 1984.

Clark, P.: *The English Alehouse*, London 1983.

Clasen, C.-P.: »Armenfürsorge in Augsburg vor dem Dreißigjährigen Kriege«, *Zeitschrift des Historischen Vereins für Schwaben* 1984.

Classen, P./E. Wolgast: *Kleine Geschichte der Universität Heidelberg*, Berlin 1983.

Clemencic, R./M. Korth/U. Müller: *Carmina Burana*, München 1979.

Clemmer, R. O.: »Documents in Hopi Indian Sexuality«, *Radical History Review* 1979.

–: Brief vom 4. November 1986.

Clower, V. L.: »Masturbation in Women« in *Women's Sexual Development*, ed. M. Kirkpatrick, New York 1980.

Cohen, S. J.: *The Holy Letter*, New York 1976.

Cohn Bendit, C./D. Cohn-Bendit: *Linksradikalismus: Gewaltkur gegen die Alterskrankheit des Kommunismus*, Reinbek 1968.

Cole, F.-C.: *The Tinguian*, Chicago 1922.

Collins, J. P.: »Männliche Homosexualität in Japan« in *Sexualität als sozialer Tatbestand*, ed. R. Gindorf/E. J. Haeberle, Berlin 1986.

Commerson, P.: »Brief an den Astronomen Lalande über Tahiti« in *Bougainvilles Reise um die Welt*, ed. K.-G. Popp, Berlin 1977.

Cook, J.: *The Journals*, ed. J. C. Beaglehole, Cambridge 1955 ff.

Cooper, E.: *The Sexual Perspective*, London 1986.

Corbey, R.: *Wildheid en beschaving*, Baarn 1989.
Corbin, A.: »Coulisses« in *Histoire de la vie privée*, Bd. IV, ed. P. Ariès/G. Duby, Paris 1987.
Corson, R.: *Fashions in Makeup*, London 1972.
Coryate, T.: *Beschreibung von Venedig 1608*, ed. B. Heintz/R. Wunderlich, Heidelberg 1988.
Coughlin, R. J.: »Pregnancy and Birth in Vietnam« in *Southeast Asian Birth Customs*, ed. D. V. Hart, New Haven 1965.
Crapanzano, V.: *Die Ḥamadša*, Stuttgart 1981.
–: *Tuhami*, Stuttgart 1983.
Crowther, N. B.: »Nudity and Morality: Athletics in Italy«, *Classical Journal* 1981.
–: »Athletic Dress and Nudity in Greek Athletics«, *Eranos* 1982.
Csendes, P.: *Die Rechtsquellen der Stadt Wien*, Wien 1986.
Culianu, I. P.: »Civilization as a Product of Wilderness: Hans Peter Duerr and His Theories of Culture«, *Nederlands Theologisch Tijdschrift* 1986.
–: »Sexual Rites in Europe« in *The Encyclopedia of Religion*, ed. M. Eliade, Bd. XIII, New York 1987.
–: »Naked Is Shameful: On Duerr's *Nacktheit und Scham*«, *History of Religions* 1990.
Cutrera, A.: *Storia della prostituzione in Sicilia*, Palermo 1903.

Dabitz, G.: *Geschichte der Erforschung der Nuba-Berge*, Wiesbaden 1985.
Dalarun, J.: *Erotik und Enthaltsamkeit*, Frankfurt/M. 1987.
Dalby, L.: *Geisha*, Reinbek 1985.
Damm, H.: *Zentralkarolinen*, Bd. II, Hamburg 1938.
Danckert, W.: *Unehrliche Leute*, Bern 1963.
Danielsson, B.: *Love in the South Seas*, London 1956.
–: *Gauguin in the South Seas*, London 1965.
Danquah, J. B.: »The Culture of the Akan«, *Africa* 1952.
Dar, S. N.: *Costumes of India and Pakistan*, Bombay 1969.
Darnton, R.: *Literaten im Untergrund*, München 1985.
–: *Das große Katzenmassaker*, München 1989.
Datan, N.: »Ecological Antecedents and Sex-Role Consequences in Traditional and Modern Israeli Subcultures« in *Sexual Stratification*, ed. A. Schlegel, New York 1977.
Davenport, W.: »Sexual Patterns and Their Regulation in a Society of the Southwest Pacific« in *Sex and Behavior*, ed. F. A. Beach, New York 1965.
Davenport, W. H.: »Male Initiation in Aoriki«, *Expedition*, Winter 1981.
Davis, R. B.: *Muang Metaphysics*, Bangkok 1984.
D'Azevedo, W. L.: »Washoe« in *Handbook of North American Indians*, Bd. 11, ed. W. L. D'Azevedo, Washington 1986.
Deacon, A. B.: »Notes on Some Islands of the New Hebrides«, *Journal of the Royal Anthropological Institute* 1929.
–: *Malekula*, London 1934.
Deinhard, M./H. Hörning-Winkelmann/U. Tröhler: »Zur Situation der Geburtshilfe im 18. und frühen 19. Jahrhundert« in *Armamentarium obstetricium Gottingense*, ed. W. Kuhn/U. Tröhler, Göttingen 1987.

Delamont, S.: *Knowledgeable Women*, London 1989.

Delaney, C.: »Mortal Flow: Menstruation in Turkish Village Society« in *Blood Magic*, ed. T. Buckley / A. Gottlieb, Berkeley 1988.

Delort, R.: *Le Moyen Age*, Lausanne 1972.

DeMotte, C.: *The Dark Side of Town: Crime in Manchester 1815-75*, Ann Arbor 1980.

Denecke, A.: »Beiträge zur Entwicklungsgeschichte des gesellschaftlichen Anstandsgefühls in Deutschland«, *Programm des Gymnasiums zum heiligen Kreuz in Dresden* 1891.

Deng, F. M.: *The Dinka of the Sudan*, New York 1972.

Dentan, R. K.: »Semai Response to Mental Aberration«, *Bijdragen tot de Land- en Volkenkunde* 1968.

–: »Living and Working With the Semai« in *Being an Anthropologist*, ed. G. D. Spindler, New York 1970.

Denzler, G.: *Die verbotene Lust*, München 1988.

Derwein, H.: *Die Flurnamen von Heidelberg*, Heidelberg 1940.

Devereux, G.: »Cultural and Characterological Traits of the Mohave Related to the Anal Stage of Psychosexual Development«, *Psychoanalytic Quarterly* 1951.

–: »The Primal Scene and Juvenile Heterosexuality in Mohave Society« in *Psychoanalysis and Culture*, ed. G. B. Wilbur / W. Muensterberger, New York 1951.

–: »The Significance of the External Female Genitalia and of Female Orgasm for the Male«, *Journal of the American Psychoanalytical Association* 1958.

–: »The Female Castration Complex and Its Repercussions in Modesty, Appearance and Courtship Etiquette«, *The American Imago* 1960.

–: *Angst und Methode in den Verhaltenswissenschaften*, München 1973.

–: »The Cultural Implementation of Defense Mechanisms«, *Ethnopsychiatrica* 1978.

–: *Baubo, die mythische Vulva*, Frankfurt/M. 1981.

–: »Xanthos and the Problem of Female Eunuchs in Lydia«, *Rheinisches Museum für Philologie* 1981.

–: »Nachwort« in *Die wilde Seele*, ed. H. P. Duerr, Frankfurt/M. 1987.

DeVos, G.: »The Relation of Guilt Toward Parents to Achievement and Arranged Marriage Among the Japanese« in *Japanese Culture and Behavior*, ed. T. S. Lebra / W. P. Lebra, Honolulu 1986.

Diderot, D.: »Supplément au Voyage de Bougainville« in *Œuvres*, ed. A. Billy, Paris 1951.

Dieffenbach, P.: *Geschichte der Stadt und Burg Friedberg in der Wetterau*, Darmstadt 1857.

Diehl, E.: *Pompeianische Wandinschriften*, Berlin 1930.

Diepgen, P.: »Die Betätigung des Mannes als Frauenarzt von den ältesten Zeiten bis zum Ausgang des Mittelalters«, *Zentralblatt für Gynäkologie* 1920.

–: »Reste antiker Gynäkologie im frühen Mittelalter«, *Quellen und Studien zur Geschichte der Naturwissenschaften und der Medizin* 1933.

–: *Frau und Frauenheilkunde in der Kultur des Mittelalters*, Stuttgart 1963.

Dietel, H.: »Zur Geschichte der Nordwestdeutschen Gesellschaft für Gynäkologie und Geburtshilfe« in *Zur Geschichte der Gynäkologie und Geburtshilfe*, ed. L. Beck, Heidelberg 1986.

Diezemann, E.: *Birma*, Pforzheim 1979.

Dinzelbacher, P.: »Die Realität des Teufels im Mittelalter« in *Der Hexenhammer*, ed. P. Segl, Köln 1988.

Dirlmeier, U.: *Untersuchungen zu Einkommensverhältnissen und Lebenshaltungskosten in oberdeutschen Städten des Spätmittelalters*, Heidelberg 1978.

Dittrick, H.: »Chinese Medicine Dolls«, *Bulletin for the History of Medicine* 1952.

Donegan, J. B.: »Man-Midwifery and the Delicacy of the Sexes« in ›Remember the Ladies‹, ed. C. V. R. George, Syracuse 1975.

Donne, J.: *The Complete English Poems*, ed. A. J. Smith, Harmondsworth 1976.

Donne, T. E.: *Mœurs et coutumes des Maoris*, Paris 1938.

Donnison, J.: *Midwives and Medical Men*, London 1977.

Dor, R./C. M. Naumann: *Die Kirghisen des afghanischen Pamir*, Graz 1978.

Douglas, J. D./P. K. Rasmussen/C. A. Flanagan: *The Nude Beach*, Beverly Hills 1977.

Douglas, N./P. Slinger: *Le Livre de l'Oreiller*, Montréal 1984.

Dover, K. J.: »Classical Greek Attitudes to Sexual Behaviour« in *Sexualität und Erotik in der Antike*, ed. A. K. Siems, Darmstadt 1988.

Downer, C./R. Chalker: *Frauenkörper – neu gesehen*, Berlin 1987.

Downs, T. W.: »Maori Etiquette«, *Journal of the Polynesian Society* 1929.

Drees, L.: *Olympia*, Stuttgart 1967.

Dreher, A.: *Geschichte der Reichsstadt Ravensburg*, Ravensburg 1972.

Driberg, J. H.: *The Lango*, London 1923.

Drury, J.: »The Pudendal Parts of the South African Bush Race«, *Medical Journal of South Africa* 1926.

DuBois, C.: *The People of Alor*, New York 1961.

Dudek-Mannes, H.: »Mit Schmerzen sollst du gebären ...« in *Vater, Mutter, Kind*, ed. U. Zischka, München 1987.

Duden, B.: *Geschichte unter der Haut*, Stuttgart 1987.

Dühren, E.: *Das Geschlechtsleben in England mit besonderer Beziehung auf London*, Bd. I, Charlottenburg 1901.

Dührsen, A.: *Vademecum der Geburtshilfe und Gynaekologie*, Berlin 1895.

Duerr, H. P.: *Traumzeit*, Frankfurt/M. 1978.

–: *Sedna oder Die Liebe zum Leben*, Frankfurt/M. 1984.

–: *Satyricon*, Frankfurt/M. 1985.

–: *Der Mythos vom Zivilisationsprozeß*, Bd. I: *Nacktheit und Scham*, Frankfurt/M. 1988.

–: »Der Zivilisationsprozeß: Ein Mythos?«, *Psychologie heute*, April 1988.

–: »In der Rocktasche eines Riesen: Erwiderung auf Ulrich Greiners Polemik: ›Ist die Theorie vom Prozeß der Zivilisation erledigt?‹«, *Die Zeit*, 27. Mai 1988.

Duff-Cooper, A.: »Notes About Some Balinese Ideas and Practices Connected With Sex from Western Lombok«, *Anthropos* 1985.

Dufour, D.: *Geschichte der Prostitution,* Berlin 1899.

Duncan, I.: *Der Tanz der Zukunft,* Leipzig 1903.

Dunn, C. J.: *Everyday Life in Traditional Japan,* Tōkyō 1972.

Dunn, P. M.: »Die Geburt als physiologischer Prozeß« in *Die Geburt aus ethnomedizinischer Sicht,* ed. W. Schiefenhövel/D. Sich, Braunschweig 1983.

Dyk, W.: »Notes and Illustrations of Navaho Sex Behavior« in *Psychoanalysis and Culture,* ed. G. B. Wilbur/W. Muensterberger, New York 1951.

East, R.: *Akiga's Story,* London 1939.

Eastman, L. E.: »Facets of an Ambivalent Relationship: Smuggling, Puppets, and Atrocities During the War, 1937-1945« in *The Chinese and the Japanese,* ed. A. Iriye, Princeton 1980.

Ebel, W.: *Lübecker Ratsurteile,* Bd. I, Göttingen 1955.

Ebenbauer, A.: »Das ›christliche Mittelalter‹ und der ›Prozeß der Zivilisation‹« in *Gegenwart als kulturelles Erbe,* ed. B. Thum, München 1985.

Eberlein, F.: *Die Straßennamen der Stadt Coburg,* Coburg 1987.

Eckardt, H.-H.: *Zur Psychologie der sexuellen Scham,* Würzburg 1952.

Eckhardt, K. A.: *Die mittelalterlichen Rechtsquellen der Stadt Bremen,* Bremen 1931.

Edel, M. M.: *The Chiga of Western Uganda,* London 1957.

–: »The Bachiga of East Africa« in *Cooperation and Competition Among Primitive Peoples,* ed. M. Mead, Gloucester 1976.

Edmonds, H. M. W.: »Report on the Eskimos of St. Michael and Vicinity«, *Anthropological Papers of the University of Alaska* 1966.

Edwardes, A./R. E. L. Masters: *The Cradle of Erotica,* New York 1963.

Ehrenreich, B./C. English: *Zur Krankheit gezwungen,* München 1976.

Eibl-Eibesfeldt, I.: *Der vorprogrammierte Mensch,* Wien 1973.

–: »Stammesgeschichtliche Anpassungen im sozialen Verhalten der Menschen«, *Nova acta Leopoldina* 1983.

–: *Die Biologie des menschlichen Verhaltens,* München 1984.

–: Brief vom 28. Juni 1988.

–: Brief vom 14. Juli 1988.

Eibl-Eibesfeldt, I./W. Schiefenhövel/V. Heeschen: *Kommunikation bei den Eipo,* Berlin 1989.

Eichenauer, M.: *Untersuchungen zur Arbeitswelt der Frau in der römischen Antike,* Frankfurt/M. 1988.

Eickstedt, E. v.: *Rassenkunde und Rassengeschichte der Menschheit,* Bd. I, Stuttgart 1938.

Eilers, A.: *Westkarolinen,* Bd. I, Hamburg 1935.

Elam, Y.: *The Social and Sexual Roles of Hima Women,* Manchester 1973.

Elgood, C.: »Persian Gynaecology«, *Medical History* 1968.

Eliade, M.: *Ewige Bilder und Sinnbilder,* Olten 1958.

Elias, N.: *Über den Prozeß der Zivilisation,* Basel 1939.

–: »Soziologie als Sittengeschichte«, *Psychologie heute,* Februar 1978.

–: »Die Zivilisierung der Eltern« in ›...*und wie wohnst Du?*‹, ed. L. Burkhardt, Berlin 1980.

–: »Fernsehinterview«, *Südwestfunk 3,* 13. Juni 1988.

–: »Was ich unter Zivilisation verstehe: Antwort auf Hans Peter Duerr«, *Die Zeit*, 17. Juni 1988.

–: *Über sich selbst*, Frankfurt/M. 1990.

Elias, N./W. Lepenies: *Zwei Reden anläßlich der Verleihung des Theodor W. Adorno-Preises 1977*, Frankfurt/M. 1977.

Elisabeth B.: *Das ist ja zum Peepen*, Frankfurt/M. 1983.

Elisabeth Charlotte v. Orléans: *Briefe*, ed. W. L. Holland, Bd. II, Tübingen 1871.

–: *Briefe*, ed. H. F. Helmolt, Leipzig 1908.

Ellis, H.: *Geschlechtstrieb und Schamgefühl*, Leipzig 1900.

–: *Studies in the Psychology of Sex*, Bd. IV, Philadelphia 1928.

Elwin, V.: *The Baiga*, London 1939.

–: *Maisons des Jeunes chez les Muria*, Paris 1959.

Embree, J. F. : *Suye Mura: A Japanese Village*, Chicago 1939.

Emerson, J. P. »Behavior in Private Places: Sustaining Definitions of Reality in Gynecological Examinations« in *Patterns of Communicative Behavior*, ed. H. P. Dreitzel, New York 1972.

Emley, E. D.: »The Turkana of Kolosia District«, *Journal of the Royal Anthropological Institute* 1927.

Emory, K. P.: *Kapingamarangi*, Honolulu 1965.

Endrei, W./L. Zolnay: *Fun and Games in Old Europe*, Budapest 1988.

Endres, F. C.: *Türkische Frauen*, München 1916.

Engel, W.: *Die Rats-Chronik der Stadt Würzburg*, Würzburg 1950.

Engelbrecht, B.: *Töpferinnen in Mexiko*, Basel 1987.

Engelmann, G. J.: *Die Geburt bei den Urvölkern*, Wien 1884.

Ennen, E.: *Frauen im Mittelalter*, München 1984.

Enßlin, H.: »Geschichte der ehemaligen Freien Reichsstadt Bopfingen« in *Bopfingen*, ed. K. Theiss, Stuttgart 1971.

Epstein, A. L.: *The Experience of Shame in Melanesia*, London 1984.

Epstein, L. M.: *Sex Laws and Customs in Judaism*, New York 1948.

Epton, N.: *Eros und die Franzosen*, Hamburg 1962.

Erikson, E. H.: *Kindheit und Gesellschaft*, Zürich 1957.

Erlich, M.: »Infibulation féminine et phallicisation de la vulve« in *George Devereux zum 75. Geburtstag*, ed. E. Schröder/D. H. Frießem, Braunschweig 1984.

Ernst, L.: *Die Geschichte des Dorfes Malsch*, Malsch 1954.

Estermann, R. P. C.: »Quelques observations sur les Bochimans !Kung de l'Angola méridionale«, *Anthropos* 1949.

Estioko, A. A./P. B. Griffin: »The Ebuked Agta of Northeastern Luzon«, *Philippine Quarterly of Culture and Society* 1975.

Evans, I. H. N.: *Studies in Religion, Folk-Lore, & Custom in British North Borneo and the Malay Peninsula*, Cambridge 1923.

Evans-Pritchard, E. E.: »A Note on Courtship Among the Nuer«, *Sudan Notes and Records* 1947.

–: »Nuer Marriage Ceremonies«, *Africa* 1948.

–: »Marriage Customs of the Luo of Kenya«, *Africa* 1950.

–: *Nuer Religion*, London 1956.

–: *The Position of Women in Primitive Societies*, London 1965.

–: Mündliche Mitteilung vom 30. Januar 1971.

–: »Some Notes on Zande Sex Habits«, *American Anthropologist* 1973.

Eylmann, E.: *Die Eingeborenen Südaustraliens*, Berlin 1908.

Falck, L.: *Mainz in seiner Blütezeit als freie Stadt*, Düsseldorf 1973.

Farabee, W. C.: *The Central Arawaks*, Philadelphia 1918.

Faris, J. C.: »Some Aspects of Clanship & Descent Amongst the Nuba of South-Eastern Kordofan«, *Sudan Notes and Records* 1968.

–: »Sibling Terminology and Cross-Sex Behavior: Data from the South-eastern Nuba Mountains«, *American Anthropologist* 1969.

–: *Nuba Personal Art*, London 1972.

–: »The Productive Basis of Aesthetic Traditions« in *Art in Society*, ed M. Greenhalgh / V. Megaw, London 1978.

Fasbender, H.: *Geschichte der Geburtshülfe*, Jena 1906.

Faunce, S./L. Nochlin: *Courbet Reconsidered*, New Haven 1988.

Favre, A.: *Ich, Adeline, Hebamme aus dem Val d'Anniviers*, Darmstadt 1985.

Faye, D.: *Mort et naissance: Le monde Sereer*, Dakar 1983.

Febvre, L.: *Das Gewissen des Historikers*, Berlin 1988.

Fecht, O.: *Die Gewerbe der Stadt Zürich im Mittelalter*, Lahr 1909.

Fechter, D. A.: »Topographie mit Berücksichtigung der Cultur- und Sittengeschichte« in *Basel im vierzehnten Jahrhundert*, Basel 1856.

Feil, D. K.: *The Evolution of Highland Papua New Guinea*, Cambridge 1987.

Fekete, S.: »Die Geburtshilfe zur Zeit Semmelweis'«, *Clio Medica* 1970.

Felber, A.: *Unzucht und Kindsmord in der Rechtsprechung der freien Reichsstadt Nördlingen vom 15. bis 19. Jahrhundert*, Bonn 1961.

Feller, R.: *Geschichte Berns*, Bd. I, Bern 1949.

Ferckel, C.: *Die Gynäkologie des Thomas von Brabant*, München 1912.

Ferdon, E. N.: *Early Tahiti*, Tucson 1981.

Fesche, C.-F.-P.: »Aus dem Schiffstagebuch« in *Bougainvilles Reise um die Welt*, ed. K.-G. Popp, Berlin 1977.

Feyerabend, P.: *Erkenntnis für freie Menschen*, Frankfurt/M. 1980.

–: »Rückblick« in *Versuchungen*, Bd. II, ed. H. P. Duerr, Frankfurt/M. 1981.

–: *Irrwege der Vernunft*, Frankfurt/M. 1989.

Field, J. H.: »Sexual Themes in Ancient and Primitive Art« in *The Erotic Arts*, ed. P. Webb, Boston 1975.

Filedt Kok, J. P.: *Vom Leben im späten Mittelalter*, Amsterdam 1985.

Fink, H.: *Die Sieben Todsünden in der mittelenglischen erbaulichen Literatur*, Hamburg 1969.

Finsch, O.: »Über die Bewohner von Ponapé (östliche Carolinen)«, *Zeitschrift für Ethnologie* 1880.

Firth, R.: *We, the Tikopia*, London 1936.

–: Mündliche Mitteilung vom 9. April 1968.

Fischer, A.: *Geschichte des deutschen Gesundheitswesens*, Bd. I, Berlin 1933.

Fischer, F. J.: »Der Abdecker«, *Österreichische Zeitschrift für Volkskunde* 1962.

Fischer, G.: *Volk und Geschichte*, Kulmbach 1962.

Fischer, H. T.: »The Clothes of the Naked Nuer«, *Internationales Archiv für Ethnographie* 1966.

Fischer, J. L.: »Birth on Ponape: Myth and Reality« in *Die Geburt aus ethnomedizinischer Sicht*, ed. W. Schiefenhövel/D. Sich, Braunschweig 1983.

Fischer, W. G.: *Gustav Klimt und Emilie Flöge*, Wien 1987.

Fischer-Homberger, E.: »Hebammen und Hymen«, *Sudhoffs Archiv* 1977.

–: *Medizin vor Gericht*, Bern 1983.

–: *Krankheit Frau*, Frankfurt/M. 1984.

Fisher, E. A.: »Theodora and Antonina in the Historia Arcana«, *Arethusa* 1978.

Fisher, R.: »Cook and the Nootka« in *Captain James Cook and His Times*, ed. R. Fisher/H. Johnston, London 1979.

Flandrin, J.-L.: »Späte Heirat und Sexualleben« in *Schrift und Materie der Geschichte*, ed. C. Honegger, Frankfurt/M. 1977.

Flegon, A.: *Eroticism in Russian Art*, London 1976.

Fletcher, A. C./F. LaFleche: »The Omaha«, *27th Annual Report of the Bureau of American Ethnology*, Washington 1911.

Foltz, M.: *Urkundenbuch der Stadt Friedberg*, Marburg 1904.

Forbes, T. R.: »The Regulation of English Midwives in the 16th and 17th Centuries«, *Medical History* 1964.

–: *The Midwife and the Witch*, New Haven 1966.

–: »A Jury of Matrons«, *Medical History* 1988.

Ford, C. S.: *A Comparative Study of Human Reproduction*, New Haven 1945.

Forster, G.: *Werke*, Berlin 1965 ff.

–: »Fragmente über Capitain Cooks letzte Reise und sein Ende« in H. Zimmermann: *Reise um die Welt mit Capitain Cook*, Frankfurt/M. 1981.

Forster, J. R.: *Bemerkungen über Gegenstände der physischen Erdbeschreibung, Naturgeschichte und sittliche Philosophie auf seiner Reise um die Welt gesammelt*, Berlin 1783.

–: *The ›Resolution‹ Journal, 1772-1775*, ed. M. E. Hoare, London 1982.

Fortes, M.: *Time and Social Structure*, London 1970.

Forth, G. L.: *Rindi*, The Hague 1981.

Fossier, R.: »Europe's Second Wind« in *The Cambridge Illustrated History of the Middle Ages*, Bd. III, ed. R. Fossier, Cambridge 1986.

Foster, G. M.: »Euphemisms and Cultural Sensitivity in Tzintzuntzan«, *Anthropological Quarterly* 1966.

–: *Tzintzuntzan*, Boston 1967.

Foster, N.: *Die Pilger*, Frankfurt/M. 1982.

Foucault, M.: *Die Geburt der Klinik*, Frankfurt/M. 1976.

–: *Sexualität und Wahrheit*, Bd. II, Frankfurt/M. 1986.

Fowler, W. W.: *The Roman Festivals of the Period of the Republic*, Oxford 1899.

Franklin, A.: *La vie privée d' autrefois*, Bd. IX, Paris 1898.

Franco, J.: »Killing Priests, Nuns, Women, Children« in *On Signs*, ed. M. Blonsky, Oxford 1985.

Frankfort, E.: *Vaginal Politics*, New York 1972.

Fraser, F.: *The English Gentlewoman*, London 1987.

Freeman, D.: *Margaret Mead and Samoa*, Cambridge 1983.

Frembgen, U.: Brief vom 27. Juli 1989.

French, A. P./H. L. Nelson: »Genital Self-Mutilation in Women«, *Archives of General Psychiatry* 1972.

Frensdorff, F.: *Dortmunder Statuten und Urtheile*, Halle 1882.

Freud, S.: *Gesammelte Werke*, Bd. V, London 1942.

–: *Drei Abhandlungen zur Sexualtheorie*, Frankfurt/M. 1961.

Frevert, U.: *Krankheit als politisches Problem 1770-1880*, Göttingen 1984.

–: *Frauen-Geschichte*, Frankfurt/M. 1986.

Frey, E. F.: »Early Eighteenth-Century French Medicine«, *Clio Medica* 1982.

Freyermuth, G. S./R. Fabian: *Der erotische Augenblick*, Hamburg 1984.

Friederichsen, L.: *Südsee Typen. Anthropologisches Album des Museum Godeffroy*, Hamburg 1881.

Friedman, J.: *Blasphemy, Immorality and Anarchy: The Ranters and the English Revolution*, Athens 1987.

Fritsch, G.: »Akka-Mädchen«, *Zeitschrift für Ethnologie* 1896.

Fritz, G.: »Westheim im Mittelalter« in *Westheim am Kocher*, ed. G. Bazlen, Sigmaringen 1988.

Frontisi-Ducroux, F.: »Au miroir du masque« in *La cité des images*, Lausanne 1984.

Froriep, L. F.: *Theoretisch-praktisches Handbuch der Geburtshülfe*, Weimar 1806.

Fryer, P.: *Mrs Grundy: Studies in English Prudery*, London 1963.

Fuchs, E.: *Die Frau in der Karikatur*, München 1928.

Fuchs, P.: *Das Antlitz der Afrikanerin*, Stuttgart 1966.

–: *Sudan*, Wien 1977.

–: Brief vom 15. Dezember 1986.

Fürer-Haimendorf, C. v.: *Die nackten Nagas*, Leipzig 1940.

Fujikawa, Y.: *Geschichte der Medizin in Japan*, Tōkyō 1911.

Funke, A.: »Zum Thema ›Krankenpflege und Sittlichkeit‹«, *Deutsche Krankenpflege-Zeitung* 1900.

Furnas, J. C.: *Anatomy of Paradise*, New York 1937.

Furth, C.: »Concepts of Pregnancy, Childbirth, and Infancy in Ch'ing Dynasty China«, *Journal of Asian Studies* 1987.

el-Gabalawy, S.: »The Trend of Naturalism in Libertine Poetry of the Later English Renaissance«, *Renaissance and Reformation* 1988.

Gabler, S.: *Das Hebammenwesen im Nördlingen des 16. Jahrhunderts*, München 1985.

Gabrielsson, P.: »Die Zeit der Hanse 1300-1517« in *Hamburg*, Bd. I, ed. W. Jochmann/H.-D. Loose, Hamburg 1982.

Ganz, W.: *Winterthur*, Winterthur 1960.

Gardi, R.: *Kirdi*, Bern 1955.

Garvan, J. M.: *The Negritos of the Philippines*, Horn 1964.

Gauguin, P.: *Noa Noa*, Stockholm 1947.

–: *Noa Noa*, ed. N. Wadley, Oxford 1985.

Gawliczek, O. H./W. E. Senk/H. Hatzig: *Chronik der Ärzte Mannheims*, Mannheim 1978.

Gaylin, W.: *Gefühle*, München 1988.

Gebauer, G./C. Wulf: »Die Spiele der Gewalt« in *Körper- und Einbildungskraft*, ed. G. Gebauer, Berlin 1988.

Gehrke, C.: »Über weibliche Schaulust« in *Sexualität heute*, ed. M. Heuer/ K. Pacharzina, München 1986.

Geiger, G.: *Die Reichsstadt Ulm vor der Reformation*, Ulm 1971.

Geizkofler, L.: *Seine Selbstbiographie*, ed. A. Wolf, Wien 1873.

Gengler, H. G. P.: *Deutsche Stadtrechts-Altertümer*, Erlangen 1882.

Gény, J.: *Oberrheinische Stadtrechte*, Bd. III, Heidelberg 1902.

Georg-Lauer, J.: »Nackte Scham: Hans Peter Duerrs Buch über den Zivilisationsprozeß«, *Neue Zürcher Zeitung*, 5. Mai 1988.

George, M.: *Women in the First Capitalist Society*, Urbana 1988.

Geremek, B.: *Les marginaux parisiens aux XIVe et XVe siècles*, Paris 1976.

–: »Der Außenseiter« in *Der Mensch des Mittelalters*, ed. J. Le Goff, Frankfurt/M. 1989.

Gernhuber, J.: »Strafvollzug und Unehrlichkeit«, *Zeitschrift der Savigny-Stiftung für Rechtsgeschichte, Germ. Abt.* 1957.

Gewecke, F.: *Wie die neue Welt in die alte kam*, Stuttgart 1986.

Ghalioungui, P.: *Magic and Medical Science in Ancient Egypt*, London 1963.

–: *The House of Life: Per Ankh*, Amsterdam 1973.

–: *The Physicians of Pharaonic Egypt*, Cairo 1983.

al-Ghazālī, A. H.: *Über die guten Sitten beim Essen und Trinken*, ed. H. Kindermann, Leiden 1964.

Gibson, W.: *Women in Seventeenth-Century France*, Houndmills 1989.

Giddens, A.: *Die Konstitution der Gesellschaft*, Frankfurt/M. 1988.

Gies, F./J. Gies: *Women in the Middle Ages*, New York 1978.

Gillis, J. R.: *For Better, for Worse: British Marriages, 1600 to the Present*, Oxford 1985.

Gilman, S. L.: »Leonardo Sees Him-Self«, *Social Research* 1987.

Ginter, G.: *Chronik von Bretten*, Bretten 1967.

Girouard, M.: *Die Stadt*, Frankfurt/M. 1987.

Gladwin, T./S. B. Sarason: *Truk: Man in Paradise*, New York 1953.

Glasscheib, H. S.: *Das Labyrinth der Medizin*, Reinbek 1961.

Gleichen-Rußwurm, A. v.: »Sittengeschichte des Bades« in *Sittengeschichte des Intimen*, ed. L. Schidrowitz, Wien 1926.

Gobert, E. G.: »Le pudendum magique et le problème des cauris«, *Revue africaine* 1951.

Godelier, M.: *Die Produktion der Großen Männer*, Frankfurt/M. 1987.

–: Persönliche Mitteilung vom 6. Februar 1990.

Göbel, G./D. Hüppner: »Der Affe in Erzählungen der Völker«, *Hessische Blätter für Volks- und Kulturforschung* 1985.

Göttmann, F.: *Handwerk und Bündnispolitik*, Wiesbaden 1977.

Goetz, L. K.: »Koseworte, Scherz- und Schimpfworte für die Liebenden im Volkslied der Kroaten und Serben«, *Zeitschrift für Volkskunde* 1931.

Goldmann, O.: *Nacktheit, Sitte und Gesetz*, Bd. I, Dresden 1924.

Gonthier, N.: »Délinquantes ou victimes: les femmes dans la société lyonnaise du XVe siècle«, *Revue Historique* 1984.

Goodale, J. C.: *Tiwi Wives*, Seattle 1974.

Goodman, F.: Brief vom 14. März 1986.

Goodrich, L.: *Thomas Eakins*, Washington 1982.

Goody, E.: Persönliche Mitteilung vom 24. Februar 1990.

Goubert, P./D. Roche: *Les Français et L'Ancien Régime*, Bd. II, Paris 1984.

Gourevitch, D.: »Déontologie médicale: quelques problèmes«, *Mélanges d'archéologie et d'histoire* 1970.

Graber, G.: »Alte Gebräuche bei der Flachsernte in Kärnten«, *Zeitschrift für österreichische Volkskunde* 1911.

Grabrucker, M.: »Zur ›Vertreibung der weisen Frauen‹« in *Vater, Mutter, Kind*, ed. U. Zischka, München 1987.

–: *Vom Abenteuer der Geburt*, Frankfurt/M. 1989.

Graf, K.: »Gmünd im Spätmittelalter« in *Geschichte der Stadt Schwäbisch Gmünd*, ed. K. J. Herrmann, Stuttgart 1984.

Graf-Nold, A.: »Weiblichkeit in Wissenschaft und Wissenschaftspolitik am Beispiel der frühen Kontroverse über das Medizinstudium der Frauen in Zürich 1872« in *Ebenso neu als kühn*, ed. K. Belser et al., Zürich 1988.

Graham, H.: *Eternal Eve*, London 1960.

Grammer, K.: »Human Courtship Behaviour« in *The Sociobiology of Sexual and Reproductive Strategies*, ed. A. E. Rasa et al., London 1989.

Granet, M.: *Die chinesische Zivilisation*, München 1976.

Grass, K. K.: *Die russischen Sekten*, Bd. II, Leipzig 1914.

Grasselli, M. M./P. Rosenberg/N. Parmantier: *Watteau*, Paris 1984.

Graus, F.: »Die Randständigen« in *Unterwegssein im Spätmittelalter*, ed. P. Moraw, Berlin 1985.

Green, R.: »Exposure to Explicit Sexual Materials and Sexual Assault« in *The Psychology of Women*, ed. M. R. Walsh, New Haven 1987.

Gref, M.: *Frauen in Algerien*, Köln 1989.

Gregor, T.: *Mehinaku*, Chicago 1977.

–: »Secrets, Exclusion, and the Dramatization of Men's Roles« in *Brazil: Anthropological Perspectives*, ed M. L. Margolis/W. E. Carter, New York 1979.

–: *Anxious Pleasures: The Sexual Lives of an Amazonian People*, Chicago 1985.

Gregory, G.: *Medical Morals*, New York 1852.

Gregory S.: *Letter to Ladies, In Favor of Female Physicians for Their Own Sex*, Boston 1856.

Greiner, U.: »Nackt sind wir alle: Über den sinnlosen Kampf des Ethnologen Hans Peter Duerr gegen den Soziologen Norbert Elias«, *Die Zeit*, 20. Mai 1988.

Gremliza, L.: »Geburtshilfe in einer persisch-arabischen Kleinstadt«, *Deutsche Medizinische Wochenschrift* 1953.

Grigson, W. V.: *The Maria Gonds of Bastar*, London 1938.

Grimm, J.: *Weisthümer*, Bd. I, Göttingen 1840.

Grimm, J./W. Grimm: *Deutsches Wörterbuch*, Leipzig 1951 ff.

Groten, M.: *Beschlüsse des Rates der Stadt Köln 1320-1550*, Bd. III, Düsseldorf 1988.

Groult, B.: Ödipus' Schwester, München 1985.
Gruber, H.-G.: Christliches Eheverständnis im 15. Jahrhundert, Regensburg 1989.
Grundler, M.: »Der Vogel im Käfig – ein Sinnbild«, Volkskunst, November 1989.
Grupe, G.: »Bevölkerungsentwicklung im Mittelalter« in Zusammenhänge, Einflüsse, Wirkungen, ed. J. O. Fichte et al., Berlin 1986.
Guano, E.: Alcheringa: L'integrazione etno-estetica nell'opera di Hans Peter Duerr, Arezzo 1989.
Gubalke, W.: Die Hebamme im Wandel der Zeiten, Hannover 1964.
Guenther, M. G.: »From ›Brutal Savages‹ to ›Harmless People‹«, Paideuma 1980.
–: Brief vom 3. März 1986.
Guerra, F.: »Maya Medicine«, Medical History 1964.
Guiraud, P.: Dictionnaire érotique, Paris 1978.
van Gulik, R. H.: Sexual Life in Ancient China, Leiden 1961.
–: »Sex and Erotica: Japan« in Encyclopedia of World Art, Bd. XII, ed. M. Pallottino, New York 1972.
Gulliver, P./P. H. Gulliver: The Central Nilo-Hamites, London 1953.
Gundersheimer, W. L.: »Eleanora of Aragon and the Court of Ferrara« in Beyond Their Sex, ed. P. H. Labalme, New York 1984.
Gusinde, M.: »Die Ayom-Pygmäen auf Neu-Guinea«, Anthropos 1958.
Guthrie, R. D.: Body Hot Spots, New York 1976.
Gutmann, B.: Die Stammeslehren der Dschagga, Bd. III, München 1938.
Guyot, M.: »La maison des Indiens Bora et Miraña«, Journal de la Société des Américanistes 1972.

Haas, A.: Aus der Nüwenstat, Neustadt a. d. W. 1951.
Haberland, E.: Galla Süd-Äthiopiens, Stuttgart 1963.
Haenselmann, L.: Urkundenbuch der Stadt Braunschweig, Bd. II, Braunschweig 1845.
Hagemann, H.-R.: Basler Rechtsleben im Mittelalter, Basel 1981.
Haindl, M. A.: »Eine Liebesheirat ist, wenn beide nichts haben« in Vater, Mutter, Kind, ed. U. Zischka, München 1987.
Hakemeyer, U./G. Keding: »Zum Aufbau der Hebammenschulen in Deutschland im 18. und frühen 19. Jahrhundert« in Zur Geschichte der Gynäkologie und Geburtshilfe, ed. L. Beck, Heidelberg 1986.
Hall, E. S.: »Interior North Alaska Eskimo« in Handbook of North American Indians, Bd. V, ed. D. Damas, Washington 1984.
Hallowell, A. I.: Culture and Experience, Philadelphia 1955.
Hallpike, C. R.: Bloodshed and Vengeance in the Papuan Mountains, Oxford 1977.
Hambly, W. D.: The Ovimbundu of Angola, Chicago 1934.
Hammer-Tugendhat, D.: »Erotik und Inquisition: Zum ›Garten der Lüste‹ von Hieronymus Bosch« in Der Garten der Lüste, ed. R. Berger/D. Hammer-Tugendhat, Köln 1985.
Hampe, T.: Die fahrenden Leute in der deutschen Vergangenheit, Leipzig 1902.

Hanauer, W.: »Die Geschichte der Prostitution« in *Einführung in das Studium der Prostitutionsfrage*, ed. A. Pappritz, Leipzig 1919.

Hanbury-Tenison, R./V. Englebert: *Die Yanomami*, Amsterdam 1982.

Handy, E. S./M. K. Pukui: *The Polynesian Family System in Ka-ʿu, Hawaiʿi*, Wellington 1958.

Hane, M.: *Peasants, Rebels and Outcasts*, New York 1982.

Hansen, W.: *Wonne in der Wanne*, München 1967.

Hanson, F. A./L. Hanson: *Counterpoint in Maori Culture*, London 1983.

Happe, B.: Rezension von H. P. Duerrs *Nacktheit und Scham*, *Zeitschrift für Volkskunde* 1989.

Harksen, S.: *Die Frau im Mittelalter*, Leipzig 1974.

Harms, W.: *Deutsche illustrierte Flugblätter des 16. und 17. Jahrhunderts*, Bd. I, Tübingen 1985.

Harriet, W./B. Klein: *Geschichte der Prostitution aller Völker*, Berlin 1904.

Harris, B. J.: »Power, Profit, and Passion: Mary Tudor, Charles Brandon, and the Arranged Marriage in Early Tudor England«, *Feminist Studies* 1989.

Harris, M.: *America Now*, New York 1981.

Hart, C. W. M./A. R. Pilling: *The Tiwi of North Australia*, New York 1960.

Hartfelder, K.: »Kirchenvisitation der Stadt Heidelberg 1582«, *Zeitschrift für die Geschichte des Oberrheins* 1881.

Hartmann, G.: *Xingú*, Berlin 1986.

–: Brief vom 9. Dezember 1987.

–: Brief vom 27. Januar 1988.

–: »Vorstellungen über Herkunft, Geburt und Tod bei den Pau d'Arco-Kayapó, Zentral-Brasilien«, *Zeitschrift für Ethnologie* 1988.

Hartung, W.: *Die Spielleute*, Wiesbaden 1982.

–: »Gesellschaftliche Randgruppen im Spätmittelalter« in *Städtische Randgruppen und Minderheiten*, ed. B. Kirchgässner/F. Reuter, Sigmaringen 1986.

Hatt, J.: *Une ville du XVᵉ siècle: Strasbourg*, Straßburg 1929.

Hauser-Schäublin, B.: »Prostitution: Der fatale Irrtum. Das Mißverstehen weiblicher Sexualität in der Südsee durch die ersten Europäer« in *Sexualität*, Basel 1987.

Haverkamp, A.: »Die Juden im mittelalterlichen Trier«, *Kurtrierisches Jahrbuch* 1979.

Headland, T. N.: »The Casiguran Dumagats Today and in 1936«, *Philippine Quarterly of Culture and Society* 1975.

Hearn, L.: *Nippon*, Köln 1981.

Heermann, I.: *Mythos Tahiti*, Berlin 1987.

Hegel, C.: *Die Chroniken der fränkischen Städte: Nürnberg*, Bd. III, Leipzig 1864; Bd. IV, 1872; Bd. V, 1874.

–: *Die Chroniken der baierischen Städte: Regensburg*, Leipzig 1878.

Hegel, K. v./F. Roth: *Die Chroniken der schwäbischen Städte: Augsburg*, Leipzig 1896.

Heider, K. G.: *Grand Valley Dani*, New York 1979.

Heiler, F.: *Die Frau in den Religionen der Menschheit*, Berlin 1977.

Heinsohn, G./O. Steiger: *Die Vernichtung der weisen Frauen*, Herbstein 1985.

Heinz, H. J.: »Hygienic Attitudes and Practices of the !Ko Bushmen« in *Ethnomedicine and Social Medicine in Tropical Africa*, ed. S. Paul, Hamburg 1975.

Heinz, H.-J./M. Lee: *Namkwa*, London 1978.

Heinz-Mohr, G./V. Sommer: *Die Rose*, München 1988.

Helfrich, K.: »Sexualität und Repression in der Kultur der Maya«, *Baessler-Archiv* 1972.

Hellbusch, S.: »Die Frauen der Aranda nach Aufzeichnungen des Missionars Wettengel«, *Zeitschrift für Ethnologie* 1941.

Heller, N. G.: *Women Artists*, New York 1987.

Hellwald, F. v.: *Die menschliche Familie*, Leipzig 1889.

Henderson, G. E./M. S. Cohen: *The Chinese Hospital*, New Haven 1984.

Henderson, K. U./B. F. McManus: *Half Humankind: Contexts and Texts of the Controversy About Women in England, 1540-1640*, Urbana 1985.

Hengel, M.: *Judentum und Hellenismus*, Tübingen 1988.

Henn, A.: *Reisen in vergangene Gegenwart*, Berlin 1988.

Henslin, J. M./M. A. Biggs: »Dramaturgical Desexualization: The Sociology of the Vaginal Examination« in *Studies in the Sociology of Sex*, ed. J. M. Henslin, New York 1971.

Hentze, H.: *Sexualität in der Pädagogik des späten 18. Jahrhunderts*, Frankfurt/M. 1979.

Herbert, W.: *Eskimos: Menschen im Land des Langen Tages*, Esslingen 1976.

Herdt, G. H.: *Guardians of the Flutes*, New York 1981.

–: »Ritualized Homosexual Behavior in the Male Cults of Melanesia« in *Ritualized Homosexuality in Melanesia*, ed. G. Herdt, Berkeley 1984.

Herold, R.: »Sexualität auf japanisch« in *Die Frau*, ed. G. Hielscher, Berlin 1980.

Herrlinger, R.: *Geschichte der medizinischen Abbildungen*, Bd. I, München 1967.

Hershman, P.: »Virgin and Mother« in *Symbols and Sentiments*, ed. I. Lewis, London 1977.

Hertel, G.: *Urkundenbuch der Stadt Magdeburg*, Bd. II, Halle 1894.

Herter, H.: »Genitalien« in *Reallexikon für Antike und Christentum*, Bd. X, ed. T. Klauser, Stuttgart 1976.

Herzog, T.: *Landshuter Urkundenbuch*, Neustadt a.d.A. 1963.

Heß, L.: *Die deutschen Frauenberufe des Mittelalters*, München 1940.

Heuer, B. N.: »Maori Women in Traditional Family and Tribal Life«, *Journal of the Polynesian Society* 1969.

Heukemes, B.: Brief vom 24. August 1988.

Hibbert, C.: *Venice*, London 1988.

Hierhammer, O.: »Brauch und Sitte im Zunft- und Handwerksleben der Stadt Waidhofen an der Ybbs«, *Österreichische Zeitschrift für Volkskunde* 1974.

Hildebrandt, H.-J.: »Classical Evolutionism: A Reinterpretation«, *Research* 3, 1985.

Hilgard-Villard, H.: *Urkunden zur Geschichte der Stadt Speyer*, Straßburg 1885.

Hilger, M. I.: *Together With the Ainu*, Norman 1971.

Hill, B. H.: »The Grain and the Spirit in Mediaeval Anatomy«, *Speculum* 1965.

Himmelheber, H.: *Der Gute Ton bei den Negern*, Heidelberg 1957.

–: Mündliche Mitteilung vom 16. März 1986.

Himmelheber, U.: Mündliche Mitteilung vom 16. März 1986.

Hinz, B.: *Art in the Third Reich*, Oxford 1980.

Hippokrates: *Die Frauenkrankheiten*, Bd. I, ed. R. Kapferer, Stuttgart 1939.
Hirschfeld, M.: *Geschlechtsverirrungen*, Konstanz o.J.

Hirschfeld, M./R. Linsert: »Die Homosexualität im Mittelalter« in *Sittengeschichte des Lasters*, ed. L. Schidrowitz, Wien 1927.

Hirth, G.: *Kulturgeschichtliches Bilderbuch aus drei Jahrhunderten*, New York 1972.

Hite, S.: *Hite-Report*, München 1977.

Hobley, C. W.: *Bantu Beliefs and Magic*, London 1938.

Hobson, B. M.: *Uneasy Virtue*, New York 1987.

Hodgson, A. G. O.: »Some Notes on the Wahehe of Mahenge District, Tanganyika Territory«, *Journal of the Royal Anthropological Institute* 1926.

Hoenninger, W.: »Der Brückenaffe von Heidelberg«, *Kurpfälzer Jahrbuch* 1929.

Hoepke, H.: *Alt Heidelberg*, Heidelberg 1971.

Hoevels, F. E.: »Das Tabu der Nacktheit«, *System ubw*, Juni 1984.

Hofer, P.: *Die Kunstdenkmäler des Kantons Bern*, Bd. I, Basel 1952.

Hoffmann, D.: »Der nackte Mensch«, *Kritische Berichte* 3, 1989.

Hoffmann, E.: »Lübeck im Hoch- und Spätmittelalter« in *Lübeckische Geschichte*, ed. A. Graßmann, Lübeck 1988.

Hoffmann, H.: *Würzburger Polizeisätze*, Würzburg 1955.

Hoffmann, K.: »Konrad Sam (1483-1533), der Prediger des Rats zu Ulm« in *Die Einführung der Reformation in Ulm*, ed. H. E. Specker/G. Weig, Ulm 1981.

Hoffmann, R.: »Die Augsburger Bäder und das Handwerk der Bader«, *Zeitschrift des Historischen Vereins für Schwaben und Neuburg* 1885.

Hogbin, I.: »The Sexual Life of the Natives of Ontong Java (Solomon Islands)«, *Journal of the Polynesian Society* 1931.

–: »Puberty to Marriage: A Study of the Sexual Life of the Natives of Wogeo, New Guinea«, *Oceania* 1946.

Hohl, A. F.: *Die Geburtshülfliche Exploration*, Bd. I, Halle 1833.

Hohlweg, A.: »John Actuarius' ›De methodo medendi‹« in *Dumbarton Oaks Papers*, Bd. 38, ed. J. Scarborough, Washington 1983.

Holländer, E.: *Die Karikatur und Satire in der Medizin*, Stuttgart 1905.

–: *Die Medizin in der klassischen Malerei*, Stuttgart 1923.

Holle, W./G. Holle: *Geschichte der Stadt Bayreuth*, Bayreuth 1901.

Hollstein, F. W. H.: *Dutch and Flemish Engravings and Woodcuts, ca. 1450-1700*, Bd. VII, Amsterdam 1956.

Holmberg, A. R.: *Nomads of the Long Bow*, Washington 1950.

Holmes, L. D.: Brief vom 18. Februar 1986.

–: »Über Sinn und Unsinn von *restudies*« in *Authentizität und Betrug in der Ethnologie*, ed. H. P. Duerr, Frankfurt/M. 1987.

Holmsten, G.: *Die Berlin-Chronik*, Düsseldorf 1987.

Homans, H.: »Pregnancy and Birth as Rites of Passage for Two Groups of Women in Britain« in *Ethnography of Fertility and Birth*, ed. C. P. Mac-Cormack, London 1982.

Honegger, N.: »Beiträge zu einer Geschichte des Fuldaer Medizinalwesens«, *Fuldaer Geschichtsblätter* 1979.

Honig, E./G. Hershatter: *Personal Voices: Chinese Women in the 1980's*, Stanford 1988.

Honigmann, J. J.: *The Kaska Indians*, New Haven 1954.

–: »The Great Whale River Eskimo«, *Anthropological Papers of the University of Alaska* 1960.

Honigmann, J. J./I. Honigmann: »Child Rearing Patterns Among the Great Whale River Eskimo«, *Anthropological Papers of the University of Alaska* 1953.

–: *Eskimo Townsmen*, Ottawa 1965.

Honneth, A./H. Joas: *Social Action and Human Nature*, Cambridge 1988.

Hopfner, T.: *Das Sexualleben der Griechen und Römer*, Bd. I, Prag 1938.

Houlbrooke, R.: *English Family Life, 1576-1716*, Oxford 1988.

Howard, A./I. Howard: »Pre-Marital Sex and Social Control Among the Rotumans«, *American Anthropologist* 1964.

Howell, M. C.: »Citizenship and Gender: Women's Political Status in Northern Medieval Cities« in *Women and Power in the Middle Ages*, ed. M. Erler/M. Kowaleski, Athens 1988.

Huard, O./M. Wong: *La médecine chinoise au cours des siècles*, Paris 1959.

Huber, R.: *Sexualität und Bewußtsein*, München 1977.

–: »Aphroditenkult und Sexualwiderstand«, *Sexualmedizin* 1981.

–: »Muß man wegschauen? Das Genitale im Bild« in *Ich stelle mich aus*, ed. G.-K. Kaltenbrunner, Freiburg 1984.

–: Brief vom 25. September 1986.

Hübotter, F.: *Die Chinesische Medizin*, Leipzig 1929.

Hüllmann, K. D.: *Städtewesen des Mittelalters*, Bd. IV, Bonn 1829.

Huerkamp, C.: *Der Aufstieg der Ärzte im 19. Jahrhundert*, Göttingen 1985.

Huffman, R.: *Nuer Customs and Folk-Lore*, London 1931.

Huffschmid, M.: »Das Kettenkalb in Heidelberg«, *Mannheimer Geschichtsblätter* 1900.

Hufton, O. H.: *The Poor of Eighteenth-Century France*, Oxford 1974.

Hughes, D. O.: »Sumptuary Law and Social Relations in Renaissance Italy« in *Disputes and Settlements*, ed. J. Bossy, Cambridge 1983.

Huguet, E.: *Dictionnaire de la langue française du Seizième siècle*, Bd. IV, Paris 1946.

Hunger, H.: »Die Muschel als Sexualsymbol«, *Sexualmedizin* 1979.

–: »Topographie der Vulva«, *Sexualmedizin* 1981.

–: *Die Heilige Hochzeit*, Wiesbaden 1984.

Huntingford, G. W. B.: *The Southern Nilo-Hamites*, London 1953.

Huonker, T.: »Einführung« in E. Fuchs: *Illustrierte Sittengeschichte*, Bd. II, Frankfurt/M. 1985.

–: »Zivilisation und Prostitution«, *du* 4, 1988.

Hurd-Mead, K. C.: *A History of Women in Medicine*, Haddam 1938.

Hurel, E.: »Religion et vie domestique des Bakerewe«, *Anthropos* 1911.

Husband, T.: *The Wild Man*, New York 1980.

Husmann, R.: *Transkulturation bei den Nuba*, Göttingen 1984.

Huster, G.: »Die Verdrängung der Femme fatale und ihrer Schwestern« in *Inszenierung der Macht*, ed. K. Behnken et al., Berlin 1987.

Hyde, H. M.: *Geschichte der Pornographie*, Stuttgart 1965.

Ilberg, J.: »Aus Galens Praxis« in *Antike Medizin*, ed H. Flashar, Darmstadt 1971.

Ilfeld, F./R. Lauer: *Social Nudism in America*, New Haven 1964.

Illick, J. E.: »Kindererziehung in England und Amerika im 17. Jahrhundert« in *Hört ihr die Kinder weinen*, ed. L. DeMause, Frankfurt/M. 1977.

Imbault-Huart, M.-J.: *La médecine au Moyen Age*, Paris 1983.

Irle, J.: *Die Herero*, Gütersloh 1906.

Irmscher, J.: »Frau, Ehe und Familie in Byzanz«, *Jahrbuch für Geschichte des Feudalismus* 1985.

Irsigler, F./A. Lassotta: *Bettler und Gaukler, Dirnen und Henker*, Köln 1984.

Irwin, C.: »The Sociocultural Biology of Netsilingmiut Female Infanticide« in *The Sociobiology of Sexual and Reproductive Strategies*, ed. A. E. Rasa et al., London 1989.

Isenmann, E.: *Die deutsche Stadt im Spätmittelalter*, Stuttgart 1988.

Isler, H.-P.: Mündliche Mitteilung vom 13. Dezember 1989.

Israel, H.: »Kulturwandel grönländischer Eskimo im 18. Jahrhundert«, *Abhandlungen und Berichte des Staatlichen Museums für Völkerkunde Dresden* 1969.

Iten, O.: *Economic Pressures on Traditional Society*, Bern 1978.

–: *Schwarzer Sudan*, Kreuzlingen 1978.

–: »Die Nuba« in *Schwarz-Afrikaner*, ed. W. Raunig, Innsbruck 1980.

–: *Fungor*, Frankfurt/M. 1983.

Ivens, W. G.: *Melanesians of the South-east Solomon Islands*, London 1927.

Jackson, H. C.: »The Nuer of the Upper Nile Province«, *Sudan Notes and Records* 1923.

Jackson, R.: *Doctors and Diseases in the Roman Empire*, London 1988.

Jacobowitz, E. S./S. L. Stepanek: *The Prints of Lucas van Leyden*, Washington 1983.

Jacobs, E.: *Urkundenbuch der Stadt Wernigerode bis zum Jahre 1460*, Halle 1891.

Jacobs, M.: *Nude Painting*, London 1979.

Jacobson, D. A.: *Hidden Faces*, Ann Arbor 1980.

Jacquart, D./C. Thomasset: *Sexualité et savoir médical au Moyen Age*, Paris 1985.

Jacquier, H.: »Le mirage et l'exotisme tahitiens dans la littérature«, *Bulletin de la Société des Études Océaniennes* 1945.

Jäger, C.: *Schwäbisches Städtewesen des Mittelalters*, Bd. I, Stuttgart 1831.

Jahn, S. A.: »Zur Frage des zähen Fortlebens der Beschneidung der Frauen«, *Curare* 1980.

Jameson, E. M.: »Eighteenth Century Obstetrics and Obstetricians in the United States«, *Annals of Medical History* 1938.

Jansen, G.: *The Doctor-Patient Relationship in an African Tribal Society*, Assen 1973.

Janson, H. W.: *Apes and Ape Lore in the Middle Ages and the Renaissance*, London 1952.

Jaritz, G.: »Die ›Armen Leute‹ im Spital«, *Mitteilungen des Kremser Stadtarchivs* 1981.

Javert, C. T.: »James Platt White, a Pioneer in American Obstetrics and Gynecology«, *Journal of the History of Medicine* 1948.

Jean-Richard, P.: *L'Œuvre gravé de François Boucher*, Paris 1978.

Jeffery, P./R. Jeffery/A. Lyon: »Contaminating States: Midwifery, Childbearing and the State in Rural North India« in *Women, State and Ideology*, ed. H. Afshar, Houndmills 1987.

Jeffery R.: »Recognizing India's Doctors: The Institutionalization of Medical Dependency, 1918-39«, *Modern Asia Studies* 1979.

–: *The Politics of Public Health in India*, Berkeley 1988.

Jeffreys, M. D. W.: »The Nyama Society of the Ibibio Women«, *African Studies* 1956.

–: »Some Notes on the Igbo Female«, *Afrika und Übersee* 1970.

Jelicz, A.: *Das alte Krakau*, Leipzig 1981.

Jenness, D.: »The Life of the Copper Eskimos« *Report of the Canadian Arctic Expedition 1913-18*, Bd. XII, Ottawa 1922.

Jensen, A. E.: *Die drei Ströme*, Leipzig 1948.

Jentsch, T./R. Doetsch: *Keman, eine Siedlung im Hochland von Papua-Neuguinea*, Berlin 1986.

Jochimsen, M.: »Vorstoß in Tabuzonen der Kunst von Frauen« in *Spekulum*, ed. B. Claasen-Schamal/G. Götte, Berlin 1983.

Jörg, J. C. G.: *Über das physiologische und pathologische Leben des Weibes*, Bd. I, Leipzig 1820.

Johnson, S. K.: »The New Nudism vs. the Old Nudism, as Seen by a Non-Nude Female Anthropologist«, *New York Times Magazine* 4, Juni 1972.

Johnston, T. F.: »Community History and Environment as Wellspring of Inupiaq Eskimo Songtexts«, *Anthropos* 1988.

Jolly, A. T. H./F. G. G. Rose: »Field Notes on the Social Organization of Some Kimberley Tribes«, *Ethnographisch-Archäologische Zeitschrift* 1966.

Jonas, M.: »Idealisierung und Dämonisierung als Mittel der Repression« in *Der Widerspenstigen Zähmung*, ed. S. Wallinger/M. Jonas, Innsbruck 1986.

Jones, P. M.: *Medieval Medical Miniatures*, London 1984.

Jones, R. M.: »American Doctors and the Parisian Medical World, 1830-1840«, *Bulletin for the History of Medicine* 1973.

de Jongh, E.: »Erotica in vogelperspectief«, *Simiolus* 1969.

Jordan, B.: »Gebären oder entbunden werden?«, *Psychologie heute*, März 1982.

Joyce, T. A./E. Torday: »On the Ethnology of the South-Western Congo Free State«, *Journal of the Anthropological Institute of Great Britain and Ireland* 1907.

Jünger, A.: *Kleidung und Umwelt in Afrika*, Leipzig 1926.

Jütte, R.: »Vagantentum und Bettlerwesen bei Hans Jacob Christoffel von Grimmelshausen«, *Daphnis* 1980.

–: *Obrigkeitliche Armenfürsorge in deutschen Reichsstädten der frühen Neuzeit*, Köln 1984.

–: »Der Prototyp eines Vaganten: Hans von Straßburg« in *Das Buch der Vaganten*, ed. H. Boehncke/R. Johannsmeier, Köln 1987.

–: Brief vom 26. Mai 1988.

–: *Abbild und soziale Wirklichkeit des Bettler- und Gaunertums zu Beginn der Neuzeit*, Köln 1988.

–: »Windfang und Wetterhahn: Die Kleidung der Bettler und Vaganten im Spiegel der älteren Gaunersprache« in *Terminologie und Typologie mittelalterlicher Sachgüter*, Wien 1988.

–: »A Seventeenth-Century German Barber-Surgeon and His Patients«, *Medical History* 1989.

–: »Der anstößige Körper: Anmerkungen zu einer Semiotik der Nacktheit«, Ms. 1989.

Junker, A./E. Stille: *Zur Geschichte der Unterwäsche 1700-1960*, Frankfurt/M. 1988.

Junod, H. P.: *Bantu Heritage*, Johannesburg 1938.

Justice, B./R. Justice: *The Broken Taboo*, New York 1979.

Justinger, C.: *Berner-Chronik von Anfang der Stadt Bern bis in das Jahr 1421*, ed. E. Stierlin/J. R. Wyß, Bern 1819.

–: *Die Berner-Chronik*, ed. G. Studer, Bern 1871.

Kaiser, R./A. Pfleiderer: *Lehrbuch der Gynäkologie*, Stuttgart 1985.

Kalckhoff, A.: *Richard III.*, Bergisch Gladbach 1980.

–: »Was der Wieservater vom Fernsehen hält oder Die Ohnmacht des Lampengeistes« in *Der gläserne Zaun*, ed. R. Gehlen/B. Wolf, Frankfurt/M. 1983.

–: Brief vom 27. Juni 1988.

Kanner, L.: »A Philological Note on Sex Organ Nomenclature«, *Psychoanalytic Quarterly* 1945.

Karche, P. C. G.: *Jahrbücher der Herzogl. Sächs. Residenzstadt Coburg*, Bd. I, Coburg 1825.

Karkosch, K.: *Der nackte Mensch im Film*, Hamburg 1954.

Karlgren, B.: »Some Fecundity Symbols in Ancient China«, *Bulletin of the Museum of Far Eastern Antiquities of Stockholm* 1930.

Karras, R. M.: »The Regulation of Brothels in Later Medieval England«, *Signs* 1989.

Karutz, R.: *Unter Kirgisen und Turkmenen*, Berlin 1924.

Kaschuba, W./C. Lipp: *Dörfliches Überleben*, Tübingen 1982.

Kauczor, P. D.: »The Afitti Nuba of Gebel Dair and Their Relation to the Nuba Proper«, *Sudan Notes and Records* 1923.

Kaufman, M.: »The Admission of Women to 19th-Century American Medical Societies«, *Bulletin for the History of Medicine* 1976.

Kaufmann, G.: *Die Geschichte der Deutschen Universitäten*, Bd. I, Stuttgart 1888.

Kayankaya, I.: »Vorstellungen und Konzepte türkischer Frauen für den Bereich der Gynäkologie und Geburtshilfe« in *Die Geburt aus ethnomedizinischer Sicht*, ed. W. Schiefenhövel/D. Sich, Braunschweig 1983.

Keidel, J. E.: *Nacktes und Allzunacktes*, München 1909.

Keil, G.: »Die Frau als Ärztin und Patientin in der medizinischen Fachprosa des deutschen Mittelalters« in *Frau und spätmittelalterlicher Alltag*, ed. H. Appelt, Wien 1986.

Keimer, L.: *Remarques sur le tatouage dans l'Égypte ancienne*, Le Caïre 1948.

Kellenbenz, H.: »Ein französischer Reisebericht über Nürnberg und Franken vom ausgehenden 16. Jahrhundert«, *Mitteilungen des Vereins für Geschichte der Stadt Nürnberg* 1959.

Kelly, J. H.: *Yaqui Women*, Lincoln 1978.

Kennett, A.: *Bedouin Justice*, London 1925.

Kent, S. K.: *Sex and Suffrage in Britain, 1860-1914*, Princeton 1987.

Kentenich, H.: »Interview mit der Hebamme Perihan C.« in *Zwischen zwei Kulturen*, ed. H. Kentenich et al., Berlin 1984.

Kentler, H.: »›Das tut man (nicht)!‹«, *Spielen und Lernen*, August 1979.

Ketsch, P.: *Frauenarbeit im Mittelalter*, Düsseldorf 1983.

Kettemann, R.: *Heidelberg im Spiegel seiner ältesten Beschreibung*, Heidelberg 1986.

Keuls, E. C.: *The Reign of the Phallus*, New York 1985.

Kibre, P.: »The Faculty of Medicine at Paris, Charlatanism, and Unlicensed Medical Practices in the Later Middle Ages«, *Bulletin for the History of Medicine* 1953.

Kilchenmann, K.: *Die Organisation des zürcherischen Ehegerichts zur Zeit Zwinglis*, Zürich 1946.

Kilian, H.: *Die Geburtslehre*, Bd. I, Frankfurt/M. 1839; Bd. II. 1, 1840.

Kirchgässner, B.: *Wirtschaft und Bevölkerung der Reichsstadt Eßlingen im Spätmittelalter*, Eßlingen 1964.

Kirmeier, J.: *Die Juden und andere Randgruppen*, Landshut 1988.

–: »Juden im Mittelalter« in *Siehe der Stein schreit aus der Mauer*, ed. B. Deneke et al., Nürnberg 1988.

Kisch, G.: *Leipziger Schöffenspruchsammlung*, Leipzig 1919.

Kisch, G.: »The Yellow Badge in History«, *Historia Judaica* 1957.

Kitzinger, S.: »›Die Geburt ist im wesentlichen ein Geschlechtsakt‹« in *Die schöne Geburt*, ed. M. Schreiber, Hamburg 1981.

Kjellström, R.: *Eskimo Marriage*, Lund 1973.

Klapisch-Zuber, C.: »Die Frau und die Familie« in *Der Mensch des Mittelalters*, ed. J. Le Goff, Frankfurt/M. 1989.

Klein, G.: »Bildliche Darstellungen der weiblichen Genitalien vom 9. Jahrhundert bis Vesal« in *Alte und neue Gynaekologie*, ed. E. Aulhorn et al., München 1907.

Kleinspehn, T.: *Der flüchtige Blick*, Reinbek 1989.

Kleivan, I.: »Song Duels in West Greenland: Joking Relationship and Avoidance«, *Folk* 1971.

–: »West Greenland Before 1950« in *Handbook of North American Indians*, Bd. V, ed. D. Damas, Washington 1984.

Klessmann, E.: *Geschichte der Stadt Hamburg*, Hamburg 1988.

Klinger, D. M.: *Erotische Kunst in Europa 1500-1935*, Bd. 1a, Nürnberg 1983.

Kluckhohn, A.: *Friedrich der Fromme*, Nördlingen 1879.

Knapp, H.: *Alt-Regensburgs Gerichtsverfassung, Strafverfahren und Strafrecht bis zur Carolina*, Berlin 1914.

Knapp, H.: *Vom Kurpfalzdorf zur Hessenstadt*, Hemsbach 1987.

Knefelkamp, U.: *Das Gesundheits- und Fürsorgewesen der Stadt Freiburg im Breisgau im Mittelalter*, Freiburg 1981.

Knibiehler, Y. / C. Fouquet: *La femme et les médecins*, Paris 1983.

Knobloch, J.: *Der deutsche Scharfrichter und die Schelmensippe*, Naumburg 1921.

Knops, P.: »L'enfant chez les Sénoufos de la Côte d'Ivoire«, *Africa* 1938.

Koch, A.: *Nacktheit, Körperkultur und Erziehung*, Leipzig 1929.

Koch, G.: »Kulturwandel bei den Polynesiern des Ellice-Archipels«, *Sociologus* 1962.

–: »Forschungen im Bergland von Neuguinea: Kleidung und Schmuck« in *Ausstellungskatalog*, Berlin 1979.

Koch, T.: *Die Geschichte der Henker*, Heidelberg 1988.

Koch-Grünberg, T.: *Zwei Jahre unter den Indianern*, Bd. I, Berlin 1908; Bd. II, 1910.

–: *Zwei Jahre bei den Indianern Nordwest-Brasiliens*, Stuttgart 1921.

Koechlin, R.: *Les ivoires gothiques français*, Paris 1968.

Köhler, W.: *Zürcher Ehegericht und Genfer Konsistorium*, Bd. I, Leipzig 1932; Bd. II, 1942.

König, H.: »Der Rechtsbruch und sein Ausgleich bei den Eskimo«, *Anthropos* 1925.

König, O.: *Die soziale Normierung der Nacktheit*, Frankfurt/M. 1988.

Koenigs-Erffa, U.: »Das Tagebuch des Sebald Welser aus dem Jahre 1577«, *Mitteilungen des Vereins für Geschichte der Stadt Nürnberg* 1955.

Koepping, K.-P.: Mündliche Mitteilung vom 14. Januar 1988.

Köppl, J.: *Die mittelalterliche Rechtsordnung der Stadt Lauingen*, Erlangen 1934.

Kötzschke, R.: *Quellen zur älteren Geschichte des Städtewesens in Mitteldeutschland*, Bd. I, 2, Weimar 1949.

Kohl, K.-H.: *Entzauberter Blick*, Berlin 1981.

: *Abwehr und Verlangen*, Frankfurt/M. 1987.

Kohl-Larsen, L.: *Wildbeuter in Ostafrika*, Berlin 1958.

Kohoutek, R.: »Die Peep-Show«, *Kriminalsoziologische Bibliografie* 1983.

Kok, P. P.: »Quelques notices ethnographiques sur les Indiens du Rio Papuri«, *Anthropos* 1926.

Koller, H.: »Sigismund (1410-1437)« in *Kaisergestalten des Mittelalters*, ed. H. Beumann, München 1984.

Komatsu, K.: »›Woman‹ as an Image of Fear: A Comparison of ›Vagina Dentata‹ and ›Female Monster‹ Folktales« in *Cultural Uniformity and Diversity in Micronesia*, ed. I. Ushijima / K.-I. Sudo, Osaka 1987.

Kopp, J. E.: »Des alten Lucerns Sitten und Satzungen vor dem Streite am Morgarten (1300-1315)«, *Geschichtsblätter aus der Schweiz* 1854.

Kopytoff, I.: »Revitalization and the Genesis of Cults in Pragmatic Religion« in *Explorations in African Systems of Thought*, ed. I. Karp/C. S. Bird, Bloomington 1980.

Korsch, H.-P.: *Das materielle Strafrecht der Stadt Köln*, Köln 1958.

Korshak, Y.: *Frontal Faces in Attic Vase Painting of the Archaic Period*, Chicago 1987.

Korte, H.: *Über Norbert Elias*, Frankfurt/M. 1988.

Koštials, H./J. Koštials: »Englisches erotisches und skatologisches Idiotikon«, *Anthropophyteia* 1909.

Kracke, W. H.: *Force and Persuasion: Leadership in an Amazonian Society*, Chicago 1978.

Krämer, A.: *Die Samoa-Inseln*, Bd. II, Stuttgart 1903.

–: *Hawaii, Ostmikronesien und Samoa*, Stuttgart 1906.

–: *Palau*, Bd. II, Hamburg 1919; Bd. III, 1926.

Krämer, A./H. Nevermann: *Ralik-Ratak*, Hamburg 1938.

Krafft-Ebing, R. v.: *Psychopathia sexualis*, Wien 1912.

Kramer, F. W.: Brief vom 17. März 1986.

–: Brief vom 10. August 1987.

–: Mündliche Mitteilung vom 26. Juli 1988.

Kramer, K.-S.: *Fränkisches Alltagsleben um 1500*, Würzburg 1985.

–: *Das Scheibenbuch des Herzogs Johann Casimir von Sachsen-Coburg*, Coburg 1989.

Kramml, P. F.: *Kaiser Friedrich III. und die Reichsstadt Konstanz*, Sigmaringen 1985.

Kraus, H.: »Eve and Mary: Conflicting Images of Medieval Women« in *Feminism and Art History*, ed. N. Broude/M. D. Garrard, New York 1982.

Krause, F.: *In den Wildnissen Brasiliens*, Leipzig 1911.

Krauss, F. S.: »Der Afrikaforscher Friedrich J. Bieber«, *Anthropophyteia* 1909.

Krauss, F. S./T. Sato: *Japanisches Geschlechtsleben*, ed. G. Prunner, Hanau 1965.

Krauss, S.: *Talmudische Archäologie*, Bd. I, Leipzig 1910; Bd. II 1911.

Krengel, M.: *Sozialstrukturen im Kumaon*, Wiesbaden 1989.

Krenkel, W.: *Pompejanische Inschriften*, Heidelberg 1962.

Kreuzer, M. D.: *Prostitution*, Stuttgart 1989.

Kriegk, G. L.: *Deutsches Bürgertum im Mittelalter*, Frankfurt/M. 1871.

Krige, E. J.: »Girls' Puberty Songs and Their Relation to Fertility, Health, Morality and Religion Among the Zulu«, *Africa* 1968.

Kroeber, A. L.: *The Seri*, Highland Park 1931.

Kröger, F.: *Übergangsriten im Wandel*, Hohenschäftlarn 1978.

Kröll, C.: *Heimliche Verführung: Ein Modejournal 1786-1827*, Düsseldorf 1978.

Krohn, R.: *Der unanständige Bürger*, Kronberg 1974.

Kroll, W.: »Römische Erotik« in *Sexualität und Erotik in der Antike*, ed. A. K. Siems, Darmstadt 1988.

Kronenberg, A.: »Nyimang Circumcision«, *Sudan Notes and Records* 1958.

Kronhausen, P./E. Kronhausen: *The Complete Book of Erotic Art*, Bd. I, New York 1978.

Krumbach, H.: »Sexualität und Erotik im alten Amerika«, *Sexualmedizin* 1985.

Krumrey, H.-V.: *Entwicklungsstrukturen von Verhaltensstandarden*, Frankfurt/M. 1984.

Kudlien, F.: »Geburt (medizinisch)« in *Reallexikon für Antike und Christentum*, Bd. IX, ed. T. Klauser, Stuttgart 1973.

–: *Der griechische Arzt im Zeitalter des Hellenismus*, Mainz 1979.

Kühnel, H.: »Das Alltagsleben im Hause der spätmittelalterlichen Stadt« in *Haus und Familie in der spätmittelalterlichen Stadt*, ed. A. Haverkamp, Köln 1984.

Künßberg, E. v.: *Deutsches Rechtswörterbuch*, Bd. III, Weimar 1935.

Küppers, H.: *Illustriertes Lexikon der deutschen Umgangssprache*, Bd. V, Stuttgart 1984.

Küstner, O.: *Lehrbuch der Gynäkologie*, Jena 1919.

Kuhn, S. M.: *Middle English Dictionary*, Pt. P1, Ann Arbor 1981.

Kuhn, W./A. Teichmann/U. Tröhler: »Zur Geschichte der ältesten deutschen Universitätsfrauenklinik« in *Armamentarium obstetricium Gottingense*, ed. W. Kuhn/U. Tröhler, Göttingen 1987.

Kuno, H. A.: »Genitalregion und Nates« in *Sittengeschichte des Intimsten*, ed. L. Schidrowitz, Wien 1929.

Kuntner, L.: Brief vom 1. Dezember 1986.

Kuntz, A.: *Der bloße Leib*, Bern 1985.

Kunzle, D.: *The Early Comic Strip*, Berkeley 1973.

Kuppel, W.: *Nackt und nackt gesellt sich gern*, Düsseldorf 1981.

Kurz, F.: »Aus dem Tagebuch des Malers Friedrich Kurz über seinen Aufenthalt bei den Missouri-Indianern 1848-1852«, *Jahresberichte der Geographischen Gesellschaft von Bern* 1894.

Kuzmics, H.: »Zeitdruck und Individualisierung als Probleme der Moderne: Überlegungen zu den neueren Beiträgen von N. Elias und zu H. P. Duerrs Elias-Kritik«, *Österreichische Zeitschrift für Soziologie* 1988.

–: *Der Preis der Zivilisation*, Frankfurt/M. 1989.

Labalme, P. H.: »Sodomy and Venetian Justice in the Renaissance«, *Tijdschrift voor Rechtsgeschiedenis* 1984.

Labarge, M. W.: *Women in Medieval Life*, London 1986.

Laermann, K.: »Die riskante Person in der moralischen Anstalt« in *Die Schauspielerin*, ed. R. Möhrmann, Frankfurt/M. 1989.

La Farge, J.: *An American Artist in the South Seas*, ed. K. O'Connor, London 1987.

Lagae, C.-R.: »La naissance chez les Azande«, *Congo* 1923.

Lagemann, H.: *Polizeiwesen und Wohlfahrtspflege in Lübeck*, Bd. I, Göttingen 1915.

Laget, M.: *Naissances*, Paris 1982.

Laird, M.: *English Misericords*, London 1986.

Landauer, K.: »Entweder-Oder: Zur Frage des Sich-Zeigens«, *Zeitschrift für psychoanalytische Pädagogik* 1928.

Landucci, L.: *Ein florentinisches Tagebuch 1450-1516*, Bd. II, ed. M. Herzfeld, Düsseldorf 1978.

Lange, P. W.: *Südseehorizonte*, Gütersloh 1984.

Lange-Mehnert, C.: »›Ein Sprung ins absolute Dunkel‹: Zum Selbstverständnis der ersten Ärztinnen« in *Frauenkörper, Medizin, Sexualität*, ed. J. Geyer-Kordesch/A. Kuhn, Düsseldorf 1986.

Langgaard, P.: »Modernization and Traditional Interpersonal Relations in a Small Greenlandic Community«, *Arctic Anthropology* 1986.

Langsdorff, G. H. v.: *Bemerkungen auf einer Reise um die Welt in den Jahren 1803 bis 1807*, Frankfurt/M. 1812.

Lansbury, C.: »Gynaecology, Pornography, and the Antivivisection Movement«, *Victorian Studies* 1985.

Lantis, M.: »Nunivak Eskimo Personality as Revealed in the Mythology«, *Anthropological Papers of the University of Alaska* 1953.

–: »Folk Medicine and Hygiene: Lower Kuskokwim and Nunivak-Nelson Island Areas«, *Anthropological Papers of the University of Alaska* 1959.

–: »Aleut« in *Handbook of North American Indians*, Bd. V, ed. D. Damas, Washington 1984.

Larivaille, P.: *La vie quotidienne des courtisanes en Italie au temps de la Renaissance*, Paris 1975.

La Sale, A. de: *Die hundert neuen Novellen*, ed. A. Semerau, München 1907.

Laser, S.: *Archaeologia Homerica: Medizin und Körperpflege*, Göttingen 1983.

Laslett, P.: »The Face to Face Society« in *Philosophy, Politics and Society*, ed. P. Laslett, Oxford 1956.

Laßberg, F. L. A. v.: *Der Schwabenspiegel*, Tübingen 1840.

Laubin, R./G. Laubin: *The Indian Tipi*, Norman 1977.

Laufer, C.: »Einige Anstandsregeln der Qunantuna auf Neubritannien«, *Anthropos* 1949.

–: »Ehe und Familie bei den Baining in Neubritannien«, *Anthropos* 1971.

van Lawick-Goodall, J.: *Wilde Schimpansen*, Reinbek 1971.

Lawner, L.: *Lives of the Courtesans*, New York 1987.

Lawrence, J. C. D.: *The Iteso*, New York 1957.

Lebzelter, V.: »Die Buschmänner Südwestafrikas«, *Africa* 1934.

Lecky, W. E. H.: *Sittengeschichte Europas von Augustus bis auf Karl den Großen*, Leipzig 1904.

Ledit, J.: *Marie dans la liturgie de Byzance*, Paris 1976.

Lee, H. M.: »Athletics and the Bikini Girls From Piazza Armerina« *Stadion* 1984.

Lefkowitz, M. R./M. B. Fant: *Women in Greece and Rome*, Sarasota 1977.

Le Goff, J.: »Métiers licites et métiers illicites dans l'Occident médiéval« in *Pour un autre Moyen Age*, Paris 1977.

–: »L'apogée de la France urbaine médiévale 1150-1330« in *Histoire de la France urbaine*, Bd. II, ed. G. Duby, Paris 1980.

–: »Der Mensch des Mittelalters« in *Der Mensch des Mittelalters*, ed. J. Le Goff, Frankfurt/M. 1989.

Lehker, M.: *Frauen im Nationalsozialismus*, Frankfurt/M. 1984.

Lehmann, V.: *Die Geburt in der Kunst*, Braunschweig 1978.

Lehrs, M.: *Geschichte und kritischer Katalog des deutschen, niederländischen und französischen Kupferstichs im 15. Jahrhundert*, Bd. IV, Wien 1921.

Leierseder, W./L. Riepl: »Kinderleben von 1800 bis zur Gegenwart« in *Vater, Mutter, Kind*, ed. U. Zischka, München 1987.

Lemay, H. R.: »Anthonius Guainerius and Medieval Gynecology« in *Women in the Medieval World*, ed. J. Kirshner/S. F. Wemple, Oxford 1985.

Lemberg, M./G. Oberlik: *Der Marburger Bildteppich vom Verlorenen Sohn*, Marburg 1986.

Le Mouël, J.-F.: *Ceux des mouettes: Les Eskimo naujâmiut*, Paris 1978.

Leonardo da Vinci: *Tagebücher und Aufzeichnungen*, Leipzig 1940.

–: *The Literary Works*, Bd. II, ed. J. P. Richter, Oxford 1977.

–: *Anatomische Zeichnungen aus der Königlichen Bibliothek auf Schloß Windsor*, Gütersloh 1979.

Le Pileur, L.: *La prostitution du XIIIe au XVIIIe siècle*, Paris 1908.

Leppert, R.: *Music and Image: Domesticity, Ideology and Socio-Cultural Formation in 18th-century England*, Cambridge 1988.

Léry, J. de: *Brasilianisches Tagebuch 1557*, Tübingen 1967.

Lesky, E.: *Meilensteine der Wiener Medizin*, Wien 1981.

Lésoualc'h, T.: *Érotique du Japon*, Paris 1978.

L' Espérance, J.: »Doctors and Women in Nineteenth-Century Society: Sexuality and Role« in *Health Care and Popular Medicine in Nineteenth Century England*, ed. J. Woodward/D. Richards, London 1977.

Lessa, W. A.: *Ulithi*, New York 1966.

–: »The Social Effects of Typhoon Ophelia (1960) on Ulithi« in *Peoples and Cultures of the Pacific*, ed. A. P. Vayda, Garden City 1968.

Leverenz, I.: Brief vom 5. September 1986.

Lévi-Strauss, C.: *Das Rohe und das Gekochte*, Frankfurt/M. 1971.

LeVine, R. A.: »Gusii Sex Offenses«, *American Anthropologist* 1959.

Levret, A.: *L'art des accouchemens*, Paris 1766.

Levy, R. I.: *Tahitians*, Chicago 1973.

Lewis, I. M.: »The Northern Pastoral Somali of the Horn« in *Peoples of Africa*, ed. J. L. Gibbs, New York 1965.

Lewis, O.: *Tepoztlán*, New York 1960.

–: *The Children of Sánchez*, New York 1961.

Lewis, P./E. Lewis: *Peoples of the Golden Triangle*, London 1984.

Lewis-Williams, J. D.: *Believing and Seeing: Symbolic Meanings in Southern San Rock Paintings*, London 1981.

Lexer, M.: *Mittelhochdeutsches Handwörterbuch*, Leipzig 1872 ff.

Liebe, G.: »Sitten und Einrichtungen der Universität Greifswald vom 15.-17. Jahrhundert«, *Zeitschrift für Kulturgeschichte* 1894.

Liepmann, W.: *Gynäkologische Psychotherapie*, Berlin 1924.

Liessmann, K. P.: »Schamzeit: Die Grenze zwischen Anekdote und Theorie. Über die Kontroverse des Ethnologen Hans Peter Duerr mit dem Zivilisationstheoretiker Norbert Elias«, *Falter*, 14. Juli 1988.

Lind, U.: »Hilfsbedürftigkeit und Krankheit im Dasein eines Naturvolkes«, *Die Grünenthal-Waage* 1971.

Lindemann, M.: »Fürsorge für arme Wöchnerinnen in Hamburg um 1800: Die Beschreibung eines ›Entbindungs-Winkels‹«, *Gesnerus* 1982.

Linhart, R.: »Die Ama von Katada« in *Japan*, ed. S. Linhart, Wien 1985.

Linse, U.: »Geschlechtsnot der Jugend‹: Über Jugendbewegung und Sexualität« in ›*Mit uns zieht die neue Zeit*‹, ed. T. Koebner et al., Frankfurt/M. 1985.

Lipp, C.: »Frauen auf der Straße« in *Schimpfende Weiber und patriotische Jungfrauen*, ed. C. Lipp, Bühl-Moos 1986.

Lischke, G.: »Von der Hoffnung der Sexualtherapie« in *Vermessene Sexualität*, ed. A. Schuller/N. Heim, Berlin 1987.

Lisfranc, Prof.: *Vorlesungen über die Diagnose und die Behandlung der Krankheiten des Uterus*, Leipzig 1839.

Lissarrague, F.: »De la sexualité des Satyres«, *Métis* 1987.

Lockot, R.: »Zur Medizinpsychologie der Intimität« in *Ärztliches Handeln und Intimität*, ed. R. Lockot/H. P. Rosemeier, Stuttgart 1983.

Loeb, E. M.: *Sumatra*, Wien 1935.

Löffler, L. G.: Brief vom 22. Februar 1988.

–: Mündliche Mitteilung vom 14. Dezember 1989.

Loewenstein, B.: *Der Entwurf der Moderne*, Essen 1987.

Lohmann, H.-M.: Rezension von H. P. Duerrs *Nacktheit und Scham, Luzifer Amor* 2, 1988.

Lohse, B.: *Askese und Mönchtum in der Antike und in der alten Kirche*, München 1969.

Lomas, R.: »The Black Death in County Durham«, *Journal of Medieval History* 1989.

Lombroso, C./G. Ferrero: *Das Weib als Verbrecherin und Prostituierte*, Hamburg 1894.

Longstreet, S. / E. Longstreet: *Yoshiwara*, Hamburg 1973.

Loomis, R. S.: »The Allegorical Siege in the Art of the Middle Ages«, *American Journal of Archaeology* 1919.

Loschek, I.: *Mode- und Kostümlexikon*, Stuttgart 1987.

Lothar, R.: »Intime Körperbehandlung vom Kopf bis zur Hüfte« in *Sittengeschichte des Intimsten*, ed. L. Schidrowitz, Wien 1929.

Loux, F.: *Das Kind und sein Körper in der Volksmedizin*, Stuttgart 1980.

Lumpe, A.: »Zur Kulturgeschichte des Bades in der byzantinischen Ära«, *Byzantinische Forschungen* 1979.

Luther, M.: »Brief vom 3. September 1540 an D. Hieronymus Weller« in *Tischreden*, Bd. II. 6, Weimar 1921.

Luz, G.: *Beiträge zur Geschichte der ehemaligen Reichsstadt Biberach*, Biberach 1876.

Lyons, A. S.: »Frauen in der Medizin« in *Die Geschichte der Medizin im Spiegel der Kunst*, ed. A. S. Lyons/R. J. Petrucelli, Köln 1980.

Maceda, M. N.: *The Culture of the Mamanua*, Manila 1964.

MacKinney, L. C.: »Medical Ethics and Etiquette in the Early Middle Ages«, *Bulletin for the History of Medicine* 1952.

–: *Medical Illustrations in Medieval Manuscripts*, Berkeley 1965.

Maddow, B.: *Antlitz*, Köln 1979.

Magyari-Kossa, J. v.: *Ungarische medizinische Erinnerungen*, Budapest 1935.

Maier, R.: *Das Strafrecht der Stadt Villingen*, Freiburg 1913.

Mails, T. E.: *The People Called Apache*, Englewood Cliffs 1974.

Malaurie, J.: *Die letzten Könige von Thule*, Frankfurt/M. 1977.

Malinowski, B.: *Das Geschlechtsleben der Wilden in Nordwest-Melanesien*, Frankfurt/M. 1979.

–: *The Natives of Mailu*, ed. M. W. Young, London 1988.

Mallmann, S.: *Nur die Sehnsucht bleibt*, München 1981.

Malmberg, T.: *Human Territoriality*, The Hague 1980.

Mamozai, M.: *Schwarze Frau, weiße Herrin*, Reinbek 1989.

Mandeville, J.: *Reisebuch*, ed. G. E. Sollbach, Frankfurt/M. 1989.

Mann, J. C.: »*Gymnazô* in Thucydides I.6. 5-6«, *Classical Review* 1974.

Manniche, L.: *Sexual Life in Ancient Egypt*, London 1987.

Månsson, A.-K.: »Kirschblüte und Kontrazeption«, *Sexualmedizin* 1978.

Maraini, F.: *Die Insel der Fischermädchen*, Stuttgart 1963.

Marcelis, K.: *De afbeelding van de aderlaat- en de zodiakman*, Brüssel 1986.

Marco Polo: *Il milione*, ed. M. Ciccuto, Milano 1982.

Marglin, F. A.: »Hierodouleia« in *The Encyclopedia of Religion*, ed. M. Eliade, Bd. VI, New York 1987.

Margolis, K.: »Die Pille, bitte« in *Unbekannte Wesen: Frauen in den sechziger Jahren*, ed. B. Becker, Berlin 1987.

Margotta, R.: *An Illustrated History of Medicine*, Feltham 1968.

Marmor, J.: *Geschichtliche Topographie der Stadt Konstanz*, Konstanz 1860.

Marshall, D. S.: »Sexual Behavior on Mangaia« in *Human Sexual Behavior*, ed. D. S. Marshall/R. C. Suggs, New York 1971.

Marshall, J.: »Hunting Among the Kalahari Bushmen« in *Peoples and Cultures of Africa*, ed. E. P. Skinner, Garden City 1973.

Marshall, L.: »Marriage Among the !Kung Bushmen«, *Africa* 1959.

–: »The !Kung Bushmen of the Kalahari Desert« in *Peoples of Africa*, ed. J. L. Gibbs, New York 1965.

–: »The Medicine Dance of the !Kung Bushmen«, *Africa* 1969.

–: *The !Kung of Nyae Nyae*, Cambridge 1976.

Martin, A.: *Deutsches Badewesen in vergangenen Tagen*, Jena 1906.

–: »Gebärlage der Frau, Bad des Neugeborenen und Wochenbett in Mitteleuropa«, *Sudhoffs Archiv* 1917.

–: »Ins Bad schlagen, rufen, blasen«, *Zeitschrift für Volkskunde* 1931.

Martin, E.: *The Woman in the Body*, Boston 1987.

Martius, G.: *Hebammenlehrbuch*, Stuttgart 1983.

Marx, C.: ›*Völker ohne Schrift und Geschichte*‹, Stuttgart 1988.

Marx, E.: Mündliche Mitteilung vom 20. Juli 1988.

Maschke, E.: »Die Unterschichten der mittelalterlichen Städte Deutschlands« in *Gesellschaftliche Unterschichten in den südwestdeutschen Städten*, ed. E. Maschke/J. Sydow, Stuttgart 1967.

–: »Deutsche Städte am Ausgang des Mittelalters« in *Die Stadt am Ausgang des Mittelalters*, ed. W. Rausch, Linz 1974.

–: »Die Familie in der deutschen Stadt des späten Mittelalters«, *Sitzungsberichte der Heidelberger Akademie der Wissenschaften, Philos.-hist. Kl.* 1980.

Mason, L.: »The Swampy Cree«, *Anthropology Papers of the National Museum of Canada*, Ottawa 1967.

el-Masry, Y.: *Die Tragödie der Frau im arabischen Orient*, München 1963.

Mathé, J.: *Leonardo da Vincis anatomische Zeichnungen*, Fribourg 1978.

Matthäus, H.: *Der Arzt in römischer Zeit*, Bd. I, Aalen 1987.

Mathy, H.: »Die Gründung des Mainzer Accouchements unter Johann Peter Weidmann im Jahre 1784« in *Medizin im alten Mainz*, ed. G. Mann et al., Hildesheim 1977.

Maurer, H.: »Dorfordnung zu Riegel vom Jahr 1484«, *Zeitschrift für die Geschichte des Oberrheins* 1882.

Maurer, G. L.: *Geschichte der Städteverfassung in Deutschland*, Bd. III, Erlangen 1870.

Maurer, M: »Der Prozeß der Zivilisation: Bemerkungen eines Historikers zur Kritik des Ethnologen Hans Peter Duerr an der Theorie des Soziologen Norbert Elias«, *Geschichte in Wissenschaft und Unterricht* 1989.

Mauriceau, F.: *Der schwangern und kreistenden Weibs-Personen Allerbeste Hülff-Leistung*, Nürnberg 1687.

May, E.: »Erotische Literatur« in *Japan-Handbuch*, ed. H. Hammitzsch / L. Brüll, Stuttgart 1984.

May, F.: *Unterricht für Krankenwärter zum Gebrauche öffentlicher Vorlesungen*, Mannheim 1784.

Mayer, G.: »Zur Sozialisation des Kindes und Jugendlichen im antiken Judentum« in *Zur Sozialgeschichte der Kindheit*, ed. J. Martin / A. Nitschke, Freiburg 1986.

Mayer, G.: »Die ›blanke‹ Orientalin«, *Sexualmedizin* 1984.

Mayer, P.: »Gusii Initiation Ceremonies«, *Journal of the Royal Anthropological Institute* 1953.

Maygrier, J.-P.: *Les Nouvelles Démonstrations d'accouchemens*, Paris 1822.

Mayr, F.: »The Zulu Kafirs of Natal«, *Anthropos* 1907.

Mays, A. / K. Christ: »Einwohnerverzeichniß der Stadt Heidelberg vom Jahre 1588«, *Neues Archiv für die Geschichte der Stadt Heidelberg* 1890.

McCall, A.: *The Medieval Underworld*, London 1979.

McConnell, R. E.: »Notes on the Lugwari Tribe of Central Africa«, *Journal of the Royal Anthropological Institute* 1925.

McCormick, E. H.: *Omai*, Auckland 1977.

McGilvray, D. B.: »Sexual Power and Fertility in Sri Lanka: Batticaloa Tamils and Moors« in *Ethnography of Fertility and Birth*, ed. C. P. MacCormack, London 1982.

McGrath, A.: *A Controversy Concerning Male Impotence*, Rom 1988.

Mead, M.: »The Sex Life of the Unmarried Adult in Primitive Society« in *The Sex Life of the Unmarried Adult*, ed. I. S. Wile, New York 1934.

Meigs, A. S.: »A Papuan Perspective on Pollution«, *Man* 1978.

Meisel, P.: *Die Verfassung und Verwaltung der Stadt Konstanz im 16. Jahrhundert*, Konstanz 1957.

Melville, H.: *Taipi*, Hamburg 1967.

Mendelson, S. H.: *The Mental World of Stuart Women*, Amherst 1987.

Mengert, W. F.: »The Origin of the Male Midwife«, *Annals of Medical History* 1932.

Mercier, L.-S.: *Tableau de Paris*, Bd. III, Amsterdam 1782.

Merian, M.: *Topographia Palatinatus Rheni*, Kassel 1963.

Meringer, R.: »Einige primäre Gefühle des Menschen, ihr mimischer und sprachlicher Ausdruck«, *Wörter und Sachen* 1913.

Merten, R.: *FKK-Ratgeber*, München 1982.

Merz, L.: *Die Residenzstadt Heidelberg*, Heidelberg 1986.

–: Brief vom 19. August 1988.

Mester, H.: »Der Wunsch einer Frau nach Veränderung der Busengröße«, *Zeitschrift für psychosomatische Medizin* 1982.

Metford, J. C. J.: *Dictionary of Christian Lore and Legend*, London 1983.

Métraux, A.: *Die Osterinsel*, Frankfurt/M. 1988.

Mettig, C.: *Geschichte der Stadt Riga*, Riga 1897.

Meves, C.: »Plädoyer für das Schamgefühl« in *Ich stelle mich aus*, ed. G.-K. Kaltenbrunner, Freiburg 1984.

Meye, A.: *Das Strafrecht der Stadt Danzig*, Danzig 1935.

Meyer, C.: *Das Stadtbuch von Augsburg*, Augsburg 1872.

–: *Quellen zur Geschiche der Stadt Baireuth: Das Stadtbuch vom Jahre 1464*, Bayreuth o.J.

Meyer-Knees, A.: »Gewalt als Definitionsproblem: Zur Debatte über die Möglichkeit der ›Nothzucht‹ im gerichtsmedizinischen Diskurs des 18. Jahrhunderts« in *Blick-Wechsel*, ed. I. Lindner et al., Berlin 1989.

Meyhöfer, A.: »Schauspielerinnen im Dritten Reich« in *Die Schauspielerin*, ed. R. Möhrmann, Frankfurt/M. 1989.

Michael, R. P.: »Possible Pheromones in Human Females«, *Medical Aspects of Human Sexuality* 1975.

Middleton, W. S.: »Early Medical Experiences in Hawaii«, *Bulletin for the History of Medicine* 1971.

Mikloucho-Maclay, N.: *Bei den Papuas: Die Reisetagebücher*, Berlin 1986.

Milan, F. A.: »The Acculturation of the Contemporary Eskimo of Wainwright, Alaska«, *Anthropological Papers of the University of Alaska* 1964.

Miller, J. H.: »›Temple and Sewer‹: Childbirth, Prudery, and Victoria Regina« in *The Victorian Family*, ed. A. S. Wohl, London 1978.

Millhagen, S.: *Gefühle kann man nicht kaufen*, Reinbek 1986.

Minkkinen, A. F.: *New American Nudes*, New York 1981.

Minturn, L./J. T. Hitchcock: *The Räjpūts of Khalapur*, New York 1966.

Miranda, J.: Brief vom 27. Februar 1986.

Mirus, H./E. Wisselinck: *Mit Mut und Phantasie: Frauen suchen ihre verlorene Geschichte*, Straßbach 1987.

Mittelbach, G.: »Aus dem I. Sterberegister des Grazer Zivilspitals (1788-1820) und dem Geburts und Taufprotokoll des Gebärhauses«, *Blätter für Heimatkunde* 1971.

Mitterauer, M.: »Familie und Arbeitsorganisation in städtischen Gesellschaften des späten Mittelalters und der frühen Neuzeit« in *Haus und Familie in der spätmittelalterlichen Stadt*, ed. A. Haverkamp, Köln 1984.

Mitton, R.: *The Lost World of Irian Jaya*, Melbourne 1983.

Möller, H.: *Die kleinbürgerliche Familie im 18. Jahrhundert*, Berlin 1969.

Mohr, R.: »Beobachtungen und Erkundigungen zur Soziologie und Religion der Náudêba in Nord-Togo« in *Völkerkundliche Forschungen*, ed. W. Fröhlich, Köln 1960.

Moll, A.: *Ärztliche Ethik*, Stuttgart 1902.

–: *Berühmte Homosexuelle*, Wiesbaden 1910.

–: »Die sozialen Formen der sexuellen Beziehungen« in *Handbuch der Sexualwissenschaften*, ed. A. Moll, Leipzig 1921.

Mollay, K.: *Das Ofner Stadtrecht*, Weimar 1959.

Molsdorf, W.: *Christliche Symbolik der mittelalterlichen Kunst*, Leipzig 1926.

Mone, E. J.: »Das Friedensbuch der Stadt Mainz um 1430«, *Zeitschrift für die Geschichte des Oberrheins* 1856.

–: »Sittenpolizei zu Speier, Straßburg und Konstanz«, *Zeitschrift für die Geschichte des Oberrheins* 1856.

–: »Über die Juden vom 13. bis 16. Jahrhundert in Wirtenberg, Baden, Bayern, Hessen und Nassau«, *Zeitschrift für die Geschichte des Oberrheins* 1858.

–: »Armen- und Krankenpflege vom 13. bis 16. Jahrhundert«, *Zeitschrift für die Geschichte des Oberrheins* 1861.

–: »Zunftorganisation«, *Zeitschrift für die Geschichte des Oberrheins* 1865.

Money, J.: »Träume, Düfte und Tabus«, *Sexualmedizin* 1977.

–: »Liebe geht durch die Nase«, *Sexualmedizin* 1982.

Montaigne, M. de: *Les Essais*, Bd. I, Paris 1922.

–: *Journal de voyage*, ed. F. Garavini, Paris 1983.

Moolenaar, A.: »Prostitution in den Niederlanden«, *Kriminalsoziologische Bibliografie* 1983.

Moore, J. H.: *A Study of Religious Symbolism Among the Cheyenne Indians*, Ann Arbor 1978.

Morgan, E. S.: »The Puritans and Sex« in *American Vistas, 1607-1877*, ed. L. Dinnerstein / K. T. Jackson, New York 1987.

Morris, C. P.: »Bears, Juniper Trees, and Deer«, *Southwestern Journal of Anthropology* 1976.

Morris, D.: *Intimate Behaviour*, New York 1971.

Morris, I.: *Der leuchtende Prinz*, Frankfurt/M. 1988.

Morrison, H.: *Life in a Longhouse*, Hongkong 1962.

–: *Sarawak*, Singapore 1965.

Morrison, J.: *The Journal of James Morrison, Boatswain's Mate of the Bounty*, ed. O. Rutter, London 1935.

Moser, H.: *Die Scharfrichter von Tirol*, Innsbruck 1982.

Moureau, F./ M. M. Grasselli: *Antoine Watteau*, Paris 1987.

Muchembled, R.: *Kultur des Volks–Kultur der Eliten*, Stuttgart 1982.

–: »Die Jugend und die Volkskultur im 15. Jahrhundert« in *Volkskultur des europäischen Spätmittelalters*, ed. P. Dinzelbacher/ H.-D. Mück, Stuttgart 1987.

Mühlmann, W. E.: *Arioi und Mamaia*, Wiesbaden 1955.

Müller, K. O.: *Die älteren Stadtrechte von Leutkirch und Isny*, Stuttgart 1914.

Müller, M.: *Einleitung in die vergleichende Religionswissenschaft*, Straßburg 1876.

Müller, S.: »Die Sittenaufsicht des hannoverschen Rates über Laierin Spätmittelalter und früher Neuzeit«, *Hannoversche Geschichtsblätter* 1983.

Müllner, J.: *Die Annalen der Reichsstadt Nürnberg von 1623*, Bd. I, Nürnberg 1972, Bd. II 1984.

Münster, L.: »Weibliche Ärzte im mittelalterlichen Italien«, *Ciba-Symposium* 1962.

Muller, P.: »Geschichte der Gynäkologie vom 18. Jahrhundert bis zur Gegenwart« in *Illustrierte Geschichte der Medizin*, ed. J.-C. Sournia et al., Bd. IV, Salzburg 1981.

Munk, A.: *Das Medizinalwesen der Freien Reichsstadt Überlingen*, Überlingen 1951.

Munk, F.: *Das Medizinische Berlin um die Jahrhundertwende*, München 1979.

Munz, E./O. Kleinknecht: *Geschichte der Stadt Marbach am Neckar*, Stuttgart 1972.

Muraz, G.: »Le cache-sexe du Centre-Africain«, *Journal de la Société des Africanistes* 1932.

Murner, T.: *Narrenbeschwörung*, ed. M. Spanier, Halle 1894.

Murphy E.: *Lust & Laster: Die großen Bordelle der Welt*, Herrsching 1987.

Murphy, F. P.: »Obstetrical Training in Vienna One Hundred Years Ago«, *Bulletin for the History of Medicine* 1947.

Murphy, R. F./B. Quain: *The Trumaí Indians of Central Brazil*, Locust Valley 1955.

Musallam, B. F.: *Sex and Society in Islam*, Cambridge 1983.

Muschel, H.: *Das Spital der Reichen Siechen zu St. Katharina in Ulm*, Ulm 1965.

Muschg, W./E. A. Gessler: *Die Schweizer Bilderchroniken*, Zürich 1941.

Musculus, A.: *Vom Hosenteufel*, ed. M. Osborn, Halle 1894.

Mutke, H. G.: »Fingerspitzengefühle: Emotion und Erotik im Umgang mit Patientinnen«, *Sexualmedizin* 1980.

Myers, A. R.: *English Historical Documents, 1327-1485*, London 1969.

–: *London in the Age of Chaucer*, Norman 1972.

Myers, F. R.: *Pintupi Country, Pintupi Self*, Washington 1986.

Nabakowski, G.: »Frauen in der Kunst« in *Frauen in der Kunst*, ed. G. Nabakowski et al., Frankfurt/M. 1980.

Nadel, S. F.: *The Nuba*, London 1947.

Nadig, M.: *Die verborgene Kultur der Frau*, Frankfurt/M. 1986.

Naerebout, F. G.: »Male-Female Relationships in the Homeric Epics« in *Sexual Asymmetry*, ed. J. Blok/P. Mason, Amsterdam 1987.

an-Nafzawi, A. 'A. 'O. b. M.: *Der duftende Garten*, ed. R. Burton/F. F. Arbuthnot, Hanau 1966.

Napiersky, J. G. L.: *Die Erbebücher der Stadt Riga 1384-1579*, Riga 1888.

Négrier, P.: *Les bains à travers les âges*, Paris 1925.

Nehr, M.: *Schwangerschaft und Geburt*, Weinheim 1989.

Neich, L. L./R. Neich: »Some Modern Samoan Beliefs Concerning Pregnancy, Birth and Infancy«, *Journal of the Polynesian Society* 1974.

Neill, A. S.: *Theorie und Praxis der antiautoritären Erziehung*, Reinbek 1969.

Nelson, R. K.: »Hunters of the Northern Ice« in *Custom-Made*, ed. C. C. Hughes, Chicago 1976.

Nevermann, H.: »Die Kanum-irebe und ihre Nachbarn«, *Zeitschrift für Ethnologie* 1939.

Newman, P. L.: *Knowing the Gururumba*, New York 1965.

Niedhammer, H. P.: *Geschichte der Stadt und Burg Wachenheim a. d. H.*, Landau 1906.

Niestroj, B. H. E.: »Norbert Elias: A Milestone in Historical Psycho-Sociology«, *Journal of Historical Sociology* 1989.

Niethammer, C.: *Die Indianerfrau*, Wien 1982.

Nieuwenhuis, A. W.: *Quer durch Borneo*, Bd. II, Leiden 1907.

Nijs, P.: »Mit Takt und Taktik«, *Sexualmedizin* 1985.

Nilles, J.: »Natives of the Bismarck Mountains, New Guinea«, *Oceania* 1943.

Nimmo, H. A.: »Bajau Sex and Reproduction«, *Ethnology* 1970.

Nixdorff, H.: »Kleidung« in *Wörterbuch der Ethnologie*, ed. B. Streck, Köln 1987.

Noack, D. M.: »Kunst unter Diktatur« in *Kunst, Hochschule, Faschismus*, ed. W. Abramowski et al., Berlin 1984.

Noam, E./W.-A. Kropat: *Juden vor Gericht 1933-1945*, Wiesbaden 1975.

Norden, G./M. Prinz: »›Sauna-Kultur‹ in Österreich«, *Journal für Sozialforschung* 1986.

Northcote, G. A. S.: »The Nilotic Kavirondo«, *Journal of the Anthropological Institute of Great Britain and Ireland* 1907.

Nowack, E.: *Land und Volk der Konso*, Bonn 1954.

Nübling, E.: *Die Judengemeinden des Mittelalters, insbesondere die Judengemeinde der Reichsstadt Ulm*, Ulm 1896.

–: *Die Reichsstadt Ulm am Ausgange des Mittelalters*, Bd. I, Ulm 1904; Bd. II, 1907.

Oakley, A.: *Becoming a Mother*, New York 1980.

–: *The Captured Womb*, Oxford 1984.

Obser, K.: »Zur Geschichte des Frauenhauses in Überlingen«, *Zeitschrift für die Geschichte des Oberrheins* 1916.

Oefele, E. v.: *Die Chroniken der baierischen Städte Regensburg, Landshut, Mühldorf, München*, Leipzig 1878.

Okely, J.: »Gypsy Women« in *Perceiving Women*, ed. S. Ardener, New York 1975.

Oliver, D. L.: *Ancient Tahitian Society*, Bd. I, Honolulu 1974.

Opitz, C.: *Frauenalltag im Mittelalter*, Weinheim 1985.

Opler, M. E.: *An Apache Life-Way*, Chicago 1941.

–: *Apache Odyssey*, New York 1969.

Oppelt, W.: *Über die ›Unehrlichkeit‹ des Scharfrichters*, Lengfeld 1976.

Oppitz, M.: Persönliche Mitteilung vom 10. Februar 1990.

Orloff, A.: *Karneval*, Wörgl 1980.

Orsmond, J. M.: *Ancient Tahiti*, ed. T. Henry, Honolulu 1928.

Osgood, C.: *Ingalik Social Culture*, New Haven 1958.

Osiander, F. B.: *Lehrbuch der Entbindungskunst*, Bd. I, Göttingen 1799.

Oswalt, W.: *Napaskiak*, Tucson 1963.

–: *Alaskan Eskimos*, San Francisco 1967.

Otis, L. L.: *Prostitution in Medieval Society*, Chicago 1985.

van Overbergh, C./E. de Jonghe: *Les Mangbetu*, Bruxelles 1909.

Owen, D. D. R.: *Noble Lovers*, London 1975.

Pachinger, A. M.: *Die Mutterschaft in der Malerei und Graphik*, München 1906.

Pallaver, G.: *Das Ende der schamlosen Zeit*, Wien 1987.

–: »Der Streit um die Scham: Zu Hans Peter Duerrs Demontage des ›Zivilisationsprozesses‹«, *Sturzflüge*, August 1989.

Palmer, E.: »Notes on Some Australian Tribes«, *Journal of the Anthropological Institute of Great Britain and Ireland* 1884.

Panzer, M.: *Tanz und Recht*, Frankfurt/M. 1938.

Pape, R.: »Seife, Sex und Syphilis oder Die Badefreuden des Mittelalters« in *Geschichte der Reinlichkeit*, ed. A. Delille/A. Grohn, Frankfurt/M. 1986.

Paravicini, U.: »Von der Wohnung des Bürgers zur Wohnung für die Massen«, *archithese* 1, 1985.

Parent-Duchâtelet, A.: *La prostitution à Paris au XIX⁰ siècle*, Paris 1981.

Parker, R./G. Pollock: *Old Mistresses*, London 1981.

Parsons, R. T.: *Religion in an African Society*, Leiden 1964.

Partner, P.: *Renaissance Rome*, Berkeley 1976.

Partridge, E.: *Shakespeare's Bawdy*, London 1968.

Patze, H.: *Die Rechtsquellen der Städte im ehemaligen Herzogtum Sachsen-Altenburg*, Köln 1976.

Paul, S.: »The Wrestling Tradition and Its Social Functions« in *Sport in Africa*, ed. W. J. Baker/J. A. Mangan, New York 1987.

Paulitschke, P.: *Ethnographie Nordost-Afrikas*, Bd. I, Berlin 1893.

Pavan, E.: »Police des mœurs, société et politique à Venise à la fin du Moyen Age«, *Revue historique* 1980.

Pearsall, R.: *The Worm in the Bud*, Toronto 1969.

–: *Public Purity, Private Shame*, London 1976.

Pease, A. S.: »Ölbaum« in *Paulys Real-Encyclopädie der Classischen Altertumswissenschaft*, ed. W. Kroll, Bd. XVII.2, Stuttgart 1937.

Pellegrin, N.: »Vêtements de peau(x) et de plumes: la nudité des Indiens et la diversité du monde au XVI⁰ siècle« in *Voyager à la Renaissance*, ed. J. Céard/J.-C. Margolin, Paris 1987.

Penso, G.: *La médecine romaine*, Paris 1984.

Perry, M. E.: »›Lost Women‹ in Early Modern Seville«, *Feminist Studies* 1978.

–: »Deviant Insiders: Legalized Prostitutes and a Consciousness of Women in Early Modern Seville«, *Comparative Studies in Society and History* 1985.

Persson, A. W.: *The Religion of Greece in Prehistoric Times*, Berkeley 1942.

Petersen, A.: *Ehre und Scham*, Berlin 1985.

Petersen, R.: »East Greenland Before 1950« in *Handbook of North American Indians*, Bd. V, ed. D. Damas, Washington 1984.

Petersen, S.: *Die Große Revolution und die kleinen Leute*, Köln 1988.

Peterson, M. J.: »Dr. Acton's Enemy: Medicine, Sex, and Society in Victorian England«, *Victorian Studies* 1986.

Petrelli, R. L.: »The Regulation of French Midwifery During the Ancien Régime«, *Journal of the History of Medicine* 1971.

Peuckert, W.-E.: »Jude und Jüdin« in *Handwörterbuch des deutschen Aberglaubens*, Bd. IV, ed. H. Bächtold-Stäubli, Berlin 1931.

Pezzini, I.: »L' Africa d' Oltremare« in *Storie di viaggiatori italiani*, Bd. III, ed. I. Pezzini, Milano 1986.

Pfeiffer, G.: *Nürnberger Urkundenbuch*, Nürnberg 1959.

Pfingsten, K.: »Zur Situation der ausländischen Patientin in der gynäkologischen Praxis« in *Psychosomatische Probleme in der Gynäkologie und Geburtshilfe*, ed. B. Fervers-Schorre et al., Berlin 1986.

Pforte, D.: »Zur Freikörperkultur-Bewegung im nationalsozialistischen Deutschland« in ›*Wir sind nackt und nennen uns Du*‹, ed. M. Andritzky / T. Rautenberg, Gießen 1989.

Pinto, L. B.: »The Folk Practice of Gynecology and Obstetrics in the Middle Ages«, *Bulletin for the History of Medicine* 1973.

Pinton, S.: »Les Bari«, *Journal de la Société des Américanistes* 1965.

Pitz, E.: »Wirtschaftliche und soziale Probleme der gewerblichen Entwicklung im 15. / 16. Jahrhundert nach hansisch-niederdeutschen Quellen« in *Die Stadt des Mittelalters*, Bd. III, ed. C. Haase, Darmstadt 1973.

Pivar, D. J.: *Purity Crusade: Sexual Morality and Social Control, 1868-1900*, Westport 1973.

Platter, T./F. Platter: *Zwei Autobiographien*, ed. D. A. Fechter, Basel 1840.

Plenk, J. J. v.: *Anfangsgründe der Geburtshülfe*, Wien 1803.

Plötz, R.: »Deutsche Pilger nach Santiago de Compostela bis zur Neuzeit« in *Deutsche Jacobspilger und ihre Berichte*, ed. K. Herbers, Tübingen 1988.

Ploß, H.: *Das Kind in Brauch und Sitte der Völker*, Bd. II, Leipzig 1912.

Ploss, H./M. Bartels: *Das Weib in der Natur- und Völkerkunde*, Leipzig 1908.

Podach, E. F.: »Geschichtliches zum geburtshilflichen Unterricht«, *Sudhoffs Archiv* 1953.

Poliakoff, M. B.: *Combat Sports in the Ancient World*, New Haven 1987.

Polykrates, G.: *Menschen von gestern*, Wien 1984.

Pomeroy, S. B.: *Goddesses, Whores, Wifes, and Slaves*, New York 1975.

Poole, F. J. P.: »Transforming ›Natural‹ Woman« in *Sexual Meanings*, ed. S. B. Ortner / H. Whitehead, Cambridge 1981.

Poovey, M.: »›Scenes of an Indelicate Character‹: The Medical ›Treatment‹ of Victorian Women«, *Representations* 1986.

Popelka, F.: *Geschichte der Stadt Graz*, Bd. II, Graz 1960.

Popenoe, J.: *Schüler in Summerhill*, Reinbek 1971.

Porteau-Bitker, A.: »Criminalité et délinquance féminines dans le droit pénal des XIIIᵉ et XIVᵉ siècles«, *Revue historique de droit français et étranger* 1980.

Posern-Klett, Dr. v.: »Frauenhäuser und freie Frauen in Sachsen«, *Archiv für die Sächsische Geschichte* 1874.

Poston, C. H.: »Childbirth in Literature«, *Feminist Studies* 1978.

Power, E.: »The Position of Women« in *The Legacy of the Middle Ages*, ed. C. G. Crump / E. F. Jacob, Oxford 1926.

Prantl, C.: *Geschichte der Ludwig-Maximilians-Universität in Ingolstadt, Landshut, München*, Bd. I, München 1872.

Prawer, J.: *The World of the Crusaders*, London 1972.

Preiswerk, Y.: »So hat man damals entbunden« in A. Favre: *Ich, Adeline, Hebamme aus Val d'Anniviers*, Darmstadt 1985.

Preuß-Lausitz, U.: »Vom gepanzerten zum sinnstiftenden Körper« in *Kriegskinder, Konsumkinder, Krisenkinder*, ed. U. Preuß-Lausitz et al., Weinheim 1983.

Preußler, S.: *Hinter verschlossenen Türen*, München 1985.

Properz: *Gedichte*, ed. R. Helm, Berlin 1986.

Proskauer, C.: »Development and Use of the Rubber Glove in Surgery and Gynecology«, *Journal of the History of Medicine* 1958.

Prost, A.: »Frontières et espaces du privé« in *Histoire de la vie privée*, Bd. V, ed. P. Ariès / G. Duby, Paris 1987.

Prunner, G.: »Einige antijapanische Propaganda-Plakate aus dem China der frühen dreißiger Jahre im Hamburgischen Museum für Völkerkunde«, *Jahrbuch des Museums für Völkerkunde zu Leipzig* 1987.

–: Brief vom 26. März 1990.

Pusch, L. F.: *Das Deutsche als Männersprache*, Frankfurt/ M. 1984.

Quanter, R.: *Die Sittlichkeitsverbrechen im Laufe der Jahrhunderte*, Berlin 1925.

Quicherat, J.: *Procès de condamnation et de réhabilitation de Jeanne d'Arc dite La Pucelle*, Paris 1841 ff.

Quine, W. V. O.: *Ontological Relativity*, New York 1969.

Rabenalt, A. M.: *Joseph Goebbels und der ›Großdeutsche‹ Film*, München 1985.

Rachewiltz, B. de: *Schwarzer Eros*, Stuttgart 1965.

Radtke, E.: *Typologie des sexuell-erotischen Vokabulars des heutigen Italienisch*, Tübingen 1979.

Rätsch, C.: »Kräuter zur Familienplanung«, *Sexualmedizin* 1983.

–: Brief vom 5. Juni 1986.

Rätsch, C. / H. J. Probst: »Ökologische Perspektiven von Sexualität und Hygiene bei den Maya«, *Ethnologia Americana* 1985.

Rahman, F.: *Health and Medicine in the Islamic Tradition*, New York 1987.

Rank, O.: »Die Nacktheit in Sage und Dichtung« in *Psychoanalytische Beiträge zur Mythenforschung*, Leipzig 1919.

Rao, K. B.: »Obstetrics in India Over 2000 Years Ago«, *Indian Journal of the History of Medicine* 1963.

Rapp, A.: *Urkundenbuch der Stadt Stuttgart*, Stuttgart 1912.

de Ras, M. E. P.: *Körper, Eros und weibliche Kultur*, Pfaffenweiler 1988.

Rashdall, H.: *The Universities of Europe in the Middle Ages*, Bd. I, Oxford 1951.

Rasmussen, K.: *Neue Menschen*, Leipzig 1920.

–: *Grønlandsagen*, Berlin 1922.

–: *Across Arctic America*, New York 1927.

Ras-work, T.: »Birth Customs of the Amharas of Sawa«, *Bulletin of the Ethnological Society of the University College of Addis Abeba* 1957.

Rath, B.: »Prostitution und spätmittelalterliche Gesellschaft im österreichisch-süddeutschen Raum« in *Frau und spätmittelalterlicher Alltag*, ed. H. Appelt, Wien 1986.

Rauber, H.: »Stages of Women's Life Among Tibetan Nomadic Traders«, *Ethnos* 1987.

Rauch, M. v.: *Urkundenbuch der Stadt Heilbronn*, Bd. II, Stuttgart 1913.

Raum, O. F.: *The Social Functions of Avoidances and Taboos Among the Zulu*, Berlin 1973.

Rautenberg, T.: Brief vom 15. August 1989.

Read, M.: *Children of Their Fathers*, London 1959.

Réage, P.: *Geschichte der O*, Reinbek 1977.

Reicke, E.: *Geschichte der Reichsstadt Nürnberg*, Nürnberg 1896.

Rein, A.: Mündliche Mitteilung vom 12. August 1986.

Reina, R. E.: *The Law of the Saints*, Indianapolis 1966.

Reincke, H.: »Bevölkerungsprobleme der Hansestädte« in *Die Stadt des Mittelalters*, Bd. III, ed. C. Haase, Darmstadt 1973.

Reininghaus, W.: *Die Entstehung der Gesellengilden im Spätmittelalter*, Wiesbaden 1981.

Reinsberg, C.: *Ehe, Hetärentum und Knabenliebe im antiken Griechenland*, München 1989.

Reitzenstein, F. v.: *Das Weib bei den Naturvölkern*, Berlin o.J.

Renger, K.: *Lockere Gesellschaft*, Berlin 1970.

Rennefahrt, H.: *Grundzüge der bernischen Rechtsgeschichte*, Bd. III, Bern 1928.

–: *Die Rechtsquellen des Kantons Bern*, Bd. X, Aarau 1968; Bd. XI, 1975.

Rettich, E.: *Der nackte Philosoph*, München 1976.

Reuter, F.: »Bischof, Stadt und Judengemeinde von Worms im Mittelalter« in *Neunhundert Jahre Geschichte der Juden in Hessen*, Wiesbaden 1983.

Reuter, R.: »Verbrechen und Strafen nach altem lübischem Recht«, *Hansische Geschichtsblätter* 1936.

Ribeiro, A.: *Dress and Morality*, London 1986.

Ribo, É.-E. R.: *Nudisme*, Bordeaux 1931.

Richard, J.: *Laster, Luxus und kein bißchen Lenin*, München 1984.

Richlin, A.: *The Gardens of Priapus*, New Haven 1983.

Richter, E.: »Die Siechenhäuser von Grenzach und Wyhlen sowie der Aussatz im Mittelalter«, *Das Markgräflerland* 1987.

de Ridder, M.: »Der Körper als Ware: Über die weibliche Lustlosigkeit an der männlichen Lust« in *Leiblichkeit*, ed. H. Petzold, Paderborn 1985.

Riefenstahl, L.: *Schönheit im olympischen Kampf*, Berlin 1937.

–: *Die Nuba*, München 1973.

–: *Die Nuba von Kau*, München 1976.

–: *Mein Afrika*, München 1982.

–: *Memoiren*, München 1987.

Riegel, R. E.: »Changing American Attitudes Toward Prostitution (1800-1920)«, *Journal for the History of Ideas* 1968.

Riezler, S.: »Das Ueberlinger Stadtrecht«, *Zeitschrift für die Geschichte des Oberrheins* 1877.

Ringler, M.: *Psychologie der Geburt im Krankenhaus*, Weinheim 1985.

Ritter, G.: »Zur Entwicklung des geburtshilflichen Phantoms im 19. und 20. Jahrhundert«, *Medizinhistorisches Journal* 1966.

Ritter, G.: *Die Heidelberger Universität*, Bd. I, Heidelberg 1936.

Ritz, H.: *Die Sehnsucht nach der Südsee*, Göttingen 1983.

Robertson, D.W.: *Chaucer's London*, New York 1968.

Rodenwaldt, E.: »Die Gesundheitsgesetzgebung des Magistrato della sanità Venedigs, 1486-1550«, *Sitzungsberichte der Heidelberger Akademie der Wissenschaften, Math.-naturwiss. Klasse* 1956.

Roderer, U.: *Mode als Symbol*, Regensburg 1986.

Roderick, C.: »Sir Joseph Banks, Queen Oberea and the Satirists« in *Captain James Cook*, ed. W. Veit, Melbourne 1972.

Rodger, G.: *Le village des Noubas*, Paris 1955.

–: *Magnum Opus*, ed. C. Osman, Berlin 1987.

Röhr, D.: *Prostitution*, Frankfurt/M. 1972.

Roeseler, H.: *Die Wohlfahrtspflege der Stadt Göttingen im 14. und 15. Jahrhundert*, Berlin 1917.

Rössler, E. F.: *Die Stadtrechte von Brünn*, Prag 1852.

Roger, A.: »Vulva, Vultus, Phallus«, *Communications* 46, 1987.

Róheim, G.: »Women and Their Life in Central Australia«, *Journal of the Royal Anthropological Institute* 1933.

–: *Children of the Desert*, New York 1974.

–: *Psychoanalyse und Anthropologie*, Frankfurt/M. 1977.

Rohlfs, G.: *Drei Monate in der libyschen Wüste*, Kassel 1875.

Romain, M.: »Die Mondgöttin der Maya und ihre Darstellung in der Figurinen-Kunst«, *Baessler-Archiv* 1988.

Romanucci-Ross, L.: »Melanesian Medicine« in *Culture and Curing*, ed. P. Morley/R. Wallis, London 1978.

–: *Mead's Other Manus*, South Hadley 1985.

Ropp, G. v. d.: *Göttinger Statuten*, Hannover 1907.

Rosa, A.: *Citoyennes: Les femmes et la Révolution Française*, Paris 1988.

Roscoe, J.: *The Bagesu and Other Tribes of the Uganda Protectorate*, Cambridge 1924.

Rosen, G.: »A Slaughter of Innocents: Aspects of Child Health in the 18th-Century City« in *Studies in Eighteenth-Century Culture*, ed. R. C. Rosbottom, Bd. V, Madison 1976.

Rosenbach, D./R. Altner/M. Flügge: *Heinrich Zille: Das graphische Werk*, Berlin 1984.

Rosenfeld, H.-F./H. Rosenfeld: *Deutsche Kultur im Spätmittelalter*, Wiesbaden 1978.

Rosenthal, C. O.: »Zur geburtshilflich-gynäkologischen Betätigung des Mannes bis zum Ausgange des 16. Jahrhunderts«, *Janus* 1923.

Rosenthal, M. E.: »Veronica Franco's ›Terze rime‹«, *Renaissance Quarterly* 1989.

Ross, H. M.: *Baegu*, Urbana 1973.

Rossiaud, J.: »Prostitution, jeunesse et société dans les villes du sud-est au XVᵉ siècle«, *Annales* 1976.

–: »Prostitution, sexualité, société dans les villes françaises au XVᵉ siècle«, *Communications* 1982.

–: *Dame Venus*, München 1989.

–: »Der Städter« in *Der Mensch des Mittelalters*, ed. J. Le Goff, Frankfurt/M. 1989.

Rottenburg, R.: Brief vom 5. August 1988.
–: Brief vom 25. August 1988.
Rousseau, J.-J.: *Emil oder Über die Erziehung*, ed. L. Schmidts, Paderborn 1981.
Rousselle, A. »Observation féminine et idéologie masculine«, *Annales* 1980.
–: *Porneia*, Paris 1983.
Roy, B.: »L'humour érotique au XVᵉ siècle« in *L'érotisme au Moyen âge*, ed. B. Roy, Paris 1977.
Rublack, H.-C.: *Eine bürgerliche Reformation: Nördlingen*, Gütersloh 1982.
Rudeck, W.: *Geschichte der Öffentlichen Sittlichkeit in Deutschland*, Berlin 1905.
Rudner, J./I. Rudner: »Bushman Art« in *The Bushman*, ed. P. V. Tobias, Cape Town 1978.
Rüppell, E.: *Reisen in Nubien, Kordofan und dem peträischen Arabien*, Frankfurt/M. 1829.
Rüthing, H.: *Höxter um 1500*, Paderborn 1986.
Ruffié, J./J.-C. Sournia: *Die Seuchen in der Geschichte der Menschheit*, Stuttgart 1987.
Ruggiero, G.: *The Boundaries of Eros*, Oxford 1985.
Rugh, A. B.: *Reveal and Conceal: Dress in Contemporary Egypt*, Syracuse 1986.
Rugoff, M.: *Prudery & Passion*, London 1972.
Rumpf, K.L: »Vom ›ehrsamen‹ Handwerk und den ›löblichen‹ Gesellenbruderschaften«, *Hessische Blätter für Volkskunde* 1964.
Russegger, J.: *Reisen in Europa, Asien und Afrika*, Bd. II, Stuttgart 1844.
Russell, K. F.: »Ivory Anatomical Manikins«, *Medical History* 1972.
Rutschky, K.: »Urlaub vom Ich: Hans Peter Duerr als Reiseleiter«, *Merkur* 1986.

de Sade, D.-A.-F.: *Philosophie im Boudoir*, Wiesbaden 1980.
–: *Justine oder Die Leiden der Tugend*, Nördlingen 1987.
Sagar, J. W.: »Notes on the History, Religion, and Customs of the Nuba«, *Sudan Notes and Records* 1922.
Sahlins, M.: *Islands of History*, London 1987.
Saïd, R.: Persönliche Mitteilung vom 1. März 1990.
Salgado, G.: *The Elizabethan Underworld*, Totowa 1977.
Saller, K.: »Sexualität und Sitte in der vorindustriellen Zeit« in *Familie und Gesellschaft*, ed. F. Oeter, Tübingen 1966.
Salmen, W.: *Musikleben im 16. Jahrhundert*, Leipzig 1976.
–: *Der Spielmann im Mittelalter*, Innsbruck 1983.
Salusbury-Jones, G. T.: *Street Life in Medieval England*, Hassocks 1975.
Salvat, M.: »L'accouchement dans la littérature scientifique médiévale« in *L'enfant au moyen âge*, Aix-en-Provence 1980.
Sample, L. L./A. Mohr: »Wishram Birth and Obstetrics«, *Ethnology* 1980.
Sandler, L. F.: *Gothic Manuscripts 1285-1385*, Oxford 1986.
Sandmann, E.: *Das Bürgerrecht im mittelalterlichen Frankfurt*, Frankfurt/M. 1957.
Sanger, W. W.: *The History of Prostitution*, New York 1859.

Sansone, D.: *Greek Athletics and the Genesis of Sport*, Berkeley 1988.

Santandrea, F. S.: »The Luo of Bahr-el-Ghazal«, *Annali Lateranensi* 1944.

Santore, C.: »Julia Lombardo, ›Somptuosa Meretrize‹«, *Renaissance Quarterly* 1988.

dos Santos Silva, M.: »Die Prostitution in Rio de Janeiro im 19. Jahrhundert« in *Weiblichkeit in geschichtlicher Perspektive*, ed. U. A. J. Becher/J. Rüsen, Frankfurt/M. 1988.

Sartori, P.: »Johannes der Täufer (24. Juni)« in *Handwörterbuch des deutschen Aberglaubens*, Bd. IV, ed. H. Bächtold-Stäubli, Berlin 1931.

–: »Lätare« in *Handwörterbuch des deutschen Aberglaubens*, Bd. V, ed. H. Bächtold-Stäubli, Berlin 1932.

Sastrow, B.: *Herkommen, Geburt und Lauff seines gantzen Lebens*, ed. G. C. F. Mohnike, Greifswald 1823f.

Saucier, J.-F.: »Correlates of the Long Postpartum Taboo«, *Current Anthropology* 1972.

Scarborough, J.: *Roman Medicine*, Ithaca 1969.

Schaab, K. A.: *Geschichte der Stadt Mainz*, Bd. I, Mainz 1841.

Schadewaldt, H.: »Der ›morbus amatorius‹ aus medizinhistorischer Sicht« in *Das Ritterbild in Mittelalter und Renaissance*, Düsseldorf 1985.

Schaller, D.: »Erotik und sexuelle Thematik in Musterbriefsammlungen des 12. Jahrhunderts« in *Fälschungen im Mittelalter*, Bd. V, Hannover 1988.

Schama, S.: *Der zaudernde Citoyen*, München 1989.

Schamoni, W.: Mündliche Mitteilung vom 11. Juli 1986.

Scheffey, L. C.: »The Earlier History and the Transition Period of Obstetrics and Gynecology in Philadelphia«, *Annals of Medical History* 1940.

Schefold, R.: Brief vom 19. August 1986.

Scheler, M.: *Schriften aus dem Nachlaß*, Bd. I, Bern 1957.

Schenda, R./S. Schenda: »Affe« in *Enzyklopädie des Märchens*, Bd. I, ed. K. Ranke, Berlin 1975.

Scheuer, O. F.: »Sittengeschichte des Hemdes und der Hosen« in *Sittengeschichte des Intimen*, ed. L. Schidrowitz, Wien 1926.

Schich, W.: *Würzburg im Mittelalter*, Köln 1977.

–: »Das mittelalterliche Berlin (1237-1411)« in *Geschichte Berlins*, Bd. I, ed. W. Ribbe, München 1987.

Schiefenhövel, W.: »Kindliche Sexualität, Tabu und Schamgefühl bei ›primitiven‹ Völkern« in *Die Entwicklung der kindlichen Sexualität*, ed. T. Hellbrügge, München 1982.

–: »Geburten bei den Eipo« in *Die Geburt aus ethnomedizinischer Sicht*, ed. W. Schiefenhövel/D. Sich, Wiesbaden 1983.

–: *Geburtsverhalten und reproduktive Strategien der Eipo*, Berlin 1988.

Schieffelin, E. L.: *The Sorrow of the Lonely and the Burning of the Dancers*, St. Lucia 1977.

Schimmel, A.: *Mystische Dimensionen des Islam*, Köln 1985.

Schindler, G.: *Verbrechen und Strafen im Recht der Stadt Freiburg im Breisgau*, Freiburg 1937.

Schirmacher, E.: *Stadtvorstellungen*, Zürich 1988.

Schlager, J. E.: *Wiener Skizzen des Mittelalters*, Bd. V, Wien 1846.

Schling, E.: *Die evangelischen Kirchenordnungen des XVI. Jahrhunderts: Kurpfalz*, Tübingen 1969.

Schmerl, C.: *Frauenfeindliche Werbung*, Berlin 1980.

Schmid, T.: »Geschichte ohne Fortschritt? Hans Peter Duerrs erster Angriff auf den Mythos vom Zivilisationsprozeß«, *Süddeutsche Zeitung*, 3. September 1988.

Schmidt, B.: *Frankfurter Zunfturkunden bis zum Jahre 1612*, Bd. II, Frankfurt/M. 1914.

Schmidt, G.: *Urkundenbuch der Stadt Halberstadt*, Bd. I, Halle 1878.

Schmidt, G.: *Das große Der Die Das*, Herbstein 1986.

Schmidt, M.: *Indianerstudien in Zentralbrasilien*, Berlin 1905.

Schmidt, M./G. Dietz: *Frauen unterm Hakenkreuz*, Berlin 1983.

Schmidt, R.: »Friedrich III. (1440-1493)« in *Kaisergestalten des Mittelalters*, ed. H. Beumann, München 1984.

Schmugge, L.: »Feste feiern wie sie fallen: Das Fest als Lebensrhythmus im Mittelalter« in *Stadt und Fest*, ed. P. Hugger et al., Unterägeri 1987.

Schnapper, B.: »La répression du vagabondage et sa signification historique du XIVᵉ au XVIIIᵉ siècle«, *Revue historique de droit français et étranger* 1985.

Schneider, C. D.: *Shame, Exposure, and Privacy*, Boston 1977.

Schneider, D. M: »Abortion and Depopulation on a Pacific Island« in *Health, Culture and Community*, ed. B. D. Paul, New York 1955.

Schnell, J.: *Rechtsquellen von Basel*, Bd. I, 1, Basel 1856.

Schnell, R.: »Grenzen literarischer Freiheit im Mittelalter«, *Archiv für das Studium der neueren Sprachen und Literaturen* 1981.

Schodt, F. L.: *Manga! Manga! The World of Japanese Comics*, Tōkyō 1983.

Schönfeld, W.: *Frauen in der abendländischen Heilkunde*, Stuttgart 1947.

Schönfeldt, G.: *Beiträge zur Geschichte des Pauperismus und der Prostitution in Hamburg*, Weimar 1897.

Schönfeldt, S. Gräfin: *1 × 1 des guten Tons*, München 1987.

Schöttle, J. E.: *Geschichte von Stadt und Stift Buchau*, Waldsee 1884.

Scholten, C. M.: »›On the Importance of the Obstetric Art‹: Changing Customs of Childbirth in America, 1760-1825« in *Women's America*, ed. L. K. Kerber/J. DeH. Matthews, New York 1982.

Scholz, F.: Mündliche Mitteilung vom 7. Februar 1987.

Schott, R.: *Aus Leben und Dichtung eines westafrikanischen Bauernvolkes*, Köln 1970.

–: »Triviales und Transzendentes: Einige Aspekte afrikanischer Rechtstraditionen« in *Entstehung und Wandlung rechtlicher Traditionen*, ed. W. Fikentscher et al., Freiburg 1980.

–: Brief vom 20. März 1986.

Schouwink, W.: *Der wilde Eber in Gottes Weinberg*, Sigmaringen 1985.

Schram, L. M. J.: »The Monguors of the Kansu-Tibetan Frontier«, *Transactions of the American Philosophical Society* 1954.

Schreckenstein, R. v.: »Die Dorfordnung zu Kappel bei Villingen«, *Zeitschrift für die Geschichte des Oberrheins* 1878.

Schreiber, H.: *Sittengeschichte der Badewanne*, München 1966.

Schreier-Hornung, A.: *Spielleute, Fahrende, Außenseiter*, Göppingen 1981.

Schröder, R.: *Oberrheinische Stadtrechte*, Bd. I, 4, Heidelberg 1898.

Schubart, P.: »Das mittelalterliche Badhaus in Eberbach«, *Eberbacher Geschichtsblatt* 1980.

Schubert, E.: *Arme Leute, Bettler und Gauner im Franken des 18. Jahrhunderts*, Neustadt a. d. Aisch 1983.

–: »Gauner, Dirnen und Gelichter in deutschen Städten des Mittelalters« in *Mentalität und Alltag im Spätmittelalter*, ed. C. Meckseper/E. Schraut, Göttingen 1985.

–: »Mobilität ohne Chance: Die Ausgrenzung des fahrenden Volkes« in *Ständische Gesellschaft und soziale Mobilität*, ed. W. Schulze, München 1988.

–: »Soziale Randgruppen und Bevölkerungsentwicklung im Mittelalter«, *Saeculum* 1988.

Schüle, R.-C.: »L'accouchement dans le Valais central de 1850 à 1950«, *Gesnerus* 1979.

Schuhmann, H.: *Der Scharfrichter*, Kempten 1964.

Schulien, P. M.: »Kleidung und Schmuck bei den Atchwabo in Portugiesisch-Ostafrika«, *Anthropos* 1926.

Schultes, D. A.: *Chronik von Ulm*, Ulm 1937.

Schultheiß, W.: *Die Münchner Gewerbeverfassung im Mittelalter*, München 1936.

Schultz, A.: *Das höfische Leben zur Zeit der Minnesinger*, Bd. I, Leipzig 1889.

–: *Deutsches Leben im XIV. und XV. Jahrhundert*, Wien 1892.

–: *Das häusliche Leben der europäischen Kulturvölker*, München 1903.

Schultz, J.: *Wandlungen der Seele im Hochmittelalter*, Breslau 1940.

Schultz, P.: *Die erotischen Motive in den deutschen Dichtungen des 12. und 13. Jahrhunderts*, Greifswald 1907.

Schultz-Lorentzen, C. W.: *Dictionary of the West Greenland Eskimo Language*, København 1927.

Schulz, F. T.: *Nürnbergs Bürgerhäuser und ihre Ausstattung*, Bd. I, Leipzig 1933.

Schulz, K.: »Die Handwerksgesellen« in *Unterwegssein im Spätmittelalter*, ed. P. Moraw, Berlin 1985.

Schurtz, H.: *Urgeschichte der Kultur*, Leipzig 1900.

Schwarz, G.: »Sexualerziehung in Japan« in *Handbuch der Sexualpädagogik*, Bd. I, Düsseldorf 1984.

Scott, G. R.: *A History of Prostitution*, London 1936.

Scott, N. F.: *The Bonds of Womanhood*, New Haven 1977.

Scribner, R. W.: *For the Sake of Simple Folk*, Cambridge 1981.

Scrobogna, B.: *Die Pintubi*, Berlin 1980.

Scullard, H. H.: *Festivals and Ceremonies of the Roman Republic*, London 1981.

Seibert, J.: *Lexikon christlicher Kunst*, Freiburg 1982.

Seibt, F.: »Zu einem neuen Begriff von der Krise des Spätmittelalters« in *Europa 1400*, ed. F. Seibt/W. Eberhard, Stuttgart 1984.

Seidenspinner, W.: »Herrenloses Gesindel«, *Zeitschrift für die Geschichte des Oberrheins* 1985.

Seiler-Baldinger, A.: »Der Tourismus am oberen Amazonas und seine Wirkung auf die einheimische Bevölkerung« in *Unter dem Kreuz des Südens*, ed. A. Seiler-Baldinger, Bern 1988.

Seiner, F.: »Die Buschmänner des Okawango- und Sambesigebietes der Nord-Kalahari«, *Globus* 1910.

Seitter, W.: »Nacktheit als Kleidung«, *Tumult* 2, 1979.

Selg, H./M. Bauer: *Pornographie*, Stuttgart 1986.

Seligman, C. G./B. Z. Seligman: *Pagan Tribes of the Nilotic Sudan*, London 1932.

Semmel, J./A. Kingsley: »Sexual Imagery in Women's Art«, *Women's Art Journal*, Spring 1980.

Sempebwa, J. W.: *The Ontological and Normative Structure in the Social Reality of a Bantu Society*, Heidelberg 1978.

Semper, K.: *Die Palau-Inseln im Stillen Ocean*, Leipzig 1873.

Sévigné, M. de: *Briefe*, ed. T. v. d. Mühll, Frankfurt/M. 1979.

Sharp, A.: *The Voyages of Abel Janszoon Tasman*, Oxford 1968.

Sharp, L.: »The Social Organization of the Yir-Yoront Tribe«, *Oceania* 1934.

Shaw, J. R.: »Scientific Empiricism in the Middle Ages«, *Clio Medica* 1975.

Sherfan, A. D.: *The Yakans of Basilian Island*, Cebu City 1976.

Shore, B.: »Sexuality and Gender in Samoa« in *Sexual Meanings*, ed. S. B. Ortner/H. Whitehead, Cambridge 1981.

–: *Sala'ilua*, New York 1982.

Shorter, E.: *Der weibliche Körper als Schicksal*, München 1984.

Shostak, M.: *Nisa erzählt*, Reinbek 1982.

Shryock, R. H.: »Women in American Medicine« in *Medicine in America*, Baltimore 1966.

Sich, D.: *Mutterschaft und Geburt im Kulturwandel*, Frankfurt/M. 1982.

–: Brief vom 8. Mai 1987.

Siebenkees, J. C.: »Von dem Nürnbergischen Frauenhause im sogenannten Frauengäßlein«, *Materialien zur Nürnbergischen Geschichte* 1795.

Sieber, S.: »Nachbarschaften, Gilden, Zünfte und ihre Feste«, *Archiv für Kulturgeschichte* 1914.

Siebold, A. E. v.: *Handbuch zur Erkenntniß und Heilung der Frauenzimmerkrankheiten*, Bd. I, Wien 1829.

Siebold, E. C. J. v.: *Abbildungen aus dem Gesammtgebiete der theoretisch-praktischen Geburtshülfe*, Berlin 1835.

Sieder, R.: »›Vata, derf i aufstehn?‹ Kindheitserfahrungen in Wiener Arbeiterfamilien um 1900« in *Glücklich ist, wer vergißt ...?*, ed. H. C. Ehalt et al., Wien 1986.

Siegemundin, J.: *Die Königl. Preußische und Chur-Brandenbg. Hof-Wehe-Mutter*, Berlin 1756.

Siegl, K.: *Die Egerer Zunftordnungen*, Prag 1909.

Sigsworth, E. M./T. J. Wyke: »A Study of Victorian Prostitution and Venereal Disease« in *Suffer and Be Still*, ed. M. Vicinus, Bloomington 1972.

Simmons, D. C.: »Erotic Ibibio Tone Riddles«, *Man* 1956.

–: »Sexual Life, Marriage, and Childhood Among the Efik«, *Africa* 1960.

Simonsohn, S.: *History of the Jews in the Duchy of Mantua*, Jerusalem 1977.

–: *The Jews in the Duchy of Milan*, Bd. III, Jerusalem 1982.

Simson, P.: *Geschichte der Danziger Willkür*, Danzig 1904.

–: *Geschichte der Stadt Danzig*, Bd. I, Danzig 1913.

Singer, C.: »Thirteenth Century Miniatures Illustrating Medical Practice«, *Proceedings of the Royal Society of Medicine* 1915.

Singer, K.: »Cowrie and Baubo in Early Japan«, *Man* 1940.

Singh, S.: »Cadaveric Supply for Anatomical Dissections«, *Indian Journal of the History of Medicine* 1973.

Sjöö, M./B. Mor: *Wiederkehr der Göttin*, Braunschweig 1985.

Skipper, J. K./C. H. McCaghy: »Stripteasing: A Sex-Oriented Occupation« in *Studies in the Sociology of Sex*, ed. J. M. Henslin, New York 1971.

Slater, P. E.: *The Glory of Hera*, Boston 1968.

Smallwood, E. M.: »The Legislation of Hadrian and Antoninus Pius Against Circumcision«, *Latomus* 1959.

Smellie, W.: *A Treatise on the Theory and Practice of Midwifery*, Bd. I, London 1779.

Smith, A. L.: *Die ›Hexe von Buchenwald‹*, Köln 1983.

Smith, B. W.: *European Vision and the South Pacific*, New Haven 1985.

Smith, H.: »Gynecology and Ideology in 17th-Century England« in *Liberating Women's History*, ed. B. A. Carroll, Urbana 1976.

Smith, J. Z.: »The Garments of Shame«, *History of Religions* 1965.

Smith, L.: *The Japanese Print Since 1900*, New York 1983.

Snarey, J./L. Son: »Sex Identity Development Among Kibbutz-Born Males«, *Ethos* 1986.

Snell, K. D. M.: *Annals of the Labouring Poor*, Cambridge 1985.

Snyder, G.: *Instrumentum medici*, Ingelheim 1972.

Sokolowski, E. v.: *Krakau im 14. Jahrhundert*, Marburg 1910.

Solé, J.: *Liebe in der westlichen Kultur*, Frankfurt/M. 1979.

Sombart, N.: »Die ›schöne Frau‹« in *Der Schein des Schönen*, ed. D. Kamper/C. Wulf, Göttingen 1989.

Sommer, C. M./T. Wind: *Mode*, Weinheim 1988.

Sommer, P.: *Scharfrichter von Bern*, Bern 1969.

Sontag, S.: »Faszinierender Faschismus«, *Frauen und Film*, Dezember 1977.

Soranus v. Ephesos: *Die Gynäkologie*, ed. J. C. Huber, München 1894.

–: *Gynaeciorum Libri IV*, ed. I. Ilberg, Leipzig 1927.

Spannaus, G.: »Ernährung und Eß-Sitten bei den Ndau in Südostafrika«, *Tribus* 1955.

Specker, H. E.: *Ulm*, Ulm 1977.

–: Brief vom 29. Juni 1989.

Specker, H. E./G. Weig: »Die Einführung und Durchführung der Reformation in Ulm« in *Die Einführung der Reformation in Ulm*, ed. H. E. Specker/G. Weig, Ulm 1981.

Speert, H.: *Iconographia Gyniatrica*, Philadelphia 1973.

Spieth, J.: *Die Ewe-Stämme*, Berlin 1906.

Spiro, M. E.: *Children of the Kibbutz*, Cambridge 1958.

–: *Kinship and Marriage in Burma*, Berkeley 1977.

–: *Gender and Culture: Kibbutz Women Revisited*, Durham 1979.

–: Brief vom 17. Dezember 1986.

Spitzer, G.: »Die ›Adolf-Koch-Bewegung‹« in *Arbeiterkultur und Arbeitersport*, ed. H. J. Teichler, Clausthal-Zellerfeld 1985.

–: »›Nackt und frei‹: Die proletarische Freikörperkulturbewegung« in *Illu-*

strierte Geschichte des Arbeitersports, ed. H. J. Teichler/G. Hauk, Bonn 1987.

–: »Der deutsche Naturismus nach dem Zweiten Weltkrieg« in ›Wir sind nackt und nennen uns Du‹, ed. M. Andritzky/T. Rautenberg, Gießen 1989.

Spoehr, A.: Kinship Systems of the Seminole, Chicago 1942.

Sprandel, R.: Mentalitäten und Systeme, Stuttgart 1972.

–: Verfassung und Gesellschaft im Mittelalter, Paderborn 1975.

Staerk, D.: »Gutleuthäuser und Kotten im südwestdeutschen Raum« in Die Stadt in der europäischen Geschichte, ed. W. Besch et al., Bonn 1972.

Stagl, J.: »Die Methodisierung des Reisens im 16. Jahrhundert« in Der Reisebericht, ed. P. J. Brenner, Frankfurt/M. 1989.

Stampfer, C.: Geschichte von Meran, Meran 1889.

Standing Bear, L.: Land of the Spotted Eagle, Lincoln 1978.

Stanford, W. B./E. J. Finopoulos: The Travels of Lord Charlemont in Greece & Turkey, 1749, London 1984.

Staniland, K.: »Royal Entry into the World« in England in the Fifteenth Century, ed. D. Williams, Woodbridge 1987.

Stannus, H. S.: »Notes on Some Tribes of British Central Africa«, Journal of the Royal Anthropological Institute 1910.

Staudinger, P.: »Zwei Kleidungsstücke aus dem westlichen Sudan«, Internationales Archiv für Ethnographie 1897.

van den Steenhoven, G.: »Caribou Eskimo Legal Concepts« in Proceedings of the 32nd International Congress of Americanists, København 1958.

Stefaniszyn, B.: Social and Ritual Life of the Ambo of Northern Rhodesia, London 1964.

Stefansson, V.: Das Geheimnis der Eskimos, Leipzig 1925.

Stein, L.: »Die Nuba von Fungor«, Kleine Beiträge aus dem Staatlichen Museum für Völkerkunde Dresden 1978.

Stein, W.: Akten zur Geschichte der Verfassung und Verwaltung der Stadt Köln im 14. und 15. Jahrhundert, Bd. II, Bonn 1895.

von den Steinen, K.: Unter den Naturvölkern Zentral-Brasiliens, Berlin 1894.

Steinhilber, W.: Das Gesundheitswesen im alten Heilbronn, Heilbronn 1956.

Stekl, H.: »»Sei es wie es wolle, es war doch so schön‹: Bürgerliche Kindheit um 1900 in Autobiographien« in Glücklich ist, wer vergißt ...?, ed. H. C. Ehalt et al., Wien 1986.

Stember, C. H.: Sexual Racism, New York 1976.

Stenz, G. M: Beiträge zur Volkskunde Süd-Schantungs, Leipzig 1907.

Stenzel, K.: Die Straßburger Chronik des elsässischen Humanisten Hieronymus Gebwiler, Berlin 1926.

Sterly, J.: Kumo, München 1987.

Stetten, P. v.: Geschichte des Heil. Röm. Reichs Freyen Stadt Augspurg, Frankfurt/M. 1743.

Stevenson, R. C.: »The Nyamang of the Nuba Mountains of Kordofan«, Sudan Notes and Records 1940.

–: »Some Aspects of the Spread of Islam in the Nuba Mountains«, Sudan Notes and Records 1963.

–: The Nuba People of Kordofan Province, Khartoum 1984.

–: Brief vom 4. Juli 1988.

Stewart, A. G.: *Unequal Lovers*, New York 1978.

Stieda, L.: »Die Infibulation bei Griechen und Römern«, *Anatomische Hefte* 1902.

Stifter, K. F.: *Die dritte Dimension der Lust*, Frankfurt/M. 1988.

Stobbe, O.: *Die Juden in Deutschland während des Mittelalters*, Braunschweig 1866.

Stoddart, D. M.: »The Role of Olfaction in the Evolution of Human Sexual Biology, *Man* 1986.

Stokstad, M./J. Stannard: *Gardens of the Middle Ages*, Lawrence 1983.

Stoll, P./J. Jaeger: *Gynäkologische Untersuchung in der Praxis unter besonderer Berücksichtigung der Krebsvorsorgeuntersuchung*, München 1970.

Stoller, R. J.: *Perversion: Die erotische Form von Haß*, Reinbek 1979.

Stolz, I.: *Adiós General – Adiós Macho? Frauen in Chile*, Köln 1989.

Stone, L.: *The Family, Sex and Marriage in England 1500-1800*, London 1977.

–: *The Past and the Present Revisited*, London 1987.

Stoob, H.: »Stadtformen und städtisches Leben im späten Mittelalter« in *Die Stadt*, ed. H. Stoob, Köln 1985.

Strasser, P.: »›Das Wesen des Menschen ist, daß er keines hat‹: Über Bedingungen der Möglichkeit einer alle Menschheitskulturen umspannenden Psychiatrie« in *Die wilde Seele*, ed. H. P. Duerr, Frankfurt/M. 1987.

Strathern, A.: »Flutes, Birds, and Hair in Hagen«, *Anthropos* 1989.

Strathern, M.: *Women in Between*, London 1972.

Straus, R.: *Urkunden und Aktenstücke zur Geschichte der Juden in Regensburg 1453-1738*, München 1960.

Strauss, A.: *Spiegel und Masken*, Frankfurt/M. 1968.

Strauss, G.: *Nuremberg in the Sixteenth Century*, Bloomington 1976.

Streck, B.: *Sudan*, Köln 1982.

–: Brief vom 10. November 1983.

Strecker, I.: Brief vom 5. März 1986.

Strenge, K. F. v./E. Devrient: *Die Stadtrechte von Eisenach, Gotha und Waltershausen*, Jena 1909.

Strombeck, H. v.: »Leibzeichen und das rothe Kloster in Braunschweig«, *Zeitschrift des historischen Vereins für Niedersachsen* 1860.

Stucky, J. P.: *Der Gebärstuhl*, Zürich 1965.

Sturm, H.: *Eger*, Augsburg 1951.

Sturtevant, E.: *Vom guten Ton im Wandel der Jahrhunderte*, Berlin 1917.

Stycos, J. M: »Birth Control Clinics in Crowded Puerto Rico« in *Health, Culture and Community*, ed. B. D. Paul, New York 1955.

Suckale, R.: »Die Regensburger Buchmalerei von 1350-1450« in *Regensburger Buchmalerei*, ed. F. Mütherich/K. Dachs, München 1987.

Sudhoff, K.: *Tradition und Naturbeobachtung in den Illustrationen medizinischer Handschriften und Frühdrucke vornehmlich des 15. Jahrhunderts*, Leipzig 1907.

–: *Ein Beitrag zur Geschichte der Anatomie im Mittelalter*, Leipzig 1908.

–: »Der ›Micrologus‹-Text der ›Anatomia‹ Richards des Engländers«, *Sudhoffs Archiv* 1927.

Sudo, K.-I.: »Nurturing in Matrilineal Society: A Case Study of Satawal Island« in *Cultural Uniformity and Diversity in Micronesia*, ed. I. Ushijima/K.-I. Sudo, Osaka 1987.

Süß, R.: *Hochgericht und Lasterstein*, Freiburg 1980.

Suggs, R. C.: *The Hidden Worlds of Polynesia*, London 1963.

–: *Marquesan Sexual Behavior*, New York 1966.

Susruta, Dr.: »Hindu-Erotik in der Gegenwart«, *Anthropophyteia* 1911.

Sutton, R. F.: *The Interaction between Men and Women Portrayed on Attic Red-Figure Pottery*, Ann Arbor 1982.

Sweet, W. E.: *Sport and Recreation in Ancient Greece*, Oxford 1987.

Symons, D./B. Ellis: »Human Male–Female Differences in Sexual Desire« in *The Sociobiology of Sexual and Reproductive Strategies*, ed. A. E. Rasa et al., London 1989.

Symons, D. J.: *Costume of Ancient Greece*, London 1987.

Talmon, Y.: *Family and Community in the Kibbutz*, Cambridge 1972.

Tanner, F.: *Die Ehe im Pietismus*, Zürich 1952.

Tardieu, A.: *Étude médico-légale sur les attentats aux mœurs*, Paris 1867.

Tauber, W.: *Das Würfelspiel im Mittelalter und in der frühen Neuzeit*, Frankfurt/M. 1987.

Terroine, A.: »Le roi des ribauds de l'Hôtel du roi et les prostituées parisiennes«, *Revue historique de droit français et étranger* 1978.

Tetzner, F.: *Die Slawen in Deutschland*, Braunschweig 1902.

Thalbitzer, W.: »The Ammassalik Eskimo. 2.1«, *Meddelelser om Grønland* 1923.

–: »The Ammassalik Eskimo. 4«, *Meddelelser om Grønland* 1941.

Theissen, A.: »Das Leben in den Städten« in *Berlin im Mittelalter*, ed. G. Saherwala/A. Theissen, Berlin 1987.

Theye, T.: »Fotografien aus China und Japan« in *Der geraubte Schatten*, ed. T. Theye et al., München 1989.

van Thiel, P. J. J.: »Marriage Symbolism in a Musical Party«, *Simiolus* 1968.

Thomas, K.: »The Double Standard«, *Journal of the History of Ideas* 1959.

–: »The Rise of the Fork«, *New York Times Review of Books*, 9. März 1978.

–: *Vergangenheit, Zukunft, Lebensalter*, Berlin 1988.

Thomas, W. I.: *Sex and Society*, Chicago 1907.

Thomas v. Aquin: *Die katholische Wahrheit oder Die theologische Summa*, Bd. VII, ed. C. M. Schneider, Regensburg 1888.

Thompson, J. W.: *Economic and Social History of the Middle Ages*, New York 1959.

Thomson, D.: *Children of the Wilderness*, South Yarra 1984.

Thorbecke, A.: *Die älteste Zeit der Universität Heidelberg, 1386-1449*, Heidelberg 1886.

–: *Statuten und Reformationen der Universität Heidelberg vom 16. bis 18. Jahrhundert*, Leipzig 1891.

Thüngen, W. v.: *Das Sächsische Weichbildrecht nach dem Codex Palatinus Nro. 461*, Heidelberg 1837.

Thuillier, J.-P.: »Les sports dans la civilisation Etrusque«, *Stadion* 1981.

Thurneysser zum Thurn, L.: *Nothgedrungens Außschreiben Mein/Der*

Herbrottischen Blutschandsverkeufferey/Falschs vnd Betrugs, Berlin 1584.

Tickner, L.: »The Body Politic: Female Sexuality & Women Artists Since 1970«, *Art History* 1978.

–: *The Spectacle of Women: Imagery of the Suffrage Campaign 1907-14*, London 1987.

Tinkler, P.: »Learning Through Leisure: Feminine Ideology in Girl's Magazines« in *Lessons for Life*, ed. F. Hunt, Oxford 1987.

Tischner, H.: »Theodor Kleinschmidts Ethnographische Notizen aus den Jahren 1877/78 über die Bergbewohner von Viti Levu«, *Baessler-Archiv* 1966.

Tobias, P. V.: »The San: An Evolutionary Perspective« in *The Bushman*, ed. P. V. Tobias, Cape Town 1978.

Tobler, A./E. Lommatzch: *Altfranzösisches Wörterbuch*, Berlin 1915 ff.

Tobler, G.: »Beiträge zur bernischen Geschichte des 15. Jahrhunderts«, *Archiv des Historischen Vereins des Kantons Bern* 1886.

Tönz-Leitich, K.: »Laster- und Unsittenverbote der Frühneuzeit«, *Österreich in Geschichte und Literatur* 1970.

Topper, U.: »Beobachtungen zur Kultur der Kalaş (Hindukusch)«, *Zeitschrift für Ethnologie* 1977.

Trexler, R. C.: »La prostitution florentine au XVe siècle«, *Annales* 1981.

Trudgill, E.: *Madonnas and Magdalens*, London 1976.

Truswell, A. S./J. D. L. Hansen: »Medical Research Among the !Kung« in *Kalahari Hunters-Gatherers*, ed. R. B. Lee/I. DeVore, Cambridge 1976.

Tucker, M. J.: »Das Kind als Anfang und Ende: Kindheit in England im 15. und 16. Jahrhundert« in *Hört ihr die Kinder weinen*, ed. L. DeMause, Frankfurt/M. 1977.

Turner, B. S.: *Medical Power and Social Knowledge*, London 1987.

Turner, C. W.: »Vom Islam und seiner Heilkunde«, *Ciba Zeitschrift* 1934.

Uitz, E.: »Zur Darstellung der Stadtbürgerin, ihrer Rolle in Ehe, Familie und Öffentlichkeit in der Chronistik und in den Rechtsquellen der spätmittelalterlichen deutschen Stadt«, *Jahrbuch für Geschichte des Feudalismus* 1983.

Ulf, C.: »Die Einreibung der griechischen Athleten mit Öl«, *Stadion* 1979.

Ullmann, M.: *Die Medizin im Islam*, Leiden 1970.

Ulrich, A.: *Bordelle, Straßenprostitution und bürgerliche Sittlichkeit in der Belle Epoque*, Zürich 1985.

Ungerer, T.: *Schutzengel der Hölle*, Zürich 1986.

Ungers, L./O. M. Ungers: *Kommunen in der Neuen Welt*, Köln 1972,

Unschuld, P. U.: *Medizin in China*, München 1980.

Unwin, J. D.: *Sex and Culture*, London 1934.

van Ussel, J.: *Intimität*, Gießen 1979.

Vahness, Hr.: »Einiges über Sitten und Gebräuche der Eingeborenen Neu-Guineas«, *Zeitschrift für Ethnologie* 1900.

Vale, M.: *The Gentleman's Recreations*, Cambridge 1977.

Valerius Maximus: *Sammlung merkwürdiger Reden und Thaten*, ed. F. Hoffmann, Bd. V, Stuttgart 1829.

Vallentin, A.: *Leonardo da Vinci,* New York 1952.

Vanoverbergh, M.: »Negritos of Northern Luzon Again«, *Anthropos* 1929.

–: »Dress and Adornment in the Mountain Province of Luzon«, *Publications of the Catholic Anthropological Conference,* Washington 1929.

–: »Negritos of Eastern Luzon, Part I«, *Anthropos* 1937.

–: *The Isneg,* Washington 1938.

Vanstone, J. W.: *Point Hope,* Seattle 1962.

Vatter, E.: *Ata kiwan,* Leipzig 1932.

Vauchez, A.: »Une campagne de pacification en Lombardie autour de 1233«, *Mélanges d'archéologie et d'histoire* 1966.

Veith, I.: »The Beginnings of Modern Japanese Obstetrics«, *Bulletin for the History of Medicine* 1951.

–: »Kunst und Medizin im fernen Osten und im Orient« in *Kunst und Medizin,* ed. H. Schadewaldt et al., Köln 1967.

–: »The History of Medicine Dolls and Foot-binding in China«, *Clio Medica* 1980.

Verdier, P.: »Woman in the Marginalia of Gothic Manuscripts and Related Works« in *The Role of Woman in the Middle Ages,* ed. R. T. Morewedge, Albany 1975.

Verdier, Y.: *Drei Frauen,* Stuttgart 1982.

Vetter, R.: *Heidelberga deleta,* Heidelberg 1989.

Vevey, B. de: *Les sources du droit du canton de Fribourg,* Bd. II, Aarau 1932; Bd. IV, 1938.

Vicedom, G. F./H. Tischner: *Die Mbowamb,* Bd. I, Hamburg 1948.

Viefhues, H.: »Arzt und Patient im England des 14. Jahrhunderts« in *Der Arzt,* ed. G. Buchholz et al., Köln 1985.

Vigarello, G.: *Wasser, Seife, Puder und Parfüm,* Frankfurt/M. 1988.

Villas-Bôas, O./C. Villas-Bôas: *Xingu: The Indians, Their Myths,* London 1974.

Villas-Bôas, O./C.Villas-Bôas/M. Bissiliat: *Xingu,* München 1979.

Vinnai, G.: *Das Elend der Männlichkeit,* Reinbek 1977.

Vock, W. E./G. Wulz: *Die Urkunden der Stadt Nördlingen, 1400-1435,* Augsburg 1965.

Voges, D.-H.: *Die Reichsstadt Nördlingen,* Bonn 1972.

Vogler, E.: »Die Europäer entdecken die Osterinsel« in *1500 Jahre Kultur der Osterinsel,* ed. H.-M. Esen-Baur, Mainz 1989.

Vogt, H.: *Medizinische Karikaturen von 1800 bis zur Gegenwart,* München 1960.

Vogt, J.: »Von der Gleichwertigkeit der Geschlechter in der bürgerlichen Gesellschaft der Griechen« in *Sexualität und Erotik in der Antike,* ed. A. K. Siems, Darmstadt 1988.

Vogtherr, F.: *Geschichte der Stadt Ansbach,* Ansbach 1927.

Vorwahl, H.: »Die Sexualität im Hochmittelalter«, *Janus* 1933.

Vovelle, M.: *La mort et l'occident,* Paris 1983.

Vrbka, A.: *Das Municipalrecht der Stadt Znaim 1523,* Znaim 1931.

de Vries, A.: *Dictionary of Symbols and Imagery,* Amsterdam 1974.

Wackernagel, R.: *Geschichte der Stadt Basel*, Bd. II, Basel 1916.

Wagley, C.: »Champukwi of the Village of the Tapirs« in *In the Company of Man*, ed. J. B. Casagrande, New York 1960.

–: *Welcome of Tears*, New York 1977.

Wagner, P.: »Eros Goes West: European and ›Homespun‹ Erotica in Eighteenth-Century America« in *The Transit of Civilization from Europe to America*, ed. W. Herget/K. Ortseifen, Tübingen 1986.

Walde-Waldegg, H. v.: »Notes on the Indians of the Llanos of Casanare and San Martín«, *Primitive Man* 1936.

Walk, L.: »Die ersten Lebensjahre des Kindes in Südafrika«, *Anthropos* 1928.

Walkowitz, J. R.: *Prostitution and Victorian Society*, Cambridge 1980.

Walther, S.: »Die junge Mutter« in *Elisabeth von Österreich*, ed. S. Walther, Wien 1986.

Walz, D.: »Falkenjagd–Falkensymbolik« in *Codex Manesse*, ed. E. Mittler/W. Werner, Frankfurt/M. 1988.

Wannenburgh, A./P. Johnson/A. Bannister: *Buschmänner*, Hannover 1979.

Wapnewski, P.: *Waz ist minne*, München 1979.

van Warmelo, N. J./W. M. D. Phophi: *Venda Law*, Bd. II, Pretoria 1948.

Watson, L. C.: »Marriage and Sexual Adjustment in Guajiro Society« *Ethnology* 1973.

Watson, P. F.: *The Garden of Love in Tuscan Art of the Early Renaissance*, Philadelphia 1979.

Weber, B.: *Historisch-topographisches Lexikon der Stadt Bern*, Bern 1976.

Weber, D.: *Geschichtsschreibung in Augsburg*, Augsburg 1984.

Weber, H.: »Baden in Köln«, *Jahrbuch des Kölnischen Geschichtsvereins* 1975.

Weber-Kellermann, I.: *Landleben im 19. Jahrhundert*, München 1987.

Weck, W.: *Heilkunde und Volkstum auf Bali*, Denpasar 1976.

Weckbach, H.: »Ein Scharfrichter wird Arzt«, *Schwaben und Franken*, Juli 1987.

Wedgwood, C. H.: »Women in Manam«, *Oceania* 1937.

Wehrhahn-Strauch, L.: »Affe« in *Lexikon der Christlichen Ikonographie*, Bd. I, ed. E. Kirschbaum, Rom 1968.

Weinberg, M. S.: »The Nudist Management of Respectability« in *Deviance*, ed. E. Rubington/M. S. Weinberg, New York 1981.

Weindler, F.: *Geschichte der gynäkologisch-anatomischen Abbildung*, Dresden 1908.

–: *Geburts- und Wochenbettdarstellungen auf altägyptischen Tempelreliefs*, München 1915.

Weinhold, K.: *Die deutschen Frauen in dem Mittelalter*, Bd. III, Wien 1882.

–: »Der Wettlauf im deutschen Volksleben«, *Zeitschrift des Vereins für Volkskunde* 1893.

Weininger, O.: *Geschlecht und Charakter*, Wien 1921.

Weinrich, J. D.: *Sexual Landscapes*, New York 1987.

Weinsberg, H. v.: *Das Buch Weinsberg*, Bd. I, ed. K. Höhlbaum, Leipzig 1886; Bd. IV, ed. F. Lau, Bonn 1898.

Weiß, L.: *Verfassung und Stände im alten Zürich*, Zürich 1938.

Weisser, M.: »Crime and Punishment in Early Modern Spain« in *Crime and the Law*, ed. V. A. C. Gatrell et al., London 1980.

Wellin, E.: »Water Boiling in a Peruvian Town« in *Health, Culture and Community*, ed. B. D. Paul, New York 1955.

Wells, B. W. P.: *Body and Personality*, London 1983.

Welter, B.: *Dimity Convictions*, Athens 1976.

Welti, F. E./W. Merz: *Die Rechtsquellen des Kantons Aargau*, Bd. II, Aarau 1899.

Wendt, H.: *Geschichte des Welfenfürstentums Grubenhagen, des Amtes und der Stadt Osterode*, ed. J. Leuschner, Hildesheim 1988.

Wenk, S.: »Aufgerichtete weibliche Körper« in *Inszenierung der Macht*, ed. K. Behnken et al., Berlin 1987.

Wenninger, M. J.: »Zum Verhältnis der Kölner Juden zu ihrer Umwelt im Mittelalter« in *Köln und das rheinische Judentum*, ed. J. Bohnke-Kollwitz et al., Köln 1984.

Wernich, A.: *Geographisch-medicinische Studien nach den Erlebnissen einer Reise um die Erde*, Berlin 1878.

Wessing, P.: *Cosmology and Social Behavior in a West Javanese Settlement*, Ann Arbor 1984.

Westenrieder, N.: ›Deutsche Frauen und Mädchen!‹, Düsseldorf 1984.

Westphal, H.: *Die Liebe auf dem Dorf*, Braunschweig 1988.

Westphal, Maj.: *Geschichte der Stadt Metz*, Bd. I, Metz 1875.

Wettstein, O. v.: »Auszug aus den Tagebuchnotizen der österreichischen Expedition nach Kordofan« in *Eine Studienfahrt nach Kordofan*, ed. C. Meinhof, Hamburg 1916.

Weule, K.: *Negerleben in Ostafrika*, Leipzig 1909.

Wex, M.: ›Weibliche‹ und ›männliche‹ Körpersprache als Folge patriarchalischer Machtverhältnisse, Hamburg 1979.

–: »›Weibliche‹ und ›männliche‹ Körpersprache im Patriarchat« in *Feminismus*, ed. L. F. Pusch, Frankfurt/M. 1983.

Whiting, J. W. M.: *Becoming a Kwoma*, New Haven 1941.

Widemann, J.: *Regensburger Urkundenbuch*, Bd. I, München 1912.

Wiessner, E.: »Heinrich Wittenwiler: Der Dichter des ›Ringes‹«, *Zeitschrift für deutsches Altertum und Literatur* 1927.

Wiggershaus, R.: *Frauen unterm Nationalsozialismus*, Wuppertal 1984.

Wikan, U.: »Public Grace and Private Fear: Gaiety, Offense, and Sorcery in Northern Bali«, *Ethos* 1987.

Wilbertz, G.: *Scharfrichter und Abdecker im Hochstift Osnabrück*, Osnabrück 1979.

Wilhelm, J. H.: »Die !Kung-Buschleute«, *Jahrbuch des Museums für Völkerkunde zu Leipzig* 1953.

Wilke-Launer, R./E. Launer: »Sexotik: Biedermann im Paradies« in *Exotische Welten, Europäische Phantasien*, ed. H. Pollig et al., Stuttgart 1987.

Wille, J.: »Das Tagebuch und Ausgabenbuch des Churfürsten Friedrich IV. von der Pfalz«, *Zeitschrift für die Geschichte des Oberrheins* 1880.

Williams, C. H.: *English Historical Documents, 1485-1558*, London 1971.

Williams. F. E.: *Orokaiva Society*, Oxford 1930.

Williams, R. G.: »Eskimo Value Persistence in Contemporary Accultura-tion« in *Le peuple esquimau aujourd'hui et demain*, ed. J. Malaurie, Den Haag 1973.

–: *Eskimo Underground*, Uppsala 1974.

Williams-Hunt, P. D. R.: *An Introduction to the Malayan Aborigines*, Kuala Lumpur 1952.

Willmann, J.: »Die Strafgerichtsverfassung der Stadt Freiburg im Breisgau bis zur Einführung des neuen Stadtrechts (1520)«, *Zeitschrift der Gesell-schaft für Beförderung der Geschichts-, Altertums- und Volkskunde von Freiburg* 1917.

Willoughby, C. C.: »Dress and Ornaments of the New England Indians«, *American Anthropologist* 1905.

Wilson, A.: »Participant or Patient? Seventeenth Century Childbirth from the Mother's Point of View« in *Patients and Practitioners*, ed. R. Porter, Cambridge 1985.

Winckelmann, O.: »Zur Kulturgeschichte des Straßburger Münsters im 15. Jahrhundert«, *Zeitschrift für die Geschichte des Oberrheins* 1907.

Windecke, E.: *Denkwürdigkeiten zur Geschichte des Zeitalters Kaiser Sig-munds*, ed. W. Altmann, Berlin 1893.

–: *Leben Kaiser Sigmunds*, ed. Dr. v. Hagen, Berlin 1899.

Winkel, H.: »Der Schwarze Tod: Folgen für Stadt und Land«, *Die alte Stadt* 1989.

Winkelmann, E.: *Urkundenbuch der Universität Heidelberg*, Bd. II, Hei-delberg 1886.

Winter, A.: »Studien zur sozialen Situation der Frauen in der Stadt Trier nach der Steuerliste von 1364: Die Unterschicht«, *Kurtrierisches Jahrbuch* 1975.

Winter, G.: *Das Wiener-Neustädter Stadtrecht des XIII. Jahrhunderts*, Wien 1880.

Wirth, J.: *La jeune fille et la mort*, Genève 1979.

Wirz, P.: *Die Marind-anim von Holländisch-Süd-Neu-Guinea*, Bd. I, Hamburg 1922.

–: »Die Eŋa«, *Zeitschrift für Ethnologie* 1952.

Wissell, R.: *Des alten Handwerks Recht und Gewohnheit*, Bd. I, Berlin 1929.

Witkowski, G.-J.: *Les seins à l'église*, Paris 1907.

–: *L'art profane à l'église: France*, Paris 1908.

Wittgenstein, L.: »Zettel« in *Schriften*, Bd. V, Frankfurt/M. 1970.

Wittmer, C.: »Bains et baigneurs à Strasbourg au Moyen Age«, *Cahiers alsa-ciens d'Archéologie, d'Art et d'Histoire* 1961.

Wolbert, K.: *Die Nackten und die Toten des ›Dritten Reichs‹*, Gießen 1982.

Wolf, M.: *Women and the Family in Rural Taiwan*, Stanford 1972.

Wolff, P.: *Automne du Moyen Age ou printemps des temps nouveaux?*, Paris 1986.

Wollasch, H.-J.: *Inventar über die Bestände des Stadtarchivs Villingen*, Bd. I, Villingen 1970.

Wolpers, T.: »Bürgerliches bei Chaucer« in *Über Bürger, Stadt und städti-sche Literatur im Spätmittelalter*, ed. J. Fleckenstein/K. Stackmann, Göt-tingen 1980.

Woltering, H.: *Die Reichsstadt Rothenburg o. d. T. und ihre Herrschaft über die Landwehr*, Rothenburg 1965.

Wondrák, E.: »Die Anfänge der chirurgischen und geburtshilflichen Ausbildung in Mähren« in *Festschrift Erna Lesky*, ed. K. Ganzinger et al., Wien 1981.

Wood, A. D.: »›The Fashionable Diseases‹: Women's Complaints and Their Treatment in 19th-Century America« in *Clio's Consciousness Raised*, ed. M. S. Hartmann/L. Banner, New York 1974.

Wouters, C.: »Informalisierung und der Prozeß der Zivilisation« in *Materialien zu Norbert Elias' Zivilisationstheorie*, ed. P. Gleichmann et al., Frankfurt/M. 1977.

Wunder, G.: »Unterschichten der Reichsstadt Hall« in *Gesellschaftliche Unterschichten in den südwestdeutschen Städten*, ed. E. Maschke/J. Sydow, Stuttgart 1967.

Wurmser, L.: *The Mask of Shame*, Baltimore 1981.

Wustmann, E.: *Karajá*, Radebeul 1965.

Wustmann, G.: »Frauenhäuser und freie Frauen in Leipzig im Mittelalter«, *Archiv für Kulturgeschichte* 1907.

Yamashita, M. S./D. Lee: »Japan's Last Frontier: Hokkaido«, *National Geographic* 1980.

Young, J. H.: »James Blundell (1790-1878)«, *Medical History* 1964.

Zacher, C. K.: *Curiosity and Pilgrimage*, Baltimore 1976.

Zanker, R.: *Geliebtes altes Stuttgart*, Stuttgart 1963.

Zarncke, F.: *Der deutsche Cato*, Leipzig 1852.

Zeeden, E. W.: *Deutsche Kultur in der frühen Neuzeit*, Frankfurt/M. 1968.

Zerries, O.: *Waika*, München 1964.

Zglinicki, F.: *Kallipygos und Äskulap*, Baden-Baden 1972.

–: *Die Uroskopie in der bildenden Kunst*, Darmstadt 1982.

–: *Geburt*, Braunschweig 1983.

Zillmann, D.: *Connections Between Sex and Aggression*, Hillsdale 1984.

Zimmermann, H.-J.: »Der alte Affe zu Heidelberg« in *Der Heidelberger Brückenaffe*, ed. W. Weber, Heidelberg 1979.

Zinsli, P.: »Nicklaus Manuel als Schriftsteller«, *Archiv des Historischen Vereins des Kantons Bern* 1980.

Ziolko, H. U./I. Hoffmann: »Genitale Selbstbeschädigung bei Frauen«, *Psychiatrica Clinica* 1977.

Zotter, H.: *Antike Medizin: Die medizinische Sammel-Handschrift Cod. Vindobonensis 93*, Graz 1980.

Zschunke, O.: *Konfession und Alltag in Oppenheim*, Wiesbaden 1984.

Zude, W.: »Nacktkultur und Vita sexualis«, *Zeitschrift für Sexualwissenschaft* 1916.

Zuesse, E. M.: *Ritual Cosmos*, Athens 1979.

Zwang, G.: *Die Erotik der Frau*, Basel 1968.

Zwernemann, J.: »Überlegungen zum Ursprung der Kleidung« in *Verhaltensforschung in Österreich*, ed. O. Koenig, Wien 1983.

Register

Suhrkamp Verlag GmbH
Torstraße 44, 10119 Berlin
info@suhrkamp.de
www.suhrkamp.de

Hummingbird Wisdom

Oracle Cards

Ellen Valladares

illustrations by
Yasmeen Westwood

REDFeather™

MIND | BODY | SPIRIT

Designed by Danielle D. Farmer
Cover design by Danielle D. Farmer
Type set in Wreath/Bufalino
ISBN: 978-0-7643-6272-9
Printed in China
5 4 3 2

Published by REDFeather Mind, Body, Spirit
An imprint of Schiffer Publishing, Ltd.
4880 Lower Valley Road
Atglen, PA 19310
Phone: (610) 593-1777; Fax: (610) 593-2002
Email: Info@redfeathermbs.com
Web: www.redfeathermbs.com

For our complete selection of fine books on this and related subjects, please visit our website at www.redfeathermbs.com. You may also write for a free catalog.

REDFeather Mind, Body, Spirit titles are available at special discounts for bulk purchases for sales promotions or premiums. Special editions, including personalized covers, corporate imprints, and excerpts, can be created in large quantities for special needs. For more information, contact the publisher.

We are always looking for people to write books on new and related subjects. If you have an idea for a book, please contact us at proposals@schifferbooks.com.

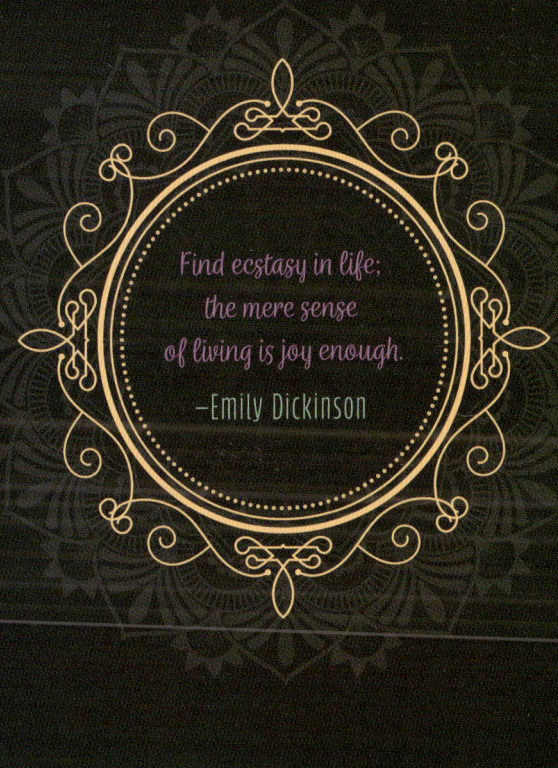

Find ecstasy in life;
the mere sense
of living is joy enough.

—Emily Dickinson

Contents

Welcome to the
Hummingbird Wisdom Oracle

The hummingbird is a symbol for accomplishing that which seems impossible. It will teach you how to find the miracle of joyful living from your own life circumstances.

—from *Animal-Speak* by Ted Andrews

The tiny hummingbird is a marvel, and its relentless pursuit of nectar has a message for us: life is meant to be joyful and filled with sweetness. The wisdom and teachings of the hummingbird's archetypal energy and spirit have been passed down for centuries through myths and mystical tales recounted by native cultures in the Americas. Images of hummingbirds are found in petroglyphs—rock carvings thousands of years old—indicating the power and importance that were given to hummingbirds.

The way of the hummingbird is a path, one of lightness and joy, and one of power and strength. These oracle cards bring through inspiration and guidance to help you along this path. *Hummingbird Wisdom* is about connecting to your divinity, exploring the seen and unseen, and embracing your unique, epic journey in this lifetime. You are meant to live a life filled with blessings, joy, and sweetness, and *Hummingbird* offers its magical, gentle wisdom to guide you there.

The hummingbird may be tiny, but its power and perseverance are immense, and as you connect with its energy and symbolism, you draw upon this power as well. The hummingbird brings messages of self-worth, belief, trust, determination, and your ability to create anything you desire.

For me, the hummingbirds I encounter are always reminders of the magic of the Universe. I live in South Florida, and while there are some hummingbirds around at times, I had never seen one in my backyard until a few years ago. Every time I glimpsed the hummingbird, I was filled with wonder and delight. It zipped in and out so quickly that the sighting felt miraculous. At the same time, it happened so fast that I often doubted that I'd seen it at all. And I had no proof, since nobody else in my family had ever encountered it.

I did this dance of seeing, believing, and then doubting several times. Then I realized that that experience, in and of itself, was a gift. Like life, our doubts show up and cause us to question that the magic, the joy, the healing, the abundance, or whatever it is we are looking for is possible for us. As the nectar went down in my hummingbird feeder, however, I learned to trust that just because I wasn't always seeing the hummingbird didn't mean it wasn't there. In addition, that little gem of wonder seemed to always appear when I was feeling most at peace, connected, and appreciative. I had to be in the right place at the right time to catch a glimpse of my visitor, and it was always sheer pleasure.

That is how the Universe works with us, and that is what *Hummingbird Wisdom* wants us to know. The Universe is filled with gifts for us, streaming well-being and joy to us. When we connect, align with our true selves, listen to guidance, and allow ourselves to receive, we find ourselves in the right place and right time, filled with wonder and delight as our dreams come true.

As I began creating these cards and discussing them with others, I was fascinated by how many people have a "hummingbird story." Whether it is an unmistakable sign from a deceased loved one, or an uplifting inspiration just when it is needed, these tiny creatures seem to show up and share their messages of magic and wonder at the perfect moment.

These oracle cards were inspired by my hummingbird visitors, the magic of the Universe, Hummingbird Wisdom, the angels, and the spirit of joyful living. They have come to life more beautifully than I could have imagined in the mesmerizing artwork of Yasmeen Westwood. As I reflect on how this deck unfolded in such a joyful, seamless way—including divinely connecting with Yasmeen and every moment of our fun, synergistic cocreation—I am certain this *Hummingbird Wisdom Oracle* was meant to take flight and has found its way to you for a reason. Yasmeen and I hope that the messages and guidance that come to you through these cards will assist you, inspire you, and uplift you so that you can receive the hummingbird's magical gift of joy in your life.

Playing with
Hummingbird MAGIC

The most important thing to know about your oracle cards is that in and of themselves, they are not magical; they are fun, intuitive tools for receiving guidance. The cards are instruments that help you connect with your true source of power—your Divine Self: the nonphysical, wise, loving part of yourself that is always guiding you toward more expansion and joy. That is where the magic comes in. As you align, allow, and trust, you begin to witness the fun and wondrous ways in which the Universe orchestrates timing, synchronicities, and signs—including hummingbirds—all for your pleasure.

These cards were created to help you conjure that sense of fascination and sweetness in your life, and the hummingbird, with its enchanting appearance and qualities, is the ideal teacher to help you accomplish that. This deck offers gentle, positive guidance about the benefits and path of Hummingbird MAGIC, which stands for MEDITATION, APPRECIATION, GOING OUTSIDE to connect with nature, INTUITION, and CELEBRATING life fully.

Every card offers practical guidance, as well as tools you can use to move toward a life that is more aligned with joy. At the end of each message, there is an affirmation that can help anchor the message within you. They are most effective when you say them in a state of mindful presence and allow yourself to fill up with the essence of the words. In addition, there are several exercises to help you deepen your practice in the "Hummingbird Medicine" section at the back of this guidebook.

A Quick
Note about Angels

I have worked closely with the angelic realm for years, so while this is not specifically an "angel oracle deck," you will find several mentions of angels within the messages. Indeed, these cards and the guidance within them were greatly influenced by the angels. So, I wanted to give a brief overview about how you might incorporate the angels into your daily life or while playing with this deck.

The angels are nonphysical beings that are available to everyone at all times. You can call on them for assistance, whether you are looking for a parking space or navigating a major life issue. They will often send you signs to confirm they've heard your prayers and requests through feathers, songs, numbers (444 is a sign the angels are with you!), or other symbols.

While you do not need to call on any particular angel or know the names, there are a variety of archangels and angels that are associated with unique qualities. Archangel Michael, in particular, makes several appearances in these cards and is an incredibly powerful, loving angel to work with. Archangel Michael assists with courage, strength, and confidence and helps you face fears and obstacles so that you may create a purposeful, fulfilling life.

If you feel guided, Archangel Michael is a wonderful angel to call on to clear your oracle deck for the first time and before every reading. You can simply hold your deck and say silently or aloud something like "Archangel Michael, thank you for clearing these cards of past energies and infusing them with your Divine love and wisdom so that I may clearly see, know, hear, and feel the messages I am receiving."

Finally, you can always connect with the angels before and during your card readings, asking them for guidance, understanding, and clarity. Then let go and trust that you will receive the answers.

How to Use the
Hummingbird Wisdom Oracle
Cards

The Hummingbird Wisdom Oracle cards offer divinely inspired messages and images that are meant to be received mindfully and intuitively. Through your intention and the Universal Law of Attraction, the cards bring you answers that are vibrational matches to your deepest questions.

Whether reading for yourself or another, you're encouraged to begin by centering yourself, taking conscious breaths, and coming into a quiet, peaceful state of mind. Then, take time to tune in to your intuition with each card you've selected before reading the message in the book. Notice any insights or feelings that come to you while looking at the illustration. Is there something that particularly catches your eye? What thoughts arise as you look at the card? Sometimes, it helps to begin speaking or writing what is coming to you so the message can completely unfold.

When you are ready, turn to the expanded message in the guidebook. Very often, the messages are confirmations of what we may already know but weren't quite trusting. Or, we may find that what we initially received is more specifically targeted to our current situation. At the same time, as you read the messages, pay close attention to any words or passages that resonate with you. Notice how your body reacts; you may even get physical signs, such as chills or a quickening heartbeat, which are confirmations of a deep truth for you.

If you relax, trust, and come to your readings with a playful attitude and willingness to receive, you will often get additional information about exactly what the cards are telling you. You will create your own unique relationship with your deck, getting to know what certain cards mean for you and how they may vary depending on the reading.

Prepare Your Deck

Before you use your card deck for the first time, you want to imprint it with your energy and intention. Begin by touching each card briefly, one by one. Do this in whatever way you are guided; you are simply putting your personal energy into the cards. Once you've done that, hold the entire deck in your hands—or close to your heart if that feels right—and set an intention for the cards to bring through loving, wise, gentle, and accurate guidance that you will easily understand and interpret. You can imagine a beautiful, crystalline white light encircling and purifying the deck. You can also create a prayer, blessing, or other sacred ritual to consecrate the cards if you feel comfortable with that. Or, use the Archangel Michael prayer noted in the previous section about angels. For fun, you may want to envision several sparkling, gem-toned hummingbirds zipping around the deck in a figure-eight formation and infusing your cards with infinite wisdom and joy.

This initial preparation of your deck has to be done only before the first use, and on occasions when you might have allowed someone else to use your cards and want to reimprint your energy on your cards.

Steps for a Card Reading

1. Create Sacred Space

You can use your cards anytime and anywhere, so creating a sacred space simply refers to the vibrational energy with which you come to your reading. That can be enhanced by choosing a physical location that is comfortable, quiet, and peaceful. Wherever you are, you can ask the angels to clear the energy around you and surround you with the highest, purest vibration of love and light.

2. Clear Your Cards

It's a good idea to do a quick clearing of your deck before each reading. There are a variety of ways to do that, and again, it's all in your intention. You can knock three times on top of the deck, imagine it being infused with white light, ask Archangel Michael to clear the deck for you, or pass it through some sage smoke. Or, simply hold it in your hands, take a centering breath, and create an intention, such as "This deck is now clear and filled with the purest, highest energies so that I may receive accurate guidance and blessings from this reading."

3. Center Yourself

You've cleared your space and your cards. Now it is time to prepare yourself. You want to bring yourself into a still, receptive state, similar to being in meditation. Do this in whatever way you are guided. You can take conscious breaths, become present to the sensations of your body, or say a prayer or affirmation.

4. Ask Your Question

Truly, the Universe knows the questions that are in your heart, so you don't need to worry about formulating a specific question. Often, the best question is "What do I need to know now?" You can say your question mentally or out loud.

5. Shuffle and Select the Cards

There are no rules! Follow your impulses here. As you shuffle, you will intuitively know when to stop. Sometimes, it may even feel like the cards are starting to stick together or stopping on their own. Then once again using your intuition, get a feel for how many cards you should pick for this reading. Typically, you'll pull one to four cards, unless you're doing a specific layout that calls for more cards. Choosing too many cards may dilute or confuse the messages. You can pull the cards from the top of the deck, or fan the deck out and select the cards you are drawn to. You can also randomly cut the deck by holding the cards in your left hand and lifting a portion of the deck with your right hand (or the opposite way if you're left-handed). The card on the bottom of the pile you lifted away is your message.

In this deck, it does not matter whether the card comes out upside down. The meaning is the same.

6. Flying Cards

The Hummingbird energy is sure to create some "flying" cards with your readings. Those are the cards that may jump or fall out as you are shuffling the deck and thinking about your question. When that happens, you're being guided to pay extra attention to the message on that card. The Universe is writing to you with all caps and putting an exclamation point on it to make sure you are receiving this important guidance.

7. Reading for Others

When doing card readings for someone else, go through the same steps to prepare your cards and yourself. You can ask the other person to also center themselves and begin thinking of their question. If you feel guided to connect with their energy more deeply, you can hold one or both of their hands as you both close your eyes, take a few deep breaths, and set your intentions for the reading. (Of course, the person does not have to be physically present for you to read their cards; connecting energetically is all that is needed.) Then ask the person to state their question and start shuffling the cards. You can choose the cards for them, or fan out the deck and have the person choose their own cards. Then read the cards intuitively as you would for yourself.

Sample Spreads

As you play with your Hummingbird Wisdom Oracle deck, you'll start to notice that the cards often work together to create a narrative and tell a story about what's been going on with you, what you might do in the moment that would be helpful, and the probable outcome. Remember that you have Free Will, and there are always a multitude of probable outcomes that shift as you shift your vibration and intention. The Universe and the card messages will gently guide you a step at a time along your path.

Here are a few easy and fun card spreads that you can play with to bring through guidance. These are only suggestions, so remember that as you connect with your deck, you'll develop your own unique ways of working with it, and you may even be inspired to create your own spreads.

Follow the steps for doing a reading and place the cards as they are selected in the corresponding positions on the layout. When reading for another, the cards face you, the reader.

"Spread Your Wings" Three-Card Spread

This is a great go-to reading that tells you where you've been and where you're headed. You can ask for general guidance, or about a particular subject, such as love, money, or career. The cards are typically read as past, present, and future but also may combine and build on one another for an overall message.

Card 1. What's happened in the past concerning this issue
Card 2. What's happening in the present/guidance that can help now
Card 3. The probable outcome / what may happen in the future

"Divine Nectar" Four-Card Spread

Again, this spread can be general or used for a specific situation or topic. It's a good spread to use when you feel that an area in your life needs shifting or healing.

Card 1. Overall theme of situation

Card 2. Possible block/obstacle; what needs healing or attention

Card 3. Guidance about what you can do now

Card 4. Probable outcome / what's ahead

"Epic Journey" Five-Card Spread

This spread answers the question "What is the next step on my path?" This reading should be read as a storyboard that is laying out the guidance you need to know right now and where you are going. In general, the first line of three cards may work together to offer messages about what you can do now to heal, grow, or gain clarity. The second line of two cards generally refers to what you can expect to come as you take these steps.

Card 1. Overall theme of the situation
Card 2. Guidance about what you can do now
Card 3. Additional guidance/steps you can take
Card 4. Probable outcome
Card 5. Additional guidance about the outcome / solution / what to
      expect in the future

Hummingbird Wisdom
Oracle Messages

A Gentle Touch
Hummingbird Wisdom:

Like the softness of a feather brushing your skin,
be sweet and kind to yourself and others.

Imagine if you could hold a tiny, delicate hummingbird in your hand. You would be gentle and adoring. You would cherish it and appreciate its beauty. Now, Hummingbird wants you to know that you, too, are as precious as this diminutive creature and deserve to be treated—by yourself and others—with that same kind of loving tenderness. You must begin with yourself, Hummingbird says. Be compassionate and forgiving with yourself. We flinch at times at the harsh words and actions we observe people inflicting upon each other. We hurt at unkind words that fall upon us. Yet, if we were to tune in to our own inner dialogue or beliefs, we would shudder at how we treat ourselves. Such negative self-talk often goes unnoticed because we've become accustomed to it. It's a habit so natural and so close to us, it is difficult to see.

So how do you go about changing this lifelong habit? Meditation is one key. As you quiet the mind and align with your Divine Self, the deepest truths emerge, and the lies of the false self, the ego, fall away. The light of consciousness outshines the darkness of unworthiness, smallness, and self-criticism. You can also begin to become more aware of your thoughts about yourself and others, and practice being a bit softer and gentler in your thinking. Make a point of finding things to love and appreciate about yourself and others. Pay attention to your emotions and mood, since they are indicators of where more lightness and presence are needed. When you feel yourself spiraling into negativity, find the same compassion you'd give to a dear friend who you knew was having a bad day. Then take a deep breath and call on the angels and the essence of Hummingbird. Feel the shower of soft feathers raining down upon you, ever so gently, reminding you of your own Divine Sweetness and Love.

Affirmation:

"My thoughts, words, and actions are kind, gentle, and compassionate toward myself and others."

A Magical Surprise

Hummingbird Wisdom:

A joyous gift is swooping in from the heavens.

Sweet Hummingbird is always full of surprises. She zips, zooms, and hums her way through the Universe, delivering divine doses of fascination and delight. Today, she's paying you a visit, so be on the lookout; something wonderful is about to unfold. She asks you to close your eyes and recall a time in your life when you received a fun gift, felt the satisfaction of something you created coming to life, or were surprised by a seemingly miraculous outcome. Drink in the sweetness of that moment and appreciate your ability to receive those beautiful gifts. Your deep appreciation is a signal of your willingness to accept all the new and magical blessings flying your way.

Sweet Hummingbird wants to remind you that the Universe is always overflowing with gifts of blessings, abundance, and well-being, and the only way we block this flow is with our thoughts and beliefs to the contrary. She asks you to remember, trust, and know that you are worthy and deserving. So, accept the Universe's gifts with grace and appreciation and know that your receiving does not take away from another. By opening your arms to these presents, you are allowing the Universe to flow even more of its wondrous delights to you. Every time you celebrate and allow good to flow to you, you are carving a path for others to receive as well. Simply say "thank you" and enjoy the fun. Life would be dull if you knew what was around every corner, and Sweet Hummingbird is reminding you to expect the best and revel in the joyous surprises that show up for you.

Affirmation:

"I graciously receive the miraculous gifts of abundance and joy that are flowing to me now."

Birdbath

Hummingbird Wisdom:
Cleanse your dusty wings so you
can fly more freely.

Hummingbird invites you to splash in the purifying waters of the birdbath to clear away any clutter that has accumulated in your mind, your home, or your energetic body. This card may also be a nudge to detox from unhealthy habits, whether it relates to food and drink or your interactions with negative media, technology, or harsh relationships. Most importantly, Hummingbird is alighting on your shoulder to tell you this message is as light and gentle as he is. There is no need for self-blame or shame. Simply reflect on where your life could use some clearing today, and take one small step to find a little relief. You may want to clear your desk, clean out a drawer, or try turning off your computer, phone, or television for a few minutes every day.

If you are feeling in need of an energy detox, try soaking in a bath with sea salt and drinking plenty of water throughout the day. You can also "clear your space" with the help of divine beings such as Archangel Michael or Siwar Q'ente, the divine Royal Hummingbird. Simply ask for their assistance in removing lower, heavier energies from your home or any physical space. Just as you cleanse your body daily, make it a routine to scan your energy body as well. While in a relaxed or meditative state, breathe deeply into any areas that feel tense, tight, or resistant. Then, imagine a magical birdbath flowing with crystal-clear light and allow yourself to playfully bathe in its invigorating waters, rinsing away all darkness and raising your vibration. As you free your feathers of unnecessary weight and lighten up, physically and spiritually, you'll soar with ease and confidence.

Affirmation:

"I feel clear, light, and energized as I willingly and easily release clutter and negativity from my body, mind, energy, and physical surroundings."

Bird's-Eye View

Hummingbird Wisdom:
Fly high and observe from above. Here you'll find a new perspective, greater understanding, and compassion.

The hummingbird is constantly shifting its perspective, zooming out to get a wide view of the offerings below, then darting in for a quick drink of nectar. This card is guiding you to tag along with the hummingbird and hover from higher ground to examine a current situation from every angle before dashing in with any hasty actions or decisions. Wise Hummingbird says you are currently standing too close to the person or issue to get a clear, accurate view of all the pieces of the puzzle. It's difficult to navigate and understand the forest when you are keenly focused on one particular tree. So, rise above, as they say, and see the bigger picture.

There is another perspective, a broader view, that will shift everything you are currently experiencing. Wise Hummingbird counsels you to sit on a "higher" perch and see through the loving eyes of your soul, which understands the greater purpose of this moment. As you pull back from the entanglement of ego-based fear, anger, and judgment, your heart opens to compassion, forgiveness, and deeper understanding. Ask the spirit of Wise Hummingbird to help you soar above your life to gain this new perspective. Ask for assistance from the angelic realm and the Universe in opening your eyes, heart, and mind to the love and blessings within every situation. Then notice the miracles that take place and the clarity that sweeps over you, as a bright new path toward peace and resolution appears before you. Armed with this newfound wisdom, the forest now beckons with endless fields of flowers overflowing with the sweet, delectable nectar of inner peace.

Affirmation:

"As I step back and see (this situation or person) from a higher, broader perspective, I experience clarity, compassion, and deep inner peace."

Bouquets of Blessings

Hummingbird Wisdom:
Your broken wings are mending; relax and know that
you are receiving a miraculous gift of healing.

Healing Hummingbird has alighted on your shoulder today, bearing a bouquet of bright blossoms just for you and delivering a special promise of healing. "It's done!" says Healing Hummingbird as he dances around you, celebrating victory and reassuring you that the situation you've been concerned about, whether physical in nature or a conflict of some kind, is already healed and resolved. All that's left for you to do is to let it in. To do that, follow Healing Hummingbird's prescription: a heaping spoonful of rest and relaxation, plus an added dose of distraction.

It's not always easy to relax in the midst of physical or emotional pain, but it truly is what's needed to allow in the healing that is flowing to you. That's why you often find yourself sleeping more when you are ill, sad, or anxious. In this restful state, your resistance gives way and allows your energy to rejuvenate, from the cellular level of your physical body to the spiritual essence of your soul body.

When you find it difficult to relax or to stop thinking incessantly about an unwanted condition or problem, turn to Healing Hummingbird's advice about distraction. Do what feels right for you. Close your eyes, take a few breaths, and ask, "What would feel delightful to do right now?" Then, do it! Miraculous solutions and healings arise when the mind disengages from the problem—even for a few minutes.

Remember that your thoughts and words are powerful. When you're tempted to discuss the "issue" or feel yourself thinking about it, gently shift to the silent mantra, "healed."

Indeed, the Universe is showering you with bouquets of blessings and assuring you that all is truly well. Before you know it, you will be dancing alongside Healing Hummingbird, celebrating a victorious resolution.

Affirmation:

"I release this issue to the Universe and gratefully receive the blessings of healing that are flowing to me."

Clear Skies Ahead

Hummingbird Wisdom:
The storm has passed, Dear One. Let the rays of the sun
warm your feathers as you welcome in a bright new day.

When the winds roar and the clouds darken, the hummingbirds hunker down, holding tightly to their perches in a sheltered area. They are much tougher than they look, and so are you. "You've been experiencing a stormy period, but the clouds are parting, and sunnier times are ahead for you," says Hummingbird. This card is your rainbow—a message of hope and a promise that the worst is behind you. Keep your eyes trained on the rainbow and try not to look back, where memories could pull you back into the drama you are leaving behind. Do your best to appreciate the "gifts" that blew in with the rain. In turbulent times, intense energy swirls around us, shifting and moving, and often bringing emotions, beliefs, or situations to the surface, forcing us to look at things we may have been avoiding or that may have been blocking our paths. It is so much easier to maneuver when you can see the obstacles in your way.

Sometimes, a storm brings destruction, tearing down the old structures and ways of thinking and being that we'd been clinging to. There is a silver lining there as well, because we are given a blank slate on which we can create anew. Hurricanes and intense storms can throw a hummingbird off its intended trail. But it carries on, finding new sources of nectar, new nooks for nesting, and new birdbaths to splash about in. Soon, you will be able to reflect on this past period with gratitude, knowing that it was filled with hidden blessings that ultimately helped you get where you wanted to be. It also reminded you who you truly are—a strong, resilient, powerful soul with the ability to persevere through adversity and get back up again. Like the hummingbird, you've reemerged, ready to fly freely and joyfully through the clear skies that lie before you.

Affirmation:

"I honor the blessings and gifts I've received as I emerge onto a beautiful new path filled with light, love, and joy."

Delicate Balance

Hummingbird Wisdom:
Allow the delicious nectar of life to
bring you back to your center.

You've flown a bit off course and Wise Hummingbird is here to gently nudge you back to your center, where the current smoothly flows and your path unfolds with ease and clarity. "Life and all nature require a delicate balance, a dance, if you will, between ebb and flow, give and take, push and pull," says Wise Hummingbird.

You, Dear One, are a brilliantly designed being with accurate barometers that help you know when you are leaning too heavily in one direction. Your emotions and your body give you indicators, such as feelings of being tired, depleted, stressed, confused, or anxious. The key is to know your center and sense when you are drifting off course. Imagine a fragile glass teetering on the edge of a table. The sooner you restore it to its solid foundation, the better chance you have of avoiding a crash.

You are being guided to regain your balance by following the example of the hummingbird, whose mission is always to nourish itself by taking in as much nectar as it needs. Take a moment to reflect on where you can add more sweetness to your life today. If you've been feeling overwhelmed, it's time to treat yourself to a warm bath, take a nap, take a walk, or call a friend who always makes you smile. On the other hand, if you've felt stuck or bored lately, it may be time to create more of an energy flow through action, such as physical exercise, working on a creative project, or journaling about your thoughts and feelings. You intuitively know what you need.

Finally, Wise Hummingbird reminds you that you have a magical antidote always at your disposal—your breath. Take time today to frequently pause, notice your breath, and take several long inhales and exhales. You can also play with and attune your balance by standing on one leg, maybe trying the yoga pose Tree. With practice, you'll become steady on your feet and in your life. Soon enough, you'll be soaring on the stress-free, sweet path of ease, flow, and fun.

Affirmation:

"I am balanced in mind, body, and Spirit."

Epic Journey

Hummingbird Wisdom:
You've flown so far already. Keep your gaze
on the horizon, for you're almost there.

Hummingbird comes to you sharing its wisdom about traveling through the wondrous adventures of your life. Every year, some species of hummingbirds set out on what seems to be an impossible journey: migrating hundreds of miles across the open waters of the Gulf of Mexico. They travel alone, not in flocks, and fly over twenty hours nonstop, defying the laws of science and logic for their body size. The incredible migratory trip takes preparation, energy conservation, and perseverance. If you've received this card, you may be about to embark on a momentous venture and are being asked to prepare yourself mentally and spiritually. It could also signal that an upcoming trip will prove especially impactful for you. For most, however, this is a message that you are simply in the middle of an undertaking, project, or experience that is unfolding as divinely planned.

As Hummingbird knows, the middle is often a challenging place to be. You may be losing the steam and passion you had at the outset and feeling you still have so far to go. Hummingbird wants to assure you that you've accomplished so much already and are continuing to make steady progress. This is the time to celebrate all you've achieved. Acknowledge how far you've come and feel the joy of what's waiting for you on the horizon. Hummingbird is cheering you on, saying, "You can do it!" This is the fun part, so revel in the satisfaction of seeing the pieces of the puzzle come together, one by one. Soon enough, you'll reach the other side and your soul will hunger for the next great expedition. Hummingbird also assures you that you already possess all the qualities you need to complete what you've started: wisdom, stamina, confidence, strength, and your unique talents and gifts. In truth, there is no end to the epic journey that is your life. Soar along with Hummingbird over the endless oceans of your travels, breathing in every little miracle of this great adventure.

Affirmation:

"I embrace and enjoy every step of this joyous journey."

Feathers from Heaven

Hummingbird Wisdom:
Gentle messages of love and support from loved ones and angels are drifting your way.

In some ancient cultures, the hummingbird was believed to have the ability to fly between realms, accessing wisdom from the higher planes, where spirits, angels, guides, and other Divine Beings of Light reside. Hummingbird delivers this card to you from beyond, alerting you that, indeed, your loved ones on the Other Side are sending a heavenly hug your way and letting you know they are by your side. If you are in need of extra support right now, know that your loved ones are working behind the scenes, "pulling strings" on your behalf. "Please don't worry," they say, for they can see far beyond your limited perspective and assure you that everything is unfolding in your favor and for the highest good of all involved.

This card is also confirming that the feathers or birds that have been showing up—or that will cross your path in coming days—are signs from above. The angels, beings of light who assist and guide you from the higher realms, love to play with feathers as well. This card reminds you to call on your angels for help with anything, big or small, then release your request like a feather in a wind, trusting and knowing that your prayers have been answered. Hummingbird wants you to know that there is no great trick or mystery to communicating with your loved ones and angels. Your pure intention and heartfelt desire are all that is needed. Then be open, willing, and attentive to receive their messages, which can come in many forms—from signs like feathers, butterflies, and pennies, to number sequences, songs, feelings, dreams, and more. Finally, if you'd like to accompany Hummingbird on his travels to other realms, simply ask. He's happy to safely guide you while you meditate, journey, or dream, and to assist you in clear, joyous connections with your loved ones and angels.

Affirmation:

"I know that I am watched over by my deceased loved ones and angels, and I gratefully receive their messages and support now."

Float in Stillness

Hummingbird Wisdom:
Meditation is the key to filling yourself
up with the joyous nectar of life.

Your thoughts are often like hummingbirds, darting this way and that, never seeming to rest. At times, however, the hummingbird is a wonder to behold, appearing to stop, motionless, almost floating in midair, as it sips on some nectar from a flower or feeder. It is just as miraculous to experience the stillness and peace that arise as your thoughts fall away through the process of meditation. You might even feel as if you are suspended in air, as light, free, and focused as the hovering hummingbird.

Meditation doesn't have to be complicated. It doesn't have to involve sitting for hours or learning at the feet of a guru. It merely takes your intention to spend a few minutes each day, gently focusing your mind into quiet relaxation. You can put your attention on something consistent such as your breath, a white noise, a mantra, or the flame of a candle. You can follow a guided meditation that assists you in relaxing your mind and body. Or, you can sit in nature and allow your heart to be filled with awe and appreciation. Whatever you choose, when you hover in that space of calming silence, unhindered by wayward thoughts, you are meditating. And it is here, in this space of motionless flight, where you will discover many rewards that, like nectar, will add sweetness, vitality, and well-being to your life. Some of the side effects of a daily meditation ritual could include relief from anxiety and stress, increased focus and concentration, unfolding insights, and inspired answers to your prayers and questions.

Affirmation:

"I take time to find stillness and peace."

Fly with Faith

Hummingbird Wisdom:
Trust your sturdy wings and know that the Universe
is working its magic on your behalf.

Just as the hummingbird knows that it will find the nectar it needs to survive, even on its longest, most-harrowing journeys, you are being asked to trust that the Universe is truly on your side and that everything will work out more perfectly than you can imagine. Royal Hummingbird reminds you that there are so many things in your world that you easily trust, such as the sun rising in the morning and the oxygen being available to fill your lungs. Yet, often, you find it difficult to trust yourself, others, or the greater good that is always flowing to you from the Universe. Perhaps past disappointments or ego-based fears are clouding your ability to find optimism. Even though you may not yet see the fruits of your efforts or the answers to your prayers, you're being asked to have continued faith and believe in the promise of the blossoming rose.

You only need to surrender, let go as best you can, and trust. Take a few deep inhales, letting the air out with a loud, verbal sigh each time, and feel your body begin to relax. Then imagine a dozen hummingbirds hovering in front of you, holding a beautiful, empty basket. Fill the basket with your worries, concerns, and fears and feel the relief as the hummingbirds fly off into the heavens, carrying your burdens away. Let go of how you think things "should" be. Let go of needing to control circumstances, details, or other people. Let go of anything and everything that is keeping you from knowing your true beauty and worth.

Relax into the peace and freedom of knowing that everything is exactly as it should be. When you do this, you allow the Universe to work its magic on your behalf. Ride on the powerful, supportive wings of Royal Hummingbird and fly with faith!

Affirmation:
"I trust myself, others, and the Universe and know that everything is working out for my highest good."

41

Flying Solo

Hummingbird Wisdom:
Your wings are strong. You can rely on and trust your
resources to carry you forward successfully.

Like the hummingbird mama who single-handedly builds her home and raises her babies, or the feisty rubythroat who strikes out on a solitary migration for hundreds of miles, your strength comes from your independent spirit. You thrive when you are true to your own course, regardless of other people's opinions. You are at your highest-flying level of power when you no longer need the approval and validation of others in order to feel satisfied and whole. You do, indeed, have the instincts, know-how, and determination to succeed on your own.

This card is also a gentle nudge to stop looking for answers from outside sources and tune in to your own wisdom, which is your most reliable navigator. As an empathetic person, you can sometimes get knocked off course by your attention to the emotions, reactions, and judgments of those around you. Find your steadiness in your alone time and maintain it around others, with the knowledge that you cannot control their feelings and thoughts, only your own. Make choices based on what's best for you, and refrain from taking polls to gather opinions, for that only leads to confusion because others can never truly see from your perspective.

Finally, this card is also a confirmation that this is the perfect time to begin an entrepreneurial adventure. Self-employment suits you since it gives you the platform to authentically express your individuality while impacting the world. It can be intimidating to set off on a solo flight not knowing what lies ahead, but Hummingbird is acknowledging that you have the strength, courage, and perseverance you'll need to successfully maneuver along your personal and professional paths. Remember that independence and self-reliance are not about always going it alone. The most beautiful expressions of individuality take place when you balance your zest for self-sufficiency with the ability to allow and receive support when you need it.

Affirmation:

"I trust my inner wisdom to guide me."

Forward Motion

Hummingbird Wisdom:
Get up off your perch and move your body to usher
in new energy and create positive momentum.

Everyone feels a little stuck from time to time. Great Hummingbird is flying in to tell you that things are about to begin moving forward again. A new cycle, a new beginning is here. You can welcome in this new energy by waking up and reenergizing your physical energy through movement. Take a few deep breaths, quiet your mind, and scan through your body, sensing any tension and breathing into those areas. Then ask your body what it needs right now in order to increase the flow of your energy, or life force. Does it need slow and rhythmic movement, such as Tai Chi or yoga? More vigorous exercise, such as running or weight lifting? Or does it want to dance? As you move your body, you are embracing the new energy flowing to you and creating an opening for movement in all areas of your life.

With this card, Great Hummingbird is sharing its gifts of freedom and fearlessness with you, since these are the elements you need to rediscover within yourself in order to move forward and ready yourself for the brilliant, fun-filled, transformational times ahead of you. The only cage that is holding you back is that of your mind and ego, which clings to false ideas of restrictions. As you move your body and take conscious breaths, you'll begin to feel the weight of your perceived limitations melting away. You, indeed, are free to fly with Hummingbird through the boundless and bountiful Universe. Move forward fearlessly and embrace the sweet unfolding of your wondrous life.

Affirmation:

"I move forward with joy and ease."

Fresh Air and Flowers

Hummingbird Wisdom:
Spend time amid the natural beauty of the outdoors.

Hummingbird is tapping on your window, calling you to join her where she dwells, among the trees and flowers and the soothing energy of nature. If you have been considering a trip or retreat to the mountains, beaches, or other natural wonders, this is confirmation that you should go. A change of scenery opens your senses, restores vitality, and expands your imagination.

You don't have to travel far to gain the benefits of nature, however. Just step outside your door, sit by a tree, or visit a nearby park. Then ask the spirit of Hummingbird to clear away your stale energy and help you release any stress or tension you've been holding on to so that you can regain vigor, clarity, and inspiration. Pay attention to any animals, such as butterflies, dragonflies, and birds, that show up as they are letting you know that indeed, the Universe is listening and here to help. As you go about your day, notice those urges that are calling you to go outside. When you can't physically put yourself in nature, go there in your mind. Whether real or imagined, accepting Hummingbird's invitation to play outdoors will enliven you physically, mentally, and spiritually.

Affirmation:

"I take time to connect with nature and
allow its healing benefits to renew and restore
my mind, body, and soul."

Frolicking Fun

Hummingbird Wisdom:
Flip, flutter, and fly with a playful heart.

Hummingbird's prescription: Stop being so serious and take some time to play! You've been following a straight line for too long, and your spirit is yearning for a few loop-dee-loops and rolling dives to break out of the boredom and burst into more creativity. A little fun and adventure soothes the soul, refreshes your energy, brings new outlooks, and, in the long run, makes you more productive.

You may feel trapped or pressured by life's circumstances, and that is especially why it is crucial for you to take a break. Anything you can do that will distract you from your burdens will pay dividends toward your improved attitude about everything. Take a nap, take a walk, or take a warm bath. Spend time with animals or a friend who makes you laugh. Make a playdate with yourself. Watch a funny movie. Don't worry about your obligations. Ask the Universe to tend to them while you tend to your soul's need for fun and freedom. Trust that all is well, and watch how easily and miraculously things that seemed tangled and hopeless unravel into smooth solutions.

This message is also a call to reconsider any tasks and situations that seem draining or boring. You can infuse a little fun into almost anything by shifting the way you approach it. The hummingbirds are great examples of how playfulness and productiveness can be interwoven. They accomplish masterful feats of flight while playfully drinking in the nectar they need to survive. You can do the same! Zip, zoom, frolic, and have some fun. Fill up on the nectar—the joy—of life. Refuel with strength, vigor, and positivity. And you will know, like the hummingbird, that you can soar effortlessly through your daily life with a light heart and a smile on your face.

Affirmation:

"My life is filled with laughter, fun, and joy."

Glorious Breath

Inhale the wonder of life. Exhale and relax into the fullness of your True Self

Glorious Breath

Hummingbird Wisdom:
Inhale the wonder of life. Exhale and relax
into the fullness of your True Self.

Take a note from the hummingbird and breathe, breathe, breathe. While the minuscule bird breathes at a remarkably rapid rate, averaging 250 breaths per minute, Peaceful Hummingbird is here today to remind you to slow your breath. In and Out. Give and Receive. Ebb and Flow. That is the essence of the Breath of Life that connects you to the constant source of balance and well-being in the Universe.

In times of tension, we may unconsciously hold our breath or take shallow breaths, causing our heart rate to increase, our blood vessels to constrict, and other physical reactions that, over time, lead to more stress and fatigue. "Your breath is a precious gift," says Peaceful Hummingbird, "that is there to help you anytime, any place. It seems so simple, but your conscious attention to slowing and lengthening your inhales and exhales will bring instant calm and relief."

Just ten deep breaths—filling your belly and lungs completely and then exhaling all the way—will reset your connection, allowing you to more easily and effortlessly feel the support of the Universe and awaken to the Divine synchronicities that are guiding you to the magic unfoldment of your day. This card is also a message about taking yoga or exploring the breathing techniques of various yogic practices. Allow your intuition to guide you to the practice that is right for you. Many traditions use breath not only as a path to inner peace, but also as a doorway to expanded consciousness and spiritual growth. Finally, this card may be nudging you to increase your cardiovascular exercise for health and vitality. It is time to breathe in and fully embrace the wholeness and unity of your mind, body, and spirit.

Affirmation:

"I am consciously aware of my breath throughout the day and regularly pause to breathe more deeply."

Hearts Aflutter

Hummingbird Wisdom:
Join in the dance of romance that is swirling around
you. Open your wings and let love in.

Like fireworks, a hummingbird's mating dance is a spectacular sight—bursts of jewel-toned feathers swoop and spin in dramatic aerial displays, while punctuated chirps and shrill songs beckon for love and attention. "Can you feel it?" Hummingbird asks. "Your heart quickening, your soul stirring? Love is in the air!"

Whether you've been searching for your soulmate or are in a relationship, new love is being born. A spark is reigniting passion within you, answering your deep desire for romance and connection. Bit by bit, the flame has been kindled by your willingness to open your heart, to forgive, to heal old wounds, and, most of all, to love and respect yourself.

To truly welcome a new or evolved relationship, you must find a way to fall in love with life itself. You must remember that at your core, your very source, you are Love. When you allow yourself to be immersed in this pure state of Divine Love, you will know what it means to be swept off your feet. Indeed, your heart is blossoming, and Hummingbird is dancing with delight as you open to even more of this new, high-flying love.

This card may alternatively signal a renewed passion for a project, career path, or hobby—something very close to your heart. Follow the feathers that Hummingbird is leaving on the trail for you, guiding you to new activities or people that will provide valuable assistance. Finally, this card may be a message to add a little romance to your current relationship. Change up your routine, schedule a date night, and look into the eyes of your beloved as if you are meeting them for the first time. Let the spirit of Hummingbird remind you to dance, sing, and celebrate the joy of love.

Affirmation:

"I am filled with deep, Divine Love for myself,
others, and life itself."

Heart Song

Hummingbird Wisdom:
Your heart is opening and singing of sweet, unconditional love.

Sweet Hummingbird is sending loving rays of pink light, asking you to listen to the song playing deep within your heart, calling you to more love, passion, and tolerance. Let your heart strike chords of resonance with this eternally flowing beat of unconditional love. Let the vibrations of your unique heart song emerge into the world. Let life and all its expressions be music to your ears, as you revel in the masterful orchestra that is created by the diverse songs being sung within the Universe.

This world needs more hearts like yours, willing to listen to a variety of genres and being open to new, unfamiliar tempos. You're being called to light the way by expanding even more, by challenging yourself to love characteristics in others, in society, and in yourself that you find difficult to embrace. You're being asked to see through the eyes of Spirit, through the pure Heart of Spirit, which loves everything and everyone how and where it is. Loving unconditionally in this way means not looking away from unpleasant things but seeing them in their wholeness and perfection without needing them to change.

Sweet Hummingbird is guiding you to practice in little ways first, with the minor irritations and annoyances that come up in daily life. Can you find a little more understanding for the driver who cut you off in traffic, or forgiveness after an argument? Ask Sweet Hummingbird and the angels to help you in these situations as you take a deep, conscious breath, bring your focus to your heart, and make space for a little more love.

Sweet Hummingbird's mission is to amplify the song of unconditional love throughout our physical world, and with your opening heart, you are joining in with this much-needed chorus.

Affirmation:

"I open my heart and see myself and others through the eyes of Spirit."

Honeysuckle Red

Hummingbird Wisdom:

Sweet and fiery, your emotions are at the root of this situation. Use the color red to soothe and heal.

The bright, blazing red and orange hues of plants like honeysuckle grab the hummingbird's attention; they are a sign that indicates where the hummingbird can find the sustenance it is seeking. Similarly, the color red is calling to you today. Red is often associated with strong emotions, from fiery passion and burning desire to anger and anxiety. It also represents the root chakra, so it is time to get back to the root cause and find your center and balance by knowing that you are safe and provided for in every moment. Most importantly, red is associated with love, which is truly at the center of everything.

Wise Hummingbird guides you to focus on your heart and ask yourself where more love is needed right now. Toward yourself? Toward another? Have you been "seeing red" about a situation rather than seeing the love that truly lies within you and every being? Have you been blaming yourself or another for circumstances, or feeling guilty or ashamed about something you believe you've done? Accept and honor every emotion, since it is natural and only providing you with valuable information. Then allow the deep, divine love in your heart center to expand, dissolving the lower emotions in its pure light.

Breathe in and imagine a soothing yet energy-filled red light moving through your body, cleansing your root chakra and bringing you back to a state of equilibrium. Acknowledge and appreciate your strong emotions, for they are alerting you to where you might be off-balance and reminding you that you can always return to love for healing, comfort, and peace of mind.

Affirmation:

"I pay attention to and honor my emotions."

Hum

Hummingbird Wisdom:
Try humming to balance and raise your vibration.

Hummingbird is flying into your cards today to share its wisdom about vibration. Everything—you, the Universe, the hummingbird—has energy running through it, creating a subtle vibration. You can utilize sounds, silently or aloud, to clear, balance, and raise your vibration, which helps you feel more relaxed and happier.

The humming sound—which the hummingbird creates through the rapid flutter of its wings and tail feathers—is an easy place to start. Much like the sacred "Om," a simple hum reverberates through your physical and energy bodies, releasing stress and creating more unity between the physical "you" and the "You" that is your soul, or Source. Hummingbird asks you to play with the hum vibration and let it make you lighter and more joyful. Play with how humming feels in different parts of your body and in the energy centers of your chakras. Try chanting or singing if that feels right for you. It doesn't need to be serious or done in meditation. Humming one of your favorite songs can be just as fulfilling. Lighten up, hum a happy tune, and delight in the joyous song of the Universe.

Affirmation:

"As I hum and sing, my vibration attunes to a higher and clearer frequency."

Iridescence

Hummingbird Wisdom:
Let your true colors sparkle, glimmer,
and glow for all to see.

The vivid, iridescent feathers of a hummingbird are a miraculous feat of nature. Rather than a fixed pigment, the colors change depending on the light's reflection and the angle of the viewer. To catch a female's attention, a male adjusts himself toward the sun, and suddenly what looked like a dull, dark patch of feathers transforms into brilliant hues of red, orange, or purple.

Hummingbird is here for you today, soaring before you in the sunlight, flaunting an infinite spectrum of colorful rays. "Now that I have your attention," he says, "it is time for you to join me here in the light. It's your time to soar, to be all you can be, to demonstrate the true colors of your beautiful, one-of-a-kind being. Be you, my friend, in your own dazzling way."

You are pure Light and Love at your core, and you've come to this time and place on earth to live a deeply joyful life and add your unique vibration to the planet. As you keep letting the light in through your intention, your connection, and your alignment with your Divine Self, it will naturally illuminate your unique gifts, talents, strengths, and inner wisdom. It will also help you have more love, acceptance, and compassion for those parts of yourself that you've considered less than perfect. Embrace it all. Own it all. Spread those iridescent feathers and let your true colors radiate out into the world. You are safe, supported, and strong. As you stand in this new place of power, of unity with your True Self and your unlimited potential, the world will surprise you with the light, love, gratitude, and joy it reflects back to you. You are a one-of-a-kind gift to the world, and your willingness to shine empowers others to do the same.

Affirmation:

"I step into the light and allow my True Self to shine."

Joyous Nectar

Hummingbird Wisdom:
Fill up on the sweetness of life!

Drink it in! You've found the Divine Nectar you've been seeking, and blessings of joy, love, and abundance are raining down upon you. Most importantly, you are discovering the foundation of Hummingbird's wisdom: while joy can come from observing external events, it is a state of being that emanates from deep within. It opens your eyes and your senses to the beauty and light within every being and situation. The blooms smell more pungent. The trees sway more freely. The rain showers are not gloomy, but gifts from the Heavens creating fertile ground for new growth.

As you align and let joy in, you will witness the connectedness of all life; knowing your soul is knowing your worthiness. You'll taste the deliciousness of ease, flow, and good timing. You'll more clearly hear the guidance and see the signs around you. You'll remember the value of "being" rather than "doing."

Watch for the hummingbirds, and when you see them, know that you are on the path of joy and remember their messages. Fill up with the sweet delight of gratitude and believe in your high-flying dreams. Follow your bliss, as they say. Be kind and sweet to yourself; find the smallest things to smile about every day, even if you are only smiling inside. Find the blessings in every experience and don't play small, for this physical life zips by as quickly as the hummingbird—and it is equally magical and beautiful.

Imagine that you are the hummingbird. Feel yourself inhabiting its tiny yet powerful body. Let yourself frolic among the flowers, as your wings rapidly pulse out patterns of infinity signs, sending a vibrational hum of peace out into the Universe. Experience the freedom and fun of flight and the deep trust of knowing that no matter how tiny you may feel, you are perfectly equipped for the epic journey of your life.

Affirmation:

"I am eternally filled with the Divine Nectar
of joy and well-being."

Keen Vision

Hummingbird Wisdom:
As you sharpen your focus, the course
ahead becomes clear.

There is no greater feeling than seeing clearly all that lies before you. The hummingbird has precise vision, a necessity for a speedy flyer, but still moves by instinct, choosing its course without hesitation. To improve your sense of clarity, you must learn to rely on your inner sight as much as your outer sight, tuning in to your deep sense of inner knowing.

Hummingbird is here to help, assisting you in sharpening your focus, physically and spiritually. If you've been flying in circles lately, feeling confused or indecisive, Hummingbird wants you to know that the solution already exists, but you are looking in the wrong place. "The only way to see the answer is to stop looking at the problem," he says. "It's difficult for humans, but you'd be better served by not trying so hard to figure it out with your mind. Go inward, to the silence of your being, to the space where your knowing can emerge. Align yourself with the vibration of your true nature of clarity and wisdom, and then you will 'see' what you've been looking for."

This card is also a message about your third-eye chakra, the energy point in the center of your forehead that is connected to spiritual sight and intuition. If you want more clarity and to experience a deeper level of connection to the high, loving, nonphysical aspects of the Universe, ask Hummingbird and your angels to help you cleanse, clear, and open your third-eye chakra.

Finally, this card is also reminding you that your mind's eye is a powerful tool. This is an optimal time for you to play with visualization, by either imagining what you want to create or making a vision board to anchor your desires in the physical world. As you hone your inner vision, you will be like the hummingbirds, adeptly cruising with ease, joy, and clarity through this magical Universe.

Affirmation:

"I focus in stillness and clearly see the solutions
and steps to take."

Law of Attraction

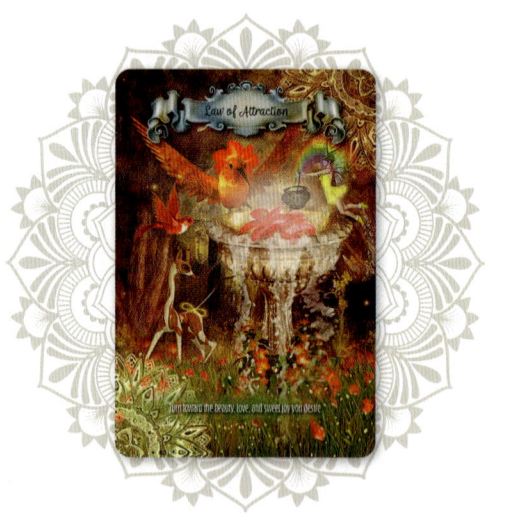

Hummingbird Wisdom:
Turn toward the beauty, love, and sweet joy you desire.

The hummingbird knows what it wants and is drawn like a magnet to the bright red and orange blossoms that house what it seeks. You are being guided to focus more clearly on that which you want, rather than that which you do not want. The spiritual Law of Attraction is constantly at play, bringing you experiences and encounters that match your vibrational output. So, Dear One, those habitual thoughts and feelings of "I don't have enough," "I'm not enough," or "I can't" are only bringing you more of the same.

Hummingbird comes with good news: "It's simple to make the shift. Just turn and look in the other direction. Look over here, where the beauty, fun, and joy are. Look over here at the truth—that you are a Divine Being of love and light with the potential to have, be, or do anything you desire."

One easy way to shift your focus is to start daydreaming or using your imagination. Try creating an "alternate ending" to the movie that's been playing in your mind, one where everything has worked out perfectly for you and everyone involved. Try telling a new story that is free of complaints and negativity and instead is filled with hope and positivity. Try seeing the good in everyone around you and in yourself. Embody the feelings of blessedness, abundance, unconditional love, confidence, and clarity, and the Universe will respond with fragrant bouquets bursting with life-giving nectar just for you.

Affirmation:

"I choose to think about those things that bring me the greatest joy and satisfaction."

Let It Blossom

Hummingbird Wisdom:

The timing of the Universe is precise and wise.
With patience, care, and trust, the flowers you've
been tending to will bloom in glorious beauty.

Have you been pushing or struggling to make something happen? Or feeling that things aren't coming together as quickly as you would like? Pause for a moment and remember the many times you've found yourself "in the right place at the right time." Savor the deliciousness of that feeling, of the beauty and inspiration of meeting that person who helped you, hearing just what you needed to hear, or receiving exactly what you needed when you needed it.

The Universe is working its magic on your behalf and leading you to more and more of those synchronistic moments. When you remember and trust that, relief will wash over you. This card is also a reminder that as you pause and connect—perhaps through meditation, or any activity that allows you to quiet the chatter of your thoughts—you will more easily tune into the voice of the Universe, to your inner guidance that is leading you to the next step.

The hummingbird knows it cannot get nectar from an immature plant. Because you are patient and trusting, knowing that the flower will indeed blossom when it is ready, then the sweetness of life will always flow to you in perfect, divine timing.

Affirmation:

"I trust in the Divine Timing of the Universe."

Listen to the Call

Hummingbird Wisdom:
Spirit is singing sweet words of wisdom. Be still and listen.

Like the hums and chirps emanating from the hummingbirds' flapping wings and twitching tail feathers, there's a subtle vibration calling to you, and it requires focused attention in order to hear. You are being asked to find a sense of quiet and presence that will allow you to listen to and interpret your surroundings in a deeper, more meaningful way—to gather information that goes beyond the words you are hearing. True, deep listening incorporates your physical and nonphysical senses. The great teachers call this wholeness of listening "being in the present moment"; it's an awareness of the timeless, boundless energy that permeates all life. Wise Hummingbird invites you to tune in to this higher frequency, where you'll hear songs of self-love, compassion, and harmony.

"Be quiet and listen," says Wise Hummingbird.

Today and in the days ahead, practice deliberately coming into that relaxed, focused state by being present wherever you are. Drop into your breath, bring your awareness into your body, and give your full attention to the activity you are doing or the person you are with. Practice listening without judging or expecting—without thinking ahead about how you will respond or letting your mind wander. You'll discover new depths of understanding and intuition in all of your interactions and conversations.

Finally, this card invites you to pay attention to the sounds of the Universe. Listen to the advice and kind words that people are saying to you, for they are especially meaningful now. Also, notice any songs that seem to tug at your heart, for they are carrying special messages that you need to hear. Perhaps even explore "sound healing" modalities. Let Wise Hummingbird guide you to the sweet song of your own pure vibration.

Affirmation:

"I am present and listening fully with my physical and nonphysical senses."

Lotus Jewel

Hummingbird Wisdom:
Underneath your feathered exterior lies a radiant
diamond glimmering with Truth, Beauty, and Wisdom.

Om Mani Padme Hum. The Jewel is in the Lotus. Join Royal Hummingbird in this celebratory chant of spiritual awakening. You are shifting, opening to illumination, like the lotus emerging from the dark mud and unfolding to the delicate kiss of the sun's rays. The sparkling gem of wisdom and truth within you is being revealed as you peel back the layers of the ego, emotions, and thoughts and rediscover your wholeness and divinity. You are opening to new levels of compassion and unconditional love and leaving behind the old stories and traumas that no longer define you. The greatest gift that accompanies your awakened consciousness is communion with the pure divine nectar within the jewel of the lotus flower: blissful inner peace. It is the essence of what hummingbirds represent in our physical world and why our encounters with them always feel so magical. Seeing a hummingbird is akin to coming face to face with a reflection of your own inner gemstone of love, light, and joy. It's a promise that there is always sweetness to be found, even in the darkest moments. It's a reminder that you are much more than your physical body and the material objects around you.

With this card, Royal Hummingbird also is prodding you to come out of the shadows and share your spiritual gifts. "It's time to come out of the spiritual closet," Royal Hummingbird sings. "You've been playing at this life, learning and expanding. Now it's time to share your wisdom. You are safe as you authentically express your spiritual insights with others who are ready to receive them for their own growth and joy." Let the song of *Om Mani Padme Hum* linger on your heart as your spirit soars with Royal Hummingbird on wings of pure delight and wonder.

Affirmation:

"I invite the lotus flower of spiritual awakening to blossom fully within me."

Magic in the Air

Hummingbird Wisdom:
Stay alert for the signs, synchronicities, and
messages guiding your flight path.

The hummingbird's powerful vision allows it to see the vibrant, nectar-filled flowers along its trail, as well as the iridescent plumage of its fellow hummingbirds. Now, Hummingbird is here to help you sharpen your senses and is guiding you to pay extra attention to the signs that are popping up on your path. Hummingbird wants you to know that this is a heightened time for you. Doors are opening and your prayers are being answered. The Universe is helping you and communicating to you through other people, experiences, and what you might call coincidences. Chance meetings, new opportunities, and delightful surprises are leading you closer to the realization of your dreams.

Your awareness is key. As you acknowledge each synchronicity, each step, each message, you increase the momentum in your life toward more and more positive occurrences. It is like a snowball effect, gathering energy and speed easily and naturally as you allow, receive, and prepare for the next step.

Do not worry about misreading or misunderstanding the signs and making a wrong turn. Just as your navigational system calculates a new route, the Universe will keep gently guiding you. There are limitless roads, and with every twist and turn comes adventure, learning, and expansion. The skies ahead are clear, and Hummingbird is flying by your side, helping you recognize and follow the signs that are leading you to fulfillment and joy.

Affirmation:

"I pay attention to the signs and synchronicities
that are guiding me."

Migrating into New Territory

Hummingbird Wisdom:
As the breezes grow cooler, it is time for a change.

Hummingbirds don't stay still. They are constantly moving, exploring, and seeking out new areas that promise life-giving blossoms, soothing temperatures, and willing mates. Their instincts draw them forth on long migrations, regardless of the possibly treacherous conditions they may endure—because the rewards outweigh the risks.

This card is floating to you upon the winds of change, announcing that this is a time of momentous positive transformation for you. You may be moving to a new home, changing jobs or careers, or welcoming a new person or animal into your life. Or you may be simply expanding into a newer, grander version of yourself and leveling up in a variety of areas. Whatever it is, you are being asked to go with it, to leave your resistance, self-doubts, and fears behind. Like the molting hummingbird, who sheds its old feathers to make way for a new coat of stronger, brighter plumage, embrace the temporary discomfort that is making way for greater beauty and confidence.

Additionally, this card is about infusing freshness into your daily life. Every day is an opportunity to reboot. Before you go to sleep tonight, intend to wake up refreshed and renewed. Then, look at your day through new eyes. Change up something in your routine. Take a different route. Buy a new piece of clothing or a fun accessory to brighten your home. Newness and change spark inspiration and aliveness.

Whatever kind of transition you are experiencing, call on the energy of Hummingbird to help you easily adapt and prepare. Enjoy the delightful transformation that is unfolding perfectly, and embrace the wonder of your magnificent metamorphosis.

Affirmation:

"I joyfully welcome in and easily flow with the positive changes occurring in my life."

Moon Dance

Hummingbird Wisdom:
Listen to the rhythm and sway along with
the heartbeat of the Universe.

Hummingbird is frolicking in the light of the moon, calling you to honor and recognize the cycles of your life. Everything you are experiencing—your mood, your energy, your relationships—is connected to the greater currents of your life and the Universal tide that ebbs and flows, much like the ocean under the moon's gravitational pull.

Hummingbird moves easily and swiftly through the seasons of its brief life, and you are being guided to do the same. Appreciate exactly where you are at this moment, knowing that nothing remains stagnant. If you take a moment to look back and reflect on your life to date, the ever-changing patterns of birth, growth, transformation, and death (letting go) emerge more clearly. It may not be easy to see or feel from where you stand right now, but be assured that all is well, and you are exactly where you need to be. Timing is everything, and as you move with the Universal flow, rather than pushing against it, you will find yourself dancing joyfully through every phase of your life.

This card also represents endings and beginnings and may be heralding a major life transition. Working with the energy and phases of the moon can help you move through this transformation with grace and ease. Release and surrender the "old you" to the vibrant, pure glow of the Full Moon, and welcome in all that is new, inspiring, and aligned with your highest potential at the time of the New Moon.

Affirmation:

"I embrace where I am and trust the Universal rhythm and flow."

Mother's Love

Hummingbird Wisdom:
You are being wrapped in loving wings
of comfort and protection.

The mother hummingbird is a devoted nurturer and caretaker. She single-handedly and lovingly provides warmth and sustenance to her babies—and sometimes even to an abandoned fledgling she has adopted—until they are strong enough to live on their own. This card comes to you because you, too, are a kind and gentle soul who naturally tends to others' needs. It is a beautiful quality, but at times you may get so caught up and busy attending to other people that you forget about your own needs. What is it that you need right now? Have you not been allowing a helping hand when others have offered, feeling you can do it on your own? Have you not asked for help, from other people or the Universe, because you felt you were being a burden?

This card is urging you to acknowledge your own needs and realize that self-care is not selfish. In fact, it is imperative so that you can continue to serve in your generous, selfless ways. There is a great restorative energy available to you—the energy of the "Divine Mother"—that, like mama hummingbird, is here to comfort you, fill your soul with the divine nectar it needs, and wrap you in wings of nurturing, replenishing love. Everything and everyone in your life will be fine while you take this much-needed time and space for yourself. Ask the Universe and the Divine Mother to watch over all your responsibilities and organize your schedule, so that you can devote the care you usually give to others to yourself.

Affirmation:

"I allow myself to be nurtured and loved."

Natural Instincts

Hummingbird Wisdom:

You know which way to fly.

The hummingbird is a master of flight. It is the only bird that can fly backward or even upside down. At this moment, you're being guided to move in a certain direction, and you're being asked to trust your instincts. Before you move, however, hover in place for a moment, finding stillness and suspending the chatter of your thoughts, which are seemingly pulling you in all directions. Then check in with your feelings and emotions. What are they telling you? You can ask them directly, "Emotions, feelings, what are you trying to tell me?" Also pay attention to your physical sensations. A tightening stomach, goose bumps, or even a relaxed, peaceful feeling are some of the ways your body communicates to you. Listen closely and maybe write down whatever comes to you. Your feelings are guiding you toward or away from something.

Intuitive Hummingbird also arrives with this card, confirming that your intuitive senses are trustworthy and are, indeed, becoming more adeptly attuned. If you've been guided to learn more about developing your extrasensory perception, this is a nudge to follow that path. Meanwhile, Intuitive Hummingbird is here to help you play with your natural ability to receive divine guidance. She reminds you that meditation, energy practices (such as Reiki), and chakra balancing can all help fine-tune your ability to see, hear, know, and feel more clearly and intuitively.

Most of all, trust your feelings. You know what to do, what direction to go, and what step to take next. Any time you are feeling peace, satisfaction, anticipation, appreciation, or joy, you know you are listening to and flowing with your guidance. Your intuition is a precious gift, so trust, Dear One, that like the hummingbird, you instinctively know which way to fly.

Affirmation:

"I listen to and trust my intuitive feelings."

Pollination

Hummingbird Wisdom:
Pay attention to new thoughts and ideas, as they are seeds that will soon blossom into fulfilling opportunities and projects.

As the hummingbird flits amid the flowers, it is not only feeding itself but also assisting in the creation of new life through pollination. This card heralds a time of fertilization for you. Just as the hummingbird assists the plants in forming new seeds for reproduction, you are being helped by your guides, angels, and deceased loved ones who know you are ready to receive and act on new ideas and inspirations. This is a time to pay close attention to your dreams, as well as to spend time daydreaming. Trust in those thoughts that seem to "come out of the blue," since they are divinely delivered on the wings of a heavenly pollinator.

Your dreamtime is ideal for receiving new ideas and inspirations, since your thinking mind is at rest and causing little resistance. Before going to sleep for the next several nights, call on the energy of Hummingbird to clear the path between you and the higher realms so that you can fully receive the divine wisdom that is being transmitted to you. Also ask Hummingbird and your angels to help you vividly remember any dreams that are offering guidance. Immediately upon waking, jot down the details of your dreams from the night before. Throughout the day, make note of any ideas or thoughts that "pop" into your consciousness.

Follow your intuition as to what actions to take next to care for your newly planted seeds. Then, watch with delight as they sprout and bloom into glorious creations.

Affirmation:

"I pay attention to and act on the inspirations and
ideas that are coming to me."

Powerful Warrior

Hummingbird Wisdom:
Do not feel small. You are stronger, braver, and more valued
than you know. It's time to tap into your true source of power.

Despite its size, the hummingbird is feisty and forceful and exhibits almost unworldly strength and stamina. In fact, many ancient cultures revered the hummingbird as a prominent symbol of interworld communication, magical abundance, and longevity.

Great Hummingbird and Archangel Michael accompany this card, bringing you added courage and strength to face anything that is on your path right now. They remind you that power is not about size, stature, wealth, or authority. When you think of people who demonstrate power, they are usually the ones who are steadfast in their belief in themselves and not easily swayed or knocked off-balance by the thoughts and opinions of others. It is time for you to truly own your power by stepping away from the need to be validated or appreciated by others and stepping into the realization that you can and do trust yourself.

Great Hummingbird is singing out this message: "Your true source of power is, indeed, your connection to the true power Source, known by so many names—Higher Self, Soul, Divine Consciousness, God, Love. But don't get caught up in the words, for they can never quite capture the indescribable. It is simply the union between the physical you and the greater nonphysical energy that is also part of you. As you practice this connection, an unmistakable current of strength and confidence will flow through you."

So, stop making yourself small and claim the true power that emanates within you. Shine the light of love, acceptance, and appreciation upon yourself and know that you have all the resources, knowledge, wisdom, and abilities to live an extraordinary, fulfilling life.

Affirmation:

"As I connect to my true Source, I am filled with strength, power, and confidence."

Reflecting Pond

Hummingbird Wisdom:
Celebrate the true beauty and light that
lies within you and others.

Imagine a hummingbird glimpsing a reflection of itself in a clear pond. Its instinct might be to peck at the other bird it sees, and as the water breaks and ripples disturb the image, the bird might grow only more confused or frustrated. Another hummingbird might stare at its reflection, appreciating the beauty that is staring back at it. In every case, what seems like an "other" is always a reflection of you and how you are choosing to see the world at the moment.

If there is something or someone in your outer world that is not pleasing you, turn inward. When you take time for self-reflection, contemplation, and connecting with your True Self through meditation, you will begin to see the beauty that lies within you and all around you. You will begin to realize that judging others is akin to judging yourself. You will begin to realize that others treat us in the way we are treating ourselves. As you grow more kind, compassionate, and appreciative of yourself, you will find others beginning to reflect this back to you.

Affirmation:

"I take time for self-reflection and contemplation."

Rubythroat

Hummingbird Wisdom:
Speak, write, create. The world needs to hear your song.

Wearing a deep-red scarf of feathers around its neck, the ruby-throated hummingbird is flying in to greet you with a message about communication and opening your throat chakra. Your words and wisdom matter, and your willingness to sing them out loud brings great gifts to others. Do not be afraid to share what you know is truth. Even when others criticize or disagree with you, do not cower or shut down. You need not get defensive either. As you stay aligned with your Divine Self and connected to who you truly are, your communication will be compassionate, uplifting, and effective.

Your throat chakra is your energetic center of expression, located in your neck area. It is typically associated with a light-blue color. You can clear and balance this chakra by releasing any doubts and fears about speaking your truth. You can also gargle with saltwater, keep an aquamarine crystal close by, or call on Archangel Gabriel for assistance in opening your channels of creativity and communication.

The bold ruby-throated hummingbird also brings you courage and confidence and assures you that as you allow your words to take flight, whether in a creative endeavor or interpersonally, they will be escorted on wings of love, landing gently and perfectly when and where they are needed.

Affirmation:

"I share my words and wisdom in uplifting ways."

Siwar Q'ente

Hummingbird Wisdom:
You are on the right path. Call on Siwar Q'ente
for courage, confidence, and protection.

This card is a powerful message from a powerful messenger. Siwar Q'ente is the spiritual representation of the Royal Hummingbird, which Incan shamanic cultures honored as a divine messenger that could travel between the physical and spiritual realms. Siwar Q'ente represents great spiritual awakening and an opening of the heart that will bring new levels of understanding and a shift in the way you live your life. When you receive this card, you are being asked to bring the energy of Siwar Q'ente into your heart and listen closely to the great wisdom and guidance that is being revealed to you.

In addition, pay close attention to the messages of the other cards you selected on either side of Siwar Q'ente, since they are surrounded by the added magical energy of the Royal Hummingbird right now. Overall, this card signifies that you are on the right path. Embrace every step, every moment, in joy. Feel the spirit of Siwar Q'ente flying by your side, protecting you, guiding you, and awakening your heart to the sweetness of life and the freedom to soar.

Affirmation:

"Thank you, Siwar Q'ente, for giving me protection, courage, and confidence as I move forward on my path."

Smooth Flight

Hummingbird Wisdom:

No need to struggle against the wind when you can
catch the current and sail easily upon the breeze.

Dear One, you are being asked to ease up on forcing things to happen, or trying to control conditions or people in your life. You are also being guided to pay attention to and manage any stress in your life so that you can find the feeling of ease on a more regular basis.

Like the hummingbird, you can become a master of your own flow of energy. The hummingbird knows when it's time to stop straining against a strong headwind that will only deplete its most valuable resource—its energy—and seek a path with less resistance. If you've been experiencing bumps and turbulence along your trail lately, you, too, can choose to give up the struggle and, instead, take a ride on a current that will move you more peacefully and quickly toward what you want.

Finding the balance between ease and effort, between the male energy of action and the female energy of receptivity and intuition, is the key that unlocks the door to freedom. When you are pushing yourself to do things you don't want to do, or working much too hard with little to show for it, feelings of frustration or anxiety will often surface as signs of imbalance. Breathe, connect, and listen to your inner guidance to come back to your center. Life does not need to be difficult. Everything you "need" to do can be accomplished with ease if you first take time to connect to your inner Source of Light and Being. Watch your thoughts as well. Every time you become aware of yourself thinking or saying, "This is hard," give it to the Universe, which magically transforms the situation and helps you see alternative approaches and solutions.

Finally, be easy on yourself and enjoy the smooth flight ahead.

Affirmation:

"I let go of struggle and find the freedom of balancing ease and effort."

Sparkling Jewels

Hummingbird Wisdom:
You've tapped into the Universe's infinite flow of abundance.
Accept your treasures with open wings and a grateful heart.

Gleaming and glittering in vivid, iridescent gemstone hues, a dazzling array of divine hummingbirds are zooming around you in sheer delight. As they loop around you in a figure-eight formation, they sing a song of celebration: "You've found it!" The treasure you've been seeking—whether it is love, money, a new career, or a peaceful resolution—is at hand. Open your heart to fully receive the rewards, gifts, and blessings that are here for you. Breathe in and feel the relief, knowing all is well, now and always. Breathe out and release any lingering doubts or worries.

The hummingbird flaps its wings in motions that resemble the figure "8," also known as the symbol for Infinity when turned on its side. There is a flow to this motion, to this symbol, which represents the infinite stream of abundance in the Universe. You can get a feel for this rhythm—which is similar to your breath moving in and out—by tracing the Infinity symbol over and over on paper or in the air with your hands or arms. Practicing this movement will align you more closely with the infinite wisdom and abundance flowing to you and allow you to receive your treasure more easily and fully. Celebrate with the sparkling, jewel-toned hummingbirds and know that you are truly worthy and deserving of life's great riches–boundless joy, freedom, and peace.

Affirmation:

"I open my heart and receive the gifts of
abundance that are flowing to me."

Sweet Surrender

Hummingbird Wisdom:
Let go, let go, let go, and lighten your load. Then sail
freely through the open door to inner peace.

A shimmering sea of golden hummingbirds engulf you, some softly alighting on your head and heart, bringing you strength, hope, courage, and peace of mind. "You've been worrying too much," they say with compassion. "Do not fret about what has passed or what is to come. All is well. We promise." The cherubic-like birds ask you to surrender all your worries, doubts, and fears to them. Tenderly, they want you to know that letting go is not about giving up or giving in. It's about preening away the dirty, broken feathers to reveal the beauty beneath, which springs from your trust and inner knowledge that you are safe, loved, and whole in this moment and every moment. Deep down, you know that everything is all right and always works out for the greatest good, even if it's difficult to fully believe right now. Hang on to that tiny seed of faith, and as you release the illusionary darkness around you, the light will help it grow. Great peace comes from accepting what is. Then and only then will you find the blessings in the situation.

This card is also about forgiveness. The first situation or person to come to mind is likely where it is needed. Holding on to anger, blame, and disappointment is akin to trying to fly with oil on your feathers. Remember that when someone hurts us, it is more about their own pain and inner conflict than about us. Rather than allow the bitterness to fester, affecting your emotional and physical state of being, you can use surrender as the salve to soothe and heal your pain.

As you let go, the golden hummingbirds flutter before you and come together, taking the shape of a key. For when you surrender your worries and pain and allow yourself to drink in the sweetness of this precious moment, you'll unlock the door to true freedom and inner peace.

Affirmation:

"I breathe out and release my worries to the Universe. I breathe in the sweet essence of inner peace."

Synergy

Hummingbird Wisdom:
Your heart and your dreams blossom through
fulfilling, symbiotic partnerships.

Hummingbird knows the power and beauty of mutually beneficial relationships. It works symbiotically with the flowers, offering pollination and reproduction for the plant in exchange for the sustenance it receives from the nectar. You are being beckoned to fly to new heights by joining forces with others to magnify the effectiveness of what you are creating. Pay attention to people who cross your path or contact you seemingly out of the blue, since they may be divinely sent cocreators. It's time to pool your resources and collaborate on projects. Great gifts come from working with others—both for you and for the world.

If you've been feeling alone or bored, this card is also about seeking out groups, gatherings, or new communities of people with shared interests. Whether you're looking for a social outing, personal support, or professional motivation, let Hummingbird deliver your desire for connection to the Universal realms and then be mindful of opportunities and ideas that fly your way, easily and magically. You might even be inspired to create your own partnership or group. Meeting on a regular basis with like-minded souls who support your interests is an empowering way to bolster confidence, clarity, and movement for everyone in the group.

Remember that this is a call for you to "show up," since you are an intricate part of the synergy being created and you will give as you much as you gain. It is a time to share generously, cooperate, and come together for the greater good. Playing with others promises to be both fun and fulfilling. You'll fly higher and farther as you venture out in the company of friends.

Affirmation:

"I invite opportunities to collaborate with others in ways that will benefit us and the world."

The Little Things

Hummingbird Wisdom:
Take time to rest upon your perch and
delight in every tiny miracle.

Wise Hummingbird knows that the world often seems to be spinning faster and faster, and sometimes we get so caught up on the ride, we barely notice that life is zipping by us. With a compassionate heart, she is here to remind you of the value of stopping to fill up on the nectar of gratitude and appreciation.

She asks if you are flitting around from task to task, from conversation to conversation, without noticing the blessings each moment and circumstance is bringing you. Are you so busy that you have forgotten to take time for yourself or to appreciate your loved ones and friends? There is always something or someone to appreciate, and the mindful act of appreciation is a note to the Universe that says, "Thank you." The Universe then replies by offering you more of what you are thankful for.

Appreciation takes only a moment and can shift your perspective in a way that will have lasting effects on your experience of your day, your life, and all that arises. You can practice appreciation anytime and anywhere. Wise Hummingbird's guidance is to begin by making it the first thing you do when you wake up and the last thing you do before you go to sleep. Simply bring to mind a few things for which you are grateful. It can be as simple as appreciating the breath that is moving through your lungs or feeling the awe of watching the sun rise or set. Make sure to include at least one thing you appreciate about yourself each time you do this. And do your best to open your heart as the vibration of appreciation pulses within you. As you put this practice into your daily routine, watch how everything around you shifts, bringing you more peace, satisfaction, tranquility, and balance. Take it from the hummingbirds: beauty can be found even in the littlest things.

Affirmation:

"I appreciate all the blessings in my life, big and small."

Torpor

Hummingbird Wisdom:
Rest your weary wings and replenish
your energy for the flight ahead.

Hummingbird is chirping out a call for you to pay attention to your energy level. Most likely, it is time for you to relax and recharge. If you continue to push yourself when you are tired, stressed, and depleted, you will find yourself working five times harder and accomplishing less and less. The hummingbird is a master of energy conservation. Its tiny body and rapidly flapping wings require an immense amount of fuel.

Hummingbirds rarely rest, but they do have the ability to go into torpor, an immobile state akin to hibernation, during which their systems virtually shut down. In fact, a torpid hummingbird's respiration and heart rate are so low, it may appear to be dead. Torpor is necessary for a hummingbird's survival, especially in colder weather and during long migrations.

This message is telling you that rest is urgently needed. When your energy ebbs, it is time to shut down temporarily and retreat into restful stillness. This card is also telling you to monitor your sleep habits. Reduce screen time before bedtime and try to avoid having electronics near where you are sleeping. Make sure your environment has comfortable lighting, temperature, and bedding, and try to get at least seven or eight hours of sleep every night.

Last, Hummingbird is calling on you to take time daily to "stop and smell the roses" and remember the sweetness of life. Restore your soul by counting your blessings and remembering all you are thankful for. As you relax, rest, and replenish, you will move back into action with revitalized energy and find your productivity flowing easily and joyfully.

Affirmation:

*"I tend to my energy levels and make sure
I regularly rest and recharge."*

Wishing Well

Hummingbird Wisdom:
Your heart's desires are taking flight,
joyfully and magically.

Close your eyes, make a wish, and toss your coin into the magical wishing well. As you do, a dazzling stream of sparkling, rainbow-colored hummingbirds emerge, joyfully spinning and swooping around you, letting you know that your wish is granted. "It is done," says the Great Spirit of Hummingbird. "What you've asked for—or something even better—is here, created in this moment. You need only believe it, then you will indeed see it, in the divine time you are ready to receive it. For now, know it in your heart, feel the fullness of your answered prayer, and feel the joy of having what you want."

Now imagine the enchanting flock of hummingbirds spiraling around you, clearing you of any doubts, worries, and fears related to your desire, then zipping off into the heavens, delivering your wish to the high realms of purity and transformation and assuring the Universe's perfect delivery of all the divine details. Allow yourself to feel blessed, worthy, grateful, and supported.

This card is also reminding you to ask for what you want. This is not a time to compromise or think small. Expand your thoughts about what is possible, spread your wings a little wider, and experience the freedom and thrill of knowing you can and will fly higher than you were allowing yourself to dream. This is also a time to be clear with others in your life about your needs and to ask for and expect help and support.

The child within you believes in the magic of the wishing well. Remember that feeling—even for a moment—and let the Universe remind you of your limitless power to create and feel fulfilled.

Affirmation:

"I am filled with gratitude as my deepest dreams and desires come true."

Hummingbird Medicine

Many of the *Hummingbird Wisdom* cards offer tips and tools meant to assist you in your personal and spiritual growth. If you're interested in diving deeper and opening to more clarity and joy, the following exercises and practices are designed to help. Have fun connecting with Hummingbird "MAGIC" as you continue on your own epic journey.

Note: While the exercises are ordered to align with the "MAGIC" acronym, they are not meant to be used in any particular sequence. Let your intuition guide you to what you need in each moment.

Meditation

They say if you want to make something a "habit," try doing it for at least thirty days in a row. So, if you are interested in making meditation part of your daily routine and experiencing its positive benefits, make a commitment to spend some time—even if only a few minutes—meditating every day for the next thirty days. It helps to pick a time of the day that works best for you, and consistently "show up" at that time. Make sure you have a quiet space where you won't be disturbed. Then play with different methods to find what kinds of meditation resonate with you. There are many good meditation apps and online resources that offer free sample meditations. But truly, all you need is your breath and your intention. One simple exercise to do is sit, with eyes closed, and, starting with either your head or your toes, to move through your body, taking deep breaths in and out, feeling into each area and releasing tension with every breath. You could also repeat with each inhale, "Relax," and with each exhale, "Let go." There are no rules and no goals. It might be helpful, though, to keep a journal along with your thirty-day practice to record insights, observations, and changes that take place.

Appreciate (Yourself)

We don't often take the time to reflect on our unique qualities and appreciate what we have to offer others. When you have some quiet time, begin writing down some of the traits that make you who you are. Also include your gifts and talents. Thinking about ourselves is not always easy, so you may need to contemplate and come back to the list several times. If you need help, you can ask a trusted friend or family member their thoughts about your characteristics and talents. Once you feel it is complete, review your list, sending love and appreciation to yourself for all of the one-of-a-kind components that make up the whole of beautiful you. Then, spend some time in meditation, quieting your mind, and filling up with divine, sparkling white light. Imagine that vibrant, jewel-toned hummingbirds are encircling you with iridescent rainbow colors. As you take in this uplifting, healing energy, you see and feel yourself as the grandest version of yourself, shining with unconditional love for yourself, for all other beings, and for the Universe.

Go Outside

Find a comfortable, tranquil spot to sit outside. If you can't get outside, then close your eyes and use your imagination to conjure a soothing scene in nature. As you breathe deeply, feeling more and more relaxed, tune in to the connection between you and the surrounding environment.

Feel the gifts of healing and clearing that are generously being offered to you by Mother Earth and her plant and animal life. Fully release any worries, stress, or anxiety, knowing that nature is transmuting and purifying it all. Then breathe in the crystal-clean energy that is flowing back to you, revitalizing your cells, boosting your mood, and elevating your overall energy level. Stay here soaking up the benefits as long as you like. Before completely coming back, ask the spirit of Hummingbird to fill you with even more joy and to send you guidance through some kind of sign in nature. Notice any special animals, birds, insects, flowers, rocks, etc. that cross your path today, and listen within for the message they bring.

Intuition

To cultivate your intuition and become more adept at noticing and interpreting the Universe's guiding signals, you can work with the energy of joyful, instinctive Hummingbird. Find a place where you can be alone and focus—preferably in nature. Ask the Great Hummingbird spirit and the angels to help you attune your senses to the higher frequencies. Just relax and allow. Then begin to become very present in your body, in the moment. Focus sharply on the sounds you hear around you. Close your eyes if it helps you concentrate. Then feel the sensations around and within you—the breeze, the sun, a chill, a peaceful feeling inside, etc. Now use your vision to take in the scenery around you, noticing intricate details. For added practice, you can try closing your eyes and reconstructing the image in your mind as clearly as possible. These exercises will help you become more sensitive to subtle energies. Finally, thank Hummingbird and the Universe, affirming, "I know I am guided, supported, and assisted by the Universe. I now tune in to my intuition and clearly see, hear, feel, and know the direction I am receiving. I trust the signs, synchronicities, and gut feelings and take action when I am inspired to do so."

Celebrate!

What brings you joy? In this busy, noisy world of multitasking and technological overload, it's more important than ever that we take time out to do what we love. Make a commitment to yourself to find sweetness every day by doing at least one thing every day that makes you feel relaxed, satisfied, inspired, or elated. It can be anything, from petting your dog or cat to playing a game, exercising, reading, painting, dancing, or walking on the beach or anywhere in nature.

What activities, hobbies, practices, or other things can you add to your life to cultivate more happiness? When was the last time you laughed until you cried? When was the last time you tried something new and different?

Not sure exactly what you want? Try this exercise. Get out a pen and paper. Call on Siwar Q'ente, the Royal Hummingbird, and Archangel Michael to help guide you. Feel their unconditional love and appreciation for your commitment to expansion. They want you to know that you are worthy, deserving, and blessed, and that you are making a difference by elevating your vibration toward peace and joy. Now write the questions "What will bring me the most joy now? What do I want to do/experience next?" Then begin to write whatever comes to your heart. Just let your pen and your thoughts flow unedited along the paper.

Know that by bringing this awareness to your deepest desires, you are powerfully cocreating with the Universe. You will receive ideas and impulses that will help you create these joyful things in your life. Trust, take action when you are guided, and celebrate the beautiful gifts and surprises that come your way.

About the Author

Ellen Valladares is an award-winning author, freelance writer, and workshop/retreat leader. A native Floridian, she grew up in St. Petersburg and currently lives in South Florida. Valladares believes in the magic of the Universe and over the last 20 years has taught numerous classes about angels, intuition, meditation, and manifestation. Her most recent release, a mystical young-adult novel titled *Crossing the Line*, received several awards, including a Gold Award for Teen Books from the 2019 Coalition of Visionary Resources (COVR) Visionary Awards. Her other works include a middle-grade novel titled *Jonathan's Journey to Mount Miapu*, a meditation CD titled "Healing and Manifestation with the Archangels," and a children's book, *Filbert the Lonely Flamingo*, which she coauthored with her brother, Steve Wolfson.

About the Illustrator

Yasmeen Westwood is a self-taught photomanipulation artist living in Perthshire, Scotland. Her first deck—*The Tarot of Enchanted Dreams*—was released in December 2019. She was a finalist for her artwork, for the MPower, Mums in Business National Business Awards 2019, and was runner-up in two categories of the International Tarot Foundation CARTA Awards 2019, for Best Illustrator of a Tarot Deck, and Best Self-Published Tarot Deck. In 2020, she won the Coalition of Visionary Resources (COVR) Bronze Award in the Tarot Deck category for the *Tarot of Enchantesd Dreams*.